economic climate *fn* gazdasági
konjunkturális helyzet

economic cycle *fn* gazdasági
∗ **The ups and downs of oil**
correspond almost exactly
those of the economic cyc
olajárak emelkedése és esése szint
tosan egyezik a gazdasági ciklussa.

CW00958828

economic development *fn* gazdasági
fejlődés ∗ **The innovation directly**
promotes people's quality of life
and encourages economic devel-
opment. Az innováció közvetlenül ja-
vít az életminőségen, és elősegíti a gaz-
dasági fejlődést.

ekvivalenseket (megfelelőket)
elválasztó pontosvessző

economic efficiency *fn* gazdaságos-
ság; gazdasági hatékonyság

economic growth *fn* gazdasági növeke-
dés

economic indicator *fn* konjunktúra-
mutató; gazdasági mutató

economic model *fn* közgazdasági modell

economic outlook *fn* konjunkturális
kilátások; gazdasági várakozások ∗ **Re-**
gardless of the economic outlook,
last year's surge in prices is un-
likely to be repeated. A konjunktu-
rális kilátásoktól függetlenül, nem va-
lószínű, hogy a tavalyi gyors áremelkedés
megismétlődik.

autentikus példamondatot
bevezető jel

economic output *fn* gazdasági teljesít-
mény ∗ **The EU countries have a**
population of 450 million people
and generate a quarter of the
world's economic output. Az EU
tagállamaiban 450 millióan élnek, és a
világ gazdasági teljesítményének egyne-
gyedét állítják elő.

gazdasági témájú
újságcikkből származó
autentikus példamondat

economic policy *fn* gazdaságpolitika;
konjunktúrapolitika

economic prospects *fn* konjunktúra-
kilátások; gazdasági várakozások; gaz-
dasági kilátások ∗ **The EBRD gave**
an upbeat assessment of the eco-
nomic prospects for the 10 acces-
sion countries. Az Európai Újjáépítési
és Fejlesztési Bank (EBRD) pozitívan
értékelte a tíz csatlakozó ország gazda-
sági kilátásait.

autentikus példamondat
fordítása

A B C D E F G H I J K L M N O P Q R S T U V W Y Z

ANGOL–MAGYAR
MAGYAR–ANGOL
GAZDASÁGI SZÓTÁR

Bajnóczi Beatrix – Haavisto Kirsi

ANGOL–MAGYAR
MAGYAR–ANGOL
GAZDASÁGI SZÓTÁR

Grimm Kiadó, Szeged

Szerkesztette: Bajnóczi Beatrix, Haavisto Kirsi

Szerkesztő munkatársak: Gólya Zita, Kovács Tamás, P. Márkus Katalin

Kiadja a Grimm Kiadó, Szeged – az 1795-ben alapított
Magyar Könyvkiadók és Könyvterjesztők Egyesülésének a tagja.

ISBN 978 963 9954 39 7

3., javított kiadás: 2011

Borítóterv: Hevesi István
Technikai szerkesztés: Grimm Kiadó

A kiadásért felel Borbás László,
a Grimm Könyvkiadó Kft. ügyvezető igazgatója.

Nyomtatta és kötötte: Mesterprint Kft., Budapest
Felelős vezető: Szita Lajos
Súly: 615 g / darab

Tartalomjegyzék

I. Bevezető

Előszó

Egy teljesen új gazdasági szótárt tart kezében a Tisztelt Olvasó. A szótár összeállításánál az volt az elsődleges célunk, hogy a leendő szótárhasználók – munkavállalók, nyelvtanulók (szakmai nyelvvizsgára készülők), közgazdászok és a gazdasági nyelv iránt érdeklődők számára egy modern, aktuális szakszókincset tartalmazó, felhasználóbarát szakszótárt szerkesszünk. A szótárt mindenkinek ajánljuk, aki szakszókincsét szeretné bővíteni vagy munkája során szüksége van a legaktuálisabb gazdasági témájú szavakra és kifejezésekre.

Az írott és elektronikus médiában nap mint nap találkozhatunk gazdasági témájú cikkekkel és riportokkal, amelyek megértése az olvasótól, illetve a nézőtől egy bizonyos alapszakszókincs ismeretét feltételezi. A munkaerőpiac követelményeit is figyelembe véve egyértelműen elmondhatjuk, hogy egy idegen nyelv használata során az általános szókincs ismerete már nem elegendő. Gondoljunk csak a közgazdászokkal szemben támasztott egyetemi követelményekre (szakmai nyelvvizsgák), vagy a már elhelyezkedett szakemberekkel szembeni munkahelyi elvárásokra (tárgyalások, prezentációk), illetve a nem gazdasági végzettségűekre, akik napra készen szeretnének informálódni a gazdasági eseményekről.

A gazdasági szótár célja a mindennapok során használatos, elsősorban a nemzetgazdaság különböző területeit magába foglaló alapszakszókincs közvetítése (több mint 5000 szócikk nyelvpáronként). Felvettük azokat a közgazdasági terminusokat, melyek magyar nyelvre történő fordítása és megértése az angolszász és a magyar gazdaság közötti különbségekből eredően problémát okozhat. A felvett szakszavak között olyanok is szerepelnek, melyek csak a brit (*GB*) vagy csak az amerikai angolban (*US*) használatosak. A gazdasági alapszakszókincsen kívül megtalálhatók még az EU-ra vonatkozó legfontosabb szakkifejezések (több mint 120 szócikk), melyek az írott és elektronikus médiában leggyakrabban előfordulnak, illetve amelyek az EU-intézményrendszerére, valamint annak működésére vonatkoznak.

Ahhoz, hogy a gazdasági élet „útvesztőjében" mindenki el tudjon igazodni, szakterületi besorolással igyekeztünk segítséget nyújtani, és a jobb áttekinthetőség érdekében bizonyos szakterületi besorolásoknál pontosítottuk is az adott szakterületet *(pl. bank, bizt, számv, tőzsde)*. Azoknál a szócikkeknél, amelyeknek a megértése problémát okozhat, rövid magyarázatot adtunk. Mindezek mellett igyekeztünk minél több példát felsorakoztatni, amelyek ismerete nélkülözhetetlen mindazok számára, akik nem csak megérteni, de használni is szeretnék a szakszókincset. Számos szócikknél autentikus szövegekből (elsősorban gazdasági folyóiratokból) is vettünk példamondatokat.

A szócikkek besorolásánál szigorú alfabetikus rend alapján jártunk el. A magyar szakszavak helyesírásánál Bárányiné Szabadkai Éva és Mihalik István *Közgazdasági helyesírási szótár*át (2002) vettük alapul.

A gazdasági szótár elkészítésében való segítségért külön köszönetünket szeretnénk kifejezni Novák Györgynek (SZTE, BTK Angol–Amerikai Intézet) a példamondatok fordításánál nyújtott szakmai konzultációkért és hasznos tanácsaiért. Reméljük, hogy ez az új gazdasági szótár segítséget nyújt a gazdasági szövegek megértéséhez, a szakszókincs elsajátításához és mindenki eredményesen tudja használni!

Szeged, 2004. október 2.

A szerzők

Rövidítések

Szakterületi besorolás

pénzügy	pénzügy
adó	adó
bank	bank
bizt	biztosítás
számv	számvitel
tőzsde	tőzsde
EU	Európai Unió
informatika	információs technológia
ipar	ipar
jog	jog
ker	kereskedelem
mark	marketing
mezőgazd	mezőgazdaság
száll	szállítás

Nyelvtani rövidítések

fn	főnév
hat	határozószó
ige	ige
mn	melléknév

Földrajzi/Regionális besorolás

HU	Magyarország
GB	Nagy-Britannia
US	Amerikai Egyesült Államok

Egyéb

ált	általában
átv	átvitt jelentés
lat	latin

ANGOL–MAGYAR
SZÓTÁR

A, a

abandon *ige*
1. lemond vmiről; visszalép vmitől
2. jog megszüntet; eláll vmitől * **abandon the action** eláll a keresettől; bírósági eljárást megszüntet * **abandon a motion** indítványt elejt

abate *ige*
1. enyhül; csökken * **The rate of inflation has been abating for a year.** Az infláció már egy éve enyhül.
2. jog megsemmisít; hatálytalanít; érvénytelenít

abatement *fn*
1. jog hatálytalanítás
2. ker (*pl. hibás áru esetén*) engedmény; árcsökkentés; árengedmény
3. adó adókedvezmény; adócsökkentés

ability *fn*
1. ker fizetőképesség
2. képesség * **They have the ability to attract and retain qualified employees.** Képesek elcsábítani és megtartani a képzett munkaerőt.

abolish *ige* eltöröl; megszüntet * **They strive to abolish trade barriers.** Arra törekednek, hogy megszüntessék a kereskedelmi akadályokat.

abolishment *fn* eltörlés; megszüntetés * **The abolishment of the death penalty is a widely debated question.** A halálbüntetés eltörlése széles körben vitatott kérdés.

abolition *fn* megszüntetés; eltörlés * **They demanded the abolition of trade barriers.** A kereskedelmi akadályok megszüntetését követelték.

abridge *ige*
1. csökkent; korlátoz; lerövidít; megnyirbál
2. *of* jog megfoszt vmitől * **They**

abridged him of his rights. Megfosztották jogaitól.

abridgement *fn* NB: röv abr
1. kivonat; rövidített változat; lerövidítés
2. jog jogkorlátozás

abrogate *ige* jog érvénytelenít; hatályon kívül helyez * **He believes he has the right to abrogate human rights and invade nations.** Úgy gondolja, joga van hatályon kívül helyezni az emberi jogokat és megszállni nemzeteket.

abrogation *fn* jog érvénytelenítés; hatályon kívül helyezés

absolute *mn* teljes; korlátlan; abszolút * **The committee accepted the proposal by an absolute majority.** A bizottság abszolút többséggel fogadta el a javaslatot.

absorb *ige*
1. bekebelez; magába olvaszt
2. pénzügy átvállal

absorption *fn*
1. bekebelezés
2. pénzügy átvállalás * **absorption of losses** költségek átvállalása

absorption costing *fn* pénzügy teljesköltség-számítás; átlagköltség-számítás

absorptive capacity *fn* felvevőképesség

abstract *fn* NB: röv abs/abstr
1. jog kivonat
2. pénzügy kivonat; összefoglalás

abstract of balance *fn* számv mérlegkivonat

abstract of title *fn* jog telekkönyvi kivonat; tulajdoni lap

abundance *fn* bőség; bővelkedés * **The region has an abundance of skilled workers.** A régió bővelkedik szakképzett munkaerőben.

abuse *fn* visszaélés * **abuse of position/power/privilege** hatalommal való visszaélés * **open to abuse** viszszaélésre ad lehetőséget * **Abuse of authority is quite common in some countries.** A hivatali hatalommal való visszaélés meglehetősen gyakori néhány országban.

accelerate *ige* gyorsít; fokoz * **Production has been accelerated to meet market demand.** Tekintettel a piac igényeire, fokozták a termelést.

acceleration *fn* gyorsulás; gyorsítás; siettetés * **acceleration of reforms** reformok felgyorsítása * **The new government policies led to an acceleration of inflation.** Az új kormányzati politika az infláció gyorsulásához vezetett.

accept *ige*
1. elfogad; elismer; jóváhagy; beleegyezik * **accept blame/liability/responsibility** hibásnak/felelősnek ismeri el magát * **They will no longer accept money from new investors.** Többé nem fogadnak el pénzt az új befektetőktől.
2. ker átvesz * **We accept goods only in the morning.** Csak reggel veszünk át árut.

acceptable *mn* megfelelő; alkalmas; elfogadható; elviselhető * **acceptable quality** megfelelő minőség * **They failed to make an offer on acceptable terms.** Nem tudtak elfogadható feltételekkel ajánlatot tenni.

acceptance *fn*
1. ker átvétel; elfogadás * **acceptance of goods** áruátvétel
2. jog elismervény; elfogadás

acceptance account *fn* pénzügy (*váltóügyek nyilvántartása*) elfogadványszámla

acceptance credit *fn* bank akcepthitel; elfogadványi hitel; váltóhitel; okmányos akkreditív

acceptance liability *fn* bank váltókötelezettség; elfogadási kötelezettség

access *fn*
1. hozzáférés; hozzájutás * **access to**

a market piacrajutás * **gain access** betekintést nyer; hozzáférést szerez
2. jog betekintési jog * **legal access** törvényes betekintési jog

accession *fn*
1. szerzemény; megszerzése vminek
2. csatlakozás; belépés * **the country's accession to the WTO** az ország csatlakozása a Világkereskedelmi Szervezethez * **EU accession** EU csatlakozás

accession countries *fn* EU csatlakozni kívánó országok

accession criteria *fn* EU csatlakozási kritériumok * **fulfil/meet/satisfy the accession criteria** megfelel a csatlakozási kritériumoknak * **adopt/apply use the accession criteria** alkalmazza a csatlakozási kritériumokat * **establish/lay down/set the accession criteria** meghatározza a csatlakozási kritériumokat

accession negotiations *fn* EU csatlakozási tárgyalások

Accession Partnership *fn* EU csatlakozási partnerség

accession rate *fn* (*megmutatja, hogy egy adott időszakban mennyivel nő a foglalkoztatottak száma*) létszámnövekedési ráta

accession talks *fn* EU csatlakozási tárgyalások

accessory *fn*
1. jog bűnrészes; bűnsegéd
2. tartozék

accessory costs *fn* pénzügy járulékos költségek

accident insurance *fn* bizt balesetbiztosítás

accident report *fn* bizt baleseti bejelentés

accommodate *ige*
1. elhelyez; befogad; helyet biztosít; elszállásol * **The hotel can accommodate 3,000 delegates.** A szálloda 3000 küldöttet tud fogadni.
2. alkalmassá tesz vmire * **This equipment can be accommodated to wrapping several sizes of products.** Ezt a berendezést különböző mé-

retű termékek becsomagolására lehet alkalmassá tenni.

accommodation allowance *fn* szálláspénz; lakhatási támogatás
accompanying document *fn* kísérő okmány
accomplish *ige* befejez; teljesít; végrehajt
accomplishment *fn* befejezés; teljesítés; végrehajtás
accordance *fn* egyetértés; megegyezés; összhang * **in accordance with (the agreement, etc.)** megállapodás (stb.) szerint, azzal összhangban
[1]**account** *fn* NB: röv A/C; a/c; A/c; acc. bank számla; elszámolás * **open an account (with a bank)** számlát nyit (banknál) * **settle an account** számlát rendez * **buy sg on account** számlára vásárol vmit * **The bank charged the company's account for overdraft.** A bank megterhelte a vállalat számláját limittúllépésért.
[2]**account for** *ige* kitesz vmennyit; számot ad vmiről; igazol vmit * **They failed to account for numerous expenses and losses.** Számos kiadásról és veszteségről nem tudtak számot adni.
account balance *fn* bank számlaegyenleg
account current *fn* bank folyószámla
account statement *fn* bank számlakivonat
accountability *fn* elszámolási kötelezettség; számadási kötelezettség * **Faced with poor performance, shareholders are right to demand greater accountability.** A rossz teljesítmény következtében a részvényesek jogosan követelnek nagyobb elszámolási kötelezettséget.
accountable for *mn* felelős; felelősségre vonható; elszámolásra kötelezhető * **He is seen to have been accountable for the problem.** Őt tartják felelősnek a problémáért.
accountancy *fn* számv könyvelés; számvitel * **He has been working for an accountancy firm for years.** Évek óta egy könyvelőcégnél dolgozik.

accountant *fn* számv könyvelő
accounting *fn* számv könyvvitel; számvitel
accounting office *fn* számv könyvelőiroda
accounting period *fn* számv (*az az időtartam, amelynek a végén elkészülnek az elszámolások, a mérleg és az eredménykimutatás*) elszámolási időszak; tárgyidőszak
accounting procedure *fn* számv számviteli eljárás
accounting profit *fn* számv könyv szerinti nyereség
accounting value *fn* számv könyv szerinti érték * **The accountig value of the firm is much more than they expected.** A cég könyv szerinti értéke sokkal magasabb, mint ahogy arra számítottak.
accounting year *fn* számv könyvelési év; elszámolási időszak
accounts department *fn* NB: röv accounts dept. számv könyvelési osztály; könyvelési részleg
accounts payable *fn* számv könyv szerinti tartozások; könyv szerinti kötelezettségek; könyv szerinti passzívák
accounts receivable *fn* számv könyv szerinti követelések; aktív számlák; könyv szerinti kintlévőségek
accredited *mn* hivatalosan elismert; akkreditált * **Some accredited journalists attended the meeting.** Néhány akkreditált újságíró jelen volt a tanácskozáson.
accredited parties *fn* (*bizonyos ügyletekre meghatalmazott személyek*) akkreditált felek
accrual *fn* számv növekmény
accrual of capital *fn* számv tőkenövekmény
accruals *fn* számv (*rendezetlen tartozások összege a tárgyidőszak végén, mely lehet a cég által fizetendő vagy követelt*) átmenő tételek; áthúzódó tételek
accrued taxes *fn* adó adóhátralék
accumulate *ige* felhalmozódik; felhalmoz; felgyülemlik; képződik

accumulated loss *fn* számv halmozott veszteség

accumulated profit *fn* számv *(az az öszszeg, ami az eredményelszámolási számlán marad az osztalékok és a tartalék elkülönítése után)* fel nem használt eredmény; visszatartott eredmény

accumulation *fn* tőzsde *(csökkentett áron vett kötvény árfolyama és névértéke közötti különbség)* felhalmozás

accumulation of capital *fn* pénzügy tőkefelhalmozás

accusation *fn* jog
1. vád * **This accusation will not bear investigation.** Ez a vád nem tartható fenn.
2. vádemelés

accuse *of ige* jog vádol * **She has been accused of embezzlement.** Sikkasztással vádolják.

achievement *fn* eredmény; teljesítmény; teljesítés

acknowledge *ige* NB: röv **ack**
1. elismer; visszaigazol * **They have acknowledged the receipt of order.** Visszaigazolták a rendelést.
2. jog jogosnak ismer el * **They acknowledged the client's claim.** Jogosnak ismerték el az ügyfél követelését.

acknowledgement *fn* NB: röv **ackgt**
1. ker visszaigazolás; elismervény; elfogadás
2. köszönetnyilvánítás * **She gained acknowledgement for her contribution to the success of the project.** Megköszönték a projekt sikeréhez való hozzájárulását.

acquire *ige* szerez; megszerez; megvesz; szert tesz vmire * **acquire a reputation** hírnevet szerez * **He acquired a property by inheritance.** Öröklés útján szerzett ingatlant.

acquisition *fn* akvizíció; megvétel; megszerzés; felvásárlás * **acquisition of land** birtokszerzés * **acquisition of ownership** tulajdonjogszerzés * **acquisition of property** ingatlanszerzés * **American Express plans to use its strong share price to fund acquisitions.** Az American Express a magas részvényárának felhasználásával tervezi pénzelni a felvásárlásokat.

acquit *ige*
1. pénzügy *(tartozást)* kiegyenlít; *(számlát)* rendez; *(fizetési kötelezettség alól)* mentesít; visszafizet
2. jog felment; ártatlannak ítél * **He was acquitted of the charges.** Felmentették a vádak alól.

acquittal *fn* jog *(vád alól)* felmentés; felmentő ítélet; szabadon bocsátás * **Lack of evidence often leads to the acquittal of the accused.** A bizonyítékok hiánya gyakran vezet a vádlottak felmentéséhez.

acquittance *fn*
1. pénzügy *(kötelezettségé)* teljesítés; *(hitelé)* kiegyenlítés
2. jog *(írásos dokumentum fizetési kötelezettség teljesítéséről)* elismervény

across-the-board *mn* teljes körű; általános; mindenkire, ill. mindenre vonatkozó * **There has been an across-the-board increase of 10% of prices.** Az árak általános emelkedése 10%-os.

¹act *fn*
1. tett; cselekedet * **act of courtesy** szívesség * **act of grace** kegyelem, amnesztia * **criminal/illegal act** bűncselekmény
2. jog törvény; határozat * **this is my act and deed** akként rendelkezem *(jogi okmány aláírásánál)*

²act *for ige (más nevében)* intézkedik; *(más nevében)* eljár; képvisel vkit; cselekszik * **An agent acts for his client.** Az ügynök megbízója nevében jár el.

act liability insurance *fn* bizt *(gépjárművekre vonatkozó)* kötelező felelősségbiztosítás

acting *mn (hivatalosan helyettesít meghatározott időre)* megbízott * **acting head of department** megbízott osztályvezető

action *fn*
1. jog *(bírósági)* eljárás; per; kereset * **institute/lodge/take an action against**

A

sy perbe fog vkit
2. intézkedés; rendelkezés
activate *ige* aktivál; működésbe hoz
active balance *fn* pénzügy aktív egyenleg; kedvező mérleg
activity *fn* tevékenység * **field of activity** tevékenységi/működési terület
activity level *fn*
1. foglalkoztatottsági szint
2. kapacitáskihasználtság
actual cost *fn* tényleges költség
actual loss *fn* bizt tényleges kár
actual value *fn* tényleges érték
adapt *to ige* alkalmazkodik vmihez * **It is difficult to adapt to new circumstances.** Nehéz alkalmazkodni az új körülményekhez.
adaptation *fn* alkalmazás; alkalmazkodás * **They agreed on the adaptation of a new technology.** Megegyeztek egy új technológia alkalmazásáról.
add to *ige* hozzájárul vmihez
add up to *ige (összeget)* kitesz
added value *fn* értéktöbblet; hozzáadott érték * **A company's added value is calculated by taking sales and subtracting the cost of buying in materials, components and services.** A vállalat hozzáadott értékét úgy számíthatjuk ki, hogy az eladási árból kivonjuk az anyagköltséget, és a berendezések valamint a munka árát.
addition *fn*
1. összeadás
2. *(beruházási, vagyoni)* szaporulat
additional *mn* kiegészítő; további
additional charge *fn* felár * **Hotel accommodation is provided to you at an additional charge.** A szállodai elhelyezést felárért biztosítják.
additional insurance *fn* bizt kiegészítő biztosítás * **All airlines levy various charges, for example, a surcharge to cover additional insurance costs since September 11.** Minden légitársaság különböző díjakat szed, például a szeptember 11-e utáni kiegészítő biztosítás költségeinek fedezésére.

adduce *ige* felhoz; hivatkozik * **The prosecutor closes the case on the basis of all evidence already adduced.** Az ügyész lezárja az ügyet az eddig felhozott összes bizonyíték alapján.
adequate *mn* megfelelő; kielégítő; alkalmas * **2.4 billion people do not have adequate sanitation.** 2,4 milliárd ember nem részesül megfelelő egészségügyi ellátásban.
adjourn *ige* elnapol; elhalaszt; áttesz más időpontra * **The case was adjourned until April 20.** A tárgyalást április 20-ra napolták.
adjournment *fn* elnapolás; elhalasztás
adjournment sine die *fn* jog határozatlan időre történő elnapolás
adjust *ige* kiigazít; helyrehoz; beállít; módosít * **Restrictions on how young people dress have been adjusted.** A fiatalok öltözködésére vonatkozó szabályokat módosították.
adjustment *fn*
1. bizt *(a biztosító és a biztosított megegyezik a kár összegében)* rendezés
2. számv helyesbítő tétel
3. hozzáigazítás; kiigazítás * **make adjustments** kiigazítást hajt végre
4. rendezés * **adjustment of prices** árrendezés
administer *ige* intéz; lebonyolít * **Regulations that are too complicated to understand or administered too slowly throw the system into disrepute.** A túl nehezen érthető, illetve nehézkesen alkalmazható előírások rossz hírbe hozzák a rendszert.
administration *fn*
1. adminisztráció; ügyvitel
2. jog hagyatéki eljárás
3. jog csődgondnokság * **go into administration** csődgondnokság alá kerül
administrative *mn* adminisztratív; közigazgatási * **The administrative control of a company is quite important nowadays.** Egy vállalat adminisztratív ellenőrzése manapság meglehetősen fontos.

administrative centre *fn* adminisztratív központ; közigazgatási központ
administrative measure *fn* adminisztratív intézkedés
admission to quotation *fn* tőzsde jegyzési engedély
admit *ige*
1. elismer; beismer; belát * **They have admitted partial guilt.** Beismerték részleges bűnösségüket.
2. befogad vhová; felvesz vhová; beenged vhová * **All the shareholders were admitted to the meeting.** Valamennyi részvényest beengedték a gyűlésre.
adopt *ige*
1. elfogad; szavazással jóváhagy; támogat * **The assembly adopted the recommendations of the participants.** A gyűlés elfogadta a résztvevők javaslatát.
2. vállal; tesz * **They have adopted measures to improve quality.** Lépéseket tettek a minőség javítása érdekében.
adoption *fn*
1. elfogadás * **adoption of recommendations** javaslatok elfogadása
2. jog vállalás * **adoption of contract** szerződés vállalása
advance *fn*
1. *in* haladás; fejlődés
2. előleg * **They have to pay an advance of 30% of the price before moving in.** Beköltözés előtt az ár 30%-át kell előlegként befizetniük.
advance booking *fn* előjegyzés; előfoglalás
advancement *fn*
1. előmenetel; előléptetés
2. jog örökrészelőleg; előre kiadott örökrész
3. fejlődés; haladás * **You can see great technological advancement in the region.** Hatalmas technológiai fejlődés figyelhető meg a régióban.
advantage *fn* előny * **take advantage of the opportunity** kihasználja a lehetőséget * **have an advantage**

over sg/sy előnyben van vkivel/vmivel szemben
advantageous *mn* előnyös * **Under the 2000 Nice treaty, Spain and Poland have almost the same voting rights as the EU's largest members, and have insisted on keeping this advantageous arrangement.** A 2000-es Nizzai szerződés értelmében Spanyolországnak és Lengyelországnak majdnem azonos szavazati joga van, mint az EU legnagyobb tagországainak, és e két ország ragaszkodik ehhez az előnyös pozícióhoz.
adverse *mn* rosszhiszemű; kedvezőtlen; ártalmas * **have an adverse effect/impact on sg** kedvezőtlen hatással van vmire * **adverse comments** rosszhiszemű megjegyzések
advertise *ige* mark hirdet; reklámoz * **To boost selling, we have to advertise the product more intensely.** A terméket intenzívebben kell reklámoznunk, hogy növeljük ez eladást.
advertisement *fn* mark **NB: röv advert; ad** hirdetés; reklám
advertiser *fn* mark hirdető; reklámozó * **Any good head teacher knows that parents are the best advertisers for their schools.** Bármelyik jó igazgató tisztában van azzal, hogy a szülők az iskolák leghatékonyabb reklámozói.
advertising *fn* mark hirdetés; reklámozás * **They have invested a lot in point-of-sale advertising.** Sokat fektettek az elárusítóhelyeken történő reklámozásba.
advertising agency *fn* mark reklámügynökség
advertising campaign *fn* mark reklámkampány; reklámhadjárat * **An online advertising campaign for Ford has gone badly wrong.** A Ford egyik internetes reklámkampánya nagyon roszszul sikerült.
advertising department *fn* mark reklám osztály/részleg; hirdetési osztály/részleg

advertising media *fn* mark reklámhordozó

advertising slogan *fn* mark reklámszlogen

advice *fn* tanács; javaslat * **on the advice of sg/sy** vmi/vki tanácsára * **consider sy's advice** fontolóra veszi vki tanácsát * **follow sy's advice** megfogadja vki tanácsát/javaslatát * **He decided to take legal advice.** Úgy döntött, jogi tanácsot kér.

advice note *fn*
1. bank *(banki értesítés a számlán jóváírt összegről)* avízió
2. száll *(a feladó értesítője az átvevőnek az áruról és a szállítási időpontról, valamint annak módjáról)* szállítólevél

advise *ige* tanácsol; javasol * **advise sy against (doing) sg** lebeszél vkit vmiről/vmi megtételéről * **He advises the occupying forces to schedule their prompt withdrawal from the country.** Azt tanácsolja, hogy a megszálló erők ütemezzék be azonnali kivonulásukat az országból.

advocate *fn*
1. jog jogász; védőügyvéd
2. szószóló * **Sykes is a passionate advocate of better links between universities and industry.** Sykes szenvedélyes szószólója az egyetemek és az ipar közötti kapcsolat fejlesztésének.

affairs *fn* ügyek * **affairs of the company** vállalati ügyek

affect *ige* befolyásol; hatással van vmire * **Public confidence in Britain's railways has been affected by accidents, escalating costs, overcrowding and delays.** A brit vasutak iránti bizalmat gyengítették a balesetek, a gyorsan növekvő költségek, a zsúfoltság és a késések.

¹affiliate *ige* csatlakozik; belép; társul

²affiliate *fn* társult vállalat; tagvállalat; leányvállalat

affiliated company *fn* társult vállalat; tagvállalat; leányvállalat

affiliated corporation *fn* társult vállalat; tagvállalat; leányvállalat

affiliation *fn* társulás; csatlakozás; hovatartozás * **political affiliations** politikai társulások

affirm *ige* helybenhagy; megerősít * **They can neither affirm nor deny this news.** Ezt a hírt sem megerősíteni, sem cáfolni nem tudják.

affirmation *fn* jóváhagyás; megerősítés

affirmative *mn* igenlő; megerősítő

afford *ige* módjában áll vmit megtenni; *(anyagilag)* megengedheti magának; meg tud fizetni vmit * **The purpose is to help those who cannot afford fees.** A cél azok segítése, akik nem tudják megfizetni a díjakat.

after-sales service *fn* ker *(eladás utáni karbantartás, javítás)* utószervíz

after-tax profit *fn* számv adózott nyereség; nettó nyereség; adózás utáni nyereség

age distribution *fn* életkor szerinti megoszlás * **The age distribution of students in higher education in Scotland has shifted slightly in recent years.** A hallgatók életkor szerinti megoszlása a skót felsőoktatásban valamennyire módosult az utóbbi időben.

age limit *fn* korhatár * **There is no upper age limit for the applicants.** Nincs felső korhatár a jelentkezők számára.

agency *fn* ügynökség; képviselet; hivatal * **The latest data from the Higher Education Statistics Agency (Hesa) shows that in 2002/03, 71% of first-year foundation degree students were aged 21 or older.** A Felsőoktatási Statisztikai Hivatal (Hesa) legújabb adatai szerint a 2002/03-as tanévben az alapképzésben részt vevő első évfolyamos diákok 71%-a 21 éves vagy annál idősebb volt.

agenda *fn (értekezleten megtárgyalandó ügyek listája)* napirend * **items on the agenda** napirendi pontok * **For years the government managed to keep immigration off the agenda.** A kormánynak sikerült évekig leszorítani a bevándorlás kérdését a napirendről. **Agenda 2000** *fn* EU (*2006-ig terjedő átfogó programcsomag, mely az uniós kihívásokat, feladatokat és az ezekhez szükséges lépéseket, reformjavaslatokat, költségvetési tervezetet tartalmazza*) Agenda 2000

agent *fn* ügynök; képviselő; közvetítő

agent abroad *fn* külföldi képviselő * **The management told its agents abroad to give total priority to finding new markets.** A vezetőség arra szólította fel a külföldi képviselőket, hogy abszolút elsőbbséget adjanak az új piacok felkutatásának.

agglomeration *fn* agglomeráció

agio *fn* pénzügy (*a kereskedő vételi és eladási árainak különbözete*) ázsió

AGM [= **Annual General Meeting**] *fn* éves közgyűlés

agree *ige* egyetért; megegyezik vkivel; megállapodik * **They all agree that this week's annual meeting will be a key turning point.** Mindannyian egyetértenek, hogy a héten tartandó éves közgyűlés fordulópont lesz.

agreement *fn* megegyezés; megállapodás; szerződés * **reach (an) agreement/ come to an agreement** megegyezésre/megállapodásra jut * **there's general/wide agreement that...** általánosan/széles körben elfogadott, hogy... * **They did not believe the agreement between the two US technology companies would have any effect on the market.** Nem gondolták, hogy a két amerikai technológiai vállalat megállapodása bármilyen hatással lehet a piacra.

agricultural policy *fn* mezőgazd agrárpolitika * **They have to modify their agricultural policy if they do not want to see more farmers go out of business.** Változtatni kell az agrárpolitikájukon, ha nem akarják, hogy még több gazdálkodó hagyjon fel a tevékenységével.

agricultural subsidy *fn* mezőgazd mezőgazdasági támogatás * **The rich countries should be prepared to reform radically their agricultural subsidies.** A gazdag országoknak fel kellene készülni a mezőgazdasági támogatások radikális átalakítására.

agriculture *fn* mezőgazd mezőgazdaság * **The agriculture will not be able to keep pace with the exploding world population.** A mezőgazdaság nem fog tudni lépést tartani a robbanásszerűen növekvő népességgel a világon.

aid *fn* segély; segítség * **economic aid** gazdasági segély; gazdasági segítség * **The UN suspended food aid to the country.** Az ENSZ felfüggesztette az országba küldött élelmiszersegélyeket.

aim *fn* cél; célkitűzés; szándék * **The aim of this decision is to boost the economy in the region.** A döntés célja a gazdaság fellendítése a térségben.

air cargo *fn* száll légi szállítmány * **We can see the rapid expansion of air cargo traffic nowadays.** A légi szállítmányozás gyors növekedése figyelhető meg manapság.

air freight *fn* száll légi fuvar; légi szállítmány * **Air freight nets $40bn a year and is forecast to triple in the next 20 years.** A légi fuvarozás évi 40 milliárd dollárt jövedelmez, és előreláthatóan ez megháromszorozódik a következő 20 évben.

alienate *ige*
1. eltávolít; elidegenít * **The antisocial behaviour bill would alienate young people from their community.** Az antiszociális viselkedésről szóló törvényjavaslat elfogadása elidegenítené a fiatalokat a közösségüktől.
2. átruház

alienation *fn* elidegenedés; elidegenítés; elidegenülés * **The racial division and political alienation are unfortunately well-known.** A faji megoszlás és a politikai elidegenedés sajnos jól ismertek.

alignment *fn*
1. csoportosulás; csoportosítás
2. kiegyenlítés; kiegyengetés
3. kitűzés; kijelölés; meghatározás
* There should be a better alignment of public health bodies' objectives. Az egészségügyi szervek célkitűzéseit jobban meg kellene határozni.

allegiance *fn* elkötelezettség; hűség
* Companies believe they can develop life-long brand allegiance by snaring customers when they're young. A vállalatok abban hisznek, hogy egész életre szóló márkahűséget tudnak elérni azáltal, hogy fiatalon behálózzák a vásárlókat.

allocate *ige*
1. meghatároz; megállapít * The Government did not allocate sufficient resources to the project. A kormány nem határozott meg elegendő forrást a projekt számára.
2. kioszt; kijelöl * You should be careful about allocating tasks. Ügyelned kell a feladatok kiosztására.
3. (*pl. anyagi forrást*) elkülönít

allocation *fn* elosztás; felosztás * allocation of responsibilities a feladatok felosztása

allot *ige* juttat; kioszt * The government allotted some financial support for the research. A kormány pénzügyi segítséget juttatott a kutatásra.

allotment *fn* felosztás; szétosztás * They discussed the allotment of shares. Megvitatták a részvények szétosztását.

allow *ige* megenged; hagy; lehetővé tesz * The store allows a discount of 5% for all its frequent buyers. Az üzlet 5% kedvezményt nyújt minden törzsvásárlójának.

allowable *mn* megengedhető; hagyható; adható

allowance *fn*
1. kedvezmény; engedmény * This government became the first to increase tax allowances automatically in line with inflation. Ez a kormány elsőként növelte az adókedvezményeket, automatikusan az infláció mértékéhez igazítva azokat.
2. (*pl. üzleti úttal kapcsolatos: kilométerpénz, napidíj stb.*) költségtérítés * Even councils in crisis are awarding their members top allowances. Még a válsághelyzetben lévő önkormányzatok is bőkezűen térítik a képviselők költségeit.

alter *ige* megváltoztat; módosít * They have radically altered the way they acquire software. Radikálisan megváltoztatták a szoftverbeszerzés módjait.

alteration *fn* változtatás; módosítás

alternate *ige* váltakozik; váltogat

amalgamate *ige* egyesít; egybeolvaszt * A new job amalgamating NHS chief executive and health department permanent secretary has been created. Egy új munkakört alakítottak ki, mely egyesíti az egészségügyi szolgálat (NHS) vezetőjének és az egészségügyi minisztérium államtitkárának feladatait.

amalgamation *fn* egyesítés; egyesülés; összeolvadás

amend *ige* módosít; javít; helyesbít; változtat * The Government is consulting on how to amend the system for application in Britain. A kormány a brit pályázati rendszer módosításáról tárgyal.

amendment *fn* módosítás; javítás; helyesbítés; változtatás * introduce/propose/table an amendment módosítást bevezet/javasol/előterjeszt * The court can make small amendments to its judgement. A bíróság apró módosításokat eszközölhet az ítéletében.

AMEX [= **American Stock Exchange**] tőzsde Amerikai Értéktőzsde

amortization *fn* értékcsökkenési leírás; amortizáció

amortization fund *fn* amortizációs alap

amortize *ige*
1. pénzügy leír; amortizál

2. törleszt * **They amortized their loan.** Törlesztették a kölcsönüket.

¹**amount** *fn* mennyiség; összeg * **the total amount of data** az adatok összmennyisége
²**amount** *to ige* összeget elér * **Last year public investment amounted to £2.9bn.** Tavaly a közberuházások értéke elérte a 2,9 milliárd fontot.

analyse *ige* elemez; analizál; részletesen tanulmányoz * **They analyse sales before launching a product.** Termékbevezetést megelőzően elemzik az értékesítést.

analysis *fn* elemzés * **analysis of expenses** költségelemzés * **analysis of local conditions** helyi feltételek elemzése

analyst *fn* elemző * **Some analysts use the information they have accessed from the agency to prepare a briefing for the mayor.** Néhány elemző az ügynökségtől kapott információkat használja fel a polgármesternek készített beszámolóhoz.

announce *ige* bejelent; közzétesz * **The company is expected to announce plans for its expansion in Asia.** A cég várhatóan bejelenti, hogy Ázsiában kíván terjeszkedni.

announcement *fn* bejelentés; közzététel * **make an announcement** bejelentést tesz * **Everybody welcomed the announcement of further investments.** Mindenki üdvözölte a bejelentést, hogy további befektetésekre kerül sor.

annual accounts *fn* számv éves elszámolás * **The commission must act more aggressively against charities failing to file annual accounts.** A bizottságnak agresszívebben kell fellépni azokkal a jótékonysági szervezetekkel szemben, melyek nem nyújtják be az éves elszámolást.

annual deficit *fn* éves hiány * **Some training centres have been closed in an effort to eliminate an annual deficit of £10m.** Néhány to-

vábbképző központot bezártak, hogy megszüntessék a 10 millió fontos éves hiányt.

annual financial statement *fn* számv éves pénzügyi kimutatás; éves vagyoni kimutatás

annual general meeting *fn* NB: röv **AGM** éves közgyűlés

annual income *fn* adó éves jövedelem; éves bevétel * **Families with children will be eligible for some help if they have a total annual income of up to £58,000.** A gyermekes családok segélyre jogosultak, amennyiben a teljes évi jövedelmük nem haladja meg az 58 000 fontot.

annual leave *fn* évi szabadság * **This large insurance company affords to be "quite family-friendly", offering 25 days' annual leave.** Ez a nagy biztosító társaság megengedheti magának, hogy „egészen családbarát" legyen, évi 25 nap szabadságot kínálva.

annual net profit *fn* éves nettó nyereség

annual rate of return *fn* (*a befektetés profitja egy évben*) éves befektetési hozam

annual report *fn* éves beszámoló * **The company did not give information on its fundraising figures in its annual report.** A vállalat nem közölt adatokat az adománygyűjtésekről az éves beszámolójában.

annual return *fn* számv (*hivatalos évenkénti nyilatkozat a Cégbíróságnak a társaság működésére vonatkozóan*) éves elszámolás * **One in three charities has broken the law by failing to submit their annual returns on time.** Minden harmadik jótékonysági szervezet törvényt sértett azáltal, hogy nem nyújtotta be időben az éves elszámolását.

annual shareholders' meeting *fn* részvényesek éves közgyűlése * **Three people have started a hunger strike in New York and intend to embarrass the company at its an-

nual shareholders' meeting this week. New Yorkban hárman éhségsztrájkba kezdtek, hogy ezzel kellemetlen helyzetbe hozzák a vállalatot a részvényesek e héten tartandó éves közgyűlésén.

annual shortfall *fn* pénzügy *(mennyiségi visszaesés az adott évre vonatkozóan)* éves hiány; éves deficit * **The annual shortfall on fees is more than £1bn.** A díjakból származó éves hiány több mint 1 milliárd font.

annual stockholders' meeting *fn* tőzsde részvényesek éves közgyűlése

annual surplus *fn* éves jövedelemtöbblet; éves bevételtöbblet

annuity *fn* bizt évjáradék

annul *ige* jog töröl; eltöröl; visszavon; érvénytelenít; megsemmisít * **The European Court of Justice (ECJ) is advised by its advocate general that the Directive should be annulled.** Az Európai Bíróság (ECJ) főügyésze az irányelv törlését javasolja a Bíróságnak.

answer *to fn* jog válasz * **answer to a charge** válasz egy vádra; vád elleni védekezés * **loose answer** pontatlan válasz

anticipate *ige* előre lát; számít vmire * **They anticipate an upsurge in prices.** Erőteljes áremelkedésre számítanak.

anticipated *mn* várt; előre látott

antitrust laws *fn* jog trösztellenes törvények

apologize *ige* elnézést kér; szabadkozik; mentegetőzik * **He was forced to apologize for misleading the shareholders.** Kénytelen volt elnézést kérni a részvényesek félrevezetéséért.

¹appeal *fn* jog fellebbezés * **His appeal was turned down.** Elutasították a fellebbezését.

²appeal *against ige* jog fellebbez * **They decided to appeal against the decision.** Elhatározták, hogy fellebbeznek a döntéssel szemben.

appendix *fn* függelék

appliance *fn* gép

applicant *fn*
1. pályázó; jelentkező * **All applicants stated they understood the purpose of the questions at the interview.** Valamennyi pályázó kijelentette, hogy megértette az interjú során feltett kérdések célját.
2. tőzsde részvényjegyző
3. jog kérelmező; folyamodó * **They want to reduce the number of asylum applicants.** Csökkenteni szeretnék a menedékjogot kérők számát.

applicant country *fn* EU *(csatlakozni kívánó ország)* jelölt ország; pályázó ország; tagjelölt ország

application *fn*
1. pályázat; jelentkezés; kérvény * **make/put in/submit an application** kérvényt/pályázatot benyújt * **approve/grant an application** kérvényt/pályázatot elfogad * **The deadline for applications is 30 January.** A pályázatok benyújtásának határideje január 30.
2. alkalmazása vminek; felhasználása vminek

application documents *fn* jelentkezéshez szükséges dokumentumok; kérvényhez szükséges iratok

apply *ige*
1. *for* fordul vmiért; kér vmit * **Many apply to the charity for some financial help.** Sokan fordulnak anyagi segítségért a jótékonysági egylethez.
2. alkalmaz; felhasznál * **They apply new strategies.** Új stratégiákat alkalmaznak.
3. *to* vonatkozik vmire/vkire; érvényes vmire/vkire * **The new act will apply to children's homes.** Az új rendelet a gyermekotthonokra vonatkozik.

appoint *ige*
1. kinevez; kijelöl * **The person appointed is of high professional standard.** A kinevezett személy szakmailag magas szinten áll.
2. *(időpontot)* kitűz; *(feladatot, munkát)* kijelöl

appointment *fn*
1. *(előre megbeszélt)* találkozó * **She has managed to make an appointment with the mayor.** Sikerült találkozót megbeszélnie a polgármesterrel.
2. kinevezés; állás
apportion *ige* ker feloszt; szétoszt * **It can be difficult to know how to apportion core costs.** Az alapköltségek felosztása nehézségeket okozhat.
apportionment *fn* számv szétbontás; felosztás * **We have discussed the apportionment of costs.** Megvitattuk a költségek felosztását.
appraisal *fn* értékelés; méltánylás * **Staff appraisal was shown to have the biggest effect on productivity.** Kimutatták, hogy az alkalmazottak önértékelése volt a legnagyobb hatással a termelékenységre.
appraise *ige* értékel; méltányol; méltat * **The performance of each colleague must be appraised regularly.** Minden munkatárs teljesítményét rendszeresen értékelni kell.
appreciate *ige* értékel * **Most of our clients appreciate the company's efforts to improve service.** Ügyfeleink többsége értékeli a vállalat törekvéseit a szolgáltatás színvonalának emelésére.
appreciation *fn*
1. ker értéknövekedés
2. bank *(valuta értékének növekedése)* felértékelés
appropriate *for mn* megfelelő; alkalmas; helyes * **Passing requests to the appropriate person can be incredibly complicated.** A kérelmek megfelelő személyhez juttatása hihetetlenül bonyolult lehet.
approval *fn* jóváhagyás; helyeslés; hozzájárulás * **give/grant approval** jóváhagy * **subject to sy's approval** vki hozzájárulásának/jóváhagyásának függvénye * **The list was finalized without the approval of the committee.** A listát a bizottság jóváhagyása nélkül véglegesítették.

approve *ige* jóváhagy; helyesel; hozzájárul; engedélyez * **It is necessary to explain why voters approved or disapproved of the decision.** Meg kell magyarázni, hogy a szavazók miért hagyták jóvá, illetve miért utasították el a döntést.
approximate *mn* megközelítő; körülbelüli * **The aim is to treat all the patients at an approximate cost of £725m a year.** A cél az, hogy az összes beteg kezelésének a költsége megközelítőleg évi 725 millió font legyen.
approximately *hat* megközelítőleg; körülbelül * **The new system costs approximately twice as much as the old one.** Az új rendszer költsége megközelítőleg a régi kétszerese.
arbitrage *fn* tőzsde *(ügylet, melynek során vki vesz valamit az egyik piaci központban és majdnem ugyanabban az időpontban eladja egy másikban)* arbitrázs; arbitrázsügylet
arbitration *fn*
1. jog *(munkaügyi vita per nélküli rendezése)* egyeztető eljárás * **The employers' side has rejected the arbitration proposal.** A munkáltatói oldal elutasította az egyeztető eljárást.
2. *(amikor a felek egy ügyet egy közösen kiválasztott személy vagy testület elé visznek, melynek határozata mindkét félre nézve érvényes)* döntőbíráskodás
area *fn* terület; térség
area office *fn* területi iroda * **Most children wouldn't dream of phoning up social services or walking into an area office for help.** A legtöbb gyereknek eszébe se jutna felhívni a szociális szolgáltatókat vagy besétálni egy területi irodába segítségért.
arrange *ige*
1. elrendez; sorba rendez
2. megszervez; előkészít * **They are arranging a meeting.** Találkozót szerveznek.
3. megállapodik; megegyezik * **They sell their product at an arranged price.** Megállapodás szerinti áron adják el a terméküket.

4. jog elintéz; elrendez; elsimít * **They have managed to arrange their disputes in a friendly way.** Sikerült barátságosan elrendezniük a nézeteltéréseiket.

arrangement *fn*
1. elrendezés * **The arrangement of the desks in the office is not the best.** Az irodában az íróasztalok elrendezése nem a legjobb.
2. ker megállapodás; megegyezés * **by arrangement** előzetes megegyezés alapján * **come to an arrangement** megállapodásra jut

arrangements *fn* (*szervezési*) előkészületek * **They are making arrengements for the conference.** Szervezik a konferenciát.

arrears *fn* ker hátralékok; elmaradt tartozások * **be in arrears with sg** hátralékban van vmivel; el van maradva vmi kifizetésével * **get/fall into arrears** hátralékba jut/kerül * **be paid in arrears** utólag kap fizetést * **make up arrears** kifizeti a hátralékát * **Arrears are often linked to problems with housing benefit.** A hátralékok gyakran a lakástámogatással kapcsolatos problémákhoz kapcsolódnak.

article *fn*
1. ker árucikk
2. jog cikkely; törvénycikkely * **Article 14 of the Act focuses on discrimination.** A rendelet 14. cikkelye a hátrányos megkülönböztetésre összpontosít.

Articles of Association *fn* jog (*GB*) részvénytársasági alapszabály

Articles of Incorporation *fn* jog (*US*) részvénytársasági alapszabály

asap [= **as soon as possible**] *hat* amint lehetséges; hamar * **Answer the fax a.s.a.p.** Válaszoljon a faxra amint lehetséges!

assembly line *fn* ipar futószalag; szerelőszalag * **Timber is being jointed into frames and transformed into panels that roll down the assembly line.** A faanyagot beillesztik a keretekbe és panelekké alakítják, melyek legurulnak a futószalagon.

assent *fn* jog jóváhagyás; beleegyezés; hozzájárulás * **give assent to sg** beleegyezik vmibe * **The proposal is subject to Parliament's assent.** A javaslathoz parlamenti jóváhagyás szükséges.

assert *ige* kijelent; állít; bizonygat * **He asserted just the opposite.** Épp az ellenkezőjét állította.

assertion *fn* kijelentés; állítás

assess *ige* felbecsül; értéket megállapít * **They assessed the loss at $5,000.** 5000 dollárra becsülték a veszteséget.

assessable *mn* felbecsülhető; megbecsülhető

assessed value *fn* becsült érték

assessment *fn* becslés; értékelés * **They published the assessment of the workers' performance.** Nyilvánosságra hozták a dolgozók teljesítményének értékelését.

asset *fn* vagyontárgy; érték * **The distribution of unclaimed personal assets from investment banks to charity is planned.** Tervezik azon vagyontárgyak áthelyezését a befektetési bankoktól jótékonysági intézményekbe, melyekért nem jelentkezett a tulajdonos.

assets *fn* számv aktívák; kintlévőségek; követelések

assets side *fn* számv aktívák oldala a mérlegben

assign *ige*
1. (*pl. feladatot*) kijelöl; megállapít * **assign a task to sy** vki feladatát kijelöli/meghatározza
2. jog átruház; átenged * **A proportion of income tax should be directly assigned to local government.** Célszerű lenne a jövedelemadó bizonyos hányadának közvetlen átruházása a helyi önkormányzatokra.

assignee in bankruptcy *fn* jog csődgondnok; csődbiztos

assignment *fn*
1. (*pl. feladat végrehajtására*) megbízás

* **Women took only 15% of inter-national assignments in compa-nies that commonly regarded over-seas experience as a key factor in deciding promotion.** Azoknál a vállalatoknál, melyek kulcsfontosságúnak tekintették a külföldi tapasztalatokat az előléptetések meghatározásánál, a nőkre a nemzetközi megbízások mindössze 15%-át osztották.

2. jog (*jogok és érdekeltségek hivatalos átengedése egy másik személynek*) átengedés; átruházás; engedményezés

assist *ige* segít; segédkezik * **A Swiss organisation assists adults to find jobs abroad.** Egy svájci szervezet felnőtteknek nyújt segítséget a külföldi munkakeresésben.

associate *fn* társ; partner

associated company *fn* tagvállalat * **A long list of associated compa-nies was published in the maga-zine.** A folyóirat közölte a tagvállalatok hosszú listáját.

associated corporation *fn* társvállalat; tagvállalat; társult vállalat

association *fn* szövetség; társulás

association agreement *fn* EU társulási megállapodás; társulási szerződés

assortment *fn* választék * **assortment of goods** termékválaszték; áruválaszték * **English cities still have a sizeable assortment of old build-ings of varied size, scale and age.** Az angol városokban különböző méretű, léptékű és korú épületek széles skálája található ma is.

assume *ige* feltételez * **The manager assumed there wasn't any great problem with the order.** A vezető feltételezte, hogy a rendeléssel nem volt semmilyen nagyobb gond.

assurance *fn* bizt (*GB*) biztosítás

assure *ige* biztosít; meggyőz * **The company assured him that any difficulties would be solved by this autumn.** A vállalat arról biztosította, hogy minden problémát meg fognak őszig oldani.

asylum policy *fn* menekültügy

at a discount *hat* kedvezményesen * **All frequent buyers can buy the prod-uct at a discount.** Valamennyi törzsvásárló kedvezményesen vásárolhatja meg a terméket.

at no charge *hat* ingyen * **The infor-mation can be downloaded at no charge from the company's web-site.** Az információ ingyen letölthető a cég honlapjáról.

at par *hat* (*piaci érték egyenlő a névértékkel*) paritáson * **exchange at par** paritásos pénzbeváltás

at risk *hat* bizt kockázattal

atmosphere *fn* légkör; atmoszféra

attach *ige* mellékel; csatol * **You can find my CV attached to the appli-cation.** A pályázathoz mellékelve megtalálja az önéletrajzom.

attend *ige* részt vesz; jelen van * **He has to attend the meeting on new projects.** Részvétele kötelező az új projektek tárgyalásánál.

attendance *fn*
1. részvétel; jelenlét; megjelenés vhol
2. látogatottság * **There was a good attendance at the presentations.** Jó volt az előadások látogatottsága.

attest *to ige* jog tanúskodik vmiről; bizonyít * **The centre will publish a report in the summer to present objects and photographs that at-test to the lives of disabled peo-ple in the 19th century.** XIX. századi, csökkent munkaképességű emberek életéről tanúskodó tárgyakat és fényképeket bemutató riportot közöl a nyáron a központ.

attitude to taxation *fn* adó adózási hajlandóság

attorney *fn* jog ügyvéd

attract *ige* vonz * **attract attention** felhívja/felkelti a figyelmet * **The pub-lic and voluntary organisations will have to start paying more to attract good chief executives.** A közszolgálati és önkéntes szervezeteknek el kell kezdeni több pénzt kínálni, hogy jó vezetőket tudjanak magukhoz csábítani.

attractive *mn* vonzó * **attractive offer** vonzó ajánlat

attribute *fn* tulajdonság

auction *fn* ker aukció; árverés * **Some artists have donated works to an auction to raise funds for a charity campaign.** Néhány művész árverésre adományozott az alkotásaiból, hogy elősegítse egy jótékonysági kampány pénzgyűjtését.

audience *fn* közönség

audience research *fn* közönségkutatás

audit *fn* számv könyvvizsgálat; auditálás; átvilágítás

audit office *fn* számv számvevőszék

audit report *fn* számv könyvvizsgálati jelentés

audit result *fn* számv könyvvizsgálati eredmény

auditing *fn* számv könyvvizsgálás

auditor *fn* számv könyvvizsgáló; revizor; számvevő

auditor's report *fn* számv könyvvizsgálói jelentés; revizori jelentés

auditor's statement *fn* számv könyvvizsgálói jelentés

authenticate *ige* jog hitelesít; igazol; hivatalosan elismer; jóváhagy * **Some services require users' identities to be authenticated.** Néhány szolgáltató a felhasználók személyazonosságának hitelesítését követeli.

authentication *fn* jog (*hivatalos elismerés*) hitelesítés; igazolás; jóváhagyás * **Authentication of individuals is probably the main outcome that local government will want from the new equipment.** A felhasználók azonosítása valószínűleg a legfőbb dolog, melyet a helyi önkormányzat elvár az új berendezéstől.

authority *fn*
1. hatóság; igazgatóság
2. jog felhatalmazás; meghatalmazás; jogkör * **He got authority to negotiate with the foreign partners.** Felhatalmazást kapott, hogy tárgyaljon a külföldi partnerekkel.

authority to pay *fn* fizetési meghatalmazás

authorization *fn* felhatalmazás; meghatalmazás; engedélyezés

authorize *ige*
1. meghatalmaz; felhatalmaz * **The management authorized the head of HR department to start negotiations.** A vezetőség felhatalmazta az emberi erőforrás osztály vezetőjét a tárgyalások megkezdésére.
2. engedélyez; jóváhagy

authorized dealer *fn* ker hivatalos viszonteladó * **You can order colour cartridges from our authorised dealers.** Színes tintapatronok a hivatalos viszonteladóinktól rendelhetők.

automatization *fn* automatizálás * **The recent automatization made the production much faster.** A nemrégiben végrehajtott automatizálás nagymértékben gyorsította a termelést.

autonomy *fn* autonómia; önrendelkezés * **The committee might not accept the English commissioner as a member due to his lack of autonomy.** A bizottság esetleg nem fogadja el az angol biztos tagságát, mivel nem rendelkezik elegendő autonómiával.

availability of jobs *fn* munkahelykínálat * **Choosing to attend a university is partly determined by the availability of jobs.** Annak eldöntése, hogy valaki egyetemen tanuljon-e részben a munkahelykínálat függvénye.

available *mn* elérhető; megszerezhető; rendelkezésre álló * **The decision should be based on all the information available.** A döntést az összes rendelkezésre álló információ alapján kell meghozni.

¹average *fn* átlag; középérték * **The staff work 50 hours a week on average.** Az alkalmazottak átlagmunkaideje heti 50 óra.

²**average** *mn* átlag; átlagos * **A family's average spending a year is higher this year than it was last year.** A családok átlagos kiadása az idén magasabb, mint tavaly volt.

avoid *ige* elkerül; kikerül * **They want to avoid the problems because of which some companies went bankrupt.** El akarják kerülni azokat a problémákat, melyek miatt néhány cég tönkrement.

avoidable *mn* elkerülhető; kikerülhető * **The research showed most problems would have been avoidable with careful handling.** A kutatás kimutatta, hogy a legtöbb probléma gondossággal elkerülhető lett volna.

avoidance *fn* elkerülés; kibújás *(vmi megtétele alól)*

¹**award** *fn*
1. díj; kitüntetés
2. oklevél
3. jog döntőbírósági ítélet

²**award** *ige* megítél; odaítél; adományoz

axe *ige* *(pl. költséget, kiadást)* lefarag; lecsökkent * **A bank giant with 2,000 employees in Britain is to axe 12,500 jobs over the next two years.** Egy bankóriás, melynek 2000 alkalmazottja van Nagy-Britanniában, 12 500 fővel csökkenti a dolgozói létszámot az elkövetkezendő két évben.

B, b

back up *ige* szubvencionál; segít; támogat; finanszíroz * **To back up the training, the company offered telephone support for anyone who encountered any difficulties.** Hogy elősegítse a képzést, a vállalat telefonos támogatást ígért azoknak, akik valamilyen nehézségbe ütköztek.

backing *fn*
1. *(főleg pénzzel és/vagy befolyással, kapcsolatokkal)* támogatás
2. pénzügy kezességi forgatmány; hátirat; zsiró
3. pénzügy fedezet

backlog *fn* elmaradás; restancia * **The council had a backlog of 70,000 benefit claims waiting to be processed.** A tanács 70 000 segélyigény feldolgozásával volt elmaradva.

backlog of orders *fn* teljesítésre váró rendelések

¹back-up *fn* támogatás * **We try to help the homeless without the back-up of any organisation.** Szervezeti támogatás nélkül próbálunk segíteni a hajléktalanoknak.

²back-up *mn* helyettesítő; pót-; támogató

bad debt *fn* kétes követelés; behajthatatlan követelés * **The bad debts that have crippled much of the banking and insurance sector have not gone away.** A bank- és biztosítási szektor nagy részét megbénító behajthatatlan követelések még nem rendeződtek.

bail *fn*
1. jog biztosíték; óvadék; kaució; kezesség * **grant (sy) bail** óvadéki kérelmet jóváhagy * **refuse sy bail** óvadéki kérelmet elutasít * **set bail** óvadékot megállapít * **release on bail** óvadék ellenében elenged * **go bail for sy** kezességet vállal vkiért
2. kezes; jótálló

bailment *fn* jog
1. biztosíték; óvadék; kaució
2. letétbe helyezés
3. letéti szerződés
4. biztosítékcsalás; óvadékcsalás
5. ideiglenes szabadlábra helyezés

¹balance *fn*
1. számv mérleg; könyvelési mérleg; mérlegszámla
2. egyenleg; szaldó; maradék; követelés *(számlán)* * **strike a balance** egyenleget megállapít; számlát kiegyenlít * **The balance is paid to the seller's solicitor in return for the house's title deeds.** Az egyenleget az eladó jogi képviselőjének fizetik a ház tulajdoni lapjának ellenében.
3. egyensúly
4. kereskedelmi mérleg; fizetési mérleg

²balance *ige*
1. pénzügy egyensúlyba hoz; kiegyenlít; mérleget csinál; ellentételez * **balance one's book** egyensúlyba hozza könyvelését
2. számlát lezár

balance date *fn* számv *(az a nap, amikor egy cég lezárja a pénzügyi évet)* mérlegzárás napja; mérlegkészítés határnapja

balance of account *fn* pénzügy számlaegyenleg; egyenlegszaldó

balance of payments *fn* pénzügy fizetési mérleg * **There are certain economic problems caused by the country's vast budget and balance of payments deficits.** Az ország hatalmas költségvetése és fizetési mérleghiánya bizonyos gazdasági problémákat okoz.

balance of trade *fn* pénzügy kereskedelmi mérleg; külkereskedelmi mérleg * **In 1992 a sharp fall in the pound was followed by five years of growth, exceptionally accompanied by an improvement in the balance of trade.** A font 1992-es zuhanását öt éves növekedés követte, mely kivételesen a kereskedelmi mérleg javulásával párosult.

balance on current account *fn* pénzügy folyó műveletek fizetési mérlege; folyó fizetési mérleg

balance sheet *fn* számv (*általában a pénzügyi év végén elkészített kimutatás egy cég pénzügyi helyzetéről*) üzleti mérleg; mérlegbeszámoló; mérlegkimutatás; éves zárlat; zárómérleg

balance sheet total *fn* számv mérlegfőösszeg

balancing *fn*
1. számv mérlegkészítés
2. számlakiegyenlítés

ban *fn* tilalom * **impose a ban** tiltást bevezet * **lift the ban** tiltást megszüntet * **ban on imports** importtilalom; behozatali tilalom * **There is an overtime ban at the company.** Túlóratilalom van a cégnél.

¹bank *fn*
1. bank bank; hitelintézet; pénzintézet
2. banképület

²bank *ige*
1. pénzügy banktevékenységet folytat; pénzzel kapcsolatos tevékenységet folytat
2. bank pénzt bankba tesz; pénzt letétbe helyez; pénzt bankban tart * **I bank with the IPQ.** Az IPQ-nál van a számlám.
3. bankkal intézteti ügyeit

bank acceptance *fn* bank bankelfogadvány; bankári elfogadvány; határidős utalvány

bank account *fn* bank bankszámla; folyószámla * **Possibly profits from his father's Moroccan currency trading business were placed in Swiss bank accounts.** Lehetséges, hogy az apja marokkói pénzváltójából származó profitot svájci bankszámlákra tették.

bank bill *fn*
1. bank bankváltó; bankelfogadvány; bankári elfogadvány
2. (*US*) pénztári utalvány; pénztárjegy
3. (*US*) bankjegy

bank book *fn* bank bankbetétkönyv * **He was given a bank book which recorded a £1m deposit.** Kapott egy egymillió font egyenlegű bankbetétkönyvet.

bank branch *fn* bank bankfiók

bank card *fn* bank bankkártya * **Mr Hall's bank cards had been used since his disappearance.** Eltűnése óta használták Hall úr bankkártyáit.

bank charges *fn* bank (*a bank által felszámított díj a különböző banki szolgáltatásokért, pl. számlavezetésért*) bankköltség; bankilleték; komisszió * **Switching to a new bank could be one of the smartest business decisions you could make, saving you hundreds or even thousands of pounds in bank charges.** Új számlavezető bank választása az egyik legjobb üzleti döntése lehet, hiszen a bankköltségeken több száz, sőt több ezer fontot takaríthat meg.

bank commission *fn* bank bankjutalék; bankilleték; komisszió * **Timing of a money transfer can be very important but you can hardly avoid bank commission on a transfer of this size.** Az átutalás ütemezése nagyon fontos lehet, de ilyen mértékű utalásnál szinte elkerülhetetlen a bankjutalék.

bank credit *fn* bank (*banktól felvett kölcsön*) bankhitel

bank discount *fn*
1. bank bankleszámítolás; váltódiszkontálás
2. diszkontláb; leszámítolási díj

bank draft *fn* bank **NB: röv B.D.; B/D; B/Dft** (*olyan látra szóló csekk, amit a bank magától vesz fel*) bankelfogadvány; bankintézvény;

bankváltó; bankári váltó; bankutalvány * **He was forced at gunpoint to sign a bank draft.** Fegyverrel kényszerítették egy bankváltó aláírására.

bank guarantee *fn* bank (*a bank garanciát vállal arra, hogy amennyiben az adós nem fizet, átvállalja a kifizetést a hitelezőnek*) bankgarancia; bankkezesség * **Some football clubs used fraudulent bank guarantees in order to play in the current season.** Néhány labdarúgó egyesület hamis bankgaranciákkal indult el az idei futballszezonban.

bank loan *fn* bank bankkölcsön; bankhitel * **They want to obtain financing through bank loans.** Bankkölcsönökből szeretnék megteremteni a finanszírozást.

bank money *fn* bank (*folyószámlán tartott banki betétek*) bankszámlakövetelés; banki pénzeszközök; hitelpénz; számlapénz; könyvpénz

Bank of England *fn* bank **NB: röv B.E.; B/E; B. of E.** angol központi bank

bank of issue *fn* bank jegybank

bank overdraft *fn* bank
1. túldiszponált bankszámla
2. (*egy bizonyos összeg, amellyel az ügyfél túllépheti bankszámláját*) banki folyószámlahitel * **Credit cards usually have much higher rates of interest than bank overdrafts.** A hitelkártyákon általában sokkal magasabb a kamat, mint a folyószámlahiteleken.

bank rate *fn* **NB: röv b.r.** bank leszámítolási kamatláb; leszámítolási ráta; bankráta; diszkontláb; bankkamatláb

bank remittance *fn* bank bankátutalás

bank reserve *fn* bank (*a bankok készletei, melyekből kielégíthetik a számlatulajdonosok követeléseit*) banktartalék * **Over the last year the share of Russian central bank reserves held in euros doubled to more than 20 per cent.** Az elmúlt évben az orosz jegybank eurótartalékainak aránya megduplázódott, és jelenleg meghaladja a 20%-ot.

bank secret *fn* bank banktitok

bank service charge *fn* bank számlavezetési díj; szolgáltatási díj; kezelési költség

bank statement *fn*
1. bank folyószámla-kivonat; bankszámlakivonat; avizó; bankkimutatás * **You can download bank statements from many banks.** Számos banktól letölthetők a folyószámla-kivonatok.
2. jegybankkimutatás

bank system *fn* bank bankrendszer

bank transfer *fn* bank bankátutalás * **The firm offers simple access to currency market rates, no commission, and cheaper bank transfer fees.** A cég egyszerű hozzáférést kínál a devizapiaci árfolyamokhoz, nem kér jutalékot, és átutalási díjai is alacsonyabbak.

banker's draft *fn* bank bankváltó; bankári váltó; bankintézvény

banker's order *fn* bank
1. átutalási megbízás
2. állandó bankmegbízás; tartós bankmegbízás
3. (*írásos utasítás a banknak, hogy bizonyos kifizetéseket megtegyen meghatározott időpontokban*) fizetési meghagyás

banker's reference *fn* bank (*banktól kérhető (ált. meglehetősen általános értékelést tartalmazó) referencia az ügyfél pénzügyi helyzetéről*) bankreferencia * **Trying to get rented accommodation can sometimes require a banker's reference.** Néha bankreferencia szükséges ahhoz, hogy bérelt lakáshoz jussunk.

banking *fn* bank banküzlet; bankügy; bankári tevékenység; bankszakma

banking operation *fn* bank bankművelet

banking supervision *fn* bank bankfelügyelet

banking transaction *fn* bank bankügylet; bankművelet * **Some 60% of internet users use electronic banking and 80% of all banking transactions are electronic.** Az internet használók kb. 60%-a bonyolít elektronikus

bankügyleteket, és az összes bankművelet 80%-a elektronikusan történik.
banknote *fn* NB: röv B.N. bank (*GB*) bankjegy
bankrupt *mn* pénzügy csődbe jutott; fizetésképtelen; bukott * **go bankrupt** csődbe jut, tönkremegy * **be declared/ made bankrupt** csődbe jutottnak nyilvánítják * **They have gone bankrupt, owing between £1m and £3m in unpaid tax, insurance and VAT.** Csődbe jutottak, mivel tartozásuk 1–3 millió fontra rúg, mely fizetetlen adókból, biztosításokból és forgalmi adókból tevődik öszsze.
bankruptcy *fn* pénzügy csőd; fizetésképtelenség * **face bankruptcy** csőd előtt áll * **declare bankruptcy** csődöt jelent * **file for bankruptcy** csődkérvényt nyújt be * **There are three times the number of bankruptcies in Germany today as a decade ago.** Manapság háromszor annyi csőd van Németországban, mint egy évtizeddel ezelőtt.
[1]**bar** *fn* akadály; akadályoztatás; gát
[2]**bar** *ige*
  1. megakadályoz; gátol; kizár; eltilt; megtilt
  2. jog hatálytalanít; megszüntet * **bar a right** jogot megszüntet
bar chart *fn* oszlopdiagram
bar code *fn* ker vonalkód
bargain *fn*
  1. ker előnyös üzlet; kedvező vétel * **make a bargain** előnyös üzletet köt * **drive a hard bargain** nehéz feltételeket szab * **The prices of flats in some EU accession countries have already risen sharply, with few bargains around.** Néhány új EU tagországban máris felszöktek a lakásárak, és kevés a kedvező áron megvehető lakás.
  2. ker alku
  3. ker üzletkötés; megállapodás; vétel * **strike a bargain** megállapodik vmiben; megállapodásra jut
  4. tőzsde kötés

bargain offer *fn* ker rendkívüli ajánlat * **Bargain offers gave customers the chance to get a Telegraph seven days a week for as little as £1.50.** Rendkívüli ajánlatként a vevők a hét minden napján mindössze 1,5 fontért juthattak a Telegraph-hoz.
bargain price *fn* ker alkalmi ár; leszállított ár; kiárusítási ár * **It is possible to find your next home at a bargain price in an auction brochure.** Következő otthonát alkalmi áron megtalálhatja egy árverési katalógusban.
bargaining *fn* ker áralku; alkudozás; alku
bargaining position *fn* ker tárgyalási pozíció; alkupozíció * **This decision has now put the firm in a better bargaining position.** Ezzel a döntéssel a cég kedvezőbb tárgyalási pozícióba került.
barrier *fn* gát; korlát; korlátozás; akadály; gátló tényező * **go through/break a barrier** átlépi a határt * **barrier to trade** kereskedelmi korlátozás * **It stands as a barrier to future progress.** Akadályozza a további fejlődést.
barriers to export *fn* ker exportkorlátozások
barrister *fn* jog (*GB*) (*bíróság előtti felszólalási joggal rendelkező*) ügyvéd
[1]**barter** *fn* ker cserekereskedelem; barter; árukompenzáció; árucsere; csereüzlet; csere * **Thousands of small firms find barter an indispensable part of their business.** Kisebb cégek ezrei számára a barter elengedhetetlen része az üzleti tevékenységnek.
[2]**barter** *ige* ker cserél; barterkereskedelmet folytat; kompenzációs ügyletet köt * **His turnover grew by 15% when he found he could barter with some of his partners.** Forgalma 15%-kal nőtt, amikor rájött, hogy néhány üzletfelével barterkereskedelmet tud folytatni.
barter transaction *fn* ker kompenzációs ügylet; csereügylet * **I have not come across any business that has never done a barter transaction.** Nem találkoztam még olyan vál-

lalkozással, mely soha nem bonyolított csereügyletet.

bartering *fn* ker barterkereskedelem; cserekereskedelem; kompenzációs kereskedelem * **Bartering is not only a great way for small businesses to save cash, it can also generate new trade.** A barterkereskedelem nem csak a pénzmegtakarítás nagyszerű formája a kisvállalkozások számára, hanem új üzletkötéseket is lehetővé tehet.

base pay *fn* (*US*) alapfizetés; alapbér * **The year-on-year rise in pay is calculated using base pay, benefits, and bonuses.** Az éves fizetésemelés az alapfizetés, a juttatások és a jutalmak alapján számítandó.

base rate *fn* bank alapkamat; iránykamatláb; alapkamatláb

basic charge *fn* alapdíj; alapár * **The minimum price of a call from a phone box (10p) is to be scrapped in favour of a 20p basic charge.** A fülkés telefonok minimum hívásdíját (10 penny) törlik, és helyette 20 pennys alapdíjat vezetnek be.

basic pay *fn* (*GB*) alapbér; alapfizetés; alapkereset * **The director had his basic pay doubled to more than £3m.** Az igazgató megduplázta az alapfizetését, amely jelenleg így meghaladja a 3 millió fontot.

basic rate *fn*
1. alapbér; irányadó bér
2. adó alsó adókulcs; legalacsonyabb adókulcs
3. pénzügy alapkamatláb; iránykamatláb * **The bank offers accounts with a high basic rate of interest.** A bank magas alapkamatú számlákat kínál.

basic wage *fn* alapbér * **Not many people earning a basic wage can afford the hefty annual membership most big-name gyms charge.** Nem sok alapbérért dolgozó ember engedheti meg magának azt a jókora éves tagdíjat, melyet a legtöbb neves edzőteremben kell fizetni.

basis *fn* alap; bázis * **on a daily/monthly/yearly basis** napi/havi/éves rendszerességgel/alapon * **on a long-term basis** hosszú távon * **This is the basis of our agreement.** Ez a megállapodásunk alapja.

basis of assessment *fn* adó adóalap

basket of commodities *fn* ker árukosár

basket of currencies *fn* ker valutakosár

basket of products *fn* ker (*több áru vagy szolgáltatás együttesen*) árukosár; szolgáltatáscsomag * **BT is already establishing Concert in Japan, the basket of products aimed at multinational groups needing an international telecoms service.** A BT már telepíti a Concertet Japánban, mely nemzetközi telekommunikációs szolgáltatásokat igénylő, multinacionális csoportoknak szánt szolgáltatáscsomag.

batch *fn*
1. ker árutétel; szállítmány; tétel
2. egyszerre legyártott mennyiség

batch production *fn* ipar szériagyártás; sorozatgyártás; szakaszos gyártás * **Batch production is fine for products that use a few simple processes and parts.** A szériagyártás olyan termékeknél válik be, melyek egyszerű folyamatok során és egyszerű részekből állíthatók össze.

be composed of *mn* áll vmiből * **The demonstration I witnessed was composed of several thousand anti-globalists.** Több ezer globalizáció-ellenes tüntető vett részt azon a demonstráción, melynek szemtanúja voltam.

¹**bear** *fn* tőzsde (*áresésre számító tőzsdei spekuláns*) besszjátékos

²**bear** *ige*
1. tőzsde áresésre játszik
2. elvisel; megbirkózik
3. rajta van; jól látszik rajta * **This cheque bears her signature.** Aláírása rajta van a csekken.
4. vállal * **He was asked to bear the expenses.** Megkérték, hogy vállalja a költségeket.

bear market *fn* tőzsde áreséses piac; gyengülő piac; lanyha piac

bear run *fn* tőzsde (*az az időszak, amikor az árak csökkennek, miközben az eladások megélénkülnek*) besszroham

bearer *fn* ker (*dokumentum/okmány/csekk/váltó birtokosa*) bemutató; tulajdonos; birtokos; átadó

bearer bond *fn* pénzügy **NB: röv b.b.** bemutatóra szóló kötvény; kötelezvény; adóskötelezvény ∗ **Travellers' cheques and bearer bonds leave a paper trail for police to follow.** Az utazási csekkek és a bemutatóra szóló kötvények írásos nyomot hagynak maguk után, amelyet a rendőrség követni tud.

bearer debenture *fn* tőzsde bemutatóra szóló kötvény; bemutatóra szóló adóslevél; kötelezvény; adóskötelezvény

bearer security *fn* tőzsde látra szóló értékpapír

bearer share *fn* tőzsde (*GB*) bemutatóra szóló részvény

bearer stock *fn* tőzsde (*US*) bemutatóra szóló részvény ∗ **Bearer stocks are shares or bonds where there is no register of the owner and the certificate itself is the only proof of ownership.** A bemutatóra szóló részvények olyan részvények, illetve kötvények, melyeknek nincs nyilvántartva a tulajdonosa, és a tulajdonviszony egyetlen bizonyítéka maga az okmány.

benchmark *fn* mérce; viszonyítási alap; viszonyítási pont; viszonyítási érték ∗ **A theoretical budget will be set and used as a benchmark with which to judge next year's council tax increases.** Egy elméleti költségvetést fognak összeállítani, melyet viszonyítási alapként használnak majd a jövő évi önkormányzati adók növelésének elbírálásakor.

beneficial *mn* előnyös; hasznos

beneficiary *fn*
1. jog kedvezményezett; örökös; haszonélvező; jogosult; hagyatékban részesülő ∗ **A named beneficiary was to receive a sum of money, while a** charity would have what was left. Egy megnevezett kedvezményezett kapott egy bizonyos összeget, míg egy jótékonysági szervezeté lett a maradék.
2. bizt biztosított
3. bank hitelt felvevő
4. segélyezett; szolgáltatás haszonélvezője

¹benefit *fn*
1. haszon; nyereség; vagyoni előny
2. bizt biztosítási kifizetés
3. juttatás ∗ **Public sector organisations offer benefits such as flexitime and home working.** Az állami szektor szervezetei olyan juttatásokat kínálnak, mint például a rugalmas munkaidő és az otthoni munka.
4. táppénz; segély; támogatás
5. járadék ∗ **claim (a) benefit** járadékot igényel ∗ **get/receive (a) benefit** járadékot kap ∗ **benefit claim** járadékigény

²benefit *by/from* *ige* hasznot húz; hasznát látja vminek

benefit entitlement *fn*
1. szociális segély iránti igény; jogosultság szociális segélyre ∗ **The secure, password-protected portal will allow people to access information on housing benefits entitlements.** A biztonságos, jelszóval védett portálon információkhoz juthatunk a lakhatási támogatásra való jogosultságról.
2. bizt teljesítményigény

¹bid *fn*
1. ker vételi ajánlat; árajánlat; ajánlat; licit ∗ **make/enter a bid** árajánlatot tesz, licitál ∗ **invite bids** árajánlatot kér, pályázatot hirdet ∗ **withdraw a bid** árajánlatot visszavon
2. versenytárgyalás; pályázat

²bid *ige*
1. kínál; ajánl
2. szállítási ajánlatot tesz; árajánlatot tesz; versenytárgyalásra nyújt be
3. licitál

bid price *fn* ker ajánlati ár; kínálati ár ∗ **After the meeting they agreed**

they would decide on a new bid
price. Az értekezletet követően megál-
lapodtak, hogy új ajánlati árat határoz-
nak meg.
bidder *fn* ajánlattevő; licitáló * **It is ex-
pected to attract bidders from
around the world, particularly
the United States and Canada.**
Várhatóan a világ minden részéről lesz-
nek ajánlattevők, főleg az Egyesült Ál-
lamokból és Kanadából.
bilateral *mn* kétoldalú; bilaterális; köl-
csönös * **bilateral relationship** két-
oldalú kapcsolat * **bilateral negotia-
tions/talks** kétoldalú tárgyalások
bill *fn*
1. ker számla * **pay/settle a bill** szám-
lát kifizet * **foot the bill** állja a költsé-
geket * **make out a bill** számlát kiál-
lít
2. okmány
3. pénzügy váltó; idegen váltó; intézvé-
nyezett váltó * **honour the bill** elfo-
gadja a váltót * **meet a bill** váltót kifi-
zet
4. pénzügy (*US*) bankjegy
5. jog törvényjavaslat * **pass a bill** tör-
vényjavaslatot elfogad * **promote a
bill** törvényjavaslatot előterjeszt/benyújt
* **They plan to introduce a bill in
the Scottish parliament impos-
ing a levy on plastic carrier bags.**
Várhatóan olyan törvényjavaslatot ter-
jesztenek elő a skót parlamentben,
mely alapján megadóztatnák a műanyag
bevásárlószatyrok használatát.
6. közlemény; falragasz; hirdetés; hir-
detmény * **Stick no bills.** Hirdetések
felragasztása tilos!
bill of exchange *fn* NB: röv B/E; b.e.
1. pénzügy (*GB*) váltó
2. intézvényezett váltó; intézvény; ide-
gen váltó
bill of freight *fn* száll fuvarlevél
bill of lading *fn* NB: röv b.l.; b/l.; B/L; B.L.
száll
1. hajóraklevél * **The oil shipped to
southern Africa left Oman by sea,
with bills of lading made out for**

**Japan, but these were changed
several times.** Az Afrika déli részébe
szállított olaj Ománból hajón indult el,
Japánra szóló fuvarlevelekkel, de ezeket
többször megváltoztatták.
2. (*US*) fuvarlevél
3. rakjegy; rakodólevél
bill payable at sight *fn* pénzügy látra
szóló váltó
billing *fn*
1. ker számlázás; számla kiadása
2. ker ügynökségi forgalom
3. mark hirdetés plakáton; közzététel
plakáton
bills discounted *fn* pénzügy leszámított
váltókötelezettségek
bills receivable *fn* pénzügy NB: röv B.R.;
b.r.; b/r.; b.rec. váltókövetelések
bind *ige* jog leköt; köt; kötelez * **The
contract binds the parties.** A szer-
ződés köti a feleket.
binding *mn*
1. kötelező; érvényes * **legally bind-
ing** kötelező érvényű * **binding offer**
kötelező érvényű ajánlat
2. jog kötelező erejű
bipartite *mn*
1. kétoldali
2. (*okmány*) két részből álló
black economy *fn* fekete gazdaság; ille-
gális gazdaság * **How many people
slip into the UK black economy
under the guise of coming to
study is hard to tell.** Nehéz meg-
mondani, hányan „csúsznak be" az an-
gol feketegazdaságba azzal, hogy tanu-
lónak adják ki magukat.
black market *fn* ker feketepiac; fekete-
kereskedelem; fekete gazdaság; zugke-
reskedelem * **The disabled drivers'
badges change hands on the black
market for up to £1,000 each.**
A mozgáskorlátozott parkoló használa-
tára jogosító jelvényeket 1000 fontig ter-
jedő áron adják-veszik a feketepiacon.
¹blame *fn* hiba; felelősség; szemrehá-
nyás; vád; vádaskodás * **take the
blame** vállalja a felelősséget * **bear
the blame** viseli a felelősséget * **put/**

fix/lay the blame on sy hibáztat/ okol vkit

²**blame** *for ige* hibáztat vmiért; okol vmiért

¹**blank** *fn* űrlap; formanyomtatvány

²**blank** *mn* üres; kitöltetlen; biankó * **Write your comments in the blank space, please.** Kérjük, hogy megjegyzéseit az üres mezőbe írja!

blocking minority *fn* EU blokkoló kisebbség

blue chips *fn* tőzsde (*biztos befektetést nyújtó értékpapírok*) első osztályú értékpapírok; elsőrangú részvények

bluecollar worker *fn* fizikai dolgozó; fizikai munkás

blueprint *fn*
1. tervrajz
2. tervezet; tervtanulmány * **In the longer term his blueprint for a different foreign policy may prove a turning point.** A külpolitikát változtató tervezete hosszú távon fordulópontnak bizonyulhat.

board *fn*
1. elnökség; igazgatóság
2. bizottság; választmány; tanács; tanácskozó testület
3. hirdetőtábla * **Information will be posted on the board.** Az információkat a hirdetőtáblára teszik ki.
4. ellátás * **We couldn't decide whether to ask for full board or half board at the hotel.** Nem tudtuk eldönteni, hogy a szállodában teljes ellátást vagy félpanziót kérjünk.

board meeting *fn* bizottsági ülés; igazgatósági ülés

board member *fn* választmányi tag; felügyelő bizottsági tag; igazgatósági tag; elnökségi tag

board of audit *fn* számvevőszék

board of directors *fn* igazgatóság * **KF's board of directors appears to have lost sight of one important fact: its job is to represent the interests of owners – not managers.** A KF igazgatósága, úgy tűnik, figyelmen kívül hagyott egy fontos tényt: fel-

adata a tulajdonosok és nem a vezetők érdekeinek képviselete.

board of inquiry *fn* vizsgálóbizottság * **A tragic chain of events led to the shooting down of an RAF Tornado by a US missile, an RAF board of inquiry has found.** Az események tragikus láncolata vezetett oda, hogy egy amerikai rakéta lelőtt egy Királyi Légierőhöz tartozó Tornado repülőgépet, állapította meg a Királyi Légierő vizsgálóbizottsága.

board of management *fn* vezetőség; igazgatóság * **The board of management meetings are largely occupied by discussions on unimportant issues.** A vezetőségi értekezletek főleg lényegtelen ügyek tárgyalásával telnek.

Board of Trade *fn* NB: röv B.O.T.; B.o.T.; BoT
1. ker (*US*) kereskedelmi kamara
2. tőzsde chicagói árutőzsde

boardroom *fn* tanácskozóterem; ülésterem; tárgyalóterem

body *fn* testület; szerv

bogus self-employment *fn* kényszervállalkozás

bonanza *fn*
1. váratlan nagy nyereség * **Western oil firms originally hoped there would be a bonanza as the country with the second biggest oil reserves in the world expanded its production dramatically.** A nyugati olajtársaságok eredetileg abban reménykedtek, hogy váratlan nagy nyereséghez jutnak, mivel a világ második legnagyobb olajkészletével rendelkező ország hirtelen megnövelte a kitermelést.
2. jövedelmező vállalkozás; bomba üzlet * **Their new service proved to be a bonanza.** Új szolgáltatásuk jövedelmező vállalkozásnak bizonyult.

bond *fn*
1. pénzügy kötvény; járadékpapír; fix kamatozású értékpapír * **Government bond yields are at low levels not seen for 50 years.** Az állami kötvé-

nyek hozama 50 éve nem tapasztalt alacsony szintre süllyedt.
2. pénzügy (*hivatalos dokumentum tartozás elismeréséről*) adóslevél; záloglevél; kötelezvény
3. jog kezesség; óvadék; biztosíték
4. ker (*csak a vám megfizetése után lehet innen elvinni az árut*) vámőrizet; elhelyezés vámszabad raktárban
bond market *fn* tőzsde kötvénypiac; járadékpapír-piac; fix kamatozású állampapírok piaca
bonus *fn*
1. bónusz; juttatás
2. prémium; jutalék * **He will receive a basic $700,000 and a cash bonus worth perhaps twice that.** 700 000 dolláros alapfizetést és ennek akár dupláját kitevő prémiumot fog kapni.
3. rendkívüli osztalék
4. teljesítmény-bérpótlék
bonus share *fn* (*GB*) (*osztalék helyett/kiegészítésére*) ingyenrészvény; prémiumrészvény * **The company's annual report showed the sales director cashed in bonus shares worth £1.3m on top of his £337,000 annual pay.** A cég éves jelentése szerint az értékesítési igazgató 1,3 millió font értékű prémiumrészvényt kapott az évi 337 000 font fizetésén felül.
bonus stock *fn* (*US*) (*osztalék helyett/kiegészítésére*) ingyenrészvény; prémiumkötvény
book *ige*
1. elkönyvel; beír; bejegyez; nyilvántart
2. előjegyez; lefoglal; leköt * **book an appointment with sy** időpontot megbeszél vkivel
3. (*megrendelést*) elfogad
book value *fn* NB: röv B.V.
1. számv (*a könyvelésben feltüntetett érték, mely nem feltétlen azonos a piaci értékkel*) könyv szerinti érték
2. leltári érték
bookkeeper *fn* számv könyvelő
bookkeeping *fn* számv könyvelés; könyvvitel

¹boom *fn*
1. gazdasági fellendülés; élénkülés; konjunktúraciklus felívelő szakasza; konjunktúra; boom * **Despite the recent boom in the real estate market, the agency's profits were weaker than originally expected.** Az ingatlanpiac fellendülése ellenére az ügynökség nyeresége a vártnál alacsonyabb volt.
2. áremelkedés
²boom *ige*
1. fellendül; emelkedik
2. emel; felver
booming tendency *fn* emelkedő irányzat; fellendülési tendencia
¹boost *fn*
1. ösztönzés; megerősítés * **give a boost to sg** növel; fellendít vmit * **The order will be a major boost for the company, which has been battling to enter the low cost carrier market.** A megrendelés nagymértékben erősíti az olcsó szállítási piacra való betörésért küzdő vállalatot.
2. mark reklám ösztönző hatása; értékemelkedés reklám következtében
²boost *ige*
1. felélénkít; megerősít
2. mark reklámot csinál; népszerűsít; reklámoz
borrow *ige* kölcsönöz; kölcsönvesz
borrowed capital *fn* pénzügy kölcsöntőke
borrower *fn* pénzügy
1. kölcsönvevő
2. hitelfelvevő * **Borrowers are sensitive to even small increases in interest rates.** A kamatlábak kismértékű emelkedése is nagy hatással lehet a hitelfelvevőkre.
borrowing *fn* pénzügy
1. kölcsönzés
2. hitelfelvétel
3. kölcsön
borrowing potential *fn* pénzügy hitelképesség * **After I had explained that this year's bonus would be £7,000 and that I had no outstanding loans, the clerk tapped**

the numbers into a computer and out came a maximum borrowing potential of £186,750. Miután elmagyaráztam, hogy az idei nyereségrészesedés 7000 font lesz és hogy nincsenek kifizetetlen tartozásaim, a tisztviselő beütötte a számokat a gépbe, amely max. 186 750 fontos hitelképességi adatot mutatott ki.

borrowing rate *fn* pénzügy hitelkamatláb

bounty *fn*
1. (*ált.* pénzbeli) támogatás; szubvenció
2. (*vmilyen szolgáltatásért és rendszerint pénzbeli*) jutalom; pénzjutalom; prémium * **His bounty was considerable when the products arrived.** Jelentős jutalmat kapott a termékek megérkezésekor.
3. (*szegényeknek adott*) segély

bourse *fn* tőzsde tőzsde; börze

boycott *fn* bojkott

brain drain *fn* (*magasan kvalifikált dolgozókat magasabb fizetéssel és jobb munkakörülmények biztosításával külföldre csábítanak*) szellemi munkaerő elvonása; értelmiség emigrálása; agyelszívás * **Some easterners fear a brain drain of their brightest and best scientists after the accession.** Néhány keleti országban attól tartanak, hogy a belépés után legokosabb és legjobb tudósaik elhagyják az országot.

brainstorming *fn* ötletgyűjtés

branch *fn*
1. fióküzlet; filiálé; fiókintézet; fiókiroda; fióktelep; kirendeltség
2. bank bankfiók
3. üzletág; ágazat * **branch of production** termelési ágazat

branch office *fn* telephely; fióküzlet; filiálé; fiókiroda * **Among the earthquake casualties were four Red Crescent staff members while the organisation's branch office was severely damaged.** A Vörös Félhold négy munkatársa meghalt a földrengésben, és a szervezet telephelye is súlyosan megrongálódott.

brand *fn*
1. (*egy termék vagy szolgáltatás általában bejegyzett védjegye, aminek alapján a vevő azonnal azonosíthatja a gyártót/szolgáltatót és a termék/szolgáltatás minőségét*) márka; védjegy; áruvédjegy * **Although their farm had been hit by the collapse of the milk price, they managed to launch their own brand of organic milk.** Bár farmjuk megszenvedte a tejár zuhanását, sikerült piacra dobniuk a saját márkájú biotejüket.
2. ker márkás áru

brand acceptance *fn* ker (*egy adott márka népszerűsége*) márkaelfogadás; márkás áru kedveltsége; márkás áru népszerűsége

brand awareness *fn*
1. ker (*a vevő tisztában van a márka tulajdonságaival*) márkaismertség * **He has delegated me to sponsor and run a stall at a local charity event to raise our brand awareness.** Megbízott egy helyi jótékonysági rendezvény szponzorálásával és egy stand üzemeltetésével, hogy növeljük márkaismertségünket.
2. márkaigényesség

brand image *fn* ker márkakép; márkanév; márkaimázs

brand loyalty *fn* ker (*a vevő a következő vásárlása során is azonos márkájú terméket/szolgáltatást választ*) márkahűség * **According to several studies, smokers have intense brand loyalty.** Számos tanulmány szerint a dohányzók nagyon márkahűek.

brand manager *fn* ker termékmenedzser; márkamenedzser

brand name *fn* ker márkanév; védjegy

brand recognition *fn* ker márkafelismerés

branded goods *fn* ker márkás cikk; márkázott áru; márkázott gyártmány; márkázott termék

branding *fn*
1. ker márkapolitika
2. áru védjegyezése; áru márkázása

breach *fn* megszegés; figyelmen kívül hagyás * **breach of contract** jog szerződésszegés * **breach of warranty** jog kötelezettségmulasztás; szavatossági szerződés megszegése * **breach of trust/ confidentiality** bizalommal való viszszaélés

breakdown *fn* ipar üzemzavar; meghibásodás; üzemzárlat * **The factory has been closed due to the breakdown of the line.** A gyárat a futószalag meghibásodása miatt bezárták.

breakdown pension *fn* keresőképtelenségi nyugdíj

breakeven analysis *fn* pénzügy fedezetszámítás; nyereségküszöb-számítás

breakeven point *fn*
1. pénzügy fedezeti pont; fedezeti határ
2. jövedelmezőségi küszöb

bribe *fn*
1. jog megvesztegetés
2. vesztegetési pénz; vesztegetési öszszeg; kenőpénz; csúszópénz * **accept a bribe** kenőpénzt elfogad * **offer a bribe** kenőpénzt ajánl fel

bribery *fn* jog megvesztegetés; vesztegetés * **He is awaiting trial for bribery.** Vesztegetési per előtt áll.

bridge loan *fn* bank (*US*) (*rövid távra nyújtott hitel, amely arra szükséges a kölcsönt felvevőnek, hogy pl. egy vételt finanszírozni tudjon, amíg egy másik eladás megvalósul*) áthidaló kölcsön; áthidaló hitel

bridging finance *fn* pénzügy (*rövid távra nyújtott hitel, amely arra szükséges a kölcsönt felvevőnek, hogy pl. egy vételt finanszírozni tudjon, amíg egy másik eladás megvalósul*) átmeneti finanszírozás; ideiglenes finanszírozás * **The company was set up to offer bridging finance to small businesses.** A vállalatot azzal a céllal alapították, hogy átmeneti finanszírozást nyújtson a kisvállalkozásoknak.

bridging loan *fn* pénzügy (*GB*) áthidaló kölcsön; áthidaló hitel * **When he and his wife decided to move to the capital, they took out a £100,000 bridging loan, only to discover his house was harder to sell than anticipated.** Amikor a feleségével úgy

döntött, hogy a fővárosba költöznek, 100 000 fontos áthidaló kölcsönt vettek fel, de rá kellett döbbenniük, hogy a házuk eladása nehezebb, mint gondolták.

briefing *fn* tájékoztatás; eligazítás; rövid ismertető

bring down *ige* lenyom; leszorít; elértéktelenít; visszaszorít * **Unless the Government meets the £250 million gap in police funding, the progress made in bringing down crime will be at risk.** Amennyiben a kormány nem fedezi a rendőrség 250 millió fontos költségvetési hiányát, veszélybe kerülnek a bűnözés visszaszorításában elért eddigi eredmények.

brochure *fn* mark prospektus; brosúra; reklámanyag * **You can find photos of the hotel in our brochure.** Prospektusunkban talál fényképeket a szállodáról.

broker *fn*
1. pénzügy alkusz; ügynök; bróker; közvetítő * **A number of lenders offer bridging loans to cover a period when you have two homes, so your bank or a mortgage broker will be able to help.** Számos hitelező áthidaló kölcsönt kínál arra az időszakra, amikor valakinek két otthona van, így a bankja vagy a jelzálogügynök segítséget tud nyújtani.
2. bizományos

broker firm *fn* tőzsde alkuszcég; brókercég; brókerügynökség

broker's commission *fn* tőzsde alkuszdíj; ügynöki jutalék

brokerage commission *fn* tőzsde alkuszdíj; ügynöki jutalék

brokerage firm *fn* tőzsde alkuszcég; brókercég; brókerügynökség

brokerage house *fn* tőzsde alkuszcég; brókercég; brókerügynökség * **According to a survey, 57% of Americans say they don't trust brokerage houses to give them honest information.** Egy felmérés szerint az amerikaiak 57%-a nem hiszi, hogy a

brókerügynökségek valós információkat szolgáltatnak számukra.
browser *fn* informatika böngésző
¹budget *fn*
1. pénzügy államháztartás; költségvetés * **balance the budget** egyensúlyba hozza a költségvetést * **a tight budget** szoros költségvetés * **implementation of the budget** költségvetés végrehajtása * **amend the budget** költségvetést módosít
2. pénzügy pénzügyi terv; költségterv
3. pénzügy pénzügyi keret * **It's only September and we have already spent our PR budget for the whole year.** Még csak szeptember van, és mi már felhasználtuk az éves PR keretünket.
²budget *ige* pénzügy
1. költségvetésbe beállít
2. költségvetést készít
budget deficit *fn* pénzügy költségvetési hiány * **Italy yesterday became the latest country in the eurozone to be ordered to bring its budget deficit in line with European rules or face punishment.** Tegnap Olaszország lett a legújabb olyan eurozónás ország, melyet felszólítottak, hogy büntetés terhe mellett az európai szabályoknak megfelelő szintre csökkentse költségvetési hiányát.
budget surplus *fn* pénzügy költségvetési többlet
budgetary commitments *fn* pénzügy költségvetési kötelezettségek
budgetary control *fn* pénzügy költségvetési ellenőrzés; költségvetés szabályozása
budgetary costs *fn* pénzügy költségvetési kiadások * **Despite difficulties in finding an acceptable distribution of budgetary costs, observers believe that core member states will eventually reach the necessary compromises.** Megfigyelők szerint a legfontosabb tagországok a költségvetési kiadások elfogadható elosztásában jelentkező nehézségek ellenére végül mégis kompromisszumokat kötnek majd.

budgetary policy *fn* pénzügy költségvetési politika * **The EU must stick to sound budgetary policies.** Az EU-nak ragaszkodnia kell az ésszerű költségvetési politikához.
budgeted cost(s) *fn* pénzügy előirányzott költségek; költségvetés szerinti költségek; tervezett költségek
budgeting *fn* pénzügy költségvetés készítése; költségtervezés
building and loan association *fn* bank (US) (*lakásépítést, ill. lakásvásárlást finanszírozó, építési kölcsönöket folyósító*) takarékpénztár
building credit *fn* bank építési kölcsön
building loan *fn* bank építési kölcsön * **A large hospital developer has allegedly made £70m profit by rearranging its building loans at a lower interest rate.** Egy nagy kórházépítő cég állítólag 70 millió fontos nyereségre tett szert azzal, hogy az építési kölcsöneit alacsonyabb kamatokra szervezte át.
building society *fn* NB: röv B.S. (GB) (*célja a lakossági építkezések és ingatlanvásárlások támogatása ált. hosszú lejáratú hitelekkel*) lakóházépítő szövetkezet; lakossági befektetési társaság; építési takarékpénztár * **Interest rates seem certain to rise after the Nationwide building society yesterday reported another surge in house prices.** A kamatok emelkedése biztosnak látszik, miután a Nationwide lakóházépítő szövetkezet tegnap a házárak újabb emelkedését jelentette be.
bulk *fn* NB: röv blk.
1. nagy mennyiség; tömeg; nagy tétel * **bulk buying** nagybani vásárlás; nagy tételben történő vásárlás * **bulk selling** nagybani eladás; nagy tételben történő eladás * **sell in bulk** nagy tételben árul * **produce in bulk** nagy tételben gyárt * **buy in bulk** nagy tételben vesz
2. tömegáru
bulk buyer *fn* ker nagybani vásárló; nagybani vevő * **We deliver cheap beer**

to bulk buyers and small hotels.
Nagybani vásárlóknak és kis szállodáknak olcsó sört szállítunk.

bulk discount *fn* ker mennyiségi árengedmény * **Bulk discounts are available, and customers who want the product for the whole family can get a package deal starting at $100.** Mennyiségi árengedmények vannak, és azok a vásárlók, akik az egész család számára rendelik a terméket, 100 dollártól kedvezményes csomagot kaphatnak.

bulk purchaser *fn* ker nagy tételben vásárló * **The library was one of the largest bulk purchasers of novels in the mid-19th century.** A XIX. sz. közepén a könyvtár az egyik legnagyobb olyan vásárló volt, amely nagy tételben vett regényeket.

bull market *fn* tőzsde erősödő piac; áremelkedéses piac

bullion reserve *fn* bank (*arany-, vagy ezüstrudakban tartott tartalék, melynek értékét a súlya szerint határozzák meg*) aranytartalék; ezüsttartalék * **Another 25 tonnes of gold was auctioned yesterday as part of the Treasury's plan to reduce its bullion reserves.** Újabb 25 tonna aranyat árvereztek el tegnap, mivel az Államkincstár csökkenteni akarja az aranytartalékát.

bullish market *fn* tőzsde emelkedő árfolyamú piac

buoyant *mn* (*pl. piac*) élénk; lendületes; emelkedő irányzatú; viruló; magas szinten álló; magas szintet tartó * **The housing and mortgage markets had been more buoyant than expected in the first part of the year.** Az ingatlan és a jelzálogpiacok az év első felében magasabb szinten álltak, mint ahogy arra számítottak.

¹burden *fn*
1. teher; gond; súly; terhelés
2. vállalt kötelezettség; teher * **carry/ shoulder the burden** terhet visel * jog **burden of proof** bizonyítás terhe * jog **burden of a contract** szer-

ződéses kötelezettség * **They were not fully prepared for the financial burden.** Nem készültek fel teljesen az anyagi terhekre.

²burden *ige* megterhel; megrak; terhel

bureau *fn*
1. hivatal; iroda * **an information bureau** információs iroda
2. kormányhivatal; kormányhivatal része * **The Federal Bureau of Investigation (FBI)** Szövetségi Nyomozó Iroda * (*US*) **The Bureau of Standards** Szabványügyi Hivatal

business *fn*
1. üzlet; üzletmenet; ügylet * **general course of business** általános üzletmenet
2. cég; vállalat; vállalkozás * **We have a profitable family business.** Nyereséges családi vállalkozásunk van.
3. üzleti tevékenység; üzleti vállalkozás; gazdasági tevékenység; kereskedelmi tevékenység * **go out of business** gazdasági tevékenységgel felhagy * **go into business/engage in business/ set up a business/ take up a business** üzleti vállalkozásba kezd
4. gazdaság; gazdasági élet
5. foglalkozás; elfoglaltság; ügy; dolog; teendő * **do business with sy** együtt dolgozik/üzletel vkivel * **get down to business** nekikezd, tárgyra tér
6. bizt prémiummennyiség; új kötés
7. üzleti forgalom; kereskedelmi forgalom

business administration *fn*
1. üzemgazdaság; üzemgazdaságtan
2. üzleti ügyvitel

business assets *fn* vállalati vagyon

business barometer *fn* (*megmutatja a piacot és annak változásait, segít a döntéshozatalban*) piacmutató; gazdasági helyzetjelző; üzleti barométer

business card *fn* névjegykártya

business climate *fn* gazdasági légkör; konjunkturális klíma

business conditions *fn* gazdasági feltételek; üzleti feltételek

business cycle *fn* gazdasági ciklus; üzleti ciklus; konjunktúraciklus * **The**

introduction of the new business cycle will enable us to be more flexible and proactive. Az új gazdasági ciklusban rugalmasabbak és proaktívabbak lehetünk.

business economics *fn* vállalatgazdaságtan; üzemgazdaságtan; üzletgazdaságtan

business enterprise *fn* gazdasági vállalkozás; üzleti vállalkozás; kereskedelmi vállalkozás

business ethics *fn* üzleti etika; üzleti erkölcs * **If you want to be successful in business, you need the perfect combination of good commerce and sound business ethics.** Az üzleti sikerhez a jó kereskedelem és a szilárd üzleti etika tökéletes kombinációja szükséges.

business expansion *fn*
1. üzleti terjeszkedés; üzletbővülés; vállalkozásbővítés
2. gazdasági fellendülés

business expenses *fn* üzleti költségek; üzemi költségek

business failure *fn* csőd; bukás; üzleti sikertelenség; fizetésképtelenség * **Unsold products may raise the risk of business failures.** Az eladatlan termékek növelhetik az üzleti bukások kockázatát.

business finance *fn* cégfinanszírozás; vállalati pénzügyek

business flair *fn* üzleti érzék * **He has the ability to balance business flair with strong social values.** Képes egyensúlyba hozni az üzleti érzéket és a társadalmi értékeket.

business form *fn* cégforma; vállalkozás jogi formája

business hours *fn* üzleti nyitvatartási idő

business management *fn*
1. üzemvezetés; vállalatvezetés; üzletvezetés
2. üzemszervezés

business manager *fn*
1. vállalatvezető; menedzser; igazgató
2. kereskedelmi igazgató

business plan *fn* üzleti terv * **The business plan is largely dependent on the decision of the committee.** Az üzleti terv főleg a bizottság döntésétől függ.

business planning *fn* üzleti tervezés * **In the last issue of Business Solutions, we looked at business planning.** A Business Solutions legutóbbi számában az üzleti tervezést tekintettük át.

business priorities *fn* üzleti prioritások; vállalati prioritások * **Improving the design of our products is now high on the list of business priorities.** Az üzleti prioritások listáján termékeink dizájnjának javítása előkelő helyen áll.

business strategy *fn* üzleti stratégia * **Making it easier for companies to start up is the foundation of our business strategy.** Üzleti stratégiánk alapja, hogy megkönnyítsük a cégek elindulását.

business studies *fn* közgazdaságtudomány; üzemgazdaságtan; üzlettel kapcsolatos tanulmányok

business year *fn* üzletév; gazdasági év; költségvetési év

buy in *ige* ker nagyobb tételeket bevásárol; felhalmoz

buy out *ige (vki üzletrészét megveszi)* kivásárol; felvásárol * **A well-known American company bought out our firm to increase their market share.** Egy jól ismert amerikai vállalat vásárolta fel a cégünket, hogy növelje piaci részesedését.

buy up *ige* ker felvásárol; teljes készletet megveszi * **They managed to buy up most of the shares of their competitor.** Sikerült felvásárolniuk a vetélytársuk részvényeinek nagy részét.

buyer *fn*
1. ker vásárló; vevő
2. beszerző; anyagbeszerző

buyer behavio(u)r *fn* ker vásárlói magatartás

buyer's market *fn* ker kínálati piac; vásárlói piac

buying agent *fn* ker beszerző

buying price *fn* tőzsde vételi ár; keresleti ár * **The difference between the selling and buying price is somewhat wider than you would expect due to some government decisions.** Néhány kormányhatározat miatt az eladási és a vételi ár különbözete valamivel nagyobb a vártnál.

buying rate of exchange *fn* bank vételi árfolyam; devizaárfolyam; valutaárfolyam

buying up *fn* felvásárlás; megvásárlás *(egész cégé)*

buyout *fn* vállalat kivásárlása * **The planned £2.5bn buyout was shelved.** A tervezett 2,5 milliárdos kivásárlást elhalasztották.

bylaw *fn*
1. jog szabályzat; kiegészítő szabályozás; működési és szervezeti szabályzat
2. jog (*US*) társasági szabályzat; társasági alapszabály

by-product *fn* ipar melléktermék * **Packaging is in effect a by-product of consumption.** A csomagolás gyakorlatilag a fogyasztásból származó melléktermék.

C, c

¹C.O.D. [= **cash on delivery**] *fn* ker (GB) (*a gyártó/eladó abban az esetben küldi el a megrendelőnek az árut, ha a vevő a postásnak vagy a szállítónak kifizeti az árut és a szállítási díjat a leszállításkor*) utánvét; utánvéttel; átvételkor készpénzben fizetendő; szállítás utánvéttel

²C.O.D. [= **collect on delivery**] *fn* ker (US) (*a gyártó/eladó abban az esetben küldi el a megrendelőnek az árut, ha a vevő a postásnak vagy a szállítónak kifizeti az árut és a szállítási díjat a leszállításkor*) utánvét; utánvéttel; átvételkor készpénzben fizetendő; szállítás utánvéttel

cadastral map *fn* földmérési alaptérkép

calculate *ige*
1. ker kiszámít; kiszámol * **They always calculate the costs of production in advance.** Mindig előre kiszámítják a termelési költségeket.
2. mérlegel * **He is calculating the possible effects of the decision.** A döntés lehetéges hatásait mérlegeli.

calculation *fn*
1. számítás; kiszámítás
2. pénzügy költségvetés

calendar year *fn* naptári év

¹call *ige*
1. összehív; egybehív * **The project leader called a meeting to discuss urgent issues.** Fontos ügyek megbeszélésére a projektvezető gyűlést hívott össze.
2. telefonál; felhív

²call *fn*
1. bank fizetési felhívás; fizetési felszólítás
2. tőzsde (*jog bizonyos mennyiségű/értékű áru/értékpapír adott időpontban és áron történő megvásárlására*) vételi opció; vételi díjügylet; előprémiumos ügylet

3. felhívás * **call for proposals** ajánlatkérés; pályázati felhívás

call deposit *fn* bank látra szóló betét

call money *fn*
1. bank (*bank által nyújtott kölcsönfajta*) azonnali visszafizetésre felmondható kölcsön; látra szóló követelés
2. lehívható betét
3. napi pénz

call option *fn* tőzsde (*vásárlási szerződés, amelynek értelmében a vételi opció tulajdonosa jogosult arra, hogy felszólítsa a szerződött felet, hogy adja el neki az adott értékpapírt/árut a szerződésben meghatározott áron*) opciós vételi ügylet; lehívási opció; vételi opció

campaign *fn* kampány; hadjárat * **sales campaign** értékesítési kampány

cancel *ige* lemond; töröl; érvénytelenít * **cancel a cheque** csekket érvénytelenít * **cancel a contract** szerződést érvénytelenít

cancellation *fn* felmondás; törlés; érvénytelenítés; stornírozás; lemondás * **They forced the cancellation of the President of Germany's visit to Amman.** Kikényszerítették a német elnök ammani látogatásának lemondását.

candidate *fn* pályázó; jelentkező; jelölt * **He is a candidate for the post of factory manager.** Pályázó a gyárigazgatói posztra.

candidate country *fn* EU (*csatlakozni kívánó ország*) jelölt ország; pályázó ország; tagjelölt ország

candidature *fn*
1. jelöltség
2. jelölés

CAP [= **Common Agricultural Policy**] *fn* EU Közös Agrárpolitika; KAP

capability *fn*
1. lehetőség * **The huge expansion plan would provide scientists with the capability to design new missiles.** A hatalmas expanziós terv lehetővé tenné a tudósok számára, hogy új rakétákat tervezzenek.
2. alkalmasság; képesség * **He has the capability of a successful insurance salesman.** Alkalmas arra, hogy sikeres biztosítási ügynök legyen.
3. teljesítőképesség
capacity *fn*
1. képesség * **The firm does not have the capacity to pay back the loan.** A cég nem képes visszafizetni a tartozását.
2. ipar kapacitás; termelőképesség
capacity to contract *fn* jog (*a szerződő fél jogilag nincs akadályozva abban, hogy szerződést kössön*) szerződéskötési képesség; jogképesség
capital *fn* pénzügy
1. tőke; pénzeszköz; vagyon
2. tőkebefektetés
capital account *fn* **NB: röv C/A** számv (*főkönyvi számla, amelyben minden ügylet regisztrálva van*) tőkemozgások mérlege; tőkeszámla * **He recognised that capital account liberalisation was not a panacea.** Rájött, hogy a tőkeszámlák liberalizációja nem csodaszer.
capital and reserves *fn* pénzügy tőke és tartalék
capital asset *fn* tőkebefektetés; beruházott termelési eszköz
capital assets *fn* (*pl. föld, épületek, gépek, melyeket nem akarnak eladni/pénzzé tenni addig, amíg szükségesek a termeléshez/üzlethez*) állótőke; állóeszközvagyon * **Supplies are ordered on a just-in-time basis to avoid the usual criticism for stockpiling vast capital assets wastefully.** A készleteket „éppen időben" szállítási alapon rendelik, hogy elkerüljék a szokásos kritikát, hogy gazdaságtalanul hatalmas állótőkét halmoznak fel.

capital base *fn* pénzügy tőkealap; tőkefedezet * **One of the largest societies in Britain said it had maintained a strong capital base and was still able to pass on surpluses to policyholders in the form of lower charges and higher bonuses.** Nagy-Britannia egyik legnagyobb társasága azt állította, hogy erős tőkefedezet mellett is képes alacsonyabb díjak és magasabb bónuszok formájában többleteket juttatni a kötvényeseknek.
capital budget *fn* pénzügy (*egy ország költségvetésének az a része, amit nem adókból, hanem kölcsönökből fedez, ill. olyan költségvetés, amely megmutatja, hogy egy adott időszakon belül, hogyan lehet fedezni biztosítani a kifizetésekre*) tőkeköltségvetés
capital capacity *fn* pénzügy tőkekapacitás
capital contribution *fn* pénzügy tőkehozzájárulás
capital costs *fn* pénzügy tőkeköltségek; befektetési költségek
capital cover *fn* pénzügy tőkefedezet
capital equipment *fn* számv (*a termelés során felhasznált gépek, eszközök, járművek stb.*) termelő berendezések; állóeszközök; tőkejavak
capital expenditure *fn* (*állóeszközök vételére és pl. alapanyagok készletezésére fordított pénzösszeg*) tőkeberuházás; tőkeráfordítás * **He had to oversee a $10bn capital expenditure programme.** Egy tízmilliárd dolláros tőkeberuházási programot kellett felügyelnie.
capital export *fn* tőkekivitel
capital formation *fn* (*a fogyasztók a vagyonuk egy részét nem elfogyasztják, hanem arra fordítják, hogy tőkejavaikat növeljék*) tőkeképződés; tőkefelhalmozás * **We need demand-led policies which increase capital formation.** Keresleten alapuló tőkepolitikára van szükségünk, amely növeli a tőkeképződést.
capital gain *fn* pénzügy
1. (*realizált*) árfolyamnyereség; vagyonnövekedés; tőkehozadék; tőkekamat; tőkenövekedés; tőkehaszon

2. (*vagyoneladásból származó nyereség*) tőkenyereség; tőkenövekedés; tőkehaszon **capital gains tax** *fn* NB: röv C.G.T. adó (*GB*) (*Nagy-Britanniában ezt az adót vetik ki, ha a magánszemély elad valamilyen vagyontárgyat, és ebből nyeresége származik. Bizonyos javak (pl. saját gépjármű) eladása azonban nem adóköteles bizonyos összeg alatt.*) tőkekamatadó; árfolyamnövekedési adó; tőkehozadék-adó

capital goods *fn* beruházási javak; termelőeszközök; tőkejavak

capital import(s) *fn* tőkeimport

capital increase *fn* pénzügy tőkeemelés; tőkenövekedés; alaptőke-emelés * **Most analysts believe that British homes will rise in price by just 4 per cent this year, so capital increases for investors will also be modest.** Az elemzők többsége úgy véli, hogy a brit otthonok ára mindössze 4%-kal emelkedik az idén, így a beruházók tőkenövekedése is mérsékelt lesz.

capital inflow *fn* pénzügy tőkebeáramlás; tőkeimport

capital interest *fn* pénzügy tőkerészesedés

capital market *fn* pénzügy tőkepiac; pénzpiac; hosszú lejáratú hitelek piaca * **The power of big business and capital markets is surely one of the most striking features of contemporary politics in Britain.** A nagyvállalatok és a pénzpiac hatalma minden bizonnyal a jelenlegi brit politika egyik legfeltűnőbb vonása.

capital needs *fn* pénzügy tőkeszükséglet

capital outflow *fn* pénzügy tőkekiáramlás; tőkekivitel * **At the height of the Asian crisis, some countries faced capital outflows of more than 10% of GDP.** Az ázsiai válság csúcspontján néhány ország tőkekiáramlása meghaladta a hazai GDP 10%-át.

capital raising *fn* pénzügy tőkeszerzés

capital reserves *fn* pénzügy (*a törvényi előírásoknak megfelelően egy meghatározott pénzösszeget nem lehet osztalékként kifizetni, hanem tartalékként kell tartani*) tőketartalék; tartaléktőke

capital stock *fn* pénzügy részvénytőke; tőkeállomány; alaptőke; törzstőke

capital structure *fn* pénzügy (*különböző fajtájú részvények, értékpapírok stb., amelyek együtt adják egy társaság tőkéjét*) tőkeszerkezet; tőkeösszetétel * **The new capital structure gave the company breathing space.** Az új tőkeszerkezet miatt fellélegezhetett a vállalat.

capital tax *fn* adó tőkeadó; vagyonadó * **If the chancellor is planning a capital tax on house sales, it would be suicidal to announce it in advance.** Ha a pénzügyminiszter vagyonadót tervez kivetni az ingatlaneladásokra, ennek előzetes bejelentése reá nézve katasztrofális következménnyel járna.

capital value *fn*
1. pénzügy (*az az összeg, amit valamilyen befektetés (pl. értékpapír) megvásárlásáért fizetni kell*) tőkeérték
2. állóeszközérték * **They are worried about the loss in capital value of their farms and smallholdings.** Aggódnak a farmjaik és kisgazdaságaik állóeszközértékének csökkenése miatt.

capital-intensive *mn* pénzügy (*olyan iparág/vállalkozás, mely működtetéséhez nagy tőkeösszegre van szükség*) tőkeigényes * **It is easier to make productivity gains in a capital-intensive factory than a labour-intensive restaurant.** A termelékenység javulását egy tőkeigényes gyárban könnyebb elérni, mint egy munkaerő-igényes étteremben.

capitalism *fn* kapitalizmus

capitalization *fn* pénzügy (*tőkeösszeg nagyságának növelésére tett lépések*) tőkésítés * **capitalization of reserves** tartalékok tőkésítése

capitalize *ige* pénzügy tőkésít

capitalized value *fn* pénzügy tőkésített érték

cardholder *fn* bank hitelkártya-tulajdonos * **Each single payment must be authorised by the cardholder.**

Minden egyes kifizetést a hitelkártya-tulajdonosnak kell engedélyeznie.

care of *fn* **NB: röv c/o** (*az a cím, ahová a küldemény címezhető olyan valaki részére, aki egyébként nem lakik/tartózkodik ott*) vkinek a címén

career *fn* életpálya; foglalkozás; karrier; pályafutás; hivatás * **build a career** karriert épít * **make a career (out of sg)** karriert csinál (vmiben) * **launch a career** karriert elindít * **the peak/ height of sy's career** karrierjének csúcsa * **follow/pursue a career** hivatást űz

career break *fn* (*egy bizonyos időre, meghatározott indokkal, pl. gyermekvállalás esetén*) karrier felfüggesztése

career counsel(l)ing *fn* (*az előmeneteli lehetőségek felvázolása*) életpálya-tanácsadás; karrierépítési tanácsadás; előmeneteli tanácsadás; munkaköri tanácsadás

career guidance *fn* életpálya-tanácsadás; pályaválasztási tanácsadás

career management *fn* karriergondozás

career planning *fn* karriertervezés

cargo *fn* száll szállítmány; rakomány

carriage *fn* száll
1. fuvarozás; szállítás
2. szállítmány; fuvar
3. szállítási költségek; fuvardíj; viteldíj

carrier *fn* száll
1. fuvarozó; szállítmányozó * **My best friend is a private carrier.** Legjobb barátom magánfuvarozó.
2. fuvarozó vállalat; szállítási vállalat * **He inherited a contract carrier.** Szerződéses fuvarozó vállalatot örökölt.
3. szállítmányozás; fuvarozás

carry *ige*
1. visz; átvisz
2. szállít; fuvaroz
3. raktáron tart
4. tőzsde (*tőzsdeügynök ügyfélnek*) hitelt nyújt

carry out *ige* teljesít; megvalósít; végrehajt * **carry out a decision** döntést végrehajt * **carry out a plan** tervet megvalósít

carrying charges *fn* száll szállítási költségek

cartel *fn* ker (*ugyanabban a termelési ágban működő előállítók/kereskedők csoportja, melynek célja, hogy megszüntessék az egymás közötti versenyt és növeljék a nyereséget*) kartell

cartel agreement *fn* ker kartell megállapodás * **The purpose of these inspections is to ascertain whether there is evidence of a suspected cartel agreement.** Ezeknek az ellenőrzéseknek az a célja, hogy megállapítsák, bizonyítható-e a kartell-megállapodás gyanúja.

cartel law *fn* jog kartelltörvény * **He told a conference on cartel law that the world oil industry needed new regulations.** Egy kartelltörvénnyel foglalkozó konferencián kijelentette, hogy a világ olajkereskedelmének új szabályozásra van szüksége.

case law *fn* jog (*bírói elvi döntéseken alapuló jog*) esetjog; precedensjog

case study *fn* esettanulmány

¹cash *fn* pénzügy
1. készpénz * **buy sg for cash** készpénzért vásárol vmit
2. készpénzfizetés
3. pénztárállomány
4. készpénzkövetelés; bankkövetelés

²cash *ige* pénzügy (kész)pénzt beszed; behajt; inkasszál * **cash a cheque** csekket bevált

cash account *fn*
1. pénzügy pénztárszámla; kasszakontó; készpénzszámla
2. készpénzkövetelés bankszámlán

cash balance *fn* pénzügy (*pénzösszeg, mely a pénztárban/pénztárgépben adott időben bankjegyekben és érmékben rendelkezésre áll*) pénztári állomány; pénztári egyenleg; készpénzegyenleg

cash book *fn* számv (*minden betett és kifizetett készpénzt belejegyeznek, de ugyanakkor főkönyv is*) pénztárkönyv; pénztárnapló; készpénzkönyv

cash deposit *fn* pénzügy készpénzbetét; készpénzletét

cash desk *fn* ker pénztár

C

cash discount *fn* ker *(árengedmény, amit az eladó az azonnal, készpénzzel fizető vevőnek felajánl)* készpénzfizetési engedmény; kasszaszkontó; készpénzfizetési rabatt

cash dispenser *fn* bank bankjegykiadó automata; bankautomata; készpénzautomata

cash economy *fn* pénzgazdaság; piacra termelő gazdaság; készpénzgazdálkodás * **The government's aim is to drag the country out of the informal cash economy where tax evasion is rife.** A kormány célja, hogy kimozdítsa az országot az informális készpénzgazdálkodásból, amelyben mindennapos az adótörvények megkerülése.

cash flow *fn* pénzügy *(egy meghatározott időszakra eső)* pénzforgalom; vállalati bevétel; likviditás; pénzáramlás; készpénzforgalom

cash in hand *fn* pénzügy *(bankjegyek és érmék formájában tartott pénz egy cégnél)* készpénzkészlet; pénztári készlet; készpénzállomány

cash management *fn*
1. pénzügy pénzgazdálkodás
2. pénztárkezelés

cash on delivery *fn* **NB: röv C.O.D.** ker *(GB) (a gyártó/eladó abban az esetben küldi el a megrendelőnek az árut, ha a vevő a postásnak vagy a szállítónak a leszállításkor kifizeti az árut és a szállítási díjat)* utánvét; utánvéttel; átvételkor készpénzben fizetendő; szállítás utánvéttel

cash on hand *fn* pénzügy pénztári készlet; készpénzkövetelés; készpénzállomány * **It does not have enough cash on hand to cover interest payments on its debts.** Pénztári készlete nem elegendő tartozásai kamatainak kifizetésére.

cash outflow *fn* pénzügy készpénzkiáramlás; tőkekiáramlás * **The company was named among six companies that together have seen a $21.3bn cash outflow from funds as investors have gone elsewhere.** A vállalatot azon hat vállalat között említették, amely tőkekiáramlása ösz-

szesen 21,3 milliárd dollár volt, mivel a befektetők elmentek máshova.

cash payment *fn* pénzügy készpénzfizetés * **The leader of the group had allegedly been promised cash payment of £1m and oil mining rights.** Az állítják, hogy a csoport vezetőjének egymillió font készpénzt és olajkitermelési jogot ígértek.

cash price *fn* pénzügy készpénzárfolyam; készpénzár

cash reserves *fn* pénzügy készpénztartalék

cash sale *fn* ker *(ügylet, ahol az eladó kész eladni egy adott áron, amennyiben a vevő azonnal fizet)* készpénzeladás; prompt eladás

cash statement *fn* számv *(a pénztáros napi kimutatása a készpénz-helyzetről)* pénztárzárás; készpénzkimutatás

cash transaction *fn* ker készpénzügylet

cash value *fn* pénzügy készpénzérték; tőkeérték; árfolyamérték; pénztári érték; beváltási érték

cash voucher *fn* számv *(átvételi elismervény/bizonylat egy adott összegről)* pénztári bizonylat; készpénzfizetési elismervény; készpénzfizetési bizonylat

cashable *mn* pénzügy beváltható; készpénzzé tehető

cashless *mn* pénzügy készpénz nélküli; készpénzmentes; készpénzkímélő * **The latest stride towards a cashless society comes from a US company which wants to implant chips containing credit card details under your skin.** A legújabb lépést a készpénz nélküli társadalom felé az az amerikai vállalat tette meg, amely a bőr alá akar beültetni hitelkártyaadatokat tartalmazó chipet.

casting vote *fn* *(szavazategyenlőség esetén az ülés elnökének vagy valamely más meghatározott személynek döntő szavazati joga)* döntő szavazat

casual vacancy *fn* *(az az állapot, amikor egy álláshely/tisztség egy időre betöltetlen, mert eddigi betöltője váratlanul eltávozott)* időszakos üresedés; váratlan megüresedés

casual work *fn* idénymunka; alkalmi munka * **They are to turn their back on their home countries for casual work abroad.** Elhagyják hazájukat külföldi idénymunkáért.

casual worker *fn* alkalmi munkás * **In this country much of the cooking and cleaning is done by low-paid casual workers.** Ebben az országban a főzés és takarítás nagy részét alkalmi munkások végzik alacsony fizetésért.

casualty insurance *fn* bizt baleset-biztosítás

catalog(ue) *fn* katalógus; jegyzék; lajstrom

cause *fn* ok; indok; jogalap

caution money *fn*
1. jog (*előlegként adott pénzösszeg*) kaució; foglaló
2. (*biztosítékként elhelyezett pénzösszeg*) óvadék; letét
3. jog (*bírósági eljárásra beidézett személy költségtérítése*) tanúdíj

caveat *fn* jog kifogás; óvás * **enter a caveat** óvással él vmi ellen * **This caveat could have been applied to the whole directive.** Ezt a kifogást az egész irányelvre ki lehetett volna terjeszteni.

cease *ige* abbahagy; abbamarad; megszüntet * **The company has ceased production abroad.** A vállalat megszüntette külföldi termelését.

census *fn* népszámlálás

central bank *fn* bank (*a „bankok bankja", mely kibocsátja az ország pénzét, őrzi aranytartalékait stb.*) központi bank; jegybank

centralization *fn* központosítás; centralizáció

centralize *ige* központosít; centralizál

CEO [= **Chief Executive Officer**] *fn* vezérigazgató; a cég első számú vezetője

certain *mn* biztos; bizonyos; kétségtelen

certificate *fn* bizonyítvány; bizonylat; igazolás; igazolvány; okmány; okirat; tanúsítvány

certificate for tax purposes *fn* adó adózási célra kiállított igazolás

certificate of damage *fn* bizt kárbizonylat

certificate of manufacture *fn* ker (*az exportőr által kiállított dokumentum, melyben rögzítik, hogy az árut a megrendelő számára gyártották és szállításra vár*) műbizonylat; gyártási bizonylat

certificate of origin *fn* ker (*hivatalos dokumentum arról, hogy az adott terméket mely országban gyártották*) származási bizonyítvány; eredetigazolás

certification *fn*
1. tanúsítás; hitelesítés; láttamozás; igazolás
2. igazolvány; tanúsítvány

certified accountant *fn*
1. számv hiteles könyvszakértő; hiteles könyvvizsgáló
2. mérlegképes könyvelő

certified copy *fn* jog (*egy dokumentumról készített másolat, melynek megegyezése az eredetivel aláírással/bélyegzővel hitelesített*) hiteles másolat

certified public accountant *fn* **NB: röv CPA** számv (*US*) könyvszakértő; okleveles könyvvizsgáló; hiteles könyvvizsgáló

certify *ige* igazol; bizonyít; tanúsít; hitelesít; minősít

cessation *fn* megszűnés * **cessation of contract** szerződés megszűnése

cession *fn* jog lemondás; átengedés; engedményezés; vagyonátruházás

CFSP [= **Common Foreign and Security Policy**] *fn* EU Közös Kül- és Biztonságpolitika

chain of distribution *fn* ker (*mindazon személyek/részlegek, amelyek szerepet töltenek be abban a folyamatban, melynek során a termék eljut a fogyasztókig*) elosztási lánc; forgalmazási lánc

chain store *fn* ker (*olyan boltcsoport, mely minden tagjának ugyanaz a tulajdonosa és kb. ugyanazokat a termékeket árusítja*) üzletlánc; üzlethálózat

chairman *fn* elnök; ülésvezető; levezető elnök

chairman of the supervisory board *fn* a felügyelő bizottság elnöke

chairperson *fn* ülésvezető; elnök

chairperson and chief executive *fn*
(*US*) elnök-vezérigazgató
chairperson and managing direc-
tor *fn* (*GB*) elnök-vezérigazgató
chairperson of the executive com-
mittee *fn* igazgatótanács elnöke
Chamber of Industry and Com-
merce *fn* Kereskedelmi és Iparkamara
Chancellor of the Exchequer *fn* (*GB*)
(*az ország pénzügyeiért felelős brit miniszter*)
pénzügyminiszter
change *fn*
1. változás; változtatás
2. pénzügy aprópénz; váltópénz
change machine *fn* pénzváltó automata
channel of distribution *fn* ker elosztási/
értékesítési csatorna
¹charge *fn*
1. ker költség; díj * **make a charge**
for sg felszámít vmit vmiért * **at no**
charge ingyen; térítésmentesen * **at**
one's own charge vki saját költségére
* **free of charge** díjmentes, ingyenes
2. teher; adósság * **land charge** telek-
adósság * **charges on assets** vagyon-
terhek
3. jog vád * **bring a charge against**
sy vádat emel vki ellen * **Those un-**
der investigation have not been
told what charges they are fac-
ing. A gyanúsítottakkal nem közölték,
hogy mivel vádolják őket.
²charge *ige*
1. felszámít; számláról leemel; számlát
megterhel * **charge sg to an account**
ráterhel vmit a számlára * **Students**
are still pledging to fight the plans
to allow universities to charge
up to £3,000 a year in variable
fees. Az egyetemisták továbbra is eltö-
kélten harcolnak azon tervek ellen, me-
lyek feljogosítanák az egyetemeket, hogy
akár 3000 fontot felszámítsanak évente.
2. jog vádol * **He has been charged**
of bribery. Megvesztegetéssel vádol-
ták.
charge off *ige* (*követelést*) leír
chargeable *mn*
1. díjköteles; illetékköteles

2. vmit terhelő költség; felszámítható
költség
charitable trust *fn* jótékony célú ala-
pítvány * **The company recently**
created a charitable trust that
distributes self-powered radios
to the developing world. A vállalat
nemrégiben létrehozott egy jótékony
célú alapítványt, mely saját erőforrású
rádiókat oszt szét a fejlődő országok-
ban.
charity *fn* jótékony célú egyesület; kari-
tatív szövetség; jótékonysági szervezet;
jótékonysági intézmény
charity fund *fn* jótékonysági segélyalap
chart *fn* diagram; grafikon
¹charter *fn*
1. koncesszió
2. alapszabály; alapítási okirat; (*US*)
alapokmány
3. száll charterszerződés
4. jog szabadalomlevél; oklevél
5. (*polgári jogi manifesztum*) charta
²charter *ige* száll bérbe ad; bérel; bérbe
vesz; kibérel * **They have chartered**
that aircraft. Kibérelték a repülőt.
Charter of Fundamental Rights *fn*
EU Alapvető Jogok Chártája
chartered accountant *fn* számv (*GB*)
hiteles könyvizsgáló; okleveles könyv-
vizsgáló; könyvszakértő
chartered company *fn* bejegyzett rész-
vénytársaság
check *fn*
1. bank (*US*) csekk; bankutalvány
2. éttermi számla; pénztári cédula
3. bon; jegy; elismervény; kötelezvény
4. ellenőrzés; kontroll; felülvizsgálás
check book *fn* bank (*US*) csekkfüzet;
csekk-könyv
check card *fn* bank (*US*) csekk-kártya;
banki ügyfélkártya
checking account *fn* bank (*US*) csekk-
számla; folyószámla; bankszámla; át-
utalási betétszámla
checking account loan *fn* bank folyó-
számlahitel
cheque *fn* bank (*GB*) csekk; bankutal-
vány * **cash a cheque** csekket bevált

cheque account *fn* bank (*GB*) csekk-számla

cheque card *fn* bank (*GB*) (*az ügyfél számára a bank állítja ki, mely szerint a bank egy bizonyos értékhatárig kötelezettséget vállal*) csekk-kártya; banki ügyfélkártya * **In December my purse was taken from my handbag while I was waiting at a bus stop in London, and within 30–40 minutes I contacted NatWest to cancel my Visa and cheque cards.** Decemberben egy londoni buszmegállóban kilopták a pénztárcámat a táskámból, és 30–40 percen belül kapcsolatba léptem a NatWest-tel, hogy letiltsam a visa- és csekk-kártyáimat.

chequebook *fn* bank (*GB*) csekkfüzet; csekk-könyv

¹chief *fn* főnök; vezető; vezér; vminek a feje * **After they were married, he was made south-east Asia bureau chief.** Házasságkötésük után kinevezték a délkelet ázsiai hivatal vezetőjévé.

²chief *mn* fő; első; legfontosabb; legfőbb; vezető

chief executive officer *fn* NB: röv **CEO** vezérigazgató; ügyvezető igazgató

child benefit *fn* (*GB*) családi pótlék **Child benefit can be the key to ending poverty.** A családi pótlék lehet a szegénység legyőzésének kulcsa.

choice *fn* választék * **They offer a wide choice of goods.** Széles áruválasztékot kínálnak.

chop *ige* radikálisan csökkent; megrövidít; kurtít * **Office expenses must be chopped by 60%.** Az irodai kiadásokat 60%-kal csökkenteni kell.

church tax *fn* adó egyházi adó

cipher out *ige* pénzügy kiszámít * **cipher out a sum** kiszámít egy összeget

circle of customers *fn* ker ügyfélkör

circulating capital *fn* pénzügy (*az üzlet működéséhez szükséges, készletekből és likvid forrásokból álló tőke*) forgótőke

circulation *fn* pénzügy forgalom

civil servant *fn* állami hivatalnok; köztisztviselő

¹claim *fn* C
1. jog jogigény; igény; követelés; jogcím * **lay/make a claim** követel; igényel
2. állítás * **His claim that the Conservative pledge to renegotiate the treaty changes everything is tripe.** Ostobaság azon állítása, hogy a konzervatívok ígérete a szerződés újratárgyalására mindent megváltoztat.
3. mark reklám állítása
4. áru kellékhiányának bejelentése; kifogásolás; reklamáció
5. bizt biztosítási igény; káresemény; kárigény * **assess a claim** kártérítési igényt felmér * **manage/pay/settle a claim** kártérítési igényt rendez * **reject a claim** kártérítési igényt elutasít
6. szabadalmi igény

²claim *ige*
1. követel; igényel; jogot formál; viszszaigényel * **claim one's lost property** visszaigényli elveszett tulajdonát
2. állít; vállal vmit * **claim credit** érdemeit hangsúlyozza * **claim responsibility** felelősséget vállal

claimant *fn* igénylő; követelő; igényjogosult; panaszos; panasztevő; kárigénylő * **Some claimants were waiting an average of five months to have their claims processed, a report has revealed.** Egy beszámolóból kiderült, hogy néhány kárigénylő átlagosan öt hónapot várt igénye feldolgozására.

claimer *fn* igénylő; követelő; igényjogosult

classification *fn*
1. osztályozás; beosztás; besorolás; minősítés
2. vám díjszabási osztályozás; tarifálás

classified advertisement *fn* NB: röv **classified ad** (*rövid, sajtóban téma szerint megjelenített hirdetés*) apróhirdetés * **I sold my camera for £1,200 through a classified ad.** Apróhirdetés útján 1200 fontért adtam el a fényképezőgépem.

classified directory *fn* szaknévsor * **Yell.com claims to be the UK's leading online classified directory**

C

service, featuring some 1.7m classified businesses in the UK, which are listed by name, geographical region and activity. A Yell.com azt állítja, hogy az Egyesült Királyság legnagyobb internetes szaknévsora kb. 1,7 millió vállalkozást tartalmaz, név, régió és tevékenységi kör szerint felsorolva.

clause *fn* jog (*jogi okmány részét képező, önmagában teljes mondat vagy bekezdés*) kikötés; klauzula; záradék; paragrafus; cikkely; szakasz

clean credit *fn* **NB: röv c/c** bank (*hitelmegállapodás a bankkal, amelynél nem kell okmányokat csatolni a kiállított váltókhoz*) bankhitel; tiszta hitel; fedezetlen hitel; okmányokkal nem kísért hitel

clear *ige*
1. kifizet; kötelezettségének eleget tesz; elszámol; kiegyenlít * **clear one's costs** kifizeti/rendezi költségeit * **clear a cheque** csekket bevált * **Last year he managed to clear all his costs.** Tavaly sikerült valamennyi költségét rendeznie.
2. vám vámkezeltet; elvámol
3. ker (*eredeti árnál olcsóbban értékesít, hogy megszabaduljon a régi készlettől*) kiárusít

clearance *fn*
1. ker kiárusítás
2. elvámolás; vámkezelés
3. ingatlan vagyon tehermentesítése

clearance sale *fn* ker végkiárusítás

clearing *fn*
1. bank (*készpénz nélküli fizetési forgalom, elszámolás bankok között*) klíring
2. bank kifizetés; kiegyenlítés; elszámolás
3. ker raktári kiárusítás; végkiárusítás
4. vámkezelés; vámolás

clearing agreement *fn* bank klíringmegállapodás; fizetési egyezmény

client *fn*
1. ker ügyfél; megbízó; kliens; vevő; állandó vásárló
2. jog megbízó; védenc

clientele *fn* ker (*a szolgáltatásokat rendszeresen igénybe vevő ügyfelek*) vevőkör; ügyfelek; rendszeres vendégek * **The hotel prides itself on having celebrity clientele.** A szálloda azzal büszkélkedik, hogy hírességek a rendszeres vendégei.

climate *fn*
1. klíma; légkör
2. átv körülmények; feltételek; viszonyok

climate for investments *fn* beruházási klíma; beruházási légkör

climb *ige* emelkedik * **Concerning investments they have climbed from sixth place last year to fourth this year.** A beruházások terén a tavalyi hatodik helyről a negyedikre emelkedtek az idén.

¹close *fn* tőzsde zárás * **At the close, share prices were only 1% higher.** Záráskor a részvényárak mindössze 1%-kal voltak magasabbak.

²close *ige*
1. befejez; befejeződik
2. lezár; zár; zárul
3. leállít; megszüntet
4. pénzügy számlát lezár

closing *fn*
1. bezárás; leállítás; lezárás
2. pénzügy kiegyenlítés
3. számv zárás; zárlat

closing date *fn*
1. végső határidő; jelentkezési határidő; beküldési határidő; hirdetésfelvételi határidő; rakományfelvételi határidő
2. határnap

closing down *fn* megszűnés; megszüntetés; szüneteltetés

closing price *fn* tőzsde záró árfolyam; zárási ár

closure *fn*
1. bezárás * **The industry's temporary closure is likely to hit the local economy hard.** Az ipar ideiglenes bezárása valószínűleg nagy hatással lesz a helyi gazdasági életre.
2. tárgyalás-berekesztés; ülésberekesztés; vita lezárása

coalition *fn* egyesülés; koalíció; társulás; szövetség; egylet

code *fn*
1. kód
2. jog kódex; jogszabálygyűjtemény
code of ethics *fn* etikai kódex
co-decision procedure *fn* jog, EU együttdöntési eljárás
co-finance *ige* társfinanszíroz
co-financing *fn* társfinanszírozás
Cohesion Fund *fn* EU kohéziós alap
coin *fn* pénzügy pénzérme; váltópénz; érme; fémpénz
coin circulation *fn* pénzügy pénzérmeforgalom
collaborate *ige*
1. együttműködik; összejátszik * **They collaborate in an experiment.** Együttműködnek egy kísérletben.
2. közreműködik
collaboration *fn*
1. együttműködés
2. közreműködés
¹collapse *fn*
1. meghiúsulás
2. összeomlás; csőd; bukás
3. tőzsde árzuhanás
²collapse *ige*
1. összeomlik * **Without fundamental reforms the health care system would collapse by 2020.** Alapvető reformok nélkül a közegészségügyi rendszer 2020-ra összeomlana.
2. zuhan
3. tönkremegy; csődbejut
collateral *fn* pénzügy zálog; biztosíték; fedezet; bankbiztosíték; hitelbiztosíték * **His property has been used as collateral to borrowing.** Tulajdonát hitelbiztosítékként használták.
collateral loan *fn* bank lombardkölcsön; értékpapírhitel; értékpapír-fedezetre nyújtott hitel; jelzáloggal fedezett kölcsön
colleague *fn* munkatárs; kolléga
collect *ige*
1. adó (*adót, illetéket stb.*) beszed; behajt
2. bank (*a bank bemutat egy csekket a kibocsátó banknál, és ügyfele számára beszedi a csekken szereplő összeget*) inkasszál
3. elhoz; elszállít * **The goods you ordered are ready to collect.** El-

szállíthatja a megrendelt árut.
4. összegyűjt * **It is obligatory to collect hazardous waste.** Kötelező összegyűjteni a veszélyes hulladékot.
collect (up)on delivery *fn* NB: röv C.O.D. száll (*US*) (*a gyártó/eladó abban az esetben küldi el a megrendelőnek az árut, ha a vevő a postásnak vagy a szállítónak kifizeti az árut és a szállítási díjat a leszállításkor*) utánvét; utánvéttel; átvételkor készpénzben fizetendő; szállítás utánvéttel
collecting note *fn* bizt (*okirat, amellyel a biztosított felhatalmazza a biztosítási ügynököt, hogy felvegye a neki járó pénzösszeget*) beszedési meghatalmazás
collection *fn*
1. számv pénzbeszedés; inkasszó; behajtás
2. bank értékpapír beváltás; értékpapír bemutatás fizetésre
3. összegyűjtés; elhozatal
4. adó adóbeszedés
5. ker áruválaszték
collective agreement *fn* jog (*a munkaadó és munkavállalók között létrejött szerződés, melyben rögzítik a munkabéreket, munkaidőt, munkakörülményeket stb.*) kollektív szerződés
collective bargaining *fn* (*tárgyalások kollektív szerződés megkötésére vagy módosítására*) kollektív alku * **Unfortunately, the union has no collective bargaining rights yet.** Sajnálatos módon, a szakszervezetnek egyelőre nincs joga a kollektív alkuhoz.
collective dismissal *fn* tömeges elbocsátás; tömeges munkaerő-leépítés * **The chairman promised that there would be no collective dismissals.** Az elnök megígérte, hogy nem lesz tömeges elbocsátás.
collective labo(u)r agreement *fn* (*a munkaadó és munkavállalók között létrejött szerződés, melyben rögzítik a munkabéreket, munkaidőt, munkakörülményeket stb.*) kollektív szerződés
column *fn*
1. oszlop; számoszlop; rovat
2. (*sajtóban*) hasáb; rovat

combination *fn*
1. kapcsolat; szövetség; egyesülés; érdekközösség
2. összetétel; egyesítés
3. kombináció
4. konszern; kartell; érdektársulás

COMECON [= **Council for Mutual Economic Assistance**] *fn* (*1949-ben jött létre és 1990-ig működött*) KGST [= Kölcsönös Gazdasági Segítség Tanácsa]

COMEX [= **Commodities Exchange**] *fn* tőzsde (*US*) New York-i árutőzsde

command economy *fn* (*elsősorban a szocialista országokban volt jellemző az ilyen gazdaságirányítás, amelyben a teljes tervezést egy központi testület végezte el az ország gazdasága számára*) központosított gazdasági rendszer; tervutasításos gazdasági rendszer

commence *ige* elkezd; belefog vmibe * **At the beginning of April, the Student Loans Company will commence its new wave of student loan collections.** Április elején a Diákhitelező Társaság elkezdi az új diákhitel kérvények begyűjtését.

commerce *fn*
1. ker kereskedelem
2. kereskedelmi forgalom; üzleti forgalom

¹commercial *fn* mark (*tévében, rádióban*) reklám; reklámműsor * **The stars of commercials can set examples for generations.** A reklámsztárok nemzedékek számára mutathatnak példát.

²commercial *mn* ker (*kereskedelemmel kapcsolatos*) kereskedelmi * **They signed a commercial agreement with Nigeria in 1996.** 1996-ban írtak alá egy kereskedelmi egyezményt Nigériával.

commercial agency *fn*
1. ker kereskedelmi ügynökség; ügynökség; kereskedelmi képviselet
2. (*magánszemélyek és társaságok hitelképességéről nyújt tájékoztatást*) hitelinformációs iroda; hiteltudósító iroda * (*US*) **Commercial agencies are banned from supplying confidential information.** A hitelinformációs irodák-

nak tilos a bizalmas információk továbbadása.

commercial agent *fn* ker (*cég képviselője, akinek feladata a termékek vagy szolgáltatások árusítása jutalék ellenében*) kereskedelmi ügynök; kereskedelmi képviselő; bizományos

commercial bank *fn* bank kereskedelmi bank * **Little seems to have changed in the attitude of the commercial banks when it comes to backing the smaller enterprise.** A kisebb vállalkozások támogatása terén kevés változás tapasztalható a kereskedelmi bankok hozzáállásában.

commercial company *fn* ker kereskedelmi vállalat; kereskedelmi cég * **Commercial companies are slowly waking up to demand for good-looking PCs.** A kereskedelmi vállalatok lassan kezdenek ráébredni, hogy van kereslet a tetszetős asztali számítógépekre.

Commercial Court *fn* bank (*GB*) (*A Legfelsőbb Bíróság Királynői Ítélőszékének* (*Queen's Bench Division of the High Court*) *az a része, ahol csak kereskedelmi ügyekben hoznak ítéletet.*) Kereskedelmi Bíróság

commercial policy *fn* ker kereskedelempolitika

commercial representative *fn* ker kereskedelmi megbízott; kereskedelmi meghatalmazott

commercial vehicle *fn* száll (*kereskedelmi célokra használt járművek, pl. furgonok, teherautók*) haszonjármű

commercially viable *mn* ker gazdaságos; kifizetődő * **He has promised to find commercially viable ways of improving the situation at work.** Megígérte, hogy kifizetődő megoldásokat talál a munkahelyi helyzet javítására.

¹commission *fn*
1. megbízás; megbízatás; meghatalmazás * **charge sy with a commission** vkinek megbízást ad
2. ker rendelés; megrendelés
3. bizottság

4. jutalék; bizományi díj; közvetítői jutalék; megbízási díj
²commission *ige*
1. megbíz; meghatalmaz * **An independent healthcare consultant has been commissioned by the European Commission to assess the accession states.** Az Európai Bizottság egy független egészségügyi szakértőt bízott meg a csatlakozó államok értékelésével.
2. ipar üzembe helyez
commission agent *fn* **NB: röv C.A.** ker (*meghatározott jutalék ellenében dolgozó ügynök*) bizományos; jutalékos alapon dolgozó ügynök; bizományi ügynök
Commission Decision *fn* EU bizottsági határozat
Commission of the European Union *fn* EU Európai Unió Bizottsága
Commission Recommendation *fn* EU bizottsági ajánlás
commissioner *fn* EU biztos * **Commissioner for Agriculture and Rural Development** Mezőgazdasági és Vidékfejlesztési biztos
commitment *fn* elkötelezettség; ígéret; kötelesség; kötelezettségvállalás * **meet one's commitments** eleget tesz a kötelezettségeinek * **The signatory countries did not show enough financial or political commitment to the agreement.** Az aláíró országok nem mutattak kellő pénzügyi vagy politikai elkötelezettséget az egyezmény iránt.
committee *fn* bizottság; testület
Committee of Permanent Representatives *fn* **NB röv COREPER** EU Állandó Képviselők Bizottsága
Committee of the Regions *fn* **NB: röv CoR** EU Régiók Bizottsága
commodity credit *fn* bank áruhitel; lombardhitel
commodity exchange *fn*
1. tőzsde árutőzsde; terménytőzsde; nyersanyagtőzsde * **Latin American countries put together agreements to withhold supplies when the**

price on the international commodity exchanges went below $100 a sack last year. A latin-amerikai országok megállapodásokat kötöttek a készletek visszatartásáról, amikor tavaly az ár a nemzetközi árutőzsdén zsákonként 100 dollár alá esett.
2. ker nyersanyagpiac; terménypiac * **The firm is backing a new commodity exchange that will tap into the European market for organic food.** A cég támogatja egy új árutőzsde megteremtését, mely az európai bioételpiacra tör majd be.
commodity futures *fn* határidős áruügylet
commodity market *fn* tőzsde árupiac; árutőzsde * **Profits have been hit by struggling commodity markets.** A nyereségeken érződött a vergődő árupiac hatása.
Common Agricultural Policy *fn* **NB: röv CAP** EU Közös Agrárpolitika; KAP
Common Foreign and Security Policy *fn* **NB: röv CFSP** EU Közös Kül- és Biztonságpolitika; CFSP
Common Law *fn* jog (*GB*) az angol szokásjog
common share *fn* tőzsde (*GB*) törzsrészvény
common stock *fn* tőzsde (*US*) törzsrészvény * **Three years of falling prices have significantly improved the attractiveness of common stocks.** A három évig tartó áresés jelentősen megnövelte a törzsrészvények vonzerejét.
communal *mn* kommunális; közösségi; közületi; közös; köz-
communicate *ige* közöl; kommunikál
communication *fn*
1. közlés; értesítés
2. érintkezés; kapcsolat; összeköttetés; levelezés * **be in communication with sy** érintkezésben/összeköttetésben van vkivel
communication technology *fn* hírközlési technológia * **As communication technologies get faster, these**

countries are coming closer economically. A hírközlési technológia gyorsulásával ezek az országok gazdaságilag közelebb kerülnek egymáshoz.
community investment *fn (nem nyereségszerzés céljából, hanem közösségek (pl. iskola, kórház) javára történő beruházás)* közösségi beruházás
Community law *fn* EU közösségi jog
community of interests *fn* érdekközösség
community official *fn* EU közösségi képviselő
commute *ige (munkahely és lakhely között)* ingázik; közlekedik; bejár
commuter belt *fn (nagyvárost körülvevő körzet, ahol az ingázók élnek)* vonzáskörzet * **Chelmsford is just 30 miles north of London, so in the commuter belt.** Chelmsford mindössze 30 mérföldre van Londontól, így annak vonzáskörzetébe tartozik.
Companies Act *fn* jog *(GB)* gazdasági társaságokról szóló törvény; cégtörvény * **Under the Companies Act 1985, all PLCs must state in their annual reports the average length of time it takes them to pay their bills.** Az 1985. évi cégtörvény szerint minden részvénytársaságnak az éves beszámolójában jelölnie kell, hogy átlagosan mennyi időre van szüksége a számlafizetésekhez.
company *fn* vállalat; társaság; cég; vállalkozás; konszern; társulat; vagyonegyesítő társaság
company audit *fn* cégátvilágítás; cégaudit
company capital *fn* társasági tőke; részvénytőke * **He has been accused of the unfaithful use of company capital.** Megvádolták a társasági tőke hűtlen kezelésével.
company in liquidation *fn* felszámolás alatt álló cég
company objective *fn* vállalati célkitűzés * **The key to survival for us at Siemens has been to realign language and inter-cultural training with strategic company objectives.**

Nálunk a Siemensnél a túlélés kulcsa a nyelvi és interkulturális képzés átszervezése a vállalat stratégiai célkitűzéseinek megfelelően.
company organization structure *fn* vállalati szervezeti felépítés
company pension *fn* vállalati nyugdíj
company register *fn* cégjegyzék
Company Registry *fn* cégbíróság
company strategy *fn* vállalati stratégia; cégpolitika * **He had left because company strategy had changed in the wake of decisions to create two new business groups – leaving no role for him.** Azért hagyta el a céget, mert a két új üzletcsoport létrehozásáról szóló döntés következtében megváltozott a vállalati stratégia, és így nem maradt számára feladat.
comparability *fn* összehasonlíthatóság * **The database contains details on a number of important issues such as comparability of qualifications.** Az adatbázis számos fontos ügy részletét tartalmazza, mint például a képzettség-összehasonlíthatósági adatokat.
comparable *mn* összehasonlítható; összevethető * **These datas are easily comparable.** Ezek az adatok könnyen összehasonlíthatók.
comparison *fn* összehasonlítás; összevetés * **The comparison between total private gifts and public money is made possible for the first time.** Most válik először lehetővé a teljesen magánjellegű ajándékok és a közpénz összehasonlítása.
compensate *ige* kárpótlást nyújt; kárpótol; megtérít vmit; kompenzál; viszonoz; kiegyenlít * **The government made it clear that it would not be compensating the members of the organisation.** A kormány világosan megmondta, hogy nem fogja kárpótolni a szervezet tagjait.
compensation *fn*
1. térítés; díjazás
2. kártérítés; kártalanítás; kárpótlás; jó-

vátétel * **pay compensation** kártérítést fizet * **They received £500 in compensation for the loss caused by the storm.** Ötszáz font kártérítést kaptak a vihar okozta károkért. **3.** végkielégítés * **The committee agreed to pay Mr Green £1.8m in compensation for loss of office as well as £13.2m in share options.** A bizottság 1,8 millió font végkielégítést és 13,2 millió font értékű részvényopciót állapított meg Green úr számára hivatalának elvesztése miatt. **4.** kiegyenlítés; kompenzáció **5.** ellensúlyozás; viszonzás; ellenszolgáltatás

compensation for damage *fn* bizt kártérítés

compensation in damages *fn* bizt kárérték megtérítése

compensatory levy *fn* EU kiegyenlítő vám; hozzájárulás

compensatory payment *fn* kiegyenlítő fizetés

compete *ige* versenyez; versenybe száll; versenyben áll

competence *fn*
1. képesség; rátermettség; hozzáértés; alkalmasság; kompetencia * **The case has reopened questions about his competence as a manager.** Az ügy ismét megkérdőjelezte vezetői képességeit.
2. szaktudás
3. jog hatáskör; illetékesség
4. jog jogképesség
5. jog ügykör

competent *mn*
1. illetékes; jogosult
2. hozzáértő; képesített; megfelelő; rátermett

competition *fn*
1. versengés; vetélkedés
2. *(ugyanazon a piacon működő felek versengése)* konkurencia; verseny * **fierce/ stiff competition** kemény verseny * **Sales were falling and the company was facing intense competi-**

tion. Az eladások estek, és a vállalatra kiéleződő verseny várt.
3. pályázat; versenypályázat

competition clause *fn* jog versenyzáradék

competition council *fn* versenyhivatal

competition law *fn* jog versenyjog; versenytörvény

competitive *mn*
1. ker versenyképes; verseny-; versenyre késztető * **competitive price** versenyképes ár
2. versenyen alapuló; versenyzői

competitive advantage *fn* *(előny a versenytársakkal szemben)* versenyelőny * **IT can be a source of sustainable competitive advantage.** Az informatika a fenntartható versenyelőny forrása lehet.

competitive pressure *fn* konkurencia nyomása; verseny nyomása; verseny kényszerítő ereje

competitive tendering *fn* versenyeztetés; versenypályázat kiírása * **Some local authorities went to competitive tendering for the maintenance work in parks.** Néhány önkormányzat versenypályázatot írt ki a parkok fenntartására.

competitiveness *fn* versenyképesség

competitor *fn* konkurens; versenytárs * **Moving to a location with lower labour costs and a network of cheaper suppliers can give manufacturers an important cost advantage over their competitors if managed correctly.** Alacsonyabb bérköltségű és olcsóbb szállítók hálózatával rendelkező területre történő költözés – megfelelő szervezés mellett – jelentős költségelőnyt jelenthet a gyártóknak a versenytársakkal szemben.

complain *ige*
1. panaszt emel; kifogásol; reklamál; bepanaszol * **This was a body to whom they could complain.** Ehhez a testülethez fordulhattak panaszaikkal.
2. panaszkodik

C

complaint *fn*
1. panasz; kifogás; reklamáció; kifogásolás * **bring/make a complaint** bepanaszol, panaszt tesz * **file/lodge a complaint** panaszt benyújt * **investigate a complaint** panaszt kivizsgál * **respond to a complaint** panaszra reagál * **uphold a complaint** más panaszát jogosnak ítéli meg * **grounds/cause for complaint** panasz alapja/oka * **Concerning the product, similar complaints were reported from all parts of the country.** Hasonló panaszokat jelentettek az egész ország területéről a termékre vonatkozóan.
2. jog kereset; per
3. jog keresetlevél; óvás
complementary *mn* kiegészítő; járulékos
complementary demand *fn* kiegészítő kereslet
complete *ige*
1. (*pl. űrlapot*) kiegészít; kitölt
2. teljesít
completion *fn*
1. befejezés; elkészítés; kiegészítés; végrehajtás
2. (*pl. űrlapé*) kitöltés
3. jog birtokba vétel; birtokba adás
compliance *fn*
1. teljesítés; betartás; megtartás * **in compliance with** szerint, megfelelően * **Compliance with the contract was in the best interest of both parties.** A szerződés teljesítése mindkét fél érdekében állt.
2. beleegyezés; egyetértés; jóváhagyás
3. adó adóelőírások betartása; (*US*) adómorál
comply *with ige* eleget tesz vminek; teljesít vmit; (*törvényt*) betart * **Poland needs to lash out at least 30m euros to comply with existing EU regulations on the environment.** Lengyelországnak minimum 30 millió eurót kell költenie, hogy a környezetvédelmet illetően megfeleljen az EU szabályozásoknak.

composition *fn*
1. összetétel * **The composition of the population is very diverse.** A népesség összetétele igen vegyes.
2. összeállítás; összetevés
3. megfogalmazás; megszerkesztés
4. jog egyezség; kiegyezés; megegyezés; kényszeregyesség
compound *ige*
1. jog kiegyezik vkivel; megegyezik vkivel; egyezkedik * **Finally he managed to compound with his creditors.** Végül sikerült megegyeznie a hitelezőivel.
2. egyezkedik; kiegyezik; kényszeregyezséget köt
3. tőkésít
4. átalányoz
5. elrendez; elintéz
compound interest *fn* bank kamatos kamat
comprise *ige*
1. magában foglal; tartalmaz
2. összefoglal
compromise *fn*
1. kiegyezés; megegyezés; kompromisszum; egyezség * **agree to/accept a compromise** megegyezik, egyezséget elfogad * **arrive at/reach a compromise** megegyezésre jut
2. engedmény
compulsory *mn* kötelező; kényszerítő * **If health cards become compulsory from 2012, card readers could be used to check entitlement to free care.** Amennyiben 2012-től kötelező lesz az egészségügyi kártya, a kártyaleolvasókat annak ellenőrzésére is lehet majd használni, hogy ki jogosult ingyenes ellátásra.
compulsory insurance *fn* bizt kötelező biztosítás
compulsory retirement *fn* kötelező nyugdíjazás; kötelező nyugdíjba vonulás
compute *ige* számít; kiszámít; kalkulál
computer conferencing *fn* számítógépes konferencia; hálózati tanácskozás
computer-assisted *mn* számítógéppel segített

concealed unemployment *fn* rejtett munkanélküliség

concealment *fn* elrejtés; eltitkolás; elhallgatás * **The concealment of information within a company can leave to lack of efficiency.** Az információ eltitkolása egy cégen belül a hatékonyság kárára mehet.

concern *fn*
1. konszern; üzem; vállalat; vállalkozás; *(kereskedelmi v. ipari)* vállalatcsoport
2. aggály; aggodalom * **There are serious concerns about the effects of the Ministry's decision.** Komoly aggodalmak vannak a minisztériumi döntés hatásait illetően.

concerning *mn* illetően; vkire/vmire vonatkozóan; vonatkozólag

concession *fn*
1. engedélyezés; engedély; koncesszió * **grant a concession** engedélyez, engedélyt ad * **They were refused the building concession, because the plan did not comply with the environmental regulations.** Nem kapták meg az építési engedélyt, mivel a terv nem felelt meg a környezetvédelmi előírásoknak.
2. árengedmény; engedmény; kedvezmény * **The government plans to introduce tax concessions to attract new foreign investors.** A kormány adókedvezmények bevezetését tervezi, hogy új külföldi befektetőket csalogasson az országba.

condition *fn*
1. állapot; helyzet
2. jog feltétel; kikötés * **implied condition** hallgatólagos feltétel
3. jog lényeges szerződési rendelkezés; záradék; kikötés

conditions *fn*
1. feltételek
2. körülmények; viszonyok * **economic conditions** gazdasági körülmények

confer *ige*
1. adományoz; ad; átruház; részesít; nyújt; biztosít * **Most shares confer limited voting rights.** A részvények

többsége korlátozott szavazati jogot biztosít.
2. tanácskozik; értekezik; megbeszél; tárgyal * **They have been conferring on the issue for about 6 hours now.** Már kb. 6 órája tárgyalják a kérdést.

conferable *mn* adományozható; átruházható

conferment *fn* adományozás; átruházás; részesítés * **He lectured frequently on local history, and is said to have been more proud of the conferment of the title Burgess of the Royal Burgh of Cullen (1975) than of any honour which came his way.** Rendszeresen tartott helytörténeti előadásokat, és állítólag semmire sem volt olyan büszke, mint a Cullen királyi város által 1975-ben adományozott díszpolgári címre.

confidence *fn*
1. bizalom * **treat sg in strict/the strictest confidence** szigorú/legszigorúbb titoktartással kezel vmit * **take sy into one's confidence** bizalmába fogad vkit * **have confidence in sg/sy** bízik vmiben/vkiben * **lose confidence in sg/sy** elveszti a bizalmát vmi/vki iránt * **abuse/breach of confidence** bizalommal való visszaélés * **restore confidence in sy/sg** visszaállítja a bizalmát vki/vmi iránt
2. bizonyosság; meggyőződés

confidential *mn*
1. bizalmas; titkos * **confidential information** bizalmas információ * **confidential report** bizalmas jelentés * **I have received a confidential letter from the board.** Bizalmas levelet kaptam az igazgatóságtól.
2. *(személy, aki nem ad ki bizalmas információkat/anyagokat stb.)* bizalmi; megbízható * **She was a confidential secretary to the CEO for eleven years.** 11 évig volt a vezérigazgató bizalmi titkárnője.

confidentiality *fn* bizalmasság; titkosság

C

confidentiality agreement *fn* bizalmassági megállapodás; titkossági megállapodás * **He issued a statement criticising them for breaking a confidentiality agreement.** Nyilatkozatot adott ki, amelyben sérelmezte a titkossági megállapodás megsértését.

confidentiality clause *fn* jog bizalmassági záradék; titkossági záradék * **More than 100 contracts were involved in making this deal happen and a lot of them involve confidentiality clauses.** Az üzlet létrejöttéhez több mint 100 szerződést kötöttek, melyek nagy része titkossági záradékot tartalmaz.

confine *ige* korlátoz; megszorít; korlátozódik vmire * **He stressed that the problem was not confined to parents from the lowest social classes.** Hangsúlyozta, hogy a probléma nem korlátozódik a legalacsonyabb társadalmi osztályhoz tartozó szülőkre.

confirm *ige*
1. igazol; visszaigazol; elismer * **Please confirm your participation at the conference by 15 June the latest.** Kérjük, legkésőbb június 15-ig igazolja vissza a konferencián való részvételét.
2. tanúsít; bizonyít; megerősít * **We can confirm that a British national has been injured in an accident in Morocco.** Megerősítjük, hogy egy brit állampolgár megsebesült egy marokkói balesetben.
3. ratifikál; jóváhagy; hitelesít; érvénybe helyez

confirmation *fn*
1. igazolás; visszaigazolás; megerősítés; bizonyítás
2. ratifikálás; jóváhagyás

conflict *fn*
1. vita; nézeteltérés; konfliktus * **come into conflict with sy** konfliktusba keveredik/kerül vkivel * **ignore a conflict** nézeteltérést figyelmen kívül hagy * **resolve a conflict** konfliktust megold
2. viszály; küzdelem; összeütközés
3. ellentmondás; ellentét

conflict management *fn* konfliktuskezelés

conflict of interest *fn* összeférhetetlenség; összeegyeztethetetlenség; érdekellentét

conformity *fn* egyezés; összhang; megfelelés

conglomerate *fn*
1. (*diverzifikált struktúrával rendelkező vállalat*) vegyes konszern; konglomerátum; óriásvállalat * **He spent five years in Baghdad as a child while his father worked for a chemical conglomerate.** Öt évet töltött gyermekként Bagdadban, amikor édesapja egy vegyipari óriásnál dolgozott.
2. (*különböző anyagokból/termékekből álló*) halmaz; tömeg

connect *to/with ige*
1. összeköt; összekapcsol; kapcsolatban van
2. összefügg; kapcsolatban van; kapcsolatos

connection *fn*
1. összekötés; kapcsolat
2. vonatkozás; összefüggés
3. csatlakozás * **There is a good connection between train and plane at Brussels.** Jó csatlakozás van a vasút és a repülőgép között Brüsszelben.

connexion *fn*
1. összeköttetés; kapcsolat
2. vonatkozás; összefüggés
3. csatlakozás

consent *fn* egyetértés; beleegyezés; hozzájárulás; jóváhagyás * **give consent** hozzájárul; beleegyezik * **withhold consent** nem járul hozzá; nem támogat * **by mutual consent** közmegegyezéssel * **written consent** írásos beleegyezés * **with prior consent of sy** vki előzetes hozzájárulásával * **The contract needs the consent of all the members of the board.** A szerződéshez az igazgatótanács valamennyi tagjának beleegyezése szükséges.

consequence *fn* következmény * **as a consequence** vmi következtében * **in consequence of sg** vmi miatt, vmi kö-

vetkeztében * **put up with/take the consequences** vállalja a következményeket * **The potential consequences of modern lifestyle are manifold: our mood, concentration, memory and intelligence can all suffer.** A modern életstílus lehetséges következményei sokfélék: hangulatunk, koncentrációnk, emlékezetünk és intelligenciánk is károsodhat.
consider *ige*
1. megfontol; mérlegel; fontolóra vesz * **Two proposals are being considered.** Két javaslatot mérlegelnek.
2. tart vmilyennek; vél; gondol vmilyennek
3. tekintetbe vesz; figyelembe vesz
consign *ige*
1. ker bizományba ad; bizományba küld
2. száll (*árut*) felad; elküld; útnak indít
consignation *fn*
1. ker bizomány; bizományba adás
2. száll (*árué*) elküldés
3. ker megbízás eladásra
consignee *fn*
1. száll (*árué*) címzett * **Because of some misunderstandings, the name of the consignee had to be faxed to the agency.** Egy kis félreértés miatt a címzett nevét faxon kellett elküldeni az ügynökségnek.
2. ker bizományos
consigner *fn*
1. száll (*árué*) feladó
2. ker bizományba adó
consignment *fn* NB: röv consgt.
1. száll áruküldemény; áruszállítmány * **You can visit a chateau in France, take a liking to the wine and order a consignment to be delivered to your home.** Franciaországban meglátogathat egy kastélyt, az ízlik a bor, rendelhet egy szállítmánynyal, amelyet házhoz szállítanak.
2. ker bizományi áru; konszignációs áru
consignment note *fn* NB: röv C/N.
1. száll fuvarlevél
2. ker bizományi számla; konszignáció * **Payments will be recorded in receipts, not consignment notes.** A kifizetéseket nem bizományi számlákon, hanem átvételi elismervényeken rögzítik.
3. száll kísérőjegyzék
consignor *fn*
1. száll (*árué*) feladó
2. ker bizományba adó
consolidate *ige*
1. (*azért, hogy erősebbé tegye*) egyesít; összegyűjt; összevon * **They decided to consolidate the branches in Europe.** Elhatározták, hogy egyesítik az európai fiókokat.
2. konszolidál
consolidated balance sheet *fn* számv konszolidált mérleg
consolidated financial statement *fn* számv összevont pénzügyi beszámoló; konszolidált eredménykimutatás
consolidation *fn*
1. egyesítés; egyesülés; fúzió; fúzionálás; összevonás * **In recent years the sector has seen a wave of consolidation.** Az utóbbi években a szektoron valóságos fúzió-hullám söpört végig.
2. megszilárdulás; megszilárdítás; konszolidáció
consolidation of capital *fn* pénzügy tőkeösszevonás
consortium *fn* (*több nagy társaság egyesülése bizonyos célra és időszakra*) konzorcium; szindikátus; csoport; üzlettársulás
constituency *fn*
1. választókerület; választókörzet * **multi-member/single-member constituency** több mandátumos/egy mandátumos választókerület * **Anti-war campaigners are heading our lists in the main constituencies.** A legfontosabb választókörzetekben háborúellenes aktivisták állnak a listáink élén.
2. választótestület; választók
3. ker vevőkör
4. előfizetők összessége
constitution *fn*
1. jog alapszabály
2. alkotmány * **After their recent

collapse, negotiations on the EU constitution are slowly getting back on track. Nemrégi kudarcuk után az EU alkotmányáról folyó tárgyalások lassan visszatérnek a normális mederbe.

construction *fn*
1. épület; építkezés; építés
2. szerkesztés; építésmód
3. jog értelmezés; magyarázat
4. fogalmazás; szerkesztés

construction loan *fn* bank építési kölcsön * **The company plans to securitise the income on three of its largest buildings, returning £300m of the funds raised to investors, and using the rest to reduce a construction loan.** A vállalat jelzálogosítani akarja a három legnagyobb épületének bevételét, a befektetőknek visszaad 300 millió fontot az összegyűjtött pénzből, a maradékot pedig egy építkezési kölcsön csökkentésére fordítja.

consult *ige*
1. tanácsot kér; szakvéleményt kér * **I think you'd better consult a lawyer before signing the contract.** Szerintem a szerződés aláírása előtt kérj ügyvédtől tanácsot!
2. utánanéz vminek; ellenőriz vmit * **consult a document** utánanéz vminek egy dokumentumban
3. tanácsadóként dolgozik
4. tanácskozik; értekezik; konzultál * **They decided to consult with some experts before making the final decision.** Elhatározták, hogy a végleges döntés előtt szakértőkkel konzultálnak.

consultancy *fn*
1. tanácsadó cég; tanácsadó iroda
2. tanácsadói tevékenység; tanácsadás

consultant *fn*
1. tanácsadó; szakértő
2. tanácsot kérő

consultation procedure *fn* jog EU konzultációs eljárás

consultative role *fn* EU konzultációs szerep

consumables *fn*
1. ker fogyasztási cikkek
2. élelmiszerek

consume *ige* elfogyaszt; fogyaszt; felhasznál

consumer *fn* (*akinek az igényeit a gyártók/szolgáltatók kielégítik*) fogyasztó; felhasználó

consumer acceptance *fn* ker fogyasztói hajlandóság; vásárlási készség; fogyasztói elfogadottság * **By the mid-1990s, attempts to ensure consumer acceptance were put in place via a subsidised GM tomato puree that came out cheaper than its non-GM equivalent.** A 90-es évek közepére a fogyasztói elfogadottságot egy ártámogatott, génmanipulált paradicsompürével próbálták elérni, amely olcsóbb volt nem génmanipulált megfelelőjénél.

consumer behavio(u)r *fn* ker fogyasztói magatartás * **Our company built on his breakthrough in modelling human behaviour to provide software which can predict consumer behaviour.** A fogyasztói magatartást kiszámító szoftver létrehozásakor vállalatunk az emberi magatartás modellezésében elért sikerére épített.

consumer durables *fn* ker tartós fogyasztási cikkek; tartós fogyasztási javak

consumer goods *fn* ker fogyasztási cikkek; fogyasztási javak

consumer market *fn* ker fogyasztói piac

consumer policy *fn* ker fogyasztóvédelmi politika

consumer price *fn* ker fogyasztói ár

Consumer Price Index *fn* NB: röv C.P.I. ker (*US*) (*ált. negyedévente készített index, mely megmutatja az árak alakulását*) fogyasztói árindex

consumer product *fn* ker fogyasztási cikk

consumer research *fn* piackutatás; keresletkutatás; fogyasztói analízis; fogyasztói magatartás vizsgálata; fogyasztáskutatás * **Consumer research shows that shoppers confronted by a display of 30 jams are less**

likely to purchase any of them.
A piackutatás kimutatta, hogy ha a vásárlónak 30 dzsem közül kell választania, nem valószínű, hogy bármelyiket is megveszi.

consumer society *fn* fogyasztói társadalom * **It is clear that in a consumer society, shopping has come to stand for much more than just buying things.** Világos, hogy a fogyasztói társadalomban a vásárlás sokkal többet jelent a dolgok egyszerű megvételénél.

consumption *fn* fogyasztás; felhasználás * **stimulate consumption** ösztönzi a fogyasztást * **The consumption of the vehicle is often considered less important than the colour when buying a new car.** Új autó vételekor a jármű fogyasztása sokszor kevésbe fontos szempont, mint a szín.

consumption basket *fn* ker fogyasztói kosár

consumption goods *fn* ker fogyasztási cikkek; fogyasztási javak * **Investment goods such as IT equipment are getting cheaper relative to consumption goods.** A beruházási javak, mint például informatikai berendezések, egyre olcsóbbak a fogyasztási cikkekhez képest.

consumption index *fn* ker fogyasztói index

consumption per capita *fn* fejenkénti fogyasztás; egy főre jutó fogyasztás

consumption tax *fn* adó fogyasztási adó

contact *fn* kapcsolat; ismeretség * **get in/come into/make contact** kapcsolatba kerül * **keep/stay in contact** kapcsolatban marad * **We have no business contacts with Asian countries.** Nincsenek üzleti kapcsolataink ázsiai országokkal.

contamination *fn* szennyeződés; szennyezés * **Soil contamination has become one of the major concerns in the region.** Ma már a talajszennyezés a régió egyik legaggasztóbb problémája.

content(s) *fn*
1. befogadóképesség; űrtartalom
2. tartalom; összetétel

contestant *fn*
1. versenytárs; vetélytárs * **They have put forward my name as a prospective contestant.** Lehetséges versenytársként említették meg a nevemet.
2. jog vitában álló fél; peres fél

contingency fund *fn* (*előre nem látható események bekövetkezésére elkülönített anyagi források*) rendkívüli tartalékalap * **Schools with large reserves, or which run with very large contingency funds, don't suddenly have to make staff redundant.** A nagy tartalékokkal rendelkező, illetve tetemes rendkívüli tartalékalapból finanszírozott iskoláknak nem kell hirtelen leépíteniük a személyzetet.

contingency plan *fn* (*előre nem látható események bekövetkezésére készített terv*) válságterv; vészterv; szükségterv * **Make sure you have contingency plans if the machines break down.** Gondoskodjon arról, hogy a gépek meghibásodása esetére legyen válságterve.

continual *mn* folytonos; folytatólagos

continuous *mn* folytatólagos; tartós; folyamatos; állandó * **The new contract with the suppliers guarantees continuous production in the plant.** A szállítókkal kötött új szerződés biztosítja a folyamatos termelést az üzemben.

¹contract *fn*
1. ker szerződés; adásvételi szerződés * **under a contract** szerződés alatt; szerződést szerint * **sign a contract** szerződést aláír * **award sy a contract** szerződést odaítél vkinek * **complete/conclude/enter into a contract** szerződést köt * **renew a contract** szerződést meghosszabbít * **a contract expires** a szerződés lejár * **The government encouraged the firm to sign a €1bn contract to build a car factory in Beijing.** A kormány arra bíztatta a céget, hogy

írjon alá egy 1 milliárd eurós szerződést egy Pekingben létesítendő üzemre. **2.** megállapodás; egyezmény **3.** tőzsde kötés **4.** megbízás; rendelés; szerződéses munka **5.** jog jogügylet; megbízási jogviszony; szerződés

²**contract** *ige* **1.** jog szerződést köt; szerződik; megállapodást köt * **I have contracted to buy a new flat.** Szerződést kötöttem egy új lakás megvételére. **2.** szerződéssel vállal; (*kötelezettséggel*) vállal **3.** csökken; csökkent

contract of employment *fn* jog munkaszerződés; munkaviszony

contract of indemnity *fn* jog kártalanítási szerződés

contract of sale *fn* jog adásvételi szerződés * **The preliminary contract of sale must be signed before a notary.** Az adásvételi előszerződést közjegyző előtt kell aláírni.

contract out *ige* (*megbízottakkal végeztet el*) kiszerződtet * **They contracted out an urgent job.** Kiszerződtettek egy sürgős munkát.

contract price *fn* **1.** jog szerződéses ár; vállalkozói díj; szállítási ár * **They claimed victory for squeezing down the contract price.** Győzelemként értékelték a szerződéses ár leszorítását. **2.** átalányár

contracting party *fn* jog szerződő fél

contraction *fn* **1.** zsugorodás; összezsugorodás; csökkenés * **Contraction of an industry can cause grave problems in a region.** Egy iparág összezsugorodása komoly problémákat jelenthet egy régió számára. **2.** megszorítás; csökkentés **3.** gazdasági pangás **4.** szerződéskötés; vállalás

contractor *fn* **1.** ker szállító; vállalkozó **2.** ker megbízó; megrendelő

3. jog szerződő fél * **The contractors will sign the contract only next week.** Csak jövő héten írják alá a szerződő felek a szerződést.

contractual *mn* szerződéses; szerződésben vállalt; szerződésbeli * **They must meet their contractual obligations.** Eleget kell tenniük szerződéses kötelezettségeiknek.

contractual agreement *fn* szerződéses megállapodás

contractual liability *fn* szerződéses felelősség

contribute *ige* **1.** (*pl. anyagilag*) hozzájárul; közreműködik; elősegít; (*pl. vitához*) hozzászól **2.** pénzzel hozzájárul; pénzt ad * **They agreed to contribute to the cost of further research.** Megállapodtak, hogy hozzájárulnak a további kutatás költségeihez. **3.** hozzájárul; okoz * **CFC gases contribute to the depletion of the ozone layer.** A CFC gázok hozzájárulnak az ózonréteg elvékonyodásához.

contribution *fn* **1.** hozzájárulás; közreműködés; hozzászólás * **make a contribution** hozzájárul **2.** bizt kárviselésben való részesedés **3.** fedezeti hozzájárulás **4.** járulék; hozzájárulás; adomány * **appeal for contribution** hozzájárulásért folyamodik * **offer a contribution** hozzájárulást felajánl

contribution in kind *fn* természetbeni hozzájárulás; tárgyi betét; nem pénzbeli betét; nem pénzbeli hozzájárulás; apport

contributor *fn* **1.** hozzájáruló; közreműködő * **He used a speech to businessmen in London to attack the constitution as a possible contributor to "red tape", saying that 40% of business regulation currently came out of Brussels.** A londoni üzletemberek előtt mondott beszédét arra használta, hogy megtámadja az alkotmányt,

mint a bürokrácia lehetséges hozzájárulóját, mondván, hogy az üzleti szabályozások 40%-a ma is Brüsszelből jön.
2. befizető * **Some countries are net contributors to the EU budget.** Néhány ország az EU költségvetés nettó befizetője.
contributor of capital *fn* tőkéstárs; tőkével hozzájáruló
¹control *fn*
1. kormányzás; irányítás; felügyelet; ellenőrzés; szabályozás; korlátozás; vezérlés * **have control over sy/sg** ellenőrzése alatt tart vkit/vmit * **The new owner took over the control of the production.** Az új tulajdonos átvette a termelés irányítását.
2. hatalom; uralom; kényszer; kényszerítés; ráhatás
²control *ige* ellenőriz; korlátoz; irányít; ellenőrzés alatt tart; rendelkezik; kormányoz; vezet; felügyel; ural
controlled company *fn* ellenőrzött vállalat; leányvállalat; befolyásolt vállalkozás
controller *fn*
1. pénzügy ellenőr; ellenőrző biztos; számvevő
2. főrevizor
3. számv (*US*) számviteli osztály vezetője
¹controlling *fn*
1. pénzügy (*ügyvitelé*) vezetés
2. (*elszámolásé*) ellenőrzés; megvizsgálás
3. befolyásolás
²controlling *mn* vezető; irányító
controlling company *fn* holding társaság; ellenőrző társaság; anyavállalat
controlling interest *fn* ellenőrző többség; ellenőrző részvénypakett; ellenőrző részesedés; jelentős befolyás
controversial *mn*
1. vitatott
2. vitatható; vitás * **The editor resigned late on Friday over the paper's controversial photographs showing the alleged abuse of prisoners.** A szerkesztő pénteken a késői órákban lemondott a foglyok állítólagos kínzását ábrázoló vitás fotók miatt.

convene *ige*
1. (*embereket, tagokat, tagságot, szövetséget, részvényeseket stb.*) egybehív; összehív * **convene a meeting** gyűlést összehív * **An emergency session of the security cabinet was convened last night to discuss further action.** Tegnap este sürgősséggel összehívták a biztonsági kabinetet a további lépések megvitatása céljából.
2. összeül * **Today, experts will convene in Toronto to lobby for rapid cuts to greenhouse gas emissions.** Szakértők gyűlnek ma össze Torontóban, hogy az üvegházhatást okozó gázok kibocsátásának gyors csökkentéséért lobbizzanak.
3. jog idéz
convenience goods *fn*
1. ker (*napi szükségletet kielégítő fogyasztási javak*) közszükségleti cikkek * **They want to strengthen the firm's position in the convenience goods market.** A cég pozíciójának erősítését szeretnék elérni a közszükségleti cikkek piacán.
2. előkészített termékek; felhasználásra kész termékek; konyhakész élelmiszerek
convenience store *fn* ker (*hosszan nyitva tartó közeli kis bolt*) kis bolt; vegyesbolt; vegyeskereskedés
convenient *mn* kényelmes; kedvező; előnyös; alkalmas
convention *fn*
1. ülés; gyűlés; kongresszus; többnapos szakmai konferencia
2. szokás; konvenció
3. megállapodás; egyezmény; szerződés
convergence criteria *fn* EU (*egymáshoz közelítés feltételei: pl. az infláció, államadósság, államháztartási hiány, és a hosszú lejáratú kamatlábak*) konvergencia kritériumok * **Along with Slovenia, Cyprus was the first to fulfil the union's tough convergence criteria.** Szlovéniával együtt Ciprus volt az első állam, mely megfelelt az EU kemény konvergencia kritériumainak.

C

conversion *fn*
1. átváltás; beváltás
2. pénzügy (*valuta*) konvertálás; konverzió
3. jog (*pénz, birtok, tulajdon stb. jogtalan elvétele, eladása, engedély nélküli átadása*) jogtalan eltulajdonítás
conversion price *fn*
1. pénzügy átszámítási ár; átszámítási árfolyam; átszámítási kulcs
2. (*kötvény/részvény cserélésekor*) csereár; részvény ára
conversion rate *fn*
1. pénzügy átszámítási ár; átszámítási árfolyam; átszámítási kulcs
2. (*kötvény/részvény cserélésekor*) csereár; részvény ára
convert *ige*
1. átvált; bevált; átszámít; konvertál * **After the journey we converted our dollars into euros.** Az utazást követően dollárunkat euróra váltottuk át.
2. átalakít; feldolgoz
convertibility *fn* pénzügy átválhatóság; konvertibilitás * **attain/establish convertibility** konvertibilitást megteremt/megvalósít
convertible *mn* pénzügy átváltható; konvertibilis; beváltható; konvertálható * **convertible currency** konvertibilis valuta
convey *ige*
1. száll visz; küld; szállít; továbbít
2. jog átenged; átruház
conveyance *fn*
1. száll szállítóeszköz; jármű
2. száll szállítás; fuvar(ozás); továbbítás * **conveyance of passengers** személyszállítás
3. jog (*tulajdoné*) átruházás; átengedés
conveyor-belt production *fn* ipar futószalagos termelés; sorozatgyártás
cooperate *ige* együttműködik; kooperál
cooperation *fn*
1. együttműködés; közreműködés; szövetkezés
2. szövetkezet; szövetkezeti rendszer
cooperation agreement *fn* kooperációs megállapodás; együttműködési szerződés

cooperation procedure *fn* együttműködési eljárás
¹**cooperative** *mn* szövetkezeti; közösségi
²**cooperative** *fn* szövetkezet; munkaközösség * **Some food cooperatives have been set up in order to improve the availability of organic food.** Néhány élelmezési szövetkezetet azért hoztak létre, hogy könnyebb legyen biotermékhez jutni.
cooperative bank *fn* bank takarékszövetkezet; szövetkezeti bank; hitelszövetkezet
cooperative credit association *fn* pénzügy hitelszövetkezet
coordinate *ige* koordinál; összhangba hoz; mellérendel; összehangol
coordination *fn* összehangolás; koordinálás
co-owner *fn* társtulajdonos; tulajdonostárs * **Its founder and co-owner bought the site in 1976, and the hotel grew gradually from a weekend cottage with no electricity.** Az alapító-társtulajdonos 1976-ban vásárolta meg a telket, és a szálloda fokozatosan épült ki egy áram nélküli hétvégi házból.
co-partner *fn* üzlettárs; társas viszonyban álló tag; társtulajdonos
co-product *fn* ipar melléktermék
copy *fn*
1. másolat; utángyártás; utánzat; másodpéldány; példány
2. mark reklám; hirdetés; reklámszöveg
copyright *fn*
1. jog szerzői jog * **They are content to assign copyright to the journal.** Beleegyeztek, hogy átruházzák a szerzői jogokat a folyóiratra.
2. utánnyomási engedély
copywriter *fn* mark reklámszövegíró * **He spent five years working as an advertising copywriter in London.** Öt évig reklámszövegíróként dolgozott Londonban.
CoR [= **Committee of the Regions**] *fn* EU Régiók Bizottsága
core activity *fn* fő tevékenység; fő tevékenységi kör * **The biggest concern**

is about what it charges on its core activity of lending money to people at the lower end of the income scale. A legnagyobb gond az, hogy mennyit számít fel a fő tevékenységéért, azaz a kölcsönök folyósításáért a jövedelemskála alján lévő emberek számára.

core capital *fn* eredeti saját tőke

core time *fn* (*rugalmas munkaidő-beosztásnál az az időszak, amikor a munkahelyen kell lenni*) törzsidő

COREPER [= **Committee of Permanent Representatives/Permanent Representatives Committee**] *fn* EU Állandó Képviselők Bizottsága

corner *ige* felvásárol * **corner the market** felvásárlással áruhiányt teremt

corporate bond *fn* pénzügy (*US*) vállalati kötvény * **Investing in corporate bond funds is tax-efficient and it should generate a comparatively high level of income.** A vállalati kötvényekbe való befektetés adókedvezménnyel jár, és viszonylag magas jövedelemszintet eredményez.

corporate culture *fn* vállalati kultúra * **They agreed on a return to an old-fashioned consensual corporate culture more in line with the wishes of the founding family.** Megegyeztek abban, hogy visszatérnek a régimódi, megegyezésen alapuló vállalati kultúrához, mely jobban megfelel az alapítócsalád kívánalmainak.

corporate finance *fn* pénzügy vállalati pénzügyek

corporate goal *fn* vállalkozási cél; vállalati cél

corporate identity *fn* (*vállalkozás egységes megjelenése*) vállalati stílus; vállalati arculat * **After the merger they decided on forming a new corporate identity.** A fúzió után úgy döntöttek, hogy új vállalati stílust alakítanak ki.

corporate image *fn* vállalati imázs; vállalatkép; cég külső megjelenési képe; cégről alkotott kép

corporate income tax *fn* adó társasági adó

corporate ladder *fn* (vállalati) ranglétra * **climb the corporate ladder** feljebb jut a ranglétrán * **Ascending the corporate ladder, he became president of McDonald's International Inc in 1987.** A vállalati ranglétrán felemelkedve, 1987-ben lett a McDonald's International Inc elnöke.

corporate management *fn* vállalatvezetőség; vállalati menedzsment * **The corporate management team was examining what the firm needed to do and whether it was being done simply and effectively.** A vállalatvezetőség megvizsgálta, hogy a cégnek mit kell tennie, és hogy ezt egyszerűen és hatékonyan végzik-e.

corporate objective *fn* vállalati cél; vállalkozási cél * **The company outlined some key corporate objectives such as improved safety and financial control.** A vállalat felvázolt néhány kulcsfontosságú vállalati célt, például a fokozott biztonsági és pénzügyi ellenőrzést.

corporate planning *fn* vállalati tervezés * **Only a quarter of firms surveyed took the weather into account in corporate planning.** A megvizsgált cégek csupán egynegyede számolt az időjárással a vállalati tervezéskor.

corporate profit *fn* vállalati nyereség; vállalati eredmény; vállalati haszon

corporate sector *fn* vállalati szektor * **He hopes that trust in the corporate sector could be rebuilt after the troubles of Enron and other scandals.** Reméli, hogy az Enron-ügy és más botrányok után újra fel lehet építeni a vállalati szektor iránt érzett bizalmat.

corporate strategy *fn* cégpolitika; vállalati stratégia * **He said that companies should base investment decisions and corporate strategy on knowledge and expertise.** Szerinte a vállalatoknak tudásra és szakértelemre kell alapozniuk a beruházási döntéseiket és a vállalati stratégiát.

C

C

corporation *fn*
1. vállalat; társaság
2. jog (*GB*) helyi önkormányzat
corporation tax *fn* adó vállalati adó;
társasági adó * **The French and German leaders were also reported to be preparing a call for uniform corporation tax rules – another issue that can only be decided by unanimity under current EU rules.**
Jelentések szerint a francia és a német vezetők egységes társasági adót szeretnének bevezetni, és az EU jelenlegi szabályai szerint ebben az ügyben is egyhangúlag kell dönteni.
correction *fn* kijavítás; helyesbítés; helyreigazítás; kiigazítás; korrekció
correctness *fn*
1. helyesség; pontosság
2. korrektség
corrupt *mn*
1. korrupt; megvesztegethető
2. romlott; erkölcstelen
¹cost *ige* kerül vmibe * **It costs only €5 a day to rent a car in the town.**
Mindössze napi 5 euróba kerül gépkocsit bérelni a városban.
²cost *fn*
1. költség; önköltség; ráfordítás * **cover the cost of** *sg* fedezi a költségét vminek * **cut/reduce costs** csökkenti a költségeket * **at a cost of** *sg* vmilyen áron * **According to experts, aviation fuel costs will increase in the near future.** Szakértők szerint a közeljövőben növekedni fognak a repülés üzemanyagköltségei.
2. ár; költség
cost accounting *fn*
1. számv önköltségszámítás; költségkönyvelés; kalkuláció; bekerülési számítás
2. gazdaságossági számítás
cost estimate *fn* költségelőirányzat; költségszámítás * **They have rejected the project saying building the system is complex and massively expensive, the cost estimates are vague and incomplete, and it is reliant on new and untested tech-**

nology. Elutasították a tervet, mivel a rendszer felépítését, mely új és még ki nem próbált technológiát igényel, bonyolultnak és nagyon drágának, a költségszámítást pedig pontatlannak és hiányosnak találták.
cost estimating *fn* előkalkuláció
cost leadership *fn* költségelőny
cost of carriage *fn* száll fuvardíj; fuvarköltség
cost of labo(u)r *fn* munkabérköltség * **The Post Office has a hundred reasons for its decline, from email to the telephone revolution, the paperless office and the costs of labour.** A Posta hanyatlásának számtalan oka van, beleértve az e-mailt, telefon-forradalmat, a papír nélküli irodát és a munkabérköltségeket.
cost of living *fn* megélhetési költség; létfenntartási költség
cost of materials *fn* anyagköltség; anyagráfordítás; dologi kiadások * **Some plumbers charge £90 an hour plus the cost of materials and VAT.** Néhány vízvezetékszerelő 90 fontot számít fel óránként, és ezen felül anyagköltséget és áfát is.
cost of sales *fn*
1. ker értékesítési költség; áruforgalmi költség
2. értékesített termékek önköltsége; bekerülési költség
cost of transport *fn* száll szállítási költség
cost price *fn* ker beszerzési ár; előállítási ár
cost, insurance, (and) freight *fn* **NB:** röv **c.i.f.; C.I.F.** ker (*Incoterms terminológia; az eladó által megadott ár tartalmazza a kockázatot is, amíg a szállítóhajó megérkezik a rendeltetési kikötőbe, de onnantól minden kockázat és költség a vevőt terheli.*) költség, biztosítás és fuvardíj
cost-benefit analysis *fn* költség-haszon elemzés; ráfordítás-haszon elemzés
cost-effective *mn* gazdaságos; költséghatékony * **Advances in glass production technology mean the use**

of glass for building is increasingly cost-effective. Az üveggyártási technológia fejlődése lehetővé teszi az üveg egyre gazdaságosabb felhasználását az építőiparban.

cost-effectiveness *fn* költséghatékonyság; gazdaságosság

cost-efficient *mn* költséghatékony

cost-free *mn* ker költségmentes * **The consortium was prepared to take all the financial risk and effectively provide a cost-free service to them.** A konzorcium kész volt a teljes pénzügyi kockázatot vállalni, és gyakorlatilag költségmentes szolgáltatást nyújtani.

costing *fn* árvetés; költségszámítás; kalkuláció; számfejtés

costly *mn* drága; költséges

cost-push inflation *fn* költségnövekedés okozta infláció; költségnövekedéstől függő infláció

costs *fn*
1. költség(ek)
2. jog eljárási költségek; perköltségek

costs of production *fn* ipar gyártási költségek; termelési költségek

Council of Europe *fn* **NB: röv COE** Európa Tanács * **The Council of Europe fully respects the diversity of educational and assessment systems in its member states.** Az Európa Tanács teljes mértékben tiszteletben tartja a tagállamok oktatási és értékelési rendszereinek különbözőségeit.

Council of Ministers *fn* EU Miniszterek Tanácsa * **At the Council of Ministers, governments handle sensitive dossiers such as defence and foreign policy.** A Miniszterek Tanácsában a kormányok kényes ügyekkel foglalkoznak, amilyen például a védelmi és külpolitika.

Council of the Economic and Financial Affairs *fn* **NB: röv ECOFIN** EU Gazdasági és Pénzügyminiszterek Tanácsa

Council of the European Union *fn* EU Európai Unió Tanácsa; Miniszterek

Tanácsa * **The Council of the European Union is the EU's highest body.** Az Európa Unió Tanácsa az EU legmagasabb szerve.

Council Regulation *fn* EU Tanácsi rendelet

[1]counsel *ige* tanácsol; javasol; ajánl

[2]counsel *fn* ügyvéd; jogi képviselő; bírósági ügyvéd

counterbalance *ige* kiegyenlít; ellensúlyoz; kompenzál; kárpótol * **The tiring aspect of the radio show is counterbalanced by the energising aspect of it.** A rádióshow fárasztó aspektusait kiegyenlítik annak stimuláló aspektusai.

counterbalancing *fn* egyensúlyozás; kiegyensúlyozás; egyensúlybahozás

[1]counterfeit *mn* hamis; hamisítvány; utánzat * **You can find a lot of counterfeit DVDs on the market.** Sok hamis DVD található a piacon.

[2]counterfeit *ige* utánoz; hamisít; hamisítványt készít * **The group was jailed for a total of 26 years when they were found guilty of counterfeiting notes.** A csoportot összesen 26 év börtönbüntetésre ítélték, amikor bankjegyhamisításban találták őket bűnösnek.

counterfeit money *fn* hamis pénz * **Banks are not legally obliged to reimburse customers who have received counterfeit money from their cashiers or cashpoints – otherwise forgers could simply walk into a bank and swap fake notes for real ones.** A bankok a törvény szerint nem kötelesek kárpótolni az olyan ügyfeleket, akik a pénztárosoktól, illetve a pénzkiadó automatákból hamis pénzt kapnak, hiszen egyébként a hamisítók egyszerűen bemehetnének a bankba és beválthatnák a hamis bankjegyeket valódiakra.

counterpart *fn*
1. másodpéldány; másodlat; másolat; ellenpéldány
2. vmi megfelelője; vmi ellendarabja

C

3. partner * **We have a lot to learn from our foreign counterparts.** Sokat tanulhatunk a külföldi partnereinktől.
country report *fn* EU országjelentés
county court *fn* jog megyei bíróság
coupon *fn*
1. tőzsde szelvény; kupon; kamatszelvény; osztalékszelvény; osztalékjegy
2. (*kedvezményre jogosító*) utalvány; szelvény; vásárlási utalvány * **We received a book of 'free flight' and 'free holiday' coupons, which have strict conditions for their use, such as only staying at designated hotels at certain times.** Kaptunk egy füzetnyi „ingyenes repülőút" és „ingyenes nyaralás" utalványt, amelyek felhasználása szigorúan kötött, például csak bizonyos időszakokban és bizonyos szállodákban lehet megszállni.
course *fn*
1. eljárás; mód; folyamat; lefolyás; menet
2. tanfolyam; kurzus; előadássorozat
3. útvonal
court *fn* jog bíróság; törvényszék
Court of Appeal *fn* jog (*GB*) Fellebbviteli Bíróság
Court of Auditors *fn* EU Számvevőszék
court of justice *fn* jog bíróság; törvényszék
covenant *fn* jog kötelezettségvállalás; megállapodás; egyezmény; szerződés
¹cover *fn*
1. pénzügy fedezet; biztosíték
2. bizt fedezés; fedezet; biztosítás
²cover *ige*
1. befed; betakar
2. bizt biztosít; biztosíttat
3. pénzügy költséget fedez * **You will need about £180 to cover purchase and installation.** Kb. 180 fontra lesz szükség a beszerzés és a telepítés költségeinek fedezésére.
4. magában foglal; felölel; vonatkozik; tartalmaz * **What does the administration fee cover?** Mit tartalmaz az eljárási díj?
5. bizt fedez; biztosít; biztosítékot ad

cover letter *fn* (*US*) (*pl. álláspályázatnál, önéletrajzhoz mellékelve*) kísérőlevél; csatolt levél; mellékelt levél
coverage *fn*
1. pénzügyi aktívák; fedezet
2. bizt biztosítás; biztosítási fedezet; biztosítással fedezett kockázat
covering letter *fn* (*GB*) (*pl. álláspályázatnál, önéletrajzhoz mellékelve*) kísérőlevél; csatolt levél; mellékelt levél
covering purchase *fn* ker fedezeti vásárlás
craft *fn*
1. (*vízi*) jármű
2. mesterség; szakma; kézművesség
crash *fn* tőzsde krach; zuhanás; összeomlás; pénzügyi esés; pénzügyi bukás * **Fears of a house price crash are overdone and a gentle slowdown is more likely, the Organisation for Economic Cooperation and Development said yesterday.** Az OECD tegnap bejelentette, hogy túlzott az ingatlanárak zuhanásától való félelem, inkább gyenge lassulás valószínűsíthető.
create *ige*
1. teremt; alkot
2. alapít; létesít; létrehoz
creation *fn*
1. teremtés; alkotás; létrehozás
2. létesítés; alapítás
creative accounting *fn* számv (*szépített, nem valós könyvelés*) kirakatkönyvelés * **The agency questioned 500 workers and revealed that the most common "creative accounting" was adding extra mileage to travel claims.** Az ügynökség 500 dolgozót kérdezett meg, és kiderült, hogy a kirakatkönyvelés leggyakoribb formája plusz kilométerek hozzáadása az útiköltségelszámoláshoz.
creativity *fn* kreativitás; eredetiség
¹credit *fn*
1. pénzügy követelés; követel-számla; jóváírás
2. bank hitel * **on credit** hitelre * **interest-free credit** kamatmentes kölcsön * **give/offer credit** hitelt nyújt

* **obtain credit** hitelt kap * **buy sg on credit** hitelbe vásárol vmit * **deny/ refuse credit** hitelkérelmet elutasít
3. pénzügy hitelképesség; bonitás; fizetőképesség
4. pénzügy meghitelezés; akkreditív; hitellevél
²**credit** *ige*
1. pénzügy jóváír; számlán elismer
2. hitelez
credit account *fn* bank
1. hitelszámla
2. bankbetét; folyószámla követelés
credit agreement *fn* bank hitelszerződés
* **A maker of plastic parts for vehicles is fighting to stay in business after yesterday reporting a large quarterly loss and admitting it had breached a credit agreement.** A gépjárművekben használt műanyag alkatrészek egyik gyártója a fennmaradásért küzd, miután tegnap nagy negyedéves veszteséget jelentett be, és elismerte, hogy megszegett egy hitelszerződést.
credit balance *fn*
1. bank hitelmaradvány; hitelegyenleg
* **The service is free as long as you maintain a credit balance of £5,000 and write fewer than 100 cheques a month.** A szolgáltatás ingyenes, amennyiben hitelegyenlege meghaladja az ötezer fontot, és száznál kevesebb csekket állít ki havonta.
2. követelésegyenleg; követel-egyenleg
credit bank *fn* bank hitelbank
credit card *fn* bank hitelkártya
credit cooperative *fn* bank hitelszövetkezet
credit entry *fn* számv jóváírás; követel rovatba könyvelés
credit institution *fn* pénzügy hitelintézet; hitelező intézmény
credit insurance *fn* hitelbiztosítás * **It is said banks are making huge profits by selling unnecessary credit insurance.** A bankok állítólag nagy nyereségre tesznek szert szükségtelen hitelbiztosítások eladásából.

credit interest *fn* bank hitelezői kamat
credit line *fn* számv hitelhatár; hitelkeret; kreditlimit * **A consortium of banks and other agencies agreed to forward them an extra credit line of £70m over three years.** Egy bankokból és egyéb ügynökségekből álló konzorcium három évre szóló, több mint 70 millió font értékű kiegészítő hitelkeretet biztosított számukra.
credit memorandum *fn* számv (*US*) jóváírási értesítés; jóváírójegy
credit money *fn* pénzügy bankszámlapénz; bankszámlabetét; hitelpénz
credit note *fn*
1. számv jóváírási értesítés; jóváírójegy
* **The company's £60m investment in the project was guaranteed by a credit note from its bankers.** A vállalat 60 millió fontos beruházását bankári jóváírójeggyel szavatolták.
2. hiteljegyzék; hitelkimutatás
credit period *fn* pénzügy kiegyenlítési határidő; fizetési határidő; szállítói hitel lejárta * **After the deferred credit period ends, you will have to pay hefty interest charges.** A halasztott fizetési határidő lejárta után jókora kamatokat kell fizetni.
credit policy *fn* pénzügy hitelpolitika
credit rating *fn* pénzügy (*hitelképesség megállapítása és aszerinti besorolás, kategorizálás*) hitelképességi minősítés; hitelképességi besorolás * **The group said it had paid off the outstanding £205m and, via an improved credit rating, reaffirmed a £376m European Investment Bank loan.** A csoport közölte, hogy kifizette az esedékes 205 millió fontot, és a jobb hitelképességi minősítés következtében az Európai Beruházási Bank 376 millió fontos hitelt biztosított számára.
credit risk *fn* pénzügy hitelkockázat
credit sale *fn* ker hitelre történő eladás; halasztott fizetésű eladás; hitelüzlet; részletüzlet
credit squeeze *fn* pénzügy hitelmegszorítás; hitelszűke; hitelkorlátozás * **The**

company revealed it was suffering a short term credit squeeze because of the brisk pace of its £12m expansion plan. A vállalat nyilvánosságra hozta, hogy 12 millió fontos terjeszkedési tervének gyors üteme miatt rövidtávú hitelszűkében van.

credit standing *fn* pénzügy bonitás; fizetőképesség; hitelképesség; hitelképességi besorolás; hitelképességi minősítés * **Most shoppers prefer shops that do not investigate customers' credit standing.** A legtöbb vásárló azokat az üzleteket részesíti előnyben, amelyek nem vizsgálják hitelképességüket.

credit transfer *fn* bank bankátutalás; hitelátutalás

creditor *fn* pénzügy hitelező; hitelnyújtó

creditworthiness *fn* pénzügy hitelképesség; bonitás * **This decision is not likely to affect your creditworthiness.** Ez a döntés valószínűleg nem befolyásolja hitelképességét.

creditworthy *mn* pénzügy (*megbízható hitelező, mivel időben visszafizeti az adósságait*) hitelképes * **Sometimes perfectly creditworthy people get turned down for loans and credit cards.** Megesik, hogy teljesen hitelképes emberek nem kapnak kölcsönt, vagy hitelkártyát.

crisis management *fn* válságmenedzsment; válságmenedzselés; válságkezelés

cross rate *fn* pénzügy (*két valuta közötti átváltási árfolyam*) keresztárfolyam; indirekt paritás

cross-border *mn* határokon átnyúló * **cross-border transaction** határokon átlépő ügylet

cultivate *ige* mezőgazd (*földet*) megművel

cultivation *fn*
1. mezőgazd mezei munka; föld megművelése
2. megművelés; művelés

cumulative *mn*
1. halmozott; halmozódó; összesített; kumulált; kumulatív
2. összesítő

curb *fn* fékezés; korlátozás

curb on imports *fn* importkorlátozás

currency *fn*
1. pénzügy valuta; pénznem; fizetőeszköz; pénz; pénzegység * **Some currencies, such as the Chinese renminbi, are rigidly tied to the dollar.** Néhány valuta, mint például a kínai renminbi, árfolyama mereven a dollárhoz van kötve.
2. forgalom; pénzforgalom
3. érvényesség; lejárati idő; érvényességi idő; (*váltóé*) esedékességi idő

currency account *fn* pénzügy devizaszámla * **Opening a foreign bank account can take months, so it may be better to set up a foreign currency account at your own bank.** A külföldi bankszámla nyitása hónapokba telhet, így célszerűbb a saját bankjánál devizaszámlát nyitni.

currency basket *fn* pénzügy valutakosár

currency depreciation *fn* pénzügy valutaleértékelődés; pénzleértékelődés

currency devaluation *fn* pénzügy valutaleértékelés; pénzleértékelés; devalváció

currency market *fn* pénzügy devizapiac

currency reserves *fn* pénzügy devizaállomány; devizakészletek * **Central banks still prefer holding two-thirds of their currency reserves in dollars, rather than in yen or euros.** A jegybankok továbbra is inkább dollárban tartják devizaállományuk kétharmadát, mint yenben vagy euróban.

currency swap *fn* (*devizacserén alapuló ügylet, ami az ügyletben résztvevő mindkét fél számára kedvező, hiszen az adósságot likvidebbé és ezáltal könnyebben rendezhetőbbé teszik*) deviza swapügylet; deviza lecseréléses ügylet * **The final stage of the changeover to the euro took place last week, with the last batch of eurozone countries completing their currency swap.** Az átállás utolsó fázisa a múlt héten fejeződött be, amikor az eurózóna utolsó országai lebonyolították deviza swap-ügyleteiket.

currency transaction *fn* pénzügy devizaügylet * **The company has lost about £215m on foreign currency transactions since the start of the year as the yen has soared in value.** A vállalat kb. 215 millió fontot vesztett az idei devizaügyletei során a yen gyors felértékelődése miatt.

current *mn*
1. folyó *(éppen zajló)*; napi; érvényes; aktuális; jelenlegi
2. kurrens; forgalomban levő; szokásos

current account *fn* bank *(GB)* folyószámla * **I was recently mugged while on holiday in Barcelona and over £350 has been stolen from my current account.** Nemrégiben megtámadtak és kiraboltak barcelonai nyaralásom során, és több mint 350 fontot levettek a folyószámlámról.

current account loan *fn* bank *(GB)* folyószámlahitel

current assets *fn* pénzügy *(könnyen készpénzzé tehető tőke, pl. raktárkészlet)* forgótőke; forgóeszközök * **The review has uncovered a significant overstatement of current assets and understatement of liabilities which, in aggregate, is likely to exceed £20m.** A felülvizsgálat a forgótőke jelentős túlbecslését és a tartozások jelentős alábecslését fedte fel, amelynek teljes összege valószínűleg meghaladja a 20 millió fontot.

current expenditure *fn* pénzügy folyó kiadások

current price *fn* napi árfolyam; napi ár; piaci ár

current rate *fn* napi árfolyam; piaci ár

current value *fn* folyóérték; napi érték; forgalmi érték; piaci érték

curriculum vitae *fn* **NB: röv CV** önéletrajz; szakmai önéletrajz

¹curtail *mn* rövid; megrövidített; csökkentett; megnyirbált

²curtail *ige* megrövidít; rövidít; csökkent; megnyirbál; korlátoz * **curtail activi-**

ties tevékenységét korlátozza * **curtail expenses** * csökkenti a költségeket

curve *fn* görbe

cushion *ige* enyhít; csökkent

custodian business *fn* bank letéti ügylet

custody *fn*
1. oltalom; gondozás; kezelés; vagyonkezelés; megőrzés
2. jog szülői felügyelet; gyámság; gyermek elhelyezése
3. jog őrizet; előzetes fogva tartás; letartóztatás; őrizetbe vétel * **keep sy in custody** előzetes letartóztatásban tart vkit

custom *fn*
1. ker vevőkör; vásárlóközösség
2. ker *(rendszeres)* vásárlás
3. jog szokás; szokvány; szokásjog; gyakorlat
4. ker szokás; hagyomány * **establish a custom** szokást megteremt * **practise a custom** szokást követ

customable *mn* vámköteles

customer *fn*
1. ker vevő; fogyasztó; ügyfél; megrendelő; vásárló * **regular customer** törzsvásárló
2. bank *(számlával rendelkező ügyfél)* betéttulajdonos; számlatulajdonos

customer base *fn* ker vevőkör; ügyfélkör * **The company added 42,000 subscribers over the quarter, taking the customer base to just over 1 million.** A vállalat 42 ezer új megrendelőt szerzett a negyedévben, így a vevőkör most már meghaladja az egymilliót.

customer loyalty *fn* ker *(a vevő ragaszkodik a szokásos termékhez/szolgáltatáshoz/ szolgáltatóhoz)* fogyasztói hűség * **Companies offer some 'extras' to encourage customer loyalty.** A vállalatok néhány „extrát" kínálnak, hogy ösztönözzék a fogyasztói hűséget.

customer relations management *fn* **NB: röv CRM** ker vevőkapcsolat menedzsment

customer relationship management *fn* NB: **röv CRM** ker vevőkapcsolat menedzsment

customer satisfaction *fn* ker vásárlói elégedettség

customer service *fn* ker vevőszolgálat; ügyfélszolgálat * **The company was criticised in several newspapers which called for higher standards of customer service.** A vállalatot, magasabb színvonalú ügyfélszolgálatot követelve, számos újság bírálta.

customer service manager *fn* ker ügyfélszolgálati menedzser; ügyfélszolgálati vezető

custom-made *mn* (*külön rendelésre gyártott egyedi termék*) rendelésre gyártott; sorozaton kívül gyártott; rendelésre készült; mértékre gyártott; egyedi * **Small offices often benefit more from custom-made furniture.** A kis irodák számára sokszor előnyösebb a rendelésre gyártott irodabútor.

customs *fn* NB: **röv Cstms** vám; vámhatóság; vámügy * **customs dues/fees** vámilletékek * **customs procedure** vámeljárás * **customs regulations** vámszabályok

customs barrier *fn* ker vámsorompó * **The customs barrier between Kashmir and India has been lifted.** Megszüntették a vámsorompót Kasmír és India között.

customs clearance *fn* ker vámkezelés; vámolás; elvámolás; vámvizsgálat * **They recommend that there is a review of customs clearance of parcels entering the UK via private companies.** A magánvállalatok által az Egyesült Királyságba behozott csomagok vámkezelésének felülvizsgálatát javasolják.

customs declaration *fn* ker vámbevallás; vámáru-nyilatkozat; vámnyilatkozat; árubevallás

customs declaration form *fn* ker vámáru-nyilatkozati űrlap

customs policy *fn* ker vámpolitika

customs tariff *fn* ker vámtarifa

customs union *fn* (*országok egy vámterülethez sorolása, amelyen belül nincsenek illetékek*) vámunió

customs value *fn* ker vámérték

¹cut *fn*
1. csökkentés; leszállítás * **Recently there has been a cut in wages.** Az utóbbi időben csökkentek a bérek.
2. személyzet-leépítés

²cut *ige* csökkent; leépít; mérsékel; leszállít * **They have to cut costs; otherwise they might go bankrupt.** Csökkenteniük kell a költségeket, máskülönben csődbe kerülhetnek.

cut back *ige* csökkent; leszállít; leépít; lefarag * **Due to the market situation, they have to cut back production.** A piaci helyzetre való tekintettel csökkenteniük kell a termelést.

cut down *ige* csökkent; leépít; mérsékel; lefarag vmiből * **cut down on expenses** csökkenti a költségeket

cut off *ige* megszakít; félbeszakít; megszüntet * **They have to cut off services abroad.** Meg kell szüntetniük a külföldi szolgáltatásokat.

cutoff date *fn* fordulónap; határnap * **A key new fear is that the IRA and other paramilitary groups will no longer recognise the May 2000 cutoff date for completion of arms decommissioning.** Újabb fontos aggály az, hogy az IRA és más félkatonai csoportok nem fogják tiszteletben tartani a 2000. májusi fegyverleszerelési határnapot.

cut-price shop *fn* ker diszkontbolt

cut-throat competition *fn* ker (*a verseny legkomolyabb, legkeményebb, legkegyetlenebb formája*) gyilkos verseny * **Given the weak market in Europe and the cut-throat competition, they had to modify their production plan.** A gyenge európai piac és a gyilkos verseny miatt módosítaniuk kellett termelési tervüket.

cutting *fn* csökkentés; leszállítás

cutting-edge *mn* élvonalbeli; élvonalban lévő; csúcs * **Too much emphasis**

has been directed to developing cutting-edge designs which do not meet the demands of customers. Túl nagy hangsúlyt fektettek olyan csúcsmodellek fejlesztésére, amelyek nem felelnek meg a fogyasztók igényeinek.

cutting-edge technology *fn* csúcstechnológia

CV [= **curriculum vitae**] *fn* önéletrajz; szakmai önéletrajz

cycle *fn* ciklus * **trade cycle** gazdasági ciklus

cyclical *mn* ciklikus; konjunkturális; periodikus

cyclical fluctuations *fn* ciklikus ingadozások

cyclical indicator *fn* konjunktúramutató; gazdasági mutató

D, d

daily allowance *fn* napidíj * **MEPs can legitimately claim their daily allowance if they were present in either seat of the parliament, whether or not they took part in debates.** Az Európai Parlament képviselői napidíjra jogosultak, amennyiben a parlament bármelyik székhelyén jelen voltak, függetlenül attól, hogy felszólaltak-e a vitákban.

damage *fn*
1. kár; sérülés; rongálódás; károsodás * **cause damage** kárt okoz * **extensive/serious/severe damage** súlyos kár
2. kár; veszteség
3. jog sérelem; jogsérelem

damage event *fn* bizt káresemény; káreset

damages *fn*
1. jog kárösszeg; kártérítés * **action for damages** kártérítési kereset * **award/ grant damages** kárösszeget megítél * **claim damages** kártérítést követel * **recover damages** kárt megtérít
2. fájdalomdíj

damages claim *fn* bizt kárigény; kártérítési igény; kárkövetelés

data *fn* adat; adatok; tények * **His tasks include analysing data, telephone interviews, writing research projects and designing questionnaires.** Feladatai közé tartozik az adatelemzés, telefoninterjúk és kutatási tervek készítése, valamint kérdőívek tervezése.

data collection *fn* adatgyűjtés; adatbeszerzés

data protection *fn* adatvédelem; adatbiztosítás

databank *fn* adatbank

database *fn* adatbázis; adatbank * **For more details of this, visit our free online database.** További részletekért keresse fel ingyenes internetes adatbázisunkat!

date *fn*
1. dátum; kelet; keltezés
2. időpont; határidő * **due date** esedékesség/lejárat napja * **out-of-date** régies, idejét múlt, elavult * **up-to-date** friss, naprakész, korszerű, modern

date of balance sheet *fn* számv mérleg fordulónapja

date of delivery *fn* száll szállítási határidő

date of issue *fn* kiállítás napja; kibocsátás napja * **Visas are valid for one year from the date of issue and allow a maximum stay of three months.** A vízumok a kiállítás napjától kezdve egy évig érvényesek, és legfeljebb háromhavi tartózkodásra jogosítanak.

date of receipt *fn* ker átvétel időpontja; kézhezvétel időpontja * **Generally we reply to customer complaints within 14 days from the date of receipt.** Általában a kézhezvételtől számított 14 napon belül válaszolunk a fogyasztói panaszokra.

dated security *fn* határidős értékpapír

day loan *fn* napipénz; egy napra szóló kölcsön

day release *fn* (*tanuláskor adott rendszeres heti egy szabadnap*) (*tanulmányi*) szabadnap * **My colleague is on day release every Friday so I have to go to the meeting today.** A kollégámnak minden pénteken tanulmányi szabadnapja van, így ma nekem kell értekezletre mennem.

day-to-day loan *fn* bank napipénz; naponta esedékes kölcsön; rövid lejáratú kölcsön

¹de facto *mn* lat tényleges; valóságos; valóban fennálló; valójában * **It was announced that his feared son Ramzan, 27, who is de facto leader of his father's 4,000-strong armed militia, was to become his first deputy prime minister.** Bejelentették, hogy rettegett fiát, a 27 éves Ramzant, aki apja 4000 fős fegyveres milíciájának tényleges parancsnoka, kinevezi első miniszterelnök-helyettesévé.

²de facto *hat* lat tényleg; valójában

dead loan *fn* bank behajthatatlan kölcsön

deadline *fn* határidő; határnap * **miss the deadline** kicsúszik a határidőből * **keep/meet/respect the deadline** betartja a határidőt * **set a deadline** határidőt szab * **work to a deadline** határidőre dolgozik

deadlock *fn* zsákutca; holtpont; patthelyzet * **The committee reached a deadlock with employers over the changes to conditions that the new framework imposed.** A bizottság és a munkáltatók között az új szerkezet miatt megváltozott munkakörülményekről folyó tárgyalások holtpontra jutottak.

¹deal *fn* megállapodás; megegyezés; egyesség; ügylet; üzlet; alku * **call off a deal** visszalép egy üzlettől * **close/cut/ clinch/do/reach a deal with sy** üzletet köt/megállapodásra jut vkivel * **the deal fell through** az egyezség/megállapodás meghiúsult * **a shady deal** kétes megállapodás/üzlet * **a square deal** tisztességes megállapodás * **make/ strike a deal** üzletet köt * **He said the deal with the Board was an important victory for the union.** Azt mondta, hogy az igazgatótanáccsal kötött megállapodás fontos győzelmet jelent a szakszervezet számára.

²deal *with* *ige*
1. üzletel vkivel; foglalkozik vmivel; kereskedik * **deal in sg** üzletel/kereskedik vmivel
2. (*pl. problémát*) rendez

dealer *fn*
1. ker kereskedő; viszonteladó; forgalmazó * **There are more than 20,000 antique dealers in the UK.** Több mint húszezer régiségkereskedő van az Egyesült Királyságban.
2. tőzsde értékpapír-kereskedő; értékpapírügynök; tőzsdebizományos; valutaügynök; forgalmazó

dealings *fn*
1. értékpapír-kereskedelem; üzlet; üzleti forgalom; ügylet; művelet
2. (*üzleti*) kapcsolat * **They have commercial dealings with several foreign companies.** Számos külföldi vállalattal állnak kereskedelmi kapcsolatban.

death duties *fn* adó (*GB*) örökösödési adó(k); örökösödési illeték(ek) * **Your liability to inheritance tax is based on your domicile – so even if you have been living abroad for many years you will almost certainly end up having to pay UK death duties.** A lakhely határozza meg az örökösödési adókötelezettséget, így akkor is, ha több éve külföldön él, majdnem biztos, hogy az Egyesült Királyságban érvényes örökösödési adót kell megfizetnie.

death rate *fn* (*ezer lakosra jutó halálozások száma*) halálozási arány; halálozási ráta

debenture *fn*
1. pénzügy kötvény; járadékkötvény
2. tőzsde (*GB*) adóslevél; záloglevél; kötelezvény

debenture bond *fn* tőzsde kötvény; jelzáloglevél; adóslevél

¹debit *fn* számv tartozás; tartozik-oldal; tartozik-számla; terhelés

²debit *ige* pénzügy (*számlát*) megterhel; felszámít * **debit an account by/ with sg** számlára ráterhel vmit

debit account *fn* pénzügy tartozik számla; adósszámla; passzív számla

debit balance *fn* számv passzív mérleg; tartozik egyenleg

debit card *fn* bank (*hitelkártyatulajdonságok nélküli kártya, amelyről csak akkora összeg*

költhető, amennyi a kártyán van) bank-
kártya
debit entry *fn* számv tartozik tétel; terhelés
debit note *fn* számv terhelési értesítés
debt *fn*
1. pénzügy tartozás; adósság; kötelezett-
ség * **clear/pay back/pay off a debt**
adósságot kifizet * **get/go/run into
debt** eladósodik * **get out of debt**
kimászik az adósságból * **incur a debt**
adósságot csinál * **settle a debt** adós-
ságot rendez * **cancel/forgive/write
off a debt** adósságot elenged * **They
have been heavily in debt for
several months now.** Több hónapja
nagy összegű tartozásuk van.
2. követelés
debt collection agency *fn* pénzügy in-
kasszóiroda; pénzbehajtó cég; adósság-
behajtó ügynökség * **There are no
laws to ensure debt collection
agencies chasing arrears treat
those in trouble through no fault
of their own any differently from
borrowers who run up big bills
and then disappear.** Nincsenek tör-
vények annak biztosítására, hogy a
pénzbehajtó cégek másképp bánjanak
azokkal, akik önhibájukon kívül kerül-
tek bajba, mint azokkal a hitelfelvevők-
kel, akik nagy számlákat csinálnak, az-
tán eltűnnek.
debt collection letter *fn* pénzügy fize-
tési felszólítás
debt collector *fn* pénzügy pénzbeszedő;
adósságbehajtó; inkasszómegbízott
debt financing *fn* pénzügy hitelből tör-
ténő finanszírozás; idegen tőkével való
finanszírozás
debt management *fn* pénzügy adósság-
kezelés; adósságmenedzsment * **We de-
veloped a debt management plan
to pay off the creditors with a
fixed amount each month.** Kidol-
goztunk egy adósságkezelési tervet, hogy
fixösszegű havi részletekben fizethes-
sünk a hitelezőinknek.
debt relief *fn* pénzügy adósság-elengedés
* **To help poor African countries**

**more aid, fairer trade conditions
and debt relief are required.** A sze-
gény afrikai országok megsegítéséhez
több segélyre, igazságosabb kereskedel-
mi feltételekre és adósság-elengedésre
van szükség.
debt rescheduling *fn* pénzügy adósság-
átütemezés; fizetési haladék * **The US
has promised Pakistan $1bn in
debt rescheduling and aid.** Az USA
egymilliárd dollárt ígért Pakisztánnak
adósságátütemezés és segély formájá-
ban.
debt restructuring *fn* pénzügy adósság-
átütemezés
debtee *fn* pénzügy hitelező; követelés jo-
gosultja
debtor *fn* pénzügy adós; fizetésre kötele-
zett; kötelezett
decay *fn*
1. hanyatlás; visszaesés
2. (*árué*) bomlás; rothadás; megromlás
deceit *fn* csalás; becsapás; félrevezetés;
megtévesztés
decentralization *fn* decentralizáció;
decentralizálódás
decentralize *ige* decentralizál
decentralized *mn* decentralizált
deciding factor *fn* döntő tényező * **Cost,
and the relative simplicity of the
design, seemed to be the decid-
ing factors.** A döntő tényező az ár,
valamint a modell viszonylagos egysze-
rűsége volt.
decision *fn*
1. elhatározás; döntés * **come to/reach
a decision** elhatározásra jut * **make/
take a decision** döntést/határozatot
hoz
2. jog határozat; végzés; ítélet * **She
was convicted by the magistrates
court and the decision upheld by
the high court.** A városi bíróság el-
ítélte, a fellebviteli bíróság pedig hely-
benhagyta ezt az ítéletet.
decision maker *fn* döntéshozó * **When
a management position opens up,
senior decision makers consider
results and evaluate other, less**

easily quantifiable factors, too.
Amikor egy vezetői állás vár betöltésre, akkor a döntéshozók eredményeket és egyéb, kevésbé számszerűsíthető tényeket is mérlegelnek.
decision-making *fn* döntéshozatal; döntés kialakítása
declaration *fn*
1. nyilatkozat; bejelentés * **Membership involves writing a signed declaration of growing/production methods, which customers can access.** A tagsággal jár, hogy írniuk kell a termesztési/termelési módszerekről egy aláírt nyilatkozatot, amelyhez az ügyfelek hozzáférhetnek.
2. adó vámbevallás; vámnyilatkozat
declaration of bankruptcy *fn* csődbejelentés
declaration of income *fn* adó jövedelemadó bevallás
declaration of intent *fn* szándéknyilatkozat
declare *ige*
1. kijelent; bejelent; nyilatkozik; bevall; nyilatkozatot tesz * **declare bankruptcy** csődöt jelent * **declare null and void** semmissé nyilvánít
2. adó elvámol; vámolásra bejelent
¹decline *fn* hanyatlás; csökkenés; zsugorodás; visszaesés * **fall/go/slip into decline** hanyatlik * **to be in decline** hanyatlik * **on the decline** csökkenőben van * **Five years ago it was perceived to be a firm in decline.** Öt éve még hanyatló cégnek tekintették.
²decline *ige*
1. lemond; visszautasít; megtagad; elutasít; visszavet * **They declined our offer.** Elutasították ajánlatunkat.
2. csökken; mérséklődik; hanyatlik; visszaesik; süllyed
decline in output *fn* ipar termeléscsökkenés
decline in performance *fn* ipar teljesítménycsökkenés
decrease *fn* csökkenés; esés; fogyás; hanyatlás

decrease in population *fn* népességcsökkenés
decrease in price *fn* pénzügy áresés
decree *fn*
1. (*ált. kormány vagy elnök által kibocsátott*) rendelet; rendelkezés; utasítás * **issue a decree** rendeletet kiad
2. jog (*polgári peres eljárás végén kiadott bírósági utasítás*) végzés
deduct *ige* leszámít; levon; kivon; elvesz
¹deductible *mn* levonható; leszámítható * **tax deductible** adóból levonható * **When we decided on the flat we wanted, we immediately had to pay a £200 holding fee – deductible against our deposit, paid later – and a £176.25 administration fee.** Amikor a kiválasztott lakás mellett döntöttünk, azonnal 200 font foglalót kellett fizetnünk – levonható a később fizetendő előlegből –, ezen kívül 176,25 font kezelési költséget.
²deductible *fn* bizt önrész
deduction *fn*
1. levonás; rabatt; engedmény
2. bérlevonás * **You could have a claim for unlawful deduction from wages.** Kárigényt nyújthat be törvényellenes bérlevonásért.
3. adó levonható összeg * **You can find more information about the educational expense deduction on page 15.** A tandíjfizetés után járó adókedvezményről további információk a 15. oldalon találhatók.
4. jog következtetés; levezetés
deed *fn*
1. tett; cselekedet
2. jog közjegyzői okirat; átruházási okmány; szerződéses okmány; adománylevél; okirat; okmány
deed of partnership *fn* jog társulási szerződés
default *fn*
1. késedelem; hiány; elmaradás; mulasztás; kötelesség elmulasztása
2. nem teljesítés; fizetés megszüntetése; késedelmes fizetés; megszegés; hiány
3. száll teljesítési késedelem; szállítási

késedelem
4. jog meg nem jelenés
5. alapértelmezés
defect *fn* hiba; hiányosság
defectives *fn* ker minőségileg kifogásolt termékek
defend *ige* megvéd; véd * **Even those who regularly took to the airwaves to defend the minister, now speak about him in noticeably dispassionate terms.** Még azok is, akik rendszeresen védték a minisztert az elektronikus médiában, most érezhetően tárgyilagos hangnemben nyilatkoznak róla.
defendant *fn* jog alperes; vádlott
defer *ige*
1. elhalaszt; halogat; késlekedik; felfüggeszt * **He said it was right to defer British entry into the euro in 2003 pointing to the divergence between British and European interest rates.** Szerinte helyes volt 2003-ben elhalasztani Nagy-Britannia áttérését az euróra, és indoklásul rámutatott a brit és az európai kamatlábak közti különbségre.
2. számv elhatárol
3. jog felfüggeszt
4. adó elhalaszt; áthárít
deferred *mn*
1. elhalasztott; késleltetett
2. később esedékessé váló * **He will receive a $5.8m cash payment and $7.9m in deferred compensation.** 5,8 millió dolláros készpénzfizetést kap, valamint 7,5 millió dolláros később esedékessé váló kompenzációt.
deferred delivery *fn* később esedékes szállítás
deferred tax *fn* adó halasztott adó
deficiency *fn*
1. hiány; hiba; elégtelenség; hiányosság; fogyatékosság * **They go into Europe as a post-communist state, with a stable democracy, some deficiencies in their infrastructure, and a none-too-high national income.** Posztkommunista államként lépnek be

Európába, stabil demokráciával, néhány infrastrukturális hiányossággal és nem túl magas nemzeti jövedelemmel.
2. hiányzó mennyiség; hiányzó összeg; mínusz; hiány; fedezetlen összeg; deficit; veszteség
deficit *fn*
1. deficit; hiány; veszteség
2. hiányzó mennyiség
3. pénzügy költségvetési hiány * **Not all of the deficits are down to the country's military spending.** Az ország költségvetési hiánya nem kizárólag a katonai kiadásoknak köszönhető.
4. pénzügy pénztárhiány
5. számv mérleghiány
6. ráfizetés
deficit financing *fn* pénzügy deficit-finanszírozás * **President Franklin D Roosevelt is credited with having introduced 'Keynesian' policies of deficit-financing into the United States in the 1930s.** Franklin D Roosevelt elnöknek tulajdonítják a keynesiánus deficit-finanszírozási politika bevezetését az Egyesült Államokban, az 1930-as években.
deflation *fn*
1. defláció; infláció leépülése
2. pénzforgalom szűkülése
defray *ige* pénzügy fedez; viseli a költségeket; fizet * **All charges are to be defrayed by participants.** Minden költség a résztvevőket terheli.
degression *fn* degresszió; degresszív csökkenés
¹delay *fn*
1. késés; késedelem; késlekedés * **delay in delivery** szállítási késedelem
2. haladék
3. ipar veszteségidő
4. halogatás; késleltetés
²delay *ige* késleltet; lassít; halogat; elhalaszt; késlekedik * **They have delayed publication of last year's report because of the recent scandal.** A minapi botrány miatt késleltetik a tavalyi jelentés nyilvánosságra hozását.

delegate *ige* megbíz; meghatalmaz; *(hatáskört, jogkört)* átruház; kiküld; delegál * **delegate authority** hatáskört átruház * **delegate tasks** feladatokat kioszt * **delegate responsibility** felelősséget átruház * **delegate work** munkát kioszt
delegation *fn*
1. delegáció; küldöttség
2. meghatalmazás; átruházás
deliberate *ige*
1. megfontol; mérlegel
2. megtárgyal; megvitat
deliver *ige* száll szállít; szállítást teljesít; átad; kézbesít * **Only a small percentage of goods are delivered in an unacceptable condition.** Az áruk elenyésző hányadát kézbesítik elfogadhatatlan állapotban.
delivery *fn* száll
1. szállítás; leszállítás; átadás; kézbesítés * **One milkman is said to have received 40 £100 parking tickets in six months while making deliveries.** Egy tejkihordó állítólag 40 darab 100 fontos parkolási büntetőcédulát kapott hat hónap alatt, miközben tejet szállított ki.
2. szállítmány
delivery conditions *fn* száll szállítási feltételek
delivery costs *fn* száll szállítási költségek * **If you want to minimise delivery costs, combine purchases in one large order.** Ha minimalizálni szeretné a szállítási költségeket, egyetlen nagy rendelésbe gyűjtse össze vásárlásait.
delivery note *fn* száll szállítólevél; szállítójegyzék; szállítási jegyzék; átvételi igazolás; fuvarlevél
delivery service *fn* ker szállítási szolgáltatás
delivery terms *fn* száll szállítási feltételek; fuvarparitás * **Buying diamond rings via the Internet is not recommended but if you do choose to do so, pay special attention to the delivery terms.** Gyémántgyűrűt

nem ajánlatos interneten rendelni, de ha mégis így dönt, jól nézze meg a szállítási feltételeket!
delivery time *fn* száll szállítási határidő; (tényleges) szállítási időpont
delvelopment aid *fn* fejlesztési segély * **While the EU needs to boost the proportion of money going to developing countries, this may mean withstanding pressure from new member states who may wish to focus development aid on their immediate neighbours.** Az EU-nak növelnie kell a fejlődő országokba irányuló pénz arányát, ami nagy nyomásnak teheti ki az új tagállamok részéről, amelyek a fejlesztési segélyt esetleg közvetlen szomszédaik támogatására szeretnék fordítani.
[1]demand *fn*
1. kereslet; szükséglet * **in demand** nagy a kereslet iránta * **The British government expects China's emergence as one of the leading countries of the 21st century to lead to a dramatic increase in demand for people with knowledge of Chinese politics, economy and society.** A brit kormány szerint az, hogy Kína a XXI. században a világ vezető országai közé emelkedik, rendkívül megnöveli majd a keresletet az olyan emberek iránt, akik ismerik Kína politikai viszonyait, gazdaságát és társadalmát.
2. követelés; igény * **make a demand** követelőzik, követelésekkel áll elő * **meet/satisfy sy's demands** beleegyezik vki követeléseibe
3. jog meghagyás; felszólítás
4. kérés; felszólítás; kívánság
[2]demand *ige* követel; felszólít; megkövetel * **The problem is exacerbated by the strict hygienic standards demanded by supermarkets.** A problémát súlyosbítják az áruházak által követelt szigorú higiéniai előírások.
demand and supply *fn* ker kereslet és kínálat

demand draft *fn* bank látra szóló váltó; bemutatóra szóló váltó

demand price *fn* ker (*kereslet által meghatározott ár*) keresleti ár

demonetization *fn* pénzügy (*pénzfajtáé*) forgalomból való kivonás

demonetize *ige* (*pénzfajtáé*) kivon a forgalomból * **In the 1980s they twice demonetized the Burmese currency, wiping out the savings of millions of citizens overnight.** Az 1980-as években a burmai valutát kétszer vonták ki a forgalomból, egyik napról a másikra megsemmisítve állampolgárok millióinak megtakarításait.

demonstrate *ige*
1. bebizonyít; kimutat
2. bemutat; demonstrál
3. tüntet; demonstrál

demonstration *fn*
1. bizonyíték
2. bemutatás; demonstrálás
3. tüntetés * **He took part in a demonstration by about 50 journalists and lawyers against human rights abuses committed by armed forces.** Részt vett egy olyan tüntetésen, ahol mintegy 50 újságíró és jogász tüntetett az emberi jogok fegyveres erők általi megsértése ellen.

denationalization *fn* (*államosítás megszüntetése; magántulajdonba adás*) privatizáció; reprivatizáció * **He agrees with the denationalisation of certain industries, but he has always believed there are natural monopolies, which should be in public ownership.** Egyetért néhány iparág privatizációjával, de mindig hitt abban, hogy léteznek természetes monopóliumok, amelyeknek állami tulajdonban kellene maradniuk.

denomination *fn*
1. pénzügy címlet; névérték
2. pénznem; pénzegység

deny *ige* megtagad; nem engedélyez; cáfol; letagad; elutasít; visszautasít; tagad; megcáfol

department *fn*
1. osztály; csoport; részleg; főosztály; igazgatási egység; szakosztály; ügyosztály * **Since graduation she has worked in the freight department.** A diplomaszerzés óta a szállítási osztályon dolgozik.
2. ügykör; hatáskör; hivatal
3. költséghely
4. (*US*) minisztérium

department head *fn* osztályvezető; csoportvezető * **According to the plan, some department heads will receive 12 times their present paypackets.** A terv szerint néhány osztályvezető a jelenlegi fizetési csomagjának tizenkétszeresét kapja majd.

departmental manager *fn* osztályvezető * **The intention here is that some people should be able to become departmental managers within two to three years.** A szándék az, hogy néhányan 2–3 éven belül osztályvezetők legyenek.

departmentalization *fn* részlegesítés; szakosítás; osztályokra bontás

depend on *ige* függ vmitől

dependant/dependent *fn*
1. eltartásra szoruló; tartásra jogosult; eltartott; hozzátartozó; családtag
2. függő; alárendelt

deposit *fn*
1. ker első részlet; előleg
2. zálog letétbe helyezése; biztosíték; kaució
3. letét; betét * **make a deposit** letétet elhelyez
4. bánatpénz; előleg; foglaló

deposit account *fn* bank (*GB*) betétszámla

deposit insurance *fn* bank (*US*) (*a bankok kötelezettsége, hogy a betétesek számláit egy meghatározott összeghatárig biztosítsa*) betétbiztosítás

deposit protection fund *fn* pénzügy (*olyan alap, melyet azzal a céllal hoznak létre, hogy a betétesek pénzét csőd esetén is vissza tudják fizetni*) betétfedezeti alap

depot *fn*
1. raktár; lerakat; telephely; depó * **Over the weekend, nearly 100 protesters surrounded a depot where French films were being loaded into vehicles setting off for Cannes.** A hétvégén közel száz tüntető vette körül a lerakatot, ahol a francia filmeket a Cannes-ba induló járművekbe rakodták.
2. száll elosztó pályaudvar * **A large train depot will be built in Manchester.** Manchesterben egy nagy elosztó pályaudvart fognak építeni.
depreciate *ige*
1. pénzügy leértékel; értékét csökkenti; leír
2. (*értékcsökkenést szenved, azaz vásárlóereje csökken*) leértékelődik; elértéktelenedik
depreciation *fn* pénzügy (*az állótőkék fokozatos értékvesztése, pl. elhasználódás, kopás, korszerűtlenné válás miatt*) értékcsökkenés; értékcsökkenési leírás; amortizáció
depression *fn* konjunkturális visszaesés; gazdasági válság; recesszió; (súlyos) depresszió * **The construction of highways was a way of creating jobs during Germany's economic depression between the wars.** Az autópálya-építés a munkahelyteremtés egyik módja volt a németországi gazdasági válság idején a két világháború között.
deputy *fn*
1. helyettes; megbízott
2. képviselő; küldött
Deputy Secretary-General *fn* EU (*EU Tanács*) Főtitkárhelyettes
deregulated market *fn* szabályozatlan piac
deregulation *fn*
1. szabályozás-mentesítés; liberalizálás; szabályrendszer egyszerűsítése * **Our optimistic scenario would see the new EU's GDP exceed that of the US by 45 per cent in 2020, but such performance would require tough political decisons and economic deregulation.** Optimista elképzeléseink szerint az új EU GDP-je 45%-kal meghaladja majd az

USA-ét 2020-ban, de ehhez a teljesítményhez kemény politikai döntéseket és gazdasági liberalizálást kell megvalósítani.
2. jog dereguláció
derogation *fn* EU (*lehetőség az EU-jogtól való eltérésre nemzeti szabályozáskor*) derogáció; mentesítés; mentesség; felmentés
desctructive competition *fn* ker romboló verseny
¹despatch *fn*
1. ker elküldés; feladás
2. száll fuvarozás; elszállítás
²despatch *ige*
1. ker elküld; felad; útnak indít
2. gyorsan intéz; gyorsan elintéz; gyorsan intézkedik
destination *fn* száll rendeltetés; rendeltetési hely; cím; úti cél
detail *fn* részlet; részletezés * **Details of the pensions bill are expected to emerge next week.** A nyugdíjra vonatkozó törvényjavaslat részleteinek ismertetését a jövő hétre várják.
detailed *mn* részletes; alapos; aprólékos; részletezett * **You can find the detailed description of the offer in our brochure.** Az ajánlat részletes leírása a prospektusunkban található.
deteriorate *ige*
1. rosszabbodik; megromlik; elértéktelenedik; leromlik * **The "mini-oil crisis" will continue as the situation in the Middle East deteriorates.** A közel-keleti válság elmélyülésével folytatódni fog a „mini olajválság".
2. leront; megront; elértéktelenít
deterioration *fn*
1. leromlás; hanyatlás; pusztulás; megromlás; elértéktelenedés; rosszabbodás; romlás; értékcsökkenés; elkopás; elhasználódás * **Air pollution from cars is still a problem and the expected trend is further deterioration due to the massive input of old used cars.** A gépjárművek okozta levegőszennyezés még mindig problémát jelent, és a régi, használt gépjárművek nagymértékű használata következtében

D

a helyzet további romlása várható.
2. rontás; lerontás
determinate *mn*
1. pontosan meghatározott
2. végleges; döntő; végérvényes
determine *ige*
1. meghatároz; megállapít; rögzít; megszab * **The government gives greater support to older people remaining in their own homes while imposing tougher rules to determine who is eligible for residential care.** A kormány nagyobb támogatást ad a saját otthonaikban maradó idős embereknek, és szigorúbb szabályokat alkalmaz annak meghatározására, hogy kik jogosultak bentlakásos gondozásra.
2. elhatároz; eltökél
3. elhatárol
4. jog felbont; véget vet; véget ér
devaluation *fn* pénzügy leértékelés; devalváció; elértéktelenedés
devalue *ige* pénzügy *(pénzt)* leértékel * **The Argentinian economy went into meltdown at the end of 2001, and the country was forced to devalue its currency making foreign investors lose billions of dollars in the process.** 2001 végén összeomlott az argentin gazdaság, az országnak le kellett értékelnie a nemzeti valutát, s ennek következtében a külföldi befektetők dollármilliókat vesztettek.
developing countries *fn* fejlődő országok
development *fn*
1. fejlődés; alakulás
2. növekedés
3. fejlesztés; beruházás
4. fejlemény
5. telek beépítése
development aid *fn* fejlődő országoknak nyújtott segély/támogatás
development plan *fn* EU fejlesztési terv
device *fn*
1. készülék; szerkezet; gépezet * **An improvised device went off outside an Athenian bank, causing no casu-**

alties and little damage. Egy athéni bank előtt felrobbant egy rögtönzött szerkezet, de sérülést, vagy komoly kárt nem okozott.
2. eszköz; mód; út
3. terv; elgondolás
diagram *fn* grafikon; diagram; táblázat; görbe * **Before the meeting they got several diagrams faxed from the London office.** A tárgyalás megkezdése előtt számos grafikont kaptak faxon a londoni irodából.
differentiation *fn* megkülönböztetés; különbségtétel
diminish *ige* csökken; csökkent * **Global stocks of easily obtainable crude oil are diminishing.** Csökkennek a világ könnyen kitermelhető nyersolajkészletei.
dip *fn (forgalomé)* visszaesés; pangás; sülyedés
direct *ige*
1. vezet; irányít; utasít; utasítást ad; megbíz; parancsol; elrendel
2. küld; címez
direct access *fn (jelzői haszn. közvetlen elérésű)* közvetlen hozzáférés * **They have direct access to all official information concerning the project.** Közvetlenül hozzáférnek a projekttel kapcsolatos minden hivatalos információhoz.
direct cost *fn* közvetlen költség; teljesítményfüggő költség
direct debit *fn* bank közvetlen terhelés; automatikus leemelés bankszámláról; bankszámláról leemelés
direct expenses *fn* számv *(minden olyan költség, melyet közvetlenül és egyértelműen termékek gyártására vagy szolgáltatások bevezetésére használnak fel)* közvetlen költségek
direct labo(u)r cost *fn* közvetlen munkaköltség; gyártás közvetlen bérköltsége; előállítás közvetlen bérköltsége; termelőmunka költsége * **He has been forced to shift production to Malaysia because of soaring manufacturing costs in Britain, with**

direct labour costs doubling in 10 years. A Nagy-Britanniában meredeken emelkedő termelési költségek, elsősorban a 10 év alatt megduplázódott közvetlen munkaköltségek, kényszerítették arra, hogy Malajziába helyezze át a termelést.

direct mail *fn* NB: röv DM mark (*címre szóló, postai úton való reklámozás*) reklámlevél; reklámküldemény

direct marketing *fn* mark (*a gyártó/szolgáltató közvetlen kapcsolatban áll a fogyasztókkal*) közvetlen értékesítés; direktmarketing

direct selling *fn*
1. ker közvetlen eladás; közvetlen értékesítés
2. gyári eladás

directive *fn*
1. utasítás; rendelet
2. EU direktíva; irányelv * **apply a directive** irányelvet alkalmaz * **issue a directive** irányelvet kiad

director *fn*
1. igazgató; ügyvezető; vezető; hivatalvezető; vállalatvezető * **appoint a director** igazgatót kinevez
2. igazgatósági tag; felügyelő bizottsági tag

directorate *fn*
1. igazgatóság; ügyvezetés
2. üzletvezetés
3. igazgatói tisztség; igazgatói működés

Directorate-General *fn* EU (*az Európai Bizottságé*) Főigazgatóság

disability benefit *fn* rokkantsági járulék * **More than 20 leading charities have joined forces to launch a campaign this week to end age discrimination in disability benefits.** Ezen a héten több mint 20 vezető jótékonysági intézmény közös kampányba kezd az életkor szerinti diszkrimináció megszüntetésére a rokkantsági járulékok odaítélésekor.

disability pension *fn* rokkantsági nyugdíj

disburse *ige* pénzügy (*pénzt*) fizet; kiad; kifizet; folyósít * **While the EU dis-**

burses aid, it will also receive money from the new members. Miközben az EU támogatásokat fizet, pénzt is kap az új tagállamoktól.

disbursement *fn*
1. pénzügy kifizetés készpénzzel; fizetés készpénzzel; pénz kiadása; folyósítás; kiutalás * **There is money pledged, but the rate of disbursement is very slow, for reasons of bureaucracy and red tape.** Vannak ígéretek a pénzre, de a bürokrácia miatt a folyósítás nagyon hosszadalmas.
2. költségkiadás

discharge *fn*
1. kifizetés; kiegyenlítés; teljesítés
2. jog felmentés
3. száll (*hajóról*) kirakodás; kirakás
4. jog felmentvény
5. (*káros/szennyező anyag*) kibocsátás * **The discharge of untreated sewage and the emissions from factories cause great environmental damage.** A tisztítatlan szennyvíz és az ipari szennyezőanyag kibocsátása óriási környezeti károkat okoz.
6. mentesítés; feloldás

disclosure *fn*
1. közzététel; közlés; nyilvánosságra hozatal
2. leleplezés; felfedés; feltárás * **The disclosure that a firm in which the Tory leader holds shares could profit from the government's immigration policy will be embarrassing to the Tory leader.** Annak leleplezése, hogy a kormány bevándorlási politikájából egy olyan cég húzott hasznot, amelynek részvényese egy vezető konzervatív politikus, kínos lesz az illető politikus számára.

discontinue *ige*
1. abbahagy; megszüntet; beszüntet; szüneteltet
2. megszűnik; félbeszakad

¹discount *fn*
1. ker árengedmény; levonás; engedmény; szkontó; diszkont; rabatt; vételár leszállítás * **grant/give a discount**

árengedményt ad * **sell sg at a discount** olcsóbban, árengedménnyel ad el vmit
2. pénzügy leszámítolás; diszkontálás
3. pénzügy diszázsió; árfolyamlevonás; kamatlevonás
4. leszámítolási díj; diszkont
5. csökkent árfolyamérték

²**discount** *ige*
1. leszámítol; diszkontál
2. levon
3. tőzsde reálisan értékel
4. váltót beszed
5. ker árengedményt ad

discount credit *fn*
1. pénzügy diszkonthitel
2. rabatt jóváírás

discount house *fn*
1. bank (*váltóleszámítolással foglalkozó bank*) leszámítoló bank; diszkontház
2. ker (*US*) diszkontüzlet; diszkontáruház

discount price *fn* ker engedményes ár; kedvezményes ár; csökkentett ár; árengedmény * **They offered the airlines company a discount price for pilot training and staff accommodation.** A légitársaságnak pilótaképzésre és a személyzet elszállásolására kedvezményes árat kínáltak.

discount rate *fn* bank (*a váltók leszámítolásáért fizetett*) leszámítolási kamatláb; diszkontláb

discount store *fn* ker (*US*) (*leszállított áron árusító üzlet*) diszkont üzlet; diszkontáruház

discounting *fn* bank leszámítolás; leszámítoló ügylet

discrepancy *fn*
1. eltérés; különbözőség * **The spokesperson was asked about the discrepancy between the official figures and the surveys.** A szóvivőt a hivatalos adatok és a felmérések közötti eltérésekről kérdezték.
2. jog ellentmondás; eltérés

discrimination *fn* megkülönböztetés; diszkrimináció; hátrányos megkülönböztetés; kirekesztés * **Age discrimination is a huge problem for older**

workers, the survey found. A felmérés megállapította, hogy az életkor szerinti hátrányos megkülönböztetés óriási problémát jelent az idősebb dolgozók számára.

disguised unemployment *fn* rejtett munkanélküliség

disinflation *fn* pénzügy (*a defláció enyhébb formája, melynek célja, hogy csökkenjen a pénzkereslet és növekedjen a kínálat a jövedelmek emelése nélkül*) dezinfláció; infláció enyhítése; infláció csökkentése * **Helped by disinflation overseas, the UK economy has grown steadily, creating jobs.** A külföldi dezinfláció munkahelyek teremtésével hozzájárult az Egyesült Királyság gazdaságának folyamatos növekedéséhez.

disintegration *fn* felbomlás; szétbomlás; dezintegráció * **Postal union leaders will urge the government to slow down the commercialisation of the Royal Mail to prevent the disintegration of the service.** A postai dolgozók szakszervezeti vezetői arra kérik a kormányt, hogy lassítsa a Royal Mail (Brit Királyi Posta) privatizációját, hogy elkerüljék a szolgáltatás felbomlását.

dismiss *ige*
1. elbocsát; felmond * **dismiss sy from a job** elbocsát az állásából * **Some of the workers were dismissed after the merger.** A fúziót követően néhány munkást elbocsátottak.
2. jog elutasít

dismissal *fn*
1. elbocsátás; felmondás
2. jog elutasítás; visszautasítás; vádlott felmentése

dismissal protection *fn* jog felmondási korlátozás; felmondási védelem * **They have condemned the minister's decision not to extend dismissal protection to workers taking part in lawful strike action.** Elítélték a miniszter döntését, hogy nem terjesztik ki a felmondási védelmet azokra, akik törvényes munkabeszüntetésben vesznek részt.

disobey *ige* (*vmilyen szabályt stb.*) megszeg; áthág
¹dispatch *fn*
1. ker elküldés; feladás; elszállítás
2. gyorsaság; gyors ügyintézés * **They acted with dispatch.** Gyorsan cselekedtek.
3. száll fuvarozás; elszállítás
²dispatch *ige*
1. száll elküld; felad; útnak indít
2. (*gyorsan*) intéz; elintéz; intézkedik
dispatching *fn* száll elküldés; szállítás; árukezelés
displacement *fn* NB: röv displ.
1. (*részvényeké*) elértéktelenedés
2. elmozdítás; áthelyezés
display *fn*
1. ker kirakat; áru kiállítása; áru bemutatása; áruszemléltetés * **be on display** ki van állítva
2. ker felállítható szemléltető tábla
3. kijelző
disposable *mn* egyszer használatos; eldobható * **Whenever I travel with my son, everything in my hand luggage is disposable – bottles, nappies, baby wipes, and small cartons of ready-made formula milk.** Amikor a kisfiammal utazom, a kézipoggyászomban minden eldobható: az üvegek, a pelenkák, a törlőkendők és a tápszeres dobozok.
disposal *fn*
1. ker eladás; értékesítés * **disposal of property** tulajdon értékesítése
2. (*vkinek rendelkezésére áll*) rendelkezés * **be at someone's disposal** vki rendelkezésére áll * **Don't worry, I put my laptop at your disposal.** Ne aggódj, használhatod a laptopomat.
3. jog rendelkezési jog
4. számv készletcsökkenés; fogyaték
5. elhelyezés; eltávolítás; eltakarítás; megszabadulás vmitől * **Be careful with the disposal of hazardous waste.** Gondosan ügyeljen a veszélyes hulladék elhelyezésére!
dispose of *ige*
1. ker elad; értékesít

2. eldob vmit; megszabadul vmitől * **They remind their clients they should dispose of batteries carefully at an appropriate waste disposal facility.** Figyelmeztetik a vásárlókat, hogy az elemeket egy megfelelő gyűjtőbe dobják.
disposition *fn*
1. jog rendelkezési jog
2. jog utasítás; rendelkezés
3. jog eladás; elidegenítés
4. elosztás; felosztás
5. felhasználás
disregard *ige* figyelmen kívül hagy; nem vesz figyelembe; mellőz; elhanyagol
dissolution *fn*
1. (*bármely társas viszony, csoport, tanács stb. megszüntetése*) feloszlatás; felszámolás; felbontás; felbomlás; feloszlás * **The withdrawal and the dissolution of the current governing council will make possible the entry into the country of an international team led by the UN.** A jelenlegi kormányzótanács visszahívása és feloszlatása lehetővé teszi, hogy egy ENSZ által vezetett nemzetközi csoport belépjen az országba.
2. jog szerződésfelbontás
3. végelszámolás
dissolve *ige* felbont; feloszlat; felbomlik; feloszlik * **After severe disputes they decided to dissolve the partnership.** Kemény viták után a társulás feloszlatása mellett döntöttek.
distribute *ige*
1. kioszt; szétoszt
2. ker (*árut stb.*) eloszt; szétoszt; terít; forgalmaz; értékesít; terjeszt * **Many food cooperatives around the country focus mainly on distributing fruit and veg to low-income families.** Az élelmezési szövetkezetek országszerte leginkább az alacsony keresetű családokat látják el gyümölcscsel és zöldséggel.
distribution channel *fn* ker értékesítési csatorna * **The larger airlines usually allocate a set number of seats for**

D

online sales to ensure a spread across different distribution channels. A nagyobb légitársaságok a többcsatornás értékesítés biztosítása érdekében általában kijelölnek egy bizonyos számú helyet internetes eladásra.

distribution cost *fn* ker értékesítési költség * **He is looking at savings through selling more tickets online and shaving other distribution costs.** Nagyobb számú internetes jegyeladással és más értékesítési költségek csökkentésével igyekszik takarékoskodni.

distribution policy *fn* ker értékesítési politika; áruértékesítési politika

distributor *fn*
1. ker nagykereskedő; elosztó; közvetítő kereskedő; (*árucikké*) képviselet; forgalmazó; elosztó vállalat * **To boost their sales they have decided to use a distributor in the region.** Úgy döntöttek, hogy a területen már működő forgalmazó segítségével növelik eladásaikat.
2. (*US*) lerakat; lerakattulajdonos

diversification *fn*
1. változatosság; sokoldalúság
2. változatossá tétel; diverzifikáció
3. kockázat megosztása
4. ker termékválaszték bővítése; profilbővítés; termékválaszték növelése * **They managed to realise unexpected profit by diversification.** Profilbővítéssel sikerült váratlan nyereséget realizálniuk.
5. ker piaci jelenlét erősítése

diversify *ige*
1. változatossá tesz; diverzifikál
2. ker választékot bővít; profilt bővít * **They will have to find a way to diversify their portfolio of products.** Módot kell találniuk a termékválasztékuk bővítésére.
3. kockázatot megoszt

dividend *fn* **NB: röv Div.; div.; divi.**
1. pénzügy osztalék; részvényosztalék * **pay a dividend** osztalékot fizet * **receive a dividend** osztalékot kap

2. jog (*arányos kielégítés csődeljárás során*) csődhányad; csődkövetelésre jutó fizetési hányad
3. nyereségrészesedés

dividend tax *fn* adó osztalékadó

dividend yield *fn* tőzsde (*a jövedelemadó levonása előtti összeg*) osztalékhozam; tényleges hozam * **It can offer a dividend yield of 8.4% – a level that is bound to prove attractive to income investors.** 8,4%-os osztalékhozamot ígér, amely minden bizonnyal vonzó lesz a befektetőknek.

division *fn*
1. felosztás; megosztás; elosztás; megosztás * **The division of responsibilities is of great importance.** A felelősség megosztása nagyon fontos.
2. ügykör; hatáskör
3. önálló részleg; divízió
4. jog tanács; bírói szakág
5. főosztály; üzemegység; üzletág

division of labour *fn* munkamegosztás * **In many offices, changes in the division of labour have merely shifted the burdens of stress and long working hours to others.** Sok hivatalban a munkamegosztás változtatásainak csupán az az eredménye, hogy más dolgozóknak jut a stressz és a hosszú munkaidő.

division of work *fn* munkamegosztás

divisional organization *fn* részlegekre bontott szervezet

document *fn* **NB: röv Doc.** okmány; okirat; ügyirat; akta; dokumentum; bizonylat; bizonyítvány; irat

documentary credit *fn* ker (*bank és exportőr közötti megállapodás*) okmányos meghitelezés; áruakkreditív

documentary letter of credit *fn* ker okmányos meghitelezés; áruakkreditív

domestic *mn*
1. hazai; belföldi; belgazdasági
2. házi

domestic consumer *fn* magánfogyasztó; kisfogyasztó * **Domestic consumers may find imported goods better value than locally produced**

ones. A kisfogyasztók számára gazdaságosabbak lehetnek az importáruk, mint a hazai termékek.

domestic market *fn* ker hazai piac; belföldi piac * **The country actively prevents foreign companies moving into its domestic markets.** Az ország sikeresen akadályozza a külföldi vállalatok betörését a hazai piacokra.

domestic product *fn* ker hazai termék

domestic trade *fn* ker belkereskedelem * **If the standards of domestic trade laws were applied internationally, perhaps a majority of firms would be guilty of dumping.** Ha a belkereskedelemre vonatkozó törvényeket nemzetközileg is alkalmaznák, a legtöbb céget esetleg bűnösnek találnák dömpingvétség miatt.

donate *ige* adományoz; ajándékoz * **Supporters are no longer willing to lend vehicles and donate fuel to the party.** A támogatók a továbbiakban nem hajlandók járműveket kölcsönözni és üzemanyagot ajándékozni a pártnak.

donation *fn* adomány; ajándék; dotáció * **Their informal presentations are followed by a session, where those who have turned up to listen can make donations.** Az informális előadásokat egy összejövetel követi, ahol a hallgatóság adományokat ajánlhat fel.

door-to-door *hat* háztól házig * **They often order themselves some food and buy clothes electronically from suppliers prepared to make swift door-to-door deliveries.** Gyakran rendelnek ételt és vásárolnak ruhadarabokat maguknak az interneten keresztül gyors házhozszállítást vállaló szállítóktól.

dot-com *fn* ker interneten kereskedő cég

double entry *fn* számv *(ezen könyvelési módszernél a számlakönyvnek két oldala (tartozik és követel oldal) van, minden tételt kétszer kell bevezetni, és így egyszerű ellenőrzéssel könnyen és gyorsan kiszűrhetők, valamint ja-*

víthatók az esetleges hibák) kettős könyvelés

double taxation *fn* adó kettős adóztatás

double-entry bookkeeping *fn* számv kettős könyvelés

double-tax agreement *fn* adó szerződés a kettős adóztatás elkerülésére; kettőst adózást kizáró megállapodás

Dow Jones Index *fn* tőzsde Dow-Jones átlagárfolyam

down payment *fn* ker *(jelzálog vagy részletfizetési megállapodáskor az első kifizetés)* foglaló; előleg * **She claimed Mr Burton had promised in a one-year verbal contract to give her a down payment on an unspecified Dublin flat and a new Jeep if she agreed to care for their son, Taylor.** Állítása szerint Burton úr egy egy évre szóló szóbeli megállapodásban egy dublini lakás előlegének kifizetését és egy új dzsipet ígért neki, ha vállalja Taylor nevű fiuk gondozását.

download *ige* *(számítógépről/internetről)* letölt * **You can download all the important details concerning the issue from their website.** Az ügyre vonatkozó minden fontos részlet letölthető a honlapjukról.

downsize *ige* *(pl. céget)* leépít; karcsúsít * **They had to downsize their operations since they encountered financial difficulties two years ago.** Mivel két évvel ezelőtt pénzügyi nehézségeik támadtak, le kellett építeniük a tevékenységüket.

downswing *fn* hanyatlás; konjunkturális hanyatlás; csökkenő tendencia * **You can see the current downswing in share prices.** Látható a részvényárak jelenlegi csökkenése.

downtime *fn* ipar *(vmilyen fennakadás miatt (pl. alapanyaghiány) nem folyik termelés, de a munkás megkapja bérét)* állásidő; termelési kiesési idő; üzemkiesési idő * **Dell's latest survey among companies with 51–500 employees suggests that 43% of them have no contingency plan in case of**

unplanned downtime. A Dell leg-
újabb, 51–500 dolgozót foglalkoztató
vállalatokra vonatkozó felmérése sze-
rint ezek 43%-ának nincs válságterve a
váratlan állásidőre.

downturn *fn* hanyatlás; esés; csökkenő
irányzat

¹draft *fn* NB: röv df.; dft.

1. pénzügy fizetési utasítás; fizetési utal-
vány; intézvényezett váltó; váltó; váltó-
intézvény; bankváltó

2. vázlat; terv; tervezet; fogalmazvány;
tervrajz

²draft *ige* megfogalmaz; megír * **draft a
contract** szerződést megfogalmaz * **He
himself drafted the report for the
meeting.** Saját maga írta meg a jelen-
tést az értekezletre.

draft budget *ige* pénzügy költségvetés-
tervezet

drain *fn* pénzügy elszívás; kiáramlás; elvonás

drain of capital *fn* pénzügy tőkekiáramlás

drain of money *fn* pénzügy pénzkiáramlás

draw *ige*

1. (*pénzt, fizetést stb.*) felvesz * **You can
draw allowances from 15 May.**
Május 15-től veheti fel a juttatásokat.

2. pénzügy váltót kiállít; intézvényez

3. kisorsol; kihúz

4. felvázol; vázol; rajzol; felrajzol

draw up *ige* megfogalmaz; megszerkeszt
* **Finally they managed to draw
up the contract.** Végül sikerült meg-
fogalmazniuk a szerződést.

drawee *fn* bank intézvényezett; utalvá-
nyozott; váltóadós

drawer *fn* bank kibocsátó; kiállító; intéz-
vényező; utalványozó

drift *ige*

1. visz; sodor

2. (*lassú mozgás*) irányul vmerre; halad
vmerre * **Equities continued to drift
lower.** A részvények ára továbbra is
lassan süllyedt.

drive *fn*

1. kampány; mozgalom * **A sales drive
was organised before Christmas.**
Karácsonyt megelőzően eladási kam-
pányt szerveztek.

2. tőzsde eladók besszrohama

3. lendület; hév; vállalkozó kedv; ener-
gia * **At the department there are
mainly young people with plenty
of drive.** Az osztályon sok vállalkozó
kedvű fiatal van.

¹drop *fn* süllyedés; visszaesés; hanyatlás;
esés * **We realised a drop in or-
ders last month.** A rendelésállomány
csökkenését tapasztaltuk az elmúlt hó-
napban.

²drop *ige*

1. esik; hanyatlik; csökken

2. letesz; abbahagy; elejt

¹due *mn*

1. esedékes; várható * **in due course/
time** megfelelő időben

2. ker fizetendő; esedékes * **The rent
is due on 1 May.** A bérleti díj május
elsején esedékes.

3. kijáró; megillető * **after due con-
sideration** kellő megfontolást követő-
en

²due *fn* pénzügy követelés; járandóság;
adósság

due date *fn* lejárat; határidő; esedékessé-
gi idő; esedékesség * **When I received
my statement, it said I had not
made the minimum payment by
the due date.** A kimutatás szerint
nem fizettem be határidőre a minimális
összeget.

dues *fn*

1. díj; tagdíj * **Dues must be paid
promptly.** Azonnal ki kell fizetni a
tagdíjakat.

2. adó; adó; vám; illeték

dummy *fn*

1. (*az, aki a nevét adja az üzleti vállalkozás-
hoz, hogy a tényleges tulajdonos a háttérben
maradhasson*) névleges tulajdonos; név-
leges igazgató; stróman

2. ker áruutánzat; üres csomagolás; üres
kirakati doboz

3. ker kirakati próbababa

dumping *fn*

1. ker dömping; veszteséges eladás; ár
alá kínálás; veszteséges export

2. törmeléklerakás; hulladéklerakás

duopoly *fn* (*két nagyvállalat uralta piac*) duopólium * **Life was hard enough for the company when the market was a duopoly.** Akkor is elég nehéz volt a vállalat számára az élet, amikor ketten uralták a piacot.

¹duplicate *fn* NB: röv dup. másodpéldány; másolat * **Hand in the proposal in duplicate, please.** Kérjük, hogy két példányban adja be javaslatát!

²duplicate *ige*
1. sokszorosít; másodpéldányt készít; másol
2. megkettőz; megdupláz * **Unfortunately, we cannot simply duplicate the current local housing allowance.** Sajnos nem tudjuk egyszerűen megduplázni a jelenlegi lakástámogatást.

durable goods *fn* ker tartós fogyasztási cikkek * **Consumer spending grew at 6.9%, and the largest increase, 28%, was in durable goods.** A fogyasztói költekezés 6,9%-kal nőtt, és a legnagyobb, 28%-os növekedés a tartós fogyasztási cikkek vásárlásában történt.

durables *fn* ker tartós fogyasztási cikkek

duration of training *fn* szakmai gyakorlat ideje

dutiable *mn* ker vámköteles; elvámolandó

dutiable goods *fn* ker vámköteles áru; vámáru * **There is 'volume' allowance on two dutiable goods, al-**

cohol and tobacco. A „mennyiségi" engedmény két vámköteles árura vonatkozik, alkoholra és dohányárura.

duty *fn*
1. kötelesség; kötelezettség; szolgálat; feladat * **GPs have a duty of care towards all patients, whatever their nationality.** A körzeti orvosoknak minden betegről gondoskodniuk kell, tekintet nélkül a betegek nemzetiségére.
2. adó vám; illeték; adó; járulék * **levy duty on sg** vámot kivet vmire * **The duty on wine was increased by 4p a bottle, while beer was hit with an extra 1p a pint.** A bor adóját üvegenként 4 pennyvel, a sörét pedig pintenként 1 pennyvel emelték.

duty-free *mn* vámmentes; illetékmentes * **Duty-free stores are the largest purchaser of Toblerone.** A vámmentes boltok a Toblerone legnagyobb felvásárlói.

dwindle *ige*
1. csökken; megcsappan * **Wholesale gas prices for this winter are at record highs and are unlikely to dwindle much.** A nagykereskedelmi gázárak az idei télen rekordmagasak, és valószínűleg nem is fognak érezhetően csökkenni.
2. hanyatlik; értékéből veszít

E, e

early retirement *fn* (*nyugdíjkorhatár előtti nyugdíjazás*) korengedményes nyugdíj; korai nyugdíj * **The ongoing pressure at work has led her to take early retirement at 55.** A folyamatos munkahelyi feszültség miatt 55 évesen korengedményes nyugdíjba ment.

earmark *ige* előirányoz * **Some funds are earmarked for the new project.** Pénzalapokat irányoztak elő az új projektre.

earn *ige*
1. pénzt keres; keres; megkeres; munkával pénzt szerez
2. kamatot hoz; jövedelmet hoz; jövedelmez * **His recent investment earns him a good profit.** Új befektetése jó jövedelmet hoz számára.

earned income *fn* munkából származó jövedelem; kereset

earning capacity *fn*
1. jövedelmezőség
2. keresőképesség * **Compensation payments should be based on a proper assessment of earning capacity for each individual.** A kártérítési összeget minden egyénnél a tényleges keresőképesség kiszámítása alapján kellene megállapítani.

earning power *fn*
1. keresőképesség
2. nyereségtermő képesség; hozamképesség; jövedelmezőség; jövedelmezőségi potenciál

earning rate *fn* (*egy cég nyeresége százalékban kifejezve; tiszta nyereség a befizetett tőke százalékában*) jövedelemráta; bevételszázalék; haszonszázalék * **If you do not take an interest in your accounts, you can end up earning rates as low as 0.1 per cent.** Ha nem figyel oda a számláira, a jövedelemrátája nagyon alacsony, akár mindössze 0,1% is lehet.

earnings *fn*
1. kereset; jövedelem; bevétel; járandóság; bér; fizetés; munkadíj * **Recent figures show rising employment, rising vacancies, rising earnings and a continuing slide in unemployment.** A legújabb adatok szerint nő a foglalkoztatottság és a betöltetlen állások száma, emelkednek a jövedelmek, és folyamatosan csökken a munkanélküliség.
2. haszon; nyereség; hozadék; bevétel * **If you are a sole trader, you don't have to have a business account, though it will help you keep your earnings separate from your personal finances.** Az egyéni vállalkozók számára nem kötelező a vállalkozási bankszámla, bár segíthet az üzleti bevételek és a személyes pénzösszegek elkülönítésében.

EBRD [= **European Bank for Reconstruction and Development**] *fn* bank Európai Újjáépítési és Fejlesztési Bank

ECOFIN [= **Economic and Financial Affairs Council; Council of the Economic and Financial Affairs**] *fn* EU Gazdasági és Pénzügyminiszterek Tanácsa

e-commerce *fn* ker (*Interneten keresztül bonyolított vásárlás*) elektronikus kereskedelem

economic *mn*
1. gazdasági; gazdasággal kapcsolatos; gazdaságpolitikai; gazdaságtudományi; közgazdasági; konjunkturális * **The economic effects of the govern-**

ment decision are unpredictable.
A kormánydöntés gazdasági következ-
ményei beláthatatlanok.
2. jövedelmező; rentábilis
economic activity *fn* konjunktúra;
gazdasági tevékenység * **The upturn in
economic activity offers a chance
to press ahead with reforms that
are already under way.** A konjunk-
turális fellendülés lehetővé teszi a már
megkezdett reformok gyorsütemű foly-
tatását.
economic aid *fn* gazdasági segély;
gazdasági segítség * **They are willing
to halt their nuclear weapons
programme in return for security
guarantees and economic aid.**
Biztonsági garanciákért és gazdasági segé-
lyért viszonzásul hajlandók felfüggesz-
teni atomprogramjukat.
economic analysis *fn* gazdaságelem-
zés; gazdaságvizsgálat
**Economic and Financial Affairs
Council** *fn* NB: röv ECOFIN EU Gazdasá-
gi és Pénzügyminiszterek Tanácsa
Economic and Monetary Union *fn*
NB: röv EMU EU Gazdasági és Monetáris
Unió
Economic and Social Committee *fn*
NB: röv ECOSOC EU Gazdasági és Szociá-
lis Bizottság
economic boom *fn* gazdasági fellendü-
lés * **The economic boom is cited
as proof of the country's recov-
ery.** A gazdasági fellendülést az ország
talpraállása bizonyítékának tekintik.
economic climate *fn* gazdasági légkör;
konjunkturális helyzet
economic cycle *fn* gazdasági ciklus
* **The ups and downs of oil prices
correspond almost exactly with
those of the economic cycle.** Az olaj-
árak emelkedése és esése szinte ponto-
san egyezik a gazdasági ciklussal.
economic development *fn* gazdasági
fejlődés * **The innovation directly
promotes people's quality of life
and encourages economic devel-
opment.** Az innováció közvetlenül ja-

vít az életminőségen, és elősegíti a gaz-
dasági fejlődést.
economic effect *fn* gazdasági hatás
economic efficiency *fn* gazdaságosság;
gazdasági hatékonyság
economic equilibrium *fn* gazdasági
egyensúly
economic growth *fn* gazdasági növe-
kedés
economic indicator *fn* konjunktúra-
mutató; gazdasági mutató
economic model *fn* közgazdasági modell
economic outlook *fn* konjunkturális
kilátások; gazdasági várakozások * **Re-
gardless of the economic out-
look, last year's surge in prices is
unlikely to be repeated.** A konjunk-
turális kilátásoktól függetlenül, nem
valószínű, hogy a tavalyi gyors áremel-
kedés megismétlődik.
economic output *fn* gazdasági teljesít-
mény * **The EU countries have a
population of 450 million people
and generate a quarter of the
world's economic output.** Az EU
tagállamaiban 450 millióan élnek, és a
világ gazdasági teljesítményének egyne-
gyedét állítják elő.
economic policy *fn* gazdaságpolitika;
konjunktúrapolitika
economic prospects *fn* konjunktúra-
kilátások; gazdasági várakozások; gaz-
dasági kilátások * **The EBRD gave
an upbeat assessment of the eco-
nomic prospects for the 10 acces-
sion countries.** Az Európai Újjáépíté-
si és Fejlesztési Bank (EBRD) pozitívan
értékelte a tíz csatlakozó ország gazda-
sági kilátásait.
economic research institute *fn* gaz-
daságkutató intézet; konjunktúrakuta-
tó intézet
economic science *fn* közgazdaságtan;
közgazdaságtudomány
economic situation *fn* gazdasági hely-
zet; konjunkturális helyzet
economic slump *fn* gazdasági pangás;
gazdasági válság * **Soaring oil prices
have historically been the surest**

harbinger of an economic slump.
A meredeken emelkedő olajárak a gazdasági pangás legmegbízhatóbb előjelei voltak a történelem során.

economic system *fn* gazdasági rendszer; gazdasági szerkezet

economic trend *fn* gazdasági irányzat; gazdasági trend; konjunkturális irányzat * **In his opinion, GMOs are part of a political and economic trend that is threatening all humanity.** Szerinte a génmanipulált termékek az emberiséget veszélyeztető politikai és gazdasági trend részei.

economic union *fn* gazdasági közösség; gazdasági unió

economical *mn* gazdaságos; takarékos * **It is highly advised to try to be economical with water.** Igencsak tanácsos megpróbálni a vízzel takarékoskodni.

economically active *mn* gazdaságilag aktív

economics *fn*
1. közgazdaságtan; gazdaságelmélet; gazdaságtudomány; gazdaságtan
2. gazdasági rendszer; népgazdaság; gazdasági helyzet; gazdasági élet
3. gazdaságosság
4. anyagiak

economist *fn* közgazdász; közgazda

economize *ige*
1. takarékoskodik; takarékosan gazdálkodik; megtakarít; takarékosan bánik * **We have to economize on petrol.** Takarékoskodnunk kell a benzinnel.
2. gazdaságossá tesz

economy *fn*
1. gazdaság; gazdasági élet; gazdasági rendszer; közgazdaság * **boost/stimulate/revive the economy** fellendíti a gazdaságot
2. gazdaságosság; takarékosság
3. gazdaságtan
4. megtakarítás
5. gazdálkodás

ECOSOC [= **Economic and Social Committee**] *fn* EU Gazdasági és Szociális Bizottság

EDF [= **European Development Fund**] *fn* EU Európai Fejlesztési Alap; EDF

education allowance *fn* (*képzésre fordított adómentes összeg*) képzési támogatás * **Most of the benefits are available to all factory workers, including education allowances.** A legtöbb juttatás, beleértve a képzési támogatást, minden gyári munkást megillet.

educational leave *fn* tanulmányi szabadság * **It is rather difficult to motivate large numbers of the employer community to make paid educational leave more widely available.** Meglehetősen nehéz nagyszámú munkáltatót arra ösztönözni, hogy elérhetőbbé tegye a tanulmányi szabadságot.

EEA [= **European Economic Area**] *fn* EU Európai Gazdasági Térség; EGT

effect *fn*
1. hatás; okozat; következmény; eredmény * **have an effect on sg** hatással van vmire * **achieve/get/produce an effect** hatást eredményez; hatással van * **The IMF acknowledged that low interest rates were moderating the effects of higher debt levels.** A Nemzetközi Valutaalap (IMF) elismerte, hogy az alacsony kamatok mérséklik a magasabb adóssági szintek hatásait.
2. jog hatály; érvényesség; megvalósulás * **bring/carry/put sg into effect** foganatosít; kivitelez vmit * **take effect** hatályba lép * **with effect from sg** vmilyen kezdetű hatállyal * **with immediate effect** azonnali hatállyal * **of no effect** hatálytalan; hatálytalanított * **come into effect** hatályba/érvénybe lép
3. cél
4. értelem; tartalom
5. fedezet

effective cost *fn* tényleges költség * **This year the effective cost of the production is expected to be 5%**

higher. Idén a gyártás tényleges költsége várhatóan 5%-kal több lesz.
effective date *fn* jog hatálybalépés dátuma
effective yield *fn* tényleges hozam
effectiveness *fn*
1. eredményesség; siker; hatásosság
2. hatékonyság * **economic effectiveness** gazdasági hatékonyság
efficiency wage *fn* teljesítménybér
efficient *mn*
1. hatékony; termelékeny; teljesítőképes; eredményes
2. hasznavehető; rátermett; tevékeny; jártas
elasticity of demand *fn* ker keresleti rugalmasság
elasticity of supply *fn* ker kínálati rugalmasság
elect *ige*
1. választ; megválaszt; beválaszt * **The committee elected its new members.** A bizottság megválasztotta új tagjait.
2. vmi mellett dönt; vmit választ * **He elected to invest in the new project.** Úgy döntött, hogy befektet az új projektbe.
election *fn* választás; megválasztás * **He wrote several articles about the local elections.** Számos cikket írt a helyi választásokról.
electronic banking *fn* bank elektronikus bankügyletek; számítógépes bankügyletek * **Some 60% of internet users use electronic banking and 80% of all banking transactions are electronic.** Az internet használók kb. 60%-a bonyolít elektronikus bankügyleteket, és az összes bankművelet 80%-a elektronikusan történik.
electronic cash *fn* elektronikus készpénz * **If the British economy moves to electronic cash, information passed around the Internet could prevent people from making even basic purchases.** Ha Nagy-Britannia elektronikus készpénz használatára tér át, az interneten ter-

jesztett információk megakadályozhatják az alapvető vásárlásokat is.
electronic commerce *fn* ker elektronikus kereskedelem; internetes kereskedelem
electronic payment *fn* ker (*vásárlásért interneten keresztül történő fizetés*) elektronikus fizetés; internetes fizetés
electronic shopping *fn* ker elektronikus vásárlás; internetes vásárlás
eligibility *fn* jogosultság
eligibility for benefits *fn*
1. juttatási jogosultság; jogosultság segélyre; jogosultság járadékra * **The proposals include measures to delay eligibility for benefits for new immigrants.** A javaslatok között szerepelnek az új bevándorlók juttatási jogosultságára vonatkozó intézkedések is.
2. bizt teljesítési feltételek
eligible for *mn*
1. jogosult * **eligible to do sg** jogosult vmit megtenni * **Some students are not eligible for grants.** Néhány hallgató nem jogosult ösztöndíjra.
2. kvalifikált; megfelelő; alkalmas; kívánatos
3. bank (*US*) bankképes; leszámítolható; hitelképes
eliminate *ige* kizár; kiiktat; megszüntet; felszámol; kiküszöböl; mellőz * **His main aim is to eliminate competition.** Legfőbb célja a verseny felszámolása.
elimination *fn* kiiktatás; megszüntetés; kizárás; kiküszöbölés; mellőzés
embargo *fn*
1. ker embargó; zárlat; kiviteli tilalom; behozatali tilalom; szállítási zárlat; kereskedelmi zárlat
2. száll hajózár; kikötőzár
embark *ige*
1. száll hajóba rak
2. belekezd vmibe; nekifog vminek; nekilát vminek; belefog vmibe * **To improve their profit they have embarked on a risky venture.** Hasznuk növelése érdekében kockázatos vállalkozásba kezdtek.

E

embezzle *ige* jog sikkaszt; hűtlenül kezel * **Efforts to track down the estimated $10bn he embezzled during his 20 years in power failed.** Nem bukkantak nyomára annak a mintegy tízmilliárd dollárnak, melyet 20 éves hatalma alatt sikkasztott.

embezzlement *fn* jog sikkasztás; hűtlen kezelés * **A man accused of the biggest embezzlement in recent Chinese history was extradited from Las Vegas to Beijing yesterday.** A legújabbkori kínai történelem legnagyobb sikkasztásával vádolt férfit tegnap kiadták Las Vegasból Pekingnek.

embossed credit card *fn* bank dombornyomásos hitelkártya

emergency reserve *fn* (*vészhelyzetre félretett pénzösszeg*) vésztartalék * **You may need to keep some money easily accessible as an emergency reserve.** Célszerű a pénz egy részét vésztartalékként könnyen hozzáférhető formában tartani.

emerging country *fn* feltörekvő ország * **Growth in emerging countries continues to be higher than in the developed world.** A feltörekvő országok gazdasági növekedése továbbra is meghaladja a fejlett világét.

emission *fn* kibocsátás; kiadás; emisszió * **The consortium wants to find ways of reducing greenhouse gas emissions.** A konzorcium csökkenteni igyekszik az üvegházhatást előidéző gázok kibocsátását.

emolument(s) *fn*
1. (*szolgálatokért adott pénzbeli juttatás*) járandóság; szolgálati járandóság; illetmény; tiszteletdíj; díjazás; javadalmazás * **The directors shared £1.07m in emoluments.** A vezetők összesen 1,07 millió font tiszteletdíjat kaptak.
2. ráfordítás megtérítése

employ *ige*
1. foglalkoztat; alkalmaz
2. befektet * **They employed capital in their new business.** Tőkét fektettek az új üzletükbe.
3. használ; felhasznál; vmire alkalmaz * **They employ up-to-date tools in the factory.** Korszerű eszközöket használnak a gyárban.

employable *mn*
1. alkalmazható; közvetíthető
2. felhasználható

employed *mn* alkalmazott; alkalmazásban levő; foglalkoztatott

employee *fn* munkavállaló; foglalkoztatott; munkatárs; alkalmazott * **Every employee enjoys the same rights.** Minden munkavállalót azonos jogok illetnek meg.

employer *fn*
1. munkáltató; munkaadó * **Unfortunately, the gap between employers and workers is widening.** A munkáltatók és a dolgozók közti szakadék sajnos szélesedik.
2. megbízó; megrendelő

employers' association *fn* munkaadók szövetsége; munkaadói szervezet; munkaadói kamara * **She was appointed a member of the Employers Association.** Kinevezték a Munkaadók Szövetsége tagjának.

employment *fn*
1. foglalkoztatottság; foglalkoztatottsági viszony * **continuous employment** folyamatos foglalkoztatottság * **seasonal employment** időszakos foglalkoztatottság
2. állás; alkalmazás; foglalkozás; munka; munkakör * **I have been looking for employment for months now.** Hónapok óta állást keresek.
3. felhasználás; alkalmazás; használat; hasznosítás * **The employment of the most recent data is essential.** Nélkülözhetetlen a legfrissebb adatok felhasználása.

employment agency *fn* állásközvetítő; állásközvetítő iroda; munkaközvetítő iroda; munkaközvetítő ügynökség

employment contract *fn*
1. jog munkaszerződés; munkavállalási szerződés * **The chief executive had bowed to shareholder pressure**

and reduced Mr Miller's employment contract to one year. A vezérigazgató engedett a részvényesek nyomásának, és egy évre rövidítette Miller úr munkaszerződését.

2. munkaviszony
employment costs *fn* bérjellegű költségek; személyi költségek
employment office *fn* (*GB*) munkaügyi hivatal; állásközvetítő * **The project set up its own website, through which users could check out jobs at the employment office.** A projekt létrehozta saját honlapját, amelyen keresztül a használók megnézhették a munkaügyi hivatalnál meghirdetett álláshelyeket.
employment policy *fn* foglalkoztatási politika; személyzeti politika
empower *ige*
1. felhatalmaz; meghatalmaz; feljogosít; joggal felruház * **We have empowered an agency to sell our flat.** Meghatalmaztunk egy ügynökséget, hogy adja el a lakásunkat.
2. képessé tesz
empowerment *fn* felhatalmazás; meghatalmazás * **Without empowerment I cannot sign this agreement.** Felhatalmazás nélkül nem írhatom alá a megállapodást.
EMS [= **European Monetary System**] *fn* EU (*Az euró bevezetése óta az eurózónán kívüli tagországok valutája és az euró viszonyát szabályozza.*) Európai Monetáris Rendszer
¹EMU [= **Economic and Monetary Union**] *fn* EU Gazdasági és Monetáris Unió
²EMU [= **European Monetary Unit**] *fn* EU európai pénzegység
enact *ige* jog törvénybe iktat
enactment *fn* jog törvénybe iktatás; törvényerőre emelkedés
encash *ige*
1. bank (*pénzt*) beszed; behajt; inkasszál
2. csekket bevált; (*pénzt*) felvesz * **They give a useful list of agents who will encash cheques without charg-**

ing a fee. Hasznos listát közölnek azon ügynökökről, akik közvetítői díj nélkül váltanak be csekkeket.
encashment *fn*
1. bank inkasszó behajtás
2. beváltás * **Penalties are imposed on early encashment.** Büntetik a korai beváltást.
enclose *ige* csatol; mellékel * **Do not enclose original documents, please.** Kérjük, ne csatoljon eredeti okmányokat!
enclosure *fn* NB: röv encl. melléklet; csatolás; csatolmány * **For further details see the enclosure.** További részletek a mellékletben.
encourage *ige* felbátorít; bátorít; pártfogol; előmozdít; ösztönöz * **The present economic climate encourages further investments in the region.** A jelenlegi gazdasági légkör további beruházásokra ösztönöz a régióban.
encouragement *fn* bátorítás; támogatás; előmozdítás; ösztönzés
encumber *ige*
1. terhel; megterhel
2. akadályoz; gátol; hátráltat; megnehezít * **Several students are encumbered with debt when they start their career.** Sok hallgató életét tartozások nehezítik meg a pályakezdéskor.
3. jog megterhel * **They encumbered their house with mortgages.** Jelzáloggal terhelték meg házukat.
encumbrance *fn*
1. jog megterhelés; ingatlanterhelő jog
2. hátráltatás; akadályozás
3. jelzálog * **This is a house free of all encumbrances.** Ez egy jelzálogtól mentes ház.
end consumer *fn* (*aki ténylegesen elfogyasztja, felhasználja a terméket*) végfelhasználó; végső fogyasztó
end-of-season sale *fn* ker szezonvégi kiárusítás
endorse *ige*
1. megerősít; láttamoz; hitelesít; hátirattal ellát; ellenjegyez

2. pénzügy váltót forgat; zsirál
3. támogat; helyesel
4. mark (*híres ember támogatását adja*) reklámoz; nevével támogat

endorsement *fn*
1. pénzügy hátirat; forgatmány; zsiró
2. pénzügy hátirattal ellátás; forgatás; forgatmányozás; zsirálás
3. megerősítés
4. bizt kiegészítő záradék; kiegészítő kötvény; módosító záradék
5. jóváhagyás; hozzájárulás
6. jog láttamozás; ellenjegyzés; felülhitelesítés; záradékolás
7. ker reklámozás hírességgel/ismert személyiséggel

endowment *fn*
1. alapítvány
2. ellátás; ellátottság
3. javadalmazás; dotálás
4. pénzügy alapítvány létesítése; alapítványozás
5. javadalom; dotáció

end-user *fn* (*aki ténylegesen elfogyasztja/felhasználja a terméket*) végfelhasználó; végső fogyasztó * **They are planning to do some research on what end-users really want from the company.** Azt tervezik, kutatni fogják, hogy a végfelhasználók valójában mit várnak el a cégtől.

enforce *ige*
1. kikényszerít; rákényszerít
2. jog érvényre juttat; érvényt szerez; érvényesít; hatályba juttat * **The company would not comment on the situation to customers until details of how the law would be enforced were made clear.** A vállalat nem kommentálja helyzetet a fogyasztóknak, amíg nem tisztázódnak a részletek a törvény végrehajtásának módjáról.
3. jog végrehajt; foganatosít

engage *ige*
1. alkalmaz; felvesz; szerződtet; munkába állít; foglalkoztat
2. *in* foglalkozik; belekezd; űz (foglalkozásszerűen) * **He engages in busi-**

ness. Üzlettel foglalkozik.
3. leköt; kötelez; lekötelezi magát
4. megfogad
5. lefoglal * **They plan to engage two meeting rooms for the discussion.** Két tárgyalótermet terveznek lefoglalni a megbeszélésre.

enhance *ige* növel; megnövel; felértékel; emelkedik; emel * **The bad weather conditions have enhanced the price of fruits and vegetables.** A kedvezőtlen időjárási feltételek miatt emelkedtek a gyümölcs- és zöldségárak.

enlarge *ige*
1. nagyobbít; gyarapít; kibővít
2. nagyobbodik; gyarapodik; kibővül
3. meghosszabbít; megújít

enlargement *fn* bővítés; bővülés; kibővítés; kibővülés * **It is necessary for the commission to be reformed as part of EU enlargement.** Az EU bővítése részeként elkerülhetetlen a bizottság átszervezése.

enlist *ige*
1. listára felvesz
2. igénybe vesz; biztosít

enquire *ige* érdeklődik; megérdeklődik; tájékozódik; informálódik; kérdezősködik; felvilágosítást kér

enquiry *fn*
1. tudakozódás; érdeklődés; informálódás * **They have made enquires already about his rumoured willingness to return to London office.** Már tájékozódtak arról, hogy állítólag hajlandó visszatérni a londoni irodába.
2. vizsgálat; információkérés; kutatás
3. ker árajánlatkérés; ajánlatkérés

ensure *ige* biztosít; garantál; gondoskodik vmiről * **They ensured access to the database.** Biztosították az adatállományhoz való hozzáférést.

enter *ige*
1. beérkezik; belép; bejön
2. bejegyez vhová; beír; elkönyvel; felír * **She was asked to enter the amount in the ledger.** Megkérték,

hogy jegyezze be az összeget a főkönyvbe.

3. jog benyújt; emel; indít * **enter an action in the courts** keresetet indít a bíróságon

4. belép; csatlakozik * **Some countries are expected to enter the EU in 2008.** Várhatóan néhány ország 2008-ban belép az EU-ba.

5. kezd; megkezd; tovább folytat * **The two big producers entered into negotiations.** A két nagy gyártó tárgyalásokba kezdett.

enterprise *fn*
1. cég; vállalkozás; vállalat * **He set up his private enterprise 10 years ago.** 10 éve kezdett magánvállalkozásba.
2. vállalkozó szellem; vállalkozókészség

entertainment allowance *fn (az összeg, amelyet a vendégek, üzletfelek vendégellátására fordítanak egy cégnél)* reprezentációs költség; reprezentációs keret

entice *ige* csábít; kecsegtet * **Advertisements entice consumers into spending their money.** A hirdetések pénzköltésre csábítják a vevőket.

entitle *ige* feljogosít * **be entitled to sg** jogosult vmire * **entitle sy to do sg** feljogosít vkit vmire

entitlement *fn*
1. igény; igényjogosultság; jogosultság * **entitlement to sg** jogosultság vmire
2. felhatalmazás; meghatalmazás

entitlement to benefits *fn* járadékra/segélyre/juttatásokra jogosultság

entrepreneur *fn* vállalkozó; önálló vállalkozó * **Mr Red is a well-known Australian entrepreneur who made a fortune with a biotechnology company.** Red úr jól ismert ausztráliai vállalkozó, aki vagyonát egy biotechnológiai céggel szerezte.

entrepreneurial *mn*
1. vállalkozói; vállalkozási * **entrepreneurial flair/instincts** vállalkozói/üzleti érzék
2. üzletképes

entrust *ige*
1. rábíz vkire vmit * **My father never entrusted his money to bankers.** Apám sose bízta bankárokra a pénzét.
2. megbíz vkit vmivel * **The committee entrusted me with the job of drawing up a plan for a new project.** A bizottság azzal bízott meg, hogy vázoljam fel egy új projekt tervét.

entry *fn*
1. belépés; beutazás; bebocsátás; bevitel
2. bejegyzés; beírás; elkönyvelés; könyvelési tétel
3. vámbejelentés; beléptetés; vámnyilatkozat; vámbevallás; bejelentés a vámhivatalban; bejelentett áru

environment *fn*
1. környezet * **The improvements will be implemented without trashing the environment.** A fejlesztéseket úgy vezetik be, hogy nem szennyezik a környezetet.
2. átv légkör * **Tough trading environment in Europe and increased competition in emerging markets are expected to hit first-quarter results.** A kemény európai üzleti légkör és az erősödő verseny a fejlődő piacokon várhatóan hatással lesz az első negyedéves eredményre.

environmental *mn* környezeti; környezettel összefüggő; környezetpolitikai * **We recognise that there are environmental benefits of the recent decision.** Elismerjük, hogy a nemrégiben hozott döntésnek kedvező környezeti hatásai vannak.

environmental protection *fn* környezetvédelem; természetvédelem

environmental scanning *fn* környezettanulmány

equalization *fn*
1. kiegyenlítődés
2. bank devizakiegyenlítés
3. rendezés; kárpótlás
4. adó egyenlősítés

equalize *ige*
1. kiegyenlít; egyenlővé tesz; egyensúlyba hoz
2. kiegyenlítődik; egyensúlyba jut; kompenzálódik

E

equipment *fn*
1. felszerelés; berendezés * **Small businesses are able to access the equipment through Jobcentres and main libraries.** A kisvállalatok a munkaközvetítőkön és nagyobb könyvtárakon keresztül férhetnek hozzá a berendezéshez.
2. ipar gépállomány; eszközállomány

equities *fn* tőzsde *(részvények, melyek feljogosítanak részesedésre a társaság alaptőkéjéből)* törzsrészvények; osztalékra jogosító papírok

equity *fn*
1. tőzsde *(a törzsrészvényesekhez tartozó társasági tőke)* törzsrészvény; törzsalaptőke * **A part of the revenue this year will be ploughed into equity investments in companies which are seen as having high potential.** Az idei adóbevételek egy részét olyan vállalatok törzsrészvényeibe fektetik be, melyeknek nagy növekedési potenciáljuk van.
2. *(minden követelés kielégítése után fennmaradó és a részvényesek között kiosztásra kerülő tiszta nyereség)* saját tőke
3. jog méltányosság; jogosság; igazságosság

equity capital *fn* tőzsde törzstőke; alaptőke; saját tőke; törzsalaptőke

equity financing *fn* tőzsde tőkésítés részvényekkel; részvénykibocsátással való finanszírozás * **An important member of the bid consortium pulled out of the equity financing.** Az ajánlattevő konzorcium egyik fontos tagja visszalépett a részvényekkel való tőkésítéstől.

equity fund *fn* tőzsde törzsrészvény befektetési alap * **He works in the capital, for a private equity fund that invests in south-east Europe.** Egy törzsrészvény befektetési alapnál dolgozik a fővárosban, mely Délkelet-Európában fektet be.

equity holder *fn* pénzügy részvényes; részvénytulajdonos

equity holding *fn* pénzügy részvények birtoklása; tőkerészesedés * **Hollinger Inc's 30% equity holding in the newspaper businesses is worth $600m.** A Hollinger Inc 30%-os részesedése a lapkiadó üzletben 600 millió dollárt ér.

equity market *fn* tőzsde részvénypiac; törzsrészvények piaca

equity share *fn* tőzsde *(GB)* törzstőkerész; törzsrészvény

equity stake *fn* tőzsde részvénycsomag * **The company has sold off an equity stake in one public-private partnership.** A vállalat eladta egy vegyes, köz- és magántulajdonú társaságbeli részvénycsomagját.

¹equivalent *mn (jelentőségben, értékben, hatásban, eredményességben stb. egyenlő vmivel)* egyenértékű * **They announced a yield equivalent to 5%.** 5%-os hozamot jelentettek be.

²equivalent *fn* megfelelés; ellenérték; egyenérték * **One euro is the equivalent to 100 cents.** Egy euró 100 centtel egyenértékű.

erect *ige*
1. épít; felállít * **Local authorities erected a four-metre high statue in the centre.** A helyi önkormányzat négy méter magas szobrot állíttatott fel a városközpontban.
2. beépít; beszerel; összeszerel

ergonomics *fn (azt vizsgálja, hogyan lehet a munkamódozatokon javítani a termelékenység érdekében)* ergonómia; munkagazdaságtan

error *fn* tévedés; hiba * **correct/rectify/adjust an error** hibát kijavít

escalate *ige*
1. erősödik; fokozódik; emelkedik; erősen emelkedik; felfelé megy * **The turnover of the business is escalating month by month.** Az üzleti forgalom hónapról hónapra erősödik.
2. fokoz; felfuttat

essential *mn* lényeges; fontos; elengedhetetlen; jelentős; nélkülözhetetlen; alapvető * **An enhancement of the powers of the European Parliament is an essential part of the popular democratic process.** Az Európai Parlament hatáskörének bővítése a demokratikus folyamat lényeges része.

establish *ige*
1. létesít; alapít; megalapoz; megalapít; kiépít; rendszeresít * **His family established its enterprise in the 18th century.** Családja a XVIII. században alapította a vállalkozást.
2. megállapít
3. igazol
4. (*akkreditívet*) megnyit
5. jog bizonyít

establish oneself *ige*
1. megalapozza magát
2. elhelyezkedik
3. önállósítja magát

establishment *fn*
1. alapítás; üzletalapítás; létesítés; megnyitás; telepítés * **The committee has decided on the establishment of a new branch.** A testület egy új fiók létesítése mellett döntött.
2. cég; vállalat
3. intézmény; testület; szervezet; intézet; hivatal

estate agent *fn* (*GB*) (*aki mások megbízásából ingatlanok adás-vételével foglalkozik*) ingatlanügynök

estate tax *fn* adó (*US*) örökségi adó; hagyatéki adó; örökösödési adó

¹estimate *fn*
1. becslés; felbecslés; értékelés; értékmegállapítás
2. költségvetés; árvetés; előkalkuláció; árajánlat

²estimate *ige*
1. becsül; felbecsül; felértékel; értékel; felmér
2. előirányoz
3. kikalkulál

estimates and costs *fn* pénzügy költségelőirányzat; költségvetési előirányzat * **The application includes estimates and costs.** A pályázat tartalmazza a költségelőirányzatot.

EU expansion *fn* EU Európai Unió bővítése

EU extension *fn* EU Európai Unió kibővítése

euro *fn* EU (*az EU pénzneme*) euró

euro area *fn* EU eurózóna * **The economic growth this year is expected to be just over 1.5% in the euro area.** Az idei gazdasági növekedés az eurozónában várhatóan valamivel 1,5% felett lesz.

Euro Interbank Offered Rate *fn* NB: röv EURIBOR bank európai bankközi kamatláb

Eurobarometer *fn* EU (*az EU tagállamaira vonatkozó közvélemény-kutatás*) Eurobarométer

Eurobond *fn* EU (*európai pénzpiacon forgalmazott kötvény*) eurókötvény

Eurobond market *fn* EU (*európai pénzpiacon forgalmazott kötvény piaca*) eurókötvény piac

Eurocheque *fn* EU (*utazási csekkhez hasonló, melyet EU-s pénzintézet bocsát ki, és amely Európa legtöbb bankjában beváltható készpénzre, de van, ahol magas jutalékot számítanak fel beváltáskor*) eurocsekk

Eurocrat *fn* EU (*az EU intézményeiben dolgozó*) eurokrata

Eurocurrency market *fn* bank Európai valutapiac

Eurojust *fn* EU (*európai igazságügyi hivatal*) Eurojust

Euroland *fn* EU eurótérség

Europe Agreement *fn* EU Európa-megállapodás

European Atomic Energy Community *fn* NB: röv EAEC EU Európai Atomenergia Közösség; EURATOM

European Central Bank *fn* NB: röv ECB EU Európai Központi Bank

European Coal and Steel Community *fn* NB: röv ECSC EU Európai Szén- és Acélközösség; ESZAK

European Commission *fn* NB: röv EC EU Európai Bizottság

European Convention *fn* EU Európai Konvent

European Council *fn* EU Európai Tanács

European Court of Auditors *fn* EU Európai Számvevőszék

European Development Fund *fn* NB: röv EDF EU Európai Fejlesztési Alap; EDF

European Economic Area *fn* **NB: röv**
EEA EU Európai Gazdasági Térség;
EGT
European Economic Community *fn*
NB: röv EEC EU Európai Gazdasági Kö-
zösség
European Free Trade Association
fn **NB: röv EFTA** Európai Szabadkereske-
delmi Társulás; EFTA
European Investment Bank *fn* **NB:**
röv EIB EU Európai Befektetési Bank
European Monetary System *fn* **NB:**
röv EMS EU Európai Monetáris Rend-
szer; Európai Pénzügyi Rendszer
European Monetary Unit *fn* **NB: röv**
EMU EU európai pénzegység
European Parliament *fn* **NB: röv EP** EU
Európai Parlament
European Single Market *fn* **NB: röv**
ESM EU Egységes Európai Piac
European Social Fund *fn* **NB: röv ESF**
EU Európai Szociális Alap
European Union *fn* **NB: röv EU** EU Euró-
pai Unió
eurozone *fn* EU euróövezet; eurózóna
* **A few years ago it was the new-**
ly fledged euro whose weakness
was causing red faces across the
eurozone. Néhány éve az újonnan
bevezetett euró gyengesége teremtett
kínos helyzetet az eurózónában.
evade *ige*
1. kikerül; elkerül * **He always tries**
to evade responsibilities. Mindig
megpróbálja kikerülni a felelősséget.
2. kijátszik; megkerül * **The home**
secretary yesterday promised ac-
tion to clamp down on those who
use sham marriages and non-ex-
istent language school courses to
evade immigration laws. A belügy-
miniszter tegnap szigorú fellépést ígért
azokkal szemben, akik színlelt házassá-
got és nem létező nyelvtanfolyamokat
használnak fel a bevándorlási törvé-
nyek kijátszására.
3. elcsal
evaluate *ige* felbecsül; értékel; megbe-
csül; kiértékel

evaluation *fn* kiértékelés; értékelés; fel-
becsülés; értékmegállapítás
evasion *fn*
1. csalás; fizetés megtagadása; elcsalás
* **The case in which his arrest is**
being sought is only one of many
pending against him, including a
tax evasion investigation. Az eset,
amelyben a letartóztatását kezdemé-
nyezik, csak egy az ellene folyó sok ügy
közül, mert többek között adócsalási
vizsgálat is folyik ellene.
2. kikerülés; megkerülés; kijátszás
event *fn*
1. eset; esemény
2. rendezvény
event of damage or loss *fn* bizt kár-
esemény
examination *fn*
1. felülvizsgálat; vizsgálat; ellenőrzés;
megtekintés; megvizsgálás
2. jog *(egy tanú hivatalos kikérdezése a bíró-*
ság előtt) kihallgatás; meghallgatás
examine *ige*
1. felülvizsgál; vizsgál; ellenőriz; véle-
ményez; megvizsgál * **The board is**
to examine the proposed take-
over of the company by an inter-
national hotel chain. Az igazgató-
tanács megvizsgálja annak lehetőségét,
hogy a céget átveszi egy nemzetközi
szállodalánc.
2. kihallgat
example *fn* példa; precedens
exceed *ige* átlép; túllép; meghalad; áthág
* **He has exceeded his credit lim-**
it. Túllépte hitelkorlátját.
exception *fn*
1. kivétel
2. bizt kockázat kizárása
3. ellenvetés; kifogás
4. jog ellenvetés; védekezés
excess *fn*
1. többlet; felesleg * **excess of export**
over imports kiviteli többlet a beho-
zatallal szemben
2. bizt *(A biztosítási kötvényben meghatáro-*
zott összeg, amelyet maga a biztosított köte-
les fizetni bármilyen kár esetén. A biztosító

csak az ezt meghaladó kárösszeget téríti.) fedezet; önrészesedés

¹exchange *fn*
1. ker csere; kicserélés; becserélés; csereforgalom; adásvétel
2. bank váltás; átváltás; pénzváltás
3. bank váltó
4. tőzsde tőzsde; értékpapírpiac
5. bank valuta; devizák
6. bank devizaárfolyam; valutaárfolyam
7. bank átváltási díj; beszedési költség
8. bank külföldi valutában történő elszámolás

²exchange *ige* cserél; átvált; kicserél; átcserél * **They often exchange information.** Gyakran cserélnek információt.

exchange broker *fn* tőzsde tőzsdei alkusz; tőzsdeügynök

exchange control *fn* pénzügy (*állami szabályok a valuták szabad mozgásának korlátozására azért, hogy védjék az ország valutájának külső árfolyamát*) devizaellenőrzés; devizagazdálkodás; valutaátváltásszabályozás

exchange rate *fn* pénzügy átváltási árfolyam; átváltási ráta; átszámítási kulcs

exchange restriction *fn* pénzügy devizakorlátozás

exchange transaction *fn*
1. pénzügy devizaügylet; pénzváltó ügylet
2. tőzsde tőzsdei ügylet; tőzsdei kötés
3. pénzügy váltóművelet

exchangeable *mn* becserélhető; kicserélhető

exchequer *fn* pénzügy államkincstár

Exchequer, The *fn* pénzügy (*GB*) Államkincstár és Pénzügyminisztérium

excisable *mn* adó (*fogyasztási adóval, közvetett adóval*) megterhelhető

¹excise *fn* adó közvetett adó; fogyasztási adó

²excise *ige* adó (*fogyasztási adót, közvetett adót*) kivet; kiró

excise duty *fn* adó fogyasztási adó * **In some countries the excise duty on tobacco is much lower than here.** Néhány országban a dohány fogyasztási adója sokkal kisebb, mint itt.

exclude *ige*
1. kizár * **Security was tight at the conference and the public were excluded.** A konferencián szigorú biztonsági intézkedések voltak, és a közönséget kizárták.
2. kiközösít; kirekeszt

excluding *hat* kizárásával; nélkül; kivételével; kivéve

exclusion *fn*
1. kizárás
2. bizt biztosítási korlátozás
3. kivétel; levonás

exclusive agency *fn* kizárólagos képviselet

execute *ige*
1. teljesít; megvalósít; véghez visz; elvégez
2. jog végrehajt; foganatosít * **execute an order** utasítást végrehajt
3. jog kiállít; aláír

executive *fn*
1. (*a cég ügyeinek intézésére és döntéshozásra felhatalmazott személy*) vezető alkalmazott; igazgató; ügyvezető; vezérigazgató; vállalatvezető; vezető
2. felelős tisztviselő; főtisztviselő
3. (*US*) kormányzat; végrehajtó hatalom

executive board *fn* igazgatóság

executive body *fn* ügyvezető testület; végrehajtó testület * **An open letter from the commission's president signalled that the executive body does not believe the battle to enforce the growth and stability pact is lost.** A bizottság elnökének nyílt levele jelezte, hogy a végrehajtó testület véleménye szerint nem veszett még el a növekedési és stabilitási szerződésért vívott csata.

executive manager *fn* ügyvezető igazgató

executive power *fn*
1. végrehajtó hatalom * **abuse of executive power** végrehajtó hatalommal való visszaélés
2. közhatalom

exempt *mn* mentes vmitől * **exempt from taxation** adófizetéstől mentes

¹exercise *fn* teljesítés; végzés; gyakorlás; érvényesítés
²exercise *ige*
1. kifejt; gyakorol
2. folytat; gyakorol; űz
exhibit *ige* árut kiállít; kiállít; bemutat; szemlére tesz * **They often exhibit their products at trade fairs.** Gyakran állítják ki termékeiket kereskedelmi vásárokon.
exhibition *fn* kiállítás; vásár; bemutató; bemutatás
exhibition area *fn* kiállítási terület
exhibition centre *fn* vásárközpont; kiállítási központ * **The building, a grand 19th-century hall, is currently used as an exhibition centre.** Az épület, egy impozáns XIX. századbeli palota, jelenleg kiállítási központként szolgál.
exhibition hall *fn* kiállítási csarnok
exhibition organizer *fn* kiállításszervező
exhibition site *fn* kiállítási terület * **He described the Millennium Dome as the world's biggest and boldest exhibition site.** A Millennium Dome-ot a világ legnagyobb és legmerészebb kiállítási területeként írta le.
exhibition stand *fn* kiállítási stand * **We took an exhibition stand at Earl's Court and sold furniture to about 80 retailers.** Kibéreltünk egy kiállítási standot Earl's Courtban, és körülbelül 80 viszonteladónak adtunk el bútorokat.
existing shareholder *fn* tőzsde régi részvényes
expand *ige* kiterjeszt; kibővít; megnövel * **As the firm's performance last year was better than expected, the management decided to expand the business.** Mivel a cég teljesítménye tavaly a vártnál jobb volt, a menedzsment úgy döntött, hogy kiterjeszti a cég üzleti tevékenységét.
expansion *fn*
1. bővülés; terjeszkedés; növekedés; expanzió
2. kiterjesztés; növelés; bővítés * **Wine-makers in the EU accession countries are planting vines night and day to beat Brussels' ban on vineyard expansion, which will begin to apply to them this weekend.** A belépő országok bortermelői éjt nappallá téve szőlőt ültetnek, hogy kikerüljék a hétvégétől már rájuk is érvényes brüsszeli határozatot, amely szerint tilos bővíteni a szőlőültetvényeket.
expectancy *fn* remény; várakozás; kilátás; elvárás
expected *mn* várható; remélt; előre látott; valószínű
expel *ige*
1. *(tagjai közül)* kizár
2. jog *(országból)* kiutasít * **Latvia has said it will expel a Russian diplomat who tried to gain secrets about Nato.** Lettország bejelentette, hogy kiutasít egy orosz diplomatát, aki bizalmas NATO információkhoz próbált hozzájutni.
expend *ige* pénzügy ráfordít; kiad; pénzt kihelyez; elkölt; költ
expenditure *fn* pénzügy ráfordítás; kiadás; költség; költségráfordítás
expense *fn*
1. kiadás; költség * **He travelled to India at the expense of the company.** A vállalat költségén utazott Indiába.
2. kár; teher
expense account *fn*
1. pénzügy *(az a számla, melyre a cég működésének minden költségét rávezetik)* költségszámla
2. *(számla, amelyen minden olyan költség szerepel, melyet valaki üzleti célokra elköltött, pl. utazás, üzleti ebéd)* költségkeret; reprezentációs alap
expenses *fn*
1. visszatérítés; költségvisszatérítés
2. költségek
3. dologi kiadások
expensive *mn* drága; költséges
experimental *mn* kísérleti
expert *fn* szakértő; szakvéleményező; szakember * **A panel of experts**

helped the investigation. Egy szakértői csoport segített a vizsgálatban.

expertise *fn* szakismeret; szaktudás; szakértelem

expiration *fn*
1. lejárat
2. esedékesség
3. jog hatályvesztés

expire *ige*
1. letelik; esedékessé válik; lejár * **Our financial adviser will get in contact with you a few weeks before the current deal expires.** Néhány héttel a jelen megállapodás lejárta előtt gazdasági tanácsadónk kapcsolatba fog lépni Önökkel.
2. jog hatályát veszti; érvényét veszti

expiry *fn*
1. lejárat * **expiry of a term of office** hivatali idejének lejárta * **the expiry of my driving licence** vezetői engedélyem érvényességének lejárta
2. megszűnés

exploit *ige*
1. kiaknáz; hasznosít; felhasznál
2. kihasznál; kizsákmányol * **Police forces are exploiting the wide powers granted under recent terrorism legislation to curb legitimate protesters.** A rendőrség a törvényesen tüntetők megfékezésére használja fel a terrorizmus elleni új törvények által biztosított széles hatáskört.

exploitation *fn*
1. kiaknázás; kihasználás; kitermelés; hasznosítás
2. kizsákmányolás * **His latest article is about the exploitation of workers by paying low wages.** Legutóbbi cikkjének témája a dolgozók kizsákmányolása alacsony bérekkel.

¹export *fn* ker árukivitel; kivitel; export; kiszállítás; külföldre szállítás * **Exports are being affected by the recent government decisions.** Az új kormánydöntések hatással vannak a kivitelre.

²export *ige* ker kivisz; külföldre szállít; exportál

export credit *fn* pénzügy (*általában a kormányszervek nyújtják ezt a kölcsönt arra az időszakra, ami az áru külföldre küldése és a fizetség megérkezése között van*) exporthitel * **Unfortunately, no decision has yet been taken to grant the export credits, which are crucial to the project.** Sajnálatos módon még nem született döntés a projekt számára létfontosságú exporthitelek megítéléséről.

export declaration *fn* száll kiviteli vámnyilatkozat

export duty *fn* pénzügy (*az árura az ország elhagyásakor kivetett adó vagy vám*) kiviteli vám; exportvám; exportilleték

export licence *fn* ker (*egyes termékek kiviteléhez van szükség ilyen dokumentumra*) exportengedély; kiviteli engedély

export quota *fn* ker (*mennyiségi kiviteli korlátozás*) export kontingens; export kvóta; kiviteli kontingens; kiviteli kvóta

export restraints *fn* ker kiviteli korlátozás

export subsidy *fn* ker exporttámogatás * **According to some experts, Europe should commit itself at once to the complete abolition of all export subsidies, direct and indirect.** Néhány szakértő szerint Európának azonnal állást kellene foglalnia minden közvetlen és közvetett exporttámogatás eltörlése mellett.

export surplus *fn* ker kiviteli többlet; aktív kereskedelmi egyenleg; aktív kereskedelmi mérleg * **Last week's announcement of an export surplus with the European Union provides evidence that companies are finding ways to compete.** Az EU-s kiviteli többlet múlt heti bejelentése azt bizonyítja, hogy a vállalatok próbálnak versenyképesek lenni.

export tariff *fn* ker kiviteli vámtarifa; kiviteli vámilleték * **For countries directly or indirectly damaged by the west's war against Serbia, there are pledges to provide investment funds, lower export**

tariffs and soft loans. A nyugat Szerbia elleni háborúja miatt közvetlenül vagy közvetve károsult országoknak beruházási tőkét, alacsonyabb kiviteli vámtarifákat és kedvező hiteleket ígérnek.

exportation *fn* ker árukivitel; kivitel; export; árukiszállítás

exporting *fn* ker export tevékenység; kivitel; exportálás

exposition *fn*
1. kiállítás; ismertetés
2. *(általában állam által szervezett bemutató)* árumintavásár

exposure *fn*
1. pénzben kifejezhető kötelezettség vállalása; kockázat
2. bizt kockázat; kárveszély
3. *(vmilyen hatásnak, kockázatnak stb.)* kitétel; kitevés; kitettség

expropriation *fn* jog *(általában a köz érdekében tett állami intézkedés, melyért kártérítést fizetnek)* kisajátítás; eltulajdonítás; elvétel; állam tulajdonszerzése * **They are planning land expropriation for road construction.** Földkisajátítást terveznek útépítés céljából.

extend *ige*
1. bővít; kiterjeszt; nagyobbít; gyarapít; megnövel
2. meghosszabbít; prolongál

extension *fn*
1. kibővítés; kiterjesztés; növelés
2. meghosszabbítás; prolongálás
3. pénzügy fizetéshalasztás; határidő-hosszabbítás
4. terjeszkedés; növekedés

external *mn*
1. külső; külföldi; kül-
2. bizt külső; kívülről ható

external audit *fn* független könyvvizsgálat; külső revízió * **Over a third of French and German companies have never undertaken an external audit.** A francia és német vállala-

tok több mint egyharmada soha nem esett át független könyvvizsgálaton.

external balance *fn* ker külkereskedelmi mérleg; külgazdasági egyensúly

external economies *fn* pénzügy vállalaton kívüli megtakarítások; vállalaton kívüli gazdaságosság

external financing *fn* pénzügy külső forrásokból történő finanszírozás * **Destabilising linkages between trade and finance have been further intensified through the higher cost and reduced availability of external financing following financial crises.** A gazdasági válságokat követően a külső forrásból történő finanszírozás csökkenése és magasabb költségei fokozzák a kereskedelem és a gazdaság kapcsolatának destabilizációját.

external loan *fn* pénzügy külföldi kölcsön

external trade *fn* ker külkereskedelem; külgazdaság * **Analysts cautioned that the external trade position was very weak.** Elemzők figyelmeztettek a külkereskedelmi pozíció gyengeségére.

extra charge *fn* felár * **Customers will be able to top up their mobile phones at no extra charge.** A fogyasztók ingyen tölthetik majd fel mobiltelefonjaikat.

extra charges *fn* pénzügy mellékkiadások; külön költségek

extra dividend *fn* pézügy rendkívüli osztalék

¹**extract** *fn*
1. kivonat; szemelvény; idézet * **This is an extract from the talk by a market research specialist given at the conference last week.** Ez egy piackutatási szakember beszédének kivonata, amelyet a múlt héten tartott egy konferencián.
2. pénzügy számlakivonat

²**extract** *ige* kivonatot készít

F, f

fabricate *ige*
1. ipar gyárt; készít; előállít
2. *(alkatrészekből stb.)* összeállít; felépít
3. hamisít *(pl. adatokat)*

face *ige* szembenéz vmivel; vmi előtt áll * **I'm afraid they are facing bankruptcy.** Attól tartok, csőd előtt állnak.

face value *fn* pénzügy *(piaci értékkel szembeállított érték)* névérték; nominálérték; címletérték * **Lord Black is making claim to more than 2.1m shares in the company the face value of which at the current price is about $41m.** Lord Black bejelentette igényét a vállalat több mint 2,1 millió részvényére, melynek névértéke napi árfolyamon kb. 41 millió dollár.

facilitate *ige* megkönnyít; előmozdít; elősegít; lehetővé tesz * **facilitate communication** előmozdítja a kommunikációt

factor *fn*
1. tényező; faktor * **Skilled labour is the most important factor if we want to increase production.** A szakképzett munkaerő a legfontosabb tényező, ha növelni akarjuk a termelést.
2. ügynök; bizományos; faktoráló

factor analysis *fn* faktoranalízis; tényezőelemzés

factoring *fn* pénzügy faktoring; faktorálás; követelések felvásárlása

factory *fn* ipar üzem; gyár

factory expenses *fn* ipar gyártási költségek; üzemi általános költségek

fail *ige*
1. csődöt mond; nem sikerül; eredménytelen marad; meghiúsul; kudarcot vall; nem képes vmire * **fail in one's duty/ obligation** nem képes ellátni a feladatát/kötelességét * **The government not only failed to halt centralisation, they unwittingly accelerated it.** A kormánynak nemhogy nem sikerült a centralizáció megállítása, hanem akarata ellenére még fel is gyorsította azt.
2. tönkremegy; csődbe jut; megbukik * **The firm failed due to the current market conditions.** A jelenlegi piaci körülmények juttatták csődbe a céget.
3. elmulaszt vmit megtenni * **They failed to meet the deadline.** Nem tartották be a határidőt.

failure *fn*
1. balsiker; kudarc; sikertelenség; elégtelenség; meghiúsulás * **If management is to be richly rewarded when it does perform, it must also pay the price of failure.** Ha a vezetőség bőséges jutalmat kap, amikor eredményt ér el, a kudarcok árát is meg kell fizetnie.
2. mulasztás; elmulasztás; nem teljesítés
3. ipar üzemzavar; zavar; kiesés; leállás
4. pénzügy csőd; fizetésképtelenség; bukás
5. kötelességmulasztás; nem teljesítés * **Their failure to deliver the products in time caused a lot of problems.** A termékek határidőre történő szállításának elmulasztása részükről sok problémát okozott.

¹fair *fn* ker vásár; kiállítás * **A trade fair is to open on Monday in the town.** Kereskedelmi vásár kezdődik hétfőn a városban.

²fair *mn*
1. méltányos; jogos; igazságos
2. tisztes; tisztességes; becsületes; tiszta; korrekt * **We are asking the government to ensure fair competition**

and prevent dumping. Arra kérjük a kormányt, hogy biztosítsa a tisztességes versenyt, és akadályozza meg a dömpinget.
3. piaci viszonyoknak megfelelő
4. kedvező; jó; kielégítő; bőséges
5. közepes; elfogadható; tűrhető * **The agency says 94% of rivers are classified as of good or fair quality, compared with 85% in 1990.** Az ügynökség jelentése szerint a folyók 94%-a jónak, vagy elfogadhatónak minősíthető, szemben az 1990-es 85%-kal.
fair price *fn* ker méltányos ár; tisztességes ár * **They failed to pay a fair price for the videos.** Nem fizettek tisztességes árat a videókért.
fair trade *fn* ker (*méltányosság elvén alapuló kereskedelem*) tisztességes kereskedelem
fair trading *fn* ker tisztességes kereskedelem; tisztességes kereskedés
¹fall *fn* esés; visszaesés; zuhanás; hanyatlás * **The survey showed a fall in demand.** A felmérés szerint visszaesés van a keresletben.
²fall *ige*
1. esik; csökken; zuhan; értékéből veszít
2. (*melléknévi bővítménnyel*) válik vmivé
fall apart *ige*
1. szétesik; széthullik * **The buildings are falling apart and it badly needs investment.** Az épületek omladoznak, nagy szükség van befektetésre.
2. erejét veszti; elgyengül
fall behind *ige* elmarad vmitől; lemarad * **Our universities need more and better funding and if we do not provide it, we risk falling behind the rest of the world.** Egyetemeinknek több és jobb finanszírozásra van szüksége, és ha ezt elmulasztjuk, azt kockáztatjuk, hogy lemaradunk a világszinttől.
fall through *ige* nem sikerül; megbukik; meghiúsul; kudarcba fullad * **Negotiations have fallen through.** A tárgyalások kudarcba fulladtak.

falsification *fn*
1. hamisítás; meghamisítás
2. hamisítvány
3. cáfolat
falsification of accounts *fn* számv hamis könyvelés
family benefit *fn* (*különböző juttatások pl. gyermekgondozási segély, iskoláztatási támogatás, anyasági támogatás*) családtámogatási ellátás
family business *fn* családi üzlet; családi vállalkozás
FAQ [= **frequently asked questions**] *fn* informatika gyakran idézett kérdések [= GYIK]
farming *fn*
1. mezőgazd mezőgazdaság; agrárgazdaság
2. gazdálkodás; földművelés * **Only around 6 per cent of Herefordshire's working population now has anything to do with farming while tourism is twice as big.** Ma a herefordshire-i dolgozó lakosságnak mindössze 6%-a foglalkozik földműveléssel, míg a turizmusban kétszer annyian dolgoznak.
fault *fn*
1. hiba; mulasztás; vétek
2. jog gondatlanság; hiba; hiányosság; fogyatékosság * **Some people have lost their savings through no fault of their own.** Néhányan önhibájukon kívül vesztették el megtakarított pénzüket.
feasibility *fn* megvalósíthatóság; kivitelezhetőség
feasibility study *fn* megvalósíthatósági tanulmány * **conduct/undertake a feasibility study** megvalósíthatósági tanulmányt készít
feature *fn* jellemző vonás; jellegzetesség; különlegesség; ismertetőjel * **You should indicate the safety features of every product.** Minden termék biztonsági jellemzőit jelölnie kell.
¹Fed [= **Federal Reserve Bank**] *fn* bank (*US*) Szövetségi Jegybank

²Fed [= **Federal Reserve System**] *fn* **NB: röv** F.R. **System** bank (*US*) (*központi banki funkciókkal rendelkező rendszer*) Szövetségi Tartalék Rendszer
³Fed [= **Federal Reserve Board**] *fn* **NB: röv** F.R.B. bank (*US*) Szövetségi Takarékbankok Igazgatósága
federal budget *fn* pénzügy (*US*) szövetségi költségvetés
Federal Court *fn* jog (*US*) szövetségi bíróság
fee *fn*
1. illetmény; honorárium; díjazás; tiszteletdíj
2. díj; költség * **charge a fee** díjat felszámít * **According to the plan, family doctors would be told to charge foreign visitors a set fee, except in an emergency.** A terv szerint a családi orvosokat arra utasítanák, hogy meghatározott összegű díjat számoljanak fel a külföldieknek, kivéve a sürgősségi eseteket.
fidelity rebate *fn* ker hűségengedmény
¹fiduciary *fn*
1. jog bizalmas; bizalmi személy; megbízott
2. vagyonkezelő
²fiduciary *mn*
1. bizalmi; bizalmon alapuló * **Trustees have important fiduciary duties.** A vagyonkezelők fontos bizalmi feladatokat látnak el.
2. pénzügy fedezetlen; biztosíték nélküli
field of activity *fn* tevékenységi; működési terület
figure *fn*
1. számjegy; szám
2. összeg; ár
3. ábra
4. adat * **Public sector workers are more likely to be off sick, as latest figures show.** A legfrissebb adatok szerint a közalkalmazottak gyakrabban mennek táppénzre.
¹file *fn*
1. akta; irat; ügyirat; nyilvántartás * **hold/keep a file on sg/sy** nyilvántartást vezet vmiről/vkiről

2. informatika adatállomány; fájl
3. iratgyűjtő; kartoték; levélrendező
²file *ige*
1. iktat; lefűz; kartotékol; iratokat lerak; irattároz * **All documents have been filed.** Valamennyi iratot iktattak.
2. jog benyújt; lead; bejelent; bejegyeztet * **file a tax return** adóbevallást benyújt * **He filed an action for breach of contract.** Keresetet nyújtott be szerződésszegésért.
filing date *fn* benyújtási időpont; leadási időpont; benyújtási határidő * **You must retain the relevant documents for five years after the 31 January final filing date.** Az ügyre vonatkozó okmányokat a január 31-i benyújtási időponttól számítva öt évig meg kell őrizni.
fill in *ige* (*GB*) kitölt * **Collect all information you need to fill in the form.** Gyűjtsön össze a formanyomtatvány kitöltéséhez szükséges minden információt!
fill out *ige* (*US*) kitölt
final accounts *fn* számv (*ált. ugyanaz, mint az éves elszámolás*) záróelszámolás; zárszámadás; végelszámolás
¹finance *fn*
1. pénzügy pénzügy; pénzügytan
2. államháztartás
3. pénzügyi fedezet; anyagi támogatás * **obtain/raise finance** forrásokhoz jut/anyagi támogatást szerez * **Some farmers applied for finance after the floods.** Az áradások után néhány gazda anyagi támogatást kért.
4. tőke
²finance *ige*
1. pénzügy finanszíroz; pénzel; tőkét előteremt; pénzeszközöket beszerez; pénzeszközöket előteremt; pénzeszközöket rendelkezésre bocsát * **Our foreign partner will finance the new project.** Külföldi partnerünk fogja finanszírozni az új projektet.
2. költségeket visel
finance bill *fn*
1. pénzügy fináncváltó; szívességi váltó

F

2. jog (*GB*) költségvetési törvényjavaslat * **Yesterday there was a debate on the finance bill.** Tegnap megvitatták a költségvetési törvényjavaslatot.

finance company *fn* pénzügy finanszírozó társaság; pénzügyi társaság * **Under current rules, when a person applies for credit, the finance company is able to check not only that individual's credit history, but also the credit records of others in the applicant's household.** A jelenleg érvényben lévő szabályok szerint hitelkérvény benyújtásakor a pénzügyi társaság nem csak a kérvényező, hanem a vele egy háztartásban élők hiteltörténetét is megvizsgálhatja.

finance house *fn* pénzügy (*GB*) (*olyan társaság, melynek fő tevékenysége a részletfizetéses vásárlások pénzügyi támogatása*) finanszírozó társaság; finanszírozó pénzintézet

finances *fn* pénzügy pénzeszközök; bevételek

financial administration *fn* pénzügy pénzgazdálkodás; pénzügyi igazgatás

financial advisor *fn* pénzügy pénzügyi tanácsadó

financial consultant *fn* pénzügy pénzügyi tanácsos

financial contribution *fn* pénzügy pénzügyi hozzájárulás; pénzügyi támogatás * **Film producers will have to increase their financial contribution to co-productions to qualify for tax relief.** A producereknek növelniük kell koprodukciós hozzájárulásaikat, ha adómentességet akarnak kapni.

financial counselling *fn* pénzügy pénzügyi tanácsadás * **He earned a bonus of £1.7m for financial counselling.** Pénzügyi tanácsadásért 1,7 millió fontos prémiumot kapott.

financial futures *fn* tőzsde (*szerződés, melyet pl. kötvények meghatározott napon történő eladására kötnek*) pénzügyi határidős ügyletek

financial institution *fn* pénzügy pénzintézet

financial instrument *fn* pénzügy pénzeszköz

financial investment *fn* pénzügy pénzügyi befektetés

financial loss *fn* pénzügy vagyoni kár; pénzügyi veszteség; anyagi veszteség * **Some farmers are exposed to the possibility of severe financial loss.** Néhány mezőgazdasági termelő súlyos anyagi veszteség kockázatának van kitéve.

financial management *fn* pénzügy pénzügyi gazdálkodás; költségvetési gazdálkodás

financial means *fn* pénzügy tőkeeszközök; pénzeszközök; anyagi eszközök; anyagi lehetőségek * **We have a commitment to ensuring access to higher education for any students, regardless of their financial means.** A felsőoktatást elérhetővé akarjuk tenni mindenki számára, az illetők anyagi lehetőségeitől függetlenül.

financial planning *fn* pénzügy pénzügyi tervezés

financial policy *fn* pénzügy pénzügyi politika; fiskális politika * **Many African countries find it important to design and implement trade, industrial and financial policies adapted to their individual requirements and circumstances.** Számos afrikai ország fontosnak tartja, hogy a kereskedelmi, ipari és pénzügyi politikát egyéni követelményeihez és körülményeihez igazítsa.

financial position *fn* pénzügy pénzügyi helyzet; vagyoni helyzet

financial report *fn* pénzügy pénzügyi beszámoló * **The company's annual financial report said it had sold more than 71m of the product since its launch in 2002.** A cég éves pénzügyi beszámolója szerint több, mint 71 milliót adtak el a termékből 2002-es bevezetése óta.

financial resources *fn* pénzügy pénzügyi eszközök

financial restructuring *fn* pénzügy tőkekonszolidáció; pénzügyi konszolidáció
financial risk *fn* pénzügy pénzügyi kockázat * **A biotech giant has halted GM cultivation in Britain because of flawed trials and financial risk.** Egy biotechnikai óriásvállalat a sikertelen próbálkozások és a pénzügyi kockázat miatt felfüggesztette a génmanipulált növények termesztését Nagy-Britanniában.
financial service *fn* pénzügy pénzügyi szolgáltatás
financial standing *fn*
1. pénzügy pénzügyi helyzet; vagyoni helyzet; tőkeerő * **The firm may want to know more details of your financial standing at the time of sale.** A cég az eladáskor esetleg részletesebben meg akarja ismerni az Ön pénzügyi helyzetét.
2. hitelképesség; bonitás; fizetőképesség
financial statement *fn*
1. pénzügy pénzügyi kimutatás; vagyoni kimutatás * **The financial statements of higher education institutions showed income from students outside the European Union had risen from £875m the previous year.** A felsőoktatási intézmények pénzügyi kimutatásai szerint az EU-n kívüli hallgatóktól származó bevétel nőtt az előző évi 875 millió fonthoz képest.
2. számv mérlegbeszámoló; eredménykimutatás
3. pénzügy pénzügyi mérleg; fizetési mérleg
4. vagyonnyilatkozat
financial year *fn*
1. pénzügy pénzügyi év; üzleti év; tárgyév; üzletév * **Given the increasingly competitive market it is appropriate now to be cautious about the performance for the full financial year.** A piaci verseny kiéleződése óvatosságra int a teljes pénzügyi év teljesítményét illetően.
2. költségvetési év

financially *hat* pénzügy pénzügyileg; pénzügyi szempontból
financing *fn* pénzügy finanszírozás; pénzellátás; pénzelés; költségviselés * **Any increase in interest rates could create a rash of financing problems.** A kamatok bármilyen csekély mértékű emelkedése finanszírozási problémák sorozatát idézheti elő.
¹fine *fn* pénzbüntetés; pénzbírság; rendbírság * **impose/levy a fine on sy** megbírságol vkit
²fine *ige* bírságol; megbírságol; pénzbüntetést kivet * **The company was fined £30,000 for unfair commercial practices.** A vállalatot tisztességtelen kereskedelmi gyakorlat miatt 30 000 fontra bírságolták.
¹finish *fn*
1. tőzsde (*a napi forgalom záróegyenlege*) zárás
2. befejezés
3. ipar feldolgozási minőség; végső kidolgozás
²finish *ige*
1. befejez; lezár * **As I began earning more money, I increased monthly payments on the loan to £250, so I estimate I will finish paying this off in January 2007.** Ahogy nőtt a keresetem, 250 fontra emeltem a hiteltörlesztés havi részleteit, így 2007. januárra teszem a kölcsön lejártát.
2. elintéz
3. feldolgoz; kidolgoz
finished goods *fn* készáru; késztermék * **China is a major exporter of finished goods in the world.** Kína a világ egyik legnagyobb késztermék-exportőre.
firm *fn* cég; vállalat; társaság
firm owner *fn* cégtulajdonos
fiscal *mn*
1. pénzügy kincstári; adóügyi; fiskális; költségvetési; pénzpolitikai
2. pénzügyi
fiscal authorities *fn* pénzügy költségvetés-politikai hatóságok; adóügyi hatóságok * **Credibility is essential for a**

positive working relationship between the monetary and fiscal authorities. A hitelesség elengedhetetlen feltétele a pénzügyi és az adóhatóságok gyümölcsöző munkakapcsolatának.

fiscal deficit *fn* pénzügy államháztartás hiánya * **Asian central banks financed half of the US current account and fiscal deficits last year.** Ázsiai jegybankok finanszírozták tavaly az amerikai folyószámla- és államháztartási hiány felét.

fiscal policy *fn* pénzügy adópolitika; költségvetési politika

fiscal year *fn*
1. pénzügy költségvetési év; adóév; pénzügyi év * **The chancellor announced last month that the public finances would be in deficit by £37bn in the current fiscal year.** A pénzügyminiszter múlt havi bejelentése szerint a folyó pénzügyi évben a költségvetési hiány eléri a 37 milliárd fontot.
2. üzleti év * **Trading has stabilised in the second half of the company's fiscal year.** Az üzleti év második felében stabilizálódott a kereskedelem a vállalatnál.

fixed assets *fn*
1. számv (*hosszantartó vagyon, pl. föld, épületek*) állóeszközök; állótőke * **The company is moving from treating its buildings as merely fixed assets which must be depreciated over time, to treating them as investment properties.** A vállalat az épületeit már nem csupán amortizálódó állóeszköznek, hanem befektetési ingatlannak tekinti.
2. ingatlan vagyon

fixed capital *fn* pénzügy (*a termékek gyártására használt tőke*) állótőke; állóalap

fixed charges *fn* pénzügy (*a termelés során többé-kevésbé változatlanul maradó költségek*) állandó költségek

fixed costs *fn* pénzügy állandó költségek * **Duty, transport and distribution are fixed costs, so the more you order and spend, the more wine you get for your money.** A vám, a szállítás, és a forgalmazás állandó költségek, tehát minél többet rendel és költ, annál több bort kap a pénzéért.

fixed deposit *fn* bank határidős betét; lekötött betét

fixed income *fn* pénzügy fix jövedelem; állandó jövedelem

fixed liabilities *fn* hosszú távú kötelezettségek; később esedékes kötelezettségek

fixed price *fn* szabott ár; kötött ár; hatósági ár; megszabott ár; rögzített ár

fixed-asset investment *fn* állóeszközberuházások * **With credit easy to acquire, fixed-asset investment rose 30.5% in the first nine months of this year.** A könnyű hitelszerzés miatt az állóeszköz-beruházások 30,5%-kal nőttek az év első 9 hónapjában.

fixed-interest bearing *mn* pénzügy fix kamatozású

fixed-rate *mn* bank rögzített kamatú

fixed-term contract *fn* határozott időre szóló szerződés * **The offered salary is £90,000 for an initial five-year fixed-term contract.** Az első, öt évre szóló, rögzített feltételű szerződés szerint a felajánlott fizetés 90 000 font.

flair *fn* adottság; érzék; hajlam * **have a flair for sg** érzéke/adottsága van vmihez * **business/entrepreneurial flair** üzleti érzék

flat (rate) tax *fn* adó egységes adó(kulcs) egykulcsos adó; átalányadó(kulcs) * **There is no VAT in Gibraltar and the 8,500 tax-exempt companies pay a flat rate tax of £225 a year.** Gibraltáron nincs áfa, a 8500 adómentes vállalat évi 225 font átalányadót fizet.

fleet *fn* (*egy vállalkozás tulajdonában álló gépjárművek összessége*) flotta; járműpark; járműállomány * **They can sell cheap because they either buy excompany fleet cars at massive discounts, or they import cheaper**

makes and models from the continent. Az alacsony értékesítési árakat a vállalati járművek óriási engedményekkel történő vásárlása, valamint a kontinensről behozott olcsóbb márkák és modellek teszik lehetővé.

flexibility *fn* rugalmasság; hajlékonyság; alkalmazkodó készség

flexible *mn* rugalmas; alkalmazkodó

flexitime *fn* (*GB*) rugalmas munkaidő

flextime *fn* (*US*) rugalmas munkaidő

flight of capital *fn* pénzügy (*ált. gazdasági nehézségek miatt történő tőkekiáramlás egy országból, gazdasági régióból*) tőkekiáramlás; tőkemenekülés * **Many believe the flight of capital will intensify in the region.** Sokan gondolják úgy, hogy a tőkekiáramlás a régióból fokozódni fog.

float *ige*
1. pénzügy lebeg; lebegtet * **The pressure of the dollar's slump fell on floating currencies such as the euro, pound and the Australian and New Zealand dollars.** A dollár zuhanása okozta nyomás a lebegtetett valutákat, például az eurót, a fontot, az ausztrál és az újzélandi dollárt sújtotta.
2. forgalomba hoz
3. (*pl. céget, vállalatot*) alapít

float(ing) *fn* pénzügy lebegtetés

floating *mn*
1. rugalmas; rugalmasan változó; lebegő
2. forgalomban levő

floating capital *fn* pénzügy likvid tőke; forgótőke

flop *fn* balsiker; kudarc; felsülés; bukás * **Their campaign has proved to be a flop.** Kampányuk kudarcot vallott.

flotation *fn*
1. pénzügy kiadás; kibocsátás; emisszió
2. tőzsde váltókibocsátás; részvénykibocsátás
3. alapítás; cégalapítás
4. flotáció; lebegtetés

flourish *ige* (*pl. cég, üzlet, vállalkozás stb.*) virágzik; fejlődik * **We should make it easier for the company to ob-** tain the resources it needs to flourish in what is becoming an ever more competitive sector. Az egyre élesebb versenyben meg kell könnyíteni a vállalat számára a fejlődéshez szükséges anyagi eszközök beszerzését.

flourishing *mn* jól menő; virágzó * **It is a flourishing business with an annual turnover of nearly £4m.** Ez egy jól menő üzlet, évi majdnem 4 millió fontos forgalommal.

flow chart *fn* folyamatábra; blokkdiagram * **When preparing for an important presentation, try making flow charts with arrows between linked pieces of information.** Amikor fontos prezentációra készül, készítsen folyamatábrákat, ahol nyilak jelölik az egymáshoz kapcsolódó információkat.

flow of funds *fn* pénzügy tőkeáramlás; tőkeforgalom; pénzáramlás; pénzforgalom

fluctuate *ige* ingadozik; hullámzik; változik * **Oil prices have been fluctuating, but have certainly been on an upward trend.** Az olajárak ingadoznak, de határozottan emelkedő tendenciát mutatnak.

fluctuation *fn* ingadozás; hullámzás * **be open to fluctuation** ingadozás várható vmiben * **fluctuation of interest rate** kamatingadozás * **The company blamed its fare increase on fluctuations in the price of oil.** A jegyárak emeléséért az olajárak ingadozását okolta a vállalat.

FMCG [= **fast moving consumer goods**] *fn* ker gyorsan forgó fogyasztási cikkek

FOB (f.o.b) [= **free on board**] *hat* ker (*Incoterms klauzula, mely szerint az ár tartalmazza az összes költséget és esetleges kárt az áru kézbesítéséig a vevő által megnevezett hajó fedélzetére*) költségmentesen hajóra rakva

focus *on* *ige* koncentrál vmire; összpontosít vmire

follow-up advertising *fn* mark emlékeztető reklám

foothold *fn (szilárd, biztos)* üzleti pozíció; üzleti állapot * **gain/get/establish a foothold** szilárd üzleti pozícióra tesz szert

FOR (f.o.r) [= **free on rail**] *hat* ker *(Incoterms klauzula, mely szerint az ár tartalmazza az összes költséget és esetleges kárt az áru kézbesítéséig a vevő által megnevezett vasútállomáson)* költségmentesen vasúti kocsira rakva

forbid *ige* tilt; megtilt; eltilt * **Brazilian law forbids mining on Indian reservations.** A brazíliai törvények tiltják a bányászatot az indián rezervátumokban.

¹**force** *ige* kényszerít

²**force** *fn* jog hatály; érvényesség * **bring sg into force** hatályba léptet vmit * **come into force** hatályba lép

forced sale *fn* ker kényszereladás * **Many experts predict a rash of forced sales if interest rates climb over the next year.** Számos szakértő kényszereladások sorától tart, ha a kamatok meghaladják a tavalyiakat.

forced selling *fn* ker kényszereladás * **The decision caused forced selling of equities by insurance companies.** A döntés a biztosítótársaságokat törzsrészvényeik kényszereladására késztette.

forecast *fn* előrejelzés; előjelzés; prognózis * **Despite the gloom in the mobile phone industry, they expected to hit analysts' forecasts of profits for the year.** A mobiltelefon-ipar borús kilátásai ellenére arra számítanak, hogy sikerül elérni az elemzők által prognosztizált éves nyereséget.

foreign aid *fn (ált. gazdasági válságban lévő országok számára nyújtott segély (pénz, áru, műszaki stb.))* külföldi segély * **Afghanistan's economic development depends on foreign aid.** Afganisztán gazdasági fejlődése külföldi segélyektől függ.

foreign balance *fn* pénzügy külkereskedelmi mérleg

foreign currency *fn* pénzügy deviza; külföldi pénznem

foreign exchange *fn* pénzügy külföldi valuta; deviza

foreign exchange holdings *fn* pénzügy devizaállomány * **Russia's foreign exchange holdings recently reached an all-time high of $50bn.** Az orosz devizaállomány nemrégiben 50 milliárd dolláros csúcsot ért el.

foreign exchange market *fn* pénzügy devizapiac; valutapiac * **The unexpected decision pushed the pound even higher on the foreign exchange markets.** A váratlan döntés még magasabbra tolta a fontot a devizapiacon.

foreign exchange rate *fn* pénzügy devizaárfolyam; valutaárfolyam * **British banks must explain why they are adding an extra transaction fee on top of the profits they are already making on foreign exchange rates.** A brit bankoknak magyarázatot kell adniuk arra, hogy miért tesznek hozzá extra kezelési költséget is devizaárfolyami nyereségükhöz.

foreign loan *fn* pénzügy külföldi kölcsön * **Pakistan's economy is heavily dependent on foreign loans.** A pakisztáni gazdaság nagy mértékben függ a külföldi kölcsönöktől.

foreign trade *fn* ker külkereskedelem

foreman *fn*
1. ipar művezető; munkafelügyelő; munkacsoport vezető
2. jog esküdtszék elnöke

¹**forfeit** *fn*
1. jog kötbér; pénzbírság
2. bánatpénz
3. jog jogvesztés; igényvesztés
4. elkobzás

²**forfeit** *ige (pl. jogot vmire)* elveszít * **They do not want to forfeit public confidence.** Nem akarják elveszíteni az emberek bizalmát.

forfeiting *fn*
1. jog elvesztés *(jogé)*; jogvesztés
2. elkobzás
3. *(jog)* elévülés; érvénytelenné válás

forfeiture *fn*
1. jog elvesztés *(jogé)*; jogvesztés
2. elkobzás
3. jog elévülés; érvénytelenné válás
forge *ige* hamisít; meghamisít * **The group forged documents to convince firms that the workers were in Britain legally.** A csoport okmányokat hamisított, hogy meggyőzze a cégeket arról, hogy a munkások törvényesen tartózkodnak Nagy-Britanniában.
forgery *fn*
1. hamisítás
2. hamisítvány; utánzat
3. jog okirathamisítás
¹form *fn* űrlap; formanyomtatvány; bizonylat * **They have just faxed the order form.** Éppen átfaxolták a rendelési űrlapot.
²form *ige* létrehoz; alapít * **form a company/government/partnership** céget/kormányt/társulást alapít
¹forward *mn* határidős
²forward *ige* száll
1. elküld; továbbít; felad; továbbküld; utána küld * **The manager arranged for his letters to be forwarded.** Az igazgató intézkedett, hogy küldjék utána a leveleit.
2. szállít; szállítmányoz
forward contract *fn* tőzsde *(felek közti megállapodás, hogy a jövőben egy adott időpontban előre meghatározott átváltási árfolyamon bonyolítanak le egy ügyletet)* határidős szerződés; határidős ügylet * **Buyers who open an account with the broker can arrange a forward contract which will fix the exchange rate.** A brókernél számlát nyitó vásárlók határidős szerződést köthetnek, amely rögzíti az átváltási árfolyamot.
forward exchange *fn* bank határidős deviza; határidőre vásárolt deviza; határidőre eladott deviza
forward operation *fn* tőzsde határidős ügyletek; határidős kereskedelem
forward price *fn* ker *(áru/szolgáltatás jövőbeni szállításra megállapított ára)* határidős ár

forwarder *fn*
1. száll szállítmányozó; szállító; fuvarozó; szállítóvállalat; speditőr
2. ker feladó; küldő
forwarding *fn*
1. ker elküldés; feladás; útnak indítás
2. ker továbbítás; utána küldés
3. száll szállítmányozás; szállítás
forwarding agent *fn* száll szállítmányozó; szállító; speditőr
forwarding conditions *fn* száll szállítmányozási feltételek; szállítási feltételek
found *ige* megalapít; alapít; létrehoz; létesít * **The business was founded as a family enterprise in 1823.** Az üzletet családi vállalkozásként alapították 1823-ban.
foundation *fn*
1. alapítás; létrehozás
2. alapítvány
3. alap; alapzat
fragile *mn* törékeny; ingatag * **His previously solid position with the board now appears fragile.** Korábban szilárdnak tűnő igazgatósági helye most ingatagnak látszik.
franchise *fn* ker *(megállapodás, melyet a monopolgyártó/monopolszolgáltató ad egy másik gyártónak/eladónak/szolgáltatónak, hogy gyártsa vagy kereskedjen a termékekkel/szolgáltatásokkal egy adott területen)* rendszerbérlet; koncesszió; licenc; felhasználási engedély; névhasználati megállapodás; franchise * **apply for a franchise** felhasználási engedélyre pályázik * **buy/purchase/take out a franchise** felhasználási engedélyt vesz * **withdraw a franchise** visszavonja a felhasználási engedélyt
franchisee *fn* *(a felhasználási jog birtokosa)* rendszervevő; névhasználó; franchise jogot átvevő * **Of the current 2,000 Body Shops around the world, about 70% are operated by franchisees.** Szerte a világon a 2000 Body Shop üzlet 70%-át névhasználók üzemeltetik.
franchising *fn* ker koncessziónálás; rendszer bérbeadása; franchise-rendszer

franchisor/franchiser *fn* ker (*monopoljoggal rendelkező gyártó/szolgáltató*) koncesszionáló; licencadó; rendszerbirtokos; névtulajdonos

frank *ige* bérmentesít; lebélyegez

fraud *fn* jog csalás; csalárdság; megtévesztés; kijátszás; gazdasági bűncselekmény; sikkasztás; szélhámosság; becsapás * **The main aim of the new system is to tackle bank card fraud.** Az új rendszer fő célja, hogy megakadályozza a bankkártyacsalást.

¹free *mn*
1. szabad
2. ingyenes; díjtalan; költségmentes; vámmentes * **I got some free samples in the shop.** Kaptam néhány ingyenes árumintát a boltban.
3. mentes vmitől * **They bought a property free of charges.** Tehermentes ingatlant vettek.
4. kötetlen; kötelezettség nélküli
5. bizt kártérítési kötelezettség nélküli

²free *ige* felszabadít; liberalizál; felold; megszabadít

free gift *fn* ker reklámajándék; ingyenes ajándék; szóróajándék

free movement of capital *fn* EU tőke szabad mozgása; tőke szabad áramlása

free movement of citizens *fn* EU személyek szabad mozgása

free movement of goods *fn* EU áruk szabad mozgása

free movement of persons *fn* EU személyek szabad mozgása

free on board *hat* ker **NB: röv FOB; f.o.b.** (*Incoterms klauzula, mely szerint az ár tartalmazza az összes költséget és esetleges kárt az áru kézbesítéséig a vevő által megnevezett hajó fedélzetére*) költségmentesen hajóra rakva

free on rail *hat* ker **NB: röv FOR; f.o.r** (*Incoterms klauzula, mely szerint az ár tartalmazza az összes költséget és esetleges kárt az áru kézbesítéséig a vevő által megnevezett vasútállomásra*) költségmentesen vasúti kocsiba rakva

free trade *fn* ker szabadkereskedelem * **He hailed the accession of 10 new members to the EU as an enormous achievement because it created a vast free trade area of 450 million consumers.** Nagyszerű eredményként üdvözölte a 10 új tag belépését az EU-ba, mivel így egy hatalmas, 450 millió fogyasztóval rendelkező szabadkereskedelmi terület jött létre.

free trade agreement *fn* ker szabadkereskedelmi megállapodás

freedom of contract *fn* jog szerződéskötési szabadság

freedom of establisment *fn* jog szabad letelepedés joga

freedom of movement *fn* jog szabad költözködés joga * **The report says that even if the citizens of accession countries were granted full freedom of movement throughout Europe, only 220,000 per year would leave.** A jelentés szerint, ha a belépő országok állampolgárainak teljes mozgásszabadságot biztosítanának egész Európában, évente akkor is mindössze 220 000 ember hagyná el hazáját.

freedom of trade *fn* jog szabad kereskedelem; szabad kereskedési jog

freelance *mn* szabadúszó; szabadfoglalkozású * **He did an MA at Warwick and then he worked as a freelance journalist.** Bölcsészdiplomát szerzett Warwickban, majd szabadúszó újságíróként dolgozott.

free-trade area *fn* ker szabadkereskedelmi terület

free-trade zone *fn* szabadkereskedelmi terület; szabadkereskedelmi zóna

freeze *ige*
1. (*pl. árakat, fizetéseket*) leköt; befagyaszt; rögzít * **The labour ministry is working on legislation to force local job centres to cut or freeze benefits to unemployed people who turn down job offers or fail to seek further qualifications.** A munkaügyi minisztérium olyan törvényjavaslatokon dolgozik, melyek arra kényszerítenék a munkaközvetítőket, hogy

fagyasszák be, illetve csökkentsék az olyan munkanélkülieknek fizetett segélyeket, akik visszautasítják a felkínált munkalehetőségeket, illetve nem hajlandók újabb képesítéseket szerezni. **2.** befagy; fagy; fagyaszt

freight *fn*
1. száll rakomány; szállítmány; fuvar; teheráru
2. szállítási díj; fuvardíj
3. teheráru szállítás

freight costs *fn* száll fuvarköltség * **Russian crude oil cannot yet be sent in big enough ships, so the freight costs are very high.** Az orosz nyersolajat még nem tudják elég nagy tartályhajókkal szállítani, és ez nagyon megemeli a fuvarköltségeket.

freight forwarder *fn* száll teherszállító; fuvarozó; szállítmányozó; árufuvarozó; szállító

freight terms *fn* száll szállítási feltételek; fuvar feltételek

fuel *fn* üzemanyag; fűtőanyag; energiahordozó; tüzelőanyag * **BA said it expected fuel costs to be £150m higher than last year.** A British Airways arra számít, hogy az üzemanyagköltségek 150 millió fonttal haladják meg a tavalyit.

fulfil *ige* teljesít; végrehajt; elvégez * **He managed to fulfil all his tasks earlier than expected.** A vártnál hamarabb sikerült valamennyi feladatát elvégeznie.

full details *fn* részletes adatok; részletes információ * **For full details of how to enter the competition call 01727-799-987.** A versenyre való nevezésről részletes információ a 01727-799-987-es számon kapható.

full employment *fn* teljes foglalkoztatottság * **The city may have full employment but living standards are chronically low.** A városban ugyan teljes a foglalkoztatottság, de az életszínvonal krónikusan alacsony.

full member *fn* teljes jogú tag; rendes tag
full-cost pricing *fn* teljesköltség-árkalkuláció

full-time employment *fn* teljes munkaidős foglalkoztatottság * **I have recently left full-time employment to work freelance.** Nemrég felmondtam teljes munkaidős állásomat, és most szabadúszóként dolgozom.

full-time job *fn* főfoglalkozás; főállás; teljes állás * **She never intended it to evolve into a full-time job but when she moved to London, she changed her mind.** Soha nem tervezte, hogy ez lesz a főfoglalkozása, de amikor Londonba költözött, meggondolta magát.

full-time work *fn* főfoglalkozás; teljes munkaidejű tevékenység * **He and his partner decided they could no longer juggle full-time work with raising their two-year-old son, so he asked to work part-time.** Ő és élettársa úgy látták, hogy már nem tudják összeegyeztetni a teljes munkaidőt kétéves fiuk nevelésével, ezért azt kérte, hogy részmunkaidőben dolgozhasson.

fully-fledged member *fn* teljes jogú tag * **Kazakhstan is ready to become a fully-fledged member of the WTO.** Kazahsztán készen áll arra, hogy a Világkereskedelmi Szervezet teljes jogú tagja legyen.

function *fn*
1. rendeltetés; hivatás; szerep; funkció; feladat * **The main function of the committee is to organize the conference.** A bizottság legfőbb feladata a konferencia megszervezése.
2. rendezvény; fogadás; összejövetel * **A team of ten people is responsible for the company's office function this week.** Egy tízfős csapat felel a vállalat eheti hivatalos rendezvényéért.
3. függvény

¹fund *fn*
1. pénzügy alap; pénzalap * **establish/manage a fund** pénzalapot létrehoz * **administer/manage a fund** pénzalapot kezel * **They have been hampered by a shortage of funds and**

interest from the academic community. A hiányzó pénzalapok és a tudományos körök érdeklődésének hiánya akadályozta működésüket.
2. alapítvány

²**fund** *ige*
1. pénzügy konszolidál
2. finanszíroz; pénzeszközökkel ellát; tőkésít * **The work was funded by a German biotechnology company.** A munkát egy német biotechnológiai cég finanszírozta.

funded debt *fn* pénzügy konszolidált adósság; átütemezett adósság; kötvényesített adósság

funding *fn*
1. pénzügy (*rövid lejáratú hitel helyettesítése hosszú lejáratú vagy állandó kötvényekkel*) kötvényesítés; konszolidálás
2. finanszírozás; tőkésítés

fund-raising *fn*
1. pénzügy tőkeszerzés; pénzfelhajtás
2. adománygyűjtés; támogatásszerzés * **British universities could raise at least an extra £600m a year if they employed US-style fund-raising to drum up cash from ex-students and big donors.** A brit egyetemek legalább évi 600 millió fontot össze tudnának gyűjteni, ha amerikai stílusú adománygyűjtéssel volt hallgatóktól és nagy adakozóktól szereznének pénzt.

funds *fn*
1. pénzügy pénzek; pénzeszközök; tőke; pénzkészlet

2. készpénz
3. követelés; aktíva

fungibility *fn* helyettesíthetőség

furnish *ige*
1. berendez; felszerel; ellát; ad; nyújt; rendelkezésre bocsát * **His uncle decided to furnish him with some cpaital so that he could set up his own business.** A nagybátyja úgy döntött, hogy tőkével látja el, hogy saját üzletbe kezdhessen.
2. beszerez; felmutat

further training *fn* továbbképzés; szakmai továbbképzés * **Our colleagues can go on to further training to gain valuable experience.** Munkatársaink továbbképzésen vehetnek részt, ahol értékes tapasztalatokra tehetnek szert.

fuse *ige*
1. összeolvad; fuzionál; egyesül; egybeolvad * **Three small enterprises decided to fuse to meet competition.** Három kis vállalkozás úgy döntött, hogy egyesül, hogy állni tudja a versenyt.
2. összeolvaszt

futures *fn*
1. tőzsde határidős ügyletek; határidős kötések
2. határidős kereskedelem

futures contract *fn* tőzsde határidős ügylet; határidős kötés

futures market *fn*
1. tőzsde határidős tőzsde
2. határidős piac

G, g

G7 [= **Group of Seven (countries)**] *fn* (*Franciaország, Japán, Kanada, Nagy-Britannia, Németország, Olaszország és az USA gazdasági együttműködése.*) G7-ek

G8 [= **Group of Eight (countries) and the EU**] *fn* (*A G7-ek és Oroszország gazdasági együttműködése.*) G8-ak * **Britain is in the hot seat, holding the EU presidency, and hosting both the G8 and the European Social Forum in 2005.** Nagy-Britannia nehéz helyzetben van: elnököl az EU-ban, és házigazdája a G8-aknak, valamint az Európai Szociális Fórumnak 2005-ben.

GA [= **general assembly**] *fn* közgyűlés

¹gain *ige*
1. megkap; megszerez; nyer; szerez; keres; szert tesz vmire * **You gain further experience working at our factory.** Gyárunkban további tapasztalatra tehet szert.
2. tőzsde emelkedik; javul * **Shares seem to be gaining.** Úgy tűnik, emelkednek a részvények.

²gain *fn*
1. nyereség; hozam
2. nyereség; haszon; előny; profit * **bring significant gains** jelentős nyereséget eredményez
3. gyarapodás; növekedés; növekmény; emelkedés

gainful *mn* jövedelmező; hasznos; hasznot hajtó

gainfully employed *fn* kereső; fizetett alkalmazott

gathering *fn* gyűlés; összejövetel

GATT [= **General Agreement on Tariffs and Trade**] *fn* (*nemzetközi egyezmény a nemzetek közti kereskedelem ösztönzésére*) Általános Vámtarifa- és Kereskedelmi Egyezmény

gauge *ige*
1. mér; lemér
2. méretet ellenőriz
3. felmér; megbecsül; értékel; felbecsül * **His urgent task is to gauge the extent of the problem.** Sürgős feladata, hogy felmérje a probléma mértékét.

GDP [= **gross domestic product**] *fn* bruttó hazai termék; GDP

general expenses *fn* általános költségek; rezsiköltségek

general manager *fn* vezérigazgató * **The board decided on the appointment of a new general manager.** Az igazgatótanács új vezérigazgató kinevezéséről döntött.

general meeting *fn* közgyűlés

general partner *fn* (*a cég munkájában aktívan résztvevő társ*) beltag * **The deal, which is subject to the approval of the general partners, is expected to be completed within the next few months.** A beltagok jóváhagyásához kötött üzlet várhatóan néhány hónapon belül megvalósul.

general partnership *fn* (*a tagoknak korlátlan felelőssége van az ilyen társaságban*) közkereseti társaság

General Secretariat *fn* EU (*EU Tanács*) Főtitkárság

general strike *fn* általános sztrájk

general terms and conditions *fn* jog általános feltételek

generally accepted accounting principles *fn* számv általánosan elfogadott számviteli elvek

generate *ige*
1. megszerez; előállít; létrehoz; gyárt
2. (*áramot, gőzt, hőt stb.*) termel; fejleszt

gentlemen's agreement *fn* szóbeli ígéret (*tárgyaláson*)

genuine *mn* eredeti; valódi; hiteles; igazi
giant concern *fn* óriásvállalat
gift *fn*
1. ajándékozás
2. ajándék; ajándéktárgy; adomány; ajándékáru
3. tehetség; talentum
gift tax *fn* adó ajándékozási adó ∗ **Although part of Italy, Campione is economically dependent on Switzerland, and is actually governed by Italian law so it has moderate income tax and no inheritance tax, gift tax or VAT.** Bár Olaszország része, Campione gazdaságilag Svájctól függ; olasz törvények hatályosak, ezért mérsékelt a jövedelemadó, örökösödési, ajándékozási és forgalmi adó pedig nincs.
gift token *fn* ajándékvásárlási utalvány
gift voucher *fn* ajándékvásárlási utalvány
gilt-edged securities *fn*
1. pénzügy (*GB*) állami kötvények; állami értékpapírok
2. (*általában kockázatmentesnek tekintett értékpapírok*) első osztályú értékpapírok
Giro (giro) *fn* bank zsiró
giro payment *fn* kifizetés számlajóváírással és számlaterheléssel
give *ige* ad ∗ **They have been given a lot of useful advice.** Sok hasznos tanácsot adtak.
global economy *fn* világgazdaság
globalization *fn* globalizáció ∗ **Globalization has its pros and cons, though you may more often hear only about anti-globalization movements.** A globalizációnak megvannak az előnyei és a hátrányai is, bár gyakrabban lehet anti-globalizációs mozgalmakról hallani.
glut *fn* ker telítettség; túlkínálat; árubőség; árufelesleg; árutorlódás; árufelhalmozódás ∗ **There is a glut in the market.** A piac telítve van.
glutted market *fn* ker telített piac
GNI [= **Gross National Income**] *fn* nemzeti összjövedelem

GNP [= **Gross National Product**] *fn* (*egy év során egy ország által megteremtett összvagyon*) nemzeti össztermék; bruttó nemzeti termék
go up *ige* magasba szökik; emelkedik ∗ **According to analysts, interest rates are expected to go up over the next year.** Elemzők szerint a kamatok jövőre emelkedni fognak.
going rate *fn* pénzügy szokásos kulcs; szokásos tarifa; napi árfolyam; kurrens árfolyam ∗ **The going rate of interest is 4%.** A napi kamatláb 4%.
gold reserve(s) *fn* pénzügy aranytartalék ∗ **The increasingly desperate government is likely to sell a fifth of central bank's gold reserves to set up a special investment fund to support research and education.** Az egyre kétségbeesettebb kormány valószínűleg eladja az aranytartalék ötödét azért, hogy létrehozzon egy különleges befektetési alapot a kutatás és oktatás támogatására.
gold standard *fn*
1. pénzügy aranystandard; aranyvaluta; aranyalap
2. (*megszabja, hogy egy adott pénznem egységnyi értéke milyen súlyú és finomságú aranynak feleljen meg*) aranyalapú rendszer
golden handcuffs *fn* (*fontos beosztású alkalmazottak kiemelkedően magas fizetése azért, hogy a versenytársakhoz ne menjenek át dolgozni; mintegy megköti ezzel az alkalmazott kezét, hogy ne tudjon átmenni a konkurens céghez, mivel ez elsősorban egyfajta hitel, amelyet képtelen lenne visszafizetni*) extra kiemelt fizetés
golden handshake *fn* (*vezető beosztású alkalmazottaknak fizetett nagy összegű végkielégítés*) végkielégítés; magas jutalom távozáskor ∗ **He has been offered a £1.5m golden handshake to quit Proxo Co. this summer.** 1,5 millió fontos végkielégítést ajánlottak neki, hogy idén nyáron mondjon fel a Proxo társaságnál.
goods *fn*
1. javak; vagyon; vagyontárgyak; in-

góság
2. áru

goods and chattels *fn* jog ingóságok
goods in short supply *fn* ker hiánycikk
goods in transit *fn* száll tranzitáruk
goods on hand *fn* ker raktárkészlet; raktáron levő áru; raktári árukészlet
go-slow *fn* (GB) (*teljes sztrájk helyett a dolgozók csak lassítják a termelést*) munkalassítás; lassítósztrájk * **The decision followed go-slows by taxi drivers in London.** A döntés a londoni taxisok lassítósztrájkjainak következménye volt.
govern *ige*
1. kormányoz; irányít; igazgat * **The need for the UN to be handed real power to govern is more urgent than ever.** Minden eddiginél sürgetőbb, hogy az ENSZ valódi hatalmat kapjon az irányításra.
2. meghatároz; megszab * **governed by public law** közjog hatálya alá eső * **The government has reviewed the guidelines governing the use of guns.** A kormány felülvizsgálta a fegyverhasználatot megszabó irányelveket.
government bill *fn* jog törvénytervezet (*állam által benyújtott*)
government bond *fn* pénzügy államkötvény
government budget *fn* pénzügy állami költségvetés
government debt *fn* pénzügy államadósság
government deficit *fn* pénzügy költségvetési hiány
government expenditure *fn* pénzügy államkiadások; közkiadások; költségvetési kiadások
government loan *fn* pénzügy államkölcsön * **The company has been supported by government loans for more than a year after falling electricity prices undermined its finances.** A vállalatot államkölcsönökkel támogatják több, mint egy éve, mi-

után az áramszolgáltatás árának esése aláásta pénzügyi helyzetét.
government revenue *fn* pénzügy állami bevétel
government subsidy *fn* pénzügy állami szubvenció; állami támogatás; állami hozzájárulás * **It was a private company with a licence to operate the national rail infrastructure and was partly funded by government subsidy.** Magánvállalat volt, mely engedéllyel használhatta a nemzeti vasúthálózatot, és melyet részben állami támogatásból tartottak fenn.
governmental *mn* kormányzati; kormány-; állami
grace period *fn*
1. türelmi idő; kíméleti idő * **There was no basis for the one month grace period.** Az egyhónapos türelmi időnek nem volt alapja.
2. haladék
3. fizetési határidő
grade *fn*
1. fajta; minőség; termékosztály; kereskedelmi osztály; minőségi fokozat
2. bércsoport
3. fok
4. rang
¹grant *fn*
1. teljesítés; engedélyezés
2. nyújtás; jóváhagyás
3. támogatás; szubvenció
4. ösztöndíj; tanulmányi segély * **Poorer students have access to government grants.** A szegényebb tanulók tanulmányi segélyt kaphatnak a kormánytól.
5. adományozás
6. átruházás; engedményezés
7. pénzügy költségvetési hozzájárulás; állami támogatás
²grant *ige*
1. engedélyez; ad; nyújt * **The severity of the restrictions varies from country to country, and Hungary has been granted larger quotas.** A korlátozások szigora országonként változik, és Magyarországnak nagyobb

kvótát engedélyeztek.
2. adományoz * **grant benefits** segélyt biztosít
grant-in-aid *fn* pénzügy államsegély; állami segély; szubvenció; központi támogatás; állami támogatás
graph *fn* diagram; grafikon; görbe; grafikus ábrázolás; ábra
gratification *fn*
  1. jutalom; jutalmazás
  2. borravaló
gratuitous *mn*
  1. díjtalan; ingyenes * **They offer gratuitous advice to all their clients.** Ingyenes tanácsadást kínálnak valamennyi ügyfelüknek.
  2. jog visszteher nélküli
gratuity *fn*
  1. ingyenes juttatás
  2. végkielégítés; kártalanítás
  3. borravaló; hálapénz * **Any gratuity added to your credit card legally belongs to the restaurant, not to the waiters.** A hitelkártyával fizetett borravaló jogilag az éttermet illeti, nem a felszolgálókat.
  4. prémium
grease *fn* kenőpénz; csúszópénz
green card *fn* (*US*) (*munkavállalási engedély külföldieknek*) zöldkártya * **He was arrested last year for illegally obtaining an American green card.** Tavaly letartóztatták, mert jogosulatlanul szerzett amerikai zöldkártyát.
Green Paper *fn* EU (*Európai Bizottság által kiadott vitaindító dokumentum*) Zöld Könyv
grievance *fn*
  1. sérelem; panasz * **If you do not get a reasonable response, you may wish to raise a grievance.** Amennyiben nem kap ésszerű választ, panaszt emelhet.
  2. igazságtalanság
gross amount *fn* bruttó összeg
gross domestic product *fn* NB: röv **GDP** bruttó hazai termék; bruttó belföldi termék

gross national income *fn* NB: röv **GNI** nemzeti összjövedelem
gross national product *fn* NB: röv **GNP** nemzeti össztermék; bruttó nemzeti termék
gross pay *fn* bruttó fizetés
gross return *fn*
  1. pénzügy bruttó hozam * **Even the best-paying savings accounts are only giving a gross return of just over 4%, according to financial data provider.** A gazdasági adatszolgáltató szerint még a legjobban fizető takarékbetétek is 4%-ot éppen csak meghaladó bruttó hozamot eredményeznek.
  2. bruttó jövedelem
gross sales *fn* bruttó forgalom * **The firm is paying the equivalent of 0.5% of its gross sales for the right to use the trademarks.** A cég a márkanevek használatáért bruttó forgalmának fél százalékával megegyező összeget fizet.
gross wage(s) *fn* bruttó munkabér * **The target was to cut the present figure of employers' non-wage labour costs of 42% of gross wages to 37% in less than three years.** A cél a munkáltató járulékos bérköltségeinek leszorítása volt a bruttó bérek 42%-áról 37%-ára, nem egészen három év alatt.
group *fn*
  1. csoport
  2. csoport; osztály
group of companies *fn* vállalatcsoport; konszern
group of products *fn* termékcsalád * **They have launched a new group of products.** Új termékcsaládot vezettek be.
grow *ige*
  1. fejlődik; nő; terem
  2. mezőgazd termeszt; termel
  3. növel
growth *fn* növekedés; fejlődés; gyarapodás; emelkedés * **industrial/economic growth** ipari növekedés/gazdasági fejlődés * **period of growth** növeke-

dési periódus * **rate of growth** növekedési ütem
growth of population *fn* népességnövekedés * **In the developing world, the old often worry about the huge growth of population.** A fejlődő világban az idősek gyakran aggódnak a nagymértékű népességnövekedés miatt.
growth rate *fn* növekedési ütem; növekedési ráta * **Annual economic growth rates have failed to meet the 6% target many believe is necessary for a country to climb out of poverty.** Az éves növekedési ráta nem érte el a 6%-os célt, melyet sokan a szegénységből való kiemelkedés feltételének tartanak.
¹guarantee *fn*
1. (*GB*) garancia; kezesség; kaució; felelősségvállalási ígéret; szavatosság; jótállás * **give a guarantee** garantál; garanciát ad
2. jog óvadék; biztosíték
3. váltókezesség; hitelszavatosság
²guarantee *ige* garantál; kezeskedik; szavatol; kezességet vállal * **He guaranteed success after reading my proposal.** A javaslatom elolvasása után garantálta a sikert.
guarantee insurance *fn* bizt garanciabiztosítás * **He asked a local agency to find new tenants and took out a year's rent-guarantee insurance in case of any mishaps.** Egy helyi ügynökséget kért fel új bérlő keresésére, és egyéves garanciabiztosítást kötött a lakbérre, a kellemetlenségek elkerülése végett.
guaranteed *mn* szavatolt; garantált; garanciás
guaranteed price *fn* (*az az ár, amit minden körülmények között kifizetnek*) garantált ár; szavatolt ár * **A guaranteed price is paid directly to farmers**

in some countries. Néhány országban egyenesen a termelőknek fizetik a garantált árat.
guarantor *fn* jog kezes; jótálló; garantáló; szavatoló; szavatos * **They complained they had been granted mortgages only if they could secure the signature of a guarantor.** Kifogásolták, hogy a jelzáloghitel feltétele egy kezes aláírása volt.
guaranty *fn*
1. (*US*) garancia; kezesség; kaució; felelősségvállalási ígéret; szavatosság; jótállás
2. kezes; jótállás
3. jog óvadék; biztosíték
4. váltókezesség; hitelszavatosság
guesthouse *fn* vendégfogadó; panzió * **The Spectacular Central Asia tour costs £1,990 for 21 days and includes accommodation in guesthouses, hotels and yurts, breakfast, and guides.** A 21 napos Spectacular Central Asia (Látványos Közép-Ázsia) túra 1990 fontos ára tartalmazza a szállást – vendégfogadókban, szállodákban, jurtákban –, valamint a reggelit és az idegenvezetést.
guidance *fn*
1. irányítás; útmutatás; tanácsadás * **There is plenty of good advice and guidance in our latest brochure.** Sok jó tanács és útmutatás található a legújabb prospektusunkban.
2. bevezetés; tájékoztatás; tájékoztató
guidelines *fn* irányelvek; irányvonal * **issue/lay down/provide guidelines** irányelveket lefektet/meghatároz * **according to/in accordance with/under guidelines** irányelveknek megfelelően * **They reviewed the guidelines at the meeting.** Áttekintették az irányelveket az értekezleten.

G

H, h

half-timer *fn* főállású
hamper *ige* akadályoz; megakadályoz; gátol
hand over *ige* kiad; átad * **The government is concerned about handing over a natural resource to private companies.** A kormányt aggasztja a természeti erőforrás átadása magánvállalatoknak.
handing over *fn* jog kiszolgáltatás
handle *ige*
1. foglalkozik vmivel; bánik vkivel/vmivel; kezel * **He handles only maintenance matters.** Csak karbantartási ügyekkel foglalkozik.
2. árut mozgat; átrakodik
3. intéz; lebonyolít; lerendez * **She is said to be good at handling problems.** Azt mondják, hogy jól tud problémákat megoldani.
4. ker tart * **We don't handle toners for printers.** Nem tartunk nyomtatókhoz festéket.
handling *fn*
1. kezelés; elintézés * **Her main task is handling complaints.** Fő feladata a panaszok kezelése.
2. átrakás; rakodás; anyagmozgatás
3. feldolgozás *(ügyé)*
handling charge *fn*
1. kezelési díj; feldolgozási díj; ügyintézési díj
2. **száll** *(áruk rakodásáért, mozgatásáért, átrakásáért fizetett díjtétel)* rakodási díj; átrakási díj; anyagmozgatási díj
handover *fn* átadás; transzfer
hard currency *fn* pénzügy *(olyan pénznem, amely iránt nagy a kereslet, mivel értéke valószínűsíthetően nem csökken)* keményvaluta; szilárd valuta * **The flow of money from rich to poor is an in-**stance of mutual benefit: the rich economies get the labour they lack, the poor economies get a flow of hard currency.** A pénz folyása a gazdagoktól a szegényekhez a kölcsönös haszon egyik példája: a gazdag országok hiányzó munkaerőhöz jutnak, a szegény országok pedig keményvalutához.
hard money *fn*
1. *(olyan pénznem, amely iránt nagy a kereslet, mivel értéke valószínűsíthetően nem csökken)* keményvaluta * **The poor countries need money and, in particular, hard money.** A szegény országoknak pénzre, különösen keményvalutára van szükségük.
2. *(US)* pénzügy fémpénz
harmonization *fn* jog harmonizálás; egységesítés; összehangolás; egyeztetés; egybehangolás * **law/legal harmonization** jogharmonizáció * **tax harmonization** adóharmonizáció * **The harmonization of the fiscal policy of the countries is taking place.** Folyik az országok pénzügypolitikájának összehangolása.
harmonization of standards *fn* szabványok összehangolása
haul *fn* száll
1. szállítás; vontatás * **They bought some trucks hauling fertiliser.** Vettek néhány műtrágyaszállító tehergépkocsit.
2. szállítási útvonal; szállítási távolság
haulage *fn* száll
1. szállítás; fuvarozás * **He lost his job driving for a haulage firm.** Elvesztette gépkocsivezetői állását egy szállítóvállalatnál.
2. szállítási költség; fuvarozási költség; vontatási költség

haulier *fn* száll fuvarozó; szállítási vállalkozó * **Most hauliers simply switch to lorries in France, cross the Channel by rail or ferry, and continue the journey in England.** A legtöbb fuvarozó egyszerűen tehergépkocsira vált Franciaországban, átkel a Csatornán vasúttal vagy komppal, majd Angliában folytatja útját.

hazard *fn* kockázat; rizikó; veszély * **They are trying to raise awareness about the health hazards facing civilians.** Próbálják a civilekben tudatosítani az egészségügyi kockázatokat.

hazardous waste *fn* veszélyes hulladék * **They are getting more and more concerned about industrial and hazardous waste management.** Egyre jobban foglalkoztatja őket az ipari és veszélyes hulladékok kezelése.

head *ige*
1. vezet; kormányoz; irányít; igazgat
2. megy; halad; tart vhová

head of department *fn* osztályvezető; csoportvezető * **The heads of department should be informed so that alternative arrangements can be made.** Fontos az osztályvezetők tájékoztatása az alternatív intézkedések bevezetése érdekében.

head office *fn* központ; központi iroda; vezető kirendeltség * **The company has its head office in London.** A vállalat központi irodája Londonban van.

head of government *fn* kormányfő

head of mission *fn* külképviselet vezetője

head of state *fn* államfő

head tax *fn* adó (*egy országban/csoportban minden személyre egységesen kivetett adó*) fejadó

headcount *fn* alkalmazotti állomány

headhunt *ige* (*lehetséges alkalmazottakat kutat fel álláshelyekre*) fejvadászként dolgozik; álláshelyre toboroz * **He was headhunted to work as special adviser to the insurance company.** Fejvadász segítségével toborozták a biztosító vállalathoz különleges tanácsadói állásra.

headhunter *fn* fejvadász * **Her promising career caught the eye of several headhunters.** Ígéretes életpályája számos fejvadász figyelmét felkeltette.

headhunting *fn* fejvadászat

headhunting firm *fn* fejvadász cég

headquarters *fn* **NB: röv HQ** központ; székhely; székház; vezérigazgatóság * **The headquarters of the company is situated close to its biggest plant.** A cég központja közel van legnagyobb telephelyéhez.

health insurance *fn*
1. bizt egészségbiztosítás; betegbiztosítás * **Unfortunately they had no health insurance, so the treatment cost a fortune.** Mivel sajnálatos módon nem volt betegbiztosításuk, a kezelés egy vagyonba került.
2. egészségbiztosító; betegbiztosító

health insurance card *fn* bizt egészségügyi igazolvány; egészségügyi kártya; egészségbiztosítási kártya * **Every citizen of the European Union is to receive a new health insurance card by 2005 which guarantees the right to free medical care in every member state.** 2005-ig az EU minden állampolgára új egészségügyi igazolványt kap, amely ingyenes orvosi ellátásra jogosít minden tagállamban.

health insurance scheme *fn* törvényben előírt betegbiztosítás; kötelező betegbiztosítás * **He is arguing for a government-run health insurance scheme for all the citizens.** Egy minden állampolgárra kiterjedő kormányzati betegbiztosítási terv mellett kardoskodik.

hear *ige*
1. értesül vmiről * **be pleased/sorry to hear sg** örömmel/sajnálattal értesül vmiről
2. jog tárgyal
3. meghallgat

hedge *fn* fedezet; védelem * **hedge against inflation** inflációval szembeni fedezet

hedging *fn* tőzsde (*Ezen ügylet legfőbb célja a védekezés a jövőbeni árváltozások miatti veszteséggel szemben.*) fedezeti vétel; fedezeti eladás; fedezeti ügylet

hereby *hat* ezáltal; ezennel ∗ **The Government hereby invites interested parties to participate in the prequalification of bidders.** A kormány ezennel felhívja az érdekelt feleket, vegyenek részt az ajánlattevők előzetes kiválasztásában.

highlight *ige* kijelöl; kiemel; hangsúlyoz

High Representative for CFSP *fn* EU külügyi képviselő; külügyi főbiztos

high-street bank *fn* bank (*GB*) kereskedelmi bank; üzleti bank ∗ **We pay 3% on our current account, compared with 0.1% for some high street banks.** 3%-ot fizetünk a folyószámlabetétre, szemben néhány kereskedelmi bank 0,1%-ával.

high-yield *mn* bank magas hozamú ∗ **He inherited some high-yield bonds.** Örökölt néhány magas hozamú kötvényt.

hinterland *fn* ker (*egy kereskedelmi központ által lefedett terület, pl. egy nagyváros és környéke*) hátország; mögöttes terület

¹hire *fn*
1. bérbevétel; bérlet ∗ **for hire** bérelhető ∗ **on hire** bérelt
2. bérleti ár
3. (*US*) alkalmazás (*munkavállalóé*)

²hire *ige*
1. kibérel; bérbe vesz ∗ **When he arrived, he immediately hired a car.** Amint megérkezett, azonnal autót bérelt.
2. (*US*) alkalmaz; szerződtet; felvesz; megbíz ∗ **They hired some people to deal with e-mails.** Felvettek néhány embert az e-mailek kezelésére.

hire purchase *fn* NB: röv H.P.; h.p. (*GB*) részletvásárlás ∗ **We bought a new washing machine on hire purchase.** Részletre vettünk új mosógépet.

hiring freeze *fn* létszámstop

hoarding *fn* mark plakáttábla; hirdetőtábla; óriásplakát ∗ **Hoardings near the headquarters were covered with graffiti accusing company staff of being puppy killers.** A központhoz közeli hirdetőtáblákat feliratokkal mázolták tele, amelyek kölyökkutyagyilkosoknak nevezték a vállalat alkalmazottjait.

hold *fn* száll raktér; rakodó űr; hajóűr; hajóraktár

holding *fn*
1. rész; részesedés
2. vagyon; vagyonrész; tőkerészesedés; részvénytulajdon; értékpapír-állomány
3. birtok; kisbirtok; telektulajdon
4. érdekeltség
5. holdingtársaság

holding company *fn* holdingtársaság; csúcsvállalat; ellenőrző társaság; konszern

holiday allowance *fn* szabadságpénz ∗ **We offer insurance cover, accommodation, return flights, holiday allowance and other benefits.** Biztosítást, szállást, oda-vissza repülőjegyet, szabadságpénzt és egyéb juttatásokat kínálunk.

holiday pay *fn* szabadságpénz; szabadság idejére járó fizetés ∗ **All those workers who take bank holidays off are entitled to holiday pay when they do so.** Minden dolgozó, aki szabadságot vesz ki az ünnepnapokra, szabadságpénzre jogosult.

home banking *fn* bank számítógépes banki szolgáltatás; telefonos banki szolgáltatás; bankügyek intézése otthonról ∗ **Home banking is available without any subscription charge.** A számítógépes banki szolgáltatás előfizetési díj nélkül igénybe vehető.

home loan *fn* bank lakásvásárlási kölcsön; lakáskölcsön ∗ **The Government has introduced a new home loan scheme.** A kormány új lakásvásárlási kölcsönprogramot vezetett be.

home market *fn* ker belső piac; belföldi piac

home trade *fn* ker belgazdaság; belkereskedelem

homeworking *fn*
1. távmunka
2. bedolgozás

hono(u)r a check/cheque *ige* pénzügy csekket elfogad; csekket bevált; csekket kifizet

honorarium *fn* tiszteletdíj; honorárium * **Members will be paid an honorarium and their expenses.** A tagok tiszteletdíjat és költségtérítést kapnak.

honorary member *fn* tiszteletbeli tag * **He was made an honorary member of the Committee.** A bizottság tiszteletbeli tagjává választották.

hostile *mn* ellenséges * **hostile takeover** ellenséges felvásárlás

hours of work *fn* munkaidő * **They use up to eight hours of work time a month in their role as volunteers.** Havonta akár nyolc óra munkaidőt is eltöltenek önkéntes munkával.

house agent *fn* (*az a személy, aki más megbízásából ház/lakás eladásában, vételében, bérbeadásában, ill. bérlésében bizonyos fizetség fejében segédkezik*) házügynök; lakásügynök; ingatlanügynök * **According to several house agents, the prices will keep climbing into the spring.** Ingatlanügynökök szerint az árak tavaszig tovább emelkednek.

household *fn* háztartás; egy háztartásban élő család * **Single people are expected to account for 40 per cent of households by 2020.** A várakozások szerint 2020-ra a háztartások 40%-át egyedülállók alkotják.

household expenses *fn* háztartási költségek; háztartási kiadások

housekeeping *fn* háztartásvezetés

HR [= **human resources**] *fn* emberi erőforrások

human capital *fn* (*munkaerő a termelésben*) emberi tőke

human resource management *fn* (*a menedzsment emberekkel/alkalmazottakkal foglalkozó területe*) emberierőforrásmenedzsment

human resources *fn* NB: röv **HR** emberi erőforrások

I, i

identify *ige* azonosít; meghatároz; felismer; megállapít * **identify needs** szükségleteket megállapít * **identify several causes of the problems** a problémák számos okát felismeri

idle capacity *fn* ipar kihasználatlan kapacitás

idle time *fn* ipar állásidő; holtidő; kihasználatlan munkaidő

illegal *mn* jog törvényellenes; illegális; jogellenes; jogsértő; jogszerűtlen jogtalan; tiltott; törvénysértő; törvénytelen * **illegal work** fekete munka

illegality *fn* jog törvényellenesség; illegalitás; törvénytelenség; jogtalanság

illegitimate *mn*
1. jogtalan; törvénytelen; engedély nélküli
2. nem legitim, jogszerűtlen

illicit *mn* tiltott; tilos; jogellenes; nem megengedett * **They are accused of illicit trading.** Tiltott kereskedelemmel vádolják őket.

illiquid *mn*
1. pénzügy nem likvid; nem folyó; nem mobilizálható
2. lekötött *(tőke)*

image *fn* megjelenési kép; arculat; imázs; kép * **present/project an image** vmilyen arculatot mutat * **create an image** arculatot kialakít * **promote an image** vmilyen arculatot erősít

IMF [= **International Monetary Fund**] *fn* pénzügy Nemzetközi Valutaalap

immediate *mn*
1. közvetlen * **My immediate boss never shares important information with me.** A közvetlen főnököm soha nem oszt meg velem semmilyen fontos információt.
2. azonnali; haladéktalan
3. soron kívüli

immediate manager *fn* közvetlen felettes

immigrant *fn* bevándorló

immigrant worker *fn* vendégmunkás

immobilization *fn*
1. ipar használaton kívül helyezés; bezárás; immobilizáció
2. pénzügy befagyasztás; immobilizálás; lekötés

immobilize *ige*
1. használaton kívül helyez; immobilizál
2. pénzügy leköt; befektet

immovables *fn* jog ingatlan vagyon; ingatlan javak

impact *fn* hatás; befolyás * **have/make an impact on sg/sy** hatással van vmire/vkire

implement *ige*
1. kivitelez; végrehajt; megvalósít; teljesít * **implement a policy** üzletpolitikát érvényesít * **implement a strategy** stratégiát megvalósít * **implement reforms/sanctions** reformokat/szankciókat léptet életbe * **Although specific regulations have been put into place, there is a lack of implementing measures to help achieve their goal.** Bár konkrét szabályokat hoztak, a céljukat mégsem lehet elérni, mert hiányzik az intézkedések megvalósítása.
2. jog *(jogot, törvényt, intézkedést)* alkalmaz; foganatosít; hatályba léptet

implementation *fn* kivitelezés; végrehajtás; megvalósítás; teljesítés; érvényesítés; hatályba léptetés; foganatosítás * **The implementation of measures to undermine racism is more ur-**

gent than ever. A faji megkülönböztetést megszüntető intézkedések végrehajtása sürgetőbb, mint valaha.
implication *fn*
1. belevonás; belekeveredés * **His implication in the oil scandal undermined his business.** Az olajbotrányba való belekeveredése aláaknázta üzleti tevékenységét.
2. jog beleértés; hallgatólagos következtetés
implicit *mn* beleértett; ki nem mondott; magától értetődő; hallgatólagos * **There is an implicit threat that if diplomats make a fuss about the case, it will wreck the peace deal in the south.** Fennáll a ki nem mondott veszélye annak, hogy amennyiben a diplomaták ügyet csinálnak az esetből, az tönkreteszi a déli békeegyezményt.
imply *ige* magában foglal; tartalmaz; (*értelmileg*) jelent; utal; sugall
import *fn*
1. ker behozatal; bevitel; import * **The import of beef is expected to grow.** Várhatóan nő a marhahús importja.
2. behozott áru; importáru * **In Malawi, aid has financed the distribution of free seeds and fertilisers to small farmers, raising production, generating income, and reducing dependence on imports.** Malawiban segélyből finanszírozták az ingyenes vetőmagok és a műtrágya szétosztását a kistermelőknek, így sikerült növelni a termelést és a kereseteket, valamint csökkenteni az importfüggőséget.
import *ige* ker behoz; importál * **My father's firm deals with importing cosmetics from France.** Édesapám cége kozmetikumokat hoz be Franciaországból.
import ban *fn* ker behozatali tilalom; importtilalom * **EU officials expressed surprise that the US import ban on beef extended to all member countries.** EU tisztségviselők meghökkenéssel vették tudomásul, hogy az USA

marhahús-behozatali tilalma minden tagországra vonatkozik.
import duty *fn* ker behozatali vám; importvám * **Import duty, which varies from item to item, is typically in the range of 2%–20%.** A behozatali vám, melynek mértéke termékről termékre változik, általában 2–20%-os.
import licence *fn* ker behozatali engedély; import-engedély * **They have been selling their well-known brand in China under an import licence for the last five years.** Az utóbbi öt évben behozatali engedéllyel árusították jól ismert terméküket Kínában.
import of capital *fn* pénzügy tőkebehozatal; tőkeimport
import penetration *fn* ker importhányad; importlefedettség * **Import penetration has been particularly pronounced in manufacturing.** Az importhányad különösen számottevő a gyáriparban.
import quota *fn* ker (*mennyiségi behozatali korlátozás*) importkvóta; behozatali kontingens; importkontingens * **They want to abolish import quotas on textiles and apparel goods by 2005.** 2005-ig el akarják törölni a textil- és ruhaipari termékek importkvótáit.
import restrictions *fn* ker behozatali korlátozások * **We work actively with governments and authorities around the world to help them eliminate smuggling which, at root, is caused by weak border controls and import restrictions or bans.** Világszerte aktívan együttműködünk a kormányokkal és hatóságokkal annak érdekében, hogy segítsük megszüntetni a csempészést, amelynek okai a gyenge határőrizetben, a behozatali korlátozásokban, illetve a tilalmakban keresendők.
import sales tax *fn* adó import eladások adója
import surcharge *fn* vámpótlék
imported goods *fn* ker behozatali cikkek; importáru * **The British industry

has great difficulty in competing with imported goods made with lower wages and lower standards. A brit ipar nehezen veszi fel a versenyt az alacsonyabb bérköltségekkel és alacsonyabb minőségi követelmények szerint gyártott importárukkal.

importer *fn* ker importőr; importáló cég
impose *on ige* kivet vmit vkire/vmire; kiszab vmit vkire/vmire * **impose tax on** adót vet ki vmire * **impose fines/penalties** bírságot/büntetést kiszab
imposition *fn* kiszabás; kivetés; előírás; kirovás
improve *ige*
1. javul
2. javít; tökéletesít; fejleszt * **There are a number of plans to improve the public transport system in big towns.** Számos terv létezik a nagyvárosi tömegközlekedés fejlesztésére.
3. növekszik; emelkedik
4. feldolgoz; megmunkál; kikészít
impulse buyer *fn* ker (*hirtelen támadt ötlet alapján vásárol, nem tervezi meg, hogy mit fog venni*) ötletszerű vásárló; ötletszerűen vásárló * **Garden centres are experts at snaring the impulse buyer.** A kertészeti szaküzletek értenek hozzá, hogyan kell az ötletszerűen vásárlókat elcsábítani.
impulse buying *fn* ker (*nem tervezett*) ötletszerű vétel; ötletszerű vásárlás * **In big supermarkets impulse buying has replaced careful shopping and prudent spending.** A nagy áruházakban megszűnt a körültekintő pénzkiadás, és a gondosan tervezett bevásárlás helyébe az ötletszerű költekezés lépett.
impulse purchase *fn* ker
1. ötletszerűen megvásárolt árucikk
2. szándék nélküli vásárlás; előre nem tervezett vásárlás
in cash *hat* készpénzben * **Two robbers wanted to hijack a van carrying more than £2m in cash.** Két rabló el akart rabolni egy furgont, amelyben több mint 2 millió font készpénz volt.

inability to pay *fn* fizetésképtelenség
inability to work *fn* munkaképtelenség
incapacity *fn*
1. képtelenség vmire; tehetetlenség; képesség hiánya; foglalkozási alkalmatlanság; munkaképtelenség
2. jog cselekvőképesség hiánya; jogképesség hiánya
incapacity to contract *fn*
1. jog üzletkötési képtelenség
2. szerződés létrejöttét kizáró tény
incentive *fn*
1. teljesítményösztönzés; ösztönzés; ösztönző tényező; ösztönző bértényező * **Asda, which employs 130,000 people in 265 shops, says it offers incentives to reward low absenteeism.** Az Asda, amelynek 265 üzletben 130 000 alkalmazottja van, azt állítja, hogy teljesítmény-ösztönzéssel támogatja, hogy a dolgozók ne hiányozzanak a munkából.
2. ker ösztönző engedmény; ösztönző árengedmény
incentive pay *fn* ösztönző bérezés; teljesítménybér; teljesítményprémium * **In certain positions, it's necessary to provide incentive pay to top performers in order to retain and attract the best talent.** Bizonyos pozíciókban nem kerülhető el a legjobban teljesítők ösztönző bérezése a legtehetségesebbek megtartása és odacsábítása érdekében.
incentive wage *fn* ösztönző bérezés; teljesítménybér; teljesítményprémium
incidental expenses *fn* (*időszakosan felmerülő költségek*) járulékos költségek; alkalmi költségek; alkalmi kiadások
include *ige* belefoglal; beleért; hozzászámol; tartalmaz; hozzátesz; beleszámít * **On paper, the sanctions look quite tough as they include a ban on all exports apart from food and medicines.** Papíron meglehetősen szigorúnak tűnnek a szankciók, mivel az élelmiszerek és gyógyszerek kivételével minden termékre exporttilalmat tartalmaznak.

including *hat* beleértve * **They are translating all information into multiple languages, including Bengali, Arabic, Somali and Chinese, to make their work easier in the region.** Az összes információt több nyelvre lefordítják, beleértve a bengálit, az arabot, a szomálit és a kínait, hogy megkönnyítsék a munkájukat a térségben.

inclusive *mn* beleértett; beleszámított; magában foglaló * **The rent is €150 a month inclusive of heating.** A bérleti díj a fűtéssel együtt havi 150 euró.

income *fn* jövedelem; bevétel; hozam; nyereség; kereset * **In areas where employment is low, incomes are not high enough to generate the demand necessary to generate new jobs.** Azokon a területeken, ahol alacsony a foglalkoztatottság, a jövedelmek nem elég magasak ahhoz, hogy az új munkahelyek megteremtéséhez szükséges keresletet biztosítsák.

income from employment *fn* pénzügy alkalmazotti jövedelem; munkából származó jövedelem

income from interest *fn* kamatbevételek; kamatjövedelmek

income in kind *fn* (*pl. vállalati gépkocsi ingyenes használata*) természetbeni jövedelem

income limit *fn* jövedelemhatár

income support *fn* (*GB*) szociális segély; jövedelempótló támogatás * **He is legible for income support.** Jövedelempótló támogatásra jogosult.

income tax *fn* adó jövedelemadó

income threshold *fn*
1. jövedelemküszöb; jövedelemhatár
2. társadalombiztosítási járulék alaphatára

income(s) policy *fn* bérpolitika; jövedelempolitika

incorporate *ige*
1. egyesül; fuzionál; összeolvad
2. egyesít; beolvaszt; bekebelez; belefoglal; beleilleszt * **They risk having support frozen if they fail to incorporate human rights issues into their programmes.** A támogatás befagyasztását kockáztatják, ha programjukba nem illesztik be az emberi jogokat.
3. (*US*) jog társaságot bejegyez; céget bejegyez
4. jog beiktat

incorporated *fn* (*US*) bejegyzett cég; részvénytársaság

incorporated company *fn* (*GB*) bejegyzett cég * **This year's reduction of corporation tax reinforces a trend for small incorporated companies to be treated more kindly than sole traders and the self-employed.** A vállalati adó idei csökkentése erősíti azt a tendenciát, amely a kis, bejegyzett cégeket előnyben részesíti az önálló kereskedőkkel és a magánvállalkozókkal szemben.

incorporated corporation *fn* (*US*) bejegyzett részvénytársaság

Incoterms [= **International Commercial Terms**] *fn* ker (*külkereskedelmi szerződések elfogadott kifejezései, meghatározásai*) nemzetközi kereskedelmi szabványok

¹increase *fn*
1. növekedés; növekmény; gyarapodás; emelkedés * **be on the increase** növekszik; emelkedik * **Europe's second-biggest airline posted a pretax profit of £230m – a 70% increase on the previous year's £135m.** Európa második legnagyobb légitársasága adólevonások előtti 230 millió fontos nyereséget jelentett be, és ez 70%-os emelkedést jelent a tavalyi 135 millió fonthoz képest.
2. áremelkedés
3. számv növekedés; szaporulat

²increase *ige*
1. növekszik; bővül; emelkedik
2. növel; emel

increase in capital *fn*
1. pénzügy tőkenövekedés; tőkefelhalmozás
2. alaptőke-emelés

increase in efficiency *fn* hatékonyság növekedése

increase in population *fn* népesség-
növekedés
increase in value *fn* értéknövekedés;
értékemelkedés * **Manufacturers find
overseas sales harder because of
the pound's increase in value
against the dollar this year.** A font
értéknövekedése a dollárral szemben
megnehezíti a gyártók külföldi eladásait.
increase of capital *fn*
1. alaptőke-emelés
2. tőkenövekedés
increased output *fn* ipar fokozott terme-
lés; megnövekedett gyártás * **Increased
output and sales of their new
model are integral to the compa-
ny's plans to lift global sales to
1.4m.** Az új modell megnövekedett
gyártása és eladása szerves részét képe-
zi a vállalat azon tervének, hogy a glo-
bális eladásokat 1,4 millióra növeljék.
increased performance *fn* fokozott
teljesítmény
increment *fn*
1. értéknövekedés; növekedés; növek-
mény; emelkedés
2. (*a bértábla szerinti éves fizetésemelkedés*)
béremelés; automatikus béremelés
3. haszon; nyereség; profit
incriminate *ige* jog vádol; gyanúba kever
incumbent *mn* hivatalban lévő * **The
incumbent minister is expected
to win easily.** Valószínűleg könnyen
fog nyerni a hivatalban lévő miniszter.
incur *ige*
1. (*kárt, veszteséget stb.*) szenved; elvisel
2. (*pl. kockázatot*) vállal
incur debts *ige* eladósodik
indebted *mn* eladósodott
indefinite *mn* határozatlan * **The air-
line is increasing the discount
for internet bookings from £2 to
£5 per return fare for an indefi-
nite period.** A légitársaság határozatlan
időre 2-ről 5 fontra emeli az oda-vissza
utakra szóló internetes helyfoglalások
kedvezményét.
indemnify *ige*
1. **for** kártalanít; jóvátesz vmit; kárpót-

lást nyújt vmiért; kártérítést ad vmiért
* **They will have to indemnify
their shareholders if a big foreign
firm bought the company and sub-
sequently lost patent protection
on its top-selling drug.** Kártalanítani
kell részvényeseiket, ha egy nagy külföldi
cég megvásárolja a vállalatot, és a válla-
lat emiatt elveszíti a legtöbbet értékesítő
gyógyszerének szabadalmi védelmét.
2. bizt kárigényt rendez
3. **against** biztosít vmi ellen
indemnity *fn*
1. kielégítés; kárpótlás; kártalanítás; jó-
vátétel; kártérítés
2. lelépési összeg; végkielégítés összege
3. jótállás; biztosíték
4. kártérítési összeg * **pay an indem-
nity** kártérítést fizet
independent *mn* önálló; független
index *fn*
1. jelzőszám; nyilvántartószám
2. tőzsde index; mutató
indexation *ige* pénzügy (*egyes kifizetéseket
az árváltozásoknak megfelelően módosítanak,
azaz csökkentenek vagy növelnek*) indexálás;
valorizáció
indicate *ige* jelez; mutat; megad * **Every
additive that is legally permitted
has an E number, the E indicat-
ing that it has been approved for
use in Europe.** Minden törvényesen
engedélyezett adalékanyagnak van egy
E száma, amelyben az E azt jelzi, hogy
az anyag Európában elfogadott.
indicator *fn*
1. konjunktúra-mutató; konjunktúra-
barométer
2. mutató
indict *ige* jog megvádol; vádat emel
indictment *fn* jog
1. megvádolás; vádemelés
2. vádirat
indirect expenses *fn* számv (*olyan költ-
ségek, melyeket nem lehet közvetlenül egy bi-
zonyos termékhez/szolgáltatáshoz kötni*) közve-
tett költségek
indirect tax *fn* adó (*az adófizető nem köz-
vetlenül az államnak fizet, hanem az adót

szállítók, üzlettulajdonosok, kereskedők „gyűjtik be", pl. áfa formájában) közvetett adó
* **The government is to cut the indirect tax burden from 19.6 per cent to 5.5 per cent.** A kormány a közvetett adó 19,6%-ról 5,5%-ra történő csökkentését tervezi.

indirect taxation *fn* adó közvetett adóztatás

inducement *fn*
1. indítóok; indíték; motívum
2. ösztönzés; meggyőzés * **They should try to offer him some inducement to obtain his support.** Valami ösztönzést kellene ajánlaniuk neki, hogy elnyerjék a támogatását.

induction *fn* betanítás; bevezető oktatás; bevezető tréning

induction period *fn* betanítási időszak

industrial action *fn* ipar sztrájk; munkabeszüntetés

industrial accident *fn* ipar üzemi baleset

industrial dispute *fn*
1. bérharc; bérkonfliktus; bérpolitikai nézeteltérés
2. munkaügyi vita

industrial espionage *fn* (*GB*) ipari kémkedés * **The scandal was directly linked to a recently uncovered case of industrial espionage.** A botrány kapcsolatos volt egy nemrég kiderült ipari kémkedési esettel.

industrial output *fn* ipari termelés

industrial park *fn* ipar ipari park

industrial relations *fn* ipar (*munkavállalók és munkaadók közötti viszonyok*) munkaügyi viszonyok; munkaügyi kapcsolatok * **The trade unions called for urgent talks with government ministers to discuss the state of industrial relations.** A szakszervezetek követelik a munkaügyi viszonyokkal kapcsolatos tárgyalások mielőbbi megkezdését a miniszterekkel.

industrial safety *fn* ipar munkahelyi biztonság; munkavédelem; munkaügyi biztonság * **China has an appalling industrial safety record as indus-**
trial accidents killed more than 11,000 people in the first nine months of this year.** A kínai munkaügyi biztonsági statisztika elképesztően rossz: az év első kilenc hónapjában több mint 11 000 ember vesztette életét ipari baleset következtében.

industrialize *ige* ipar iparosít * **They can solve their economic problems only if they industrialize.** Gazdasági problémáikat csak iparosítással lehet megoldani.

industrialized *mn* iparosított; iparosodott

industry *fn* ipar; iparág; gazdasági ág

inefficiency *fn*
1. ipar gazdaságtalanság; gyenge termelékenység
2. szakszerűség hiánya; hatékonyság hiánya
3. eredménytelenség; hatástalanság * **The police are woefully underresourced, which leads to inefficiency.** A rendőrség szánalmas ellátottsága a hatékonyság rovására megy.

inefficient *mn*
1. nem hatékony; elégtelen; gyenge teljesítményű; nem produktív; gazdaságtalan; hatástalan; eredménytelen
2. szakmai tudással nem rendelkező; használhatatlan

inferior to *mn* csökkent értékű; másodrangú; középszerű; gyengébb minőségű vminél; gyatra * **Their products are inferior to the ones produced by their competitors.** Termékeik gyengébb minőségűek mint a versenytársaiké.

inflation *fn* pénzügy infláció; pénzelértéktelenedés * **combat/fight inflation** küzd az inflációval * **curb/cut/reduce inflation** csökkenti az inflációt

inflation rate *fn* pénzügy inflációs ráta; árnövekedési ütem * **The cost of a manicure and digital cameras are to be included in the "shopping basket" used to calculate Britain's inflation rate, the Office for National Statistics (ONS) said today.** A manikűr és a digitális fényképezőgépek bekerülnek a brit inflációs ráta kiszámításának alapját képező „vásárlói kosárba", jelentette a brit Nemzeti Statisztikai Hivatal (ONS).

inflationary *mn* pénzügy inflációs; árnövelő **inflationary expectations** *fn* pénzügy inflációs várakozások

inflationary spiral *fn* pénzügy inflációs spirál

inflow *fn* beáramlás * **Net inflows of highly skilled immigrants into Britain are only marginally bigger than the brain drain of Britons to other countries.** A magasan képzett bevándorlók nettó beáramlása Nagy-Britanniába csak kis mértékben haladja meg a brit értelmiségiek kivándorlását.

inflow of orders *fn* ker megrendelések beáramlása; megrendelések beérkezése

¹influence *fn* befolyás; behatás; befolyásolás * **exert/exercise/use influence** hatást gyakorol; használja befolyását * **He has used his influence to try to help a business associate arrested in Switzerland.** Arra használta befolyását, hogy segítsen egy Svájcban letartóztatott üzlettársának.

²influence *ige* befolyásol; hatással van vkire/vmire

influx *fn* beáramlás * **A huge influx of manual workers is expected.** A fizikai dolgozók nagymértékű beáramlása várható.

inform *ige* közöl; tájékoztat; informál; ismertet; értesít; tudósít * **Please inform us of any changes in the prices.** Kérjük, tájékoztasson az árváltoztatásokról!

information highway *fn* informatika információs adatút; információs szupersztráda

infrastructure *fn* infrastruktúra * **A stronger infrastructure is needed to progress.** A haladáshoz erősebb infrastruktúrára van szükség.

inherent *mn* benne rejlő; hozzá tartozó; velejáró; rejtett

inheritance tax *fn* adó (*GB*) örökösödési adó; hagyatéki adó

in-house *mn* vállalaton belüli; házon belüli; üzemen belüli; belső * **A team of in-house lawyers, executives and marketing experts has been assembled to make the best of the corporation's argument.** Egy vállalati jogászokból, vezetőkből és marketing szakemberekből álló csoport próbálja minél jobban képviselni a cég álláspontját.

initial *mn* eredeti; kezdő; kezdeti; induló; első * **Initial plans to hold the conference in the local theatre appear to have been dropped.** Úgy tűnik, lemondtak az eredeti tervről, hogy a konferenciát a helyi színházban rendezzék.

initial capital *fn* alaptőke; indulótőke * **When the Bank of England was founded in 1694, 10 per cent of its initial capital was put up by 123 French Huguenot merchants.** Az Angol Nemzeti Bank alapításakor, 1694-ben, az alaptőke 10%-át 123 francia hugenotta kereskedő adta össze.

initial costs *fn*
1. beruházási költségek
2. alapítási költségek; létesítési költségek

initial stages *fn* kezdeti stádium; kezdeti szakasz * **In the initial stages of the reconstruction, all of the big contracts went to American firms.** Az újjáépítés kezdeti szakaszában minden nagyobb szerződés amerikai cégeknek jutott.

initiate *ige* kezdeményez; indít; kezd; elindít; elkezd; megnyit * **The relatively high rate of unemployment may increase the pressure on the government to initiate reforms.** A viszonylag magas munkanélküliségi ráta növelheti a kormányra gyakorolt nyomást, hogy reformokat kezdeményezzen.

initiative *fn* kezdeményezés; vállalkozó kedv; kezdeményező képesség/készség; saját elhatározás * **use one's initiative** használja a kezdeményező készségét * **on one's own initiative** saját kezdeményezésére; öntevékenyen **inject** *ige* befecskendez; injektál * **They injected new capital into business.** Új tőkét injektáltak az üzleti vállalkozásba.

innovate *ige* megújít; újít; reformál; új módszereket vezet be; fejleszt **innovation** *fn* újítás; innováció; fejlesztés; újdonság * **Advances in biotechnology will produce further innovations.** A biotechnológia fejlődése további újdonságokat fog eredményezni.

innovative *mn* innovatív; újító **inoperative** *mn* jog hatályon kívüli; nem működő **input** *fn*
1. input; ráfordítás; eszközráfordítás
2. felhasználás
inquiry *fn*
1. érdeklődés; tájékozódás; informálódás
2. kutatás; vizsgálat
3. ajánlatkérés
4. kereslet
insertion *fn*
1. beszúrás; beillesztés
2. mark hirdetés elhelyezése; hirdetés közlése
3. melléklet
insider *fn* beavatott; bennfentes * **An insider informed the paper that the company had started negotiations with its biggest competitor.** Egy bennfentes tájékoztatta a lapot, hogy a vállalat tárgyalásokba kezdett legnagyobb vetélytársával.

insider dealing *fn* tőzsde (*törvénytelen és titkos módszerekkel bonyolított kereskedelem, amikor egy bennfentes használja ki azt az előnyét, hogy biztos információkkal rendelkezik*) bennfentes üzlet; bennfentes ügylet; bennfentes kereskedelem * **The director was accused of insider dealing after he tipped a company in which he himself had shares, boosting its share value.** Az igazgatót bennfentes üzlettel vádolták, miután információt adott egy olyan cég-

nek, amelynek részvényese volt, s így növelte részvényei értékét.

insider trading *fn* tőzsde (*részvények törvénytelen adásvétele, melynek során egyes vezetők kihasználják azt az előnyüket, hogy a cégük üzleti helyzetét jól ismerik*) bennfentes üzlet; bennfentes ügylet; bennfentes kereskedelem

insolvency *fn* jog fizetésképtelenség; csőd; inszolvencia * **admit insolvency** elismeri fizetésképtelenségét * **declare insolvency** fizetésképtelenséget elismer/fizetésképtelennek nyilvánít

insolvent *mn* fizetésképtelen; csődben levő; inszolvens * **We can only step in when a firm is insolvent.** Csak akkor tudunk beavatkozni, ha egy cég fizetésképtelen.

inspect *ige* megvizsgál; felülvizsgál; megszemlél; megtekint; véleményez; ellenőriz

inspection *fn*
1. vizsgálat; szemle; megtekintés; ellenőrzés; felülvizsgálat * **The funds are subject to regular inspections.** A pénzeszközöket rendszeres vizsgálatoknak vetik alá.
2. minőségi ellenőrzés
3. vámszemle; vámvizsgálat
inspectorate *fn* felügyelőség
instability *fn* bizonytalanság; ingatagság; instabilitás; labilitás * **Oil prices today hit new highs as instability in the region sapped confidence in the security of supplies from the Middle East.** Az olajárak ma új magaslatokba szöktek, mivel a térség instabilitása megingatta a bizalmat a közel-keleti készletek biztonságában.

instal(l) *ige*
1. felállít; felszerel; installál; üzembe helyez; beépít; telepít
2. beiktat (*hivatalba*) * **A member of the board was installed into that post yesterday.** A tanács egyik tagját tegnap beiktatták hivatalába.
instal(l)ment *fn*
1. pénzügy, ker részlet; részfizetés; részletfizetés * **You can choose payment**

by either monthly or quarterly instalments. Választhat havonkénti vagy negyedévenkénti részletfizetést.
2. részesedés; részösszeg
instal(l)ment business *fn* ker részletfizetéses üzlet
instal(l)ment buying *fn* ker részletre vásárlás * **Banks extended cheap credit in the form of instalment buying to encourage workers to spend more.** A bankok olcsó kölcsönöket biztosítottak részletre vásárlás formájában, hogy a dolgozókat pénzköltésre ösztönözzék.
instal(l)ment credit *fn* ker részletfizetési hitel; részletvásárlási hitel
instal(l)ment payment *fn* ker részletfizetés; részlet
instal(l)ment sale *fn* ker részletfizetéses eladás; részletfizetéses értékesítés
instant *mn*
1. azonnali; sürgős
2. folyó havi; e havi
institutional *mn* intézményi; intézményes
instruct *ige*
1. utasít
2. felvilágosít; tanít; rávezet; irányít
3. jog megbíz
instruction *fn*
1. jog megbízás
2. utasítás; előírás; rendelkezés; parancs * **follow the instructions** követi az utasításokat * **disregard/ignore the instructions** figyelmen kívül hagyja az utasításokat
3. oktatás; kiképzés
instrument *fn*
1. pénzügy értékpapír
2. műszer; szerszám; készülék
3. átv eszköz
4. jog okmány; okirat; dokumentum
5. jog oklevél
Instrument for Structural Policies for Pre-Accession *fn* NB: röv ISPA EU ISPA; Strukturális Előcsatlakozási Eszköz
insurable *mn* bizt biztosítható; biztosításra alkalmas

insurance *fn*
1. bizt biztosítás * **take out insurance against sg** biztosítást köt vmi ellen * **have insurance for/on sg** biztosítása van vmire * **The insurance we offer provides coverage against all risks.** Az általunk kínált biztosítás minden kockázatra fedezetet nyújt.
2. biztosítási üzletág; biztosítási üzlet
insurance benefit *fn* bizt biztosítási teljesítés; biztosítási szolgáltatás
insurance broker *fn* bizt biztosítási ügynök; biztosítási bróker; biztosítási alkusz
insurance certificate *fn* bizt biztosítási kötvény; biztosítási bizonylat; biztosítási igazolás * **When the police stopped them, they asked for passports, driving licences, residency permits, insurance certificates, and proof of car ownership.** A rendőrség megállította őket, és útleveleket, jogosítványokat, tartózkodási engedélyeket, biztosítási igazolásokat, valamint a gépkocsi tulajdonjogát igazoló okmányokat kért.
insurance claim *fn* bizt biztosítási kárigény
insurance company *fn* bizt biztosító társaság; biztosító; biztosító intézet
insurance contract *fn* bizt biztosítási szerződés
insurance cover *fn* bizt (*GB*) biztosítási fedezet
insurance coverage *fn* bizt (*US*) biztosítási fedezet
insurance policy *fn* bizt biztosítási kötvény
insurance premium *fn* bizt biztosítási díj
insurance reserve *fn* bizt fedezeti tartalék
insure *ige* bizt biztosít; biztosíttat
insured *mn* bizt biztosított * **In some countries you may be refused treatment or face a huge medical bill if you are not adequately insured.** Vannak országok, ahol megfelelő biztosítás hiányában nem nyújtanak

orvosi kezelést, vagy hatalmas számlát kell fizetni érte.

insured event *fn* bizt biztosítási esemény

insuree *fn* bizt biztosított

insurer *fn*
1. bizt biztosító; biztosító társaság
* **Britain's biggest insurer might sell its Dutch subsidiary.** Elképzelhető, hogy Nagy-Britannia legnagyobb biztosítója eladja holland leányvállalatát.
2. kezes

intake *fn*
1. beérkezés
2. felvétel; felhasználás; befogadás
* **Some countries have decided to restrict the intake of workers from the new countries for up to seven years.** Néhány ország úgy döntött, hogy akár hét évig is korlátozza az új tagországok dolgozóinak befogadását.

intangible assets *fn* (*anyagi formában nem létező értékek, pl. jó hírnév, védjegyek*) eszmei vagyonrész; immateriális javak
* **The company had an important, intangible asset: the inventiveness of its researchers.** A vállalatnak fontos eszmei vagyona volt: kutatóinak a leleményessége.

intangibles *fn* (*anyagi formában nem létező értékek, pl. jó hírnév, védjegyek*) eszmei vagyonrészek; immateriális javak

integration *fn*
1. tömörülés; integráció; egységesülés
* **The country might become a brake rather than an engine in the integration process.** Az ország lehet, hogy inkább fékező, mint serkentő hatással lesz az integrációs folyamatra.
2. egységesítés; beolvasztás

intend *ige* szándékozik

intensify *ige*
1. fokoz; növel
2. fokozódik; erősödik * **Intense heatwaves will become increasingly frequent as global warming intensifies.** A globális felmelegedés erősödése egyre gyakoribb intenzív hőhullámokat okoz.

intent *fn*
1. szándék; akarat
2. cél

intention *fn* szándék

interest *fn*
1. jelentőség; fontosság; befolyás
2. érdek; haszon * **defend/protect/ safeguard sy's interests** védi vki érdekeit * **declare one's interest** hangot ad érdekének * **protect one's interest** védi érdekét * **It is important we can reconcile the long-term global interests of the company with the view of our shareholders.** Fontosnak tartjuk a vállalat hosszú távú globális érdekeinek egyeztetését a részvényesek véleményével.
3. pénzügy kamat; kamatozás; kamatláb * **charge interest on sg** kamatot számít fel vmire * **pay interest on sg** kamatot fizet vmire * **bear/earn/pay/ yield interest** kamatozik
4. érdekeltség; tőkerész; rész; részvény; üzletrész
5. érdeklődés

interest charge(s) *fn* pénzügy kamatköltség(ek); kamatteher; kamatterhek
* **It will take you donkey's years to clear the debt, as the interest charges will still be piling on all the time.** Mivel a kamatköltségek egyre nőnek, elképesztően hosszú ideig tart a kölcsön visszafizetése.

interest gain *fn* pénzügy kamatnyereség

interest margin *fn* pénzügy kamatrés

interest on arrears *fn* pénzügy késedelmi kamat

interest rate *fn* pénzügy kamatláb; kamatráta * **If interest rates have to rise, there will be terrifying consequences.** Félelmetes következményei lesznek annak, ha a kamatlábakat emelni kell.

interest rate saving *fn* pénzügy kamatmegtakarítás

interference *fn*
1. beavatkozás
2. akadályoztatás

interim dividend *fn* tőzsde előzetes osztalék; osztalékelőleg
interim report *fn* tőzsde (*féléves beszámoló, amelyet a vállalat igazgatótanácsa készít el tájékoztatásul, pl. a részvényesek számára*) évközi jelentés
internal *mn*
 1. hazai; belgazdasági; belső; bel-; belföldi
 2. cégen belüli; vállalaton belüli; üzemen belüli
internal audit *fn* vállalaton belüli revízió; belső auditálás * **An internal audit found problems in the bank's financial documents.** Egy vállalaton belüli revízió problémákat talált a bank pénzügyi dokumentumaiban.
internal financing *fn* pénzügy önfinanszírozás; saját finanszírozás
internal market *fn* EU belső piac; belföldi piac * **completion of the internal market** belső piac megvalósítása * **integration into the internal market** beilleszkedés/integrálódás a belső piacba
internal revenue *fn* adó (*US*) állami adójövedelem
Internal Revenue Service *fn* **NB: röv IRS; I.R.S.** adó (*US*) Szövetségi Adóhatóság; Szövetségi Adóhivatal
internal trade *fn* ker belkereskedelem
International Bank for Reconstruction and Development *fn* **NB: röv IBRD** bank Nemzetközi Újjáépítési és Fejlesztési Bank
International Monetary Fund *fn* **NB: röv IMF** pénzügy Nemzetközi Valutaalap
International Standards Organisation *fn* **NB: röv ISO** Nemzetközi Szabványügyi Szervezet
international trade *fn* ker nemzetközi kereskedelem
interpret *ige*
 1. értelmez; magyaráz * **Without any background information the data is hard to interpret.** Az adatokat nehéz értelmezni háttérinformáció nélkül.
 2. tolmácsol

interruption *fn* munkamegszakítás; megszakítás; üzemzavar; kihagyás
intervention *fn* beavatkozás; közbenjárás
intra-EU trade *fn* ker, EU Európai Unión belüli kereskedelem * **To the end of 2001, the intra-EU trade of the eurozone countries increased by an average of 3.3% as a proportion of GDP.** 2001 végéig az eurózóna országaiban átlagosan 3,3%-kal növekedett a GDP arányában az Európai Unión belüli kereskedelem.
intranet *fn* (*vállalaton belüli információs hálózat, amely az Internet elvén működik*) intranet; belső hálózat
introduce *ige*
 1. bevezet; forgalomba hoz; bemutat * **They introduced a ban on smoking in public spaces.** Dohányzási tilalmat vezettek be a nyilvános helyeken.
 2. előterjeszt; felterjeszt * **He wants to introduce a bill in the Scottish parliament imposing a levy on plastic carrier bags.** Törvényjavaslatot akar előterjeszteni a skót parlamentben, amely alapján megadóztatnák a műanyag bevásárlószatyrok használatát.
introduction *fn*
 1. bevezetés * **The industry continues to campaign for the technology's eventual widespread introduction.** Az iparág továbbra is kampányol a technológia széleskörű bevezetéséért.
 2. bemutatkozás
 3. tőzsde bevezetés; bevitel
introductory price *fn* ker bevezető ár
invalid *mn*
 1. jog érvénytelen; hatálytalan; semmis * **Insurers want to avoid paying invalid claims.** A biztosítók el akarják kerülni az érvénytelen követelések kifizetését.
 2. munkaképtelen; rokkant
invalidate *ige* jog érvénytelenít; hatálytalanít; semmisnek nyilvánít
invalidity pension *fn* rokkantsági járadék; rokkantsági nyugdíj * **The Min-**

istry of Defence has identified more than a thousand veterans whose invalidity pensions were mistakenly taxed. A Honvédelmi Minisztérium több mint ezer olyan veteránt azonosított, akiknek rokkantsági nyugdíját tévedésből megadóztatták.

invaluable *mn* felbecsülhetetlen * **Your services were invaluable in obtaining financial support for our programme.** Felbecsülhetetlen szolgálatokat tett annak érdekében, hogy a programunkhoz anyagi támogatást kapjunk.

inventory *fn*
1. leltár; készletfelvétel * **put sg in an inventory** leltárba vesz vmit
2. leltárjegyzék; készletjegyzék
3. raktárkészlet; árukészlet; raktárállomány

inventory management *fn* készletgazdálkodás; anyaggazdálkodás * **The stores benefited from good inventory management.** A boltok jó hasznát vették a megfelelő készletgazdálkodásnak.

inventory stocks *fn* készletek; eszközök

invest *in* *ige* befektet vmibe; beruház vmibe; invesztál vmibe * **They have invested in modern machinery to achieve better results.** Jobb eredmények elérése érdekében modern gépekbe invesztáltak.

investigate *ige* megvizsgál; kiderít; tanulmányoz; kivizsgál * **Without proper information, it is impossible to investigate the case thoroughly.** Megfelelő információ hiányában lehetetlen alaposan kivizsgálni az ügyet.

investment *fn*
1. beruházás; befektetés; befektetési tevékenység * **The government has always promoted the investments of foreign capital.** A kormány mindig támogatta a külföldi tőke beruházásait.
2. érdekeltség; részesedés

investment advice *fn* befektetési tanácsadás; vagyoni tanácsadás

investment analysis *fn* befektetéselemzés * **An investment analysis shows what will be a good buy for investors.** A befektetés-elemzés megmutatja, mit érdemes vásárolnia a befektetőnek.

investment bank *fn* bank befektetési bank; értékpapír-kibocsátó bank; beruházási bank

investment banking *fn* bank befektetési banküzlet; beruházási banküzlet

investment certificate *fn* pénzügy befektetési igazolás; befektetési jegy

investment climate *fn* pénzügy befektetési légkör; befektetési klíma; befektetési környezet; befektetési viszonyok * **The company said its forecast was based on a better investment climate and a continuing weak and volatile dollar.** A vállalat a jobb befektetési légkörre, és a folyamatosan gyenge és ingadozó dollárra alapozta prognózisát.

investment company *fn* pénzügy befektetési társaság; részesedési társaság

investment consultant *fn* pénzügy befektetési tanácsadó * **Undue pressure was put on investment consultants.** Túlzott nyomást gyakoroltak a befektetési tanácsadókra.

investment counselling *fn* pénzügy befektetési tanácsadás

investment firm *fn* pénzügy befektetési cég

investment fund *fn* pénzügy befektetési alap * **They hope shortly to announce their first contract to handle the activities of an investment fund whose money is managed by a rival firm.** Reményeik szerint hamarosan bejelenthetik az első olyan befektetési alappal kötött szerződésüket, amelynek pénzét egy konkurens cég kezeli.

investment goods *fn* beruházási javak; termelőeszközök * **August is showing a more balanced picture for the economy with export demand strong and new orders for investment goods rising very strongly.**

Az augusztus kiegyensúlyozottabb képet ígér a gazdaságnak: nagy az exportkereslet és erősen emelkedtek a beruházási javak megrendelései.

investment of capital *fn* pénzügy tőkebefektetés; pénzbefektetés * **Each investment of capital potentially buys you five times the profits that it would give if you invested directly on the stock market instead.** Minden tőkebefektetéssel potenciálisan ötször annyi profitot lehet vásárolni, mint közvetlen részvénypiaci befektetéssel.

investment trust *fn* pénzügy (*GB*) befektető társaság; befektetési alap; befektetési társaság; tőkekihelyező társaság

investor *fn* befektető; tőkés; részvényes * **He is seeking to sell his 12.9% stake, possibly to a strategic investor.** Próbálja eladni 12,9%-os részét, esetleg egy stratégiai befektetőnek.

investor protection *fn* pénzügy befektető-védelem

invisible earnings *fn* láthatatlan jövedelmek * **The country is dependent on invisible earnings to keep its balance of trade in surplus.** Az ország a láthatatlan jövedelmek nélkül nem tudná aktívan tartani kereskedelmi egyenlegét.

invisible trade *fn* ker láthatatlan kereskedelem; szolgáltatások forgalma

invisibles *fn* láthatatlan jövedelmek láthatatlan kereskedelmi forgalom; szolgáltatások

invitation to bid *fn* versenytárgyalási kihívás; versenytárgyalási kiírás; tender * **Invitations to bid were issued in March, and four serious proposals were received by the October 31 deadline.** A versenytárgyalást márciusban írták ki, és az október 31-i határidőre négy komoly ajánlat érkezett be.

invite to tender *fn* versenytárgyalásra hív; tender benyújtására szólít * **Metal companies will be invited to ten-**

der for the recycling of old coins. Fémipari cégeket hívnak versenytárgyalásra a régi pénzérmék újrafelhasználására.

invoice *fn*
1. ker számla; áruszámla * **He submitted a fake invoice to make the firm's finances look healthier.** Hamis számlát nyújtott be, hogy jobbnak tüntesse fel a cég pénzügyeit.
2. száll árujegyzék *(szállítmányról)*

invoicing *fn* ker számlázás; számla kiállítása

involvement *fn* kötelezettség; vállalás; részvétel * **Some colleagues would have an opportunity to develop professionally through involvement in financial management.** Néhány munkatárs számára szakmai fejlődést jelentene a pénzügyi menedzsmentben való részvétel.

IP-Address [= **Internet-Protocol-Address**]*fn* *(számítógépet azonosító egyedi cím egy hálózaton belül)* IP-cím

irrecoverable debt *fn* ker behajthatatlan követelés

irregular *mn* szabálytalan; szabályellenes; nem előírásos; nem egységes; rendszertelen; meg nem engedhető * **For airline staff possible hazards are said to be irregular working hours and body clock disturbances.** A légitársaságok dolgozói számára a rendszertelen munkaidő és a biológiai óra zavarai jelenthetnek egészségügyi kockázatot.

irreversible *mn*
1. visszavonhatatlan
2. visszafordíthatatlan * **The nitrogen and phosphorus discharged into rivers are triggering alarming and sometimes irreversible effects.** A folyókba engedett nitrogén és foszfor riasztó és esetenként visszafordíthatatlan következményeket okoz.

irrevocable *mn* jog visszavonhatatlan; felmondhatatlan; megfellebbezhetetlen

ISO [= **International Standards Organisation**]*fn* Nemzetközi Szabványügyi Szervezet

ISPA [= **Instrument for Structural Policies for Pre-Accession**] *fn* EU
ISPA; Strukturális Előcsatlakozási Eszköz

¹issue *fn*
1. kibocsátás; forgalomba hozatal ∗ **An issue of new postage stamps was announced.** Új postabélyegek kibocsátását jelentették be.
2. pénzügy kibocsátott értékpapír
3. kérdés; ügy

²issue *ige*
1. kibocsát; forgalomba hoz ∗ **The company generates about a third of its revenues in Hong Kong, where it is one of three institutions allowed to issue banknotes.** A vállalat jövedelmének kb. egyharmada Hongkongból származik, ahol egyike a három, bankjegyek kibocsátására jogosult cégnek.
2. (*váltót, hitellevelet*) kiállít
3. (*nyilvánosságra hoz*) kiad; publikál ∗ **They decided on publishing the results of their recent survey.** Úgy döntöttek, kiadják friss kutatásuk eredményeit.

issue a summons *ige* jog bírósági idézést kiad/kibocsát

issue of securities *fn* tőzsde értékpapírkibocsátás

issue price *fn* tőzsde kibocsátási ár; kibocsátási árfolyam; emissziós árfolyam; jegyzési árfolyam

issued capital *fn* jegyzett tőke ∗ **The company has an issued capital of $5 million.** A cég jegyzett tőkéje 5 millió dollár.

issuer *fn* kiállító; kibocsátó

issuing date *fn* tőzsde kibocsátás napja

issuing price *fn* tőzsde kibocsátási árfolyam

item *fn*
1. tétel; adat; cím
2. árucikk; darab; egység ∗ **We got only 200 items of the new product though we ordered and paid for 2000.** Csak 200 darabot kaptunk az új termékből, holott 2000 darabot rendeltünk és fizettünk ki.
3. napirendi pont; programpont

itinerary *fn* útirány; útiterv ∗ **The new manager will include the plant on her itinerary as she wants to get to know staff.** Az új menedzser útitervében azért szerepel az üzem meglátogatása, mert meg akarja ismerni a dolgozókat.

J, j

job *fn*
1. állás; munkahely; munkaviszony; foglalkozás ∗ **apply for a job** állásra jelentkezik ∗ **do a job** dolgozik ∗ **get a job** állást kap ∗ **offer sy a job** állást ajánl vkinek ∗ **take a job** állást elfogad; munkát elvállal ∗ **quit one's job** felmond ∗ **permanent/temporary job** állandó/ideiglenes munka/állás ∗ **part-time/full-time job** részmunkaidős/teljes állás ∗ **He hasn't got a job but he's looking for an apprenticeship.** Nincs állása, de gyakornoki helyet keres.
2. munka; feladat; kötelesség; munkakör; beosztás ∗ **Her main job is to deal with customer complaints.** Fő feladata, hogy a vásárlói panaszokkal foglalkozzon.
3. megbízás

job advertisement *fn* álláshirdetés ∗ **The job advertisement picks out credibility as well as negotiating skills.** Az álláshirdetés a hitelességet és a tárgyalóképességet hangsúlyozza.

job analysis *fn* (*egy állás részletes vizsgálata*) munkakörelemzés; munkaelemzés ∗ **Ideally, organisations would undertake a detailed job analysis to measure which personality traits are needed.** Ideális esetben a szervezetek részletes munkakörelemzést végeznének, hogy kiderítsék, milyen személyiségi jegyek szükségesek a munkakör betöltéséhez.

job application *fn* álláskérelem; felvételi kérelem ∗ **On Monday, he pleaded guilty to 20 charges of deception relating to false benefit claims and lies on job application forms.** Hétfőn bűnösnek vallotta magát 20, hamis segély- és felvételi kérelemmel kapcsolatos vádpontban.

job candidate *fn* (*állásra*) pályázó; jelentkező

job costing *fn* költségszámítás; munkakalkuláció

job description *fn* (*összegzés, mely megállapítja a munkavállaló feladatait*) munkaköri leírás ∗ **When it comes to shortlisting CVs for permanent positions, most of the time people match CVs to job descriptions.** Amikor a szakmai önéletrajzokból kiválasztják az állandó állásokra a megfelelőket, legtöbbször összevetik az önéletrajzokat a munkaköri leírásokkal.

job enlargement *fn* feladatkör-bővítés; munkakörbővítés

job enrichment *fn* (*újabb feladatok és kihívások bevezetése egy meglévő munkakörbe*) munkakör gazdagítása

job evaluation *fn* munkavégzés értékelése; munkakör-értékelés; munka kiértékelése ∗ **The employers argue that the new pay structures, underpinned by job evaluation, are the best means of securing equal pay for work of equal value.** A munkáltatók szerint a munkavégzés értékelésével alátámasztott új fizetési rendszer biztosítja legjobban azt, hogy egyenértékű munkáért egyenlő bért kapjanak a dolgozók.

job freeze *fn* létszámstop ∗ **Enterprises have begun to tighten their belts: cutting has been done to budgets, expenses, along with the obligatory job freezes.** A vállalkozások kezdték összehúzni a nadrágszíjat: csökkentették a költségvetéseket, a kiadásokat, és bevezették a kötelező létszámstoppot.

job holder *fn* állásban levő; alkalmazásban levő; alkalmazott; dolgozó * **Job holders in the industrial and service sectors are not satisfied with their earnings.** Az ipari és szolgáltatói szektor dolgozói nem elégedettek a keresetükkel.

job hunting *fn* állásvadászat

job market *fn* munkaerőpiac * **The job market becomes increasingly competitive.** Egyre élesebb a verseny a munkaerőpiacon.

job offer *fn* állásajánlat * **He was surprised last week to receive a job offer from a US firm.** Meglepődött, amikor a múlt héten állásajánlatot kapott egy amerikai cégtől.

job opening *fn* állás megüresedése; betöltendő állás

job opportunity *fn* munkalehetőség * **In Asia, India and South America, teaching English is a fantastic job opportunity.** Ázsiában, Indiában és Dél-Amerikában fantasztikus munkalehetőség az angoltanítás.

job placement *fn* állásközvetítés * **The chancellor has introduced new legislation that threatens to strip benefits from the unemployed if they do not immediately register for job placement when they are made redundant.** A pénzügyminiszter új törvényt terjesztett be, amely megfosztaná a munkanélkülieket a segélytől, amennyiben állásuk elvesztésekor nem jelentkeznek be azonnal az állásközvetítőnél.

job rating *fn*
1. munkaértékelés
2. darabbérezés

job rotation *fn* (*képzett dolgozók alkalmazása változó munkakörökben*) munkakörrotáció; munkakörváltás

job satisfaction *fn* szakmai megelégedettség; munkával való elégedettség * **The public services can develop**

your **skills and give you enormous job satisfaction whilst helping to improve other people's lives.** A közszolgálati munka fejleszti a készségeket, hatalmas szakmai megelégedettséget nyújt, és közben más emberek életkörülményein is javít.

job security *fn*
1. állásbiztonság; munkahely biztonság * **More than 60% of respondents to the poll said the government's decisions did not raise their incomes or improve their job security.** A közvéleménykutatás megkérdezettjeinek több mint 60%-a azt állította, hogy a kormány döntései nem növelték a keresetüket és az állásbiztonságot sem.
2. (*nem kell tartani a felmondástól*) létbiztonság

job sharing *fn* (*több részmunkaidős foglalkoztatása egy munkakörben*) munkakörmegosztás; munkakörfelosztás * **Nearly a quarter (24%) of parents in Britain have made requests for flexible working, such as job sharing or working from home.** A brit szülők közel egynegyede (24%) szeretne rugalmas munkaidőben dolgozni, például megosztaná a munkakört, vagy otthon végezné a munkát.

job specification *fn*
1. munkaköri specifikáció; részletes munkaköri leírás
2. munkaköri követelmények

jobber *fn*
1. **tőzsde** (*GB*) saját számlára dolgozó alkusz
2. (*US*) közvetítő; kereskedő; nagykereskedő
3. alkalmi munkás

jobcentre *fn* munkaközvetítő; állásközvetítő; állásbörze; állásnyilvántartó * **Jo, 27, currently works in a jobcentre, where she deals with new claims for benefits from people over the age of 18.** A 27 éves Jo jelenleg egy munkaközvetítőnél dolgozik, ahol 18 éven felüliek új segélykérelmeivel foglalkozik.

J

job-creation measures *fn* munkahelyteremtő intézkedések * **The minister announced new job creation measures yesterday.** A miniszter tegnap új, munkahelyteremtő intézkedéseket jelentett be.

job-creation scheme *fn* munkahelyteremtő program; munkahelyteremtő projekt

jobless *fn* munkanélküli; állás nélküli * **Although some people disappear from the register, they remain jobless.** Néhányan eltűnnek ugyan a nyilvántartásból, de azért munkanélküliek maradnak.

jobless person *fn* munkanélküli

jobless rate *fn* munkanélküliségi ráta * **The jobless rate in the town is only 8%.** A városban a munkanélküliségi ráta mindössze 8%.

join *ige*
1. belép; taggá válik; csatlakozik; egyesül * **A relatively large number of new states joined the EU at the same time.** Viszonylag nagyszámú új állam lépett be egyszerre az EU-ba.
2. összekapcsol; csatlakoztat; összeilleszt

joint action *fn* közös akció * **There will be joint action to prevent companies exploiting differences in tax regimes between different countries.** Közös akciót terveznek annak megakadályozására, hogy a vállalatok kihasználják a különböző országok eltérő adózási rendszereit.

joint and several *hat* jog (*szerződés aláírásakor használt formula*) közösen és egyetemlegesen

joint debtor *fn* pénzügy társadós; egyetemleges adós

joint financing *fn* pénzügy közös finanszírozás

joint liability *fn* jog egyetemleges felelősség * **They accepted joint liability with another company for the crash.** Egyetemleges felelősséget vállaltak egy másik vállalattal a szerencsétlenségért.

joint ownership *fn* jog közös tulajdon * **The accounts are advised to be held in joint ownership.** Javasolt a számlák közös tulajdona.

joint venture *fn* (*a vállalkozásban résztvevő felek megállapodás szerint viselik a költségeket és osztoznak a haszon*) vegyes vállalat; közös vállalat; társas vállalkozás; közös üzleti vállalkozás * **Our joint venture turned out to be a good idea.** Közös vállalkozásunk jó ötletnek bizonyult.

judge *ige*
1. megítél; ítél; értékel * **Outsiders don't know enough about the job to fairly judge his performance.** A kívülállók nem tudnak eleget a munkakörről ahhoz, hogy megítéljék a teljesítményét.
2. elítél; ítélkezik * **He is said to judge harshly.** Azt mondják, keményen ítélkezik.
3. következtet
4. bírál; bíráskodik; dönt

judg(e)ment *fn*
1. mérlegelés; vélemény; nézet; bírálat
2. jog bírósági ítélet; bírósági döntés; bírósági határozat
3. ítélet; döntés * **make a judgement** ítéletet hoz

jumbo merger *fn* óriásfúzió

junior executive *fn* középvezető

junior manager *fn* alsóvezető

junk mail *fn* mark reklámnyomtatvány; kéretlen postai küldemény; postaládába dobott szóróanyag * **Open all post from your bank, even if it looks like junk mail.** Nyisson ki minden levelet, ami a bankjától érkezik, akkor is, ha reklámnyomtatványnak néz ki.

jurisdiction *fn*
1. hatáskör; illetékesség * **The Board extended the manager's jurisdiction.** Az elnökség kiterjesztette a menedzser hatáskörét.
2. jog bíráskodás; igazságszolgáltatás; ítélkezés; joggyakorlat; törvénykezés
3. jog bírói illetékesség; hatáskör; kompetencia * **The court had no juris-**

diction over what had happened.
A bíróság hatásköre nem terjedt ki a történtekre.
4. jog joghatóság; fennhatóság
jury *fn*
1. zsűri; bírálóbizottság; versenybíróság
2. jog esküdtszék; esküdtbíróság * **the jury retires** az esküdtszék döntéshozatalra visszavonul * **discharge the jury** feloszlatja az esküdtszéket

justice *fn*
1. jog igazság; méltányosság
2. igazságszolgáltatás
3. törvényszéki bíró
juvenile *mn* fiatalkorú; fiatal; ifjúsági * **Juvenile offenders should be separated from adults.** A fiatalkorú bűnözőket el kell különíteni a felnőttektől.

J

K, k

keen price *fn* ker versenyképes ár * **The company has made rapid progress with homewares at keen prices.** A vállalat gyors növekedést ért el a versenyképes áron kínált háztartási eszközökkel.

keep up with *ige* lépést tart vkivel/vmivel; felveszi a versenyt vkivel/vmivel * **They found it extremely difficult to keep up with demand.** Nagyon nehezen tudtak lépést tartani a kereslettel.

key currency *fn* pénzügy (*az országok többségében elfogadják*) kulcsvaluta * **The company was unlikely to match last year's profits performance if the euro remained strong against key currencies.** Nem volt valószínű, hogy a vállalat eléri a tavalyi nyereséget, amennyiben az euró erős marad a kulcsvalutákkal szemben.

key figure *fn*
1. kulcsszám
2. kulcspozícióban levő ember; fontos szereplő; kulcsfigura * **He has been a key figure in Spanish politics for nearly 30 years.** Közel 30 éve a spanyol politikai élet egyik kulcsfigurája.

key industry *fn* ipar kulcsipar; kulcsiparág; legfontosabb ipar; alapvető fontosságú ipar * **In his country key industries include chemicals, environmental technology, tourism and engineering.** Országa kulcsiparágai a vegyipar, a környezetvédelmi technológia, a turizmus, valamint a gépgyártás.

key interest rate *fn* pénzügy vezető kamatláb; irányadó kamatláb * **The ma-**jority of committee members felt that a modest rise in the key interest rate was desirable.** A legtöbb bizottsági tag szerint kívánatos volt az irányadó kamatlábak enyhe emelése.

key money *fn*
1. lelépési díj; bánatpénz
2. (*GB*) (*lakásba/házba költözéskor fizetendő letét*) kulcspénz; bérleti előleg

key rate *fn*
1. pénzügy vezető kamatláb; irányadó kamatláb
2. bizt alapdíj

key skills *fn* kulcskészségek; legfontosabb készségek; alapvető készségek

key staff *fn* kulcsfontosságú munkaerő * **They are prepared to pay bonuses to ensure they keep their key staff.** Készek prémiumokat fizetni annak érdekében, hogy megtartsák a kulcsfontosságú munkaerőt.

knockdown price *fn*
1. (*árverésen*) leütési ár
2. ker legalacsonyabb ár; leszorított ár * **The TV was having a hard time selling its ad space and had offered a knockdown price.** A tévécsatorna nehezen tudta értékesíteni reklámidejét, és ezért leszorított áron kínálta azt.

know-how *fn* szaktudás; szakértelem; hozzáértés; know-how * **As they did not have enough money to spend on R&D, they depended on foreign know-how.** Mivel nem volt elég pénzük kutatásra és fejlesztésre, külföldi szaktudásra kellett hagyatkozniuk.

L, l

label *fn*
1. árucímke; cédula; felirat; árujegy
* **attach/put on a label** címkét feltesz, rögzít * **remove a label** címkét levesz, eltávolít * **Don't forget to read the label carefully before using the product.** A termék használata előtt figyelmesen olvassa el az árucímkét.
2. megkülönböztető jegy
3. védjegy

label(l)ing *fn*
1. megjelölés; címkézés; feliratozás
2. címkefelirat

labo(u)r *fn*
1. munka
2. munkaerő; munkavállalók; munkások; dolgozók

labo(u)r agreement *fn* munkaszerződés * **BA is introducing a series of labour agreements designed to combat wage inflation and bring the kind of productivity seen from US airlines.** A British Airways olyan munkaszerződések egész sorát vezeti be, melyek a bérinfláció fékezését és az amerikai légitársaságoknál megfigyelhető termelékenységet célozzák meg.

labo(u)r contract *fn* munkaszerződés * **Under a new labour contract, workers will not receive a pay rise for three years.** Az új munkaszerződés értelmében a dolgozók három évig nem kapnak fizetésemelést.

labo(u)r costs *fn* bérköltségek; munkaerőköltségek; munkabérköltségek

labo(u)r court *fn* jog munkaügyi bíróság

labo(u)r dispute *fn*
1. munkajogi vita; munkahelyi érdekeltérés; munkaügyi vita
2. jog munkaügyi per

labo(u)r force *fn* munkaerő; munkaerőlétszám; személyzet; személyi állomány; foglalkoztatottak; munkásság

labo(u)r intensive *mn* munkaigényes; munkaintenzív * **Truly personalised services are rather labour-intensive.** Az igazán személyre szabott szolgáltatások meglehetősen munkaigényesek.

labo(u)r law *fn*
1. jog munkajog
2. munkaügyi bíráskodás

labo(u)r market *fn* munkaerőpiac

labo(u)r market policy *fn* munkaerőpiaci politika; foglalkoztatáspolitika * **The existence of trade unions and active government labour market policies are not to blame for high unemployment.** A szakszervezetek és a kormány aktív munkaerő-piaci politikája nem okolható a tartósan magas munkanélküliségért.

labo(u)r migration *fn* munkaerővándorlás * **Labour migration trends are acutely sensitive to economic opportunities, both in the target countries and at home.** A munkaerő-vándorlás tendenciái nagyon érzékenyen reagálnak mind a célországi, mind az anyaországbeli gazdasági lehetőségekre.

labo(u)r mobility *fn* (*munkaerő elvándorlása*) munkaerő-mobilitás * **The European Commission predicts that labour mobility after the enlargement will be "moderate to limited", tailing off to around 100,000 a year by decade's end.** Az Európai Bizottság előrejelzése szerint a bővítést követő munkaerő-mobilitás mérsékelt vagy korlátozott lesz, és az évtized végére kb. évi 100 000 főre csökken.

L

labo(u)r union *fn* szakszervezet; munkásszakszervezet; dolgozói képviselet; érdekvédelmi szervezet

lack *fn* hiány * **for lack of sg** vmi hiányában; vmi hiánya miatt * **They expressed anxiety at the lack of information coming from the government about its long-term intentions.** Aggodalmukat fejezték ki a kormány hosszútávú terveire vonatkozó információ hiánya miatt.

lading *fn* száll
1. berakodás; megrakodás
2. rakomány

lag behind *ige* lemarad; elmarad

laissez-faire *mn* be nem avatkozási * **The laissez-faire policy of the government led to a rise in prices.** A kormány be nem avatkozási politikája az árak emelkedéséhez vezetett.

land charge *fn*
1. adó földadó; földteher
2. telekadósság
3. jog telki szolgalom

Land Office *fn* földhivatal

land record *fn* tulajdoni lap

land register *fn* (*GB*) ingatlan-nyilvántartás

Land Registry *fn* (*GB*) ingatlan-nyilvántartási hivatal

lapse *fn*
1. jog hatályvesztés; megszűnés; lejárat; múlás; jogvesztés; elévülés
2. elmaradás; kiesés
3. tévedés; mulasztás * **Their standards are rigorous, and the incident was an isolated lapse.** Standardjaik szigorúak, és az eset csupán egyszeri tévedés volt.

large-scale *mn* nagyarányú; nagymértékű; nagybani; nagyüzemi * **large-scale production** nagybani termelés * **The government wanted to prevent the large-scale use of illegal workers in the country.** A kormány célja az illegális munkavállalók nagyarányú alkalmazásának megakadályozása volt.

last *ige* (*időben vmeddig*) eltart; tart; kitart

latent *mn* lappangó; rejtőző; rejtett; látens

¹launch *fn*
1. cégalapítás; alapítás
2. termékbevezetés; piacra vitel; piacra dobás * **The cost of flying to South Africa is about to drop significantly with the launch of a low-cost airline.** Egy fapados járat indítása jelentősen csökkenteni fogja a Dél-Afrikába történő repülések költségeit.

²launch *ige*
1. (*terméket, szolgáltatást*) bevezet; piacra visz; piacra dob
2. céget alapít
3. (*programot, projektet stb.*) elindít; kezdeményez

law approximation *fn* jog, EU jogközelítés

law expert *fn* jog jogi szakértő

law firm *fn* jog ügyvédi iroda * **He runs a consortium of more than 200 law firms.** Több mint 200 ügyvédi irodából álló konzorciumot vezet.

lawful *mn* jog törvényes; jogos; jogszerű; törvényszerű * **The peaceful protest was not necessarily lawful if protesters tried to block the road.** A békés tüntetés nem biztos, hogy törvényes volt, ha a tüntetők megpróbálták eltorlaszolni az utat.

lawsuit *fn* jog kereset; beperelés; perbefogás; bírósági eljárás; peres eljárás; per * **bring a lawsuit against sy** pert indít vki ellen * **launch/file a lawsuit** keresetet indít/benyújt

lawyer *fn* jog
1. jogász
2. ügyvéd

lay *ige*
1. fektet; helyez
2. teherként helyez
3. előterjeszt; előad

lay-off *fn* átmeneti elbocsátás; időszakos leépítés * **His years as president are remembered mostly for the rampant corruption, irresponsible borrowing and massive layoffs.** Elnöki pályafutása leginkább a

burjánzó korrupcióról, felelőtlen hitel-
felvételekről és tömeges elbocsátásokról
emlékezetes.
lead *ige*
1. (*első vmiben*) vezet vmit; élen jár
* **London still leads the list of the
most expensive EU cities.** Még min-
dig London vezeti a legdrágább EU vá-
rosok listáját.
2. vezet; irányít * **I think my boss
will lead the department after Mr
Miller's retirement.** Szerintem Mil-
ler úr nyugdíjba vonulása után a fő-
nököm veszi át az osztály vezetését.
leadership *fn* vezetés; vezetőség * **After
his father's death, he took over
the leadership of the firm.** Apja
halála után átvette a cég vezetését.
leaflet *fn* (*egy lapból álló információs nyo-
mtatvány*) szórólap
league *fn* szövetség
leakage *fn*
1. ipar (*termelés, gyártás során keletkező*)
veszteség; súlyveszteség
2. ipar (*termelés, gyártás során keletkező*)
szivárgás; elfolyás; elcsurgás * **Unfor-
tunately, we have a leakage at
1.5m barrels per day.** Sajnos, napi
elszivárgásunk 1,5 millió hordót tesz
ki.
3. (*hírek, titkos információk nyilvánosságra
kerülése*) kiszivárgás * **There were ru-
mours about a possible leakage
of information to the most im-
portant competitor.** Az a hír járja,
hogy információ szivároghatott ki a
legfontosabb versenytárshoz.
¹lease *fn* bérlet; haszonbérlet; haszon-
bérleti viszony; haszonbérleti szerződés;
lízing * **grant a lease** haszonbérletbe
ad * **take a lease/take on lease** ha-
szonbérletbe vesz
²lease *ige*
1. lízingel; haszonbérletbe vesz; bérel
2. bérbe ad; haszonbérbe ad
lease agreement *fn* haszonbérleti
szerződés; lízing-szerződés * **They
said that the low rent price for
the embassy was the result of a**

**20-year lease agreement struck
in 1985.** Szerintük a követség alacsony
bérleti díja egy 1985-ben kötött, húsz-
éves bérleti szerződés következménye.
leasehold *fn*
1. jog időleges haszonbérlet; haszonbér-
let; haszonbérleti tulajdon * **Yester-
day the property company said it
was selling its leasehold proper-
ties at 5 and 25 Canada Square
to the Royal Bank of Scotland for
£1.1bn.** Az ingatlanvállalat tegnap nyil-
vánosságra hozta, hogy eladja a Canada
Square 5 és 25 szám alatti haszonbérle-
ti tulajdonát a Skót Nemzeti Banknak
1,1 milliárd fontos áron.
2. számv bérelt eszközök
3. bérbe adott birtok; bérbe vett birtok
leave *fn*
1. szabadság * **be on leave** szabadsá-
gon van * **go on leave** szabadságra
megy * **grant leave** szabadságot ad/
engedélyez * **take leave** szabadságot
vesz ki
2. eltávozási engedély
ledger *fn* számv (*kettős könyveléskor használt
könyv(ek)*) főkönyv; üzleti könyv
legacy *fn* jog hagyaték; örökség
legacy duty *fn* adó (*GB*) hagyatéki adó;
örökösödési adó; hagyatéki illeték; örö-
kösödési illeték
legacy tax *fn* adó (*US*) hagyatéki adó;
örökösödési adó; hagyatéki illeték; örö-
kösödési illeték
legal *mn* jog
1. törvényes; jogos; legális; jogszerű
* **take legal action** jogi lépést tesz
2. jogi; törvényszerű; törvényszéki
legal advice *fn* jog (*jogsegély*) jogi ta-
nács
legal adviser *fn* jog jogtanácsos; jogi ta-
nácsadó
legal capacity *fn* jog jogképesség; cselek-
vőképesség; jognyilatkozati képesség
legal charges *fn* jog perköltségek; ügy-
védi költségek; jogi tanácsadás költsé-
gei; képviseleti költségek * **Moving
house is not cheap, what with es-
tate agency fees, removal costs,**

legal charges and last but definitely not least, stamp duty to pay for. A költözködés egyáltalán nem olcsó, az ingatlanügynökségek díjai, a szállítási és az ügyvédi költségek, és végül, de nem utolsó sorban az okmánybélyegek miatt.

legal costs *fn* jog perköltségek; ügyvédi költségek; jogi tanácsadás költségei; képviseleti költségek * **The court said the total legal costs would exceed £1m.** A bíróság kijelentette, hogy az összes perköltség meghaladja az egymillió fontot.

legal counsel *fn* jog
1. jogtanácsosi cím
2. jogi képviselet; jogi tanácsadó
3. jogtanácsos; ügyvéd

legal department *fn* jog jogi osztály

legal document *fn* jog hiteles okmány; hiteles okirat

legal entity *fn* jog jogi személy

legal framework *fn* jog törvényes keretek * **The reforms to modernise the antiquated legal framework covering charities are aimed at boosting public confidence in charities.** A jótékonysági szervezetekre vonatkozó elavult törvényes keretek megújításának célja, hogy növekedjen az irántuk érzett közbizalom.

legal incapacity *fn* jog cselekvőképtelenség; jogképesség hiánya; jognyilatkozati képesség hiánya

legal proceedings *fn* jog per; peres eljárás; bírósági eljárás

legal redress *fn* jog jogorvoslat * **There is legal redress of people misled about pensions.** Létezik jogorvoslat a nyugdíjakról félretájékoztatott emberek számára.

legal remedy *fn* jog jogorvoslat * **The commission is now seeking a legal remedy to a political problem.** A bizottság jogorvoslatot keres egy politikai problémára.

legal reserves *fn* jog törvényileg előírt banktartalék * **The economy continues to recover and the legal re-serves are expected to reduce.** Folytatódik a gazdaság javulása, és várhatóan csökken a törvényileg előírt banktartalék.

legal status *fn* jog jogi helyzet; jogállás

legal tender *fn* pénzügy törvényes fizetőeszköz; érvényes pénz; fizetőeszköz * **A new legal tender, £5 coin, is slowly leaking into circulation even though the Bank of England insists it has no plans to replace the £5 note.** Új törvényes fizetőeszközként lassan forgalomba kerül az ötfontos érme, noha az Angol Nemzeti Bank tagadja, hogy helyettesíteni akarná vele az ötfontos bankjegyet.

legalization *fn*
1. jog hitelesítés
2. törvényesítés; legalizálás * **Some nonprofit groups promote legalization of marijuana.** Néhány nonprofit csoport támogatja a marihuána törvényesítését.
3. okmányokkal való igazolás

legally *hat*
1. jog törvényesen; törvény szerint; legálisan; törvényes keretek között
2. jogilag * **legally binding** jogerős, kötelező

legislation *fn* jog
1. törvényhozás; jogalkotás; törvényalkotás
2. (*törvénykönyv*) jogforrás
3. (*pl. országgyűlés*) jogforrás
4. becikkelyezett törvények * **adopt/enact/introduce/pass legislation** törvényt alkot

legitimate *mn*
1. jogszerű; legális
2. legitim

legitimize *ige* jog törvényesít; legalizál; igazol

lend *ige*
1. pénzügy kölcsönt nyújt; hitelt ad * **The bank will not lend to businesses with links to oppressive regimes, or businesses involved in animal testing.** A bank nem nyújt kölcsönt elnyomó rendszerekkel kapcso-

latban álló, illetve állatkísérleteket foly-
tató vállalkozásoknak.
2. kölcsönöz; kölcsönad
lender *fn*
1. pénzügy hitelező; hitelnyújtó
2. kölcsönadó; kölcsönző
lending *fn*
1. pénzügy hitelezés; hitelnyújtás; köl-
csönnyújtás
2. kölcsönzés; kölcsön
lending business *fn*
1. pénzügy hitelüzlet; hitelezés * **The
lending business was doing well,
but many estate agents and fi-
nancial advisers were suffering
from a downturn in the housing
market and nervousness over the
stock market.** A hitelüzlet jól ment,
de sok ingatlanügynök és gazdasági ta-
nácsadó szenvedett az ingatlanpiac ha-
nyatlása és a tőzsde iránti bizalmatlan-
ság miatt.
2. bank aktív ügyletek
lengthen *ige* meghosszabbít; hosszabbít
less *hat* mínusz; levonva; kivonva
less-developed countries *fn* kevésbé
fejlett országok * **The International
Olympic Committee (IOC) is
acutely aware that South Ameri-
ca has never hosted an Olympics
and is keen for less developed
countries to apply, but some of
its 126 members feel Rio de Ja-
neiro could not handle such a
large undertaking.** A Nemzetközi
Olimpiai Bizottság (NOB) tisztában van
azzal, hogy egyetlen dél-amerikai or-
szág sem rendezett még olimpiát, és
támogatná is a kevésbé fejlett országok
pályázatát, de a 126 tag közül néhány
attól tart, hogy Rio de Janeiro nem tudna
megbirkózni egy ilyen óriási vállalko-
zással.
lessee *fn* bérlő; haszonbérbe vevő; lízin-
gelő
lessen *ige* (*árat*) leszállít
lessor *fn* haszonbérbe adó; bérbeadó; lí-
zingbe adó * **The end for the 10-
plane carrier was signalled on**

**Thursday when lessors said the
airline's leased aircraft would
have to be returned.** A 10 repülő-
géppel rendelkező fuvarozóvállalat végét
jelezte a bérbeadók csütörtöki bejelen-
tése, mely szerint vissza kell szolgáltat-
nia a lízingelt gépeket.
letter of appointment *fn* kinevezési ok-
irat; kinevezési okmány; kinevezési papír
* **His account applications were
rejected until he showed his let-
ter of appointment and proof of
his UK address.** Addig nem fogad-
ták el számlanyitási kérelmeit, míg fel
nem mutatta a kinevezési okmányát és
az egyesült királyságbeli lakcímét iga-
zoló iratot.
letter of complaint *fn* panaszlevél; rek-
lamációs levél * **Three organisations
have written a letter of complaint
to the minister urging him to re-
think the case.** Három szervezet pa-
naszlevelet írt a miniszternek, és az eset
átgondolására kérte őt.
letter of credence *fn* megbízólevél
* **The Queen received the letters
of credence of ambassadors ac-
credited to her.** A királynő átvette a
hozzá akkreditált nagykövetek megbí-
zóleveleit.
letter of credit *fn* NB: röv L/C; L.C.; l.c.; l/c;
lc bank (*dokumentum két bank között arra,
hogy egy bizonyos összeghatárig az aláíró
vállalja a felelősséget az ügyféléért például
kölcsönfelvételnél*) akkreditív; hitellevél;
okmányos meghitelezés
letter of intent *fn*
1. jog szándéknyilatkozat * **A British
car manufacturer signed a letter
of intent with a Malaysian car
maker this year to look at the
possibilities of collaboration.** Egy
brit autógyár az idén szándéknyilatko-
zatot írt alá egy malajziai autógyárral a
lehetséges együttműködésről.
2. előszerződés
level *fn*
1. szint; magasság; állás; mérték
2. színvonal

level off *ige*
1. kiegyenlítődik; egyenletessé válik
2. csökken * **He expected property price rises to level off in about two years.** Arra számított, hogy az ingatlanárak kb. két év múlva csökkenni fognak.
3. csökkent
4. kiegyenlít; egy szintre hoz
level out *ige*
1. kiegyenlít; egy szintre hoz
2. kiegyenlítődik
¹levy *fn*
1. adó adó; adóteher
2. megterhelés; hozzájárulás; illeték
3. EU lefölözés
²levy *ige*
1. jog elkoboz; lefoglal; zár alá helyez; letilt
2. adó (*GB*) (*adót, illetéket*) kivet; beszed; behajt * **levy a tax on sg** adót vet ki vmire
liabilities *fn*
1. pénzügy tartozások; adósságok * **They don't have enough money to meet their liabilities.** Nincs elég pénzük tartozásaik kiegyenlítésére.
2. számv passzívák; források
liability *fn*
1. felelősség; kötelezettség
2. szavatossági kötelezettség
3. tartozás; adósság
liable *mn*
1. **for** felelős vmiért * **If your case is unsuccessful, you will be liable for your opponent's legal costs unless you have insurance.** Ha elveszti a pert, és nincs biztosítása, a másik fél perköltségeit is ki kell fizetnie.
2. **to** kötelezett vmire; köteles vmire * **liable to duty** vámköteles * **liable to taxation** adó alá esik
3. **to** hajlamos vmire * **He is liable to make decisions without authority.** Hajlamos felhatalmazás nélkül dönteni.
libel *fn* rágalom; becsületsértés * **He threatened to sue the newspaper for libel.** Becsületsértési perrel fenyegette meg a napilapot.

liberalism *fn* liberalizmus; szabadelvűség
liberalization *fn* liberalizáció; korlátozások enyhítése; korlátozások megszüntetése
liberalize *ige* szabaddá tesz; liberalizál; korlátozásokat enyhít; korlátozásokat felold
LIBOR [= **London Interbank Offered Rate**] *fn* bank (*az a kamatráta, amit a londoni bankok felszámítanak egymás közti kölcsönöknél*) londoni bankközi kamatláb
licence *fn*
1. (*GB*) engedély; licenc; jogosítvány; jogosultság; felhatalmazás * **grant a licence** felhatalmaz, engedélyez * **under licence** engedélyével
2. koncesszió
license *fn*
1. (*US*) engedély; licenc; jogosítvány; jogosultság; felhatalmazás
2. koncesszió
licensee *fn*
1. engedélyes; iparengedélyes; engedély birtokosa * **When Queensland police arrest people for being drunk and disorderly, they find out where they were overserved and then fine the bar staff responsible £1,000 and the licensee £15,000.** Amikor a queenslandi rendőrség részeg garázdálkodókat tartóztat le, kiderítik, hogy azok hol kaptak túl sokat inni, majd a felszolgálókat ezer, az italmérési engedély birtokosát pedig 15 ezer fontra bírságolják.
2. jogosítványtulajdonos
licenser *fn* (*GB*) engedélyező; engedélyt kiadó * **His visit to Britain this week was to support the release of a film in which Miramax are only tangentially involved – as licensers of the UK distributors.** Nagy-Britanniába tett e heti látogatásának célja egy olyan film forgalmazásának támogatása volt, melyben a Miramax csak érintőlegesen, mint a brit forgalmazók engedélyezője érdekelt.

licensing agreement *fn* licencmegállapodás

licensor *fn* (*US*) engedélyező; engedélyt kiadó

lien *fn* jog (*annak joga, hogy valaki bármit megtarthasson biztosítékként, amíg jogos igényét nem elégítik ki*) zálogjog; áruvisszatartási jog; visszatartási jog; megtartási jog * **have/hold a lien** visszatartási joga van * **exercise a lien** visszatartási jogot gyakorol

life *fn*
1. bank kölcsön futamideje
2. hasznos élettartam
3. érvényességi időtartam

life annuity *fn* (*olyan kötvény, amely csak addig fizet évjáradékot, amíg a biztosított él*) életjáradék

life assurance *fn* bizt (*GB*) életbiztosítás; halálesetre szóló biztosítás

life expectancy *fn* várható élettartam; várható életkor * **In China average life expectancy has increased from 35 years in 1949 to 71.4 years.** 1949 óta Kínában a várható életkor 35 évről 71,4 évre nőtt.

life insurance *fn* bizt (*US*) életbiztosítás; halálesetre szóló biztosítás

life interest *fn*
1. jog életjáradék
2. életre szóló haszonélvezeti jog

lift *ige*
1. emel; felemel * **They lift all the boxes and pallets with modern computer-controlled equipment.** Az összes dobozt és raklapot modern, számítógép-vezérelt berendezéssel emelik fel.
2. megszüntet; felold * **The ban on their products has been lifted.** Feloldották a termékre vonatkozó tilalmat.
3. növel
4. töröl * **lift a mortgage** jelzálogkölcsönt töröl

lifting *fn* megszüntetés; feloldás

¹limit *fn*
1. árhatár; határár; legmagasabb öszszeg; keret; limit

2. határ; korlát; korlátozás * **go to the limit** a végsőkig kockáztat * **impose/set a limit** korlátot felállít

²limit *ige*
1. korlátoz; limitál; határt szab * **They limited access to the documents.** Korlátozták az iratokhoz való hozzáférést.
2. határidőhöz köt

limitation *fn*
1. korlátozás; korlát; megszorítás
2. jog elévülés

limited *mn*
1. limitált; korlátolt; korlátozott
2. korlátolt felelősségű
3. záros

limited company *fn* (*GB*) korlátolt felelősségű társaság

limited liability company *fn* NB: röv Ltd; Ltd.
1. (*GB*) korlátolt felelősségű társaság
2. zártkörű alapítású részvénytársaság

limited partner *fn* (*betéti társaság kültagja*) kültag

limited partnership *fn* betéti társaság

line *fn*
1. árukínálat; gyártási program; szállítási program; termékcsoport
2. felső határ; korlát; limit
3. bizt vállalt kockázat mértéke; legmagasabb biztosítási értékhatár
4. bizt ügylet
5. szakterület; terület; ágazat
6. ipar szalag; gépsor
7. foglalkozási ág; szakma

line extension *fn* termékvonal-bővítés

line manager *fn*
1. termelésirányító
2. üzletág-menedzser
3. (közvetlen) felettes

line of business *fn* üzletág; szakma * **The company refused to give details of where the axe might fall, other than that the job losses will hit traditional lines of business.** A vállalat nem volt hajlandó nyilatkozni arról, hogy a hagyományos üzletágakon kívül hol lesznek még elbocsátások.

L

line of credit *fn* bank hitelkeret * **Investors have agreed to provide a further line of credit of £50,000 which will enable the firm to continue to trade at least until the end of August.** A befektetők beleegyeztek egy újabb, 50 ezer fontos hitelkeret nyújtásába, mely lehetővé teszi majd, hogy a cég legalább augusztus végéig folytassa tevékenységét.

line-stretching *fn* termékvonal-kiterjesztés

¹link *fn* kapcsolat; összeköttetés * **The bank will not lend to businesses with links to oppressive regimes.** A bank nem nyújt kölcsönt elnyomó rendszerekkel kapcsolatban álló vállalkozásoknak.

²link *ige* összefonódik; összekapcsol; öszszeköt

liquid *mn*
1. pénzügy likvid; folyósítható; rendelkezésre álló
2. likvid; fizetőképes

liquid assets *fn*
1. pénzügy forgóeszközök; pénzeszközök
2. rövid lejáratú követelések
3. likvid tőke; likvid vagyon
4. diszponibilitás

liquidate *ige*
1. megszüntet; felszámol; likvidál * **liquidate a company** céget felszámol
2. felszámolják; csődbe jut
3. adósságot törleszt * **liquidate a debt** adósságot kifizet
4. egyenleget megállapít
5. tőzsde kiegyenlít; lezár; lebonyolít; likvidál
6. értékesít; realizál; készpénzzé tesz * **When he went bankrupt, he decided to liquidate his wife's property and investment.** Amikor csődbe ment, úgy döntött, pénzzé teszi felesége minden vagyonát és beruházását.

liquidated *mn* felszámolás alatt lévő; megszüntetett

liquidation *fn*
1. cégfelszámolás; felszámolás * **be in**

liquidation felszámolás alatt áll * **The company will go into liquidation after efforts to find an investor failed.** A vállalat felszámolásra kerül, mivel nem sikerült befektetőt találni.
2. elszámolás; kiegyenlítés; lezárás; törlesztés
3. tőzsde rendezés; lebonyolítás; kiegyenlítés
4. realizálás; likvidáció

liquidator *fn* felszámoló; likvidátor; felszámolóbiztos * **Liquidators told the court they had discovered more than 150 boxes of documents in a warehouse in Hong Kong.** A felszámolóbiztosok több mint 150 doboz iratról számoltak be a bíróságon, melyeket egy hongkongi raktárban találtak.

liquidity *fn* pénzügy likviditás; fizetőképesség; fizetési felkészültség

liquidity policy *fn* likviditáspolitika

liquidity reserve *fn* likviditási tartalék

¹list *fn*
1. lista; jegyzék
2. beszerzési jegyzék
3. tőzsde tőzsdeképes értékpapírok listája

²list *ige*
1. felsorol; listára vesz; jegyzékbe foglal
2. tőzsde bevezet; hivatalosan jegyez * **They are planning to list their shares on the London Stock Exchange.** Tervezik, hogy részvényeiket bevezetik a londoni tőzsdén.

list price *fn*
1. ker katalógusár; listaár
2. tőzsde árfolyamérték

listed *mn* tőzsde tőzsdeképes; tőzsdén jegyzett

litigant *fn* jog peres fél

litigate *ige* jog
1. pert folytat; beperel; pert indít; panaszt emel
2. pereskedik

litigation *fn* jog jogvita; peres bíráskodás; peres eljárás; pereskedés; per * **They want to avoid all further litigation.** El akarnak kerülni minden további pereskedést.

livelihood *fn* megélhetés; egzisztencia * **He makes a livelihood as a hairdresser.** Fodrászként keresi kenyerét.

living *fn* egzisztencia; megélhetés * **earn/get/make a living** megkeresi a megélhetését

living conditions *fn* életkörülmények * **They have managed to improve living conditions in the region.** A régióban sikerült javítaniuk az életkörülményeken.

living expenses *fn* megélhetési költségek; mindennapos kiadások

living standards *fn* életszínvonal * **They say they have constructed roads, provided employment, and upgraded living standards.** Azt állítják, hogy utakat építettek, munkalehetőségeket teremtettek, és emelték az életszínvonalat.

¹load *fn*
1. száll rakomány; raksúly; súly; teher; terhelés
2. pénzügy (*befektetési alapnál*) jutalékteher

²load *ige* száll rakodik; megrak

loading *fn*
1. rakodás; megrakás
2. kezelési költségpótlék
3. bizt (*a kezelési költségre és a nyereségre számított pótlék*) ráterhelés
4. pénzügy (*befektetési alap*) költségek és jutalékok fedezete

loading port *fn* száll rakodó kikötő

loan *fn*
1. kölcsön; hitel * **make a loan** kölcsönt nyújt * **repay/pay off a loan** kölcsönt visszafizet/kifizet * **arrange/obtain/take out a loan** kölcsönt felvesz
2. kölcsönadás; kölcsönzés; kölcsönvétel

loan agreement *fn* pénzügy kölcsönmegállapodás * **Think twice before signing a loan agreement because in some cases there is no need to take out a loan.** Jól gondolja meg a kölcsönmegállapodás aláírását, mivel előfordulhat, hogy nincs is szükség a kölcsön felvételére.

loan capital *fn* pénzügy (*az az adósság, amellyel a cég tartozik hitelezőinek*) kölcsöntőke; idegen tőke * **The decision will enable them to raise more loan capital from banks and other lenders for developing businesses.** A határozat lehetővé teszi, hogy több kölcsöntőkét szerezzenek bankoktól és más hitelezőktől az üzleti tevékenységük fejlesztésére.

lobby *fn* (*befolyást gyakorló érdekcsoport*) lobbi

local *mn*
1. helyi; kommunális
2. hazai

local authority *fn* települési önkormányzat; önkormányzat; helyhatóság * **The government is planning to leave local authorities and voluntary organisations to do most of the work.** A kormány az önkormányzatokra és önkéntes szervezetekre bízná a munka nagy részét.

local government *fn* helyi önkormányzat; önkormányzat * **The local government does not have enough money to support their plan.** Az önkormányzatnak nincs elég pénze tervük támogatására.

local tax *fn* adó (*US*) helyi adó; önkormányzati adó

location *fn*
1. hely; telephely; helyszín * **South Africa is a popular location for UK investment purchasers.** Dél-Afrika közkedvelt helyszín a brit befektetők körében.
2. fekvés; elhelyezkedés

lock *ige* zár; bezár; elzár

lock out *ige* ipar (*sztrájkolókat üzemből*) kizár * **After the strike the management decided to lock out the factory workers.** A sztrájk után a vezetés úgy döntött, hogy kizárja a gyári munkásokat.

lock-out *fn* ipar (*a munkáltató addig nem engedi be az alkalmazottakat, amíg azok el nem fogadják feltételeit*) munkáskizárás; munkáselbocsátás

L

log *ige*
1. ipar (*teljesítménynaplóba, munkanaplóba stb.*) feljegyez; bejegyez
2. informatika (*rendszerbe belép*) bejelentkezik
log in *fn* informatika bejelentkezik; belép
log out *fn* informatika kijelentkezik; kilép
logistics *fn* logisztika
logo *fn* márkajel; cégembléma; jelkép; cégjelkép; logó * **After the change in the management they had a new logo designed.** A vezetőségben történt változások után új logót terveztettek.
London Interbank Official Rate *fn* NB: röv **LIBOR** bank londoni bankközi kamatláb
long-run *mn* hosszú távú; távlati; hosszú lejáratú
long-term *mn* hosszú lejáratú; hosszú távú * **It is vital to start making long-term decisions now to prevent future disasters.** Most kell hosszú távú döntéseket hozni a jövőbeli katasztrófák elkerülése érdekében.
long-term deposits *fn* bank hosszú lejáratú bankbetétek
long-term unemployed *fn* tartósan munkanélküliek
long-term unemployment *fn* tartós munkanélküliség
Lord Mayor *fn* (*GB*) főpolgármester
lose *ige* elveszít; veszít
loss *fn*
1. veszteség; kár; ráfizetés * **make a loss on sg** veszít vmin * **cut one's losses** minimalizálja a veszteségét * **People who have invested in corporate bond funds could face a loss in capital values if inflation increases in America and spreads.** Ha az infláció fokozódik Amerikában, és terjed, akkor tőkeérték-veszteség érheti azokat, akik vállalati kötvényekbe fektettek.
2. bizt biztosítási kár; káresemény
loss adjuster *fn* bizt kárfelmérő
loss adjustment *fn* bizt kárrendezés
loss experience *fn* bizt kártörténet

loss leader *fn* ker (*az az áru, amit főleg azért tart és ad el a boltos, hogy a vevőket további vásárlásokra csábítsa*) reklámáru; áron alul kínált áru; áron alul kínált szolgáltatás; vevőcsalogató * **The market for beer remains dominated by pressure from the supermarkets, who use it as a loss leader.** A sörpiacot továbbra is a bevásárlóközpontok nyomása határozza meg, melyek a sört vevőcsalogatónak használják.
loss-making *mn* veszteséges
loss of earnings *fn* (*betegség, baleset stb. miatt*) keresetkiesés * **We offer protection which compensates for loss of earnings if you are unable to work.** Olyan védelmet nyújtunk, mely munkaképtelenség esetén kárpótolja a keresetkiesést.
loss of income *fn* jövedelemkiesés; keresetkiesés * **African producers of such goods as cotton and ground nuts should be compensated for loss of incomes arising from unfair subsidies and support in Europe and the United States.** Olyan termékek afrikai termelőit, mint pl. a gyapot vagy a földimogyoró, kárpótolni kellene az európai és az USA-beli igazságtalan támogatások miatti jövedelemkiesésért.
loss recovery *fn* bizt veszteség megtérítése
[1]low *fn* mélypont; hullámvölgy; alacsony árszint; alacsony árfolyam
[2]low *mn* alacsony * **According to a survey, many directors paid themselves a low salary and topped up their earnings with dividends, on which they paid no income tax.** Egy felmérés szerint sok vezető alacsony bért fizetett magának, és jövedelmét osztalékokkal növelte, melyek után viszont nem fizetett jövedelemadót.
[3]low *hat* alacsony áron
[1]lower *mn* alacsonyabb
[2]lower *ige* csökkent; leszállít; redukál; kedvezményt nyújt * **The UK economy**

will suffer if the market for fast always-on Internet access is not opened up to more competition and the biggest company is not forced to lower its prices. A brit gazdaság látja kárát annak, ha a gyors és állandó internet hozzáférés piacát nem nyitják meg több versenytárs előtt, és a legnagyobb vállalatot nem kényszerítik díjainak csökkentésére.

lowering *fn* ker csökkentés; leszállítás

loyalty discount *fn* (*a hűséges vevőknek nyújtott kedvezmény*) hűségkedvezmény * **If you buy most of your clothes at one particular shop, it may be worth getting a store card to enjoy loyalty discounts.** Ha a legtöbb ruhadarabját egy bizonyos üzletben vásárolja, érdemes bolti kártyát beszerezni, mellyel hűségkedvezményhez juthat.

Ltd; Ltd. [= **Limited**] *fn* (*GB*) kft.; korlátolt felelősségű társaság

lucrative *mn* jövedelmező; hasznot hajtó * **a lucrative business/contract/deal**

jövedelmező   üzlet/szerződés/megállapodás * **He has taken a lucrative job at an American multinational company.** Jövedelmező állást tölt be egy amerikai multinacionális vállalatnál.

lull *fn* pangás; nyugalmas üzletmenet

lump *fn* pénzügy átalány

lump sum *fn* pénzügy átalány összeg; átalány

luncheon voucher *fn* étkezési utalvány; étkezési jegy; ebédjegy

luxury goods *fn* ker luxuscikkek; luxusjavak

luxury tax *fn* adó luxusadó; fényűzési adó * **In India the most expensive hotel we stayed in was advertising its rooms at \$90 a night, plus luxury tax – which can add up to 23% to the bill.** A legdrágább szálloda, ahol Indiában laktunk, 90 dollárért hirdette szobáit – luxusadó nélkül, amely akár 23%-kal is megnövelheti a számlát.

L

M, m

Maastricht Treaty *fn* EU Maastrichti Szerződés

machine *fn* ipar gép * **They installed a new machine in their smallest factory.** Új gépet szereltek be a legkisebb gyárukban.

machinery *fn* ipar gépezet; mechanizmus; szerkezet; gépek; gépállomány * **They have invested in modern machinery to be able to compete.** Modern gépekbe fektettek be, hogy versenyképesek legyenek.

macroeconomics *fn* makroökonómia; makro-közgazdaságtan; nemzetgazdaságtan

magistrate *fn* jog (*GB*) magisztrátus; törvényszéki bíró; békebíró; rendőrbíró

mail order *fn* **NB: röv M.O.** ker (*megrendelés például csomagküldőtől*) postai rendelés * **There are regulations that give cancellation rights when you buy from home (over the Internet, by mail order, phone or fax).** Vannak olyan rendelkezések, melyek feljogosítják az otthonról rendelőket az internetes, a postai, telefonos vagy faxos rendelés visszavonására.

mailbox *fn* informatika postaláda * **Our users will be able to receive up to 25 megabytes in a single email, more than the most important free services allow to be stored in an entire mailbox.** Ügyfeleink akár 25 megabájtot is fogadhatnak egy emaillel, és ez több, mint amennyit a legjelentősebb ingyenes szolgáltatók egy teljes postaládában engedélyeznek.

mailing *fn* postázás; postai feladás

mailing list *fn* címlista; címjegyzék; levelezési lista

mailshot *fn* mark (*postán küldött*) reklámlevél * **Some financial advisers sent out mailshots promising high income.** Néhány gazdasági tanácsadó magas jövedelmet ígérő reklámleveleket küldött szét.

main *mn* fő-; legfontosabb; legfőbb; leglényegesebb

maintain *ige*
1. (*pl. kapcsolatot*) fenntart; megőriz * **maintain output** termelést fenntart * **maintain contact/links/relations** kapcsolatot fenntart * **maintain continuity/stability** folytonosságot/stabilitást fenntart
2. ipar karbantart
3. eltart; ellát; támogat

maintenance *fn*
1. ipar karbantartás
2. jog (*házastársi*) tartásdíj
3. (*pl. kapcsolaté*) fenntartás

maintenance costs *fn* ipar karbantartási költségek

major *mn* nagy; jelentős; fő; főbb; nagyobb; jelentősebb * **Major producers are deeply concerned about illegal activities which are causing extreme environmental damage.** A jelentősebb termelőket mélységes aggodalommal töltik el az olyan illegális tevékenységek, amelyek rendkívül súlyos környezeti károkat okoznak.

majority *fn*
1. többség * **absolute/qualified/two-thirds majority** abszolút/minősített/kétharmados többség * **simple/single majority** egyszerű többség * **the vast majority** túlnyomó többség * **be in the/a majority** többségben van * **The overwhelming majority of people**

still want to own their own home.
Az emberek döntő többsége még mindig saját tulajdonú otthonban akar élni.
2. jog nagykorúság
majority interest *fn* többségi részesedés
majority shareholder *fn* tőzsde (*GB*) többségi részvényes; főrészvényes; többségi részvénytulajdonos
majority shareholding *fn* tőzsde (*GB*) többségi részesedés
majority voting *fn* többségi szavazás; többségi döntés
¹make *fn*
1. gyártmány; márka; készítmény * **I got a well-known make of camera as a birthday present.** Születésnapomra egy jól ismert márkájú fényképezőgépet kaptam.
2. típus; kivitel; készítési mód; építésmód; kidolgozás
²make *ige* csinál; készít; előállít; gyárt
make out *ige*
1. összeállít; elkészít * **make out an application form** pályázati űrlapot kitölt * **make out a cheque** csekket kitölt
2. átruház * **His uncle has made his car over to him.** Nagybátyja átruházta rá az autót.
make over *ige* átruház
make up *ige*
1. kiállít
2. elkészít
3. for kárpótol vmiért; kártalanít vmiért
maker *fn*
1. ipar termelő; gyártó; előállító
2. pénzügy kiállító; kibocsátó; intézvényező
mall *fn* ker (*US*) bevásárlóközpont
manage *ige*
1. vezet; irányít; igazgat * **Managing a business can be quite demanding.** A cégvezetés meglehetősen embertpróbáló lehet.
2. kezel; gazdálkodik
3. elintéz; végrehajt
management *fn*
1. cégvezetés; vállalatvezetés; vezetés; menedzsment; vezetőség; igazgatóság;

üzemigazgatóság; üzemvezetés; üzletvezetés
2. kezelés; irányítás; szabályozás
3. ügyvezetés; igazgatás; ügyvitel
management buyout *fn* vezetői kivásárlás
management consultant *fn* vezetési tanácsadó; vállalatvezetési tanácsadó; szervezési tanácsadó; üzemszervezési tanácsadó; üzletvezetési tanácsadó
management skills *fn* vezetői készségek * **Entrepreneurs should always be prepared to learn new management skills.** A vállalkozóknak mindig készen kell állniuk új vezetői készségek elsajátítására.
management style *fn* vezetési stílus
management training *fn* vezetőképzés; menedzserképzés * **He introduced a number of initiatives across the country including management training and development for ambulance bosses.** Számos új kezdeményezése volt országszerte, beleértve a menedzserképzést és fejlesztést a mentőszolgálat vezetői számára.
manager *fn* igazgató; vállalatvezető; cégvezető; vezető; menedzser; ügyvezető
managerial *mn* vezetői; igazgatói; igazgatási; vezetési * **a managerial position/role** vezetői beosztás/szerep * **The managerial decision making process needs to take into account a wide range of criteria relating to the financial, environmental and social implications of business operations.** A vezetői döntéshozatal során az üzlet pénzügyi, környezeti és társadalmi hatásaira vonatkozó kritériumok széles skáláját kell figyelembe venni.
managerial responsibility *fn* vezetői felelősség * **As a team leader, she would have managerial responsibility for about 20 staff.** Csoportvezetőként kb. 20 dolgozó felett gyakorolna vezetői felelősséget.
managing director *fn* NB: röv MD főigazgató; ügyvezető igazgató; üzletvezető

M

mandate *fn* megbízás; meghatalmazás; felhatalmazás; mandátum * **The directly elected leaders and their management committees can claim a mandate from members to start negotiations.** A közvetlen választott vezetőknek és az általuk kinevezett vezetői bizottságoknak felhatalmazásuk van a tagoktól a tárgyalások megkezdésére.

mandatory *mn* kötelező; előírt; kötelező érvényű * **There is mandatory participation in basic skills training.** A készségfejlesztő tanfolyamon kötelező a részvétel.

manifest *mn* nyilvánvaló; kétségtelen

manipulate *ige* befolyásol; manipulál; irányít * **It is said that they often manipulate statistics.** Állítólag gyakran manipulálják a statisztikákat.

manipulation *fn* manipulálás; manipuláció; mesterkedés; kezelés

manning *fn* személyzet; személyzeti ellátás; munkaerő-ellátás

manpower *fn*
1. munkaerő * **To improve technology, they need lots of manpower and specialised equipment.** A technológia fejlesztéséhez nagyszámú munkaerőre és speciális berendezésekre van szükségük.
2. munkaerő-állomány; munkáslétszám

manpower demand *fn* munkaerő-kereslet

manpower management *fn* munkaerőgazdálkodás

manual worker *fn* ipar fizikai munkás; fizikai dolgozó

¹manufacture *fn*
1. ipar gyártás * **They have just recently introduced computer-aided manufacture in their factory in Greece.** Görögországi gyárukban nemrégiben vezették be a számítógép-vezérlésű gyártást.
2. gyártmány; készítmény

²manufacture *ige* ipar
1. gyárt; előállít; készít
2. feldolgoz; megmunkál

manufacturer *fn* ipar gyártó; előállító

manufacturer's brand *fn* ipar gyártó márkája; gyártó védjegye

¹manufacturing *fn* ipar gyártás; előállítás; termelés

²manufacturing *mn* ipar
1. gyártó; termelő
2. gyártási; termelési

manufacturing capacity *fn* ipar gyártási kapacitás; termelési kapacitás * **The company is reducing its UK manufacturing capacity with the closure of three sites that will cost 140 jobs.** A vállalat három telephely bezárásával csökkenti az angliai gyártási kapacitását, ami 140 munkahely megszűnését jelenti.

manufacturing cost *fn* ipar gyártási költség; termelési költség * **The group, whose shares fell up to 4% yesterday, plans to cut manufacturing costs.** A csoport, melynek részvényei 4 százalékpontnyit estek tegnap, a gyártási költségek csökkentését tervezi.

manufacturing in series *fn* ipar sorozatgyártás

manufacturing plant *fn* ipar gyártóüzem; termelőüzem * **The engineering group is weighing up a multibillion-dollar bid for some of the manufacturing plants Boeing has put up for sale.** A gépipari csoport egy többmilliárdos ajánlatot mérlegel a Boeing által eladásra kínált néhány termelőüzemre.

manufacturing process *fn* ipar gyártási eljárás; gyártási folyamat

margin *fn*
1. eltérés; különbözet; árrés; felár
2. tőzsde fedezet
3. tőzsde árfolyam-különbözet
4. ker haszonkulcs

margin of error *fn* hibahatár; tűréshatár; tolerancia

marginal cost *fn* (*annak extra költsége, amikor a termelést egy egységgel növeljük*) határköltség

marginal productivity *fn* határtermelékenység

marginal profit *fn* minimális haszon
* **Most of the microbreweries make marginal profits from brewing, and they are using it to invest in new equipment to make better beer.** A legtöbb kis serfőzde minimális haszonnal készíti a sört, a hasznot pedig új berendezésekbe fekteti, hogy még jobb sört tudjon előállítani.
mark *fn*
1. jelölés; jel; jelzés; védjegy; márka
2. tőzsde árfolyamjelölés
mark down *ige*
1. (*árat*) leszállít; mérsékel; csökkent
2. tőzsde árfolyamot leszállít; alacsonyabban jegyez
mark up *ige*
1. (*árat*) emel; növel
2. tőzsde magasabban jegyez
mark-down *fn*
1. árcsökkentés; árleszállítás; árengedmény
2. negatív korrekció
¹market *fn*
1. piac; értékesítési terület * **break into/penetrate a market** piacra betör * **corner the market in sg** átveszi az uralmat vmilyen piac felett * **flood the market** piacot eláraszt * **abandon/leave a market** piacot elhagy * **enter a market** megjelenik a piacon * **pull out of/get out of a market** piacról kivonul
2. gazdasági térség
3. tőzsde
4. piaci helyzet; gazdasági helyzet
²market *ige*
1. ker elad; értékesít; piacra visz; forgalmaz; forgalomba hoz; árul * **In his opinion, if companies can market effectively, products should be cheaper.** Véleménye szerint, ha a vállalatok hatékonyan tudnak értékesíteni, a termékek olcsóbbak lehetnek.
2. piacot talál; elkel
market acceptance *fn* ker piaci elfogadás
market access *fn* ker piacra jutás * **The US's main concern is market ac-cess for its farm products in Europe.** Az Egyesült Államok legfőbb gondja a mezőgazdasági termékek piacra jutása Európában.
market analysis *fn*
1. ker piackutatás; piacelemzés
2. tőzsde tőzsdeanalízis
market atmosphere *fn* piaci légkör
market basket *fn* ker piaci kosár
market conditions *fn*
1. ker piaci feltételek * **He said some market conditions remained unchanged, so they could not improve their production in Europe.** Azt mondta, hogy a piaci feltételek változatlanok maradtak, így nem tudják javítani termelésüket Európában.
2. ker piaci helyzet; értékesítési viszonyok
3. tőzsde tőzsdei klíma
market coverage *fn* ker piac ellátottsága
market demand *fn*
1. piaci kereslet * **Some politicians question whether the idea of expanding higher education will meet future labour market demands.** Néhány politikus megkérdőjelezi, hogy a felsőoktatás bővítése kielégítené a jövendő munkaerőpiaci keresletet.
2. felvevőképes piac
market development *fn* ker piacfejlesztés; piac fejlődése
market dominance *fn* ker piaci dominancia
market economy *fn* piacgazdaság
market equilibrium *fn* ker piaci egyensúly
market failure *fn* ker piaci kudarc; piaci bukás
market fluctuations *fn* piaci ingadozás * **Investing in property in Spain looks like an unstoppable, no-risk gain – impervious to stock market fluctuations and global political uncertainty.** A spanyolországi ingatlanbefektetés megállíthatatlan, kockázatmentes, nyerő befektetésnek tűnik, amelyre nincs hatással a tőzsde piaci

M

ingadozása és a globális politikai bizony-
talanság.

market gap *fn* piaci rés * **There is still
a big market gap to exploit be-
cause in Britain they sold nearly
one million ocean-going and river
cruises last year, but that is only
about 4 per cent of the total pack-
age holiday market.** Még mindig
létezik egy nagy, kiaknázatlan piaci rés,
mert Angliában az elmúlt évben közel
egymillió tengeri és folyami hajóutat
adtak el, ám ez a szervezett üdülések-
nek mindössze kb. 4%-át teszi ki.

market hours *fn* tőzsde tőzsdei órák

market leader *fn*
1. (*a saját ágazatában első*) piacvezető
* **The company is widely regarded
as the market leader in design,
innovation and the quality of its
products.** A vállalatot sokan piacveze-
tőnek tartják a tervezést, az innovációt
és termékei minőségét tekintve.
2. tőzsde vezető érték; vezető értékpa-
pírok

market monitoring *fn* ker piacmegfi-
gyelés

market niche *fn* ker piaci rés * **Except
for fishing rods and some types
of furniture, the plant has never
found a major market niche in the
developed world although bam-
boo can be used in an astonish-
ing variety of ways.** Horgászbotok
és pár bútortípus kivételével a bambusz
soha nem talált nagyobb piaci rést a
fejlett világban, holott ezt a növényt
meglepően sok módon fel lehet hasz-
nálni.

market observation *fn* ker piacmegfi-
gyelés

market opportunity *fn* ker piaci lehe-
tőség * **He thinks the difference
between an entrepreneur and a
small business owner is the en-
trepreneur's ability to grow the
business, to perceive a market op-
portunity and keep innovating.**
Szerinte az igazi vállalkozót az külön-

bözteti meg a kisvállallat-tulajdonostól,
hogy az előbbi növelni tudja az üzletet,
észreveszi a piaci lehetőségeket, és ké-
pes a folyamatos megújulásra.

market participant *fn* ker piaci részt-
vevő; piaci szereplő

market penetration *fn* ker
1. piaci behatolás; piacnyerés; piac
megszerzése
2. piaci részesedés

market player *fn* piaci szereplő; piaci
résztvevő

market position *fn* ker piaci helyzet;
versenypozíció * **They have clearly
strengthened their market posi-
tion since last summer.** Érzékelhe-
tően megerősítették piaci helyzetüket
tavaly nyár óta.

market potential *fn* ker
1. piacpotenciál; piaci lehetőség
2. piac felvevőképessége

market power *fn* ker piaci erő * **A firm
with a large market share and
concomitant market power does
not have the same incentive to
innovate as companies in a genu-
inely competitive market.** Egy nagy
piaci részesedéssel és piaci erővel ren-
delkező cégnek nincs olyan ösztönzése
az innovációra, mint a valódi verseny-
piacon lévő vállalatoknak.

market price *fn*
1. ker piaci ár; forgalmi ár * **At pres-
ent employees can buy the com-
pany's stock at a 15% discount
to the market price.** Jelenleg a dol-
gozók a piaci árhoz képest 15%-os ked-
vezménnyel vehetik meg a vállalat rész-
vényeit.
2. tőzsde napi árfolyam
3. tőzsde tőzsdei ár; tőzsdei árfolyam

market prognosis *fn* ker piacprognózis;
piaci előrejelzés

market report *fn*
1. ker piaci jelentés
2. konjunktúrajelentés
3. tőzsde tőzsdei híradás

market research *fn* ker piackutatás; pi-
acfeltárás

market saturation *fn* ker piac telítettsége; piaci telítettség * **Market saturation of now standard domestic goods has prompted a shift in our perception of electrical items, as they are now considered to be fashion-driven artefacts.** A manapság szokványos háztartási cikkek piacának telítettsége megváltoztatta azt, hogyan vélekedünk az elekromos berendezéseinkről, hiszen ezek mára már divatcikkekké váltak.

market segment *fn* ker piaci szegmens; piaci rész * **The director has always maintained that the airline operates in a different market segment from Ryanair.** Az igazgató mindig is állította, hogy a légitársaság más piaci szegmensen működik, mint a Ryanair.

market segmentation *fn* ker piacszegmentáció; piacfelosztás

market share *fn* ker piaci részesedés

market situation *fn* ker piaci helyzet; értékesítési helyzet

market standing *fn* ker piaci helyzet

market structure *fn* ker piaci struktúra; piaci szerkezet

market study *fn* ker piactanulmány

market survey *fn* ker piacanalízis; piacfelmérés; piaci adatfelvétel * **The quarterly housing market survey showed growing pressures on the market caused by a shortage of properties for sale.** Az ingatlanpiac negyedéves felmérése szerint az eladó ingatlanok hiánya egyre erősödő nyomást eredményez a piacon.

market transparency *fn* ker piaci áttekinthetőség; piac áttekinthetősége * **They have to take full account of requirements of market transparency and the protection of investors.** Maximálisan figyelembe kell venniük a piac áttekinthetőségének és a befektetők védelmének követelményeit.

market value *fn*
1. ker piaci érték; forgalmi érték; piaci ár * **The company was already in debt by £672m, or 17 times its market value.** A vállalat adóssága már 672 millió fontra, azaz piaci értékének tizenhétszeresére rúg.
2. tőzsde árfolyamérték

market volatility *fn* piac változékonysága

marketable *mn*
1. ker piacképes; eladható; értékesíthető; kelendő; forgalomképes * **They have launched some very marketable products in Asia.** Néhány igencsak piacképes terméket dobtak piacra Ázsiában.
2. tőzsde tőzsdeképes

marketing *fn* mark marketing; értékesítés; értékesítési politika; elosztás és értékesítés; forgalomba hozatal

marketing channel *fn* mark marketing csatorna; értékesítési csatorna; értékesítési út

marketing communication *fn* mark marketingkommunikáció

marketing concept *fn* mark marketingszemlélet; piacközpontúság; marketingkoncepció

marketing consultant *fn* mark marketing-tanácsadó; értékesítési tanácsadó

marketing department *fn* mark marketingosztály; értékesítési osztály

marketing instruments *fn* mark marketingeszközök; értékesítési eszközök

marketing management *fn* mark (*marketing tevékenységek irányítása*) marketingmenedzsment

marketing mix *fn* mark (*egy cég az alábbi változókat használja fel a sikeres üzlethez: termék, ár, promóció, értékesítési csatorna (hely); az angol kezdőbetűk alapján „négy P"-nek is szokás nevezni*) marketingmix

marketing objective *fn* mark marketingcél * **Jaguar's presence in Formula One is not driven by shortterm marketing objectives.** A Jaguar nem rövid távú marketingcélok miatt van jelen a Forma 1-ben.

marketing plan *fn* mark marketingterv

marketing policy *fn* értékesítési politika; piaci politika

M

marketing strategy *fn* mark marketingstratégia
marketing tools *fn* mark
1. értékesítési módszer; marketingmódszer
2. marketingeszközök; értékesítési eszközök
market-oriented *mn* ker piacorientált
marketplace *fn* ker piac * **You do not give any details for the reason for the drop in profits, so we don't know if this is a result of poor management by you, or other forces in the marketplace.** Mivel nem közöl részleteket nyereségesének okáról, nem tudjuk, hogy mindez az ön rossz menedzselésének vagy más piaci erőknek köszönhető.
market-ready *mn* ker piacérett
market-ripe *mn* ker piacérett
marking down *fn* ársüllyedés; süllyedés
mark-up *fn*
1. áremelés; emelés
2. ker nyereségkulcs; haszonkulcs; árrés
3. felár; pótdíj
4. pozitív korrekció
mass *fn* tömeg; mennyiség
mass consumption *fn* tömegfogyasztás
mass media *fn* tömegtájékoztatási eszközök; tömegkommunikációs eszközök
mass production *fn* ipar tömegtermelés
mass redundancy *fn* tömeges elbocsátás * **Threats this week of mass redundancies at the biggest companies in the region supported the claims that workers in all sectors continue to face an uncertain future.** A héten bekövetkező tömeges elbocsátás fenyegetése a régió legnagyobb vállalatainál alátámasztotta azon állításokat, hogy valamennyi szektor dolgozói bizonytalan jövő előtt állnak.
mass unemployment *fn* tömeges munkanélküliség * **It is a country of mass unemployment and poverty in spite of potential oil wealth.** Az országban a potenciális olajgazdagság ellenére tömeges a munkanélküliség és a szegénység.
mass-produced goods *fn* tömegcikk
Master of Business Administration *fn* **NB: röv MBA** diplomás üzemgazdász; menedzsmentdiploma
Master of Economics *fn* **NB: röv M Econ** diplomás közgazdász
material *fn*
1. anyag
2. ipar nyersanyag; építőanyag
material costs *fn* anyagköltségek; dologi kiadások * **We see digital goods remaining strong and boosting revenues, but there are potential risks in higher material costs.** A digitális cikkeket továbbra is fontos bevételnövelőnek tekintjük, de vannak olyan potenciális kockázatok is, mint a magasabb anyagköltségek.
materials control *fn* ipar (*ellenőrzési rendszer a készleten lévő anyagokról és azok mennyiségéről*) anyaggazdálkodás
materials handling *fn* ipar (*áruszállítás egy üzemen/gyártelepen belül*) anyagmozgatás
materials management *fn* ipar (*ellenőrzési rendszer a készleten lévő anyagokról és azok mennyiségéről*) anyaggazdálkodás
materials purchases *fn* ipar anyagbeszerzés
materials supply *fn* ipar anyagellátás
maternity allowance *fn* anyasági támogatás * **Among the many leaflets she was given by the health centre was how to claim maternity allowance.** Az egészségközponttól kapott sok tájékoztató anyag között volt olyan, amely arról szólt, hogyan kaphat anyasági támogatást.
maternity benefit *fn*
1. szülési segély; anyasági segély * **The unions requested an increase in holiday and maternity benefits and two weeks' paid paternity leave for new fathers.** A szakszervezet a szabadság és az anyasági segély növelését, továbbá kéthetes fizetett apasági szabadság bevezetését kérte.
2. anyasági ellátás

M

maternity leave *fn* szülési szabadság * **Last year I was recruited to cover for an employee on maternity leave.** Tavaly egy szülési szabadságon lévő dolgozó helyettesítésére vettek fel.

maternity protection *fn* anyasági védelem

matter *fn* dolog; eset; ügy; tárgy; témakör

maturity *fn*
1. esedékesség; lejárat; határnap
2. futamidő

maturity date *fn*
1. esedékesség dátuma; lejárat napja
2. futamidő vége * **No withdrawals can be made before the maturity date.** A futamidő vége előtt pénzfelvétel nem lehetséges.

maturity stage *fn* (*a tipikus termékéletciklus egyik szakasza*) érettségi szakasz

maximize *ige* maximálisan kihasznál; felfokoz; maximalizál * **In the research department solutions were advanced for maximizing production of synthetic fuels.** A kutatási osztályon a szintetikus üzemanyagok termelésének maximalizálására vonatkozó megoldásokat terjesztettek elő.

MBA [= **Master of Business Administration**] *fn* diplomás üzemgazdász

MD [= **Managing Director**] *fn* főigazgató; ügyvezető igazgató; üzletvezető

mean *fn* statisztika átlag; középérték

mean price *fn* tőzsde átlagár

means *fn*
1. pénzügy anyagi eszközök; pénzeszközök; erőforrások
2. pénzügy tőke; vagyon * **He has no private means.** Nincs magánvagyona.
3. eszköz; eszközök

means of communication *fn* kommunikációs eszköz(ök); hírközlő eszköz(ök) * **The most effective alternative means of communication to combat official spin and misinformation is word of mouth.** A leghatékonyabb alternatív kommunikációs eszköz a hivatali csúsztatás és félrevezetés elleni küzdelemben a szóbeszéd.

means of conveyance *fn* szállítóeszköz(ök)

means of production *fn* ipar termelőeszköz(ök); termelési eszköz(ök)

means of transport *fn* száll szállítóeszköz(ök); közlekedési eszköz(ök)

means of transportation *fn* száll szállítóeszköz(ök)

means test *fn* (*annak eldöntésére, hogy vki jogosult-e vmilyen támogatásra anyagi helyzete alapján*) vagyonvizsgálat

measure *fn*
1. mérték
2. intézkedés; rendszabály; lépés * **adopt/introduce/implement/impose measures against sg** intézkedéseket vezet be vmi ellen * **The committee will take measures to help reduce the numbers of seabird deaths caused by fishing.** A bizottság intézkedni fog a tengeri madarak halászat okozta elpusztulásának csökkentése érdekében.
3. lépték
4. mérték; határ; fok

measurements *fn* mértékek; méretek; kiterjedések; méretadatok

media *fn* tömegtájékoztatás; tömegtájékoztatási eszközök; média

media analysis *fn*
1. médiaelemzés; médiakutatás; médiaanalízis
2. reklámhordozó-elemzés
3. hatékonyságvizsgálat

mediation *fn* közvetítés; közbenjárás; egyeztető eljárás

medical insurance *fn* bizt betegbiztosítás

medium of communication *fn* kommunikációs eszköz * **Christmas cards provide a perfect medium of communication for people who don't really want to talk to each other.** A karácsonyi képeslapok tökéletes kommunikációs eszközök azoknak, akik nem igazán akarnak egymással beszélgetni.

medium-term *mn*
1. középlejáratú
2. középtávú

M

meet *ige*
1. találkozik
2. kielégít vmit; megfelel vminek; teljesít vmit * **meet the needs of sy** kielégíti vki igényeit * **meet the requirements/the standards** megfelel a követelményeknek/szabványnak * **meet the deadline** határidőt megtartja * **meet a demand** keresletet kielégít * **meet the target** teljesíti a célkitűzést
3. engedményeket tesz; eleget tesz * **meet the expectations** eleget tesz az elvárásoknak
4. (*költségeket stb.*) fedez; kifizet; bevált * **meet expenses** fedezi a költségeket
meeting *fn* értekezlet; gyűlés; ülés; közgyűlés; tanácskozás * **attend a meeting** értekezleten részt vesz * **hold a meeting** értekezletet tart
meeting of partners *fn* taggyűlés; társaság taggyűlése
meeting room *fn* tárgyaló; tárgyalóterem
member *fn* tag * **The union has recommended that its members agree to the deal in a ballot.** A szakszervezet azt javasolta, hogy a tagok szavazáson adják beleegyezésüket a megállapodáshoz.
member country *fn* tagország
Member of Parliament *fn* **NB: röv MP** parlamenti képviselő
member of the board *fn*
1. igazgatósági tag
2. igazgatótanács tagja
3. elnökségi tag
Member of the European Parliament *fn* **NB: röv MEP** EU európai parlamenti képviselő
member state *fn* tagállam
membership *fn*
1. tagság
2. tagsági jogviszony
membership fee *fn* tagdíj; tagsági díj * **Interest was so low that only 5% had donated money or paid a membership fee to a political party.** Annyira alacsony volt az érdeklődés, hogy csak 5% adományozott

pénzt, vagy fizetett tagdíjat valamilyen politikai pártnak.
memo *fn* feljegyzés; közlés; emlékeztető; memorandum * **Secret memos show the tobacco company has spent millions on studies playing down cigarette link to cancer.** Titkos feljegyzésekből megtudható, hogy a dohányvállalat milliókat költött a cigaretta és a rák közötti összefüggést bagatellizáló tanulmányokra.
memorandum *fn*
1. feljegyzés; közlés; emlékeztető; memorandum * **A well-known investment bank has distributed an information memorandum to potential buyers.** Egy közismert befektetési bank tájékoztató memorandumot osztott szét a lehetséges vevőknek.
2. megegyezés dokumentuma
3. széljegyzés; megjegyzés
4. bizományi áruk jegyzéke
memorandum of association *fn* jog (*GB*) alapító okirat; alapítványi okirat; társasági szerződés * **draw up a memorandum of association** alapító okiratot megszövegez
MEP [= **Member of the European Parliament**] *fn* EU európai parlamenti képviselő; Európai Parlament tagja
mercantilism *fn*
1. kereskedelmi tevékenység; kereskedelmi szellem
2. merkantilizmus
[1]**merchandise** *fn* ker áru; árucikk; javak * **The dried cod, known in Italy as baccala, is as prized by motorway robbers as electronic goods and other high-value merchandise.** Az Olaszországban baccala néven ismert szárított tőkehal ugyanolyan megbecsült cikk az országúti rablók szemében, mint az elektronikai cikkek és egyéb nagyértékű áruk.
[2]**merchandise** *ige* ker kereskedik; értékesít; elad; megvesz
merchandiser *fn*
1. ker kereskedő
2. pénzügy (*US*) értékesítési tanácsadó

merchandising *fn*
1. ker értékesítés; értékesítési politika; árusítás; kereskedelmi eladás
2. (*US*) (*név összekapcsolása áruval*) elnevezés; logo
3. (*US*) termékfejlesztés; terméktervezés
merchandising manager *fn* ker értékesítési vezető
merchandising strategy *fn* ker értékesítési stratégia
merchant *fn*
1. ker kereskedő; üzletember * **A delegation of growers and merchants from France's major wine-producing areas will hold emergency talks with the prime minister to demand urgent government action.** A Franciaország legfőbb bortermelő területeinek termelőit és kereskedőit képviselő delegáció válságtárgyalásokat folytat a miniszterelnökkel, hogy sürgős kormánybeavatkozást követeljen.
2. (*GB*) nagykereskedő
3. (*US*) kiskereskedő; boltos
merchant bank *fn* bank
1. váltóbank; leszámítoló bank; diszkontbank
2. (*GB*) kereskedelmi bank; befektetési bank; értékpapírkibocsátó bank
merchantable *mn* ker eladható; értékesíthető; kelendő; piacképes
merge *ige*
1. összeolvad; egyesül; fuzionál; társul * **Two smaller firms decided to merge in order to have a bigger market share.** A nagyobb piaci részesedés érdekében két kisebb cég az egyesülés mellett döntött.
2. egyesít
merger *fn* fúzió; cégegyesülés; vállalati egyesülés; összeolvadás
merit bonus *fn* (*eredményhez kötött*) teljesítményprémium; jutalom
merit increase *fn* (*jó teljesítményért adott, jó eredményhez kötött*) béremelés * **It was announced on Friday that a pay deal including merit increases rejected in a ballot of union members is to be imposed.** Pénteken

bejelentették, hogy életbe léptetnek egy olyan fizetési megállapodást, amely olyan béremeléseket tartalmaz, amelyeket a szakszervezeti szavazáson egyszer már elutasítottak.
merit pay *fn* teljesítménybér
merit rating *fn* személyi minősítés; teljesítmény szerinti besorolás; teljesítmény alapján történő minősítés * **Mr Singh claimed he was discriminated against despite achieving higher merit ratings than some of his white colleagues who were not dismissed.** Singh úr azt állítja, hogy hátrányos megkülönböztetés érte, hiszen a teljesítménye alapján történt minősítése jobb, mint néhány olyan fehér munkatársáé, akiket nem bocsátottak el.
message *fn* üzenet; közlés; értesítés * **leave a message** üzenetet hagy * **take a message** üzenetet átvesz
method *fn*
1. módszer; eljárás; munkamódszer; mód; technika
2. rendszer
microeconomics *fn* mikroökonómia; mikro-közgazdaságtan; üzemgazdaságtan
middle management *fn* középszintű vezetőség; középszintű menedzsment; középvezetés
middle price *fn* tőzsde középárfolyam
middle-sized company *fn* közepes méretű vállalat * **It has been a middle-sized company in an industry made up mainly of very large or very small companies.** Ez egy közepes méretű vállalat egy olyan iparágban, ahol a legtöbb vállalat vagy nagyon nagy, vagy nagyon kicsi.
migrant worker *fn* vendégmunkás; külföldi munkás * **He thinks the arrival of migrant workers depresses wages, undermines campaigns for higher labour standards and weakens trade unions.** Véleménye szerint a külföldi munkások érkezése leszorítja a béreket, aláaknázza a képzettebb

munkaerőért folytatott kampányokat, és gyengíti a szakszervezeteket.

migration *fn* migráció; vándorlás * **Low awareness, poor literacy levels, and large migrations of labour are all thought to have contributed to the spread of the HIV/Aids epidemic in India.** A tudatlanság, az analfabétizmus és a munkaerővándorlás valószínűleg mind hozzájárult a HIV/AIDS elterjedéséhez Indiában.

migration policy *fn* migrációs politika; bevándorlási politika

minimise *ige* (*a lehető legkevesebbre csökkent*) minimalizál * **We are trying to minimise production costs to strengthen our position on the market.** Igyekszünk minimalizálni a termelési költségeket, hogy piaci helyzetünket megerősítsük.

minimum capacity *fn*
1. ipar minimális kapacitás; minimális teljesítőképesség
2. minimális befogadóképesség

minimum capital *fn* pénzügy tőkeminimum; alaptőke-minimum; jegyzett tőke legkisebb összege

minimum price *fn* pénzügy minimális ár; minimális árfolyam

minimum wage *fn* minimálbér; bérminimum * **The staff, predominantly Asian workers, claim they are paid only the minimum wage of £4.50 and work up to 84 hours a week without overtime or shift pay.** A dolgozók, akiknek túlnyomó többsége ázsiai munkás, azt állítják, hogy csak 4,50 fontos minimálbért kapnak, és akár heti 84 órát is dolgozniuk kell, túlóra- vagy műszakpótlék nélkül.

minority *fn* kisebbség * **be in the/a minority** kisebbségben van

minority rights *fn* jog kisebbségi jogok; kisebbségek jogai

minority shareholder *fn* kisebbségi részvényes; kisebbségi részvénytulajdonos

minority stake *fn* kisebbségi részesedés

mint *fn* pénzügy pénzverde

minutes *fn* (*hivatalos feljegyzés értekezletről, tárgyalásról stb.*) jegyzőkönyv * **He was asked to take the minutes.** Jegyzőkönyv vezetésére kérték.

misappropriate *ige* jog elsikkaszt; hűtlenül kezel; jogtalanul használ fel; jogellenesen használ fel

misappropriation *fn* jog hűtlen kezelés; jogtalan felhasználás * **Some feel the evidence of misappropriation of funds will turn the moderate majority against them.** Néhányan úgy vélik, hogy az alap hűtlen kezelésére utaló bizonyítékok ellenük fordítják a mérsékelt többséget.

miscalculate *ige* tévesen számol; tévesen számít * **They have miscalculated the environmental damage.** Tévesen számították ki a környezeti kárt.

miscalculation *fn* téves számítás; hibás kalkuláció; számítási hiba

miscellaneous *mn* **NB: röv misc.** vegyes; különféle; sokféle * **They deal with distributing miscellaneous goods.** Vegyes árucikkek forgalmazásával foglalkoznak.

misdemeanour *fn* jog (*kevésbé súlyos bűn*) vétség * **Mr Fastow pleaded guilty to the misdemeanour of filing a false tax form.** Fastow úr bűnösnek vallotta magát hamis adóbevallás kitöltése vétségében.

misleading *mn* félrevezető * **They were putting misleading leaflets on the windscreens at most of the big parking lots.** Félrevezető szórólapokat tettek a szélvédőkre a legtöbb nagyobb parkolóban.

mismanage *ige* rosszul vezet; rosszul irányít; rosszul kezel; rosszul gazdálkodik * **An IMF official said that successive Zambian governments have mismanaged its economy since the 1970s.** A Nemzetközi Valutaalap egyik tisztviselője szerint az egymást követő kormányok az 1970-es évek óta rosszul irányítják Zambia gazdaságát.

miss *ige*
1. elvét; eltéveszt
2. elmulaszt; elszalaszt
3. hiányzik
missing *mn* hiányzó * **You are kindly asked to fill in missing information and send back the form by return of post.** Kérjük, írja be a hiányzó adatokat, és postafordultával küldje vissza az űrlapot.
mission *fn* kiküldetés; küldetés; megbízás; cél
mission statement *fn* küldetésnyilatkozat
mobile *mn* mozgó; mozgatható; mozgékony
mobile data communications *fn* informatika mobil adatkommunikáció
mobilise *ige* mozgósít; mobilizál
mobility *fn*
1. mobilitás; mozgékonyság; mozgás * **Mobility of labour and work is essential to the success of the Eurozone.** Az eurózóna sikeréhez nélkülözhetetlen a munkaerő és a munka mobilitása.
2. mozgathatóság
mobility of capital *fn* tőkemobilitás
mode *fn* mód; módszer; eljárás
mode of payment *fn* fizetési mód
model *fn* minta; mintadarab; modell; típus; példa
moderate *mn* mérsékelt; mértékletes; közepes * **There are many indicators that the chemical industry may experience moderate growth this year.** Sok jel mutat arra, hogy a vegyipar az idén mérsékelt növekedést érhet el.
modernise *ige* modernizál; korszerűsít; racionalizál * **Reforms are needed to revive and modernise industry.** Reformokra van szükség, hogy az ipart újjáélesszék és korszerűsítsék.
modify *ige* módosít; átalakít * **The management will modify its plans for expansion.** A vezetőség módosítani fogja a terjeszkedésre vonatkozó terveit.

monetarism *fn* (*pénzellátás kitüntetett szerepét valló közgazdasági iskola*) monetarizmus
monetary *mn* monetáris; pénzgazdálkodási; valutaügyi; pénzügyi; pénzbeli
monetary assets *fn* pénzügy pénzeszköz; pénzeszközök
monetary policy *fn* monetáris politika; pénzügyi politika * **tighten a monetary policy** szigorít a monetáris politikán * **loosen a monetary policy** lazít a monetáris politikán
monetary reserves *fn* pénzügy valutatartalékok
monetary stability *fn* pénzügy pénzügyi stabilitás; valutastabilitás
monetary union *fn* monetáris unió; pénzügyi unió
monetary unit *fn* pénzügy pénzegység * **The Swedish currency is the krona (pl kronor) not the krone (pl kroner) which is the standard monetary unit of Denmark.** A svéd valuta a krona (többes számban kronor), nem a krone (többes számban kroner), amely Dánia pénzegysége.
money *fn* pénzügy pénz; fizetőeszköz * **They are now raising money to fund trials of the new crops.** Most pénzt gyűjtenek az új termények kipróbálásának finanszírozására.
money and capital market *fn* pénzügy pénz- és tőkepiac
money at call *fn* pénzügy napipénz; lehívható pénz; azonnal lehívható követelés; látra szóló követelés
money card *fn* bank bankkártya
money circulation *fn* pénzügy pénzforgalom
money investment *fn* pénzügy pénzbefektetés
money laundering *fn* jog pénzmosás * **In a lawsuit that contains allegations of money laundering and mail fraud, he also claims that Lord Red and three associates received $5m for their advice.** Egy keresetben, amely pénzmosásról és postai csalásról tartalmaz állításokat, azt is

állítja, hogy Lord Red és három társa 5 millió dollárt kapott tanácsadásért.

money market *fn*
1. pénzügy pénzpiac; tőkepiac
2. rövid lejáratú hitelek piaca

money market security *fn* pénzügy pénzpiaci értékpapír

money order *fn* **NB: röv M.O.**
1. pénzügy pénzesutalvány; postai utalvány
2. átutalási megbízás * **I was pulled over for speeding in Florida in 1999 but heard nothing more about it until last month when I received a demand for $250 by money order.** Gyorshajtásért megállítottak 1999-ben Floridában, de azóta nem hallottam erről egészen a múlt hónapig, amikor kaptam egy 250 dollárról szóló átutalási megbízásos követelést.

money substitute *fn* pénzügy pénzhelyettesítő

money supply *fn* pénzügy forgalomban levő pénzmennyiség; pénzkínálat; pénzkészlet; pénzellátás; pénzellátmány; pénzmennyiség * **The reserves held with central banks are a very small part of the total money supply.** A központi bankok tartalékai nagyon kis részét képezik a teljes pénzmennyiségnek.

money transfer order *fn* pénzügy átutalási megbízás

money upfront *fn* pénzügy pénzelőleg

money wage(s) *fn* pénzügy nominálbér

monitor *ige* (*folyamatosan, rendszeresen*) megfigyel; felügyel; figyelemmel kísér

monitoring *fn* megfigyelés; ellenőrzés; felügyelet

monopolise *ige*
1. monopolizál * **He has long been accused of monopolising Italian television.** Régóta vádolják az olasz televízió monopolizálásával.
2. egyedárusítási jogot élvez; egyedárusítási jogot gyakorol

monopoly *fn* monopólium; egyeduralom
* **create/establish/gain/get/set up a monopoly** monopóliumot szerez

* **enjoy/exercise/have/hold a monopoly** monopóliuma van

monopoly position *fn* monopolhelyzet

monthly payments *fn* pénzügy havi törlesztés * **Late payment from customers can cause cash flow problems when it comes to making your monthly payments.** A vevők késve érkező kifizetései likviditási problémákat okozhatnak a havi törlesztéseknél.

monthly report *fn*
1. havi jelentés * **The Bundesbank pointed out in its October monthly report that the German economy has been in a state of virtual stagnation since mid-2000.** A Bundesbank októberi jelentésében rámutatott arra, hogy a német gazdaság 2000 közepe óta gyakorlatilag stagnál.
2. bank (*GB*) hó végi bankkimutatás

monthly review *fn* havi beszámoló

monthly statement *fn* pénzügy hó végi kimutatás; havonkénti kimutatás * **Our service will give you more up-to-date information than your monthly statement.** Szolgáltatásunkkal Ön frissebb információhoz jut, mint a hó végi kimutatásokkal.

moonlight economy *fn* árnyékgazdaság

moonlighting *fn* (*hivatalos munkaidő után nem hivatalosan végzett munka; a fizettségért nem fizet adót a munkavégző*) feketemunka; különmunka; maszekolás

moratorium *fn* pénzügy fizetési haladék; moratórium

mortgage *fn*
1. pénzügy jelzálog; jelzálogkölcsön; jelzáloghitel * **A survey shows that the average first-time buyer pays £3,155 in fees on top of the deposit and mortgage.** Egy felmérés szerint az átlagos első lakást vásárló az első részleten és a jelzálogon felül még 3155 fontot fizet ki különböző díjak formájában.
2. záloglevél; jelzálog-adóslevél

mortgage bank *fn* bank jelzálogbank
* **Mortgage bank Northern Rock**

today predicted strong profits for this year amid expectations of a big increase in lending. A Northern Rock nevű jelzálogbank nagy nyereséget jósol az idén a hitelüzlet várhatóan nagy növekedése mellett.

mortgage bond *fn* pénzügy (*hivatalos okmány tartozás elismerésére, melynek biztosítékául földet, ingatlant stb. táblázank be*) jelzáloglevél; záloglevél

mortgage deed *fn* jog jelzálogszerződés; jelzálogokirat * **The maximum number of names on a mortgage deed is legally limited to four.** A jelzálogszerződés aláíróinak számát a törvény négyben maximálja.

mortgage loan *fn* pénzügy jelzáloghitel; jelzálogkölcsön * **There was an increase in both the number and the proportion of mortgage loans being made to first-time buyers.** Az első otthont vásárlók által felvett jelzáloghitelek száma és aránya is növekedést mutat.

motivate *ige* motivál; ösztönöz * **Low interest rates and discounts on a range of costly manufactured goods continue to motivate buyers.** Az alacsony kamatok és drága gyártmányok leszállított árai továbbra is ösztönzik a vásárlókat.

motivated *mn* motivált * **Companies with strong social consciences tend to retain staff for longer, and have a more highly motivated, creative and energetic workforce.** A fejlett szociális tudattal rendelkező vállalatok általában hosszabb ideig tartják meg alkalmazottaikat, akik motiváltabbak, kreatívabbak és energikusabbak is.

motivation *fn* ösztönzés; motiváció * **increase/improve/strengthen motivation** növeli/fejleszti/erősíti a motivációt * **lack motivation** nem motivált * **lose motivation** elveszti a motivációt

motivational tool *fn* motivációs eszköz

motor vehicle liability insurance *fn* bizt kötelező gépjármű-felelősségbiztosítás

motor vehicle tax *fn* adó gépjárműadó

motor-car insurance *fn* bizt gépjárműbiztosítás

move *ige*
1. mozog; mozgat
2. költözik; áttelepül
3. száll áthelyez; átszállít; szállít; átrak
4. javasol; kérelmez; indítványoz

movement *fn*
1. mozgás; alakulás; változás
2. árumozgás
3. száll szállítás; mozgatás
4. mozgalom

movement of capital *fn* pénzügy tőkeforgalom; tőke mozgása * **Most countries place a huge premium on the free movement of capital.** A legtöbb ország nagyon fontosnak tartja a tőke szabad mozgását.

MRP [= **manufacturer's recommended price**] *fn* gyártó által ajánlott forgalombahozatali ár

multilateral *mn* többoldali; többoldalú; multilaterális * **They failed to put forward workable compromises to get the multilateral negotiations back on track.** Nem álltak elő működőképes kompromisszumokkal, hogy a többoldalú tárgyalásokat újraindítsák.

multilateral agreement *fn* multilaterális szerződés * **The multilateral agreement on investment was vetoed by the French.** A befektetésekre vonatkozó multilaterális szerződést a franciák megvétózták.

multilateral treaty *fn* multilaterális szerződés * **They propose a global marketing system in which diamond sales must be accompanied by documents declaring their source and destination, and a multilateral treaty signed by African nations.** Olyan globális értékesítési rendszert javasolnak, amelyben a gyémánt adásvételéhez mellékelni kellene

M

az annak forrását és rendeltetési helyét tartalmazó okmányokat, továbbá egy, az afrikai nemzetek által aláírt multilaterális szerződést is tető alá akarnak hozni.

multinational *fn* multinacionális vállalat; multi

multiple taxation *fn* adó többszörös adóztatás

multiple voting share *fn* több szavazatra jogosító részvény * **Although he only owns 30 per cent of the company, he controls 70 per cent through multiple voting shares.** Bár a vállalat mindössze 30%-a van a tulajdonában, a több szavazatra jogosító részvényein keresztül 70%-a felett gyakorol ellenőrzést.

„multi-speed" Europe *fn* EU (*nézet, mely szerint azok a tagországok, melyek kimaradtak a szorosabb integrációból bizonyos területeken, később is csatlakozhatnak*) többsebességes Európa

municipal *mn* kommunális; községi; városi; helyi; önkormányzati; helyhatósági * **When the weather becomes ridiculously extreme, we do on oc-**

casion withdraw municipal services. Amikor az időjárás nevetségesen szélsőséges, olyankor néha szüneteltetjük a kommunális szolgáltatásokat.

municipal administration *fn* helyi közigazgatás

municipal tax *fn* adó kommunális adó; helyi adó

municipality *fn* jog
1. törvényhatóság; helyhatóság; törvényhatósági terület; önkormányzat
2. törvényhatósági joggal felruházott város; törvényhatósági joggal felruházott község

mutual *mn* kölcsönös * **mutual benefit/interest** kölcsönös előny/érdek

mutual fund *fn*
1. pénzügy befektetési alap
2. tőkebefektetési társaság

mutual recognition *fn* EU kölcsönös elismerés * **They have managed to agree on the mutual recognition of diplomas and professional qualifications.** Sikerült megállapodniuk a végzettségek és szakképesítések kölcsönös elismeréséről.

N, n

NAFTA [= **North American Free Trade Agreement**] *fn* (*USA, Kanada és Mexikó*) Észak-Amerikai Szabadkereskedelmi Egyezmény

name *fn* név; megjelölés; elnevezés * **The names of the leading fast-food chains and their bestselling menu items have become famous worldwide, embedded in our popular culture.** A vezető gyorsétkezési üzletláncok és a legnépszerűbb fogásaik nevei világhírűvé váltak, és beágyazódtak a mindennapi kultúránkba.

national *mn*
1. nemzeti; hazai; belföldi
2. országos; állami

national debt *fn* államadósság * **curb/bring down/reduce the national debt** csökkenti az államadósságot * **forgive the national debt** elengedi az államadósságot * **reschedule the national debt** átütemezi az államadósságot

National Development Plan *fn* Nemzeti Fejlesztési Terv

national economy *fn* nemzetgazdaság

National Health Service *fn* NB: röv NHS (*GB*) (*1948 óta létező állami közszolgáltatás Nagy-Britanniában, mely ingyenes orvosi ellátást biztosít a körzeti orvosoknál és a kórházakban, speciális kezeléseknél pedig kedvezményre jogosít.*) állami egészségügyi szolgálat

national income *fn* NB: röv NI nemzeti jövedelem * **Britain ranks tenth among industrial nations, giving 0.38% of gross national income in aid.** Az iparosodott országok listáján a tizedik helyen álló Nagy-Britannia bruttó nemzeti jövedelmének 0,38%-át fordítja segélynyújtásra.

national insurance *fn* bizt társadalombiztosítás * **Mandy is a self-employed computer programmer, whose national insurance payments qualify her for free NHS care and some other state benefits.** Mandy szabadfoglalkozású programozó, akit társadalombiztosítási hozzájárulása ingyenes állami betegellátásra és néhány más állami juttatásra feljogosítja.

National Savings Bank *fn* bank (*GB*) Nemzeti Takarékpénztár

national security *fn* nemzetbiztonság * **Terrorism remains a sensitive area at EU level because of a tradition of secrecy among national security and intelligence agencies.** A terrorizmus még mindig érzékeny terület az EU szintjén, mivel a nemzetbiztonsági és hírszerző szolgálatoknál hagyománya van a titkolózásnak.

nationalization *fn* államosítás; köztulajdonba vétel

nationwide *mn* országos

natural resources *fn* természeti erőforrások; természeti kincsek * **The organisation has drawn up a code covering issues such as protection of the environment and conservation of natural resources.** A szervezet a környezet védelmét és a természeti kincsek megőrzését magában foglaló szabályzatot állított össze.

naturalization *fn*
1. (*pl. bizonyítványé*) honosítás
2. honosítás; állampolgárság megadása * **Swiss officials have decided to review naturalization in part because population growth is dependent on immigration.** A svájci hatóságok részben azért döntöttek a

honosítási eljárás felülvizsgálata mellett, mert a népességnövekedés a bevándorlástól függ.

¹need *fn*
1. igény; szükséglet; kereslet
2. szükség

²need *ige* szüksége van vmire; szükség van vmire

neglect *ige*
1. elhanyagol; elmulaszt
2. mellőz; nem vesz figyelembe * **They seem to tend to neglect minority problems.** Úgy tűnik, elhanyagolják a kisebbségek problémáit.

negligence *fn*
1. gondatlanság; figyelmetlenség; felelőtlenség; vigyázatlanság
2. jog gondatlanság; gondatlanságból elkövetett vétség; hanyagság

negligent *mn* felelőtlen; felületes; figyelmetlen; gondatlan; hanyag * **This type of insurance means that the cost of your claim would be covered if you ever felt the need to take civil action against your accountant for negligent work.** Ez a fajta biztosítás fedezi a követelését, ha a könyvelőjét be kell perelnie hanyagság miatt.

negligible *mn* jelentéktelen; figyelmen kívül hagyható * **The Bank of England refuses to issue figures for the number of counterfeit notes in circulation and insists they represent a negligible fraction of notes issued.** Az Angol Nemzeti Bank nem hajlandó közölni a forgalomban levő hamis bankjegyek számát, és állítja, hogy azok csak jelentéktelen részét képezik a kibocsátott bankjegyeknek.

negotiable instrument *fn* bank forgatható értékpapír; átruházható okmány

negotiate *ige*
1. tárgyal; egyezkedik * **They met to negotiate their new contract.** Találkoztak, hogy az új szerződésről tárgyaljanak.
2. megállapodik; megtárgyal; letárgyal
3. bank átruház; leszámítol; forgalomba hoz

negotiating position *fn* tárgyalási pozíció; tárgyalási helyzet

negotiation *fn*
1. tárgyalás; egyezkedés; egyeztetés; megbeszélés * **open to negotiation** tárgyalásra kész * **subject to negotiation** tárgyalás alapját képezi * **under negotiation** tárgyalják * **enter into negotiations with sy** tárgyalásokba kezd vkivel
2. pénzügy átruházás
3. pénzügy eladás; értékesítés; forgalomba hozatal

negotiator *fn* tárgyaló fél; közvetítő

neon sign *fn* mark neon fényreklám; neon felirat

¹net *mn* nettó; tiszta; levonásoktól mentes

²net *ige* tisztán keres; tiszta nyereséget elér; nettó megkeres; tiszta hasznot húz

net assets *fn* pénzügy nettó aktívák; tiszta vagyon

net contributor (country) *fn* EU nettó befizető (ország)

net current assets *fn* pénzügy működő tőke

net earnings *fn* pénzügy tiszta nyereség; tiszta kereset; nettó bevétel

net income *fn*
1. pénzügy nettó kereset; tiszta jövedelem
2. tiszta bevétel * **Net income at the firm exceeded market expectations.** A cég tiszta bevétele felülmúlta a piaci elvárásokat.

net investment *fn* pénzügy nettó beruházás

net loss *fn* pénzügy nettó veszteség; tiszta veszteség; ráfizetés * **The airline has struggled since emerging from the ashes of its bankrupt predecessor Swissair, amassing net losses of SFr980m in 2002 and SFr687m last year.** A légitársaság, mely csődbe jutott elődjének, a Swissairnek a hamvaiból kelt életre, továbbra is küszködik, hiszen 2002-ben 980 millió, tavaly pedig 687 millió svájci frank nettó veszteséget halmozott fel.

net margin *fn*
1. pénzügy nettó árrés; nettó haszonrés
2. ker nettó haszon; tiszta haszon
net national debt *fn* pénzügy nettó államadósság
net national product *fn* NB: röv NNP nettó nemzeti termék
net operating income *fn*
1. pénzügy tiszta üzleti eredmény
2. tiszta üzemi eredmény
net pay *fn* nettó munkabér; nettó fizetés; nettó kereset
net price *fn* ker nettó ár
net profit *fn* pénzügy tiszta haszon; tiszta nyereség; nettó eredmény * **After years of losses, the company booked a €25m net profit between January and March.** Több éves veszteséges működés után a vállalat januártól márciusig 25 millió eurós tiszta nyereséget könyvelt el.
net value *fn* pénzügy nettó érték
net wealth *fn* pénzügy nettó vagyon
net weight *fn* nettósúly; tiszta súly
net working capital *fn* pénzügy nettó működőtőke
net worth *fn* pénzügy (*vállalati, társasági*) nettó vagyon; tiszta vagyon; saját vagyon * **The author has joined the ranks of the super-rich, making it on to the Forbes magazine billionaires list for the first time, with a net worth of $1bn.** A szerző a szupergazdagok közé került: tavaly jelent meg a neve először a Forbes magazin milliárdosok listáján, egymilliárd dolláros tiszta vagyonnal.
net yield *fn* pénzügy effektív nyereség; nettó hozam; tiszta hozam * **Net yields fell 3.4% in the third quarter but this was better than expected.** Az effektív nyereség 3,4%-kal esett a harmadik negyedévben, de ez az eredmény a várnál jobb.
network *fn* hálózat
networking *fn* hálózatépítés; kapcsolatépítés
new borrowing *fn* bank újonnan felvett kölcsön * **As part of the plan the**

company will ask the governments to write off existing debt and underwrite more than £1bn in new borrowing. A terv részeként a vállalat arra kéri a kormányokat, hogy engedjék el az eddigi tartozást, és folyósítsanak további egymilliárd font új kölcsönt.
New York Stock Exchange *fn* NB: röv NYSE tőzsde New York-i Értéktőzsde
newly industrialising countries *fn* NB: röv NIC újonnan iparosodott országok * **The emergence of global capitalism has offered a few newly industrialising countries the opportunity for rapid economic development.** A globális kapitalizmus lehetőséget adott néhány újonnan iparosodott országnak a gyors gazdasági fejlődésre.
news agency *fn*
1. hírügynökség
2. (*US*) újságárus pavilon
NHS [= **National Health Service**] *fn* (*GB*) (*1948 óta létező állami közszolgáltatás Nagy-Britanniában, mely ingyenes orvosi ellátást biztosít a körzeti orvosoknál és a kórházakban, speciális kezeléseknél pedig kedvezményre jogosít.*) állami egészségügyi szolgálat
niche *fn* ker piacűr; piaci rés; kihasználatlan piaci lehetőség * **fill a niche** piaci rést betölt
night safe *fn* bank éjszakai trezor
night shift *fn* éjszakai műszak
nominal capital *fn* pénzügy alaptőke; részvénytőke; engedélyezett alaptőke; engedélyezett részvénytőke
nominal interest *fn*
1. pénzügy névleges kamat; nominálkamat; nominálkamatláb * **It has been pointed out that, with nominal interest rates so low, people take on more debt than earlier.** Kimutatták, hogy mivel a nominálkamatlábak ilyen alacsonyak, az emberek több adósságot vállalnak, mint korábban.
2. értékpapír-névértékre számított kamat

nominal value *fn* pénzügy névérték; névleges érték; nominális érték * **To celebrate the biggest film series in New Zealand's history, the country has released a set of coins with nominal values from NZ$10 to NZ$0.50.** Új-Zéland történetének legnagyobb filmsorozatának megünneplésére kibocsátottak egy érmesorozatot, 0,5–10 új-zélandi dollár névértékű érmékkel.

nominal wage *fn* nominálbér; névleges bér

nominate *ige*
1. kinevez
2. jelöl; jelöltet; nevez * **Mr Green has been nominated for election to the board of directors.** Green urat jelölték az igazgatótanács tagjának.

no-name brands *fn* ker név nélküli termékek; olcsó termékek

no-name product *fn* ker név nélküli termék; olcsó termék

non-collectable *mn* behajthatatlan

non-delivery *fn* száll szállítás elmulasztása * **Under the new contract, the main risks of non-delivery are supposed to fall on the supplier.** Az új szerződés szerint a szállítás elmulasztásának kockázatát elsősorban a szállító viseli.

non-negotiable cheque *fn* pénzügy (*GB*) át nem ruházható csekk

non-payment *fn* pénzügy nemfizetés; fizetés elmulasztása * **He was at the court for non-payment of a fine.** Fizetés elmulasztása miatt idézték bíróságra.

nonprofit organization *fn* nonprofit szervezet; közhasznú szervezet * **Ms Blake is an analyst for an independent nonprofit organization that works to prevent and resolve conflicts around the world.** Ms Blake elemzőként dolgozik egy független nonprofit szervezetnél, melynek célja, hogy a világ bármely részében előforduló konfliktusokat megelőzzön és megoldjon.

non-resident *fn* bank devizakülföldi

non-resident taxpayer *fn* adó külföldi adózó; külföldi adóalany

non-taxable income *fn* adó nem adóköteles jövedelem; nem adóköteles bevétel * **Older taxpayers are entitled to higher amounts of non-taxable income each year.** Idősebb adófizetők évről évre egyre magasabb összegű nem adóköteles jövedelemre jogosultak.

non-trading partnership *fn* (*US*) (*szakmai társulás*) nem kereskedelmi társulás

non-wage labour costs *fn* (*GB*) bérmellékköltségek; nem bérjellegű költségek * **In Belgium, the Liberals managed to keep the previous government's plan to continue with tax cuts and reduce non-wage labour costs.** Belgiumban a liberálisoknak sikerült tartani magukat az előző kormánynak az adók és a bérmellékköltségek további csökkentésére vonatkozó tervéhez.

norm *fn* norma

normative *mn* irányadó; normatív; előírásos

North American Free Trade Agreement *fn* NB: röv NAFTA (*USA, Kanada, Mexikó*) Észak-Amerikai Szabadkereskedelmi Szerződés

notary public *fn* jog közjegyző * **The procedure can be dealt with very quickly by simply going to a notary public.** Az ügy gyorsan és egyszerűen elintézhető egy közjegyzőnél.

note *fn*
1. értesítés * **leave sy a note** üzenetet hagy vkinek
2. pénzügy kötelezvény; váltó; adóslevél
3. pénzügy bankjegy; papírpénz
4. jegyzet; feljegyzés; jegyzék

note payable *fn* pénzügy váltóadósság; váltókötelezettség

notice *fn*
1. értesítés; közlés; bejelentés
2. felmondás * **give in/hand in one's notice** beadja/benyújtja felmondását
3. figyelmeztetés; előzetes értesítés * **notice of failure to fulfil obligations**

figyelmeztetés elmulasztott kötelezett-
ség teljesítésére
4. hirdetmény; értesítő
5. észrevétel
notice of assessment *fn* adó adómeg-
állapítási értesítés; adókivetési értesítés
notice of cancellation *fn* rendelésfel-
mondás; felmondás; felmondási értesí-
tés; érvénytelenségi értesítés
notice of claim *fn* igénybejelentés
notice of defect *fn*
1. az áru kellékhiányának közlése
2. az áruval kapcsolatos minőségi kifo-
gás bejelentése
notice of termination *fn* felmondás;
felmondási értesítés * **The board has
given him notice of termination
in accordance with his contract.**
Az igazgatótanács a szerződése értel-
mében értesítette a felmondásról.
notice period *fn* felmondási idő * **My
contract demands a notice peri-
od of 2 months.** A szerződésem két-
hónapos felmondási időt ír elő.
notification *fn* bejelentés; értesítés;
jelentés; közlés
notification of loss *fn* bizt kárjelentés;
kárbejelentés
notify *ige* bejelent; értesít; jelent; közöl
* **The PR director said that the
company had been notified on
January 20 that one of the group's
subsidiaries was being investigat-
ed in connection with its activi-
ties in the financial sector.** A PR
igazgató azt mondta, hogy a vállalatot
január 20-án értesítették arról, hogy a
csoport egyik leányvállalata ellen vizs-
gálat folyik a gazdasági szektorban vég-
zett tevékenysége miatt.
null and void *mn* jog érvénytelen
nullification *fn* jog érvénytelenítés; hatály-
talanítás; megsemmisítés
nullify *ige* jog érvénytelenít; hatálytalanít;
megsemmisít * **Their contract was
nullified right after the interview
with the managing director.** A szer-
ződést közvetlenül az ügyvezető igazga-
tóval készült interjú után érvénytelení-
tették.
number *fn*
1. szám; számjegy
2. számadat; darabszám; mennyiség
numbered account *fn* bank számjeles
számla; számozott számla; névtelen
számla
NYSE [= **New York Stock Exchange**]
fn tőzsde New York-i Értéktőzsde

N

O, o

OAP [= **old-age pensioner**] *fn* (*GB*)
(*aki elérte a nyugdíjkorhatárt*) (öregségi)
nyugdíjas

object ***to*** *ige* ellenez vmit

objection *fn*
1. kifogás; ellenvetés; tiltakozás * **make/
raise an objection** kifogást emel
* **have no objection to sg** nincs ki-
fogása vmi ellen * **Despite our ob-
jections, they started reorganiz-
ing the department.** Tiltakozásunk
ellenére elkezdték az osztály átszerve-
zését.
2. akadály
3. ellenszavazat
4. jog óvás

¹objective *fn* cél; célkitűzés * **achieve/
gain/meet/reach an objective** célt
elér * **define an objective** célt meg-
határoz * **set (out) an objective** célt
kitűz

²objective *mn* tárgyilagos; objektív

obligate *ige*
1. (*US*) kötelez
2. letétbe helyez; leköt

obligation *fn*
1. kötelezettség; kötelesség * **fulfil/hon-
our/meet an obligation** teljesíti kö-
telességét * **be under an obligation
to do sg** köteles vmit megtenni * **They
want to renegotiate some treaty
obligations, such as the common
fisheries policy.** Újra akarják tárgyal-
ni az egyezmény néhány kötelezettsé-
gét, mint például a közös halászati po-
litikát.
2. lekötelezettség
3. (*hivatalos okmány a megállapodásról*)
kötelezvény; adóslevél
4. jog kötelem
5. számv adósság; tartozás * **fulfil/meet**

one's obligations megadja/rendezi
adósságát

obligation to buy *fn* tőzsde vásárlási kö-
telezettség; vételkényszer

obligatory *mn* kötelező; kötelező érvé-
nyű * **Your attendance at each
meeting is obligatory.** Kötelező részt
vennie minden értekezleten.

oblige *ige*
1. kötelez; kötelezővé tesz; kényszerít
* **You will soon discover that mem-
bership obliges you to buy a cer-
tain number of books per quar-
ter.** Hamarosan rájön majd, hogy a
tagság negyedévente bizonyos számú
könyv megvásárlására kötelezi.
2. lekötelez; szívességet tesz

obliged ***to sy*** *mn* lekötelezettje vkinek

obligee *fn* jog kötelem jogosítottja; hite-
lező; jogosult

obligor *fn* jog adós; kötelem kötelezettje

observance *fn* betartás; megtartás; fi-
gyelembe vétel; tiszteletben tartás

observation *fn*
1. megfigyelés; észlelés
2. megjegyzés; észrevétel * **make an
observation on/about sy/sg** meg-
jegyzést tesz vkiről/vmiről
3. betartás; megtartás

observe *ige*
1. megtart; betart
2. megfigyel; észrevesz
3. észrevételt tesz; megjegyzést tesz

observer *fn* megfigyelő

obsolescence *fn* elavulás

obsolete *mn* elavult; ósdi

obstruct *ige* akadályoz

obstruction *fn*
1. akadály * **Local authorities place
every possible obstruction in the
path of those who want to exam-**

ine financial reports for themselves. A helyi hatóságok minden lehetséges módon akadályt emelnek azok útjába, akik maguk szeretnék megvizsgálni a gazdasági jelentéseket. **2.** akadályozás; megakadályozás

obtain *ige* megkap; megszerez; beszerez; szerez * **He says no EU member – not even Britain, which seemed to have obtained so many concessions – can claim that the text of the constitution really suits them.** Azt mondja, hogy egyetlen EU tag sem – még Britannia sem, amely pedig oly sok engedményt kapott – állíthatja, hogy az alkotmány szövege igazán megfelel neki.

occupancy *fn*
1. (*vmilyen állásé, poszté*) elfoglalás; betöltés
2. igénybevétel; használatbavétel
3. birtokbavétel
4. (*turizmusban*) szobakihasználás; ágykihasználás

occupancy rate *fn* (*turizmusban*) kihasználtsági arány; kihasználtság mértéke * **The rise in low-cost flights to Spain has had a major impact on hotel occupancy rates.** A spanyolországi fapados légijáratok megszaporodása nagy hatással volt a szálloda-kihasználtság mértékére.

occupant *fn*
1. tulajdonos
2. (*házé, lakásé, irodáé stb.*) lakó; bérlő
3. (*állásé*) betöltő

occupation *fn*
1. foglalkozás; szakma; hivatás * **In all too many occupations, people have been discarded at a set age and the EU has rightly insisted this discrimination must end.** Túl sok szakmában az embereket bizonyos korban elbocsátják, és az EU jogosan követeli, hogy ennek a megkülönböztetésnek véget kell vetni.
2. munka; elfoglaltság
3. elfoglalás; birtokbavétel
4. megszállás

occupational change *fn* pályamódosítás; hivatásváltás
occupational counsel(l)ing *fn* pályatanácsadás
occupational disease *fn* foglalkozási ártalom * **Evidence that aircraft flight and cabin crew are at increased risk of some cancers is growing, an expert in occupational disease suggested last night.** Egyre több a bizonyíték arra, hogy a repülőgépen dolgozó utaskísérők és pilóták nagyobb mértekben vannak kitéve néhány rákos megbetegedés kockázatának, állította tegnap egy foglalkozási ártalmakkal foglalkozó szakember.
occupational guidance *fn* pályatanácsadás
occupational hazard *fn* foglalkozási veszély; foglalkozási kockázat * **Significant rises were recorded in deaths from occupational hazards, mainly exposure to asbestos 20 to 30 years ago.** Jelentős növekedést regisztráltak a foglalkozási kockázatok okozta halálok számában, főleg azoknál, akik 20–30 évvel ezelőtt azbeszttel érintkeztek.
occupational illness *fn* foglalkozási ártalom
occupy *ige*
1. elfoglal; tulajdont szerez
2. lakik; beköltözik
3. megszáll * **His men had occupied the governor's mansion in the town.** Emberei megszállták a városban a kormányzói palotát.
occur *ige* történik; megtörténik; bekövetkezik; előfordul; előadódik * **The committee shouldn't have let the problem occur.** A bizottságnak nem lett volna szabad megengednie, hogy a probléma előforduljon.
occurrence *fn* bizt
1. káresemény; biztosítási esemény
2. előfordulás * **a common/everyday/rare/regular occurrence** gyakori/mindennapos/ritka/rendszeres előfordulás

OECD [= **Organization for Economic Cooperation and Development**] *fn* (*1960-ban alapított szervezet, melynek egyik fő célja a gazdaság élénkítése és ezen keresztül az életszínvonal emelése a tagországokban*) Gazdasági Együttműködési és Fejlesztési Szervezet

offence *fn* jog törvénysértés; bűncselekmény; szabálysértés * **commit an offence** törvénysértés/szabálysértést/bűncselekményt követ el * **be charged with an offence** törvénysértéssel/szabálysértéssel/bűncselekménnyel vádolják

offender *fn* jog bűnöző; bűnös; elkövető; tettes

offer *fn*
1. ajánlat; árajánlat * **make an offer on/for sg** ajánlatot tesz vmire * **accept/take an offer** ajánlatot elfogad * **turn down an offer** ajánlatot viszszautasít
2. jog (*üzletkötési ajánlattétel*) ajánlat

offer price *fn*
1. ker ajánlati ár
2. áruárfolyam
3. tőzsde kínálati árfolyam; eladási árfolyam

offerer *fn* felajánló; ajánlattevő * **In the light of the announcements by potential competing offerers, we are advising shareholders to await developments.** Tekintettel a lehetséges konkurens ajánlattevők közleményeire, azt tanácsoljuk a részvénytulajdonosoknak, hogy várják meg a fejleményeket.

office *fn*
1. iroda
2. hivatal; közhivatal
3. hivatal; tisztség
4. bizt (*GB*) biztosítótársaság * **The Life Office will be closed next week.** Az Életbiztosítási iroda a jövő héten zárva tart.

office copy *fn*
1. irattári példány
2. jog hivatalos példány

office hours *fn* félfogadás; fogadóórák; hivatali órák * **Our office hours are**

from **9 a.m. to 3 p.m.** Félfogadás 9-től délután 3-ig.

official *mn*
1. hivatalos
2. szolgálati

official journal *fn*
1. hivatalos közlöny
2. hivatalos lap

official language *fn* hivatalos nyelv; hivatali nyelv

offpeak *mn* olcsóbb tarifájú; csúcsidőn kívüli * **Peak-rate calls are being cut from 50p to 25p a minute while offpeak is being reduced to 5p a minute.** A csúcsidőben történt hívások díját percenkénti 50 pennyről 25 pennyre, míg a csúcsidőn kívüli hívások díját percenként 5 pennyre csökkentik.

¹offset *fn*
1. kiegyenlítés; elszámolás
2. ellenkövetelés; kompenzáció; kárpótlás; kártérítés
3. számv ellentétel

²offset *ige*
1. kiegyenlít; elszámol; ellentételez; kompenzál; kárpótol; ellensúlyoz * **They blame the insurance companies for raising premiums to offset huge stock-market losses.** Azzal vádolják a biztosítótársaságokat, hogy az óriási részvénypiaci veszteségek kompenzálására felemelték a biztosítási díjakat.
2. **against** levon vmiből; elszámol; beszámít

offsetting *fn* beszámítás * **The offsetting of interest can be used to reduce monthly payments.** A kamatok beszámítását a havi részletek csökkentésére lehet fordítani.

offshore company *fn* adó offshore cég; offshore vállalat

offshore fund *fn* pénzügy (*adókedvezmény miatt külföldi székhellyel rendelkező befektetési alap*) külföldi befektetési alap

off-the-job training *fn* munkahelyen kívüli továbbképzés

off-the-shelf *mn* (*olyan termék vagy szolgáltatás, mely szabványra készült és ebből*) *adódóan nem vesz figyelembe egyéni igénye-ket*) konfekció-; szabványra készült

oil spill *fn* olajszennyezés; olajszennye-ződés * **He criticised the government for not cleaning up oil spills.** Bírálta a kormányt, amiért az nem takarítja el az olajszenynyezést.

old-age assurance *fn* bizt (*GB*) öregségi biztosítás

old-age benefit *fn* öregségi ellátás

old-age insurance *fn* bizt öregségi biztosítás

old-age pension *fn* NB: röv OAP; O.A.P öregségi nyugdíj * **He was already receiving his teacher's pension, but not the state old-age pension which begins at 65.** Már kapta tanári nyugdíját, de a 65 éves kortól járó állami öregségi nyugdíjat még nem.

old-age pension scheme *fn* öregségi nyugdíjprogram

old-age pensioner *fn* öregségi nyugdíjas

oligarchy *fn* oligarchia

oligopoly *fn* (*kis számú eladó versenye*) oligopólium * **Grocery retailing in the UK is a classic oligopoly, with the top three or four firms accounting for around 60% of the market.** Az élelmiszer-kiskereskedelem az Egyesült Királyságban klasszikus oligopólium: három vagy négy legnagyobb cég a piac körülbelül 60%-át uralja.

ombudsman *fn* ombudsman; állampolgári jogok biztosa

omission *fn*
1. mulasztás; kihagyás * **Our belief is that it is a systems failure and that any action or ommission on the part of the driver was only one factor.** Úgy véljük, hogy rendszerhibáról van szó, és a gépkocsivezető bármilyen tette vagy mulasztása csak az egyik tényező volt.
2. elhagyás; kihagyás

on behalf of *hat* vki nevében; vki helyett * **The committee started to negotiate pay deals on behalf of council workers.** A bizottság bérmeg-

állapodási tárgyalásokat kezdett a tanácsi dolgozók nevében.

on board *hat* száll hajón

on time *hat* pontosan

on-demand *mn* igény szerinti

one-man business *fn* egyszemélyes üzlet * **He bought a one-man business, installing TV satellite dishes south of Barcelona.** Vett egy egyszemélyes üzletet, amely műholdas tv-antennákat szerel fel Barcelonától délre.

ongoing *mn* folyamatos; folyamatban levő; állandó * **The company promised to review its decision after it faced on-going targeting from animal rights activists.** A vállalat ígéretet tett a döntésének átgondolására, miután az állatvédő aktivisták állandó célpontjává vált.

online *mn* informatika hálózatba kapcsolt; hálózaton hozzáférhető; online; internetes

online access provider *fn* informatika internet-szolgáltató

online buyer *fn* ker internetes vásárló

online catalogue *fn* ker internetes katalógus

online selling *fn* ker internetes eladás; internetes árusítás

online service *fn* internetes szolgáltatás

online shop *fn* ker internetes bolt; internetes üzlet; internetes áruház * **Eurostar has launched an online shop for travellers who can book anything from an exhibition in Antwerp to a make-up course in Paris.** A Eurostar internetes boltot nyitott az utasoknak, akik antwerpeni kiállítási belépőtől párizsi sminktanfolyamig bármit megrendelhetnek.

on-the-job training *fn* munkahelyi továbbképzés; munkahelyi képzés

OPEC [= **Organization of Petroleum Exporting Countries**] *fn* Kőolajexportáló Országok Szervezete

open *mn* nyílt; nyitott

open account *fn*
1. pénzügy nyílt számla; fedezetlen számla; kiegyenlítetlen számla

2. pénzügy (US) fedezetlen kölcsön; nyílt kölcsön
3. ker nyitott szállítás; nyitvaszállítás
open credit fn
1. bank nyílt hitel
2. pénzügy nem biztosított váltóhitel
3. (US) folyószámlahitel
open market operation fn pénzügy nyílt piaci művelet
open outcry fn tőzsde nyílt kikiáltás * **The Big Bang of 1986 abolished the open outcry system, through which brokers shopped around amongst jobbers on the floor of the Exchange for the keenest prices on share deals.** Az 1986-os nagy tőzsdekrach véget vetett a nyílt kikiáltási rendszernek, amikor a brókerek a tőzsdén a saját számlára dolgozó alkuszoknál hasonlították össze az árakat, hogy megtalálják a legjobb árakat a részvényüzletekhez.
open up ige (üzletet, céget stb.) nyit; alapít
opening balance fn
1. bank nyitó egyenleg
2. számv nyitó mérleg
opening inventory fn számv nyitókészlet
opening price fn tőzsde nyitóárfolyam
opening stock fn számv nyitókészlet
operate ige
1. működtet; üzemeltet
2. irányít; vezet
3. jog érvényben van; működik * **These rules do not operate in Northern Ireland.** Ezek a szabályok nem érvényesek Észak-Írországban.
operating capital fn működő tőke; üzemi tőke; forgótőke
operating conditions fn
1. üzemi viszonyok; működési feltételek * **The company said there was nothing which they could be offered that would change operating conditions in the UK.** A vállalat közölte, hogy semmi olyat nem tudnak kínálni nekik, ami megváltoztatná a működési feltételeket az Egyesült Királyságban.
2. munkafeltételek; munkaviszonyok

operating cost(s) fn
1. ipar üzemköltség(ek); üzemeltetési költség(ek); működési költség(ek) * **Operating costs rose as the airlines improved security and invested cash to improve services.** Az üzemeltetési költségek nőttek, mivel a légitársaság fokozta a biztonsági intézkedéseket, és pénzt fektetett a szolgáltatás javításába.
2. általános költségek; üzleti ráfordítások
operating data fn működési adatok; üzemgazdasági adatok
operating expenditure(s) fn üzemi kiadások; üzemi ráfordítások; működési költségek; tárgyi ráfordítások
operating expenses fn ipar üzemi költségek; általános költségek
operating margin fn ker kereskedelmi árrés; haszonrés * **To earn the maximum cash bonus, Mr Levy must produce better operating margins than his music industry rivals.** Hogy a lehető legnagyobb készpénzprémiumot kapja, Levy úrnak jobb haszonrést kell elérnie zeneipari konkurenseinél.
operating profit fn működési nyereség
operating rate fn kapacitáskihasználtság foka
operation fn
1. üzem; működés * **in operation** működésben van; üzemel * **bring/put into operation** működésbe hoz; üzembe helyez
2. munkafolyamat; eljárás
3. kezelés; üzemeltetés; működtetés
4. jog hatályosság; érvény * **This decision came into operation in January.** Ez a döntés januárban lépett érvénybe.
5. művelet; ügylet
operational management fn üzemvezetés; termelésirányítás
operational research fn operációkutatás
operator fn
1. ipar gépkezelő

2. tőzsde piaci szereplő; tőzsdés

3. működtető * **He accused the airports operator of spending too much of customers' money on new runways and terminals.** Azzal vádolta a repülőtér működtetőjét, hogy túl sokat költött az ügyfelek pénzéből új kifutópályákra és terminálokra.

4. utazásszervező * **Operators need to have better systems for investigating and dealing with complaints.** Az utazásszervezőknek jobb rendszereket kell kifejleszteniük a panaszok kivizsgálására és kezelésére.

5. informatika számítógépkezelő

6. telefonközpontos

opinion *fn*
1. állásfoglalás; vélemény; nézet
2. szakvélemény
3. pénzügy hitelesítő záradék; könyvvizsgálói záradék

opinion poll *fn* közvélemény-kutatás

opinion research *fn* közvélemény-kutatás * **37% of those surveyed by an opinion research organisation think life has got worse in the past year.** Egy közvélemény-kutatási szervezet által megkérdezettek 37%-a úgy véli, hogy az élet az elmúlt évben nehezebbé vált.

opinion survey *fn* közvélemény-kutatás

oppose *ige* ellenez; tiltakozik vmi ellen * **The delegate-proposed motion is opposed by the board.** Az igazgatótanács ellenzi a küldöttek által javasolt indítványt.

opt *ige* választ; dönt

opt for *ige* dönt vmi mellett * **After the negotiations, council workers could still opt for industrial action despite a revised pay offer.** A tárgyalások után a módosított bérajánlat ellenére a tanácsi dolgozók még mindig dönthetnek a sztrájk mellett.

opt out *ige* (*cégből, üzletből stb.*) kilép; kiszáll; kiválik

optimization *fn*
1. optimizálás; javítás; jobbítás
2. informatika optimálás

opting in *fn* EU csatlakozás

opting out *fn* EU kimaradás

option *fn*
1. tőzsde opciós ügylet; opciós kötés
2. jog elővásárlási jog; opciós jog
3. választási lehetőség; opció
4. informatika parancsopció

option dealing *fn* tőzsde (*annak megvétele, hogy adott időszakon belül rögzített áron köthessen üzletet egy értékpapírra*) opciós ügylet; opciós kötés

option price *fn*
1. tőzsde opciós kötési árfolyam
2. opciós prémium; opciós díj

option to purchase *fn* jog elővásárlási jog; vásárlási jog; vételi jog

options exchange *fn* tőzsde opciós tőzsde

option-trading *fn* tőzsde opciós kereskedelem; opciós ügyletek

opt-out *fn* kiválás; kimaradás

¹order *fn*
1. rendelés; megbízás; megrendelés * **to order** megbízás szerint; megrendelésre; méretre * **by order and for account of** megrendelésére és számlájára * **accept an order** megrendelést elfogad * **acknowledge an order** rendelést visszaigazol * **book an order** rendelést vesz fel * **call for orders** rendeléseket gyűjt * **cancel an order** rendelést visszavon * **carry out an order** megbízást teljesít * **confirm an order** rendelést visszaigazol * **enter an order** rendelést vesz fel * **execute an order** megbízást teljesít * **decline an order** rendelést visszautasít * **give an order to sy** * megrendel vkinél * **invalidate an order** rendelést érvénytelenít * **place an order with sy** megrendel vkinél * **process an order** megbízást/rendelést feldolgoz * **refuse an order** rendelést visszautasít * **supply to (an) order** rendelésre szállít * **withdraw an order** rendelést visszavon
2. megrendelt áru
3. sorrend; sorrendiség
4. ügyrend; szabályszerűség

O

5. parancs; utasítás
6. (jó) állapot * **out of order** üzemen kívül; nem működik
7. nagyságrend
8. jog rendelet; határozat; végzés; rendelkezés; kötelezés
²**order** *ige*
1. rendel; megrendel
2. rendez; elrendez; szabályoz
3. parancsol; elrendel; utasít; rendelkezik
4. megbíz
order acknowledgement *fn* ker rendelés-visszaigazolás
order blank *fn* megrendelőlap; rendelési formanyomtatvány; megbízási formanyomtatvány
order form *fn* megrendelőlap; rendelési formanyomtatvány; megbízási formanyomtatvány * **To renew your subscription, fill in our order form.** A rendelés megújításához töltse ki megrendelőlapunkat!
order intake *fn* beérkező rendelések; beérkező megbízások * **The number of order intakes continued to show significant improvement.** A beérkező rendelések száma továbbra is jelentős növekedést mutatott.
order number *fn* megrendelés száma; rendelési szám
order of business *fn* (*a tárgyalandó témák módszeres elrendezése értekezleten, megbeszélésen stb.*) ügyrend; ügymenet
order processing *fn* ker rendelések feldolgozása
order sheet *fn* megrendelőlap; rendelési formanyomtatvány; megbízási formanyomtatvány
ordering *fn* elrendezés; elhelyezés
orders received *fn* ker beérkezett rendelések * **Due to very limited availability of this variety of the plant, we are unfortunately only able to supply the first 200 orders received.** A növény e fajtájának ritkasága miatt, sajnálatos módon, csak a 200 elsőként beérkező rendelést tudjuk teljesíteni.

orders taken *fn* beszedett megbízások
ordinance *fn*
1. leirat
2. jog rendelkezés; előírás; utasítás; meghagyás
3. (*US*) helyhatósági rendelet * **Last year a city ordinance made it unlawful for dog owners to enter restaurants with their dogs, on grounds of public safety.** Tavaly egy városi rendelet a közbiztonság érdekében megtiltotta a kutyatulajdonosoknak, hogy éttermekbe kutyát vigyenek be.
ordinary partnership *fn* egyszerű társaság; közkereseti társaság
ordinary share *fn* tőzsde (*GB*) törzsrészvény * **Small shareholders account for around 20% of M&S ordinary shares, an unusually high figure.** A Marks and Spencers törzsrészvényeinek körülbelül 20%-a a kisrészvényeseké, ami szokatlanul nagy szám.
ordinary stock *fn* tőzsde (*US*) törzsrészvény
organ *fn*
1. szerv
2. hírközlő szerv; sajtóorgánum
organigram *fn* szervezeti diagram; szervezeti ábra * **Examining the organigram of the company's organisation, you can clearly see the internal structure.** Ha megvizsgálja a vállalat szervezeti ábráját, világossá válik a belső szerkezet.
organization *fn*
1. szervezet; testület
2. szerkezet; szervezettség; organizáció
3. szervezés; megszervezés; elrendezés
organization chart *fn* szervezési táblázat; szervezeti diagram; szervezeti ábra
Organization for Economic Cooperation and Development *fn* NB: röv **OECD** (*1960-ban alapított szervezet, melynek egyik fő célja a gazdaság élénkítése és ezen keresztül az életszínvonal emelése a tagországokban*) Gazdasági Együttműködési és Fejlesztési Szervezet

Organization of Petroleum Exporting Countries *fn* **NB: röv OPEC** Kőolajexportáló Országok Szervezete

organizational ability *fn* szervezőkészség * **Applicants are expected to have organizational ability to hit deadlines.** A pályázóknak szervezőkészséggel kell rendelkezniük, hogy a határidőket be tudják tartani.

organizational chart *fn* szervezési táblázat; szervezeti diagram; szervezeti ábra

organizational structure *fn* szervezeti felépítés

organize *ige*
1. szervez; megszervez
2. rendez; megrendez

origin *fn* származás; eredet

original capital *fn* alaptőke; eredeti tőke * **The manager can reinvest the original capital into another business.** A menedzser más üzletekbe fektetheti az eredeti tőkét.

originator *fn* szerző; alapító; létrehozó; alkotó; kezdeményező * **Despite all efforts, spam will continue to increase because the originators of spam will always find ways round filters.** Minden próbálkozás ellenére a kéretlen reklámlevelek száma növekedni fog, mivel szerzőik mindig találnak módot a szűrők megkerülésére.

outage *fn* ipar üzemkiesés; üzemkiesési idő * **The weekend outage of an oil platform due to a safety valve problem contributed to yesterday's surge in prices.** Egy olajfúrótorony biztonsági szelepének problémája okozta hétvégi üzemkiesés hozzájárult a tegnapi gyors áremelkedéshez.

outcome *fn*
1. eredmény
2. következmény

outdated *mn* elavult

outdoor advertising *fn* mark köztéri reklámozás * **The outdoor advertising market in Britain is expected to grow 9% this year.** A brit köztéri reklámozási piac az idén várhatóan 9%-kal nő.

outflow *fn* kiáramlás

outgoing goods *fn* ker kimenő áru; kiszállítás

outgoings *fn* pénzügy kiadások; költségek; ráfordítások * **Nearly a quarter of those questioned said their basic outgoings were more than their monthly wage.** A kérdezettek majdnem negyede közölte, hogy a kiadásai meghaladják havi fizetését.

outlay cost(s) *fn* pénzügy tényleges kiadások; tényleges költségek

outlays *fn* pénzügy kiadás(ok); költség(ek); ráfordítások

outlet *fn* ker
1. kereskedés; bolt; üzlet
2. márkabolt

outlook *fn* kilátás

out-of-court settlement *fn* jog peren kívüli megegyezés; peren kívüli egyezség * **Eventually an out-of-court settlement was reached with his former business partner.** Végül peren kívüli megegyezést kötött korábbi üzlettársával.

out-of-pocket expenses *fn* készkiadások; előlegezett kiadások; készpénz-ráfordítások * **A test case by a disgruntled BA passenger could open the door to claims for reasonably foreseeable out-of-pocket expenses because of the delays.** A British Airways egyik elégedetlen utasának próbapere megnyithatja a kapukat a késések miatt elveszett, ésszerűségi határokon belüli készkiadások visszatérítésére vonatkozó keresetek előtt.

output *fn*
1. ipar termelés; termelési eredmény
2. ipar kibocsátás
3. ipar (*pl. gépé*) teljesítmény
4. száll szállítási teljesítmény
5. informatika kimenet; output; kimenő adatok; kimenő információ

output rate *fn* ipar termelési norma

output volume *fn* ipar termelési volumen * **Of the 1,050 companies surveyed, 28% said that they expected output volumes to grow.**

A megkérdezett 1050 vállalat 28%-a azt mondta, hogy valószínűnek tartja a termelési volumen növekedését.

outside capital *fn* idegen tőke; kölcsöntőke * **The company needs outside capital to maintain its position as the continent's second-largest pharmaceutical company.** A vállalatnak idegen tőkére van szüksége ahhoz, hogy megtartsa a pozícióját, mint a kontinens második legnagyobb gyógyszerészeti vállalata.

outsource *ige* feladatot kihelyez; külső céget alkalmaz

outsourcing *fn* feladatkihelyezés; külső cég alkalmazása; tevékenységkihelyezés * **The firm is considering outsourcing to India.** A cég Indiába történő feladatkihelyezést fontolgat.

outstanding *mn*
1. pénzügy hátralékos; esedékes; fennálló; kifizetetlen; rendezetlen * **I suggest you write a letter warning him that, if he does not pay the outstanding debt within 14 days, you will start court proceedings.** Javaslom, írjon egy levelet, amelyben figyelmezteti, hogy amennyiben esedékes tartozását 14 napon belül nem fizeti meg, bírósági eljárást fog indítani.
2. pénzügy kibocsátott; forgalomban levő
3. kiemelkedő; kiváló; elsőrendű

outstanding amount *fn* pénzügy hátralékos összeg * **The court made a liability order for the outstanding amount, plus £25 costs.** A bíróság felelősségi végzést adott ki a hátralékos összegre, valamint a 25 fontos perköltségekre.

outstanding debts *fn* pénzügy kifizetetlen követelések; kinnlevőségek

outstanding order *fn* még nem teljesített megbízás; megbízásállomány

overage *fn* árutöbblet; többletmennyiség; szufficit

overall *mn* **NB: röv o.a.** teljes; átfogó; mindenre kiterjedő; általános; össz-

overall capacity *fn* összkapacitás

overall consumption *fn* összfogyasztás * **In Britain overall consumption of soft drinks has doubled in the past 12 years and continues to rise.** Nagy-Britanniában az elmúlt 12 évben megduplázódott az üdítőitalok összfogyasztása, és továbbra is nő.

overall investment costs *fn* beruházási összköltség

overcharge *fn*
1. ker túlszámlázás
2. túlzott ár; túlzott követelés

overdraft *fn* bank folyószámlahitel * **pay off an overdraft** folyószámlahitelt visszafizet * **We have recently applied for an overdraft.** Nemrégiben folyószámlahitelt igényeltünk.

overdraft facility *fn* bank folyószámlahitel-szolgáltatás; folyószámla-hitelkeret

overdue *mn* elmaradt; hátralékos; lejárt; rég esedékes * **They were informed that Mr Richards, although late, had paid the overdue instalment.** Értesítették, hogy Richards úr, késve bár, de kifizette a hátralékos részletet.

¹overestimate *fn* túlértékelés; túlbecslés
²overestimate *ige* túlértékel; túlbecsül; értéken felül becsül * **The director last night admitted that he had overestimated the effects of his decision.** Tegnap este az igazgató beismerte, hogy túlértékelte döntése hatásait.

overestimation *fn* értéken felüli becslés

¹overhaul *fn*
1. átvizsgálás; revízió
2. ipar nagyjavítás; generáljavítás

²overhaul *ige*
1. átvizsgál; felülvizsgál; revideál * **Investors have been pressing the company to overhaul its management structure.** A befektetők nyomást gyakoroltak a vállalatra, hogy vizsgálja felül a vezetési szerkezetét.
2. ipar átvizsgál és javít; nagyjavítást végez; generáljavítást végez

overhead charge(s) *fn* pénzügy általános költség(ek); rezsiköltség(ek)

overhead cost(s) *fn* pénzügy általános költség(ek); rezsiköltség(ek) * **One of**

the world's biggest-selling magazines is trying to cut overhead costs by £44m. A világ egyik lekelendőbb folyóirata 44 millió fonttal próbálja csökkenteni az általános költségeket.

overhead expense(s) *fn* pénzügy általános költség(ek); rezsiköltség(ek)

overheads *fn* pénzügy általános költségek; rezsiköltségek * **They want to cut overheads with 20% by the end of this financial year.** A pénzügyi év végére 20%-kal akarják csökkenteni az általános költségeket.

overinsure *ige* túlbiztosít; értéken felül biztosít * **Last week it was revealed that foreign exchange reserves held by Asian countries had reached $2 trillion, as governments overinsured against a currency crisis.** A múlt héten kiderült, hogy az ázsiai országok valutatartalékai elérték a 2 trillió dollárt, mivel a kormányok túlbiztosították magukat valutaválság esetére.

overproduction *fn* túltermelés * **After May 1, the newcomer nations will not be able to plant new grapes because of significant overproduction across the continent.** Május elseje után, az újonnan belépő országokban nem lehet új szőlőket telepíteni a kontinens jelentős túltermelése miatt.

overrate *ige* túlértékel; túlbecsül

overseas *mn* külföldi; tengeren túli * **Ministers are considering legislation to place an obligation on colleges to inform the Home Office whether or not students attending courses on overseas visas turn up regularly.** A miniszterek olyan jogszabályon gondolkodnak, amely arra kötelezné a bejegyzett főiskolákat, hogy tájékoztassák a belügyminisztériumot, hogy a külföldi vízummal rendelkező hallgatók rendszeresen látogatják-e az órákat.

oversee *ige* felügyel; ellenőriz * **They have sent a delegation to the country to oversee a shaky ceasefire agreed in April.** Delegációt küldtek az országba, hogy felügyelje az áprilisban kötött ingatag tűzszünet betartását.

overseer *fn* munkafelügyelő; munkavezető

overstatement *fn* túlzás; túlzó állítás * **Last night they launched a formal investigation into the company's overstatement of its oil reserves.** Tegnap este formális vizsgálatot indítottak a vállalat olajtartalékaira vonatkozó túlzó állításainak kivizsgálására.

oversupply *fn* ker túlkínálat; árutöbblet * **They supported the proposal but cautioned that oversupply could deflate oil prices in the autumn.** Támogatták a javaslatot, de figyelmeztettek, hogy a túlkínálat az ősszel csökkentheti az olajárakat.

over-the-counter market *fn* tőzsde (*US*) szabadforgalmú piac; tőzsdén kívüli piac

overtime *fn*
1. túlóra * **do/work overtime** túlórázik
2. túlórapótlék

overvaluation *fn* túlértékelés; túlbecsülés

own brand *fn* saját márka * **A study says any extra costs should be borne by the major supermarkets almost all of whose own-brand milk comes from cows fed on GM feed imported from the US and Argentina.** Egy tanulmány szerint a többletköltségeket a nagyobb szupermarketeknek kellene fizetniük, amelyek szinte mindegyikének a saját márkájú teje olyan tehenektől származik, amelyeket az USA-ból és Argentínából importált genetikailag módosított takarmánnyal etetnek.

owner *fn* tulajdonos; birtokos; gazda

ownership *fn* tulajdon; tulajdonjog * **Deciding on the best ownership structure is difficult because you have to weigh up the local issues.** Nehéz eldönteni, hogy melyik a legjobb tulajdonosi szerkezet, mivel mérlegelni kell a helyi kérdéseket.

O

P, p

p.a. [= **per annum**] *hat* évente; éves szinten

pacification *fn*
1. rend helyreállítása; rendteremtés; pacifikálás
2. békítés; megbékítés
3. békekötés; békeszerződés; békeegyezmény

pack *fn*
1. csomag
2. csomagolás; göngyöleg; bála

package *fn*
1. csomag
2. rakomány; csomag; köteg; bála
3. göngyöleg; csomagolás
4. intézkedéscsomag * **This package of measures aims to streamline the process and reduce the burden of bureaucracy.** Ennek az intézkedéscsomagnak a célja az eljárás korszerűsítése és a bürokratikus terhek csökkentése.
5. juttatások összessége
6. csomagolási díj; csomagolási költségek

packaging *fn*
1. csomagolás; külső csomagolás; kiszerelés; burkolat
2. csomagolástechnika

packaging material *fn* csomagolóanyag

packaging technology *fn* csomagolási technológia * **They want to introduce a new environmentally friendly packaging technology.** Új, környezetbarát csomagolási technológiát akarnak bevezetni.

packing *fn*
1. csomagolás; burkolat
2. csomagolóanyag

packing list *fn* ker feladási lista; csomagolási jegyzék

pact *fn* szerződés; megállapodás; egyezmény; egyezség * **make/sign a pact to do sg** megállapodik vmi megtételére * **Some predict a pact between the parties to govern the city together.** Egyesek azt jósolják, hogy a két párt megállapodik, hogy közösen vezessék a várost.

paid holiday *fn* fizetett szabadság * **We can offer an annual salary of up to £25,000, including four weeks paid holiday.** 25 000 fontig terjedő éves fizetést tudunk felajánlani, négy hét fizetett szabadsággal.

paid leave *fn* fizetett szabadság

pallet *fn* raklap * **The foundation shipped two pallets of toys to children in Bosnia in 1994.** Az alapítvány 1994-ben két raklapnyi játékot szállított a bosznia gyerekeknek.

panic buying *fn* tőzsde pánikvásárlás; vételi pánik

paper loss *fn* névleges/fiktív veszteség

paper money *fn* pénzügy bankjegy(ek); papírpénz * **In an effort to foil counterfeiters, America's paper money – the venerable greenback – will no longer be completely green.** A hamisítások megakadályozása érdekében az amerikai papírpénz – a tiszteletreméltó zöldhasú – nem lesz már teljesen zöld.

paper profit *fn* pénzügy (*készpénz formájában nem realizálódott nyereség*) látszólagos nyereség; fiktív haszon; névleges nyereség

par *fn*
1. egyenérték; egyenértékűség * **be on a par with** egyenértékű vmivel, egy színvonalon álló vmivel * **at par** egyenértéken, parin * **above par** parin felül

2. pénzügy paritásos árfolyam; pariérték; névérték

3. pénzügy átváltási árfolyam; átváltási paritás

par value *fn* tőzsde (*a részvénybizonylaton szereplő érték*) névérték

parcel *fn*
1. (*postai*) csomag; küldemény
2. tőzsde részvénycsomag; részvénypakett
3. telek; parcella; telekrész

parcel delivery company *fn* száll csomagszállító vállalat

parent company *fn*
1. anyavállalat * **Mr Black yesterday revealed discussions with an investment firm about selling Hollinger International, the newspapers' parent company.** Black úr tegnap bejelentette, hogy tárgyalásokat folytatnak egy befektetési céggel az újság anyavállalatának, a Hollinger International eladásáról.
2. alapító vállalat

parent organization *fn* anyaszervezet

parental leave *fn* gyermek után járó szabadság

parity *fn*
1. pénzügy egyenérték; egyenlőség; egyenértékűség
2. paritás; átváltási árfolyam

parliament *fn* parlament; országgyűlés

part of a group *fn* tagvállalat; konszern része; csoport tagja

part payment *fn* pénzügy részfizetés; részletfizetés

part-financing *fn* részfinanszírozás

partial *mn*
1. részleges; rész-; részlet- * **The introduction of new identity cards is unlikely to provide more than a partial solution to the rising levels of crimes.** Az új személyazonosító kártyák bevezetése valószínűleg csak részben oldaná meg a növekvő bűnözés problémáját.
2. részrehajló; elfogult

participate *ige*
1. részt vesz

2. részesedik; résztulajdonnal rendelkezik
3. hozzájárul

participation *fn*
1. részvétel; részesedés
2. résztulajdon; vállalati részesedés; érdekeltség

participation in decision-making *fn* részvétel a döntéshozatalban * **The more power is distributed to those who need it, the greater the participation in decision-making.** Minél több hatalmat osztanak azoknak, akiknek arra szükségük van, annál nagyobb a részvétel a döntéshozatalban.

participation rate *fn* részvételi arány

partner *fn* társ; üzlettárs; résztulajdonos; társtulajdonos; társtag; partner

partnership *fn*
1. társaság; társulás; társas cég * **take sy into partnership** üzlettárssá fogad vkit * **enter/go into partnership** társul * **in partnership with sy** vkivel társulva * **The two borthers went into partnership.** A két fivér társulást alapított.
2. közkereseti társaság

partnership agreement *fn* jog társulási szerződés * **The managers signed the partnership agreement after ten days of negotiations.** A vezetők tíz napig tartó tárgyalás után aláírták a társulási szerződést.

partnership assets *fn* társasági vagyon

part-time job *fn* részmunkaidős foglalkozás; részmunkaidős állás * **The project has created more than 120 full and part-time job vacancies.** A projekt több, mint 120 teljes és részmunkaidejű munkahelyet teremtett.

part-time work *fn* részidős munka; részfoglalkoztatás; részmunkaidős állás

part-time worker *fn* részmunkaidős foglalkoztatott; részmunkaidős dolgozó; részmunkaidős alkalmazott; részidős foglalkoztatott; részidős dolgozó; részidős alkalmazott * **The government is to introduce new regulations to confirm part-time workers' pension**

P

rights. A kormány új szabályozást vezet be a részmunkaidős dolgozók nyugdíjjogosultságának igazolására.

part-timer *fn* részmunkaidős foglalkoztatott; részmunkaidős dolgozó; részmunkaidős alkalmazott; részidős foglalkoztatott; részidős dolgozó; részidős alkalmazott

party *fn*
1. jog ügyfél; szerződő fél; fél
2. párt
3. csoport

party to an agreement *fn* jog szerződő fél

pass *fn* (*pl. szolgálati*) igazolvány; engedély

passbook *fn* bank bankbetétkönyv; takarékbetétkönyv; takarékkönyv * **National Savings has checked the passbook information and recalculated the interest to make sure there were no accounting errors.** A National Savings bank ellenőrizte a bankbetétkönyv adatait, és újraszámolta a kamatot, hogy megbizonyosodjon arról, hogy nem követtek el könyvelési hibákat.

patent *fn*
1. jog szabadalom * **obtain a patent** szabadalmat megszerez * **register a patent** szabadalmat bejegyeztet * **a patent expires** lejár a szabadalom * **apply for a patent** szabadalomra bejelent * **grant a patent** szabadalmat ad vmilyen találmányra * **hold a patent** szabadalommal rendelkezik, szabadalma van * **take out a patent** szabadalmaztat vmit
2. szabadalmazott találmány

patent infringement *fn* jog szabadalomsértés; szabadalombitorlás

patent law *fn* jog szabadalmi jog; szabadalmi törvény

Patent Office *fn* szabadalmi hivatal

patent registration *fn* jog szabadalombejegyzés * **Ministers agreed to set up a common European court for patent decisions by 2010 and to institute a pan-European stand-** ardised patent registration system. A miniszterek megegyeztek, hogy 2010-ig létrehoznak egy közös európai szabadalmi bíróságot, és hogy standardizált szabadalombejegyzési rendszert vezetnek be.

patent right(s) *fn* szabadalmi jog(ok)

patentable *mn* szabadalmazható

patentee *fn* (*akinek hivatalosan megadták a szabadalmi jogot*) szabadalom tulajdonosa; szabadalom jogosultja

patronage *fn*
1. patronálás; pártfogás; támogatás; védnökség; protekció * **Given the nature of the current appointments process, it is impossible to demonstrate that the system is not founded on patronage.** A jelenlegi kinevezési eljárás jellegénél fogva lehetetlen kimutatni, hogy a rendszer alapja nem a protekció.
2. ker állandó vevőkör
3. ker állandó vásárlás; rendszeres vásárlás

patronise *ige* támogat

pattern *fn*
1. minta; séma
2. áruminta
3. felépítés; jelleg; összetétel; szerkezet

pawn *fn* jog zálog; zálogtárgy; kézizálog

pawnee *fn* jog záloghitelező; zálogkölcsönző

¹pay *fn* bér; fizetés; fizetség; illetmény; járandóság; jövedelem; kereset

²pay *ige*
1. fizet; befizet; kifizet; fizetést teljesít; megfizet * **They paid for all the services.** Valamennyi szolgáltatásért fizettek.
2. megtérít; kiegyenlít; visszafizet

pay agreement *fn* bérmegállapodás

pay day *fn* fizetésnap

pay deal *fn* bérmegállapodás * **The consultant agency is opposing the company's remuneration report, after raising its voice against a controversial pay deal earlier in the year.** A tanácsadó ügynökség kifogásolja a vállalat juttatási beszámolóját, miután az év során korábban már kifogást emelt egy ellentmondásos bérmegállapodás ellen.

pay increase *fn* fizetésemelés; béremelés
pay offer *fn* munkabér ajánlat
pay raise *fn* (*US*) béremelés; fizetésemelés
pay restraint *fn* bérmegszorítás
pay review *fn* fizetésrendezés
pay rise *fn* (*GB*) béremelés; fizetésemelés
pay scales *fn* fizetési skála; bérskála
payable *mn*
1. fizetendő; fizetésre esedékes; esedékes; kifizetendő; megtérítendő
2. fizethető; kifizethető
pay-as-you-earn *fn* NB: röv PAYE adó (*GB*) adóelőleg-levonás; jövedelemadó-levonási rendszer
payback *fn*
1. pénzügy visszafizetés; törlesztés * **Berkeley group announced the sale of about half its properties and a £1.4bn payback to investors.** A Berkeley csoport bejelentette, hogy eladja ingatlanvagyona körülbelül felét, és 1,4 milliárd fontot visszafizet a befektetőknek.
2. megtérülés
payee *fn*
1. bank (*csekké*) bemutató; utalványos
2. pénzügy (*váltónál*) rendelvényes
3. pénzügy (*akkreditívé*) kedvezményezett
payer *fn*
1. pénzügy fizető; befizető
2. (*váltónál*) intézvényezett
3. (*csekknél*) kibocsátó
payment *fn*
1. pénzügy fizetés; kifizetés; befizetés; megfizetés; kiegyenlítés; törlesztés * **make a payment of sg** vmekkora összeget kifizet
2. fizetett összeg; kifizetett összeg
3. térítés; bér; fizetés; fizetség
4. (*váltónál*) kifizetés
payment by results *fn* NB: röv P.B.R. teljesítmény szerinti bérezés; teljesítménybér
payment guarantee *fn* ker fizetési garancia

payment in advance *fn* ker előrefizetés
payment in kind *fn* NB: röv P.I.K. természetbeni fizetés; természetbeni juttatás
payment of tax *fn* adó adófizetés
payoff *fn*
1. teljes törlesztés; adósságrendezés
2. vesztegetés; vesztegetési pénz
3. végkielégítés * **Shareholders criticised the company for giving Sir Philip a £1m payoff.** A részvényesek kifogásolták, hogy a vállalat 1 millió font végkielégítést adott Sir Philipnek.
payola *fn* kenőpénz; megvesztegetési pénz
payout *fn*
1. pénzügy kifizetés
2. osztalékfizetés; nyereség-kifizetés
payroll *fn*
1. bérjegyzék; fizetési lista; fizetési jegyzék; bérlista
2. átv munkatársak száma; alkalmazottak száma
3. béralap
payroll costs *fn* bérköltség * **Yesterday the chief executive said most of the costs that had been cut were payroll costs.** Tegnap a vezérigazgató azt mondta, hogy a költségcsökkentések nagy része a bérköltségek csökkentéséből állt.
peak in *fn*
1. csúcs; csúcspont; tetőpont; tetőérték * **Oil prices were at their peak in May.** Az olajárak májusban érték el a csúcsot.
2. konjunktúra tetőzése
penalise *ige* (meg)büntet
penalty *fn*
1. büntetés * **heavy/severe/stiff penalty** súlyos büntetés
2. jog pénzbírság
3. jog kötbér
4. szankció
penalty clause *fn*
1. jog kötbérfizetési záradék; kötbérzáradék
2. büntetőzáradék
penetrate *ige (piacra)* betör * **penetrate a foreign market** külföldi piacra betör

P

penetration *fn*
1. behatolás; térhódítás * **penetration strategy** piacnyerési stratégia
2. piaci részesedés

pension *fn* nyugdíj * **draw a pension** nyugdíjat kap

pension claim *fn*
1. nyugdíjazási kérelem
2. nyugdíjkövetelés

pension contribution *fn* nyugdíjjárulék

pension entitlement *fn* nyugdíjjogosultság; nyugdíjigény; járulékigény * **A website allowing people to calculate their retirement income prospects was launched today which takes into account personal pension savings, state pension entitlements, your age, your salary and your planned retirement date.** Ma elindítottak egy honlapot, amely lehetővé teszi a várható nyugdíjjövedelem kiszámítását. A honlap a számításnál a magánnyugdíj megtakarításokat, az állami nyugdíjjogosultságot, az életkort, a fizetést és a tervezett nyugdíjba vonulási időt veszi figyelembe.

pension fund *fn* nyugdíjalap; nyugdíjpénztár

pension insurance *fn* bizt nyugdíjbiztosítás

pension off *ige* nyugdíjaz; nyugdíjba küld

pension payments *fn* nyugdíj; nyugdíjfizetés; járadékfizetés; pénzbeli járadék

pension scheme *fn* nyugdíjbiztosítás * **A growing number of companies are considering offering cash instead of a pension scheme to employees.** A vállalatok egyre növekvő számban fontolgatják azt, hogy nyugdíjbiztosítás helyett készpénzt adjanak a dolgozóknak.

pensioner *fn* nyugdíjas; nyugdíjjogosult

penny shares *fn* tőzsde (*GB*) kisrészvények; filléres részvények

penny stock *fn* tőzsde (*US*) kisrészvények; filléres részvények

per annum *hat* **NB: röv p.a.** évente; éves szinten

per capita *hat*
1. fejenkénti; egy főre eső * **The per capita income for the region is $575 a year.** A térségben az egy főre eső jövedelem évi 575 dollár.
2. fejenként

percentage *fn*
1. százalék; százalékarány
2. százalékos részesedés
3. százalékos jutalék; százalékos díj
4. megengedett hibaszázalék

perform *ige* teljesít; végez; elvégez * **perform badly/well** rosszul/jól teljesít * **perform a task** feladatot teljesít * **perform a job** munkát végez

performance *fn*
1. jog teljesítés
2. teljesítmény * **He promised an improvement in the performance of the factory.** A gyár teljesítményének javulását ígérte.
3. teljesítőképesség

performance appraisal *fn* teljesítményértékelés; személyi teljesítményértékelés * **You need to ensure that each individual within the team receives fair performance appraisals.** Gondoskodnia kell arról, hogy a csapat minden tagjának teljesítményét igazságosan értékeljék.

performance evaluation *fn* teljesítményértékelés

performance review *fn* teljesítményvizsgálat

performance-linked payment *fn* teljesítményhez kötött bérezés; teljesítményarányos bérezés; teljesítményfüggő bérezés

performance-related pay *fn* teljesítményhez kötött bérezés; teljesítményarányos bérezés; teljesítményfüggő bérezés

period *fn*
1. időtartam; periódus; időszak; tartam
2. futamidő; érvényességi időszak

period of notice *fn* felmondási idő

peripheral business *fn* melléküzletág * **The chairman and former head of the company has targeted £15m**

in annual savings by 2010, selling a number of peripheral businesses. A cég elnöke és korábbi vezetője számos melléküzletág eladásával 15 millió fontos éves megtakarítást akar elérni 2010-ig.

perks *fn* béren kívüli juttatások

permanent *mn* állandó; tartós; végleges * **Unions said the government had yet to find a permanent solution to the crisis.** A szakszervezetek szerint a kormány még nem talált tartós megoldást a válságra.

Permanent Representatives Committee *fn* **NB: röv COREPER** EU Állandó Képviselők Bizottsága

permission *fn*
1. hozzájárulás
2. engedély * **Journalists need permission to interview or film.** Az újságírók csak engedéllyel készíthetnek interjúkat, illetve filmezhetnek.

permit *fn* engedély * **If we have evidence that international standards are not being met, a permit may be refused or revoked.** Ha bizonyítékunk van arra, hogy a nemzetközi előírásokat nem tartják be, nem adjuk ki, illetve visszavonjuk az engedélyt.

personal *mn*
1. személyes; egyéni; személyhez kötött; személyi
2. magánjellegű; bizalmas

personal account *fn* bank személyi számla * **Almost 33m personal accounts were accessible by phone in 2003.** 2003-ban csaknem 33 millió személyi számlához volt telefonos hozzáférés.

personal credit line *fn* bank személyes hitelkeret

personal file *fn* személyi lap; személyi akta * **The electronic personal file of schoolchildren will include name, address, date of birth, school and GP.** Az iskolás gyermekek elektronikus személyi lapja a nevet, lakcímet, születési dátumot, az iskola és a háziorvos adatait fogja tartalmazni.

personal identification number *fn* **NB: röv PIN; Pin** (*hitelkártyánál, bankkártyánál stb.*) személyi azonosító szám

personal income tax *fn* adó személyi jövedelemadó

personal injury *fn*
1. személyi sérülés
2. személyes sérelem

personal insurance *fn* bizt személybiztosítás

personal loan *fn* bank személyi kölcsön * **You may have problems getting personal loans for six years after the bankruptcy is discharged.** A fizetésképtelenség rehabilitálásától számítva hat évig problémák lehetnek személyi kölcsönök felvételével.

personal possession *fn* személyi tulajdon * **Johnson had already sold personal possessions, including pottery and stamp collections, to raise cash to repay the stolen money.** Johnson már eladott különböző személyes értéktárgyakat, például cseréptárgyakat, például kerámiát és bélyeggyűjteményeket, hogy vissza tudja fizetni a lopott pénzt.

personal property *fn* ingó vagyon; személyi tulajdon

personal use *fn* személyes használat; személyes felhasználás; magánfelhasználás * **The family is accused of making personal use of the company jet and buying apartments for other family members.** A családot azzal vádolják, hogy a vállalati repülőgépet személyes célokra használták, és hogy más családtagoknak lakásokat vásároltak.

personal wealth *fn* magánvagyon * **His personal wealth is valued at £60 million.** Magánvagyonát 60 millió fontra becsülik.

personnel *fn* alkalmazottak; dolgozók; személyállomány; személyzet

personnel administration *fn* személyzeti ügyintézés

personnel consultancy firm *fn* személyzeti tanácsadó cég

personnel consultant *fn* személyzeti tanácsadó

personnel department *fn* személyzeti osztály

personnel expenses *fn* személyzeti kiadások

personnel management *fn*
1. személyzeti vezetés
2. munkaerő-gazdálkodás

personnel office *fn* személyzeti iroda

personnel policy *fn* személyzeti politika

persuade *ige* meggyőz; rábeszél

persuasive *mn* meggyőző * **persuasive argument/reason** meggyőző érv/indok

petition *fn* jog kérelem; kérvény; folyamodvány; beadvány; petíció * **file a petition** kérvényt/kérelmet benyújt * **sign a petition against sy** petíciót aláír vki ellen

PHARE [= **Poland-Hungary Assistance for Restructuring the Economy**] *fn* EU (*támogatás Lengyelország és Magyarország gazdaságának átalakításához*) PHARE

physical *mn* fizikai

physical demand *fn* fizikai igénybevétel

physical work *fn* fizikai munka

pie chart *fn* kördiagram * **There is a pie chart that shows just how big a gap there is between your earnings now and your income when you retire.** Egy kördiagram mutatja, mekkora a rés a mostani és a nyugdíjba vonulás utáni jövedelme között.

piecework *fn*
1. darabbér
2. darabszámra fizetett munka; darabmunka; akkordmunka

piecework wage *fn* darabbér

pilot project *fn* próbavállalkozás; kísérleti vállalkozás; bemutató projekt

pink slip *fn* (*US*) felmondási értesítés

pivotal *mn* döntő; sarkalatos; döntő fontosságú; kulcs- * **The former BBC director general played a pivotal role in the unexpected appointment yesterday of the corporation's marketing director as Channel 4's chief executive.** A BBC korábbi főigazgatója döntő szerepet játszott abban, hogy a társaság marketing-igazgatóját tegnap kinevezték a Channel 4 vezérigazgatójává.

placard *fn* plakát

¹place *fn* hely

²place *ige*
1. értékesít; befektet
2. tőzsde (*értékpapír-kibocsátást*) elhelyez

place of delivery *fn* száll szállítási cím; kézbesítés helye; átadás helye

place of performance *fn* teljesítés helye

place of work *fn* munkahely * **A man in his late 40s was arrested on June 21 at his place of work.** Június 21-én a munkahelyén letartóztattak egy negyvenes évei végén járó férfit.

placement *fn*
1. elhelyezés; értékesítés
2. munkaerő-elhelyezés

placement of employees *fn* munkaerő-elhelyezés

plain-spoken *mn* nyílt; őszinte; szókimondó * **An opinion poll this week confirmed his plain-spoken manner, energy and focus on results were hugely popular.** Egy e heti közvéleménykutatás szerint őszinte modora, energiája és az, hogy az eredményekre összpontosít, nagyon népszerűvé teszik.

plaintiff *fn* jog felperes

¹plan *fn*
1. terv * **make/outline/work out a plan** tervet kidolgoz * **go/run according to plan** terv szerint zajlik * **ahead of plan** a tervezettnél korábban
2. elképzelés; szándék

²plan *ige* tervez; megtervez * **They plan to provide cleaner, safer and greener neighbourhoods.** Tervezik tisztábbá, biztonságosabbá és zöldebbé változtatni a lakóhelyek környékét.

plan targets *fn* tervfeladatok

planned economy *fn* tervgazdálkodás * **It's a centrally planned economy, so the figures will be whatever the government wants them**

to be. Tervgazdálkodásról van szó, tehát az adatok olyanok, amilyeneket a kormány akar.

planning *fn* tervezés; tervkészítés

planning department *fn* tervezési osztály * **She has pointed out that many local authority planning departments are currently staffed by Australians and New Zealanders on short-term contracts because of the lack of talent in Britain.** Rámutatott arra, hogy a nagybritanniai szakértők hiánya miatt sok önkormányzati tervezési osztály személyzete jelenleg rövid távú szerződésekkel dolgozó ausztrálokból és új-zélandiakból áll.

plant *fn* ipar üzem; gyár; gyáregység; gyártelep; telep; termelőegység; termelőüzem

plc [= **public limited company**] *fn* részvénytársaság; nyilvános korlátolt felelősségű társaság

plea *fn*
1. jog kifogás; ellenvetés; mentség
2. kérelem
3. jog védőbeszéd

plead *ige*
1. jog perben érvel; indokol
2. kifogásol
3. felhoz
4. vall * **Unlike most defendants pleading not guilty to serious criminal charges, they readily admit what they did.** A legtöbb vádlottól eltérően, akik ártatlannak vallják magukat súlyos büntettek elkövetésében, ők készségesen beismerik tettüket.

plenary session *fn* plenáris ülés; teljes ülés * **Every single committee meeting, plenary session and briefing document has to be translated.** Minden egyes bizottsági tárgyalást, plenáris ülést és tájékoztató dokumentumot le kell fordítani.

plot *fn* telek; földterület; parcella

plow back *ige* (*US*) (*nyereséget befekteti abba a vállalkozásba, melyből származik*) újra befektet; felhalmoz

poach *ige* (*munkavállalókat*) átcsábít

point of sale *fn* **NB: röv POS** ker eladási hely

Poland-Hungary Assistance for Restructuring the Economy *fn* EU (*támogatás Lengyelország és Magyarország gazdaságának átalakításához*) PHARE

policy *fn*
1. irányelv; politika; üzletpolitika; eljárásmód; taktika * **develop/formulate a policy** irányelvet megfogalmaz * **implement/operate/pursue a policy** irányelvet bevezet/alkalmaz * **in line/ in accordance with a policy** irányelvvel összhangban
2. bizt kötvény; biztosítási kötvény; biztosítás * **They told me that my buildings insurance had expired and, as I hadn't responded to the reminder, my policy had lapsed.** Közölték velem, hogy épületbiztosításom lejárt, és mivel nem reagáltam a figyelmeztetésre, a biztosításom elévült.

policy-holder *fn* bizt biztosított; biztosítást kötő; kötvénytulajdonos; kötvénybirtokos

political economy *fn* politikai gazdaságtan; közgazdaságtan

poll *fn*
1. közvélemény-kutatás
2. választás

poll tax *fn* (*GB*) fejadó

pollute *ige* környezetet károsít; környezetet szennyez; szennyez

pollution *fn* környezetszennyezés; környezetkárosítás; szennyezés

pollution control *fn* (*szennyezés mértékének ellenőrzése*) környezetvédelem; káros környezeti hatások elleni védekezés; környezeti szennyezés elleni védekezés

pollution standard *fn* szennyezettségi határérték * **Campaigners accused the government of setting weak pollution standards for London, rather than taking tough action to reduce pollution.** A kampányolók azzal vádolták a kormányt, hogy enyhe szennyezettségi határértékeket állapít meg Londonnak ahelyett, hogy szigorúan korlátozná a szennyezést.

P

pool *fn*
1. érdekközösség; társulás; kartell
2. közös alap; közös készlet
pooling of interests *fn*
1. (*US*) érdekegyesítés
2. érdekeltségek összevonása
population census *fn* népszámlálás
population density *fn* népsűrűség * **With a population density of 698 people per square kilometre, Taiwan is one of the most crowded places on earth.** Egy négyzetkilométerre eső 698 lakosával Tajvan a világ egyik legzsúfoltabb helye.
population explosion *fn* demográfiai robbanás; népességrobbanás
population growth *fn* népességnövekedés * **In China the one-child policy has checked population growth.** Kínában az egy-gyermek-politika megfékezte a népességnövekedést.
population increase *fn* népességnövekedés
population structure *fn* népesség-összetétel * **A new website is providing a wide range of statistics on the city, including population structure, ethnicity, crime and health statistics.** Egy új honlap széles skáláját kínálja a város statisztikai adatainak, beleértve a népesség-összetétel, az etnikai, a bűnözési és az egészségügyi statisztikákat.
populous *mn* népes; sűrűn lakott; nagy népsűrűségű
portable *mn* száll szállítható; hordozható
portfolio *fn* pénzügy állomány; vagyonösszetétel; értékpapír-állomány; értékpapírportfólió
portfolio investment *fn* pénzügy értékpapír-befektetések
portfolio management *fn* pénzügy értékpapír-kezelés; portfoliókezelés; befektetési tanácsadás
POS [= **point of sale**] ker eladási hely
position *fn*
1. állás; pozíció; hivatali beosztás; munkakör; rang * **be in a position to do sg** abban a helyzetben van, hogy megtegyen vmit * **improve/strengthen sy's position** erősít vki helyzetén * **Mr Davie is understood to be moving to a new position at the company's New York headquarters.** Értesülések szerint Davie úr új beosztásba kerül a vállalat New York-i központjában.
2. hely; helyzet
3. tőzsde szállítási időpont; pozíció
4. tőzsde állomány; pozíció
5. tőzsde határidős kötés
6. állásfoglalás; álláspont
positioning *fn*
1. pozicionálás
2. elhelyezés; elhelyezkedés
possession *fn*
1. birtok; tulajdon
2. birtoklás; tulajdonjog * **He was put under investigation yesterday for the possession of an illegal substance.** Tegnap vizsgálatot indítottak ellene tiltott anyag birtoklása miatt.
3. jog birtokon belüliség
¹post *fn*
1. állás; pozíció; poszt * **take up a post** állást elfoglal * **fill a post** állást betölt
2. számv könyvelési tétel
3. postahivatal
4. postai küldemény
²post *ige*
1. (*postán*) felad; elküld
2. elhelyez; állomásoztat
3. tőzsde nyilvánosan ismertet; közzétesz
4. kifüggeszt; kitűz; közzétesz
5. számv elkönyvel; átkönyvel; átvezet
post office savings bank *fn* bank (*GB*) postatakarék-pénztár
post season *fn* utószezon
postal check *fn* pénzügy (*US*) postacsekk
postal cheque *fn* pénzügy (*GB*) postacsekk
postal money order *fn* pénzügy postai pénzesutalvány; postautalvány
postal note *fn* pénzügy postautalvány
postal order *fn* NB: röv **P.O.** pénzügy postai pénzesutalvány; postautalvány
postal remittance *fn* pénzügy postai átutalás

postal service *fn*
1. postaszolgálat
2. postaforgalom
postdate *ige* későbbre keltez; későbbre
datál
poster *fn* plakát; poszter
posting *fn*
1. postai feladás
2. (*személyzeté, alkalmazottaké*) elhelyezés;
kihelyezés; kiküldetés
3. számv (*főkönyvi számlákra*) elkönyvelés;
átkönyvelés
4. jog kifüggesztés
5. tájékoztatás
postpone *ige* elhalaszt; halaszt * **We have
had to postpone two meetings this
week because of illness.** Ezen a héten
két tárgyalást el kellett halasztanunk
betegség miatt.
¹potential *fn*
1. teljesítőképesség; potenciál
2. lehetőség
²potential *mn* elképzelhető; elérhető; le-
hetséges; potenciális
power *fn*
1. erő; hatalom; képesség; lehetőség; mód
* **be in power** hatalmon van * **seize
power** hatalmat megragad * **exercise
power** hatalmat gyakorol * **abuse
one's power** hatalmával visszaél
* **MGF is the biggest shareholder
and therefore has the power to
decide its fate.** Az MGF a legna-
gyobb részvényes és ezért képes eldön-
teni a sorsát.
2. jog felhatalmazás; feljogosítás; illeté-
kesség; meghatalmazás
3. energia
4. ipar teljesítőképesség; teljesítmény; haj-
tóerő
power factor *fn* ipar teljesítménytényező
power of attorney *fn* **NB: röv P/A; p.a.;
POA** jog
1. felhatalmazás; jogi képviselő megha-
talmazása; jogtanácsos meghatalmazá-
sa; védő meghatalmazása
2. megbízólevél; ügyvédi meghatalma-
zás * **Your first step should be to
draw up a power of attorney for**

**your husband so that when he is
unable to make decisions for him-
self, his finances can be managed
through his nominated represen-
tatives.** Első lépésként megbízólevelet
kellene fogalmaznia a férjének, abból a
célból, hogy amikor ő nem tud döntése-
ket hozni, a pénzügyeit az általa meg-
nevezett képviselők intézhessék.
power of decision *fn* jog döntéshozó
hatalom; döntési jogkör
power to appoint *fn* jog kinevezési jog-
kör * **I wanted to see what they
thought about the government's
proposals to abolish his power
to appoint judges.** Kíváncsi voltam,
mit gondolnak a kormány azon javasla-
táról, hogy megszüntetik a bírói kine-
vezésre vonatkozó jogkörét.
powerful *mn*
1. erős; erőteljes
2. hatalmas; hatékony; hathatós
PR [= **public relations**] *fn* mark közön-
ségkapcsolatok; közönségszolgálat
practising lawyer *fn* jog gyakorló ügyvéd
precious *mn* értékes; drága; becses
precondition *fn* előfeltétel * **The rules
must be applied without precon-
dition or distinction to all mem-
ber states.** A szabályokat minden elő-
feltétel vagy megkülönböztetés nélkül
kell alkalmazni minden tagállamra.
pre-emptive right *mn* jog elővásárlási
jog; elővételi jog
preference *fn*
1. elsőbbség; előny * **give preference
to** előnyben részesít
2. kedvezmény
preference dividend *fn* (*GB*) elsőbb-
ségi osztalék; elsőbbségi részvény osz-
taléka
preference share *fn* tőzsde (*GB*) elsőbb-
ségi részvény
preference stock *fn* tőzsde (*US*) elsőbb-
ségi részvény
preferential *mn*
1. kedvezményes; kedvező; kiemelt;
előnyös * **In the case of similar
qualification, competence and**

P

achievements women will be considered on preferential terms within the framework of the legal possibilities. Hasonló képzettség, képesség és teljesítmény esetén a nőket a törvényes kereteken belül kiemelt feltételekkel vesszük figyelembe.
2. elsőbbségi
preferential treatment *fn* EU kedvezményes eljárás
preferred *mn*
1. elsőbbségi * **The company said it had been picked as the preferred supplier for a £300m contract to provide prison escort and custody services.** A vállalat közölte, hogy elsőbbségi szállítóként választották egy 300 millió fontos szerződésre rabszállítási és őrizeti feladatokra.
2. előnyben részesített
preferred dividend *fn* tőzsde osztalékelsőbbség; elsőbbségi részvény osztaléka
preferred share *fn* tőzsde (*GB*) elsőbbségi részvény
preferred stock *fn* tőzsde (*US*) elsőbbségi részvény
¹prejudice *fn*
1. előítélet; elfogultság
2. jog hátrány; kár; sérelem
²prejudice *ige* prejudikál; sért; károsít
preliminary calculation *fn* előkalkuláció * **Preliminary calculations suggest the group will report reduced operating profits.** Az előkalkulációk arra utalnak, hogy a csoport csökkent működési nyereséget fog bejelenteni.
preliminary draft budget *fn* pénzügy előzetes költségvetés-tervezet
preliminary proceedings *fn* jog előkészítő eljárás; előkészítő tárgyalás
premises *fn* helyiség(ek); épület(ek); létesítmény(ek) * **The area on sale is surrounded by factories and other industrial premises.** Az eladó területet gyárak és más ipari létesítmények veszik körül.
premium *fn*
1. jutalom; prémium

2. bizt biztosítási díj
3. tőzsde árfolyam-különbözet; felár; prémium
4. tőzsde opciódíj
premium discount *fn* bizt díjkedvezmény * **People who drive fewer than 8,000 miles a year can expect a premium discount of up to 10%.** Az évente kevesebb, mint 8000 mérföldet vezető emberek akár tízszázalékos biztosítási díjkedvezményt kaphatnak.
premium rate service *fn* emelt díjas szolgáltatás
prenatal allowance *fn* terhességi-gyermekágyi támogatás
prepare *ige*
1. elkészít; készít
2. előkészít
prepayment *fn* előzetes fizetés; előtörlesztés; bérmentesítés; előleg
prerequisite *fn*
1. előfeltétel * **Political stability in the Gulf is a prerequisite for stable oil prices.** A Perzsa-öböl politikai stabilitása a stabil olajárak előfeltétele.
2. jog előzetes kikötés
prescribe *ige*
1. előír; elrendel
2. jog elbirtokol
3. jog (*elévüléssel*) érvénytelenít
presence *fn* jelenlét
¹present *fn* jelen
²present *mn*
1. jelenlevő * **The Managing Director was present at the meeting but he said very little.** A vezérigazgató jelen volt a tárgyaláson, de keveset beszélt.
2. jelenlegi
³present *ige* bemutat; előad; felmutat; felterjeszt; ismertet * **One of his colleagues will present the results of their research.** Egyik kollégája fogja bemutatni kutatásuk eredményeit.
present value *fn* pénzügy (*váltónál*) jelenérték; diszkontált érték
presentation *fn*
1. bemutatás; előadás; előterjesztés; ismertető; prezentáció * **give/make a**

presentation on sg bemutat vmit
2. pénzügy (*váltónál*) bemutatás
presidency *fn*
 1. elnökség * **hold presidency** elnöki posztot tölt be * **take over the presidency** átveszi az elnökséget
 2. elnöki hivatal; elnöki tisztség
president *fn* elnök
press *fn* sajtó
press advertisement *fn* sajtóhirdetés
press conference *fn* sajtóértekezlet; sajtókonferencia; sajtótájékoztató
press reception *fn* sajtófogadás
press release *fn* sajtóközlemény
pressure *fn* kényszer; nyomás; presszió * **put/exert pressure on sy** nyomást gyakorol vkire * **The management is under pressure to do exactly what workers demand.** A vezetőségre nagy nyomás nehezedik, hogy pontosan azt tegye, amit a munkások követelnek.
pressure to buy *fn* ker vásárlási kényszer; vásárlás erőltetése * **The pressure to buy can be intense, and some people end up agreeing to buy something they don't want just to get rid of the sales rep.** A vásárlási kényszer erős lehet, és sokan csak azért vesznek meg olyasmit, amire nincs szükségük, hogy megszabaduljanak az ügynöktől.
pretax earnings *fn* adó adózás előtti jövedelem; adózás előtti bevétel * **The group announced first-half pretax earnings up 4% at £482m.** A csoport 4%-os adózás előtti bevétel emelkedést jelentett be az első félévre, 482 millió font értékben.
pretax profit *fn* adó adózás előtti eredmény; adózás előtti nyereség * **FTH expects to record a pretax profit of about £50m on the sale of its Manchester branch.** Az FTH rekordnagyságú, körülbelül 50 millió fontos adózás előtti eredményre számít a manchesteri fiókja eladásából.
prevent *ige* elhárít; megakadályoz; megelőz; meggátol; meghiúsít * **It rejected**

the princess's bid for an injunction to prevent further photographs being published. Elutasította a hercegnő kérését, hogy akadályozza meg további fényképek nyilvánosságra hozatalát.
preventive *mn* megelőző; preventív * **preventive measures** óvintézkedések
previous *mn* előzetes; előző; korábbi
price *fn*
 1. ár
 2. tőzsde árfolyam; jegyzés
price adjustment *fn* ker árkiigazítás
price advance *fn* ker áremelkedés * **Property price advances have slowed to their lowest level since April.** Az ingatlanárak emelkedése április óta a legalacsonyabb szintre lassult.
price appreciation *fn* tőzsde árfolyamemelkedés
price cartel *fn* ker árkartell
price catalogue *fn* ker árjegyzék
price concession *fn* ker árengedmény * **Older people do not want price concessions on fuel and TVs, they would rather have a decent income to spend as they choose.** Az idős emberek nem akarnak támogatást tévé és üzemanyag árengedmények formájában, inkább tisztességes jövedelmet szeretnének, amelyet arra költhetnek, amire akarnak.
price cut *fn* ker
 1. árcsökkenés
 2. árcsökkentés; árengedmény; ár mérséklése * **BT's price cuts look dramatic, but they are designed to bring prices in line with the rest of Europe.** A British Telecom árcsökkentései drámaiaknak tűnnek, de ezek célja az, hogy az árakat Európa más részeivel azonos szintre hozzák.
price cutting *fn* ker árleszállítás
price decline *fn*
 1. áresés * **Despite continued price decline and the weakening dollar, we made full use of productivity.** A folyamatos áresés és a dollár gyengülése ellenére teljes mértékben kihasználtuk

P

termelékenységünket.
2. pénzügy árfolyamcsökkenés
price depreciation *fn* tőzsde árfolyam-
esés; árfolyam-csökkenés
price fixing *fn*
1. ármegállapodás; áregyesség
2. árrögzítés
price formation *fn* árképzés
price freeze *fn* árrögzítés; árbefagyasztás
* **Zimbabwe's president said his government would strictly enforce the price freeze on basic foods imposed last week.** Zimbabwe elnöke közölte, hogy kormánya szigorúan érvényesíteni fogja az alapélelmiszerekre vonatkozó, múlt héten hozott árrögzítést.
price increase *fn*
1. ker áremelkedés; árnövekedés
2. árfolyam-emelkedés
price index *fn*
1. árindex
2. árfolyamindex
price label *fn* ker árcédula
price leader *fn* ker árdiktáló; árvezető
price leadership *fn* ker áralakító szerep; árdiktáló szerep; árirányítás
price level *fn* ker árszint; árszínvonal
price liberalization *fn* ker árliberalizálás
price list *fn*
1. ker árlista; árjegyzék
2. árfolyamjegyzék
price loss *fn* ker árveszteség
price margin *fn* ker árrés; árkülönbözet; haszonrés * **Smaller companies suffer as price margins are cut but they cannot afford to close down.** Kisebb vállalatok kárt szenvednek az árrések csökkentése miatt, de nem engedhetik meg maguknak a bezárást.
price mark-down *fn*
1. ker áresés; árcsökkenés
2. pénzügy árfolyam-csökkentés
price mark-up *fn*
1. ker áremelkedés
2. pénzügy árfolyam-emelés
price mechanism *fn* ármechanizmus
price quotation *fn* pénzügy árfolyamzés

price range *fn* ker ártartomány
price reduction *fn* ker árengedmény; árcsökkentés; ármérséklés; árleszállítás
price risk *fn* pénzügy árfolyamkockázat
price sensitivity *fn* ker árérzékenység
price stability *fn* ker árstabilitás
price tag *fn* ker árcédula
price-earnings ratio *fn* NB: röv **P/E ratio; p.e.r.; P.E.R.; p/e.r.; P/E.r.** tőzsde árfolyam-nyereség arány; ár-nyereség hányad; P/E mutató
price-level stability *fn* pénzügy árszint-stabilitás
pricing *fn*
1. ker ármegállapítás; árképzés; árkalkuláció; árpolitika
2. pénzügy árfolyam-megállapítás
3. ker árazás
pricing mechanism *fn* ármechanizmus
pricing policy *fn* ker árpolitika; árképzési politika
primary *mn*
1. első; elsődleges
2. fő; alapvető
primary industry *fn* ipar elsődleges ipar; nyersanyagipar
prime minister *fn* NB: röv **PM** miniszterelnök; kormányfő
¹principal *fn*
1. elöljáró; főnök
2. meghatalmazó; megbízó; felhatalmazó
3. pénzügy tőke; kölcsöntőke
4. megbízó
²principal *mn* fő; legfontosabb * **Their principal aim was to take their commission from workers, as well as charging for accommodation and transport.** Fő céljuk az volt, hogy felvegyék jutalékukat a munkásoktól, és felszámolják a szállás- és útiköltséget.
principal shareholder *fn* tőzsde (*GB*) főrészvényes
principal stockholder *fn* tőzsde (*US*) főrészvényes
principle *fn* elv; alapelv
principle of mutual recognition *fn* EU kölcsönös elismerés elve
principle of subsidiarity *fn* EU szubszidiaritás elve

P

print *ige* nyom; nyomtat; nyomtatásban megjelentet
prior consent *fn* előzetes hozzájárulás * **with prior consent of sy** vki előzetes hozzájárulásával
priority *fn*
1. elsőbbség; prioritás * **give priority to sg** elsőbbségben részesít vmit * **establish/identify/set priorities** prioritást felállít/meghatároz * **take priority** elsőbbséget élvez
2. előjog
private *mn*
1. magán-; egyéni; egyedi; személyes; bizalmas
2. saját
private bank *fn* bank magánbank
private consumption *fn* lakossági fogyasztás
private enterprise *fn* magánvállalat; egyéni vállalkozás; magánvállalkozás
private investor *fn* magánbefektető * **Professional and private investors alike rank the company trustworthy.** Hivatásos és magánbefektetők egyaránt megbízhatónak tartják a vállalatot.
private law *fn* jog magánjog
private limited company *fn* korlátolt felelősségű magántársaság; kft.
private means *fn* magánvagyon * **He said anyone arriving without a job or private means would not be able to claim benefits for at least the first two years.** Azt mondta, hogy akik szakma vagy magánvagyon nélkül érkeznek, legalább két évig nem kaphatnak szociális juttatásokat.
private ownership *fn* magántulajdon
private practice *fn* magánpraxis
private property *fn* magántulajdon; személyi tulajdon
private sector *fn* magánszektor * **The private sector took on all the risk of building these complicated projects and profits are a reward for those risks.** A magánszektor vállalta a bonyolult beruházások építésé-

nek minden kockázatát, és e kockázat jutalma a nyereség.
private spending *fn* magánfogyasztás; lakossági fogyasztás * **The slowdown in private spending was offset by government investment, which continued to increase.** A lakossági fogyasztás csökkenését ellensúlyozták a kormány tovább növekedő beruházásai.
private use *fn* személyes felhasználás; személyes használat; magánfelhasználás
privately *hat* bizalmasan; titkosan; titokban; nem nyilvánosan
privatization *fn* (*az állami tulajdon megszüntetése*) privatizáció; magánosítás
privatize *ige* privatizál; magánosít; magántulajdonba ad * **The fact that the discussions have taken place provides the clearest indication yet that the state-owned channel could be privatised.** A tény, hogy a tárgyalások létrejöttek, az állami tulajdonban levő csatorna lehetséges magántulajdonba adásának ez idáig legbiztosabb jele.
privilege *fn* előjog; kiváltság; privilégium
pro forma invoice *fn* ker előszámla; pro-forma számla
probate duty *fn* jog örökösödési adó; örökösödési illeték; öröklési illeték
probation *fn* feltételes szabadlábra helyezés * **be on probation** feltételesen szabadlábon van * **place/put sy on probation** feltételesen szabadlábra helyez
procedure *fn*
1. eljárás; folyamat; módszer * **follow a procedure** eljárást követ
2. jog rendtartás; szabályzat; ügymenet
procedure for declaring bankruptcy *fn* csődeljárás
proceed *ige*
1. eljár; lefolytat; folytat
2. halad; megy; zajlik * **The spokeswoman said they expected the transaction to proceed as planned.** A szóvivő közölte, arra számítanak, hogy a tranzakció a tervek szerint halad.
3. elkezd; hozzáfog

proceedings *fn* jog eljárás; tárgyalás
proceeds *fn* (*vagyon eladásából származó jövedelem*) bevétel; hozam * **The company intends to use part of the proceeds from the $1.2bn deal to pay down $510m of debt.** A vállalat az 1,2 milliárdos üzlet bevételének egy részét az 510 millió dolláros adósság kifizetésére kívánja fordítani.
¹process *fn*
  1. folyamat; eljárás
  2. jog perlés; per; kereset
²process *ige* feldolgoz; megmunkál; elkészít; eljárásnak vett alá
process chart *fn* folyamatábra
process control *fn* ipar folyamatellenőrzés; gyártásirányítás
processing *fn*
  1. ipar feldolgozás; megmunkálás; termelés
  2. ügykezelés
processing plant *fn* ipar feldolgozóüzem * **Campaigners say that a state-owned pine forest will be dug up to make way for a processing plant.** A kampányolók azt állítják, hogy az állami tulajdonban levő fenyőerdőt ki fogják irtani, hogy helyet csináljanak egy feldolgozóüzemnek.
procuration *fn*
  1. jog teljeskörű felhatalmazás; meghatalmazás; meghatalmazás útján történő eljárás
  2. jog cégjegyzés; aláírási jog; prokúra
  3. megszerzés; elnyerés
procure *ige*
  1. megszerez; kieszközöl; szerez
  2. (*pénzt*) előteremt
procurement *fn* beszerzés; megszerzés
procurement costs *fn* beszerzési költség
procurement of materials *fn* anyagbeszerzés * **The company is implementing a new system for the procurement of materials for repair and maintenance.** A vállalat új rendszert vezet be a javításhoz és a karbantartáshoz szükséges anyagok beszerzésére.
¹produce *fn* termék; termény

²produce *ige*
  1. ipar gyárt; előállít; termel * **The brewery produces a variety of light and dark beers.** A serfőzde különböző világos és barna söröket gyárt.
  2. mezőgazd termeszt
  3. (*dokumentumot*) bemutat
  4. nyereséget termel
producer *fn* ipar termelő; előállító; gyártó
producer goods *fn* termelési eszközök; termelő javak; termelési javak; tőkejavak; beruházási javak
producer's brand *fn* áruvédjegy; terményvédjegy
product *fn* termék; áru; termény; készítmény; gyártmány * **develop a product** terméket fejleszt * **discontinue a product** egy termék gyártását befejezi * **launch a product** terméket piacra dob * **According to some surveys, women are more likely to want to buy the product advertised by the "perfect" woman.** Egyes felmérések szerint a nők jobban hajlanak arra, hogy megvegyék a „tökéletes" nő által reklámozott terméket.
product abandonment *fn* termék megszüntetése; termelésmegszüntetés
product advertising *fn* mark
  1. termékreklám; árureklám
  2. áru reklámozása; gyártmány reklámozása; termék reklámozása
product design *fn*
  1. ipar gyártmánytervezés; formatervezés
  2. gyártmányszerkesztés
product development *fn* termékfejlesztés; gyártmányfejlesztés * **The magazines are suffering from competition from newly launched rivals, as well as the costs of product development.** A folyóiratokat hátrányosan érinti az újonnan piacra dobott versenytársak versenye, valamint a termékfejlesztés költségei.
product differentiation *fn* termék megkülönböztethetővé tétele
product diversification *fn* termékskála-szélesítés; választékbővítés; termékvá-

laszték-bővítés; gyártmánydiverzifikáció; termékskála-bővítés

product innovation *fn* termékinnováció

product life cycle *fn* termékéletciklus * **Look at the product life cycle: you now want a new mobile phone every six months, not every three years.** Nézze meg a termékéletciklust: most nem háromévente, hanem hathavonta van szüksége új mobiltelefonra.

product life span *fn* termékélettartam

product line *fn* termékcsoport; termékvonal * **The manager has been known to write letters to every staff member individually, apologising for a wrongly modified product line.** Az igazgatóról azt mesélik, hogy a személyzet minden tagjának külön-külön leveleket írt, melyekben elnézést kért egy rosszul módosított termékvonal miatt.

product manager *fn* termékmenedzser

product placement *fn* termékelhelyezés

product planning *fn* terméktervezés

product policy *fn* termékpolitika

product range *fn* termékválaszték * **The vast majority of McDonalds' sales come from its traditional product range.** A McDonalds' forgalmának döntő többsége hagyományos termékválasztékából származik.

product research *fn* termékkutatás

production *fn*
1. ipar termelés; előállítás; gyártás
2. termék; hozam

production bonus *fn* termelési prémium

production capacity *fn* ipar termelési kapacitás; gyártáskapacitás; gyártási potenciál

production control *fn* ipar termelésirányítás

production cost(s) *fn*
1. ipar termelési költségek; gyártási költségek
2. előállítási ár * **The steady drift of film-making to eastern Europe has been going on for some years now, thanks to high production costs in the west.** A nyugati magas előállí-

tási áraknak köszönhetően már néhány éve megállás nélkül folyik a filmgyártás áthelyeződése Kelet-Európába.

production facility *fn* ipar gyár; üzem; termelőüzem

production function *fn* ipar termelési függvény

production goods *fn* ipar termelési eszközök

production intensity *fn* ipar termelési intenzitás

production line *fn* ipar
1. futószalag; szerelőszalag
2. gépsor
3. szériagyártás

production management *fn* ipar termeléstervezés és –irányítás

production manager *fn* ipar gyártásvezető; termelésvezető; üzemvezető

production method *fn* ipar gyártási eljárás

production planning *fn* ipar gyártástervezés

production process *fn* ipar gyártási eljárás

production program(me) *fn* ipar termelési program; gyártási program

production schedule *fn* ipar gyártási program

production site *fn* ipar termelés telephelye * **Last year we had nine production sites, with excess capacity, which was inefficient and unsustainable.** Tavaly kilenc termelési telephelyünk volt, fölösleges kapacitással, és ez nem volt sem hatékony, sem fenntartható.

production surplus *fn* ipar termékfelesleg

production technology *fn* ipar termelési eljárás; gyártási technológia

production volume *fn* ipar termelés nagysága; gyártási volumen * **The company needs to increase investment because production volumes in the first quarter fell by 3%.** A vállalatnak növelnie kell a beruházásait, mivel a termelés nagysága az első negyedben három százalékkal csökkent.

production-oriented *mn* termelésorientált
productive *mn*
1. produktív; termékeny
2. jövedelmező; eredményes
productivity *fn*
1. termelékenység; hatékonyság; produktivitás
2. jövedelmezőség * **Higher productivity would require much better analysis of information.** Nagyobb jövedelmezőséghez az információk sokkal pontosabb elemzésére lenne szükség.
3. teljesítőképesség
productivity of labo(u)r *fn* munkatermelékenység * **You can't increase wages without increasing the productivity of labour.** Fizetéseket nem lehet emelni a munkatermelékenység növelése nélkül.
product-oriented *mn* termékorientált
profession *fn* foglalkozás; hivatás; mesterség; szakma
professional association *fn* szakértői kamara; szakmai egyesülés; szakmai szervezet
proficient *mn* jártas; ügyes; gyakorlott; tapasztalt * **He is considered to be a highly proficient magazine editor.** Nagyon ügyes folyóirat-szerkesztőnek tartják.
profile *fn* profil
¹profit *fn* eredmény; nyereség; haszon; profit * **make a profit** hasznot ér el * **at a profit** haszonnal * **bring in/ generate a profit** hasznot termel
²profit *ige*
1. hasznot hajt; hasznot hoz
2. hasznot húz; profitál
profit and loss account *fn* számv (*számviteli összegzés*) eredménykimutatás
profit margin *fn* haszonrés; haszonkulcs; nyereségrés * **The firm was losing market share, and suffering from narrowing profit margins.** A cég vesztett a piaci részesedéséből és szűkültek a haszonrések.
profitability *fn* nyereségesség; jövedelmezőség

profitable *mn* nyereséges; jövedelmező; gazdaságos; előnyös; előnyös * **The production hasn't become profitable, but the firm's losses are small compared with four years ago.** A termelés nem lett nyereséges, de a cég veszteségei kicsik a négy évvel ezelőttiekhez képest.
profit-oriented *mn* nyereségorientált
profit-related pay *fn* NB: röv PRP nyereségtől függő bér; nyereségtől függő bérhányad * **We had to reduce everyone's basic pay by 10% to survive, but introduced profit-related pay.** Tíz százalékkal kellett csökkentenünk mindenki alapfizetését, hogy fennmaradjunk, viszont bevezettük a nyereségtől függő bért.
profit-sharing *fn* nyereségrészesedés; nyereségmegosztás
profit-sharing scheme *fn* (*munkavállalóké*) nyereségrészesedési rendszer
program *fn*
1. (*US*) program; terv
2. informatika program
programme *fn*
1. (*GB*) program; terv
2. informatika program
progress chart *fn* teljesítmény-grafikon
progress control *fn* határidő-ellenőrzés; folyamatellenőrzés; teljesítményellenőrzés
progression *fn* haladás; előrehaladás
progressive taxation *fn* adó progresszív adózás; progresszív adórendszer
project *fn*
1. terv; elképzelés
2. tervezet; szándék; projekt
project management *fn* projektirányítás
projected profit *fn* tervezett haszon * **After the merger, the group will have sales of £180m and projected profits of £14m.** A fúzió után a csoportnak 180 millió fontos forgalma és 14 millió fontos tervezett haszna lesz.
projecting *fn* tervezés
projection *fn* prognózis; előrejelzés; becslés; előirányzat

promissory note *fn* **NB: röv P.N.** pénzügy kötelezvény; saját váltó; ígérvény; adóslevél

promote *ige*
1. elősegít; előmozdít; segít
2. mark reklámoz
3. előléptet * **He promoted him to deputy editor of the newspaper last June.** Tavaly júniusban előléptette az újság főszerkesztő-helyettesévé.

promotion *fn*
1. mark eladásösztönzés; promóció; értékesítés előmozdítása
2. támogatás
3. előléptetés * **gain/get/win promotion** előléptetik * **The chief executive received a 24% pay rise, following his promotion last year.** A vezérigazgató tavalyi előléptetésekor 24%-os fizetésemelést kapott.

promotional activities *fn* mark reklámtevékenységek

promotional gift *fn* mark promóciós ajándék; reklám-ajándék

promotional material *fn* mark promóciós anyag; reklámanyag

promotional tool *fn* mark promóciós eszköz

prompt *mn* azonnali; gyors; haladéktalan * **We eagerly await a prompt decision by the government.** Nagyon várjuk a kormány gyors döntését.

propaganda *fn* mark hírverés; propaganda

propensity to consume *fn* fogyasztási hajlandóság * **The public's propensity to consume and its unwillingness to save or invest are a function of low interest rates and rising house prices.** A lakosság fogyasztási hajlandósága, továbbá a takarékoskodástól és a beruházásoktól való vonakodása az alacsony kamatok és az emelkedő házárak függvénye.

propensity to invest *fn* befektetési hajlandóság

propensity to save *fn* megtakarítási hajlandóság * **The propensity to save is encouraged by living a healthier, more stable and contented life.**

Az egészségesebb, stabilabb és elégedettebb élet elősegíti a megtakarítási hajlandóságot.

property *fn*
1. birtok; tulajdon; vagyon; vagyontárgy
2. ingatlan; telektulajdon
3. tulajdonság; sajátság

property damage *fn* bizt anyagi kár; dologi kár * **This type of insurance covers you for any injury to others or property damage caused by your vehicle.** Ez a fajta biztosítás fedezi a jármű által másoknak okozott sérüléseket és anyagi károkat.

property tax *fn*
1. adó ingatlanadó; telekadó
2. vagyonadó

proportional *mn* arányos; arányban álló

proposal *fn*
1. ajánlat; indítvány; javaslat * **Proposals for the final specifications of the service will be published in the summer.** A szolgáltatás végleges leírásának javaslatait a nyáron hozzák nyilvánosságra.
2. (*US*) árajánlat

propose *ige*
1. indítványoz; javasol; ajánl * **The bill proposes further restrictions on the right of council tenants to buy their own homes.** A törvénytervezet tovább korlátozná az önkormányzati bérlők lakásvásárlási jogát.
2. szándékozik

proposer *fn*
1. indítványozó; javaslattevő
2. ajánlattevő; kérelmező

proposition *fn* javaslat; ajánlat

proprietary company *fn* holdingtársaság

proprietary goods *fn* kizárólagosan gyártott áru; márkacikk

proprietor *fn* tulajdonos; birtokos * **There are some who believe a change of proprietor eventually means a change of editor.** Vannak, akik szerint a tulajdonosváltás főszerkesztőváltással jár.

prosecution *fn* jog vádemelés

prospect *fn*
1. kilátás; lehetőség; várakozás * **have sg in prospect** számít vmire; tervez vmit; kilátása van vmire * **The prospects for the value of your house rising are better in the western part of the country.** A ház értékének növekedési kilátásai jobbak az ország nyugati részében.
2. lehetséges vevő; potenciális ügyfél
prospectus *fn*
1. mark reklámfüzet; prospektus
2. tőzsde bevezetési prospektus; kibocsátási prospektus; tájékoztató; részvényjegyzési felhívás
protection of the environment *fn* környezetvédelem
protectionism *fn* ker protekcionizmus; védővám-politika; védővámrendszer
protective duty *fn* adó védővám
protective tariff *fn* védővám
¹**protest** *fn* kifogásolás; megóvás; óvás; panasz; tiltakozás * **Truck drivers gathered today for a protest against high fuel prices.** Ma kamionsofőrök gyűltek össze, hogy tiltakozzanak a magas üzemanyagköltségek ellen.
²**protest** *ige*
1. jog óvást emel
2. ellenez; tiltakozik; kifogást emel
protocol *fn*
1. (*nemzetközi tárgyalások eredményeit rögzítő okirattervezet*) protokoll
2. (*a diplomáciai érintkezés formaságainak szabályzata*) protokoll
3. jegyzék; jegyzőkönyv
prove *ige*
1. bizonyít; igazol; kimutat; bebizonyít
2. bizonyul
provide *ige*
1. ellát
2. nyújt; ad; gondoskodik; szolgáltat; biztosít * **Their hotels provide good service at an affordable price.** A szállodáik jó szolgáltatást nyújtanak elérhető árakon.
3. jog meghatároz; előír
4. jog elrendel; előirányoz; kiköt

provide against *ige* előkészületeket tesz; felkészül vmi ellen; lépéseket tesz vmi elhárítására
provider *fn*
1. ellátó; gondoskodó
2. szolgáltató
provision *fn*
1. tartalék; fedezet; alap
2. jog (*jogszabályi*) rendelkezés; (*jogszabályi*) intézkedés; (*szerződéses*) kikötés
3. gondoskodás; ellátás * **make provision(s) for sg** gondoskodik vmiről
provisional *mn* ideiglenes; időleges; átmeneti
proxy *fn*
1. jog meghatalmazás; felhatalmazás; megbízás
2. meghatalmazott; megbízott
public administration *fn* közigazgatás; államigazgatás; közgazdálkodás
public company *fn*
1. (bejegyzett) részvénytársaság
2. közkereseti társaság
public corporation *fn* (*állami részvénytöbbségű*) vállalat; részvénytársaság
public enterprise *fn* állami vállalat; közszolgálati vállalat
public expenditure *fn* állami kiadások
* **One of the main aims of the party is to cut public expenditure.** A párt egyik fő célkitűzése az állami kiadások csökkentése.
public finance *fn* államháztartás; állami pénzügyek; kormányzati pénzügyek
public funds *fn* közpénzek
public limited company *fn* NB: röv **plc; PLC** részvénytársaság; nyilvános korlátolt felelősségű társaság
public loan *fn*
1. közkölcsön; állami kölcsön
2. államkölcsön
public monopoly *fn* állami monopólium
public ownership *fn* köztulajdon; társadalmi tulajdon * **The investment could have been funded at a much lower cost if the industry had still been in public ownership.** A beruházásokat jóval alacso-

nyabb költségekkel lehetett volna finanszírozni, ha az ipar köztulajdonban maradt volna.

public relations *fn* NB: röv **PR** közönségkapcsolatok; közönségszolgálat

public revenue *fn* állami bevételek; állami jövedelmek * **Under Japanese law, the government is obliged to promote the tobacco industry as a means of boosting public revenue and the national economy.** A japán törvények szerint a kormánynak támogatnia kell a dohányipart, mivel az növeli az állami jövedelmeket, és erősíti a nemzetgazdaságot.

public sale *fn* nyilvános árverés

public sector *fn* állami szektor

public spending *fn*
1. közkiadások; állami kiadások; állami költekezés
2. állami beruházás; közületi beruházás

public sphere *fn* közszféra

public tender *fn*
1. (nyilvános) versenytárgyalás
2. árajánlat (nyilvános) versenytárgyalásra

public utility *fn* közszolgáltató vállalat; közszolgáltató üzem; közművállalat; közüzem

publicity *fn*
1. nyilvánosság
2. mark hirdetés; hírverés; reklámozás * **JPS illustrates how negative publicity can bring a company to its knees.** A JPS példája jól szemlélteti, hogyan lehet egy vállalatot negatív hírveréssel térdre kényszeríteni.

publish *ige* nyilvánosságra hoz; publikál; kiad; közzétesz; megjelentet * **They published the results of the survey last week.** Múlt héten nyilvánosságra hozták a felmérés eredményeit.

¹purchase *fn*
1. ker vásárlás; vétel; beszerzés; szerzés
2. megvásárolt dolog; szerzemény

²purchase *ige* ker vásárol; megvásárol; megvesz; beszerez * **It is extremely difficult to purchase houses in Cuba, as the locals are either given homes by the state or inherit from their family, they simply don't buy.** Meglehetősen nehéz házat vásárolni Kubában, mivel a helyi lakosok egyszerűen nem vásárolnak: vagy az államtól kapnak házat, vagy a családjuktól öröklik azt.

purchase order *fn* ker vételi megbízás

purchase price *fn*
1. ker vételár; bekerülési ár; beszerzési ár * **The agency shortlists homes for would-be buyers and then negotiates a purchase price.** Az ügynökség a leendő vásárlók számára elkészíti a lehetséges ingatlanok rövid listáját, majd megtárgyalja a vételárat.
2. pénzügy vételi árfolyam; beszerzési árfolyam

purchase tax *fn* adó áruforgalmi adó; forgalmi adó

purchaser *fn*
1. ker vevő; vásárló
2. ker beszerző
3. pénzügy (*váltónál*) rendelvényes; intézvényes

purchasing *fn*
1. ker vásárlás; beszerzés
2. vétel; szerzemény

purchasing agent *fn* ker beszerző; anyagbeszerző

purchasing department *fn* beszerzési osztály

purchasing manager *fn* beszerzési vezető

purchasing power *fn* ker vásárlóerő

purchasing power parity *fn* ker vásárlóerő-paritás

purchasing price *fn* ker beszerzési ár

pure *mn* tiszta; valódi

pure profit *fn* tiszta nyereség * **If the shares fall below £5.73, the option could become worthless but any rise over that is pure profit.** Ha a részvények 5,73 font alá esnek, az opció értéktelenné válhat, de bármilyen ezen értéken felüli növekedés tiszta nyereséget hoz.

push *ige* erőteljesen reklámoz; erőltet; szorgalmaz; sürget; erőteljesen követel

put aside *ige*
1. félretesz; félrerak
2. mellőz; elhanyagol

put down *ige* leír; feljegyez; írásba foglal

put forward *ige*
1. előhoz; előterjeszt; indítványoz; javasol; közzétesz * **He said that the union had today put forward a proposal for a trial of a four-day week.** Azt mondta, hogy a szakszervezet ma előterjesztett egy javaslatot a négynapos munkahét kipróbálására.
2. (*követelést*) érvényesít

put in order *ige* rendbe hoz; elintéz

put into operation *ige* ipar üzembe helyez

put out for tender *ige* versenytárgyalást hirdet; tendert kiír; versenytárgyalást ír ki

put through *ige* befejez; végrehajt; megvalósít

put up *ige*
1. alapít; juttat; ad; szolgáltat
2. pénzügy (*US*) letétbe helyez; óvadékként leköt
3. ajánl; javaslatba hoz

puts and calls *fn* tőzsde eladási és vételi opciók

Q, q

qualification *fn*
1. képesítés; képzettség; végzettség; alkalmasság; minősítés; jogosítás * **acquire/gain/get/obtain qualification** végzetséget megszerez * **Mr Dalton has a master's degree in microbiology and several qualifications in teaching biology.** Dalton úrnak egyetemi diplomája van mikrobiológiából és számos képesítése a biológia tanítására.
2. korlátozás; megszorítás; fenntartás; módosítás
3. minősítés; kvalifikálás
4. követelmény; feltétel
qualification permission *fn* minősítési bizonylat
qualified *mn*
1. minősített; szakképzett; képzett; képesített; alkalmas * **They paid for an inspection by a qualified engineer before buying the building.** Az épület megvétele előtt fizettek egy szakképzett mérnöknek az épület átvizsgálásáért.
2. fenntartásos; korlátozott; módosított; minősített
qualified majority *mn* jog minősített többség
qualified majority voting *fn* **NB: röv QMV** EU minősített többségi szavazás
qualitative *mn* minőségi; kvalitatív
qualitative control *fn* minőség-ellenőrzés; minőségvizsgálat
qualitative research *fn* (*piackutatási módszer*) kvalitatív kutatás
quality *fn*
1. minőség * **good/high/top quality** jó minőségű * **bad/low/poor quality** rossz minőségű * **That the products are relatively cheap does not mean that the quality is poor.** A termékek viszonylag alacsony ára nem jelenti azt, hogy a minőségük rossz.
2. tulajdonság; fajta; sajátság; féleség
quality assurance *fn* **NB: röv QA; Q.A.** minőségbiztosítás
quality audit *fn* minőségügyi audit
quality certificate *fn* ker minőségi bizonyítvány
quality consciousness *fn* minőségtudatosság
quality control *fn* **NB: röv Q.C.**
1. minőség-ellenőrzés; minőségvizsgálat
2. minőségszabályozás
quality declaration *fn* minőségi nyilatkozat
quality goods *fn* ker minőségi áruk
quality management *fn* minőségirányítás * **The service is recognised for its attention to the different needs of its customers and for its quality management system.** A szolgáltatásnak jó híre van minőségirányítási rendszere miatt, és mivel figyelembe veszi az ügyfelek különböző szükségleteit.
quality of life *fn* életminőség * **The programme will provide the back-up support to help voluntary organisations to have a real impact in creating a better quality of life.** A program háttértámogatást nyújt az önkéntes szervezeteknek, hogy azok valóban jobb életminőséget tudjanak létrehozni.
quality requirement *fn* minőségi előírás
quality requirements *fn* minőségi követelmények
quality standard *fn* minőségi norma; minőségi szabvány * **The UK's sewage improvement programme had to ensure that all UK beaches**

achieved higher water quality standards. Az Egyesült Királyság csatornázás-fejlesztő programjának biztosítania kellett, hogy a víz minden strandon magasabb minőségi normát érjen el.

quantitative *mn* mennyiségi; kvantitatív
quantitative restriction *mn* ker mennyiségi korlátozás; kvantitatív korlátozás
quantity *fn*
1. mennyiség; darabszám
2. nagy mennyiség; nagy tétel; tömeg
quantity buyer *fn* ker nagy mennyiségben vásárló
quantity claim *fn* ker mennyiségi kifogás
quantity discount *fn* ker mennyiségi árengedmény
quantity production *fn* ipar tömeggyártás
quantum *fn* meghatározott mennyiség; meghatározott nagyság * **Last year the quantum of net profit was higher than expected.** A tiszta nyereség meghatározott mennyisége tavaly a vártnál nagyobb volt.
quarter *fn* negyedév
quarterly report *fn* negyedéves jelentés * **As the British Chambers of Commerce said in its quarterly report last week, the global outlook is so uncertain it is no wonder firms are reluctant to invest.** Ahogyan a Brit Kereskedelmi Kamara a múlt héten negyedéves jelentésében leszögezi, a globális kilátások annyira bizonytalanok, hogy nem lehet csodálkozni azon, hogy a cégek vonakodnak befektetni.
¹question *fn*
1. kérdés
2. kétség; probléma
²question *ige*
1. kérdez; kikérdez; kihallgat * **The police questioned nearly every adult in the district.** A rendőrség kihallgatta a körzet csaknem valamennyi felnőtt lakosát.
2. kétségbe von; vitat
questionnaire *fn* kérdőív * **She analysed the questionnaires they filled**

in and grouped the customers into four buying styles. Kielemezte a kitöltött kérdőíveket, és a vevőket vásárlói stílusuk alapján négyfajta csoportba sorolta.
¹quit *ige*
1. kilép; felmond
2. otthagy; abbahagy * **Younger brother David quit his job to form his own metal trading company.** A fiatalabb fivér, David, otthagyta a munkahelyét, és megalapította saját fémforgalmazó vállalatát.
3. visszavonul
²quit *mn*
1. mentes vmitől
2. mentesült
quittance *fn* elismervény; nyugta
quorum *fn* (*határozathozatalhoz szükséges minimális létszám*) határozatképesség; határozatképes létszám; kvórum * **They finally agreed that inspectors could be appointed without the quorum of shareholders.** Végül megegyeztek abban, hogy az ellenőröket a részvényesek határozatképes létszáma nélkül ki lehet nevezni.
quota *fn*
1. kontingens; kvóta * **Some say they are planning to impose a quota on the number of English students seeking places at Scottish institutions.** Egyesek úgy vélik, hogy kvóta bevezetését tervezik a skót intézményekben tanulni kívánó angol hallgatók számának meghatározására.
2. hányad; arányos rész
quotation *fn*
1. tőzsde értékpapírjegyzés; árfolyamjegyzés; tőzsdei jegyzés
2. árajánlat; költségterv
¹quote *fn* árajánlat: idézet
²quote *ige*
1.tőzsde árfolyamot jegyez
2. árajánlatot tesz; árat megállapít; árat megszab
quoted *mn* tőzsde tőzsdeképes; jegyzett
quoted on the stock exchange *mn* tőzsde tőzsdén jegyzett

quoted price *fn*
  1. ker megadott ár; megjelölt ár; ajánlati ár

  2. tőzsde jegyzett árfolyam; piaci árfolyam

Q

R, r

R&D [**= Research and Development**] *fn* K+F; kutatás és fejlesztés
racial discrimination *fn* faji megkülönböztetés * **A black nurse suffered racial discrimination when she was banned from taking care of a sick white baby.** Egy fekete ápolónő faji megkülönböztetés áldozata lett, amikor nem engedték, hogy egy beteg fehér csecsemőt gondozzon.
¹raise *fn*
1. (*fizetésé, áré*) emelés * **There's a demonstration this afternoon because the administrators have not had a raise in salary in four years.** Ma délután tüntetést szerveznek, mivel a hivatalnokok négy éve nem kaptak fizetésemelést.
2. számv növekmény
²raise *ige*
1. emel; felemel
2. pénzügy (*pénzt, kölcsönt, hitelt stb.*) összegyűjt; előteremt; szerez; kerít * **raise capital/funds/money** tőkét/pénzt előteremt/összegyűjt/szerez * **You may have difficulty raising a loan on a 20- or 30-year lease.** Lehet, hogy nehezen tud kölcsönt szerezni 20 vagy 30 éves lejáratra.
3. okoz; támaszt; felhoz; felvet * **raise an issue** ügyet felvet * **raise concern** aggodalmat vált ki
4. megszüntet; felold
5. mezőgazd tenyészt
rally *fn*
1. pénzügy gyors árfolyamemelkedés; hirtelen piaci javulás
2. nagygyűlés; gyülekezés; tömeggyűlés * **hold/stage a rally** nagygyűlést tart * **attend a rally** nagygyűlésen részt vesz

range of customers *fn* ker ügyfélkör; vevőkör * **Our objective is to offer quality products to a broad range of customers.** Célunk minőségi termékeket kínálni széles vevőkörnek.
range of goods *fn* ker áruválaszték; áruskála
range of products *fn* ker áruválaszték; áruskála; termékskála * **The range of products is attractive but there is no need to stick to products specially marketed for children.** Az áruválaszték vonzó, de felesleges olyan termékekhez ragaszkodni, melyeket elsősorban a gyermekeknek szánnak.
rank *fn* pozíció; osztály; fokozat; rang; rangsorban foglalt hely; sorrendben elfoglalt hely
ranking *fn*
1. sorrend; rangsor
2. besorolás; rangsorolás
¹rate *fn*
1. hányad; arány; ráta * **This area has one of the highest poverty rates in Europe.** Ez az egyik olyan terület, ahol a legnagyobb a szegénységráta Európában.
2. mérték; fok; ütem; sebesség; gyorsaság
3. díj; díjszabás; díjtétel; tarifa; árszabás * **BT offers the best rate for local calls.** A BT-nél a legkedvezőbbek a helyi beszélgetések díjai.
4. pénzügy árfolyam * **Rate fluctuations can add thousands to a house price.** Az árfolyam ingadozásai ezrekkel növelhetik a ház árát.
5. pénzügy kamat; kamatláb
6. adó adó
²rate *ige*
1. értékel; becsül; megállapít

2. osztályoz; besorol; minősít
3. adó adóztat; megadóztat
rate of charges *fn* díjszabás
rate of consumption *fn* fogyasztás mértéke * **The world is not short of oil and reserves should last 40 years at today's rates of consumption.** Nincs olajhiány a világon, a készletek a fogyasztás mai mértékével számolva 40 évig kitartanak.
rate of depreciation *fn* értékcsökkenés mértéke; amortizáció mértéke
rate of exchange *fn* bank valutaárfolyam; átváltási árfolyam; átszámítási árfolyam * **All prices quoted are calculated on rates of exchange in existence at the time of publication.** Minden közölt ár a megjelenéskor érvényben lévő valutaárfolyamon lett megállapítva.
rate of inflation *fn* pénzügy inflációs ráta; infláció üteme
rate of interest *fn* bank kamatláb; kamatráta; kamat * **Some credit cards charge a much higher rate of interest on cash withdrawals abroad.** Néhány hitelkártya sokkal magasabb kamatot számít fel készpénzfelvételért külföldön.
rate of pay *fn* fizetés; bér; bérszint * **Increasingly, employers do not specify rates of pay on job ads, which means salary is open to negotiation.** Egyre gyakrabban fordul elő, hogy a munkáltatók nem közölnek a bérre vonatkozó információkat az álláshirdetésekben, ami azt jelenti, hogy a fizetésről tárgyalni lehet.
rate of return *fn* pénzügy megtérülési mutató; megtérülési arány; megtérülési ráta
rate of taxation *fn* adó adókulcs
rateable value *fn* (*GB*) adóköteles érték; adóérték * **He claims that the rateable value of the company's assets is about £500m.** Azt állítja, hogy a vállalat vagyonának adóköteles értéke kb. 500 millió font.
rater *fn* értékelő; minősítő

ratification *fn* jog megerősítés; ratifikálás; jóváhagyás; törvénybe iktatás; parlamenti jóváhagyás
ratify *ige* jog megerősít; ratifikál; jóváhagy; törvénybe iktat * **Experts say the council will refuse to ratify the agreement.** Szakértők szerint a tanács nem fogja ratifikálni az egyezményt.
rating *fn*
1. értékelés; becslés
2. (*pl. díjszabási kategóriába, bértáblázatba*) besorolás; osztályozás; minősítés
3. bank hitelképesség-besorolás; bonitásvizsgálat
4. bizt kockázati besorolás; kockázati mutató
ratio *fn* arány; arányszám; viszonyszám; hányad; hányados
ration *ige*
1. szabályoz
2. adagol; eloszt; jegyre ad
rationalization *fn* ésszerűsítés; racionalizálás
rationalize *ige* ésszerűsít; racionalizál * **Ford is trying to rationalize production on two sites.** A Ford a termelés ésszerűsítésére törekszik két üzemben.
raw material *fn* ipar nyersanyag
reach *ige*
1. elér
2. kiterjed; elér; eljut
ready *mn*
1. **for** kész vmire; elkészített; előkészített * **The products are ready for dispatch.** A termékek szállításra készek.
2. hozzáférhető; rendelkezésre álló; elérhető
ready cash *fn* pénzügy (*GB*) készpénz * **Unless you've got the ready cash, buying a home can be tricky to finance.** Ha nincs elég készpénze, problémás lehet a lakásvásárlás finanszírozása.
real capital *fn* pénzügy reáltőke; dologi tőke
real estate *fn* ingatlan; ingatlantulajdon; ingatlanvagyon

R

real estate agent *fn* ingatlanügynök
real estate loan *fn* bank jelzálogkölcsön
real estate management *fn* ingatlanmenedzsment
real estate recording *fn* telekkönyvi bejegyzés
real estate register *fn* telekkönyv
real income *fn* reáljövedelem * **Since the 1960s the proportion of income spent on food has dropped, while real incomes have gone up.** Az 1960-as évek óta a jövedelem élelmiszerekre fordított hányada csökkent, a reáljövedelem viszont növekedett.
real investment *fn* (*új tőkét bevonó, új értéket teremtő*) beruházás
real output *fn* tényleges termelés; tényleges teljesítmény * **The economic outlook for Africa has brightened: real output has been growing at between 4 per cent and 5 per cent, and finally per capita incomes are beginning to rise.** Afrika gazdasági kilátásai javulnak: a tényleges termelés 4–5%-kal nőtt, és az egy főre jutó jövedelmek végre emelkedni kezdenek.
real property *fn* ingatlan; ingatlantulajdon; földtulajdon
real wage(s) *fn* reálbér * **With business profitability now well restored and employment at last picking up, real wages and labour income should improve markedly.** Most, hogy az üzleti nyereségesség helyreállt, és a foglalkoztatottság végre újra növekedésnek indult, a reálbéreknek és a dolgozók jövedelmének jelentősen javulniuk kell.
real-estate fund *fn* pénzügy ingatlanalap; ingatlanbefektetési alap
real-estate market *fn* ingatlanpiac * **Despite a booming real estate market, their profits were weaker than originally expected.** A virágzó ingatlanpiac ellenére a bevételük a vártnál gyengébb volt.
real-estate trust *fn* ingatlanbefektetési alap

realizable *mn*
1. értékesíthető; pénzzé tehető; realizálható
2. megvalósítható; keresztülvihető; végrehajtható
realization *fn*
1. értékesítés; pénzzététel; realizálás
2. megvalósítás
realize *ige*
1. értékesít; elad; pénzzé tesz; realizál
2. megvalósít; végrehajt
3. felfog; megért; átlát; ráeszmél * **Finally the management realized the importance of investing more in R&D.** A vezetőség végre ráeszmélt arra, mennyire fontos többet fordítani kutatásra és fejlesztésre.
reallocate *ige* (*hivatalosan eldönt, hogy vmit más célra fognak használni; eszközök újra elosztása*) újra eloszt; átrendez; átcsoportosít * **A proportion of savings will be reallocated to fund new projects.** A megtakarítások bizonyos hányadát új projektek finanszírozására csoportosítják át.
realtor *fn* (*US*) ingatlanközvetítő; ingatlanügynök
realty *fn* (*US*) ingatlan; telek; ingatlanvagyon; ingatlantulajdon
rebate *fn*
1. ker árengedmény; rabatt; engedmény
2. visszafizetés; visszatérítés; megtérítés
recall *ige*
1. felmond
2. (*pl. terméket a piacról*) visszavon; kivon; bevon; visszahív * **They decided on recalling the model from dealers due to some problems.** Néhány probléma miatt úgy döntöttek, hogy a modellt bevonják a kereskedőktől.
recapitalization *fn* pénzügy (*ha a menedzsment meg akarja óvni a céget a felvásárlástól, nagy adósságot hoz létre pénzösszegek kölcsönzésével, amit aztán később osztalékként kifizet a részvényeseknek*) újratőkésítés; visszatőkésítés
receipt *fn*
1. átvétel; kézhezvétel * **on/upon receipt of sg** vmi átvételekor

2. pénzügy átvételi bizonylat; átvételi elismervény; pénztári utalvány; nyugta; blokk * **They meticulously kept all their receipts and correspondence, which could be of great help to investigate the case.** Gondosan megőrizték minden nyugtájukat és levelezésüket, és ez komoly segítség lehet az ügy kivizsgálásában.

receive *ige* átvesz; elfogad; megkap; kap

recess *fn*
1. *(törvényhozó testületnél, tanácskozásnál)* szünet
2. *(törvényhozó testületnél, tanácskozásnál)* visszavonulás

recession *fn (gazdasági)* visszaesés; recesszió; hanyatlás; pangás * **We have done surprisingly well to avoid recession since the crash of the early 1990s.** Meglepően jól sikerült elkerülni a recessziót az 1990-es évek eleji válság után.

recipient of income support *fn (GB)* szociális segélyben részesülő

recipient of social assistance *fn* szociális segélyben részesülő

reciprocal trade agreement *fn* kölcsönös kereskedelmi megállapodás

recognition *fn* elismerés; megerősítés * **in recognition of/for sg** elismerésképpen vmiért * **achieve/deserve/ gain/receive/win recognition** elismerést érdemel/kap * **crave recognition** elismerésre vágyik/áhítozik * **The most effective reward is your colleagues' recognition and praise when things go well.** A leghathatósabb jutalom a munkatársak elismerése és dícsérete, amikor jól mennek a dolgok.

recognize *ige* elismer; elfogad * **This is an internationally recognized institution.** Ez egy nemzetközileg elfogadott intézmény.

recommend *ige* ajánl; javasol; tanácsol * **strongly recommend** erőteljesen javasol/ajánl/tanácsol

recommended retail price *fn* **NB: röv r.r.p.; RRP** ker ajánlott fogyasztói ár * **The plan is to abolish the publishers' recommended retail price (RRP) on the cover of books.** A terv az, hogy a könyvborítókról törlik a a kiadók által ajánlott fogyasztói árat.

recompense *ige* kártalanít; kárpótol; *(pl. kárt)* megtérít * **It is our task to minimise problems and recompense people fairly and promptly.** Az a dolgunk, hogy a lehető legkisebbre csökkentsük a problémákat, és az embereket igazságosan és gyorsan kártalanítsuk.

reconcile *ige*
1. egyeztet; egybevet; összeegyeztet
2. összhangba hoz; kibékít * **The outcome of Thursday's voting has produced such conclusions which point in several different directions at once and which are not easy to reconcile.** A csütörtöki szavazás olyan döntéseket eredményezett, amelyek egyszerre számos irányba mutatnak, és amelyeket igen nehéz összhangba hozni.

reconciliation *fn* egyeztetés; összeegyeztetés; összhangba hozás; számlaegyeztetés

¹record *fn*
1. feljegyzés * **keep a record of sg** feljegyzést készít vmiről
2. adat; okmány; jegyzőkönyv; nyilvántartás; szolgálati minősítés * **compile a record** nyilvántartást összeállít * **Mr Bloom is charged with tax fraud and falsification of records.** Bloom urat adócsalással és adatok meghamisításával vádolják.
3. előélet * **have a criminal record** büntetett előéletű

²record *ige*
1. feljegyez; nyilvántartásba vesz; jegyzőkönyvbe foglal; regisztrál; elkönyvel
2. felvételt készít

records *fn* irattár; levéltár; okmánytár

recover *ige*
1. *(tartozást)* behajt; visszanyer; visszaszerez
2. *(pl. piac)* élénkül; fellendül; javul

R

3. bizt megtérít * **recover damages** kárt megtérít

¹recruit *fn* új munkatárs

²recruit *ige (álláshely betöltésére)* toboroz; személyzetet szerez * **They are using a private company which recruits new staff for their London office.** Londoni irodájukba egy magánvállalattal toboroztatnak új alkalmazottakat.

recruiting *fn* toborzás * **They deal with recruiting hundreds of thousands of students worldwide to study online for British degrees.** Diákok százezreit toborozzák világszerte, hogy azok internetes tanulással szerezzenek brit diplomát.

recruitment *fn* toborzás * **internal/external recruitment** belső/külső toborzás * **graduate recruitment** friss diplomások toborzása

recruitment agency *fn* személyzeti tanácsadó cég

recycle *ige* újrahasznosít; újra feldolgoz * **She has asked for support in launching a new campaign to get companies to recycle all their recyclable materials.** Támogatást kért egy új kampány elindításához, amely arra igyekszik rávenni vállalatokat, hogy újra feldolgozzák minden újrahasznosítható anyagukat.

recycled *mn* újrahasznosított; újra feldolgozott

recycling *fn* újrahasznosítás; újrafeldolgozás; újrafelhasználás; hulladék-újrahasznosítás * **They promise to improve water recycling.** Ígérik, hogy fejlesztik a víz újrahasznosítását.

red tape *fn* bürokrácia * **A survey out this week revealed that red tape is the major source of stress for small business owners.** Egy ezen a héten nyilvánosságra hozott tanulmány szerint a bürokrácia okozza a legtöbb stresszt a kisvállalkozóknak.

redeem *ige*
1. pénzügy kiegyenlít; megfizet; törleszt; visszafizet * **redeem debts** adósságot visszafizet

2. kivált; megvált; visszavált
3. bevált; teljesít; megtart * **redeem a promise/an obligation** ígéretet/kötelezettséget teljesít * **He redeemed his promise when he informed me about the vacancy.** Teljesítette amit ígért, amikor értesített az álláshelyről.

redemption *fn*
1. törlesztés; beváltás; kiváltás; visszaváltás
2. megváltás; visszavásárlás

redemption yield tőzsde *fn* visszaváltási hozam

redevelopment *fn* átépítés; rekonstrukció; újjáépítés * **Almost 2,500 of new homes in the proposed redevelopment will be for private sale.** A javasolt átépítést követően közel 2500 új otthon kerül értékesítésre.

rediscount rate *fn* bank viszontleszámítolási kamatláb; rediszkontálási kamatláb

rediscounting *fn* bank viszontleszámítolás; rediszkontálás

redistribution *fn* újrafelosztás; újraelosztás * **redistribution of incomes/power/wealth** jövedelmek/hatalom/vagyon újraelosztása * **He said only land seized by the state, including more than 5,000 farms confiscated from former white owners for redistribution to new black farmers, was being nationalised.** Azt mondta, hogy csak az állam által lefoglalt földeket fogják államosítani, beleértve több mint 5000 farmot, amelyet korábbi fehér tulajdonosaiktól koboztak el azért, hogy új, fekete gazdálkodók között osszák el újra.

redress *fn*
1. kártérítés; kárpótlás * **Rather than wait for the government or employers to start redressing the balance, some workers are taking action themselves.** Néhány dolgozó ahelyett, hogy a kormány vagy a munkáltatók nyújtotta kárpótlásra várna, maga cselekszik.
2. helyrehozás; kijavítás; megjavítás

R

3. jog jogorvoslat * **seek redress** jogorvoslatot keres
reduce ige
1. (*pl. árat, költséget*) csökkent; leszállít; mérsékel; redukál * **reduce sg in influence/size/number** befolyásában/méretében/számában csökkent vmit
2. átszámít; átalakít
reduced *mn* (*pl. ár, költség*) mérsékelt; leszállított
reduction *fn*
1. csökken(t)és; leszállítás; leépítés; mérséklés * **considerable/dramatic/drastic/marked/significant/substantial reduction** jelentős mértékű csökken(t)és * **slight reduction** csekély mértékű csökken(t)és
2. átszámítás; átalakítás
reduction in working hours *fn* munkaidő-csökkentés * **Fortunately, the reduction in working hours was not accompanied by any reduction in salary.** Szerencsére a munkaidő csökkentése nem járt együtt a fizetések csökkenésével.
redundancy *fn* létszámcsökkentés; leépítés; létszámleépítés * **face redundancy** elbocsátás fenyegeti * **accept/take redundancy** megkapja felmondását
redundancy package *fn* végkielégítés; elbocsátási térítés * **A colleague of mine accepted a redundancy package and secured a job elsewhere.** Egyik munkatársam elfogadta a végkielégítést, és munkát szerzett máshol.
redundancy pay *fn* (*GB*) végkielégítés; elbocsátási térítés * **She received dozens of calls from dismissed workers who had not been given redundancy pay.** Számos telefonhívást kapott olyan elbocsátott dolgozóktól, akik nem kaptak végkielégítést.
redundant *mn*
1. létszámfeletti; elbocsátott * **make sy redundant** elbocsát/leépít vkit
2. felesleges; nélkülözhető
refer to *ige*
1. vki hatáskörébe utal

2. utal vkire/vmire; hivatkozik vkire/vmire
3. vonatkozik vkire/vmire
4. fordul vkihez/vmihez
reference *fn* NB: röv re.; Ref.; ref.
1. hivatkozás; utalás
2. hivatkozási szám
3. felvilágosítás; tájékoztatás; információ; referencia; ajánlás; ajánlólevél * **Although you can see a written reference, you do not know what your last employer may have said about you over the telephone.** Bár az ajánlólevelet megnézheti, azt nem tudhatja, hogy előző munkáltatója mit mondhatott Önről telefonon.
referendum *fn* népszavazás * **call for a referendum** népszavazást kiír * **hold a referendum** népszavazást tart * **propose a referendum** népszavazást indítványoz
refinancing *fn* pénzügy refinanszírozás; visszfinanszírozás
reflation *fn* (*ált. inflációt követően gazdaságélénkítés pénzkibocsátással*) konjunktúraélénkítés; újbóli pénzszaporítás; refláció
¹reform *fn* reform * **radical reforms to the health service** az egészségügy radikális reformja
²reform *ige* reformál; megreformál * **The healthcare system has been radically reformed.** Az egészségügyi ellátás rendszerét radikálisan megreformálták.
refugee *fn* menekült
¹refund *fn* pénzügy visszafizetés; visszatérítés * **They agreed to a full refund as long as I returned the certificate of insurance.** Beleegyeztek a teljes visszafizetésbe, amennyiben viszszaküldöm a biztosításfedezeti bizonylatot.
²refund *ige*
1. pénzügy visszatérít; visszafizet
2. kártalanít; költséget megtérít
3. (*adósságot*) megújít; konvertál
refund of premium *fn* bizt díjvisszafizetés; díjmegtérítés

R

refunding *fn*
1. pénzügy visszafizetés; visszatérítés
2. konvertálás
¹refuse *fn*
1. hulladék; selejt; szemét
2. át nem vett anyag
²refuse *ige* visszautasít; elutasít; megtagad * **flatly refuse** mereven elutasít * **They refused support to a starving and sick Somali asylum seeker.** Megtagadták a támogatást egy éhező, beteg szomáliaitól, aki menedékjogot kért.

refuse disposal *fn* hulladékeltávolítás; szemételtakarítás * **Refuse disposal disputes started to flare up again as dustcarts are unable to leave their depots because of their poor condition.** Újra fellángoltak a hulladékeltávolítás körüli viták, mivel a szemétszállító kocsik rossz állapotuk miatt képtelenek elhagyni a telephelyeket.

regime *fn* rendszer; kormányzati forma; kormányzati rendszer
region *fn* térség; régió; terület * **in the region of** körülbelül * **They promised to provide free treatment to villagers in the region.** Ingyenes kezelést ígértek a térség falusi lakosságának.
regional *mn* regionális; térségi; területi
regional development *fn* régiófejlesztés
regional government *fn* regionális önkormányzat
regional policy *fn*
1. kistérségi politika; regionális politika
2. területpolitika
regionalisation *fn* EU regionalizáció
¹register *fn* nyilvántartás; iktatókönyv; jegyzék; kimutatás; lajstrom; lista
²register *ige*
1. beiktat; bejegyez; nyilvántartásba vesz; feljegyez; lajstromoz; regisztrál
2. bejegyeztet; bejelentkezik; nyilvántartásba veteti magát * **register a name/ property/trademark** nevet/tulajdont/ márkanevet bejegyeztet * **For details**

and to register go to the following website. A részleteket az alábbi honlapon találja, és ott be is jelentkezhet.
3. ajánlva felad
registered *mn*
1. bejegyzett; bejelentett; névre szóló; nyilvántartott
2. törvényileg védett
3. (*küldemény*) ajánlott
registered association *fn* bejegyzett egyesület
registered bond *fn* pénzügy névre szóló kötvény
registered design *fn* védett modell; védett forma; védett formaterv; bejegyzett ipari minta * **The university's governing body is tomorrow due to discuss plans that, in future, will give the university the ownership of intellectual property rights such as patents, registered designs and trademarks.** Az egyetem vezetősége holnap tárgyalja azokat a terveket, melyek szerint a szellemi tulajdonjogok – pl. szabványok, védett modellek és védjegyek – a jövőben az egyetem tulajdonába kerülnek.
registered office *fn*
1. társaság bejegyzett székhelye
2. bejegyzett iroda
registered proprietor *fn* bejegyzett tulajdonos
registered share *fn* pénzügy (*GB*) névre szóló részvény
registered society *fn* bejegyzett egyesület
registered stock *fn* pénzügy (*US*) névre szóló részvény; névre szóló értékpapír
registered trademark *fn* bejegyzett védjegy
registered tradename *fn* bejegyzett márkanév
registrar *fn*
1. nyilvántartó; iktató; irattáros
2. anyakönyvvezető
registration *fn*
1. nyilvántartás; bejegyzés; regisztrálás
* **registration of charges/deeds/ transfers** költségek/okmányok/átuta-

lások nyilvántartása * **They suggest registration require an iris scan and digital fingerprinting.** Javaslatuk szerint a nyilvántartáshoz írisz-szken és digitális ujjlenyomat-vétel is szükséges

2. jog cégbírósági bejegyzés; cégeljárás
registry *fn*
1. cégbíróság
2. iktatóiroda; nyilvántartó hivatal
3. beiktatás; bejegyzés
regressive tax *fn* adó regresszív adó
regroup *ige* átcsoportosít; átrendez
regular customer *fn* ker állandó vásárló; állandó vevő; törzsvásárló
regular hours *fn* szokásos munkaidő
regulate *ige*
1. szabályoz * **regulate business/ prices** üzleti tevékenységet/árakat szabályoz
2. irányít; igazgat
3. jog rendszabályoz; szabályba foglal
4. megszorít; kényszergazdálkodást folytat
regulated by public law *mn* jog közjog által szabályozott
regulation *fn*
1. jog szabály; rendelet; előírás; határozat * **breach/circumvent a regulation** szabályt megsért/kikerül * **break/ contravene/infringe a regulation** szabályt megszeg * **flout a regulation** szabályt semmibe vesz
2. szabályzat; szabályozás * **We need smarter regulation rather than more regulation.** Nem több, hanem okosabb szabályozásra van szükségünk.
regulations *fn* jog előírások; rendelkezések; rendtartás; szabályzat; rendszabályok * **comply with regulations** megfelel az előírásoknak * **Some fundraisers are set to warn MPs that charities face a substantial loss of income under new regulations.** Néhány adománygyűjtő figyelmeztetni akarja a parlamenti képviselőket, hogy a jótékonysági intézményeket jelentős veszteségek érhetik az új szabályozás miatt.

regulatory agency *fn* jog felügyeleti hatóság; felügyeleti szerv
regulatory authority *fn* jog ellenőrző szerv; ellenőrző hatóság; felügyeleti szerv
rehabilitation *fn*
1. rehabilitáció
2. szanálás; gazdasági helyreállítás; pénzügyi rendbehozatal
reimburse *ige* (költséget, pénzt stb.) megtérít; visszafizet; visszatérít * **The report found that most holiday makers were reimbursed costs and received an extra payment.** A beszámoló szerint a legtöbb nyaralónak visszatérítették a költségeket, és még külön összeget is fizettek.
reimbursement *fn* (költségé, pénzé stb.) megtérítés; visszafizetés; pénzmegtérítés; visszatérítés * **If a flight is overbooked, a passenger under current European Union regulations is entitled to choosing between an alternative flight or reimbursement of the ticket.** Ha egy járatra több jegyet adnak el, mint amennyi hely van rajta, a jelenlegi EU szabályozás szerint az utas választhat egy másik járat, vagy a repülőjegy visszatérítése között.
reinforce *ige*
1. megerősít * **McDonald's recently signed up two tennis stars to feature in Olympic themed ads to reinforce its association with sport and its sponsorship of the games.** A McDonald's nemrég két tenisztárt szerződtetett olimpiai témájú reklámokban való szereplésre, hogy ezzel is erősítse a sporthoz és az olimpiai játékok szponzorálásához kapcsolódó imázsát.
2. jog utólag érvényesít; újra érvénybe léptet
reinvest *ige* újból befektet; reinvesztál
reinvestment *fn* újbóli befektetés; reinvesztálás; újrabefektetés
¹**reject** *fn* selejt; hibás áru
²**reject** *ige*
1. visszautasít; elutasít

R

2. elvet; leszavaz * **Rejecting proposals for constitutional reforms meant to prevent him from accumulating too much power.** Az alkotmányreformokat azért vetették el, nehogy túl nagy hatalomhoz jusson.
relationship *fn* viszony; összefüggés
* **be in/have a relationship** összefüggésben van
relax *ige*
1. enyhít; lazít; mérsékel
2. enyhül
¹release *fn*
1. felszabadítás; feloldás; mentesítés
2. forgalomba hozatal
3. kiadvány; közlemény
4. jog szabadonbocsátás; szabadlábra helyezés
²release *ige*
1. felszabadít; felold; mentesít; megenged * **release from work** felment munka alól
2. forgalomba hoz
3. közzétesz; nyilvánosságra hoz
4. jog szabadonbocsát; szabadlábra helyez * **release sy on parole** feltételesen szabadlábra helyez vkit
5. tehermentesít
relevant *mn* fontos; lényeges; tárgyhoz tartozó; vonatkozó; releváns * **The ombudsman has collected all relevant information and given everyone the chance to put forward their views.** Az ombudsman összegyűjtött minden lényeges információt, és mindenkinek lehetőséget adott a véleménynyilvánításra.
reliability *fn*
1. megbízhatóság
2. szavahihetőség
3. hitelképesség; bonitás
reliable *mn*
1. megbízható * **They issued guidelines aimed at helping health authorities develop reliable information for consumers of alternative medicines.** Útmutatót adtak ki, hogy segítsenek az egészségügyi hatóságoknak abban, hogy megbízható informá-

ciókkal lássák el az alternatív gyógyszerek fogyasztóit.
2. pénzügy hitelképes
relief *fn*
1. enyhülés
2. enyhítés; könnyítés
3. mentesség; adómentesség
4. segély; támogatás
5. jog jogorvoslat
relocate *ige*
1. áthelyez; áttelepít; kitelepít * **The firm got a £2.25m subsidy after threatening to relocate the factory to Wales or northern France.** A cég 2,25 millió fontos támogatást kapott, miután azzal fenyegetőzött, hogy a gyárat Walesbe vagy Észak-Franciaországba telepíti át.
2. költözik; elköltözik; átköltözik
relocation *fn* áttelepítés; áthelyezés; átköltöztetés * **They expressed "grave concern" at the effects the job cuts and relocation would have on their professional and personal lives.** „Mély aggodalmukat" fejezték ki a leépítések és az áttelepítés szakmai illetve magánéletükre gyakorolt hatásáról.
remain *ige* marad * **She thinks the former communist countries have remained notoriously bureaucratic.** Véleménye szerint a volt kommunista országok közismerten bürokratikusak maradtak.
remedy *fn*
1. jóvátétel
2. jog (*törvénysértés jóvátételének jogi eszköze*) jogorvoslat; perorvoslat
remind *ige* emlékeztet * **We will be reminding the country of its obligations under international law.** Emlékeztetni fogjuk az országot a nemzetközi jog szabta kötelességeire.
reminder *fn*
1. emlékeztető; figyelmeztetés; felszólítás
2. pénzügy fizetési felszólítás; felszólító levél
reminder value *fn* jelképes érték

¹remit *fn* feladat; feladatkör; felelősségi terület * **These issues fall outside the remit of the department.** Ezek a kérdések az osztály hatáskörén kívül esnek.

²remit *ige*
1. pénzügy *(tartozást, bírságot, adót stb.)* elenged
2. pénzügy átutal; folyósít; kifizet; utal; utalványoz * **remit by cheque** csekken átutal
3. jog *(vki hatáskörébe)* átutal; *(más bírósághoz)* áttesz

remittance *fn*
1. pénzügy átutalás; utalványozás * **We sent our remittance yesterday.** Tegnap küldtük el az átutalásunkat.
2. pénzküldemény; átutalt összeg * **Many poor countries run big balance of payments deficits, usually filled by aid and remittances from overseas.** Számos szegény országban nagy a fizetési mérleg hiánya, melyet külföldi segélyekből és pénzküldeményekből fedeznek.

remittee pénzügy *fn* átutalás címzettje
remitter pénzügy *fn* átutaló
removal *fn*
1. költözés
2. eltávolítás; elmozdítás
3. megszüntetés; feloldás

removal of barriers to trade *fn* kereskedelmi akadályok eltávolítása; kereskedelmi akadályok elmozdítása
removal of trade barriers *fn* kereskedelmi akadályok eltávolítása; kereskedelmi akadályok elmozdítása
remunerate *ige* jutalmaz; honorál; megfizeti szolgálatait; megfizeti munkáját
remuneration *fn*
1. díjazás; jutalmazás; ellenszolgáltatás; javadalmazás * **A fifth of investors voted against the remuneration policy for the new board.** A befektetők ötöde az új igazgatótanács jutalmazási politikája ellen szavazott.
2. díj; illetmény; honorárium; jutalom
remunerative *mn (állás stb.)* jól fizető

render *ige*
1. ad; megad; nyújt; teljesít; végrehajt * **The agency renders assistance to those moving abroad.** Az ügynökség a külföldre költözőknek nyújt segítséget .
2. *(számlát)* benyújt; bemutat
renew *ige*
1. megújít; felújít
2. meghosszabbít; prolongál
renewal *fn*
1. megújítás; felújítás
2. meghosszabbítás; prolongálás
renewal certificate *fn* bizt megújítási igazolás
¹rent *fn*
1. bérleti díj; bér; használati díj; lakbér * **A number of smaller pub-owning businesses offer tenants a discount on rent.** Számos kisebb pubtulajdonos kedvezményt ad az üzemeltetőnek a bérleti díjból.
2. járadék
²rent *ige*
1. bérel; kibérel; kikölcsönöz * **We rent an office in downtown.** Irodát bérlünk a városközpontban.
2. kiad; bérbe ad
rent allowance *fn* lakbér-hozzájárulás
rent rebate *fn* lakbérkedvezmény; lakbérengedmény
¹rental *fn* bérösszeg; bérleti díj; használati díj; kölcsönzési díj
²rental *mn* kölcsön-
rental agreement *fn* bérleti jogviszony; lakásbérleti jogviszony * **Never sign a contract you do not agree with or understand but ask someone who is familiar with legal language or rental agreements to check your contract.** Soha ne írjon alá olyan szerződést, amellyel nem ért egyet, vagy amelyet nem ért teljesen, hanem kérjen meg valakit, aki ismeri a jogi nyelvet vagy a bérleti jogviszonyokat, hogy ellenőrizze a szerződését!
reorder *ige* utánrendel
reorganization *fn*
1. újjászervezés; átalakítás; átszervezés

R

* **a costly reorganization of departments** az osztályok költséges átszervezése
2. szanálás
3. átalakulás
reorganize *ige*
1. átszervez; átalakít; újjászervez
2. szanál; rendbe tesz
reparation *fn* jóvátétel; kárpótlás
repay *ige* pénzügy visszafizet; megfizet; megtérít; visszatérít; törleszt * **We certainly don't encourage people to enter into loans which they can't afford to repay.** Senkit sem biztatunk arra, hogy olyan kölcsönt vegyen fel, amelyet nem tud visszafizetni.
repayment *fn* pénzügy visszafizetés; viszszatérítés; törlesztés
repayment terms *fn* pénzügy törlesztési feltételek * **Several consumers miss some important details of fees and repayment terms, which can affect the total cost of borrowing.** Számos fogyasztó elnézi a díjak és a törlesztési feltételek néhány fontos részletét, amely hatással lehet a kölcsön teljes összegére.
repeat order *fn* ker utánrendelés; pótrendelés
replace *ige*
1. helyettesít; kicserél; pótol; felvált
2. megtérít; visszaad
3. visszahelyez
4. helyébe lép; felvált * **Ms Gillighan was drafted in to replace the former general manager, Mr Seaman, who quit last February.** Ms Gillighant meghívták a korábbi ügyvezető igazgató, Seaman úr helyére, aki tavaly februárban kilépett.
¹report *fn*
1. jelentés; beszámoló; kimutatás
2. jegyzőkönyv
3. számv mérlegbeszámoló
4. tudósítás
²report *ige*
1. beszámol; bejelent; jelentést tesz * **Mr Smith reports directly to the managing director.** Smith úr köz-

vetlenül az ügyvezetőnek tartozik beszámolással.
2. jelentkezik
3. közöl; tudósít
reported loss *fn* számv könyv szerinti veszteség
reported profit *fn* számv könyv szerinti nyereség
reporting date *fn* beszámolási határidő; határnap
repository *fn* raktár; készáruraktár
represent *ige*
1. képvisel * **They had no confidence in the company council representing their views.** Nem bíztak az álláspontjukat képviselő vállalati tanácsban.
2. jog képviseletében eljár
3. jelent; kitesz vmennyit * **Overheads have come down quite a bit, but still represent £320 million a year, which is too much.** Az általános költségek sokat csökkentek, de még mindig 320 millió fontot tesznek ki, ami túl sok.
representation *fn*
1. képviselet; érdekképviselet
2. tényállítás
3. ábrázolás
representative *fn* képviselő; megbízott
reprimand *fn* megrovás; rendreutasítás
reprivatization *fn* reprivatizáció; újbóli privatizáció
reproduce *ige*
1. ipar újra előállít; újratermel; reprodukál
2. sokszorosít; reprodukál
reproduction *fn*
1. ipar újratermelés
2. újra-előállítás; reprodukálás * **Although some countries allow reproduction of banknotes for artistic purposes if they are either significantly larger or smaller than the real thing, in the UK it is a criminal offence.** Bár néhány ország engedélyezi a bankjegyek reprodukálását művészeti célokból, amennyiben a másolatok jelentősen kisebbek vagy nagyobbak az eredetieknél, az Egye-

sült Királyságban ez büntetendő cselekmény.
3. sokszorosítás
repurchase *fn*
1. ker visszavásárlás; visszavétel
2. visszavásárolt áru
repurchase agreement *fn* visszavásárlási megállapodás/egyezmény
reputable *mn* jó hírű * **reputable company** jó hírű cég
reputation *fn* hírnév * **tarnish sy's reputation** hírnevét (le)rombolja * **acquire/build/develop/earn/establish/gain reputation** hírnevet szerez/ kiérdemel
¹request *fn*
1. kérés; kérelem; igény * **refuse/reject a request** kérést elutasít * **grant a request** kérést teljesít * **request for a purchase** vásárlási igény * **Trading in SBG shares was suspended at the company's own request yesterday.** A vállalat kérésére tegnap felfüggesztették az SGB részvények kereskedését.
2. felszólítás
²request *ige* kér; kíván; folyamodik; igényel
require *ige*
1. kíván; követel; megkíván; megkövetel; elvár * **The case requires full investigation.** Az ügy teljes körű vizsgálatot kíván.
2. igénye van; igényel; szüksége van
required *mn* szükséges; előírt; megszabott; megkívánt * **as required** igény szerint
required reserve ratio *fn* pénzügy kötelező tartalékráta
requirement *fn* előfeltétel; előírás; követelmény; kívánalom * **comply with/ fulfil/match/satisfy/meet the requirements** megfelel a követelményeknek
resale price *fn* ker viszonteladói ár
rescheduling of debts *fn* pénzügy adósságátütemezés
rescind *ige* jog *(pl. szerződést)* felbont; érvénytelenít

rescission *fn*
1. jog eltörlés; érvénytelenítés; felbontás; hatálytalanítás; megsemmisítés; megszüntetés; visszavonás
2. visszalépés
rescission of contract *fn* jog szerződés felbontása
rescue company *fn* *(bajba jutott vállalatot megmentő)* felvásárló társaság
rescue operation *fn* mentési művelet; mentőakció
research *fn* kutatás
Research and Development *fn* NB: röv **R & D** kutatás és fejlesztés [= K+F]
reservation of title *fn* jog tulajdonjog fenntartása
¹reserve *fn*
1. tartalék; céltartalék; készlet; tartalékalap * **Russians fear a US grip on a large reserve of cheap oil could send prices tumbling.** Az oroszok attól tartanak, hogy az árak zuhanni fognak, ha az USA nagy, olcsó olajtartalékokhoz jut.
2. fenntartás; kikötés; korlátozás; megszorítás * **We have accepted the recommendation without reserve.** Fenntartás nélkül elfogadtuk a javaslatot.
²reserve *ige*
1. fenntart; tartalékol; készletez; félretesz * **Royal Mail said it reserved its right to seek legal redress.** A Royal Mail, a brit posta, azt nyilatkozta, hogy fenntartja a jogát ahhoz, hogy jogorvoslatot keressen.
2. lefoglal
reserve currency *fn* bank tartalékvaluta * **The dollar has long been the globe's reserve currency.** A dollár régóta a föld tartalékvalutája.
reserve fund *fn* pénzügy tartalék pénzalap; tartalékalap
reserve ratio *fn*
1. pénzügy tartalékráta; fedezeti arány; fedezeti hányad
2. likviditási arány
reserve requirement(s) *fn*
1. pénzügy kötelező tartalék(ok)
2. tartalékolási előírások

reserve-assets ratio *fn* pénzügy tartalékeszköz-hányad

reserves *fn* pénzügy tartalékok

residence permit *fn* tartózkodási engedély * **The migrants have to apply for a work and/or a residence permit.** A bevándorlóknak munkavállalási és/vagy tartózkodási engedélyt kell kérniük.

resident *fn* bank devizabelföldi

resign *ige*
1. (*állást*) felmond; felad; kilép vhonnan * **Vodafone said the head of its business in Japan had resigned "for personal reasons" after three years with the company.** A Vodafone szerint Japánban üzleti vezetőjük „személyes okok miatt" mondott fel, miután három évet töltött a vállalatnál.
2. (*pl. tisztségről*) leköszön; lemond

resignation *fn*
1. felmondás
2. lemondás; visszalépés * **resignation of the government** kormány lemondása * **hand in/submit/tender one's resignation** benyújtja lemondását * **His resignation was seen as inevitable after poor results for the party under his leadership in the European elections.** Elkerülhetetlennek tartották visszalépését, miután vezetése alatt a párt rosszul szerepelt az európai választásokon.

resolution *fn*
1. határozat; döntés; állásfoglalás * **The committee failed to pass a resolution on the new project.** A bizottság nem tudott határozatot hozni az új projektet illetően.
2. elhatározás * **make a resolution to do sg** eldönti vmi megtételét/elhatározza, hogy vmit megtesz

resolution of parliament *fn* parlamenti határozat

resolve *ige* elhatároz; eldönt; megold; felold * **Activists accused the chairman of reneging on promises during talks at the 2003 meeting to resolve problems.** Aktivisták azzal vádolták az elnököt, hogy megszegte a 2003-as tárgyalások során tett ígéretét, miszerint megoldja a problémákat.

resources *fn*
1. pénzügy erőforrások; pénzeszközök
2. természeti erőforrások; természeti kincsek

respectability *fn* tiszteletreméltóság; tisztesség; jóhírűség; jó hírnév

respite *fn* haladék; halasztás; határidő-hosszabbítás

responsibility *fn*
1. felelősség; kötelezettség * **have responsibility for sg** felelős vmiért * **carry/shoulder the responsibility for sg** vállalja a felelősséget vmiért * **bear responsibility** felelősséget visel
2. feladat; hatáskör * **My main responsibility was to ensure that my delegation was always on time for meetings.** A legfontosabb feladatom annak biztosítása volt, hogy a delegációm mindig időben érjen a találkozókra.

responsible *mn* felelős * **responsible for** felelős vmiért, okolható vmiért * **responsible to sy for sg** felelős vkinek vmiért * **In her new role, Mr Miller will be responsible for the day-to-day running of the company.** Az új pozíciójában Miller úr a vállalat napi vezetéséért lesz felelős.

restraint *fn*
1. kikötés; korlátozás; megszorítás
2. tilalom; visszatartás; zárolás

restraint on imports *fn* ker importkorlátozás

restraint on trade *fn* ker üzleti korlátozás; kereskedelmi korlátozás * **They consider labelling for GM a restraint on trade.** Szerintük a genetikailag módosított termékek címkézése üzleti korlátozás.

restrict *ige* korlátoz; megszorít; behatárol

restricted *mn* korlátolt; korlátozott; megszorított

restriction *fn* korlátozás; megszorítás; kötöttség

restriction(s) on exports *fn* ker export-korlátozás; kiviteli korlátozás
restrictive practices *fn*
1. korlátozás
2. hátrányos megkülönböztetés
restructure *ige* átszervez
restructuring *fn* átszervezés
result *fn*
1. eredmény
2. következmény; okozat
results *fn* számv számszerű nyereség; eredmény * **The big companies have reported their September quarter end results.** A nagyvállalatok nyilvánosságra hozták a szeptemberi negyedévi eredményeiket.
resumé *fn* (*US*) szakmai önéletrajz
retail business *fn*
1. ker kiskereskedelem; kiskereskedés
2. bank lakossági bankszolgáltatás; lakossági banktevékenység
retail distribution *fn* ker kiskereskedelmi forgalmazás
retail industry *fn* ker kiskereskedelem
retail price *fn* ker kiskereskedelmi ár; fogyasztói ár; bolti ár * **The hardback novel carries a recommended retail price of £12.99.** A kemény kötésű regényen 12,99 fontos kiskereskedelmi ár áll.
retail price index *fn* ker kiskereskedelmi árindex; fogyasztói árindex * **The retail price index rose at an annual rate of 2.8%.** A kiskereskedelmi árindex évi 2,8 százalékos ütemben növekedett.
retail store *fn* ker kiskereskedés
retail trade *fn* ker kiskereskedelem
retail trader *fn* ker kiskereskedő
retailer *fn* ker kiskereskedő; viszonteladó
retailing *fn* ker kiskereskedelmi értékesítés
retire *ige*
1. nyugdíjba megy/vonul
2. nyugdíjaz
retired person *fn* nyugdíjas * **100 years ago, there were five people working for every retired person.** Száz évvel ezelőtt minden nyugdíjasra öt dolgozó ember jutott.

retiree *fn* (*US*) nyugdíjas
retirement *fn*
1. nyugdíjazás; nyugállomány * **early retirement** korengedményes nyugdíj * **take retirement** nyugdíjba megy/vonul * **They will decide later whether to initiate moves which can lead to his retirement or resignation.** Később fogják eldönteni, kezdeményeznek-e olyan lépéseket, melyek a nyugdíjazásához vagy felmondásához vezethetnek.
2. pénzügy (*váltóé*) beváltás; kifizetés
3. (*forgalomból*) kivonás; bevonás
4. kiselejtezés
retirement age *fn* nyugdíjkorhatár
retirement fund *fn* nyugdíjalap
retirement pay *fn* nyugdíj * **Mr Ebbers, who quit the company in April, was awarded retirement pay of $1.5m a year.** Ebbers úr, aki áprilisban lépett ki a vállalattól, évi 1,5 millió dolláros nyugdíjat kapott.
retrain *ige* átképez
retrieve *ige*
1. visszaszerez; visszanyer * **After the scandal he managed to retrieve his reputation.** A botrány után sikerült visszaszereznie jó hírnevét.
2. informatika visszakeres; visszaír
retrogress *ige* hanyatlik; visszafejlődik
retrogression *fn* hanyatlás; visszaesés; visszafejlődés
¹return *fn*
1. haszon; hozadék; hozam; jövedelem; nyereség; profit; eredmény * **The problem is that the return on capital invested will be unlikely to provide enough money to start new projects.** A probléma az, hogy a befektetett tőke hozadéka valószínűleg kevés lesz új projektek indításához.
2. megtérülés
3. visszaérkezés; visszajuttatás; visszaküldés; visszatérés * **by return of post** postafordultával
4. térítés; viszonzás
5. beszámoló; kimutatás
6. adó adóbevallás

R

²return *ige*
1. visszaküld; visszajuttat; visszaszármaztat * **To receive your FREE sample copy either fill in and return the form below or call or email us.** Hogy megkapja az ingyenes mintapéldányát, töltse ki, és küldje vissza az alábbi formanyomtatványt, vagy hívjon fel bennünket, vagy küldjön nekünk egy e-mailt.
2. visszatérít; visszafizet
3. viszonoz
4. beszámol; jelent * **return one's income** jövedelmet bevall
return on capital *fn* **NB: röv ROC** pénzügy tőkehozam
return on capital employed *fn* **NB: röv ROCE**
1. pénzügy befektetett tőke hozama; befektetés hozama
2. tőkehozamráta
return on equity *fn* **NB: röv ROE** pénzügy sajáttőke-hozam; részvényhozam
return on investment *fn* **NB: röv ROI** pénzügy beruházás hozama; befektetés hozama; tőkehozam
returnable bottle *fn* visszaváltható üveg * **Small brewers have been in disarray since the government introduced deposits on non-returnable bottles that have pushed up overheads and reduced sales.** A kis serfőzdék nehéz helyzetbe kerültek, miután a kormány bevezette a betétdíjat a vissza nem váltható üvegekre, ami felvitte a költségeket, és csökkentette az eladást.
returns *fn*
1. ker visszáru
2. pénzügy beváltatlanul visszaküldött csekkek; beváltatlanul visszaküldött váltók
3. hozam
reusable pack *fn* újrafelhasználható csomagolás
revalorization *fn* pénzügy revalorizáció; átértékelés
revaluation *fn*
1. átértékelés; újraértékelés

2. felértékelés * **Despite becoming the workshop of the world, revaluation of the currency would administer a shock to the Chinese economy that it could not absorb.** Bár Kína a világ műhelyévé válik, a pénzük felértékelése olyan sokkot okozna a kínai gazdaságnak, amelyet az nem tudna feldolgozni.
revalue *ige*
1. átértékel; újraértékel
2. felértékel
revenue *fn*
1. ker bevétel; jövedelem; árbevétel
2. állami bevétel; adóbevétel
revenue from taxes *fn* adó adóbevétel * **Zambia is spending almost a quarter of its revenue from taxes on servicing debt.** Zambia adóbevételeinek majdnem egynegyedét kölcsönök törlesztésére költi.
revenue office *fn* adó adóhivatal; pénzügyi hatóság
reverse *ige* visszavon; töröl * **reverse an entry** könyvelési tételt storníroz
¹review *fn* áttekintés; (felül)vizsgálat * **conduct/undertake a review** felülvizsgál; áttekint * **subject to review** vizsgálat tárgya
²review *ige* áttekint; felülvizsgál; megvizsgál; revideál; revízió alá vet * **They wouldn't release details of the letter, saying lawyers needed time to review it.** Nem voltak hajlandók a levél részleteit nyilvánosságra hozni, mondván, hogy a jogászoknak idő kell annak megvizsgálására.
revise *ige*
1. átnéz; átvizsgál; felülvizsgál
2. megváltoztat; módosít; revideál * **Nokia had been predicting that the world would buy 450 million mobiles this year but now it has revised the figure to 405m.** A Nokia korábban azt jósolta, hogy a világ 450 millió mobiltelefont fog vásárolni az idén, de most megváltoztatta a számot 405 millióra.
3. átdolgoz; átszerkeszt

R

revision *fn*
1. átvizsgálás; felülvizsgálat; szemle
* **subject to revision** felülvizsgálat tárgya
2. átdolgozás; átszerkesztés
revocable *mn* felmondható; visszavonható
right *fn*
1. illetékesség; jog; jogosultság
2. tőzsde (*részvényeseknek*) kedvezményes vételi jog
3. bizt teljesítési igény
right of action *fn* jog kereseti jog
right of appeal *fn* jog fellebbezési jog; fellebbviteli jog
right of first refusal *fn* jog (*US*) elsőbbségi jog; elővételi jog; opció
right of pre-emption *fn* jog elővételi jog
right of use *fn* jog használati jog
right to vote *fn* jog általános szavazati jog; passzív választójog; szavazati jogosultság; választójog
rights issue *fn* tőzsde (*a régi részvényesek piaci ár alatt vehetnek részvényt*) jogosultsági kibocsátás
rightsizing *fn* (*US*) (*vállalati struktúrában*) karcsúsítás; méret-optimalizálás
rigid *mn* merev; szilárd
¹**rise** *fn*
1. emelkedés; növekedés * **dramatic/ sharp/significant/steep/substantial rise** jelentős emelkedés * **They reported a rise in orders.** A rendelések számának emelkedéséről számoltak be.
2. fizetésemelés
²**rise** *ige* emelkedik
rise in prices *fn* áremelkedés
rise in wages *fn* fizetések emelkedése
* **They say rises in wages can only be funded by modernisation.** Azt állítják, hogy fizetések emelkedését csak modernizálással lehet elérni.
rising tendency *fn* emelkedő tendencia; emelkedő irányzat
¹**risk** *fn* kockázat; kárveszély * **pose a risk** kockázatot jelent * **at risk** kockázatnak/veszélynek kitéve * **risk spread/**

risk sharing kockázatmegosztás * **accept/run the risk of sg** kockázatot vállal vmire * **take a risk** kockáztat * **Aviation experts have claimed that even with hi-tech scanning equipment human error remains a risk.** Repülési szakértők állítják, hogy még a magasan fejlett átvilágítási technológia mellett is magas az emberi tévedés kockázata.
²**risk** *ige* kockáztat * **Some executives said the programme risked damaging the image of some companies.** Néhány vezető szerint a program kockára teszi néhány vállalat imázsát.
risk assessor *fn* bizt kárbecslő; kárrendező
risk assessment *fn* bizt kockázatfelmérés
risk capital *fn* pénzügy (*nagy veszteségnek/ kockázatnak kitett tőke*) kockázati tőke
risk management *fn* bizt kockázatkezelés
risky *mn* kockázatos * **They want to avoid making risky decisions.** El akarják kerülni a kockázatos döntéseket.
rival *fn* versenytárs; konkurens
rival product *fn* ker konkurens termék; versenycikk * **The financial year was challenging because of the strength of rival products.** A pénzügyi év néhány konkurens termék miatt meglehetősen nehéz volt.
road tax *fn* (*GB*) útadó * **Almost two thirds (64%) of middle-class people and high-earning professionals admit to one of a number of offences, including not paying their road tax or TV licence.** A középosztálybeliek és a magas jövedelmű diplomások majdnem kétharmada (64%) beismeri, hogy elkövetett valamilyen szabálysértést, például nem fizette be az útadót vagy a TV-előfizetést.
roaring *mn* nagyon sikeres * **The street traders are doing a roaring business with T-shirts showing famous movie stars.** Az utcai árusok nagyon

R

sikeres üzletet csinálnak a híres mozicsillagok képeivel díszített pólók eladásával.

rotating presidency *fn* EU soros elnökség; rotáló elnökség
route *fn* száll útvonal; út * **travel by the shortest route** a legrövidebb úton utazik
route of transportation *fn* száll szállítási útvonal
royalty *fn*
1. honorárium; szerzői jogdíj; szerzői díj
2. licencdíj; szabadalmi díj; találmányi díj * **They developed a technology which they sell to other pharmaceutical companies and receive royalty and licence fees in return.** Kifejlesztettek egy technológiát, amelyet eladnak más gyógyszerészeti vállalatoknak, és szabadalmi díjat és licencdíjat kapnak érte.
rubbish *fn* szemét; hulladék
rubbish dump *fn* szeméttároló; szeméttelep * **The charity cares for slum children forced to root through a massive municipal rubbish dump to earn a living.** A jótékonysági intézmény azokról a gyermekekről gondoskodik, akiknek a nagy kommunális szeméttelepek átkutatásával kell megkeresni a kenyerüket.

rubbish tip *fn* szeméttároló; szeméttelep
¹rule *fn*
1. szabály; előírás * **break a rule** szabályt megszeg * **follow/obey a rule** szabályt betart
2. döntés; határozat; végzés
²rule *ige*
1. dönt; elrendel
2. uralkodik; irányít; kormányoz * **In the UK, Tesco rules the roost despite fierce competition from rivals.** Az Egyesült Királyságban a versenytársak heves versengése ellenére a Tesco uralkodik.
run *ige*
1. igazgat
2. üzemeltet
run back *ige* (*termelés, hozam*) visszaesik
running costs *fn* fenntartási költségek; folyó kiadások; üzemeltetési költségek * **Running costs are extremely low because fuel, when it's available, is one cent a litre.** Az üzemeltetési költségek rendkívül alacsonyak, mivel az üzemanyag, amikor kapható, literenként 1 centbe kerül.
running expenses *fn* fenntartási költségek; folyó kiadások
rural *mn*
1. mezőgazd mezőgazdasági
2. vidéki; falusi

R

S, s

sabbatical *fn* kutatóév; alkotói szabadság; tanulmányi szabadság
sack *ige (állásból)* kirúg; elbocsát
sacked *mn* kirúgott; elbocsátott
¹safe *fn* értékmegőrző; páncélfiók; páncélrekesz; páncélszekrény; széf
²safe *mn* biztonságos; veszélytelen * **keep sg safe** biztonságos helyen tart vmit * **I think Saudi Arabia will do everything it can to show the country remains a safe place for experts to work.** Véleményem szerint Szaúd-Arábia minden tőle telhetőt megtesz, hogy bebizonyítsa, az ország továbbra is biztonságos munkahely a szakemberek számára.
safe custody *fn* bank *(GB) (kereskedelmi bankok szolgáltatása)* megőrzés; letéti kezelés
safe deposit *fn* bank *(GB)* páncélszekrény; páncélterem; értékmegőrző; értéktár
¹safeguard *fn*
1. biztosíték; garancia; védelem
2. biztonsági berendezés; biztonsági intézkedés
²safeguard *ige* megőriz; megvéd * **The only way to safeguard the environmental interests of people in Nigeria is to have an effective legal system.** Csak hatékony törvényhozással lehet megvédeni a nigériai emberek környezeti érdekeit.
safeguard clause *fn* jog, EU védzáradék
safekeeping *fn* megőrzés; őrzés * **We took all the necessary steps to ensure the safekeeping of the works of art in our possession.** Minden szükséges lépést megtettünk a tulajdonunkban levő műalkotások megőrzésére.
safety *fn* biztonság
safety deposit box *fn* bank trezor

safety manager *fn* munkavédelmi vezető
safety measures *fn* biztonsági intézkedések; óvintézkedések * **The government is to introduce strict safety measures for cockle pickers working in Morecombe Bay.** A kormány szigorú biztonsági intézkedéseket léptet életbe a Morecombe öbölben dolgozó kagylószedők számára.
safety precautions *fn* óvintézkedések
safety regulations *fn* balesetvédelmi előírások; biztonsági előírások
safety stock *fn* ker *(olcsón vett áruk készlete, amelyet arra az időre tartogatnak, amikor nem lesz bőséges kínálat és az árak magasak lesznek)* vastartalék
sal(e)able *mn* ker
1. eladó; eladható; áruba bocsátható
2. eladható; kelendő; gyorsan elkelő
salary *fn* fizetés; illetmény; járandóság
sale *fn* ker
1. eladás; értékesítés; árusítás; áruba bocsátás * **make/lose a sale** üzletet köt/veszít * **for sale** kapható; eladó * **on sale** kapható; eladó * **put sg up for sale** eladásra kínál vmit
2. kiárusítás; engedményes árusítás; leértékelés * **on sale** leértékelt, árengedményes
sale price *fn* ker
1. akciós ár
2. eladási ár; értékesítési ár * **He tipped off one client and recommended he pay 10 per cent above the sale price to clinch a £2 million house.** Bizalmasan tájékoztatott egy ügyfelet, és javasolta neki, hogy fizessen 10 százalékkal többet az eladási árnál, hogy megszerezzen egy kétmillió font értékű házat.

S

sale value *fn* bizt forgalmi érték
saleability *fn* ker eladhatóság * **Home
improvements can certainly add
to the saleability of a property.**
A lakás felújítása biztosan hozzájárul
az ingatlan eladhatóságához.
saleable *mn* eladható; kelendő
sales *fn* ker áruforgalom; eladási forga-
lom; eladások; eladott árumennyiség
* **A Mexican cement company has
increased sales of cement by add-
ing anti-bacterial agents.** Egy me-
xikói cementvállalat úgy növelte ce-
mentforgalmát, hogy antibakteriális
hatóanyagot adott hozzá.
sales agency *fn*
  1. ker forgalmazó
  2. lerakat; elosztó
sales agent *fn* ker értékesítési képviselő;
kereskedelmi képviselő; értékesítési ügy-
nök
sales analysis *fn* ker áruforgalom elem-
zése
sales campaign *fn* ker eladási kampány;
értékesítési kampány
sales clerk *fn* ker (*US*) elárusító; bolti
eladó * **The well-known writer's
mother wrote short stories while
working as a sales clerk.** A közis-
mert író édesanyja novellákat írt, ami-
kor bolti eladóként dolgozott.
sales contract *fn* jog adásvételi szerződés
sales department *fn* értékesítési osz-
tály
sales executive *fn* ker
  1. (*GB*) értékesítési osztály munkatár-
  sa; üzletkötő
  2. (*US*) értékesítési osztály vezetője
sales figures *fn* ker forgalmi adatok; ér-
tékesítési adatok; eladási adatok * **Poor
sales figures have disappointed
shareholders.** A rossz forgalmi adatok
csalódást okoztak a részvényeseknek.
sales forecast *fn* ker értékesítési becs-
lés; értékesítési előrejelzés
sales increase *fn* ker eladások növeke-
dése; értékesítés megélénkülése
sales management *fn* ker értékesítés
vezetése

sales manager *fn* ker
  1. értékesítési igazgató; értékesítési ve-
  zető
  2. áruházi üzletvezető
sales network *fn* ker értékesítési háló-
zat * **The company has a sales
network supplying hobby shops.**
A vállalatnak barkácsboltoknak szállító
értékesítési hálózata van.
sales policy *fn* értékesítési politika
* **The managing director has im-
plemented an aggressive adver-
tising sales policy.** A vezérigazgató
agresszív értékesítési politikát vezetett
be.
sales potential *fn* ker piac felvevőképes-
sége
sales promotion *fn* ker értékesítés elő-
mozdítása; étékesítés ösztönzése; vásár-
lásösztönzés; promóció
sales representative *fn* **NB: röv sales
rep** ker kereskedelmi képviselő; értékesí-
tési ügynök; üzletkötő
sales revenue *fn* ker áruforgalmi bevé-
tel; értékesítési bevétel; árbevétel
sales target *fn* ker értékesítési cél; el-
adási cél * **As sales targets are usu-
ally set monthly or quarterly, there
is little incentive for a salesper-
son to go on selling after he or she
has met the target.** Mivel az eladási
célokat általában havonta vagy negyed-
évente rögzítik, a cél teljesítése után az
ügynöknek a további értékesítés nem
áll érdekében.
sales tax *fn* adó (*US*) forgalmi adó
sales volume *fn* ker áruforgalom volu-
mene; értékesítési volumen; üzleti for-
galom * **The company expects sales
volumes in the first quarter to be
2% ahead of the same period last
year.** A vállalat arra számít, hogy az
üzleti forgalma az első negyedben 2%-
kal több lesz, mint tavaly az azonos
időszakban.
salesman *fn* ker
  1. (*férfi*) eladó; elárusító
  2. (*férfi*) ügynök; üzletkötő; üzletszerző;
  kereskedelmi utazó

S

salesperson *fn* ker
1. (*férfi vagy nő*) eladó; elárusító
2. (*férfi vagy nő*) ügynök; üzletkötő; üzletszerző; kereskedelmi utazó
sales-related bonus *fn* ker értékesítésarányos prémium/jutalom
saleswoman *fn* ker
1. (*nő*) eladó; elárusító
2. (*nő*) ügynök; üzletkötő; üzletszerző; kereskedelmi utazó
salvage *ige*
1. (*árut, rakományt*) megment; kiment
2. (*hulladékanyagot*) hasznosít
¹sample *fn* minta; anyagminta; áruminta; mintadarab
²sample *ige* mintát vesz; kipróbál
sample fair *fn* ker árumintavásár
sampling *fn*
1. mintavétel; mintavételi eljárás
2. mark (*promóciós célból*) mintacsomagszétosztás
sanction *fn*
1. beleegyezés; jóváhagyás
2. megtorlás; megtorló intézkedés; szankció * **impose sanctions against/on sy/sg** szankciót vet ki vkire/vmire * **lift sanctions** szankciót megszüntet
sandwichman *fn* mark (*mellén és hátán reklámot hordozó ember*) szendvicsember
SAPARD [= **Special Accession Programme for Agricultural and Rural Development**] *fn* EU SAPARD; Előcsatlakozási Támogatás a Mezőgazdaságot És Vidékfejlesztést Érintő Intézkedésekhez
satisfaction *fn*
1. kielégítés; kiegyenlítés
2. megelégedés
3. jog (*jelzálogé*) törlés
satisfy *ige*
1. kielégít * **Those working to protect children need to spend less time satisfying the needs of bureaucracy and more time satisfying the needs of the child.** A gyermekek védelmével foglalkozóknak kevesebb időt kell tölteniük a bürokrácia, és több időt a gyermekek szükségleteinek kielé-

gítésével.
2. kifizet; teljesít
saturate *ige* telít * **saturate the market** piacot telít
saturated market *fn* ker telített piac
saturation *fn* telítettség; telítés * **The main reason for the decline was saturation of the market.** A hanyatlás főbb oka a piac telítettsége volt.
save *ige*
1. megtakarít; takarékoskodik
2. informatika elment; ment
savings *fn* megtakarítás; megtakarított pénz
savings account *fn* bank takarékbetétszámla * **They offer an easy access savings account paying between 1% and 3.55% interest, depending on the amount invested.** Könnyen hozzáférhető takarékbetét-számlát kínálnak, amelynek kamata 1 és 3,55 százalék között van, a befektetett összegtől függően.
savings account book *fn* bank takarékbetétkönyv
savings and loans association *fn* bank (*US*) takarékpénztár
savings bank *fn* bank takarékbank
savings certificate *fn* pénzügy kamatozó pénztárjegy; takarékkötvény
savings deposit *fn* bank takarékbetét
savings ratio *fn* pénzügy megtakarítási arány * **The nation's savings ratio is 5 per cent, so a 10 per cent rise in house prices is equivalent to six years' savings.** Mivel a nemzeti megtakarítási arány öt százalék, a házárak tízszázalékos emelkedése hatévi megtakarításnak felel meg.
savings-to-income ratio *fn* pénzügy megtakarítások és a jövedelem aránya
scale down
1. (*arányosan*) csökkent; leszállít
2. pénzügy (*csökkenő árfolyamoknál rendszeresen, értékpapírokat*) vásárol
scale of charges *fn* árlista; díjtáblázat * **There is no officially recommended scale of charges for professional services.** Nem létezik

hivatalosan ajánlott, szakmai szolgáltatásokra vonatkozó díjtáblázat.

scale up *ige*
1. (*arányosan*) emel; fokoz
2. pénzügy (*emelkedő árfolyamoknál rendszeresen, értékpapírokat*) vásárol

scaling-down *fn* (*arányos*) csökkentés

scarce goods *fn* ker hiánycikkek

scenario *fn* elképzelés; forgatókönyv

[1]schedule *fn*
1. terv; határidőterv; ütemterv; ütemezés * **ahead of/on/behind schedule** tervezettnél előbb/terv szerint/tervezettnél később * **Mr Zardari was in charge of the renovations, visiting the estate to make sure the work was going according to schedule.** Zardari úr volt felelős a felújításért, ő látogatta meg a telepet, hogy gondoskodjon arról, hogy a munka az ütemterv szerint halad.
2. jegyzék; lista; táblázat
3. menetrend

[2]schedule *ige*
1. tervez; ütemez
2. beütemez; kitűz * **The department head has scheduled a meeting for next week.** Az osztályvezető a jövő hétre beütemezett egy értekezletet.

scheduled *mn* tervezett; előirányzott * **Final decisions on the issue will be made by European heads of government at a long-scheduled meeting on March 25.** A végleges döntéseket az ügyben az európai kormányfők hozzák majd meg egy régóta tervezett, március 25-én tartandó megbeszélésen.

scheduling *fn* ütemezés

Schengen Agreement *fn* EU Schengeni Egyezmény

scope *fn*
1. (*tevékenységi, cselekvési*) terület; tér; kör
2. (*cselekvési*) lehetőség
3. jog hatály; tárgykör; terjedelem

scope of insurance *fn* bizt biztosítási fedezet hatálya

screen candidates *ige* jelöltek közül kiválaszt; jelentkezők közül válogat

* **The Act prevents companies from using any software that screens candidates because it can be used to discriminate against certain groups.** A törvény megtiltja a vállalatoknak, hogy bármilyen, a jelöltek közül válogató szoftvert használjanak, mivel azt bizonyos csoportok elleni hátrányos megkülönböztetésre is fel lehet használni.

screening *fn*
1. kiválasztás; szűrés; átvizsgálás * **Concerns about immigration have reinforced political demands for foolproof screening of all those entering the country.** A bevándorlás miatti aggodalmak felerősítették az országba belépők biztonságos szűrésére vonatkozó politikai követeléseket.
2. jog (*pl. joganyagé*) átvilágítás; ellenőrzés

screening technique *fn* kiválasztási eljárás; kiválasztási módszer

scrutinize *ige* (*alaposan*) átnéz; megvizsgál * **Although most banks have modern systems and techniques to prevent cheque fraud, they don't always include scrutinizing signatures.** Bár a legtöbb bank rendelkezik korszerű rendszerekkel és technológiával csekk-csalások megakadályozására, ezeknek nem mindig része az aláírások alapos vizsgálata.

scrutiny *fn* átvizsgálás; alapos vizsgálat * **under scrutiny** átvizsgálás alatt * **close scrutiny** alapos átvizsgálás * **judicial/parliamentary/public scrutiny** bírósági/parlamenti/nyilvános átvizsgálás

SEA [=**The Single European Act**] *fn* EU Egységes Európai Okmány; SEA

search *ige* átkutat; átvizsgál

season *fn* évszak; idény; szezon

seasonal demand *fn* ker évszaktól függő kereslet; idénytől függő kereslet

seasonal employment *fn* szezonális munka; idénymunka

seasonal unemployment *fn* szezonális munkanélküliség

seasonal worker *fn* idénymunkás * **His family farm employs 800 full-time**

staff and 2,500 seasonal workers.
Családi gazdasága 800, teljes munka-
időben dolgozó alkalmazottat és 2500
idénymunkást foglalkoztat.
seat *fn*
1. székhely
2. tőzsde tagság
3. hely; ülés; ülőhely
second job *fn* másodállás
secondary liability *fn* másodlagos fele-
lősség; mögöttes felelősség
second-hand goods *fn* ker használt áru
∗ **The EU rules will give a two-
year guarantee on all new prod-
ucts – one year on second hand
goods.** Az EU szabályai két év garan-
ciát adnak minden új termékre, és egy
éveset a használt árukra.
secretary *fn*
1. titkár; titkárnő
2. miniszter
3. jog jegyző; jegyzőkönyvvezető
Secretary-General *fn* EU (*EU Tanács*)
Főtitkár
section *fn*
1. osztály; csoport; részleg
2. jog paragrafus; cikkely; szakasz ∗ **Un-
der Section 30 of the Anti-Social
Behaviour Act 2003, police have
the power to pick up all children
aged under 16 who are outdoors
after 9 pm, regardless of their be-
haviour.** Az antiszociális viselkedésre
vonatkozó törvény 30. cikkelye szerint
a rendőrségnek joga van minden 16 év
alatti, este 9 után házon kívül tartózko-
dó gyermeket begyűjteni, tekintet nél-
kül arra, hogy azok hogy viselkednek.
sector *fn*
1. ágazat; gazdasági ág; szektor ∗ **finan-
cial/industrial/manufacturing
sector** pénzügyi/ipari/termelő szektor
∗ **the private/public sector** magán-/
közszféra
2. terület; övezet
¹secure *ige*
1. biztosít; biztonságba helyez ∗ **secure
a loan** kölcsön felvételét biztosítja;
kölcsönt kap ∗ **Using your highly de-**

**veloped communication skills you
will help to negotiate with donors
to secure funding.** Magasan fejlett
kommunikációs készségei felhasználásá-
val adományozókkal fog tárgyalni anya-
gi források biztosításáról.
2. biztosítékot ad
3. elér; elnyer; megszerez
²secure *mn* biztos; biztosított; biztonsá-
gos; bizonyos
securities *fn* pénzügy értékpapírok
securities account *fn* pénzügy értékpa-
pírszámla; értékpapír letéti számla
securities adviser *fn* pénzügy értékpa-
pír-tanácsadó
securities analysis *fn* pénzügy értékpa-
pír-elemzés
securities exchange *fn* tőzsde érték-
tőzsde
securities market *fn* pénzügy értékpa-
pírpiac
securities portfolio *fn* tőzsde értékpa-
pír-állomány
securities tax *fn* adó értékpapíradó
securities trade *fn* tőzsde értékpapír-
forgalom
securities trading *fn* tőzsde értékpapír-
kereskedelem
security *fn*
1. biztonság
2. biztosíték; fedezet; óvadék; kaució
3. pénzügy értékpapír; részvény ∗ **secu-
rity issue at par** értékpapír kibocsá-
tása névértéken
4. titkosság; titokvédelem
seek *ige*
1. keres
2. akar (*vmit tenni*) megkísérel; szándé-
kozik; törekszik (*vmire*) ∗ **seek com-
pensation/damages** kártérítést kér
∗ **seek approval/permission** jóvá-
hagyást/engedélyt kér
segmentation *fn* szegmentálás
segregation *fn* elválasztás; elkülönítés
selection *fn*
1. választék ∗ **a good/large/varied/
wide selection** jó/nagy/változatos/
széles választék
2. kiválasztás; kiválogatás; válogatás

S

∗ **make a selection** kiválaszt ∗ **The selection procedure for appointing senior judges is so biased and outdated there should be an immediate bar on further appointments.** A felsőbb bírák kiválasztási rendszere annyira elfogult és idejétmúlt, hogy azonnal fel kellene függeszteni a további kinevezéseket.

selection method *fn* kiválasztási módszer

selection of goods *fn* ker áruválaszték

self-employed *fn* szabadfoglalkozású; magánvállalkozó; vállalkozó

self-employed person *fn* szabadfoglalkozású; magánvállalkozó; vállalkozó

[1]self-financing *fn* önfinanszírozás

[2]self-financing *mn* költségsemleges; önfinanszírozó ∗ **Sir Terry claimed that tourism and leisure facilities in his proposed park would make it self-financing.** Sir Terry állította, hogy tervezett parkját önfinanszírozóvá teszik annak turisztikai és szabadidős létesítményei.

self-governing *mn* önkormányzatú; autonóm; önszabályozó

self-reliance *fn* önbizalom; önállóság ∗ **The training aims to promote teamwork, leadership and self-reliance in a challenging environment.** A képzés célja, hogy kihívásokkal teli környezetben erősítse a csapatmunkát, a vezetői képességeket és az önbizalmat.

self-sufficient *mn* önellátó ∗ **With small-scale hydro-electric plants and utilizing wind and solar power, developing world villages could become self-sufficient in power.** Kisméretű vízerőművek segítségével, valamint a szél- és napenergia felhasználásával a fejlődő világ falvai önellátóan fedezhetnék energiaszükségleteiket.

sell *ige*
1. ker elad; árusít; értékesít; kereskedik ∗ **sell in bulk** nagy tételben árusít ∗ **sell off stock** készletet kiárusít ∗ **sell sg at a loss/profit** veszteséggel/ha-

szonnal ad el vmit ∗ **sell wholesale** nagyban értékesít
2. elkel

sell off *ige* ker kiárusít; felszámol ∗ **There were plans afoot to raise £12m by selling off hospital staff accommodation.** Tervbe vették, hogy 12 millió fontért eladják a kórházi személyzet szállását.

sell out *ige*
1. ker *(teljes készletet elad)* kiárusít
2. pénzzé tesz; realizál

sell-by date *fn* ker *(dátum, amíg egy termék eladható)* szavatossági idő

seller *fn* ker eladó; kereskedő ∗ **Although wheat is only one of the world's staple food crops, it is the most valuable for a seed seller.** Bár a búza csak egy a világ legfontosabb ételgabonái közül, a mageladó számára a legértékesebb.

seller's market *fn* ker eladói piac; keresleti piac

selling *fn*
1. ker eladás; árusítás; értékesítés
2. tőzsde részvényeladás

selling costs *fn* ker értékesítési költségek; áruforgalmi költségek

selling expenses *fn* ker értékesítési költségek; áruforgalmi költségek

selling price *fn* tőzsde eladási ár

semi-finished product *fn* félkész termék; félkész áru

semi-skilled worker *fn* betanított munkás

send *ige* küld

sender *fn* küldő; feladó

senior *mn* rangidős; legelső; legfelső

senior executive *fn* felsővezető; vezető tisztségviselő

senior management *fn* felsővezetés

senior manager *fn* felsővezető; vezető tisztségviselő

separate *ige*
1. elválik
2. elválaszt; elkülönít; különválaszt; szétválaszt ∗ **The economic gulf separating the north and south of Britain is widening.** A Nagy-Britannia

S

északi és déli részét elválasztó gazdasági szakadék egyre szélesedik.

serial production *fn* ipar sorozatgyártás

serve *ige*
1. megfelel; szolgál
2. kiszolgál; felszolgál
3. jog kézbesít
4. lebonyolít; ellát; teljesít

¹service *fn*
1. szolgáltatás; szolgálat * **the level/ quality/standard of service** szolgáltatás szintje/minősége/színvonala * **provide a service** szolgáltatást nyújt
2. kiszolgálás
3. karbantartás; szerviz
4. bank adósságszolgálat; kölcsöntörlesztés; tőke- és kamatfizetések teljesítése
5. jog kézbesítés
6. (*közlekedésben*) járat; forgalom

²service *ige*
1. szervizel; karbantart
2. pénzügy törleszt; kamatot fizet

service availability *fn* szolgáltatások elérhetősége

service charge *fn*
1. kezelési költség; szolgáltatási díj * **There is a £1.50 service charge per transaction when using your debit card abroad.** A bankkártya külföldi használata során minden tranzakciónál 1,50 fontos kezelési költséget számítanak fel.
2. bank számlavezetési díj
3. felszolgálási díj; kiszolgálási díj

service company *fn* szolgáltató üzem; ügyfélszolgálati vállalat

service contract *fn* szolgálati szerződés

service enterprise *fn* szolgáltató vállalat

service industry *fn* szolgáltatóipar; szolgáltatások

servicing *fn*
1. pénzügy kamatfizetés; kölcsöntörlesztés; kölcsönszolgálat; adósságszolgálat
2. karbantartás; szerviz
3. ügyfélszolgálat

session *fn*
1. ülés
2. tőzsde tőzsdeidő; tőzsdenap
3. ülésszak

¹set *fn* készlet; kollekció; sorozat; összessége vminek

²set *mn* kötött; rögzített

³set *ige* határoz; megállapít; megszab; szabályoz; meghatároz * **The document will set the themes for Labour's general election manifesto.** A dokumentum meghatározza a Munkáspárt általános választási kampányának témáit.

set aside *ige*
1. félretesz; tartalékol * **They have increased the money set aside for improving the quality of their home-made products.** Növelték a házilag gyártott termékeik minőségének javítására félretett pénz nagyságát.
2. mellőz

set down *ige*
1. leír; lejegyez; bejegyez
2. elrendel

set forth *ige* előad; kifejez; kifejt; kijelent; kimutat; megmagyaráz

set out *fn* elhatároz; kitűz; közzétesz * **They have recently published a business plan setting out how the company intends to meet its targets next year.** Nemrég kiadtak egy üzleti tervet arról, hogy a vállalat miként akarja megvalósítani üzleti terveit a jövő évben.

set price *fn* ker kötött ár; szabott ár

set up *ige* alapít; létesít; létrehoz; szervez; elkezd; elindít; megalkot * **Lottery winner Tomlinson was jailed after using his prize money to set up a cannabis factory.** A lottónyertes Tomlinsont bebörtönözték, miután a nyereményéből hasisgyárat hozott létre.

setback *fn*
1. csökkenés; hanyatlás; visszaesés
2. kellemetlenség; kudarc * **Analysts described the ending of the deal as a serious setback for the company.** Elemzők a vállalat súlyos kudarcaként jellemezték az üzlet megszüntetését.

set-off *fn*
1. beszámítás; kompenzálás

2. számv ellentétel; ellentételezés; stornó; stornírozás
settle *ige*
1. pénzügy elszámol; kiegyenlít; kifizet; rendez *(pl. számlát)* * **settle a bill** számlát rendez * **settle an account** számlát zár; egyenlegez; számlát kifizet; számlát kiegyenlít
2. eldönt; elintéz; megold; *(ügyet)* rendez * **settle a dispute/disagreement** vitát rendez * **The guidelines are aimed at settling the row.** Az iránymutatás véget kíván vetni a vitának.
settlement *fn*
1. jog egyesség; elintézés; kiegyezés; rendezés
2. bizt elszámolás; megfizetés; kárrendezés; kiegyenlítés * **settlement of a claim** kárrendezés
3. jog átruházás
4. letelepedés
5. település
settlement currency *fn* bank elszámolási valuta
settlement date *fn* bank esedékesség napja
set-up *fn*
1. felépítés; szerkezet; szervezet; összetétel
2. ipar alapítási költségek; beindítási költségek; felszerelési költségek
severance package *fn* végkielégítés * **Last year, he was forced to give up his £15m severance package in order to settle fraud charges levelled at him.** Tavaly le kellett mondania 15 millió fontos végkielégítéséről, hogy semlegesítse az ellene emelt csalási vádakat.
severance pay(ment) *fn* végkielégítés
shadow economy *fn* árnyékgazdaság * **We are enabling people to come to the UK and work legally rather than allowing people to work in the shadow economy where they are often exploited.** Lehetővé teszszük az embereknek, hogy az Egyesült Királyságba jöjjenek, és törvényesen dolgozzanak, ne pedig az árnyékgazdaságban, ahol gyakran kizsákmányolják őket.

¹share *fn*
1. rész; részesedés; hányad; üzletrész
2. tőzsde részvény * **deal in shares** részvénnyel üzletel * **have/hold shares in a company** részvénye van egy vállalatban
3. hozzájárulás; részvétel
²share *ige*
1. megoszt; megosztozik; osztozik * **We share the office with a representative of a Greek trading company.** Egy görög kereskedelmi vállalat képviselőjével osztozunk az irodán.
2. részesedik; részesül
share capital *fn* alaptőke; jegyzett tőke; részvénytőke; saját tőke; törzstőke
share certificate *fn* tőzsde *(olyan aláírt és lepecsételt hivatalos dokumentum, melyen rögzítve van a részvények osztálya, mennyisége és sorszáma)* részvénybizonylat; részvényre jogosító bizonylat
share dividend *fn* tőzsde részvényosztalék; részvényben kifizetett osztalék * **Total share dividend will rise by 10.3% to 6.84p per share.** A teljes részvényosztalék 10,3%-al, részvényenként 6,48 pennyre nő majd.
share in the profits *fn* nyereségrészesedés
share index *fn* tőzsde részvényindex; részvénypiaci index
share issue *fn* tőzsde részvénykibocsátás
share market *fn* tőzsde részvénypiac * **Asian share markets suffered after the siege at a compound housing foreign oil workers in Khobar.** Az ázsiai részvénypiacokat veszteség érte a külföldi olajipari munkások khobari szálláshelyének ostromát követően.
share of the market *fn* piaci részesedés
share option *fn* részvényopció * **Company share options are seen as one of the most valuable fringe benefits.** A vállalati részvényopciókat az egyik legértékesebb fizetésen kívüli juttatásnak tekintik.

S

share premium account *fn* pénzügy (*tőketartalék*) részvényfelár-összeg

share price *fn* tőzsde részvényár; részvényárfolyam * **The company blamed poor export sales for the drop in its share price.** A vállalat a gyenge exporteladásokat okolta a részvényárának csökkenéséért.

share split(ting) *fn* tőzsde részvényfelosztás; részvénydarabolás; részvényfeldarabolás * **The share split, which needs approval at an extraordinary general meeting, is intended to take place in February.** A részvénydarabolást, amelyhez rendkívüli közgyűlés jóváhagyása szükséges, februárra tervezik.

shareholder *fn* tőzsde részvényes; részvénytulajdonos

shareholders' annual meeting *fn* részvénytársaság éves közgyűlése

shareholders' equity *fn* tőzsde részvénytőke

shareholding *fn* tőzsde
1. (*GB*) részvények birtoklása
2. részvénypakett; részvényállomány

sheet *fn* ív; lap

shelf life *fn* ker tárolási időtartam; tárolási élettartam * **Just four hours at the wrong temperature may wipe a day off a product's shelf life.** Mindössze néhány órás tárolás nem megfelelő hőmérsékleten egy nappal megrövidítheti a termék tárolási élettartamát.

shell company *fn* (*olyan átvett társaság, amelynek a vagyonát eladva az átvevő cég előnyös helyzetbe kerül az értéktőzsdei bejegyzéskor*) kiürült vállalat; cégkeret; kiürített társaság

shelving *fn*
1. halogatás; elhalasztás; félretétel
2. polcozat; raktári állványzat

shift *fn*
1. műszak
2. váltás; változás
3. elmozdulás; eltolódás * **shift in demand** a kereslet eltolódása

ship *ige* száll
1. hajóba rak; behajóz
2. hajón szállít; vízi úton szállít

shipment *fn* száll
1. hajórakomány
2. szállítmány * **escort a shipment** szállítmányt kísér * **receive a shipment** szállítmányt fogad * **send a shipment** szállítmányt küld
3. fuvar; szállítás; szállítmányozás * **be lost in shipment** szállításkor elveszik
4. hajóba rakás; behajózás

shipper *fn* száll
1. fuvaroztató; feladó
2. szállítmányozó; szállító; hajófuvarozó

shipping *fn*
1. száll szállítás
2. hajózás; kereskedelmi tengerészet

shipping bill *fn*
1. száll hajófuvarlevél * **The officers had claimed that they found a shipping bill in his room connecting him to the consignment.** A tisztek azt állították, hogy a szobájában találtak egy hajófuvarlevelet, amely kapcsolatba hozta a szállítmánnyal.
2. (*vámvisszatérítési kérvényhez*) árujegyzék
3. (*vámraktárból exportálandó áruhoz*) vámokmány

shipping charge *fn* száll berakodási költség; szállítmányozási költség

shipping documents *fn* száll fuvarokmányok * **Shipping documents and invoices show that the company was sending at least two containers a month (nearly 20m cigarettes) from Brazil to Finland.** A fuvarokmányok és a számlák szerint a vállalat legalább havi két konténert (majdnem 20 millió cigaretta) küldött Brazíliából Finnországba.

shipping papers *fn* száll fuvarokmányok

¹shop *fn*
1. ker bolt; üzlet; kereskedés
2. műhely; üzem; vállalat

²shop *ige* ker bevásárol; járja a boltokat * **go shopping** * bevásárolni megy **do the shopping** bevásárol

shop around *ige*
1. árakat összehasonlít
2. (*US*) szemügyre veszi a helyzetet;

S

körülnéz * **Insurance cover is vital when you go on holiday but do not forget to shop around for the best value and read the small print.** A biztosítási fedezet létfontosságú, amikor nyaralni megy, de keresse meg a legjobb ajánlatot, és olvassa el a kisbetűs szöveget!

shop floor *fn* ipar műhely; munkahely; üzem

shop floor worker *fn* ipar üzemi munkás; üzemi dolgozó * **The factory was opened in 1964 and now it has 607 shop floor workers and 88 other employees.** A gyár 1964-ben nyitott és jelenleg 607 üzemi dolgozót és 88 egyéb alkalmazottat foglalkoztat.

shop front *fn* ker portál

shop window *fn* ker kirakat

shopkeeper *fn*
1. ker üzlettulajdonos; bolttulajdonos
2. kereskedő

shopper *fn*
1. ker vevő; vásárló; ügyfél * **With 375 stores, 10m shoppers a week and 66,000 employees, M&S is Britain's best known retailer.** 375 üzlettel, heti 10 millió vásárlóval és 66 000 alkalmazottal a Marks & Spencers Nagy-Britannia legismertebb viszonteladója.
2. bevásárlókosár; bevásárlókocsi

shopping centre *fn* ker *(GB)* bevásárlóközpont

shopping mall *fn* ker *(US)* bevásárlóközpont * **Work is under way on a giant building that will house what is claimed to be the biggest shopping mall in China.** Folyik annak az óriásépületnek építése, amely majd otthont ad Kína állítólag legnagyobb bevásárlóközpontjának.

shopping precinct *fn* ker bevásárlóközpont; bevásárló negyed; üzleti negyed

shortage *fn*
1. hiány; mennyiségi hiány; elégtelenség
2. kiesés

shortage of goods *fn* ker áruhiány

shortage of money *fn* pénzügy pénzszűke; pénzhiány

short-dated *mn* rövid lejáratú

shorten *ige* megrövidít; lerövidít; *(időt)* csökkent * **The Bologna process is being used to restructure the whole system of university education, particularly to shorten the average time of study.** A bolognai folyamatot az egyetemi képzés egész rendszerének átrendezésére használják, különösen a tanulás átlagidőtartamának csökkentésére.

shortening *fn* megrövidítés; lerövidítés

shortfall *fn*
1. elégtelenség; lemaradás; hiány; deficit * **In March the company issued a £400m bond to reduce the shortfall.** Márciusban a hiány csökkentésére a vállalat 400 millió font értékű kötvényt bocsátott ki.
2. kiesés

shortlist *ige* *(pályázatok elbírálásánál stb.)* szűkített listát állít össze; kiválogat; kiválaszt * **Mr Frank has been shortlisted for many high profile posts, including the chief executive posts at some TV channels.** Frank urat sok kiemelkedő állásra kiválasztották, így több tévécsatorna vezérigazgatói posztjára is.

shortlisted *mn* *(állásinterjúra)* kiválasztott * **shortlisted candidates** kiválasztott jelentkezők/jelöltek

short-ship *ige* száll hiányosan szállít

short-term *mn* rövid ideig tartó; rövid lejáratú; rövid távú

short-time working *fn*
1. rövidített munkaidős munka; részmunkaidős munka * **They will put 12,000 employees on short-time working – a move which would save the equivalent of 1,300 full-time posts.** 12-000 dolgozót rövidített munkaidőben fognak foglalkoztatni; ez a lépés 1300 teljes munkaidős állást mentene meg.
2. rövidített munkaidőben dolgozás

shoulder *ige* elvállal; vállal * **They said if a cheque they issued was stolen, they would shoulder the cost**

S

and re-issue it. Azt mondták, hogy ha egy általuk kiállított csekket ellopnak, vállalják a költségeket, és újra kiállítják.
show *ige*
1. mutat; kimutat * **Minerva's last published results showed a £5m half-year loss.** A Minerva legutóbb nyilvánosságra hozott eredményei 5 millió fontos féléves veszteséget mutatnak.
2. mutatkozik; megjelenik; látszik
shrink *ige*
1. csökken
2. zsugorodik; összemegy * **Memory capacity in mobiles is rapidly expanding and component parts are still shrinking in size.** A mobiltelefonok memóriakapacitása gyorsan növekszik, az alkotórészek mérete pedig egyre zsugorodik.
shrinkage *fn*
1. fogyás; csökkenés; apadás * **Union leaders said that the increase in total employment was masking the continuing shrinkage of employment in the manufacturing sector.** A szakszervezeti vezetők azt állították, hogy a teljes foglalkoztatottság növekedése elrejti a gyártási szektor munkahelyeinek folyamatos csökkenését.
2. ker káló; készletveszteség
3. (*US*) lopott áru; sérült áru
4. (*US*) selejt
shrink-wrapped *mn* zsugorfóliába csomagolt
shrink-wrapping *fn* zsugorfólia-csomagolás
shut down *ige*
1. (*üzemet stb.*) leállít; bezár * **A primary school in Uganda was shut down in May after parents complained that their children were being caned.** Ugandában májusban bezártak egy általános iskolát miután a szülők panaszt tettek, hogy verik a gyerekeiket.
2. (*munkát*) beszüntet; megszüntet; abbahagy; abbahagyat
shutdown *fn*
1. (*időleges, kényszerű*) üzembezárás; üzem-

leállás; üzemszüneteltetés; üzemszünet
2. áramszünet
sick leave *fn* betegszabadság
sick note *fn* betegszabadság igazolása; táppénzigazolás
sick pay *fn* (*munkáltató által fizetett*) táppénz
sickness benefit *fn* (*GB*) (*TB által fizetett*) táppénz
sideline job *fn* mellékfoglalkozás
sight bill *fn* pénzügy bemutatóra szóló intézvény; bemutatóra szóló váltó; látra szóló intézvény; látra szóló váltó
sight deposit *fn* pénzügy azonnalra felmondható betét; látra szóló betét; napi kamatozású pénz
sight draft *fn* **NB: röv S.D.** pénzügy bemutatóra szóló intézvény; bemutatóra szóló váltó; látra szóló intézvény; látra szóló váltó
¹sign *fn*
1. jel * **The high number of orders is absolutely a sign of success.** A rendelések magas száma kétségkívül a siker jele.
2. cégtábla; címtábla; cégér
3. jelzés
4. szignó
²sign *ige* aláír; kézjeggyel ellát; láttamoz * **His decision to sign the contract must have come as a relief to the management.** A vezetőség minden bizonnyal megkönnyebbült, amikor úgy döntött, hogy aláírja a szerződést.
sign on *ige*
1. szerződtet; felvesz; alkalmaz
2. szerződik
signalling system *fn* jelzőrendszer; jeladó rendszer
signatory *fn* jog aláíró (*fél*); szerződő (*fél*) * **signatories of the Kyoto protocol** a Kiotói Egyezmény aláírói
signature *fn* aláírás; láttamozás; névaláírás; szignó
significant *mn* jelentős; fontos; említésre méltó; szignifikáns
silent recall *fn* (*terméké a piacról*) csendes visszavonás; csendes visszahívás

S

silent withdrawal *fn* (*terméké a piacról*) csendes visszavonás; csendes visszahívás

simple majority *fn* (*szavazáskor*) egyszerű többség

simplified annual report *fn* számv egyszerűsített éves beszámoló

simplified entrepreneurial tax *fn* adó (*HU*) egyszerűsített vállalkozói adó; eva

single entry *fn* számv egyszerűsített könyvvitel

Single European Act *fn* **NB: röv SEA** EU (*Az EK alapító szerződésének egyik módosító szerződése, mely 1987. január 1-jén lépett életbe és legfontosabb rendelkezése az egységes piac bevezetése.*) Egységes Európai Okmány

single majority *fn* (*szavazáskor*) egyszerű többség

single market *fn* EU (*A közös piac továbbfejlesztett változata, ahol a vámokon és a mennyiségi korlátozásokon túl az áruk, a szolgáltatások, a tőke és a munkaerő szabad áramlását akadályozó egyéb korlátokat is felszámolják.*) egységes piac

sinking fund *fn* pénzügy amortizációs alap; törlesztési alap * **There are loans on offer for the owners of flats to take up when the sinking fund won't stretch to cover the cost of the repairs.** Vannak olyan kölcsönök lakástulajdonosok számára, amelyeket akkor vehetnek igénybe, amikor a ház amortizációs alapja nem elegendő a javítások fedezésére.

sit *ige* ülésezik; ülést tart; összeül

site *fn*
1. telephely; hely * **Last month a group calling itself the Faery Army destroyed a test site of the company's RoundUp GM sugar beet in Cork.** A múlt hónapban a magát Faery Army-nak (Tündérhadsereg) nevező csoport, megsemmisítette a vállalat RoundUp genetikailag módosított cukorrépa próbatelephelyét Cork megyében.
2. telek

site development *fn* területfejlesztés * **With every site development,**

the builders have to take account of the costs of archaeology. Az építőknek minden területfejlesztésnél számolniuk kell a régészeti költségekkel.

sitting *fn* ülés * **In Australia media legislation could be pushed through by holding a joint sitting of the upper and lower houses of parliament.** Ausztráliában a médiatörvényeket keresztülvihetik úgy, hogy a parlament alsó és felső háza közös ülést tart.

situate *ige*
1. elhelyez
2. kijelöl; kitűz

situation *fn*
1. állás; munkakör
2. helyzet; állapot; körülmények * **economic/financial/political situation** gazdasági/pénzügyi/politikai helyzet
3. fekvés; elhelyezés

situation report *fn* helyzetjelentés

skilled *mn* szakképzett; jártas; tanult

skimming *fn* (*olyan ármegállapítási stratégia, melynek célja, hogy az adott, árra nem érzékeny termékből maximális nyereséget hozzanak ki*) lefölözés; lefölözési árpolitika

slack off *ige*
1. csökkenti az iramot; pihenőt tart; (*munka közben*) lazít
2. lanyhul; lankad

slack period *fn* holtidény; pangás; üzlettelenség

slacken *ige* (*pl. piac*) lanyhul; pang

slacken off *ige* (*pl. piac*) lanyhul; pang * **In China there are worries that supply will exceed demand as the pace of overall economic growth slackens off.** Kínában aggódnak, hogy az általános gazdasági növekedés lanyhulása következtében a kínálat meghaladja majd a keresletet.

slackness in sales *fn* ker üzlettelenség; holt szezon

slash *ige* erőteljesen leszállít; (*fizetést, árakat*) megnyirbál; mélyen leszállít; (*árakat*) drasztikusan csökkent

sleeping partner *fn* (*olyan partner, aki csak befektet egy társaságba és a haszonból*) *részesedik, de a tényleges tevékenységben nem vesz részt*) csendestárs; tőkéstárs * **I have two businesses, a fitness company and one that, because I'm a sleeping partner, I'd rather keep quiet about.** Két üzletem van, egy fitnesz vállalat és egy másik, amelyről inkább nem beszélnék, mivel abban csendestárs vagyok.

sliding trend *fn* tőzsde hanyatlási trend; zuhanó árak; drasztikus áresés

slim down *ige* (*személyi állományt*) leépít; karcsúsít; racionalizál * **The company plans to slim down its board of directors in the UK.** A vállalat leépítéseket tervez az Egyesült Királyságbeli igazgatóságánál.

slip *fn* bizonylat; igazoló szelvény; nyomtatvány

slogan *fn* mark jelmondat; reklámjelmondat; reklámsor; szlogen

slot *fn* műsorsáv * **In August we offer a 30-second slot in the breaks in News at Eight for €1,500.** Augusztusban a Nyolcórás Hírekben 1500 euróért kínálunk egy 30 másodperces műsorsávot.

slow seller *fn* ker nehezen értékesíthető árucikk; nem kelendő áru

slowdown *fn*
1. (*sztrájk egyik formája*) munkalassítás
2. csökkenés; lassítás; lassulás; recesszió * **Some experts drew investors' attention to a slowdown in sales of the new medicine.** Néhány szakértő felhívta a befektetők figyelmét az új gyógyszer eladásának csökkenésére.

sluggish demand *fn* ker lanyha kereslet * **In May the company said tough competition and sluggish demand meant it would have to cut 700 jobs.** Májusban a vállalat azt mondta, hogy a kemény verseny és a lanyha kereslet miatt 700 munkahelyet meg kell szüntetni.

sluggish economic growth *fn* lomha gazdasági növekedés

¹slump *fn*
1. (hirtelen) áresés; árfolyamesés; ár-

csökkenés
2. gazdasági válság; recesszió; tőzsdei összeomlás

²slump *ige* pénzügy (*ár, árfolyam*) hirtelen zuhan

slump in prices *fn* ker áresés * **They believe a repeat of the late 1980s slump in prices of flats looks unlikely.** Valószínűtlennek tartják az 1980-as évek lakásáresésének megismétlődését.

slump in sales *fn* ker értékesítési válság; eladások visszaesése * **The company issued a statement yesterday saying there was no slump in sales.** A vállalat tegnap kiadott egy közleményt, mely szerint az eladások nem estek vissza.

small and medium-sized enterprises *fn* NB: röv SMEs kis- és középvállalkozások

small business *fn* kisvállalkozás * **According to a survey, a third of small businesses have late payment problems.** Egy felmérés szerint a kisvállalkozások egyharmadának késői kifizetésekből adódó problémái vannak.

small consumer *fn* kisfogyasztó

small enterprise *fn* kisvállalkozás

small firm *fn* kisvállalkozás * **Two small firms produce beauty creams and lotions in the region.** A térségben két kisvállalkozás gyárt szépségkrémeket és arcszeszeket.

small shareholder *fn* kisrészvényes; kis részvénytulajdonos

small trader *fn* ker kiskereskedő

smallholder *fn* mezőgazd kisbirtokos; gazdálkodó * **Ethiopia's government has created conditions that favour smallholders.** Az etiópiai kormány olyan körülményeket teremtett, melyek kedveznek a kisbirtokosoknak.

small-scale *mn* kisipari; kiskereskedelmi; kisméretű

small-scale agricultural producer *fn* mezőgazd (*nem nagy mennyiségben termelő*) őstermelő

soar *ige* (*ár, árfolyam*) felszökik; megugrik; erősen megemelkedik

soaring prices *fn* erősen emelkedő árak; felszökő árak * **Even wages in the capital cannot keep pace with soaring prices.** A felszökő árakkal még a fővárosi fizetések sem tudnak lépést tartani.

social *mn* társadalmi; szociális

social aid *fn* szociális segély

social assistance *fn* szociális segélyezés * **Some migrants previously eligible will lose their right to benefits, especially if they are deemed to be placing an unreasonable burden on the social assistance.** Néhány korábban segélyekre jogosult bevándorló elveszíti jogosultságát, különösen, ha túl nagy terhet ró a szociális segélyezésre.

social inequality *fn* társadalmi egyenlőtlenség

social insurance *fn* bizt *(GB)* társadalombiztosítás

social policy *fn* társadalompolitika; szociálpolitika

social security *fn*
1. bizt *(US)* társadalombiztosítás
2. szociális biztonság
3. szociális intézmények

social security benefits *fn* társadalombiztosítási ellátás

social security contribution *fn* társadalombiztosítási hozzájárulás

social security system *fn* társadalombiztosítási rendszer

social services *fn* szociális ellátás; szociális szolgáltatások

social structure *fn* társadalmi szerkezet

social system *fn* társadalmi rendszer * **Look at the poor Scandinavians, with the best social system in Europe, if not the world, and yet they regularly top the global suicide list.** Nézzék a szegény skandinávokat, övék Európa – ha nem az egész világ – legjobb társadalmi rendszere, és mégis rendszeresen vezetik az öngyilkossági statisztikákat.

social welfare *fn* közjólét; társadalmi jólét

social worker *fn* szociális munkás

society *fn*
1. egyesület; egylet; társaság; társulat; kamara * **The Royal Horticultural Society is celebrating its bicentenary this October.** A Királyi Kertészeti Társaság idén októberben ünnepli fennállásának kétszázadik évfordulóját.
2. társadalom

soft loan *fn* pénzügy csökkentett kamatozású hitel; leszállított kamatozású hitel

soft money *fn* pénzügy papírpénz; bankjegy

sole agency *fn* kizárólagos képviselet

sole agent *fn* kizárólagos képviselő

sole distributor *fn* ker kizárólagos forgalmazó

sole owner *fn* egyedüli tulajdonos; kizárólagos tulajdonos * **He is chairman and sole owner of the Saga holiday company.** Ő az elnöke és kizárólagos tulajdonosa a Saga üdültetési vállalatnak.

sole proprietor *fn* *(US)* egyedüli tulajdonos; kizárólagos tulajdonos

sole proprietorship *fn* *(US)* magánvállalkozás * **Being the owner of a sole proprietorship leaves you with little free time.** Egy magánvállalkozás tulajdonosának nincs sok szabad ideje.

sole representative *fn* ker kizárólagos képviselő

sole trader *fn* ker *(GB)* önálló kereskedő; önálló üzletember

solicit *ige*
1. kér *(nyomatékosan)* * **Extra races enable him to solicit additional millions from individual race promoters.** A különfutamok lehetővé teszik azt, hogy további milliókat kérjen egyes versenytámogatóktól.
2. ösztönöz; csábít

solicitor *fn*
1. jog *(GB)* *(magasabb bíróság előtti felszólalási jog nélkül)* ügyvéd
2. jog vállalati jogtanácsos
3. *(US)* üzletszerző; ügynök
4. adománygyűjtő; előfizetésgyűjtő

solution *fn* megoldás

solve *ige* megold

solvency *fn* pénzügy fizetőképesség; likviditás; hitelképesség; bonitás
solvent *mn* pénzügy fizetőképes; hitelképes * **It is necessary to invest over 60% of turnover in R&D if the company is to be both competitive and solvent.** Ha a vállalat versenyképes és fizetőképes akar maradni, akkor a forgalom több mint 60%-át kutatásra és fejlesztésre kell fordítania.
solvent demand *fn* ker fizetőképes kereslet
sort *ige* osztályoz; csoportosít; szortíroz
sort out *ige*
1. rendez; kiválogat; selejtez
2. megold; elrendez * **sort out a problem** problémát megold
sound *mn* megbízható; fizetőképes; stabil * **sound profit** tisztes haszon * **The firm achieved its dominance by sound business acumen over many years.** A cég hosszú évek alatt, megbízható üzleti érzékkel nyerte el uralkodó helyzetét.
sound economy *fn* stabil gazdaság
source *fn* forrás * **Television news is expected to remain by far the most trusted source of information.** A televíziós híradókat várhatóan még sokáig messze a legmegbízhatóbb hírforrásnak fogják tekinteni.
source of income *fn* jövedelemforrás
source of revenue *fn* bevételi forrás * **Magadi is one of Kenya's five alkaline lakes, and the region's main source of revenue is soda extraction.** Magadi Kenya öt alkálikus tavának egyike, és a régió fő bevételi forrása a szóda kinyerése.
sovereign state *fn* független állam
sovereignty *fn* függetlenség; szuverenitás
spearhead *ige* vezet; élén jár vminek * **The co-ordinators are hoping to find a celebrity who has been infected with the virus to spearhead the campaign.** A koordinátorok azt remélik, találnak egy hírességet, akit a vírus megfertőzött, és aki vezetné a kampányt.

Special Accession Programme for Agricultural and Rural Development *fn* NB: röv **SAPARD** EU SAPARD; Előcsatlakozási Támogatás a Mezőgazdaságot És Vidékfejlesztést Érintő Intézkedésekhez
special offer *fn* alkalmi ajánlat; különleges ajánlat; akció; alkalmi vétel * **run a special offer** akciót tart/alkalmi vételt kínál
specialist *fn* szakértő; szakember; specialista
specialist shop *fn* (*GB*) szaküzlet
speciality store *fn* (*US*) szaküzlet
specialize in *ige* szakszerűen tanulmányoz vmit; szakképzettséget szerez vmiben; specializálja magát vmire; szakosodik vmire * **He joined the magazine in 1989 and quickly rose to become a senior editor specializing in eastern European politics and economics.** 1989-ben lépett be a folyóirathoz, és hamarosan a kelet-európai politikára és gazdaságra szakosodott vezető szerkesztővé emelkedett.
specialized care *fn* (*egészségügyben*) szakellátás
specification *fn*
1. részletezés; részletes leírás; specifikáció
2. darabjegyzék
specifications *fn* pályázati feltételek; versenytárgyalási kiírás * **specifications for delivery** szállítási feltételek
specified *mn*
1. megjelölt; meghatározott * **not otherwise specified (n.o.s)** (ha) nincs másként meghatározva
2. ipar szabványos; szabványosított
specify *ige*
1. előír; kiköt; megszab; pontosan meghatároz; részletez * **The report does not specify the charges against him.** A jelentés nem részletezi az ellene felhozott vádakat.
2. ipar szabványosít
speculate *ige*
1. kockáztat; spekulál; kockázatos üzleti vállalkozásba kezd
2. találgat

S

speculation *fn*
1. kockáztatás; kockázatos üzleti vállalkozás; spekuláció; tőzsdézés; üzérkedés
2. elmélkedés; töprengés; találgatás; feltételezés * **After the scandal there was speculation that the executive directors might have felt it necessary to resign.** A botrány után találgatások keltek lábra arról, hogy a vezérigazgatók esetleg úgy érzik, le kell mondaniuk.

speculative operation *fn* tőzsde spekulációs ügylet

speculative transaction *fn* spekulációs ügylet

speculator *fn* spekuláns; tőzsdés; tőzsdejátékos; üzér * **The law was introduced in 1995 to stop property speculators holding on to land along the fast-developing coast.** A törvényt 1995-ben hozták, hogy véget vessenek annak, hogy az ingatlanspekulánsok nem adják el a földet a gyorsan fejlődő partvidéken.

speed-up *fn*
1. gyorsítás; gyorsabbá tétel; meggyorsítás; tempófokozás
2. gyorsulás

spell out *ige* határozottan körülír; pontosan meghatároz

spend *ige*
1. költ (*pénzt*); kiad (*pénzt*) * **After the death of his parents, he decided to spend large amounts of money on arts.** A szülei halála után úgy döntött, hogy nagy összegeket költ a művészetekre.
2. tölt (*időt*) * **He spends most of his time learning Spanish.** Ideje legnagyobb részét spanyoltanulással tölti.

spending power *fn* ker vásárlóerő

spin-off *fn*
1. (*nagyobb vállalatból/vállalatcsoportból*) különváló vállalat; kiszakadó vállalat
2. járulékos üzlet
3. melléktermék

spin-off product *fn* melléktermék

spoilage *fn*
1. hulladék; selejt
2. megromlás (*árué*)

spokesman *fn* (*férfi*) szóvivő

spokesperson *fn* (*férfi vagy nő*) szóvivő

spokeswoman *fn* (*nő*) szóvivő

[1]**sponsor** *fn*
1. jótálló; kezes
2. támogató; szponzor * **When a corporation becomes a sponsor, it usually purchases several privileges.** Amikor egy vállalat szponzorrá válik, általában számos privilégiumot vásárol.

[2]**sponsor** *ige*
1. jótáll; kezeskedik
2. támogat; szponzorál; fenntart * **The company announced plans to sponsor 10 hospitals in Ghana.** A vállalat bejelentette, hogy 10 kórházat tervez támogatni Ghánában.

sponsorship *fn*
1. kezesség
2. támogatás; védnökség; szponzorálás * **provide sponsorship** támogatást nyújt * **obtain/receive sponsorship** támogatást kap * **raise money through sponsorship** szponzorálás útján pénzhez jut

[1]**spot** *mn* azonnali; prompt; készpénzes

[2]**spot** *fn*
1. hely; helyszín * **on the spot** ott helyben, azonnal
2. mark reklámspot

spot cash *fn* pénzügy azonnali készpénzfizetés

spot check *fn* szúrópróba; villámellenőrzés * **Stores in the region will be subject to regular inspections and spot checks.** A térség boltjait rendszeres ellenőrzéseknek és szúrópróbáknak vetik alá.

spot exchange *fn* bank prompt deviza

spot market *fn* bank azonnali piac

spot price *fn*
1. bank azonnali ár; prompt ár
2. azonnali árfolyam; készpénzárfolyam

spot quotation *fn* bank készpénzfizetéses jegyzés; készpénzfizetéses árfolyam

S

spot rate *fn*
1. bank azonnali ár; prompt ár
2. azonnali árfolyam; készpénzárfolyam

spread *fn*
1. eltérés; különbség; különbözet
2. pénzügy kamatkülönbözet
3. ker árkülönbség
4. terjedés; terjesztés; kiterjedés

spreading the risk *fn* bizt kockázatmegosztás

spreadsheet *fn* informatika táblázat; táblázatkezelő program

¹spur *fn* ösztönzés; ösztökélés

²spur *ige* ösztönöz

square *ige* (*számlát, adósságot stb.*) kiegyenlít; elrendez; rendez

squeeze *fn* megszorítás; korlátozás * **credit squeeze** hitelkorlátozás * **squeeze on borrowing** kölcsönmegszorítás

stability *fn* állandóság; stabilitás; szilárdság

stability and growth pact *fn* EU Stabilitási és Növekedési Paktum

stability of money *fn* pénz értékének stabilitása; pénz szilárdsága

stability of purchasing power *fn* vásárlóerő stabilitása

stability of the price level *fn* árstabilitás; árszintstabilitás

stabilize *ige*
1. rögzít; stabilizál * **They said that a price level of $17–20 would stabilize the market.** Azt mondták, hogy a 17–20 dolláros árszint stabilizálná a piacot.
2. megszilárdul; stabilizálódik

stable *mn* értékálló; stabil; szilárd; tartós

¹staff *fn* személyzet; alkalmazott-állomány; állandó személyzet

²staff *ige* személyzettel ellát; munkaerővel ellát; alkalmazottakkal ellát; foglalkoztat * **The charity wants to staff each office by full-time, paid employees.** A jótékonysági szervezet az irodákban teljes munkaidejű, fizetett alkalmazottakat kíván foglalkoztatni.

staff cutback *fn* állománycsökkentés; személyzet leépítése * **If staff cut-**

backs continue, they may face serious problems in production. Ha a személyzet leépítése folytatódik, komoly problémák keletkezhetnek a termelésben.

staff turnover *fn* munkaerő fluktuációja * **To improve the quality of our services, we try to keep staff turnover down to an absolute minimum.** Szolgáltatásaink minőségének javítása érdekében a lehető legalacsonyabb szinten próbáljuk tartani a munkaerő fluktuációját.

staffing policy *fn* alkalmazási politika; foglalkoztatáspolitika

stage *fn* fokozat; szakasz; szint

stagflation *fn* (*egyidejű stagnálás és infláció*) stagfláció

stagnant *mn* stagnáló; pangó

stagnate *ige* pang; stagnál; áll; megreked

stagnation *fn* pangás; stagnálás; állás; megrekedés * **Some countries in the monetary union have been experiencing economic stagnation and high levels of unemployment.** A pénzügyi unió néhány országában gazdasági stagnálás és magas szintű munkanélküliség tapasztalható.

stake *fn*
1. kockázat; tét * **raise the stakes** emeli a tétet
2. érdekeltség; részesedés * **a majority/minority stake** többségi/kisebbségi részesedés * **They said they were prepared to give up their 44% stake in the firm.** Közölték, hogy készek megválni a 44%-os érdekeltségüktől a cégben.

stakeholder *fn*
1. résztulajdonos; érdekelt személy (*üzletben, vállalatban stb.*); érdekcsoport
2. jog (*US*) letéteményes

stalemate *fn* fennakadás; holtpont (*tárgyalásban*); patthelyzet * **The government remains hopeful that WTO talks under way in Geneva will end the stalemate.** A kormány továbbra is reméli, hogy a Kereskedelmi

S

Világszervezet genfi tárgyalásai meg-
szüntetik a patthelyzetet.

stall *fn* ker (*kiállítási, vásári stb.*) stand;
elárusítóhely * **market stall** piaci
stand

¹stand *fn*
1. ker (*kiállítási, vásári stb.*) stand; eláru-
sítóhely
2. (*US*) megállás; leállás; szünet (*üzleti
életben*)

²stand *ige*
1. áll; van; létezik
2. megmarad; érvényben marad
3. vállal
4. kezeskedik

stand at *ige* (*érték*) áll vhol * **With debt
standing at just under £7m, the
company is confident it can fund
future deals.** Az épphogy hét millió
font érték alatt álló adósságok mellett a
vállalat bízik abban, hogy képes a to-
vábbi üzletek finanszírozására.

standard *fn*
1. szabvány; mérték; norma; minta; mo-
dell * **comply with/conform to/meet
standards** megfelel a szabványnak
2. minőség; mérték; fok; nívó; szabvány-
minőség; színvonal * **improve/raise
standards** emeli a színvonalat * **low-
er standards** csökkenti a színvonalat
* **achieve standards** színvonalat elér
* **of a high/low standard** magas/ala-
csony színvonalú
3. pénzrendszer

standard agreement health care *fn*
egészségügyi alapellátás

standard cost *fn* pénzügy költségállan-
dó; költségnormatíva; normatív költség

standard costing *fn* pénzügy standard
költségelszámolás; rögzített áron való ér-
tékelés

standard of living *fn* életszínvonal
* **He has one distinct reason for
wanting to emigrate: the desire for
a better standard of living some-
where in Europe.** Egy határozott oka
van annak, hogy ki akar vándorolni: ma-
gasabb életszínvonalat szeretne valahol
Európában.

standard price *fn* ker egységár

standardization *fn* szabványosítás; stan-
dardizálás; egységesítés; tipizálás

standardize *ige*
1. szabványosít; egységesít
2. hitelesít

standby arrangements *fn* pénzügy
(*az IMF tagjai köthetik az Alappal*) ké-
szenléti (hitel)megállapodások

standby costs *fn* készenléti állapot
költségei; üzemképes állapot költségei;
állandó költségek

standby credit *fn* bank (*megállapodás az
ügyfél és bankja között, melynek értelmében
az ügyfél csekket válthat készpénzre bizonyos
összeghatárig a bank egy másik, megnevezett
fiókjánál, vagy más banknál*) készenléti hi-
tel; tartós hitel; állandó hitel

standby government *fn* ügyvivő kor-
mány

standing *fn*
1. helyzet; állapot
2. pénzügy hitelképesség; bonitás
3. időtartam; tartam
4. rang; tekintély; befolyás; állás

standing committee *fn* állandó bizott-
ság * **A decision to proceed to a
diplomatic conference is supposed
to be made only if there is sub-
stantial agreement at the standing
committee.** Feltételezik, hogy csak
akkor hoznak döntést egy diplomáciai
konferencia kezdeményezéséről, ha ha-
tározott egyetértés lesz az állandó bi-
zottságban.

standing order *fn* bank (*írásos megállapo-
dás a bankkal, hogy az ügyfél számlájáról
adott időpontokban kifizetéseket teljesít (pl.
közüzemi számlák) és e szolgáltatásért a bank
díjat számít fel*) állandó fizetési meghagyás;
tartós megbízás

standing orders *fn* jog (*egy testület, szer-
vezet stb. üléseinek menetét meghatározó sza-
bálysor*) ügyrend; szabályzat

starting salary *fn* kezdő fizetés * **Gradu-
ate starting salaries have climbed
to £21,000 after a dramatic in-
crease in vacancies.** A friss diplomá-
sok kezdő fizetései felmentek 21.000

fontra az üres álláshelyek drámai növekedése után.

start-up capital *fn* indulótőke; kezdőtőke

start-up cost(s) *fn* pénzügy alapítási ráfordítás(ok); indulási költség(ek)

start-up period *fn* felfutási időszak; beindulási időszak * **The long start-up period could also mean it will be several years before businesses see tangible increases in productivity.** A hosszú felfutási időszak azzal járhat, hogy több év kell a termelékenység kézzelfogható növekedéséhez.

¹state *fn*
1. állam; szövetségi állam
2. állapot; helyzet

²state *ige* kijelent; állít; megállapít; bejelent; ismertet; kinyilvánít; nyilatkozatot tesz * **The athlete stated to the judge that no other persons were involved in his use of the drug.** A sportoló azt nyilatkozta a bírónak, hogy doppingszer-használatában más személy nem volt érintett.

state administration *fn* államigazgatás

state affairs *fn* államügyek

state budget *fn* pénzügy állami költségvetés; államháztartás * **approve/balance/ manage the state budget** költségvetést jóváhagy/egyensúlyba hoz/irányít * **The money has been transferred to the state budget from the individual account of the ex-president.** A pénzt a volt elnök magánszámlájáról átutalták az állami költségvetésbe.

state debt *fn* pénzügy államadósság * **The state debt has risen to 57% of GDP.** Az államadósság a GDP 57%-ára nőtt.

state interference *fn* állami beavatkozás

state intervention *fn* állami beavatkozás

state ownership *fn* állami tulajdon * **He suggests that Ethiopia's government favours state ownership and that it discourages industrialisation.** Felvetette, hogy az etióp kormány támogatja az állami tulajdont és hátráltatja az iparosodást.

state pension *fn* állami nyugdíj; egységes nyugellátás

state security *fn* állambiztonság

state-managed *mn* állami kezelésben lévő

statement *fn*
1. bejelentés; nyilatkozat * **issue/make a statement** nyilatkozatot tesz; nyilatkozik * **joint statement** közös nyilatkozat * **Yesterday, in a statement to the stock exchange, Mr Green claimed to have the backing of 14% of the shareholders.** Tegnap a tőzsdének tett nyilatkozatában Green úr azt állította, hogy a részvényesek 14%-a támogatja őt.
2. állítás; megállapítás
3. számv üzleti beszámoló; mérlegbeszámoló; eredménykimutatás
4. pénzügy kivonat; számlakivonat
5. jog vallomás

statement analysis *fn* számv mérlegelemzés; mérleganalízis

statement of account *fn* bank folyószámla-kivonat; számlakivonat * **You will only know that the Revenue has processed your return when you receive your statement of account.** Csak akkor értesül arról, hogy az adóhivatal feldolgozta az adóbevallását, amikor megkapja a számlakivonatot.

statement of claim *fn* jog kereset

state-of-the-art *mn* korszerű; modern

state-owned *mn* állami; állami tulajdonban lévő * **state-owned company/ enterprise** állami vállalat

statistical analysis *fn* statisztikai elemzés

statistics *fn*
1. statisztika
2. statisztikai adatok

status *fn*
1. állapot; helyzet
2. jog jogállás; státus

status report *fn*
1. pénzügy hitelképességi információ
2. helyzetjelentés

statutory insurance *fn* bizt kötelező biztosítás

S

statutory rights *fn* jog törvényes jogok
statutory rule *fn* jog törvényerejű rendelet
steadily *hat* stabilan; egyenletesen * **Rates of homelessness have been rising steadily since 1988.** A hajléktalanok száma 1988 óta egyenletesen növekszik.
steer *ige* irányít; vezet
steering committee *fn* vezetőségi bizottság; vezetőségi testület * **The campaign's steering committee will continue to monitor events.** A kampány vezetőségi testülete továbbra is figyelemmel kíséri az eseményeket.
step *fn* lépés; intézkedés
stick *ige* hozzáerősít; ragaszt; tapaszt
stiff competition *fn* kemény verseny; éles verseny * **There was evidence that stiff competition was still forcing prices down.** Látható volt, hogy a kemény verseny még mindig leszorítja az árakat.
stimulate *ige* ösztönöz; serkent; stimulál * **Confident, well-informed consumers are good for business and help stimulate a more competitive economy.** A magabiztos, jól értesült fogyasztók jót tesznek az üzletnek, és serkentik a versenyképesebb gazdaság fejlődését.
stimulation *fn* ösztönzés; serkentés; stimulálás
stimulus *fn* ösztönzés; impulzus; indíték; stimulus
stipulate *ige*
1. kiköt; kötelezően előír; megállapodik; meghatároz; szerződésileg rögzít * **stipulate conditions** feltételeket előír * **The youth of China are facing a blockbuster-free summer holiday after the authorities stipulated that no foreign language movies are released during July.** A kínai ifjúság sikermozimentes vakációnak néz elébe, miután a hatóságok úgy határoztak, hogy júliusban nem hoznak forgalomba idegen nyelvű filmeket.
2. rendelkezik

stipulation *fn*
1. kikötés; feltétel; megszorítás; rendelkezés
2. jog megállapítás
stk exch [= **stock exchange**] *fn* tőzsde értéktőzsde; értékpapírtőzsde
stock *fn*
1. tőzsde (*US*) részvény
2. tőzsde társasági tőke; részvénytőke
3. ker árukészlet; leltári készlet * **stock taking** leltározás * **take stock** leltároz; készletet felmér * **out of stock** nincs készleten/raktáron * **in stock** kapható; van készleten/raktáron
4. mezőgazd állatállomány
stock control *fn* készletirányítás; készletgazdálkodás
stock dividend *fn* tőzsde (*US*) részvényosztalék
stock exchange *fn* NB: röv stk exch; S.E.; S/E. tőzsde értéktőzsde; értékpapírtőzsde
Stock Exchange Automated Quotations *fn* NB: röv SEAQ tőzsde Automatizált Értéktőzsdei Árfolyamkijelző Rendszer
stock exchange crash *fn* tőzsde tőzsdekrach; tőzsde összeomlása
stock exchange dealings *fn* tőzsde tőzsdeügyletek; tőzsdei műveletek; tőzsdei üzletek; tőzsdei kereskedelem
stock exchange listing *fn* tőzsde tőzsdei jegyzés
stock exchange quotation *fn* tőzsde tőzsdei jegyzés; lajstromozás; árfolyamjegyzés
stock exchange securities *fn* tőzsde (*értéktőzsdei forgalomban levő*) jegyzett értékpapírok; lajstromozott értékpapírok
stock exchange transaction *fn* tőzsde tőzsdeügylet
stock in hand *fn*
1. raktárkészlet; raktárállomány
2. tőzsde értékpapír-állomány; értékpapír-készlet
stock inventory *fn* áruleltár
stock list *fn*
1. pénzügy árfolyamalap; árfolyamjegyzék
2. készletjegyzék; raktárjegyzék

stock management *fn* készletgazdálkodás; raktározás
stock market *fn*
1. tőzsde értéktőzsde
2. értékpapírpiac; részvénypiac
stock market crash *fn* tőzsde tőzsdekrach; tőzsdei összeomlás
stock market price *fn* tőzsde tőzsdei árfolyam; jegyzett árfolyam; részvényárfolyam
stock portfolio *fn* tőzsde részvényállomány; értékpapírkészlet; portfólió; részvénycsomag
stock split *fn* tőzsde részvénydarabolás; részvényfelosztás
stock trading *fn* tőzsde értékpapír-kereskedelem; részvénykereskedelem
stock turnover *fn* készletforgási sebesség
stockbroker *fn* tőzsde (*US*) tőzsdeügynök; tőzsdés; részvényalkusz; részvényügynök; bróker
stockholder *fn* tőzsde (*US*) részvényes; részvénytulajdonos; részvénybirtokos
stockholders' equity *fn* tőzsde (*US*) részvénytőke; saját tőke
stockholding *fn* tőzsde (*US*) részvénytulajdon; értékpapírkészlet; értékpapírállomány; részvények birtoklása
stockhouse *fn* raktár * **He works in the biggest stockhouse of the company.** A cég legnagyobb raktárában dolgozik.
stock-in-trade *fn* raktári készlet; raktárállomány; árukészlet
stockist *fn*
1. ker szakkereskedő; szaküzlet * **You can find a list of specialist manufacturers and stockists in our latest brochure.** A legújabb prospektusunkban megtalálhatja a szakgyártók és a szaküzletek listáját.
2. gyár kizárólagos képviselője; árulerakat vezetője
stockjobber *fn* tőzsde (*GB*) (*saját számlára dolgozó*) alkusz; tőzsdeügynök
stock-jobbing *fn* tőzsde spekulációs tőzsdei üzletkötés; spekulációs ügyletek; tőzsdejáték; tőzsdei üzérkedés; árfolyamok befolyásolása

[1]**stockpile** *fn* tartalékkészlet; árukészlet; raktár
[2]**stockpile** *ige* készletez; felhalmoz; tartalékol
stocks *fn*
1. készlet; árukészlet; raktárállomány
2. tőzsde (*US*) részvények
3. pénzügy (*GB*) értékpapírok; államkötvények
stocks and shares *fn* pénzügy értékpapírok; részvények és kötvények; tőkepiaci papírok
stocktaking *fn* leltár; leltározás; leltárfelvétel; készletfelvétel
[1]**stop** *fn*
1. megállás; szünet
2. letiltás
3. tőzsde veszteségkorlátozó megbízás
[2]**stop** *ige*
1. megáll; szünetel
2. beszüntet; megszüntet * **So far the government has been unable to stop the problem.** A kormány egyenlőre nem tudja megszüntetni a problémát.
stoppage of credit *fn* pénzügy hitelletiltás
stoppage of work *fn* munkabeszüntetés
storage *fn*
1. raktározás; tárolás; készletezés * **A survey has found two in seven homes completely fail to meet standards for safe storage of medicines and chemicals.** Egy felmérés kimutatta, hogy hétből kettő háztartás egyáltalán nem felel meg a gyógyszerek és a vegyi anyagok biztonságos tárolása követelményeinek.
2. raktár
3. tárolási díj
storage capacity *fn* tároló kapacitás; raktárkapacitás
storage charges *fn* raktárdíj; tárolási díj; raktározási költségek * **Fuel storage charges in Aden were lower than anywhere else in the region.** Adenben alacsonyabbak voltak az üzemanyag raktározási költségek, mint bárhol másutt a térségben.

S

storage conditions *fn* tárolási feltételek; raktározási feltételek; tárolási körülmények; raktározási körülmények; tárolási előírások; raktározási előírások * **The storage conditions of submarines and parts in military yards are very poor.** A tengeralattjárók és alkatrészeik tárolási körülményei a katonai telepeken nagyon roszszak.

storage depot *fn* raktár; lerakat * **Troops have in the past two days seized and ransacked storage depots of two leading aid groups.** Az elmúlt két nap során a katonaság megtámadta és kifosztotta két vezető segélycsoport raktárait.

storage facilities *fn* raktározási létesítmények; raktározási berendezések

¹store *fn*
1. készlet; tartalék
2. raktár
3. ker bolt; üzlet; kereskedés * **10 stores are expected to open in the coming year.** Jövőre 10 üzlet nyitását várják.
4. informatika tároló

²store *ige*
1. tárol; elraktároz; raktároz
2. felhalmoz

storehouse *fn* (*épület*) raktár

storekeeper *fn*
1. raktáros; anyagkezelő
2. ker (*US*) kereskedő; boltos

storeroom *fn* raktárhelyiség; raktár * **The museum – a converted storeroom – provides an invaluable local history resource.** A múzeum – egy átalakított raktárhelyiség – felbecsülhetetlen értékű helytörténeti kincsesbánya.

strategic partner *fn* stratégiai partner * **They believe the company has enough cash to expand and find a strategic partner.** Úgy vélik, hogy a vállalat elegendő készpénzzel rendelkezik, hogy terjeszkedjen, és stratégiai partnert keressen magának.

strategy *fn* stratégia

stratum *fn* társadalmi réteg

streamline *ige* áramvonalasít; egyszerűsít; karcsúsít; korszerűsít; modernizál; racionalizál * **The department is expected to lose 400 jobs in his plans to streamline their service.** A szolgáltatás áramvonalasítására vonatkozó tervei következtében az osztály várhatóan 400 munkahelyet veszít.

streamlining *fn* (*a működés átszervezése*) ésszerűsítés * **Britain's prison and probation services are to be merged, in a radical streamlining of the penal system announced today.** A büntetés-végrehajtási rendszer ma bejelentett radikális ésszerűsítése keretében összevonják Nagy-Britanniában a börtön- és próbaidős felügyeleti szolgálatot.

strengthen *ige*
1. megerősít
2. megerősödik

¹strike *fn* sztrájk; munkabeszüntetés * **go on strike** sztrájkba lép, sztrájkolni kezd * **call a strike** sztrájkot hirdet

²strike *ige*
1. sztrájkol; sztrájkba lép * **Rail workers have voted to strike from the tenth of this month.** A vasúti dolgozók megszavazták a folyó hó tizedekén kezdődő sztrájkot.
2. (*pénzt*) ver

strike ballot *fn* szavazás sztrájkról

strike call *fn* sztrájkfelhívás

strike pay *fn* (*szakszervezeti juttatás a sztrájkolóknak*) sztrájksegély

strikebound *mn* sztrájk miatt megbénított; sztrájk miatt veszteglő * **Commuters interviewed on strikebound stations have often responded with understanding.** A sztrájk miatt megbénított állomásokon megkérdezett ingázók nagy része megértéssel reagált [a sztrájkra].

strikebreaker *fn* sztrájktörő

strikemonger *fn* sztrájkszervező; sztrájkot támogató; sztrájkot pénzelő

striking price *fn*
1. (*árverésnél*) leütési ár
2. tőzsde alapár; bázisár

strong *mn* erős; szilárd
structural change *fn* szerkezeti válto-
zás * **Last week the firm under-
went the second largest structur-
al change since privatisation in
1996.** A múlt héten a cég átesett a má-
sodik legnagyobb szerkezeti változáson
az 1996-os privatizáció óta.
Structural Funds *fn* EU Strukturális
Alapok * **Many of the road, dam
and canal projects are financed
by the EU Structural Funds.** Szá-
mos út-, védőgát- és a csatornaprojektet
az EU Strukturális Alapok finanszíroz.
structural policy *fn* szerkezetpolitika;
struktúrapolitika
structure *fn* szerkezet; felépítés
structure of population *fn* népesség-
szerkezet
¹study *fn*
1. tanulás; tanulmányozás
2. elemzés; tanulmány
²study *ige*
1. tanulmányokat folytat
2. tanulmányoz
sub-account *fn* pénzügy fiókszámla
subcommittee *fn* albizottság
¹subcontract *fn* alvállalkozói szerződés;
beszállítói szerződés
²subcontract *ige* alvállalkozói megbízás-
ba ad; bérmunkába kiad; alvállalkozás-
ba ad * **Because of cost pressures
they are having to subcontract
work to the Far East and Eastern
Europe.** A költségnyomás miatt alvál-
lalkozásba kell adniuk a munkát távol-
keleti és kelet-európai országoknak.
subcontractor *fn* alvállalkozó
¹subject to *ige* alávet vminek
²subject to *mn* vminek kitett; vminek
aláeső; vmitől függő
subject to contract *mn* jog szerződéstől
függő; szerződés alá eső
submission *fn*
1. benyújtás; előterjesztés * **Deadline
for submission of proposals is 10
May.** Az előterjesztések benyújtási ha-
tárideje május tizedike.
2. alárendelés; alávetés; engedelmesség

submit *ige*
1. bead; bemutat; benyújt; beterjeszt;
előterjeszt; lead * **submit a report** je-
lentést benyújt
2. aláveti magát; engedelmeskedik; en-
ged vminek
3. jog állít; indítványoz
subordinate *fn* beosztott; alárendelt
subscription *fn*
1. tőzsde jegyzés; lejegyzés; részvényjegy-
zés
2. előfizetés * **take out a subscrip-
tion** előfizet * **Please inform me
what I need to do if I don't want
to renew my subscription.** Kérem,
tájékoztasson, mit kell tennem, ha nem
akarom meghosszabbítani az előfizeté-
semet.
3. előfizetési díj
4. előjegyzés
5. tagdíj
subscription for shares *fn* tőzsde rész-
vényjegyzés
subscription price *fn* tőzsde jegyzési ár;
jegyzési árfolyam; kibocsátási ár; kibo-
csátási árfolyam
subscription right *fn* tőzsde jegyzési jog
subsidiarity *fn* EU szubszidiaritás
subsidiary *fn* fiókvállalat; leányvállalat
* **Nestlé Corporation, with its
many branches and subsidiaries,
is one of the world's largest food
manufacturers.** A Nestlé Corporation
sok fióküzletével és leányvállalatával a
világ egyik legnagyobb élelmiszergyár-
tója.
subsidiary company *fn* (GB) fiókvál-
lalat; leányvállalat
subsidiary corporation *fn* (US) fiók-
vállalat; leányvállalat
subsidize *ige* szubvencionál; támogat; tá-
mogatásban részesít; segélyben részesít;
segélyez * **Research projects are
invariably subsidized from the
research budget of the depart-
ment.** A kutatási projekteket mindig
az osztály kutatási költségvetéséből tá-
mogatják.
subsidized price *fn* ker támogatott ár

S

subsidy *fn* szubvenció; támogatás; segély
* **Farming has benefited greatly from subsidies.** A mezőgazdaság sok hasznot húzott a támogatásokból.
subsistence *fn* létfenntartás; megélhetés
subsistence level *fn* létminimum; szegénységi küszöb
substandard *mn* gyenge minőségű; átlagszint alatti; csökkent értékű; rossz minőségű
substantial *mn*
1. jelentékeny; lényeges; tetemes; fontos * **Charities face a substantial loss of income under new regulations.** A jótékonyságsági szervezetek tetemes jövedelemvesztést szenvednek az új szabályozás miatt.
2. nagymennyiségű; nagymértékű
substitute *ige* helyettesít; pótol
substitute product *fn* ker helyettesítő termék
substitution *fn*
1. helyettesítés
2. pótlás; csere
3. helyettesítő áru; helyettesítő dolog
subvention *fn* szubvenció; támogatás
succession *fn*
1. sorrend * **twice in succession** kétszer egymás után
2. jog jogutódlás; öröklési jogcím; örökösödés; utódlás
succession planning *fn* (annak megtervezése, hogy egyes munkaköröket, tisztségeket ki fog átvenni) utódlástervezés * **Shareholders have pressed for changes to the board to ensure adequate succession planning at the group.** A csoport részvényesei változásokat követelnek az igazgatótanácsban a megfelelő utódlástervezés biztosítására.
successor *fn* jog jogutód; örökös; utód
* **appoint/choose/find a successor** utódot kinevez/választ/talál * **likely/possible/potential successor** lehetséges utód
sue *ige* jog perel; beperel * **Their biggest supplier has sued them for breach of contract.** A legnagyobb szállítójuk beperelte őket szerződésszegésért.

suffice *ige* kielégít
sufficient *mn* elegendő; elégséges * **There are too many schools in the region that don't have sufficient support.** Túl sok olyan iskola van a térségben, amely nem kap elegendő támogatást.
suffrage *fn* jog választójog; szavazójog; szavazati jog * **universal suffrage** általános választójog
suit *fn* jog
1. jogvita; kereset; panasz; per * **They filed a suit.** Keresetet nyújtottak be.
2. polgári peres eljárás
suitability *fn* alkalmasság; megfelelés
* **The management made a statement that the suitability of the site would determine whether the proposals would go ahead.** A vezetőség úgy nyilatkozott, hogy a telep alkalmasságától függ, hogy megvalósítják-e a javaslatot.
sum insured *fn* bizt (az a maximális összeg, amit a biztosítónak fizetnie kell, vagy amit a biztosított követelhet a szerződés értelmében) biztosítási összeg; biztosított érték
sum total *fn* teljes összeg; végösszeg
summary dismissal *fn* (azonnali hatályú) elbocsátás; felmondás
summit *fn* csúcs; csúcstalálkozó; csúcsértekezlet * **attend a summit** csúcstalálkozón vesz részt * **call a summit** csúcstalálkozót hív össze * **hold a summit** csúcstalálkozót tart
summit conference *fn* csúcstalálkozó
summons *fn*
1. jog felszólítás
2. idézés; beidézés * **issue a summons** idézést ad ki * **serve a summons** idézést kézbesít * **Yesterday he received a summons.** Tegnap idézést kapott.
superannuation *fn* nyugdíjazás; nyugdíjba menetel; nyugdíjba vonulás
superintendent *fn* felügyelő; ellenőr
¹superior *fn* felettes; feljebbvaló; fölérendelt; főnök * **I'm rather lucky because I can discuss all the problems with the new project with**

my superior. Meglehetősen szerencsés vagyok, mivel az új projekttel kapcsolatos minden problémámat meg tudom beszélni a felettesemmel.
²superior *mn* felsőbb; különb
supermarket *fn* ker szupermarket; önkiszolgáló élelmiszeráruház; élelmiszerbolt
supersede *ige*
1. helyettesít; pótol; feleslegessé tesz; kiszorít
2. jog (*gazdasági törvényt*) hatálytalanít; tárgytalanná tesz
3. túlhalad
supervise *ige*
1. ellenőriz; felügyel; felülvizsgál
2. irányít; igazgat; vezet * **His key role was to supervise the running of the family's holding companies.** Legfontosabb feladata a családi holdingtársaságok irányítása volt.
supervision *fn* felügyelet; ellenőrzés * **under sy's supervison** vki felügyelete mellett * **In August, the Bahamas' finance minister told the OECD that the regulation and supervision of banks and other institutions in the Bahamas is equal to that in developed OECD countries.** A bahamai pénzügyminiszter augusztusban közölte az OECD-vel, hogy a bankok és más intézmények felügyelete a Bahamákon megegyezik a fejlett OECD országokéival.
supervision of banking *fn* bank bankfelügyelet
supervisor *fn*
1. ellenőr; ellenőrző biztos; felügyelő * **The leader said the number of supervisors at big stations was to be halved.** A vezető közölte, hogy a nagyobb állomásokon felére csökkentik az ellenőrök számát.
2. művezető
supervisory board *fn* ellenőrző bizottság; felügyelőbizottság
supplement *ige* kiegészít * **supplement one's income/salary** keresetét kiegészíti

supplementary benefit *fn* (*GB*) kiegészítő szociális támogatás; pótlólagos szociális támogatás
supplementary allowance *fn* kiegészítő támogatás
supplementary budget *fn* pénzügy kiegészítő költségvetés; pótköltségvetés
supplementary insurance *fn* bizt kiegészítő biztosítás
supplier *fn* ker szállító; beszállító; ellátó; szállító cég * **The management intends to extract savings from demanding lower prices from suppliers and axing 650 jobs.** A vezetőség megtakarításokat akar elérni úgy, hogy alacsonyabb árakat követel a szállítóktól, és megszüntet 650 munkahelyet.
supplier credit *fn* pénzügy szállítóhitelek; szállítónak nyújtott hitel
supplies *fn*
1. segédanyagok
2. szállítások
3. készlet; készletek; tartalékok
¹supply *fn*
1. ker kínálat * **supply and demand** kereslet és kínálat * **There is an excess supply of certain fruits this summer.** Bizonyos gyümölcsökből idén nyáron túlkínálat van.
2. ker ellátás; beszerzés; ellátottság
3. készlet * **abundant supply** bőséges készlet * **Dr Eden, who runs a fashionable private clinic at a hospital in London, told us he had obtained plentiful supplies of the vaccine from a US source.** Dr. Eden, aki egy londoni kórházban divatos magánklinikát vezet, elmondta nekünk, hogy amerikai forrásból bőséges oltóanyag-készletet szerzett.
4. száll szállítás; szállítmány
²supply *ige*
1. ellát; felszerel
2. szállít; szolgáltat; nyújt
3. (*igényt, keresletet*) kielégít
4. pótol
supply chain *fn* ellátási lánc
supply-side *mn* kínálatorientált; kínálatoldali

S

¹support *fn*
1. támogatás * **gain/get/receive/win support** támogatást kap/elnyer
2. intervenciós vásárlás
3. tőzsde alsó árfolyamhatár; támogatási szint
4. jog tartás; tartásdíj

²support *ige*
1. támogat * **The President supports Turkey's entry but 66% of French people questioned in a recent poll said they were opposed.** Az elnök támogatja Törökország belépését, de egy nem régi közvélemény-kutatás során a megkérdezett franciák 66%-a azt mondta, hogy ellenzi.
2. (*vásárlással*) szubvencionál; segít; támogat
3. jog eltart; gondoskodik

supranational *mn* EU szupranacionális; nemzetek feletti

Supreme Court *fn* jog (*US*) Szövetségi Legfelsőbb Bíróság

Supreme Court of Judicature *fn* jog (*GB*) Legfelsőbb Bíróság; Legfelsőbb Törvényszék

surcharge *fn*
1. felár; pótdíj * **Some European airlines are considering introducing fuel surcharges because of soaring fuel prices.** A felszökő üzemanyagárak miatt néhány európai légitársaság üzemanyag-pótdíj bevezetését tervezi.
2. adó pótadó; pótilleték

surety *fn*
1. kezes; jótálló; szavatoló * **act/stand as surety** kezességet vállal
2. biztosíték; garancia; jótállás; kezesség

suretyship *fn* kezesség(nyújtás); jótállás

surplus *fn*
1. felesleg; maradvány; többlet
2. számv aktív egyenleg; felosztatlan nyereség; tartaléktőke

surplus of goods *fn* árufelesleg
surplus production *fn* többlettermelés
surplus value *fn* értéktöbblet
surveillance *fn*
1. felügyelet
2. ellenőrzés

¹survey *fn*
1. felmérés; adatfelvétel; vizsgálat; elemzés; tanulmány * **carry out/conduct a survey** felmérést készít * **Because of errors in the questionnaire, the results of the survey are, unfortunately, invalid.** A kérdőív hibái miatt a felmérés eredményei sajnos érvénytelenek.
2. áttekintés; megtekintés
3. szemle; áruszemle; hajószemle; kárszemle; vámszemle

²survey *ige*
1. felmér; megtekint; szemrevételez; tanulmányoz
2. ellenőriz

surveyor *fn*
1. felülvizsgáló
2. bizt kárbecslő; kárszakértő; kárfelmérő
3. közvéleménykutató

suspend *ige*
1. felfüggeszt; félbeszakít; szüneteltet * **Four project leaders have been suspended after the management found serious irregularities in the factory.** Négy projektvezetőt felfüggesztettek, miután a vezetőség súlyos szabálytalanságokat állapított meg a gyárban.
2. beszüntet; megszüntet

suspension *fn*
1. jog felfüggesztés; megszüntetés; hatályon kívül helyezés
2. (*munkavégzéstől*) eltiltás

sustain *ige* fenntart * **sustain profitability** nyereségességet fenntart

sustainable development *fn* fenntartható fejlődés

¹swap *fn*
1. csere; cseretárgy
2. tőzsde lecseréléses ügylet; swapügylet; kombinált devizaügylet

²swap *ige* cserél; elcserél

swap transaction *fn* tőzsde swapügylet; lecseréléses ügylet

sway *ige* lebeg; ingadozik

sweetener *fn*
1. jutalék; részesedés
2. (*US*) borravaló; kenőpénz; csúszópénz

S

SWIFT [= **Society for Worldwide Interbank Financial Telecommunications**] *fn* bank Nemzetközi Bankközi Pénzügyi Telekommunikációs Társaság

swing *fn*
1. ingadozás; kilengés
2. lendület
3. ker ingadozási sáv

¹switch *fn*
1. áttérés; átváltás
2. tőzsde switchügylet; háromszögügylet; háromoldalú ügylet

²switch *ige*
1. átvált; átállít; átkapcsol
2. switchügyletet bonyolít le

¹swop *fn*
1. csere; cseretárgy
2. tőzsde lecseréléses ügylet; swapügylet; kombinált devizaügylet

²swop *ige* cserél; elcserél

SWOT analysis [= **Strengths, Weaknesses, Opportunities and Threats**] *fn* (*Piackutatás során használt elemzés: gyengeségek, erősségek, lehetőségek, veszélyek*) GYELV-elemzés * **The SWOT analysis was particularly useful in clarifying our position in the domestic market.** A GYELV-elemzés különösen hasznos volt a hazai piacon elfoglalt pozíciónk tisztázására.

symbol *fn* jelkép; szimbólum

sympathy strike *fn* szolidaritási sztrájk
* **Analysts cautioned that workers at 20 other banks are set to vote on whether to stage a sympathy strike that would paralyse the country's financial system.** Elemzők figyelmeztettek, hogy 20 másik bank dolgozói szavazni akarnak arról, hogy tartsanak-e szolidaritási sztrájkot, amely megbénítaná az ország pénzügyi rendszerét.

syndicate *fn*
1. szindikátus; érdekegyesülés; konszern; konzorcium; tőkecsoport
2. bizt biztosítócsoport
3. értékesítési kartell

synergy *fn* együttműködésből származó előny; szinergia

system *fn*
1. rendszer
2. rend
3. módszer; szisztéma

system of taxation *fn* adó adórendszer

S

T, t

table *fn* táblázat

TACIS [= **Technical Assistance for the Commonwealth of Independent States**] *fn* EU Technikai Segítségnyújtás a Független Államok Közösségének

tailor-made *mn* testreszabott; egyedi * **The joint venture will provide a tailor-made service to large industrial users of water.** A vegyesvállalat testreszabott szolgáltatást fog nyújtani a víz nagyipari felhasználóinak.

take in *ige*
1. pénzügy (*pénzt*) beszed; bevesz
2. tőzsde reportba vesz; deportügyleti díjat számol fel
3. rászed; becsap

take on *ige*
1. (*személyzetet*) alkalmaz; felvesz * **More UK companies are forecasting that they will take on staff, rather than letting them go, in the quarter ending December 31.** Több Egyesült Királyságbeli vállalat azt jósolja, hogy a december 31-ével záruló negyedévben személyzetet inkább felvesznek, nem pedig elbocsátanak.
2. (*utasokat, szállítmányt*) felvesz
3. elvállal; átvállal * **Community groups should take on some of the powers of town halls to reinvigorate local government.** A közösségi csoportoknak kellene átvállalni a városháza néhány hatáskörét, hogy újra megerősítsék a helyi önkormányzatot.

take over *ige* (*céget, üzleti tevékenységet stb.*) átvesz; vásárol; beolvaszt * **They entered into exclusive talks with a consortium to take over the company.** Kizárólagos tárgyalásokba kezd-

tek egy konszernnel a vállalat átvételéről.

take place *ige*
1. történik; megtörténik; előfordul * **A stoppage on London's tube system will take place as part of their campaign to secure a four-day working week.** A négynapos munkahét biztosításáért folytatott kampányuk részéként leállás lesz a londoni metrón.
2. sorra kerül; megtartják * **The meeting will take place in Room 5.** Az értekezletre az 5. teremben kerül sor.

take up *ige*
1. átvesz; felvesz; igénybe vesz
2. részvényt jegyez
3. elkezd vmit; foglalkozik vmivel; hozzáfog vmihez

take-home pay *fn* pénzügy tiszta kereset; nettó bér

takeoff *fn* fellendülés * **Some African countries have experienced economic takeoff in recent years.** Néhány afrikai ország gazdasági fellendülést tapasztalt az utóbbi években.

takeover *fn* (*vállalat ellenőrzésének megszerzése ellenőrző részvénycsomag felvásárlásával*) átvétel; felvásárlás * **attempted takeover** megkísérelt felvásárlás * **friendly/hostile takeover** barátságos/ellenséges felvásárlás * **takeover attempt/battle/target** felvásárlási kísérlet/harc/célpont * **They held talks with an unnamed investment firm about a takeover of the company this month.** Tárgyalásokat folytattak egy meg nem nevezett befektetési céggel a vállalat átvételéről ebben a hónapban.

takeover bid *fn* felvásárlási ajánlat

talon *fn*
1. tőzsde vásárlási szelvény; ellenőrző szelvény
2. talon; szelvényutalvány
tangible assets *fn* (*viszonylag gyorsan készpénzzé tehetők*) tárgyi eszközök; állóeszközök; dologi javak
tangibles *fn* (*olyan értékes tárgyak, melyeket befektetési célból vásárolnak*) anyagi javak; értéktárgyak; reáliák
tap *ige* megcsapol
¹target *fn* cél; célpont * **set a target** célt kitűz * **meet a target** célt megvalósít
²target *ige* megcéloz
target audience *fn* célközönség; célcsoport * **They have two target audiences: institutions and small shareholders.** Két célközönségük van: intézmények és kisrészvényesek.
target cost *fn* tervezett költség
target group *fn* célcsoport * **The success of the multinational company in the world is to mix local and global brands to attract specific target groups of consumers in local markets.** A multinacionális vállalatok világsikerének az a titka, hogy helyi és globális márkákat kevernek a fogyasztók meghatározott célcsoportjainak vonzására.
target market *fn* ker megcélzott piac; célpiac
tariff *fn*
1. díjszabás; tarifa
2. ker vámtarifa
3. ker vámilleték * **fix a tariff at 10%** 10%-os vámot állapít meg * **impose/levy a tariff on sg** vámot kiszab/kivet vmire * **eliminate a tariff** vámot eltöröl * **It is not a good idea to set the prices for the country's only producer and keep out competing imports through punitive tariffs.** Nem jó ötlet az árakat az ország egyetlen termelőjéhez szabni, és büntető vámilletékekkel kívül tartani a versenytermékeket.
4. száll fuvardíjszabás; menetdíjszabás
5. bizt biztosítási díjtáblázat

tariff barrier *fn* ker vámsorompó; vámjellegű korlátozás
tariff rate *fn*
1. ker díjtétel; vámtétel; vámmérték
* **This developing country has the highest average tariff rate in the world.** Ennek a fejlődő országnak vannak a világon a legmagasabb átlagos vámtételei.
2. bizt díjszabás
tariff schedule *fn* ker tarifatáblázat
tariff union *fn* vámunió
tariff wall *fn* ker vámsorompó
tariff-free *mn* ker vámmentes * **They emphasise the need to protect the health and welfare of working people as well as the commercial benefits of a vast tariff-free market.** Hangsúlyozzák, hogy szükség van a dolgozó emberek egészségének és jólétének védelmére, és kiemelik a nagyon nagy vámmentes piac kereskedelmi előnyeit.
task *fn* feladat; teendő; elvégzendő munka; megbízás * **accomplish/complete/perform a task** feladatot teljesít * **undertake a task** feladatot elvállal * **I live in a farmhouse and my daily tasks include milking cows and goats, and helping farm animals give birth.** Farmon élek, és a napi feladataim közé tartozik a tehenek és kecskék fejése, és a farm állatai ellésénél való segédkezés.
tasting fair *fn* (*kóstolóval egybekötött*) árubemutató
¹tax *fn*
1. adó adó; adózás * **lower/raise taxes** adót csökkent/emel * **The chancellor's second mistake was his refusal to come clean about what his spending plans would mean for taxes after the next election.** A kancellár második tévedése az volt, hogy elhallgatta, hogy költekezési tervei mit jelentenek az adók szempontjából a következő választás után.
2. díj; illeték
²tax *ige*
1. adó adóztat; megadóztat
2. (*pl. illetéket*) kiszab

tax abatement *fn* adó adómérséklés; adó-csökkentés

tax allowance *fn* adó (*GB*) (*személyes*) adókedvezmény

tax arrears *fn* adó adóhátralék

tax assessment *fn* adó adómegállapítás; adóelőírás * **He suggests that private owners should be able to deduct the gross value of any important works donated to public collections in their lifetimes from their income tax assessment.** Azt javasolja, hogy a tulajdonosok levonhassák az életük során közgyűjteményeknek adományozott fontosabb műalkotások bruttó értékét az adóelőírásukból.

tax assessment notice *fn* adó adófelszólítás

tax assessor *fn* adó (*US*) adóellenőr * **Sixteen veteran New York tax assessors were charged yesterday in connection with a 35-year-long bribery racket.** Tizenhat New York-i veterán adóellenőrt tegnap vád alá helyeztek egy 35 éve folyó megvesztegetési ügyben.

tax audit *fn* adó adóellenőrzés; adórevízió * **To investigate the case he asked for the results of previous tax audits of the oil company.** Az ügy kivizsgálása érdekében elkérte az olajvállalat korábbi adóellenőrzéseinek eredményeit.

tax auditor *fn* adó adóellenőr, adórevizor

tax authority *fn* adó adóhatóság

tax avoidance *fn* adó (*törvényes eszközökkel*) adókerülés * **He and many of his team-mates are using controversial tax avoidance schemes to minimise the amount they pay the Inland Revenue.** Több csapattársával együtt ellentmondásos adókerülési manővereket használ, hogy minimálisra csökkentse az adóhivatalnak fizetett összeget.

tax band *fn* adó (*GB*) adósáv

tax base *fn* adó adóalap

tax bill *fn* adó adótörvény

tax bracket *fn* adó (*US*) adósáv

tax break *fn* adó adókedvezmény * **The government was challenged yesterday to introduce tax breaks for individuals and companies who donate to national and regional museums.** A kormányt tegnap felszólították, vezessen be adókedvezményeket olyan egyének és vállalatok számára, amelyek nemzeti és regionális múzeumoknak tesznek adományokat.

tax burden *fn* adó adóteher; adóterhelés; adóviselés * **The Irish Government decided in 1997 to make writers, artists and musicians exempt from any tax burden.** Az Ír kormány úgy döntött, hogy az írókat, a képzőművészeket és a zenészeket mentesíti az adóterhek alól.

tax charge *fn* adó adóteher; adóterhelés

tax collection *fn* adó adóbeszedés; adószedés; adóbehajtás * **According to a report, credit cards may improve tax collection.** Egy jelentés szerint a hitelkártyák elősegíthetik az adóbeszedést.

tax collector *fn* adó adóbeszedő; adófelügyelő; adóhivatalnok; adótisztviselő; adóbehajtó

tax concession *fn* adókedvezmény; adókönnyítés

tax consultant *fn* adó adótanácsadó

tax credit *fn* adó (*GB*) adójóváírás

tax cut *fn* adó
1. adócsökkentés
2. adócsökkenés

tax declaration *fn* adó adóbevallás

tax deductible *mn* adó (*adóból*) levonható; leírható * **In the US, charitable contributions are tax deductible.** Az USA-ban a jótékonysági hozzájárulások levonhatók az adóból.

tax deduction *fn* adó adólevonás

tax delinquency *fn* adó adócsalás; adóvétség; adóbűncselekmény

tax effective *mn* adó adómegtakarító; adótakarékos

tax evader *fn* adó adócsaló

tax evasion *fn* jog adócsalás; adóvétség; adóbűncselekmény * **With Russia's**

**richest man on trial for tax eva-
sion and the millions of poor ea-
ger to see the rest of the elite in
the same position, wealth has
become a double-edged sword in
Russia.** A gazdagság kétélű karddá vál-
tozott Oroszországban: az ország leg-
gazdagabb embere bíróság előtt áll adó-
csalás vádjával, és a szegények milliói a
felső tízezer többi tagját is hasonló hely-
zetben szeretnék látni.

tax exemption *fn* adó adómentesítés; adó-
mentesség * **Some organisations are
seeking to qualify for tax exemp-
tion as charities.** Bizonyos szerveze-
tek jótékonysági intézményként szeret-
nének adómentességhez jutni.

tax fraud *fn* adó adócsalás; adóvétség;
adóbűncselekmény

tax harmonization *fn* adó adó-össze-
hangolás; adóharmonizáció

tax haven *fn* adó (*alacsony adószintű or-
szág*) adóparadicsom * **The coach and
his commercial managers have
set up a company in the tax ha-
ven of Monaco to handle his off-
field income.** Az edző és kereskedel-
mi igazgatói vállalatot alapítottak a
monacói adóparadicsomban versenypá-
lyán kívüli jövedelmének kezelésére.

tax increase *fn* adó adóemelés * **Soar-
ing oil prices put pressure on the
government to drop the 2p tax
increase on fuel set to be intro-
duced this September.** A felszökő
olajárak nyomására a kormány ejtette a
szeptemberre tervezett, kétpennys üzem-
anyagadó emelést.

tax inspection *fn* adó adóvizsgálat; adó-
felülvizsgálat; revízió

tax inspector *fn* adó adóellenőr; adó-
felügyelő

tax law *fn* jog adótörvény

tax liability *fn* adó
1. adófizetési kötelezettség; adókötele-
zettség; adótartozás * **He didn't man-
age to avoid tax liability.** Nem si-
került kibújnia adófizetési kötelezettsége
alól.

2. fizetendő adó * **They assessed his
lax liability.** Megállapították fizeten-
dő adóját.

tax load *fn* adó adóteher

tax loophole *fn* adó adókibúvó; adózási
kiskapu * **The Inland Revenue has
closed a tax loophole for film pro-
ducers.** Az adóhivatal bezárt egy adó-
zási kiskaput a filmproducerek előtt.

tax office *fn* adó adóhivatal

tax officer *fn* adó adóhivatalnok; adó-
tisztviselő

tax official *fn* adó adóhivatalnok; adó-
tisztviselő

tax offset *fn* adó adójóváírás

tax on turnover *fn* adó forgalmi adó

tax privilege *fn* adó adókedvezmény;
adóengedmény

tax provision *fn* adó adótartalék

tax rate *fn* adó adókulcs * **The poll in
June revealed widespread misun-
derstanding about the EU consti-
tution: 51% believe the EU will
have the ability to control tax
rates in Britain.** A júniusi közvéle-
mény-kutatás széles körű félreértéseket
tárt fel az EU alkotmányával kapcsolat-
ban: a megkérdezettek 51%-a azt hiszi,
hogy az EU szabja meg a brit adókul-
csokat.

tax reduction *fn* adó
1. adócsökkentés; adóleszállítás * **He
proposes tax reductions for man-
ufacturers who produce at home.**
Adócsökkentéseket javasol az otthon
termelő gyártóknak.
2. adócsökkenés

tax reform *fn* adó adóreform

tax refund *fn* adó adóvisszatérítés * **You
can claim your tax refund on the
Internet, too.** Interneten is igényel-
heti adóvisszatérítését.

tax regulations *fn* adó adóelőírások; adó-
rendelkezések * **He moved to Lon-
don in the early 1950s, then to
the Isle of Man, but later returned
to Ireland to enjoy the tax regu-
lations advantageous to writers
and artists.** Az 1950-es évek elején

Londonba költözött, aztán a Man-szigetre, de később visszatért Írországba, hogy kihasználja az írók és a művészek számára kedvező adórendelkezéseket.

tax relief *fn* adó (*GB*) adókedvezmény; adókönnyítés

tax remission *fn* adó adóelengedés; adómérséklés

tax return *fn* adó adóbevallás * **The contract allows any established unmarried couple to file joint tax returns.** A szerződés lehetővé teszi, hogy bármely élettársi kapcsolatban élő pár közös adóbevallást nyújtson be.

tax revenue *fn* adó adóbevétel * **In his March budget Mr Brown declared that tax revenues would bounce over the next two years.** Márciusi költségvetésében Brown úr bejelentette, hogy az adóbevételek ugrani fognak a következő két éven belül.

tax scale *fn* adó adótáblázat; adótábla

tax shelter *fn* adó
1. (*adózás elleni legális védekezés*) adómenedék; adókedvezmény elérésének eszköze; adókerülési módszer; adózás alóli kibújás
2. (*alacsony adószintű ország*) adómenedék

tax shifting *fn* adó adóáthárítás

tax take *fn* adó (*US*) adóbevétel; adójövedelem

tax year *fn* adó adóév

tax yield *fn* adó adóbevétel; adójövedelem

taxability *fn*
1. adó adóztathatóság; megadóztathatóság
2. (*országé*) adóteherbíró képesség

taxable *mn*
1. adó adóköteles; adó alá eső; megadóztatható
2. vámköteles

taxable base *fn* adó adóalap; adókivetés alapja

taxable event *fn* adó adóköteles tevékenység

taxable gain *fn* adó adóköteles nyereség * **Although the company will have to wait until midway next month for final Inland Revenue approv-**al, it is likely that the first £7,100 will be tax free provided the investor has no other taxable gains in 2005.** Bár a vállalatnak a jövő hónap közepéig várnia kell az adóhivatal végleges jóváhagyására, valószínű, hogy az első 7100 font adómentes lesz, amennyiben a befektetőnek nincsenek más adóköteles nyereségei 2005-ben.

taxable income *fn* adó adóköteles jövedelem

taxation *fn*
1. adó adózás; adóztatás; adórendszer; személyi adózás
2. jog (*GB*) perköltségek megállapítása; perköltségek meghatározása

tax-exempt *mn* adó adómentes; illetékmentes

¹tax-free *mn*
1. adó adómentes * **Once children turn 16, they can open a tax-free cash individual savings account.** Amint a gyerekek betöltik a 16. évüket, nyithatnak adómentes egyéni készpénz takarékszámlát.
2. vámmentes

²tax-free *hat*
1. adó adómentesen
2. vámmentesen

taxpayer *fn* adó adóalany; adófizető; adózó * **The project now costs the taxpayer 61p a year each, about the same as two pints of milk.** A projekt most 61 pennyjébe kerül az adófizetőnek évente, körülbelül annyiba, mint egy liter tej.

T-Bill [= **Treasury bill**] *fn* pénzügy (*egyszeri kifizetésű értékpapír*) kincstárjegy; rövid lejáratú állampapír

T-Bond [= **Treasury bond**] *fn* pénzügy (*US*) kincstári kötvény

team *fn* munkacsoport; team

team player *fn* csapatjátékos * **He is a very creative hands-on team player.** Nagyon kreatív, együttműködő csapatjátékos.

Technical Assistance for the Commonwealth of Independent States *fn* NB: röv **TACIS** EU Technikai Segítség-

nyújtás a Független Államok Közösségének
technical college *fn* műszaki főiskola
technical description *fn* műszaki leírás
technical regulations *fn* műszaki szabályozások; műszaki rendelkezések * **US firms are concerned that burdensome national standards and technical regulations are increasingly being used by foreign countries to protect ailing industries and block market access to US exports.** Az amerikai cégeket aggasztja, hogy külföldi országok növekvő mértékben használják a nehézkes nemzeti standardokat és műszaki szabályozásokat a gyengélkedő iparok védésére, és így akadályozzák az amerikai export piaci hozzáférését.
technical standard *fn* műszaki szabvány
technique *fn* eljárás; módszer; technika
technological breakthrough *fn* technológiai áttörés
technology transfer *fn* technológiatranszfer; technológia átvétele
telebanking *fn* bank *(bankügyletek lebonyolítása hálózaton keresztül)* hálózati bankszolgáltatás
telecommunications *fn* távközlés; telekommunikáció
telecommuter *fn* *(otthonról távmunkát végző)* távdolgozó * **A study found that women telecommuters were three times more likely than men to be interrupted by children.** Egy tanulmány szerint a nőnemű távdolgozókat háromszor akkora valószínűséggel szakítják félbe a gyerekek, mint a hímneműeket.
telecommuting *fn* *(otthonról dolgozás számítógép-hálózat és telekommunikációs eszközök felhasználásával)* távdolgozás
teleconference *fn* *(legalább három fél megbeszélése telekommunikációs eszközök segítségével)* telekonferencia; hálózati konferencia; távkonferencia * **I was at a teleconference when my deputy paged me to let me know the re-**

sults of the meeting. Épp egy távkonferencián vettem részt, amikor a helyettesem rámcsipogott, hogy értesítsen a tárgyalás eredményéről.
telefax *fn* fax; telefax
telemarketing *fn* mark telemarketing; telefonos marketing
telesales *fn* ker telefonos értékesítés
teleshopping *fn* ker hálózati vásárlás; hálózati rendelés; távvásárlás
teleworker *fn* *(otthonról távmunkát végző)* távdolgozó
teleworking *fn* távmunka
telex *fn* telex
teller *fn*
1. bank bankpénztáros
2. szavazatszedő; szavazatszámláló
temporary employment *fn* ideiglenes alkalmazás * **We have established an agency to match healthcare staff seeking temporary employment in hospitals with vacancies.** Ügynökséget alapítottunk, hogy összehozzuk az ideiglenes alkalmazást kereső beteggondozó személyzetet az üres kórházi munkahelyekkel.
temporary shortfall *fn* ker ideiglenes hiány
temporary staff *fn* ideiglenes munkaerő-állomány * **The management decided on taking on temporary staff at peak periods of demand.** A vezetőség úgy döntött, hogy a kereslet csúcsidejében ideiglenes munkaerőt alkalmaz.
temporary work *fn* ideiglenes munka
Tempus [= **Trans European Cooperation Scheme for Higher Education between Central and Eastern Europe**] *fn* EU *(az EU oktatás támogatását szolgáló programja, mely azután, hogy a közép- és kelet-európai volt szocialista országokat az EU saját oktatási programjaiba integrálták, a FÁK, a nyugat-balkáni, és 2002 óta az EU mediterrán partnerországai segítségére irányul)* Tempus; európai felsőoktatási együttműködési program
tenancy *fn*
1. bérlemény
2. bérleti viszony/jog; haszonbérlet;

lakásbérlet; lakáshasználat
3. bérleti idő; haszonbérleti időtartam
tenant *fn*
1. bérlő; lakás bérlője; lakásbérlő; lakó
* **We want to encourage land-
lords to rent homes and help ten-
ants who otherwise cannot afford
a deposit.** Arra ösztönözzük a bérbe-
adókat, hogy lakásokat adjanak bérbe,
és segítsenek azokon, akik egyébként
nem engedhetik meg maguknak a fog-
laló fizetését.
2. haszonbérlő; haszonélvező
tendency *fn* irányzat; tendencia
¹**tender** *fn*
1. pályázat; versenytárgyalás; tender
* **They invited a tender for build-
ing a new bridge.** Tendert írtak ki
egy új híd megépítésére.
2. ajánlattétel; árajánlat
3. pénzügy fizetési eszköz; fizetőeszköz
²**tender** *for* *ige* ajánlatot tesz; árajánlatot
tesz; megpályázik; teljesítést felajánl
* **Last year a consortium of five
companies tendered for building
ten shopping centres in the capi-
tal.** Tavaly egy öt vállalatból álló kon-
szern megpályázta tíz fővárosi bevásár-
lóközpont építését.
tenderer *fn* ajánlattevő; pályázó; tender
benyújtója
tenure *fn*
1. jog birtoklás
2. birtoklás időtartama; haszonélvezet
időtartama
3. hivatal birtoklása; pozíció-birtoklás;
tisztség birtoklása; szolgálati idő * **He
is being questioned by police in
connection with financial irregu-
larities during his tenure at the
French entertainment and tele-
coms giant.** A rendőrség kihallgatja
azokkal a pénzügyi szabálytalanságok-
kal kapcsolatban, amelyek az ő szolgá-
lati ideje alatt fordultak elő a francia
szórakoztatási és telekommunikációs
óriásnál.
4. állandó alkalmazás; végleges alkalma-
zás; véglegesítés

term *fn*
1. határidő; futamidő; lejárat; lejárati
idő
2. időtartam; időszak
3. szakkifejezés; szakszó; terminus
4. bizt biztosítási időszak
5. jog kitétel
term deposit *fn* pénzügy határidős betét;
határidős letét
term of a loan *fn* jog kölcsön futamideje
term of notice *fn* felmondási idő
terminable *mn*
1. (*pl. szerződés*) felmondható
2. (*járadék*) korlátozható; megszüntet-
hető
terminally *hat*
1. befejezésül; végül
2. (*pl. negyedévente, félévente*) időszak vé-
gén
terminate *ige*
1. megszüntet; befejez
2. (*szerződést*) felmond; felbont * **My
contract was terminated on 30
April.** Április 30-án felbontották a szer-
ződésem.
termination *fn*
1. megszüntetés; felmondás; felbontás
* **He is expected to get around
£1.5m in compensation for the
abrupt termination of his con-
tract.** Várhatóan körülbelül 1,5 millió
fontot kap kárpótlásul a szerződése hir-
telen felmondásáért.
2. megszűnés; befejezés
termination clause *fn* jog felmondási
záradék
termination of employment *fn* mun-
kaviszony megszüntetése
terms *fn* jog feltétel(ek); kikötés(ek)
terms and conditions *fn* jog kikötések
és feltételek; szerződési feltételek
terms of an agreement *fn* jog megál-
lapodás feltételei
terms of contract *fn* jog szerződéses
feltételek * **Rolls must invest up to
£500 million to meet the terms
of the contract.** Rollsnak akár 500
millió fontot is be kell fektetnie ahhoz,
hogy teljesítse a szerződéses feltételeket.

terms of credit *fn* bank hitelfeltételek
terms of delivery *fn* jog szállítási feltételek
terms of employment *fn* jog alkalmazási feltételek
terms of insurance *fn* bizt biztosítási feltételek
terms of issue *fn* jog (*értékpapíré*) kibocsátási feltételek
terms of payment *fn* jog fizetési feltételek * **The deal will be completed before the weekend, provided they can settle the terms of payment.** Az üzletet még a hétvége előtt megkötik, amennyiben meg tudnak egyezni a fizetési feltételekben.
terms of sale *fn* jog eladási feltételek
territory *fn* terület
tertiary sector *fn* szolgáltatási szektor; szolgáltatások; tercier szektor; szolgáltatóipar; harmadlagos ipar
¹test *fn* próba; vizsgálat; teszt
²test *ige*
  1. kipróbál; tesztel * **A threat by North Korea to test a nuclear weapon has chilled talks aimed at resolving a dispute over the country's nuclear programme.** Észak-Korea mai fenyegetése, hogy atomfegyver-kísérletet fog végrehajtani, lehűtötte az ország atomprogramjára vonatkozó vita elrendezésére folytatott tárgyalásokat.
  2. ellenőriz; megvizsgál
test case *fn* jog próbaper * **A mother once accused by a paediatrician of faking her son's illness is taking a test case to Britain's highest court.** Egy anya, akit egy gyermekorvos azzal vádolt, hogy hamisította gyermeke betegségét, próbapert indított Nagy-Britannia legfelsőbb bíróságánál.
testator *fn* jog végrendelkező * **English law recognises that a testator can leave his estate to whomsoever he wishes.** Az angol jog szerint, egy végrendelkező arra hagyhatja vagyonát, akire akarja.
third-party liability damage *fn* bizt felelősségbiztosítási káresemény

threat *fn* fenyegetés
threshold price *fn* ker (*az a legalacsonyabb ár, amelyen az importált mezőgazdasági terméket el lehet adni*) küszöbár
thrift account *fn* bank (*US*) takarékszámla
thrift bank *fn* bank (*US*) takarékpénztár
throw-away product *fn* ker eldobható termék
ticket office *fn* jegyiroda; menetjegypénztár
tidal energy *fn* ár-apály energia * **A breakthrough for tidal energy will be heralded today as energy minister Brian Wilson unveils a cash boost to the industry.** Áttörést jelent az ár-apály energia számára Brian Wilson energiaügyi miniszter mára tervezett bejelentése az iparnak szánt pénzbeli ösztönzésről.
tie-in sales *fn* ker árukapcsolásos értékesítés
tight *mn*
  1. szűkös
  2. szoros * **The raid showed the tight connection between the security forces of the government and some terror groups.** A rajtaütés rávilágított a kormányzati biztonsági erők és néhány terrorista csoport szoros kapcsolatára.
tighten *ige* jog szigorít; megszigorít * **The government yesterday tightened the rules on homelessness and access to council housing.** A kormány tegnap megszigorította a hajléktalanságra vonatkozó szabályokat és az önkormányzati lakáshoz való jogosultság feltételeit.
till *fn* ker bolti pénztár; kassza
time bargain *fn* tőzsde határidőügylet
time deposit *fn* bank (*US*) határidős betét; lekötött betét; tartós betét
time draft *fn* pénzügy hosszú lejáratú váltó
time limit *fn* határidő; időkorlát * **The White House has yet to set a time limit for the inquiry, the findings of which are likely to have a big impact on the presidential campaign.** A Fehér Ház még nem jelölte ki

T

az elnökválasztásra valószínűleg nagy hatást gyakorló vizsgálat határidejét.

time of delivery *fn* száll szállítási időpont

time off *fn* munkától távol töltött idő * **After her accident she needed time off from the BBC.** A baleset után szüksége volt arra, hogy egy kis időt távol töltsön a BBC-től.

¹tip *fn*
1. tőzsde tipp
2. borravaló
3. hasznos tanács; ötlet * **The new site contains tips on buying goods from abroad.** Az új honlap ötleteket tartalmaz áruk vásárlására külföldről.

²tip *ige*
1. tippet ad
2. borravalót ad

TIR [= **Transport International Routier**] *fn* száll Nemzetközi Áruszállítás; közúti fuvarozási egyezmény

title *fn*
1. (*hivatali, tudományos stb.*) beosztás
2. cím
3. jog tulajdonjog * **have/hold an absolute title** kizárólagos tulajdonosa vminek
4. jog jogalap; jogcím; jogosultság

title deeds *fn* jog jogcímet igazoló okmányok

token strike *fn* figyelmeztető sztrájk * **On the streets, members of IG Metall, the union representing 3.6m employees in the engineering sector, have been staging token strikes in pursuit of an original 6.5% pay claim.** Az IG Metall – a műszaki szektor 3,6 millió dolgozóját képviselő szakszervezet – tagjai figyelmeztető sztrájkokat rendeztek az utcákon, hogy elérjék az általuk eredetileg követelt 6,5%-os fizetésemelést.

toll *fn*
1. használati díj; használati illeték
2. (*piacon*) helypénz

toll-free *mn*
1. vámmentes
2. ingyen hívható * **The film's dis-**tributors have set up a toll-free telephone service providing advance bookings.** A film terjesztői ingyen hívható telefonos szolgálatot létesítettek a jegyfoglalásra.

tool *fn* ipar eszköz; szerszám

top *mn* legmagasabb; csúcs-; legfelső

top executive *fn* csúcsmenedzser

top job *fn* felsővezetői állás * **Within hours of the announcement, the deputy commercial manager became the first to declare that she would stand for the top job.** Az állás meghirdetését követően pár órán belül, a helyettes kereskedelmi igazgató elsőként jelentette be, hogy pályázik a felsővezetői állásra.

top management *fn* felső vezetés

top quality *fn* legjobb minőség; csúcsminőség

top-level talks *fn* csúcsmegbeszélés; csúcstalálkozó; felsőbb szinten zajló tárgyalások * **Two banks admitted yesterday they had held top-level talks about a possible merger.** Két bank tegnap beismerte, hogy felső szintű megbeszéléseket tartottak egy lehetséges fúzióról.

top-notch *mn* első osztályú; szuper; „csúcs" * **top-notch job** szuper állás

¹total *fn* összeg

²total *mn* összes; teljes; egész

total amount *fn* teljes összeg * **A member of the panel investigating the banks said that the total amount of misused funds rises to about $200bn.** A bankokat vizsgáló bizottság egyik tagja elmondta, hogy a hűtlenül kezelt vagyon értéke körülbelül 200 milliárd dollárra rúg.

total assets *fn*
1. összvagyon
2. számv eszközök összesen

total income *fn* összjövedelem

total loss *fn* bizt teljes kárösszeg

total output *fn* összteljesítmény * **Around 800,000 barrels a day of oil and gas equivalents – a quarter of BP's global total output – come from**

the North Sea. Körülbelül 800 000 hordó olaj és annak gáz megfelelői – a British Petroleum globális összteljesítményének egynegyede – az Északitengerből származik.

Total Product Management *fn* NB: röv **TPM** ipar (*a termelékenység növelésére és a veszteségek minimalizálására törekvő vállalati program*) teljes körű termelésirányítás

total production cost *fn* ipar teljes termelési költség

Total Quality Management *fn* NB: röv **TQM** ipar teljes körű minőségirányítás

tourism *fn* idegenforgalom; turizmus * **The company yesterday announced a 33% increase in half-year profits from tourism.** A vállalat tegnap bejelentette, hogy a félévi idegenforgalmi nyereség 33%-kal nőtt.

touristic *mn* idegenforgalmi; turista-; turisztikai * **A new website allows British buyers to seek out historic properties for restoration and renovation at prices far lower than the more traditionally touristic parts of Italy.** Egy új honlap lehetővé teszi a brit vásárlóknak, hogy történelmi ingatlanokat keressenek újjáépítés és renoválás céljából, sokkal alacsonyabb árakon, mint Olaszország hagyományosabb turisztikai területein.

TPM [= **Total Product Management**] *fn* ipar (*a termelékenység növelésére és a veszteségek minimalizálására törekvő vállalati program*) teljes körű termelésirányítás

TQM [= **Total Quality Management**] ipar teljes körű minőségirányítás

¹trade *fn*
1. ker kereskedelem; áruforgalom; üzlet * **boost trade** fellendíti a kereskedelmet * **do trade** kereskedik * **engage in trade** kereskedelemmel foglalkozik
2. mesterség; szakma; foglalkozás; ipar; iparág

²trade *ige*
1. ker kereskedik; ad-vesz * **The new plan would allow charities to trade without setting up a separate trad-**ing company. Az új terv lehetővé tenné a jótékonysági egyesületeknek, hogy különálló kereskedelmi vállalat megalapítása nélkül kereskedjenek.
2. tőzsde forgalmaz; kereskedik

trade agreement *fn* ker kereskedelmi egyezmény; kereskedelmi megállapodás; kereskedelmi szerződés

trade allowance *fn* ker kereskedelmi árengedmény

trade association *fn*
1. ipartestület; ipari egyesülés; ipari egyesület; ipari szövetség
2. szakmai egyesület; szakmai szövetség
3. ker kereskedelmi érdekképviselet

trade balance *fn* ker kereskedelmi mérleg * **Brussels started to make free-trade agreements with east-central Europe as early as 1991, which rapidly changed the trade balance between the two regions to the benefit of the west.** Brüsszel már 1991-ben megkezdte a szabadkereskedelmi megegyezések megkötését közép-kelet Európával, és ez a Nyugatra nézve kedvezően gyorsan megváltoztatta a két térség kereskedelmi mérlegét.

trade barrier *fn* ker kereskedelmi korlát; kereskedelmi korlátozás; kereskedelmi akadály; kereskedelmi megszorítás

trade bill *fn* ker kereskedelmi törvény

trade channel *fn* ker áruforgalmi csatorna * **The documents show that in many Asian countries the tobacco company not merely tolerated usual trade channels, but exploited traditional smuggling routes.** A dokumentumok bizonyítják, hogy számos ázsiai országban a vállalat nem csak a hagyományos áruforgalmi csatornákat tűrte meg, hanem a hagyományos csempészútvonalakat is kihasználta.

trade commissioner *fn* ker kereskedelmi megbízott; kereskedelmi biztos

trade cycle *fn*
1. gazdasági ciklus
2. ker konjunktúraciklus; gazdasági ciklus; kereskedelmi ciklus

T

trade deficit *fn* ker kereskedelmi mérleghiány; külkereskedelmi mérleghiány; kereskedelmi deficit

trade description *fn* ker kereskedelmi megjelölés; árumegjelölés

trade directory *fn* ker kereskedelmi címtár; szakmai névsor; szakmai telefonkönyv

trade discount *fn* ker nagykereskedelmi árengedmény; viszonteladói árengedmény

trade fair *fn* ker kereskedelmi vásár; szakkiállítás * **There have been trade fairs in Hannover since the Middle Ages.** A középkor óta tartanak kereskedelmi vásárokat Hannoverben.

trade figures *fn* ker kereskedelmi adatok * **The monthly trade figures showed the best performance for US exports in eight years.** A havi kereskedelmi adatok az amerikai export nyolc év óta a legjobb teljesítményét mutatták.

trade liberalism *fn* ker kereskedelemliberalizálás

trade negotiations *fn* ker kereskedelmi tárgyalások; kereskedelmi megbeszélések * **A third of Africans do not trust rich countries in trade negotiations.** Az afrikaiak harmada nem bízik a gazdag országokban a kereskedelmi tárgyalások során.

trade policy *fn* ker kereskedelmi politika;kereskedelempolitika;külkereskedelmi politika * **Another concern is that the accession countries could complicate life for the bloc's trade policy makers.** Egy másik aggály az, hogy a belépő országok bonyolultabbá tehetik a blokk kereskedelempolitikája megalkotóinak életét.

trade practice *fn* ker kereskedelmi gyakorlat

trade price *fn* ker nagykereskedelmi ár * **The firm will buy coffee at a fair trade price from growers in the developing world.** A cég igazságos nagykereskedelmi áron fog kávét vásárolni a fejlődő világ termelőitől.

trade register *fn* ker cégjegyzék

trade representative *fn* ker kereskedelmi képviselő

trade secret *fn* szakmai titok; üzleti titok * **The manager was charged with theft of trade secrets.** A menedzsert üzleti titok eltulajdonításával vádolták.

trade show *fn* ker szakmai bemutató

trade surplus *fn* ker kereskedelmi mérlegtöbblet;külkereskedelmi mérlegtöbblet

trade union *fn* (*GB*) szakszervezet

trad(e)able *mn* ker eladható; forgalmazható * **tradeable goods** kereskedelmi forgalomba kerülő áruk

trademark *fn* ker áruvédjegy; védjegy; márkajelzés * **bear a trademark** védjeggyel ellátott * **register a trademark** védjegyet bejegyez * **infringe a trademark** védjegyhasználatot megsért

trader *fn* ker kereskedő

trading *fn*
1. ker kereskedelem
2. ker kereskedelmi tevékenység
3. tőzsde kereskedés; üzletkötések

trading area *fn*
1. ker értékesítési terület
2. gazdasági térség; kereskedelmi övezet

trading company *fn* ker kereskedelmi cég; kereskedelmi társaság; kereskedelmi vállalat; kereskedőház * **The new plan would allow charities to trade without setting up a separate trading company.** Az új terv lehetővé tenné a jótékonysági egyesületeknek, hogy különálló kereskedelmi vállalat megalapítása nélkül kereskedjenek.

trading hours *fn* tőzsde tőzsdei nyitva tartás; tőzsdei órák; tőzsdeidő

trading loss *fn* ker kereskedelmi veszteség * **First quarter operating costs fell to £2.2m, while trading losses for the period fell by 61% to £1.2m.** Az első negyedévi működési költségek 2,2 millió fontra csökkentek, míg ugyanezen időszak kereskedelmi veszteségei 61%-kal, 1,2 millió fontra estek.

trading operation *fn* ker csereüzlet; csereügylet

trading position *fn* ker alkupozíció * **He was taking ever more risky trading positions to make up for huge losses he had incurred in the financial markets.** Egyre kockázatosabb alkupozíciókba került, hogy fedezze a pénzügyi piacokon elszenvedett óriási veszteségeket.

trading year *fn* ker üzletév; üzleti év

trafficking *fn* ker illegális kereskedelem * **A journalist from a news weekly famous for its articles of drug trafficking in northern Mexico has been shot dead.** Lelőtték az északmexikói illegális drogkereskedelemről közölt cikkeiről híres hetilap egyik riporterét.

trainee *fn*
1. (*szakmai*) tanuló; gyakornok
2. pályakezdő

traineeship *fn* tanulóidő; gyakorlóidő; gyakornokság ideje

trainer *fn* tréner; oktató

training *fn* képzés; oktatás * **training cost** képzési költség * **receive/undergo training** képzik/képzésben vesz részt * **provide training** képzést biztosít

training centre *fn* oktatási központ

training manager *fn* oktatási vezető; képzésvezető * **As a training manager working with adults in the construction industry, I come across many men with literacy problems.** Az építőiparban dolgozó felnőttekkel foglalkozó képzésvezetőként sok, az írás-olvasás terén problémával küszködő férfival találkozok.

training officer *fn* oktatási felelős; képzési felelős

training workshop *fn* tanműhely

transact *ige* (*pl.* üzletet) elintéz; lebonyolít; megköt; végrehajt * **Their customers must pay £2 if they transact business over the phone which could have been done on-line.** Ügyfeleinknek 2 fontba kerül, ha telefonon bonyolítanak le olyan üzletet, amelyet az interneten is lehetett volna.

transaction *fn* ügylet; ügyletkötés; üzletkötés; tranzakció * **business/commercial/financial transaction** üzleti/kereskedelmi/pénzügyi tranzakció * **engage in/enter into a transaction** ügyletbe kezd

transaction costs *fn* pénzügy ügyletkötési költségek; tranzakciós költségek

transaction fee *fn* pénzügy ügyleti költség; tranzakciós díj * **They have been asked to explain why they are adding extra transaction fee on top of the profits they are already making on foreign exchange rates.** Megkérték őket, magyarázzák meg, miért adnak hozzá tranzakciós díjat devizaárfolyami nyereségükhöz.

transaction risk *fn* pénzügy árfolyamváltozási kockázat

transaction(s) tax *fn* adó forgalmi adó

transcript *fn*
1. másolat; átirat
2. jog tárgyalási jegyzőkönyv

transcription *fn* átírás

¹transfer *fn*
1. pénzügy átutalás; klíringátutalás
2. jog átruházás
3. (*alkalmazotté, munkáé stb.*) áthelyezés

²transfer *ige*
1. pénzügy átutal; utalványoz * **She has an account with a South African bank but it costs us £20 each time we transfer money from our account.** Egy dél-afrikai banknál van számlája, de 20 fontunkba kerül minden átutalás a számlánkról.
2. számv könyvben átír; könyvelési tételt sztorníroz
3. jog átruház
4. (*alkalmazottat, munkát*) áthelyez * **Work is being transferred to Slovakia.** A munkát áthelyezik Szlovákiába.
5. átszállít

transfer deed *fn* jog (*tulajdonjogi átruházásról szóló*) átruházási okirat

transfer fee *fn* pénzügy átutalási díj

transfer income *fn*
1. transzferbevételek
2. szociális bevételek; közjövedelem
transfer of funds *fn*
1. pénzügy átutalás
2. (*tőkeérdekeltségé*) átírás; átruházás
transfer of ownership *fn* jog tulajdonjog átruházása
transfer of title *fn* jog tulajdon átruházása; tulajdon-átruházás; tulajdonjog átruházása
transferable *mn* pénzügy átruházható
* **transferable securities** átruházható értékpapírok
transferee *fn* jog kedvezményezett
transferor *fn* jog átruházó; engedményező
transform *ige*
1. átalakít
2. átalakul
transit *fn* száll
1. átmenő forgalom; tranzitforgalom; tranzit
2. szállítás
transit insurance *fn* bizt tranzitáru-biztosítás
transit trade *fn* ker átmenő áruforgalom; átmenő kereskedelem
transition(al) period *fn* EU átmeneti időszak * **Under current legislation, there is a seven-year transition period when restrictions to the labour market can be enforced.** A jelenlegi törvények szerint egy hétéves, átmeneti időszak alatt korlátozásokat lehet alkalmazni a munkaerőpiacon.
transitional arrangements *fn* EU átmeneti rendelkezések
transitional directive *fn* EU átmeneti irányelv
transmission *fn*
1. száll küldés; megküldés; továbbítás; szállítás
2. tőzsde részvényátírás
transmit *ige*
1. száll továbbad; szállít
2. jog átörökít
transnational *mn* nemzeteket átfogó; országok közötti; transznacionális * **This**

is the world's largest transnational democratic election. Ez a világ legnagyobb nemzeteket átfogó, demokratikus választása.
¹transport *fn*
1. száll fuvarozás; szállítás; szállítmányozás
2. utasszállítás; közlekedés
3. szállítóeszköz
²transport *ige* száll fuvaroz; szállít; szállítmányoz
transport agent *fn* száll szállítmányozó
transport charges *fn* száll szállítási költségek
transport fares *fn* száll szállítási díjak; közlekedési költségek * **The average of £59.20 on households' transport costs a week in 2002/3 included buying and running vehicles, and public transport fares.** A háztartások átlagos heti 59,20 fontos közlekedési költségei 2002/3-ban magukban foglalták a járművek vásárlását és üzemeltetését, valamint a tömegközlekedési díjakat.
transport insurance *fn* bizt szállítmánybiztosítás
transport link *fn* száll szállítási csatlakozás; szállítási összeköttetés
transport of goods *fn* száll árufuvarozás; áruszállítás * **It would be better to relieve pressure on the country's overloaded transport infrastructure by encouraging the transport of goods by sea.** A tengeri szállítás támogatásával kellene enyhíteni az ország túlterhelt áruszállítási infrastruktúrájára nehezedő nyomást.
transportation *fn* száll
1. (*US*) szállítás; fuvarozás; szállítmányozás
2. szállítóeszközök
transportation expenses *fn* száll szállítási költségek
transportation of passengers *fn* száll (*US*) utasszállítás
trash *fn* (*US*) szemét; hulladék
travel insurance *fn* bizt utasbiztosítás
traveler's check *fn* (*US*) utazási csekk

traveller's cheque *fn* (*GB*) utazási csekk
treasury *fn*
1. pénzügy államkincstár; állampénztár; kincstár
2. (*GB*) pénzügyminisztérium
Treasury bill *fn* NB: röv **T-bill**
1. (*GB*) (*rövid lejáratú*) kincstári váltó; kincstárjegy
2. (*US*) (*rövid lejáratú, nem kamatozó*) államkötvény
Treasury bond *fn* NB: röv **T-bond** (*US*) államkötvény; kincstári kötvény
treasury note *fn* (*US*) (*középlejáratú, kamatozó*) kincstárjegy; kincstári váltó
treat *ige*
1. kezel * **The negotiating parties agreed to treat the issue with discretion.** A tárgyaló felek megegyeztek, hogy bizalmasan kezelik az ügyet.
2. (*anyagot*) feldolgoz
Treaties of Rome *fn* EU Római Szerződések
treaty *fn* államközi szerződés; nemzetközi egyezmény; nemzetközi szerződés * **approve/negotiate/ratify a treaty** szerződést/egyezményt jóváhagy/megvitat/ratifikál * **break/violate a treaty** államközi szerződést megszeg * **a treaty comes/enters into force** államközi szerződés hatályba lép * **abrogate/denounce a treaty** államközi szerződést hatályon kívül helyez/felmond
Treaty of Accession *fn* EU csatlakozási szerződés
treaty provision *fn* EU szerződésben foglalt rendelkezés
trend *fn* irányzat; tendencia; trend
trespassing *fn* jog birtokháborítás * **Last year he sued his neighbours, saying they were trespassing every time they went to work.** Tavaly beperelte a szomszédait, azt állítván, hogy munkába menet minden egyes alkalommal birtokháborítást követtek el.
trial *fn*
1. kísérlet; próba; próbaüzem * **The engineering company is involved in a trial of the new equipment.** A mérnöki vállalat új berendezések pró-

baüzemeltetésében vesz részt.
2. jog (*bírósági*) tárgyalás
trial balance *fn* számv (*ellenőrzési módszer a számviteli könyvek pontosságának megállapításához*) nyersmérleg; próbamérleg
trial period *fn* próbaidő; próbaidőszak
trial run *fn* ipar próbaüzem
tribunal *fn*
1. jog bíróság; törvényszék
2. (*GB*) vizsgálóbizottság
trigger price *fn* ker intervenciós ár
trim *ige* megnyirbál; megkurtít
tripartite *mn* háromoldalú * **tripartite cooperation/negotiations/talks** háromoldalú együttműködés/tárgyalások/egyeztetések
Troika *fn* EU (*az EU-tagállamok külkapcsolati ügyeit képviselő testület*) trojka
trough *fn* (*termelés, árak, árfolyam, konjunktúra stb.*) mélypont * **At the moment they're in a trough, but it's not fatal.** Pillanatnyilag mélyponton vannak, de ez nem végzetes.
truck *fn*
1. száll (*US*) teherautó; kamion
2. (*GB*) tehervagon; teherkocsi
3. targonca
truckage *fn* száll
1. (*GB*) szállítás vagonban
2. (*US*) teherautó-szállítás
3. fuvardíj
4. teherautók; tehervagonok
true copy *fn* eredetivel megegyező másolat
trust *fn*
1. bizalom * **The new member enjoys the trust of the whole committee.** Az új tag az egész bizottság bizalmát élvezi.
2. alapítvány
3. konszern; tröszt
trust company *fn* (*US*) vagyonkezelői társaság
trust fund *fn* alapítványi tőke
trustee *fn*
1. jog vagyonkezelő; célvagyon kezelője; letéteményes
2. gondnok; kurátor; igazgatósági tag * **Since 1997, the owners and trustees of Italy's monuments have**

been able to recover part or all of the costs of restoration by selling ad space on scaffolding. 1997 óta az olaszországi emlékművek tulajdonosai és kurátorai részben vagy egészben visszanyerték a restaurációs költségeket úgy, hogy reklámfelületeket adtak el az állványozásokon.

trustee in bankruptcy *fn* jog csődbiztos; csődgondnok * **Of the assets of Mr Aitken which the bankruptcy trustees have taken into account, Mr Aitken's family will keep £600,000 from the sale of his house.** Aitken úr vagyonának azon részéből, amelyet beszámítottak a csődgondnokok, családja megtarthatja a háza eladásából származó 600 000 fontot.

trusteeship *fn* jog gondnokság; vagyonkezelés; vagyonkezelői jog

tryout *fn* próba; kipróbálás

tumble *ige* zuhan; leesik

turn over *ige*
1. megfordít; átad
2. forgalmaz; forgalmat lebonyolít
3. száll (*rakományt*) átrak

turn round *ige* talpra állít

turnover *fn*
1. ker áruforgalom; üzleti forgalom * **By 1995, the company had a turn-over of close to £4bn and accounted for 5 per cent of the world's aluminium production.** 1995-re a vállalat üzleti forgalma megközelítette a négymilliárd fontot, és a világ alumíniumgyártásának öt százalékát tette ki.
2. megtérülés; megtérülési idő
3. tőzsde napi forgalom
4. beviteli tőke

turnover of staff *fn* fluktuáció; munkaerőmozgás; munkaerővándorlás * **The firm suffered from 100% turnover of staff in some cities.** A cég működését egyes városokban 100%-os munkaerővándorlás gyengítette.

turnover tax *fn* adó (*US*) forgalmi adó

twinning *fn* EU intézménypárosítás

two-sided accounts *fn* számv kettős könyvelés

two-thirds majority *fn* kétharmados többség * **The Russian parliament, in which the pro-Putin block holds a two-thirds majority, is expected to ratify the treaty.** Az orosz parlament, amelyben a Putyint támogató blokknak kétharmados többsége van, várhatóan ratifikálni fogja az egyezményt.

two-tier banking system *fn* bank kétszintű bankrendszer

U, u

ultimate balance *fn* pénzügy zárómérleg
ultimate consumer *fn* végfelhasználó; végső fogyasztó
umbrella brand name *fn* összefogó márkanév; összefoglaló márkanév
umbrella organization *fn* csúcsszervezet
unable to work *mn* munkaképtelen * A study found that the Northern Ireland economy lost more than £789m in 2002–03 as a result of people being unable to work due to mental ill-health. Egy kutatás kimutatta, hogy 2002–2003 során a mentális betegségek miatt munkaképtelen emberek több mint 789 millió fontos veszteséget okoztak Észak-Írország gazdaságának. ·
unacknowledged *mn*
1. *(rendelés)* vissza nem igazolt
2. megválaszolatlan; vissza nem igazolt * Despite several emails, my request has gone unacknowledged. Számos e-mail ellenére, nem kaptam választ a kérésemre.
unadjusted liabilities *fn* pénzügy rendezetlen fizetési kötelezettségek
unaffiliated *mn* nem társult; önálló; független * Small states or unaffiliated tribes have, throughout history, found that the only way to prevent themselves from being overrun by foreign powers was to surrender their autonomy and unite to fight their common enemy. A történelem során a kisállamok illetve a független törzsek megtanulták, hogy csak úgy tudják megakadályozni, hogy egy idegen hatalom eltapossa őket, hogy feladják autonómiájukat, és összefognak a közös ellenség elleni harcban.
unanimity *fn* EU konszenzus; egyetértés

unanimous *mn* egyhangú * The board was unanimous in supporting the plan. Az igazgatótanács egyhangúlag támogatta a tervet.
unanimous assent *fn* jog, EU egyhangú jóváhagyás; egyhangú beleegyezés
unanimous decision *fn* jog, EU egyhangúság; egyhangú döntés
unanimous vote *fn* egyhangú szavazás
unaudited *mn* számv *(pl. mérleg, üzleti könyv)* nem auditált * The fact that they're going to be publishing their results is fine but if they're unregulated, unaudited and not independent, it doesn't make any difference. Rendben van, hogy nyilvánosságra hozzák az eredményeiket, de ha nincsenek szabályozva, auditálva, és nem függetlenek, akkor ez semmin sem változtat.
unauthorized *mn* illetéktelen; jogosulatlan; önkényes; nem felhatalmazott; nem meghatalmazott
unavailability *fn*
1. hiány
2. rendelkezésre állás hiánya * Given the unavailability of the factory manager, the audit was postponed. Mivel a gyárvezető nem állt rendelkezésre, elnapolták az auditot.
unavailable *mn*
1. rendelkezésre nem álló; pénzzé nem tehető
2. nem kapható; nem beszerezhető
3. igénybe nem vehető; rendelkezésre nem álló
4. *(személy)* nem szabad
unbalanced budget *fn* pénzügy egyensúlyban nem lévő költségvetés
unchecked figure *fn* nem ellenőrzött adat; nem egyeztetett adat

U

unclose *ige*
1. felnyit; kinyit
2. felfed; feltár * **The case is to be handled by the same prosecutor who started to unclose the Palme dossier.** A tárgyalást ugyanaz az ügyész fogja tárgyalni, aki elkezdte a Palme dosszié feltárását.

uncollected receivables *fn* behajtatlan követelések

uncollectibles *fn* behajthatatlan követelések

uncompetitive *mn* nem versenyképes * **As prices are uncompetitive, they will be cut by 3 per cent.** Mivel az árak nem versenyképesek, 3 százalékkal csökkentik őket.

unconditional *mn* feltétel nélküli; feltétlen; minden kikötés nélküli * **We need to know whether this decision will boost spending on equipment or on operations and facilities before we can give unconditional support.** Mielőtt a feltétel nélküli támogatást meg tudnánk adni, tudnunk kell, hogy a döntés a berendezésekre, vagy a működésre és felszerelésekre fordított kiadásokat növeli.

unconfirmed *mn* nem igazolt; meg nem erősített * **Unconfirmed reports said nails and bolts had been packed round the explosive.** Meg nem erősített jelentések szerint szögeket és csavarokat tettek a robbanószer köré.

uncurtailed *mn* korlátlan

undercutting *fn* árletörés

underemployment *fn*
1. részleges foglalkoztatottság * **Hawaii failed to adequately tackle social issues such as underemployment.** Hawaiinak nem sikerült megbirkózni a szociális kérdésekkel, mint például a részleges foglalkoztatottság.
2. részleges kihasználtság
3. képesítésnek nem megfelelő foglalkoztatás

underequipped *mn* eszközökkel nem jól ellátott; hiányos felszereltségű * **In Jakarta hospital corridors and wait-**ing rooms are overflowing with people, as underfunded, underequipped and undertrained staff struggle to cope.** Dzsakartában a kórházi folyosók és a várótermek tele vannak betegekkel, az alulfizetett, eszközökkel nem jól ellátott és alulképzett személyzet pedig küszködik, hogy megbirkózzon a helyzettel.

underestimation *fn* értéken aluli becslés; alulbecslés; alábecslés

underground economy *fn* árnyékgazdaság * **The 'Mr Bigs' of the organised criminal world fuel an underground economy that steals money from our schools and hospitals.** A szervezett bűnözés világának „nagy urai" árnyékgazdaságot üzemeltetnek, amely pénzt lop iskoláinktól és kórházainktól.

underpaid *mn* alulfizetett; rosszul fizetett * **Most people are underpaid in the new factory.** Az emberek többsége alulfizetett az új gyárban.

underpay *ige* alulbérez; rosszul fizet; alacsony bért fizet; elégtelenül fizet * **They allege the company conspired with the contractors who hired illegal immigrants to underpay them and withhold basic entitlements.** Azt állítják, hogy a vállalat összejátszott az illegális bevándorlókat alkalmazó vállalkozókkal, hogy alulbérezzék őket, és visszatartsák alapvető jogosultságaikat.

underperform *ige* alulteljesít

underpricing *fn* ker alulárazás; veszteséges ár megállapítása

underprivileged *mn* hátrányos helyzetű; elnyomott; kiváltságokat nélkülöző * **Socially underprivileged students need extra support from the school.** A szociálisan hátrányos helyzetű tanulóknak szükségük van az iskola rendkívüli támogatására.

undersell *ige*
1. ker (*vki másnál*) olcsóbban ad el
2. (*terméket, szolgáltatást, de akár egy személy a saját képességeit és hozzáértését is*) értéken alul ad el; áron alul ad el

undersign *ige* aláír; jegyez
understaffed *mn* létszámhiánnyal küzdő
undertake *ige* vállalkozik; vállal vmit; belekezd vmibe; elvállal * **undertake an obligation** kötelezettséget vállal * **Our staff are trained to undertake a thorough interview to ensure that the right products are offered and that the customer can afford them.** A személyzetünk arra van kiképezve, hogy alapos interjút készítsen annak érdekében, hogy olyan, megfelelő termékeket kínáljunk, amelyeket az ügyfél megengedhet magának.
undertaking *fn*
1. vállalat; vállalkozás
2. jog kötelezettségvállalás; határozott ígéret * **They paid him the whole amount on his giving a signed undertaking that he would make no further claim upon them.** Kifizették neki a teljes összeget, miután határozott ígéretet tett írásban, hogy a továbbiakban nem támaszt semmilyen igényt velük szemben.
3. elvállalás; vállalkozás vmire
undervaluation *fn* aláértékelés; alábecsülés; alulértékelés
underwrite *ige*
1. (*részvényt, kölcsönt stb.*) jegyez
2. bizt (*biztosítást, biztosítási felelősséget*) vállal
3. tőzsde (*új értékpapír-kibocsátás átvételét*) szavatol
4. aláír
underwriter *fn* NB: röv U/w
1. kölcsönjegyző; részvényjegyző
2. bizt biztosító (*fél*); biztosítást kötő
3. tőzsde jegyzésgarantáló; garanciaszindikátus tagja
4. (*kereskedelmi utalványé*) aláíró
5. kezes
undo *ige*
1. érvénytelenít
2. tönkretesz
unearned income *fn* vagyonból származó jövedelem; befektetésekből származó jövedelem; tőkejövedelem
uneconomic *mn* gazdaságtalan

uneconomical *mn* költséges; nem gazdaságos
unemployed *fn*
1. munkanélküli; állástalan * **short-term unemployed** átmenetileg munkanélküli * **long-term unemployed** tartósan munkanélküli * **He recruits unemployed addicts who have little choice but to accept his money.** Munkanélküli kábítószerfüggőket alkalmaz, akiknek nem nagyon van más választásuk, mint elfogadni a pénzét.
2. nem működő; be nem fektetett; kihasználatlan
unemployment *fn* munkanélküliség * **In 1990 consumers were hit at the same time by rises in interest rates and rapidly rising unemployment.** 1990-ben a fogyasztókat egyszerre sújtotta a kamatlábak emelkedése és a gyorsan növekvő munkanélküliség.
unemployment benefit *fn* (*GB*) munkanélküli-segély * **He says no one able to work should be sitting at home on unemployment benefit doing nothing.** Azt mondja, hogy egyetlen munkaképes embernek sem lenne szabad munkanélküli-segélyen otthon lustálkodnia.
unemployment compensation *fn* (*US*) munkanélküli-segély
unemployment contribution *fn* munkanélküli-járadék
unemployment figures *fn* munkanélküliségi mutatók; munkanélküliségi statisztika
unemployment insurance *fn* bizt munkanélküliségi biztosítás * **A uniquely generous system of unemployment insurance guarantees French freelance film and television professionals a reasonable income between jobs.** Egy rendkívül bőkezű munkanélküli biztosítási rendszer ésszerű jövedelmet biztosít a francia szabadúszó film- és televíziós szakembereknek két munka között.
unemployment rate *fn* munkanélküliségi ráta; munkanélküliek aránya * **With**

U

a national unemployment rate of more than 11%, companies might offer apprenticeships, but no jobs for apprentices once they have finished training. A több mint 11%-os munkanélküliségi ráta mellett a vállalatok gyakornokságot biztosíthatnak, de munkát nem tudnak adni a gyakornokoknak a tanulóidő után.

unemployment relief *fn* (*US*) munka-nélküli-segély

unfair *mn* tisztességtelen; méltánytalan; igazságtalan; részrehajló

unfair competition *fn* tisztességtelen verseny * **The European Commission has warned that state aid to Alitalia would represent unfair competition and be a breach of European law.** Az Európai Bizottság figyelmeztetett, hogy az Alitaliának nyújtott állami segély tisztességtelen versenyt, és az európai törvény megszegését jelenti.

unfair dismissal *fn* jogtalan felmondás; jogtalan elbocsátás * **Her claim encompasses allegations of unfair dismissal, unequal pay and victimisation.** A kereset jogtalan felmondásról, egyenlőtlen fizetésről és elnyomásról tartalmaz állításokat.

unfavo(u)rable *mn* kedvezőtlen; előnytelen

unfilled jobs *fn* betöltetlen állások; üresedések

uniform price *fn* egységes ár * **He created the idea of a postal network in which letters are delivered anywhere at a uniform price.** Az ő elképzelése volt az olyan postai hálózat, amelyben a leveleket egységes áron kézbesítik mindenhová.

uniform principles *fn* egységes alapelvek * **All companies in the industry are expected to follow uniform principles.** Az iparág minden vállalatának egységes alapelveket kell követnie.

unilateral *mn* egyoldalú * **Any position or disagreement can be defended through negotiation and with words, not through unilateral decision making.** Bármilyen álláspontot vagy nézeteltérést meg lehet védeni tárgyalással, szavakkal; nincs szükség egyoldalú döntéshozatalra.

unincorporated firm *fn*
1. be nem jegyzett cég; bejegyzetlen cég; nem jogképes cég
2. nem egyesült cég; nem bekebelezett cég

uninsured *mn* bizt nem biztosított

union *fn*
1. unió; egyesülés; szövetség
2. szakszervezet

union agreement *fn* (*US*) kollektív szerződés

union delegation *fn* szakszervezeti delegáció * **I first visited Turkey a quarter of a century ago as part of an international trade union delegation.** Először negyedszázaddal ezelőtt jártam Törökországban, egy nemzetközi szakszervezeti delegáció tagjaként.

unique selling point *fn* NB: röv USP ker egyedi értékesítési ajánlat

unit of account *fn* NB: röv U/A EU elszámolási egység; ország pénzneme * **For Germans, the mark far transcended its role as a unit of account as it was a symbol of prosperity, international acceptance and, above all, political and economic stability.** A németek számára a márka messze meghaladta az ország pénznemének szerepét, mivel az a jólét, nemzetközi elismerés, és mindenek felett a politikai és gazdasági stabilitás jelképe volt.

unit price *fn* ker egységár

unit trust *fn* pénzügy (*GB*) (*szervezet, mely a megbízóitól pénzt gyűjt be és azt javukra értékpapírba fekteti*) nyílt befektetési alap; befektetési egység-alap * **If you are prepared to take some risk, you could try investing regularly in a unit trust.** Ha hajlandó némi kockázatot vállalni, próbálkozhat egy nyílt befektetési alapba való rendszeres befektetéssel.

unit value *fn* pénzügy (*befektetési alapnál*) egységérték; részjegy-érték * **We would like to have more shares at a lower unit value.** Több részvényt szeretnénk alacsonyabb egységértéken.

unite *ige*
1. egyesít; összeköt
2. egyesül; egybeolvad; összeolvad; fuzionál * **Today the Liberal Democrat leader called on all supporters to unite behind the campaign.** Ma a szabaddemokraták vezetője felhívást intézett valamennyi támogatójához, hogy egyesüljenek a kampány mögött.

universal suffrage *fn* jog általános választójog

unlawful *mn* jog jogtalan; törvényellenes; törvénytelen; törvénysértő; jogellenes

unlimited *mn* korlátlan

unlisted *mn* tőzsde nem jegyzett

unlisted securities market *fn* NB: röv **USM** tőzsde nem jegyzett értékpapírok piaca * **During the 1980s, Farepak emerged as a mail order company, and in 1989, it was floated on the unlisted securities market, and, in its first year, achieved turnover of £30.8m.** Az 1980-as években a Farepak csomagküldő vállalatként tűnt fel, 1989-ben pedig a nem jegyzett értékpapírok piacán forgalmazták, ahol az első évben 30,8 millió fontos forgalmat ért el.

unload *ige*
1. száll kirak; lerak; kirakodik; lerakodik * **It will take at least five hours to unload from the trucks.** Legalább öt órába telik a kamionok kirakodása.
2. ker piacra dob; kiárusít

unlock *ige* bank (*zárolt betétet*) felszabadít

unpaid holiday *fn* fizetés nélküli szabadság * **When my father got ill, I had to ask for unpaid holiday.** Amikor édesapám megbetegedett, fizetés nélküli szabadságot kellett kérnem.

unprofitable *mn* nem nyereséges; nyereséget nem hozó * **If the governments keep propping up unprofitable airlines it means there are missed resources for other alternatives such as sanitation and housing.** Ha a kormány továbbra is nem nyereséges légitársaságokat támogat, ez azzal jár, hogy más lehetőségek, mint például a közegészségügy és a lakásépítés, forrásoktól esnek el.

unqualified *mn*
1. képzettség nélküli; szakképzetlen; képesítés nélküli * **I am unqualified for anything in my main areas of interest, which are architecture and history.** Nincs képesítésem semmire az engem legjobban érdeklő területeken, melyek az építészet és a történelem.
2. feltétlen; korlátlan; fenntartás nélküli

unreliable *mn* megbízhatatlan

unrestricted *mn* korlátlan; korlátozatlan; abszolút * **This is the first time journalists have been given unrestricted access to the camp.** Ez az első eset, hogy az újságírók korlátozás nélkül beléphetnek a táborba.

unrivalled in *mn* egyedülálló vmiben; utolérhetetlen vmiben; kimagasló vmiben * **The university is not cheap by West African standards, costing around £2,000 a year for foreign students, yet what drew these students was a tradition of academic excellence almost unrivalled on the continent.** Az egyetem nem olcsó nyugat-afrikai mértékkel mérve, körülbelül 2000 font a külföldi diákok éves költsége, de ezeket a diákokat a kontinensen szinte egyedülálló, hagyományosan kitűnő tudományos színvonal vonzotta.

unsecured debt *fn* pénzügy biztosíték nélküli hitel; fedezetlen hitel; garancia nélküli adósság

unskilled *mn* szakképzetlen * **Several families benefit directly from inflows of unskilled workers from abroad in the shape of cheaper nannies, cleaners and workmen around the house.** Számos család

U

közvetlen hasznot húz a szakképzetlen külföldi munkaerő beáramlásából az olcsóbb dadák, takarítók és ház körüli munkások révén.

unsocial hours *fn* (*szokatlan időpontokra eső munkaórák, pl. a vendéglátóiparban dolgozók munkaideje*) nem szokványos munkaidő * **There is huge pressure on newly trained people to leave the profession because of the long and unsocial hours.** Óriási nyomás nehezedik a frissen képzett emberekre, hogy elhagyják a szakmát a hosszú és nem szokványos munkaidő miatt.

unsolicited *mn* kéretlen; önként adott; felszólítás nélküli; kérés nélküli * **Unsolicited junk mail accounts for more than 70% of all email.** A kéretlen reklámok az e-mailek több mint 70%-át teszik ki.

unsubsized *mn* támogatásban nem részesülő; nem szubvencionált * **New Zealand farmers are completely unsubsidized, and completely unprotected in a hugely distorted global market.** Az új-zélandi farmerek egyáltalán nem részesülnek támogatásban, és teljesen védtelenül állnak a nagymértékben torzult világpiacon.

unsuitable *mn* alkalmatlan; nem megfelelő

untransferable *mn* átruházhatatlan

unverified *mn* nem igazolt

unwarranted *mn*
1. jótállás nélküli; garancia nélküli
2. *jog* illetéktelen; jogtalan; jogosulatlan

update *ige*
1. korszerűsít; modernizál
2. naprakész állapotba hoz; felfrissít; aktualizál * **I was asked to update the sales figures every second week.** Megkértek, hogy kéthetenként frissítsem fel az értékesítési adatokat.

updated *mn* naprakész; friss; aktuális * **Staff members have an access to an updated version of existing government databases.** A személyzet hozzáfér a kormány naprakész bázisához.

updating *fn* (*naprakész állapotba hozatal*) frissítés; aktualizálás

upgrade *ige*
1. (*felsőbb kategóriába sorol*) felminősít; előléptet * **She has been upgraded to personal assistant.** Személyi titkárrá léptették elő.
2. (*árucikk minőségét*) feljavít

upgrading *fn*
1. felértékelés; felsőbb kategóriába sorolás
2. minőségjavítás; felújítás; feljavítás

upmarket *mn* minőségi * **The fact that couples are getting married much later, and possibly already live together, has had a big effect: we have seen a definite trend over the past few years away from homemaking basics, towards more sophisticated and upmarket gifts.** Az, hogy a párok sokkal később házasodnak össze, és esetleg már együtt élnek, nagy hatással van a piacra: az utóbbi években határozott elmozdulás mutatkozik az otthonteremtés alapcikkeitől a kifinomultabb és minőségi ajándékok felé.

upsurge *fn* fellendülés, javulás

upswing *fn* fellendülés; javulás * **I am confident that we can achieve the turnaround this year with the measures we have taken, and providing the upswing in the world economy continues.** Bizonyos vagyok benne, hogy az idén megvalósítjuk a fordulatot az általunk bevezetett intézkedésekkel, feltéve, hogy folytatódik a világgazdasági fellendülés.

up-to-date *mn* korszerű; modern

uptrend *fn* fellendülés * **What private investors need to see is a sustained improvement in corporate earnings accompanied by a stronger uptrend in stock market indices.** A magánbefektetőknek a vállalati nyereségek tartós javulására és a piaci mutatók erősebb fellendülésére van szükségük.

upturn *fn* emelkedés; fellendülés; árfolyamnövekedés; emelkedő irányzat; emelkedő tendencia * **Last year there was an upturn in the price of properties.** Tavaly az ingatlanárakban emelkedő tendencia mutatkozott.

upvaluation *fn* (*árfolyamé*) felértékelés
upward tendency *fn* emelkedő irányzat; emelkedő tendencia; lassú emelkedés
upward trend *fn* emelkedő irányzat; emelkedő tendencia * **The proportion of babies born outside marriage continued its upward trend.** A házasságon kívül született gyermekek aránya továbbra is emelkedő tendenciát mutat.

usable floor space *fn* hasznos alapterület * **The British actually live in the smallest homes in Western Europe because the average has only 76 square metres of usable floor space.** A britek tulajdonképpen Nyugat-Európa legkisebb otthonaiban élnek, mivel átlagosan csak 76 négyzetméter a hasznos alapterület.

¹use *ige* használ; alkalmaz; felhasznál
²use *fn*
  1. használat; igénybevétel; felhasználás * **Unfortunately, almost all species are under pressure from development and intensive human use of resources.** Sajnos csaknem minden fajra nagy nyomás nehezedik a fejlesztés és a természeti források intenzív emberi igénybevétele miatt.
  2. használhatóság
  3. hasznosság
  4. (*vízé, villanyé, gázé stb.*) fogyasztás
use up *ige* elhasznál; felhasznál; elfogyaszt * **Retread tyres can cost up to half the price, are safe, and use up 4.5 gallons less oil to make than a new tyre.** A futózott gumiabroncsok fele annyiba kerülnek, biztonságosak, és akár 4,5 gallonnal kevesebb olajat kell felhasználni a készítésükhöz, mint egy új abroncséhoz.
use value *fn* használati érték

user *fn*
  1. használó; fogyasztó; felhasználó * **Among the most common problems found in the study was the absence on many websites of alternative text facilities to help users with sensory disabilities.** A felmérésben kimutatott leggyakoribb problémák között szerepelt az, hogy sok honlap nem rendelkezik alternatív szövegfelhasználással, ami segítené az érzékfogyatékos felhasználókat.
  2. jog haszonélvező
user-friendly *mn* felhasználóbarát; könnyen kezelhető * **The steps we have taken have helped to make our site one of the most user-friendly.** Intézkedéseink következtében a mienk az egyik leginkább felhasználóbarát honlap.
usufruct *fn* jog haszonélvezet; haszonélvezeti jog
usufruct beneficiary *fn* jog haszonélvező
utility *fn*
  1. közmű; közszolgáltatás * **Yesterday the trade union led a national day of action against plans to partly privatise the state electricity utility.** Tegnap a szakszervezet országos akciónapot szervezett az állami elektromos közszolgáltatás tervezett részleges privatizációja ellen.
  2. hasznosság; használhatóság; hasznosíthatóság
utility value *fn* használati érték
utilization *fn* használat; hasznosítás; kihasználás; felhasználás; kiaknázás * **utilization of natural resources** természeti erőforrások hasznosítása
utilize *ige* kihasznál; felhasznál; hasznosít; kiaknáz * **A project was started to examine the ways how to utilize wind energy.** Projektet indítottak a szélenergia lehetséges kiaknázásának vizsgálatára.

U

V, v

vacancy *fn* (*állásé*) megüresedés * **fill a vacancy** üres állást betölt

vacant *mn*
1. (*állás esetén*) üres; megüresedett; betöltetlen * **It is not so easy to find any vacant position at the marketing department.** Nem könnyű megüresedett állást találni a marketingosztályon.
2. (*lakás esetén*) beköltözhető

vacation allowance *fn* (*US*) szabadságpénz * **We offer ample opportunities for further personal development, attractive remuneration, including a vacation allowance, and an initial contract for a period of three years.** Számos lehetőséget kínálunk további fejlődésre, vonzó fizetést, beleértve a szabadságpénzt, és egy három éves kezdő szerződést.

valid *mn*
1. érvényes * **He said a valid contract existed under which East West Records was licensed to use the logo.** Azt mondta, hogy létezik egy érvényes szerződés, amely az East West Records-ot feljogosítja a logó használatára.
2. jog hatályban lévő; törvényes; jogszerű; jogos
3. bizonyítható; igaz; igazolható

validity *fn*
1. érvényesség * **Many researchers doubt the validity of the results of the survey published last week.** Számos kutató kételkedik a múlt héten közzétett felmérés eredményeinek öszszességében.
2. jog jogerő; jogérvényesség; hatály

valorization *fn*
1. pénzügy (*vmely árucikk, szolgáltatás stb. árának mesterséges eszközökkel történő meg-*

határozása, majd ezen ár fenntartása) valorizálás; felértékelés; egyenértékesítés
2. (*kormányintézkedéssel*) ármegállapítás; árstabilizáció

valorize *ige*
1. pénzügy (*valutát*) felértékel; valorizál
2. (*kormányintézkedéssel*) árat megállapít; árat stabilizál

valuable *mn* értékes; nagy értékű; felbecsülhetetlen értékű * **The website will provide valuable advice on applying for government funding.** A honlap értékes tanácsokat fog adni kormánytámogatás igényléséhez.

valuables *fn* értéktárgyak; értékek

valuation *fn*
1. értékszámítás; értékelés; becslés; felértékelés * **valuation of assets** vagyonértékelés * **valuation of losses** károk felmérése
2. becslési érték
3. számv társasági vagyonérték; társasági vagyon értéke

valuation adjustment *fn* értékhelyesbítés; átértékelés

¹value *fn*
1. érték * **drop/fall in value** csökken az értéke * **rise in value** nő az értéke * **The firm's current value is estimated at €190m.** A cég jelenlegi értékét 190 millió euróra becsülik.
2. tőzsde egyenérték; váltóösszeg * **at value** napi árfolyamon

²value *ige* értéket megállapít; becsül; megbecsül

value added *fn* hozzáadott érték; értéknövekedés; értéktöbblet

value added tax *fn* NB: röv VAT adó általános forgalmi adó (áfa); közvetett forgalmi adó; értéktöbbletadó; többletértékadó; hozzáadott értékadó

value analysis *fn (célja, hogy meghatároz-
zák, miként lehetne csökkenteni az előállítási
költségeket oly módon, hogy a minőség és el-
adhatóság ne romoljon)* értékelemzés * **Our
value analysis shows that the new
product has a very positive im-
pact on our overall profits.** Érték-
elemzésünk szerint az új terméknek
nagyon pozitív hatása van a teljes nye-
reségünkre.
value at cost *fn* beszerzési érték
value at risk *fn* kockáztatott érték
value date *fn*
　1. értékelés napja; értékmegállapítás
napja
　2. *(fizetési kötelezettségek rendezésének nap-
ja)* értékrendezési nap
value in use *fn* használati érték
value share *mn* ker *(egy bizonyos árucikk
összes árbevételének meghatározása az egész
piac összes árbevételének arányában)* érték-
részesedés
valuer *fn* értékbecslő; vagyonértékelő
　* **Valuers and estate agents have
noticed the first signs of a slow-
down.** Az értékbecslők és az ingatlan-
ügynökök észrevették a lassulás első je-
leit.
variable *mn* változó * **variable inter-
est rate** változó kamatláb
variable costs *fn* változó költségek * **In
the last six months the variable
costs have amounted to more than
€500,000.** Az utóbbi hat hónapban a
változó költségek több mint 500-000
eurót tettek ki.
variation *fn*
　1. ingadozás; módosulás; változás; vál-
takozás
　2. eltérés
variety *fn* választék * **offer/provide va-
riety** választékot kínál/nyújt * **We offer
a wide variety of office equipment.**
Irodai berendezések széles választékát kí-
náljuk. * **A variety of good deals are
on the table for the unions to con-
sider.** A szakszervezetek előtt jó szer-
ződések választéka van az asztalon.
variety of goods *fn* ker áruválaszték

vary *ige*
　1. változik; váltakozik; eltér
　2. változtat; módosít
VAT [= **value added tax**] *fn* általános
forgalmi adó (áfa); közvetett forgalmi
adó; értéktöbletadó; többletértékadó; hoz-
záadott értékadó
vault *fn* bank páncélterem
vault cash *fn* pénzügy pénztári készlet
venal *mn* megvesztegethető * **Weak gov-
ernance does not mean that Afri-
can leaders are venal and greedy
and incompetent.** A gyenge kormány-
zás nem jelenti azt, hogy az afrikai veze-
tők megvesztegethetők, kapzsik és hoz-
zá nem értők lennének.
vendible *mn* ker eladható; árusítható;
kapható
vending *fn* ker árusítás automatából
vending machine *fn* ker árusító auto-
mata
vendor *fn* eladó; árusító; kereskedő; ut-
cai árus * **It often happens that the
agent fails to tell their vendor
about some new offers.** Gyakran
megesik, hogy az ügynök elmulasztja
az árusítót néhány új ajánlatról értesí-
teni.
vendor's lien *fn* jog *(az árus visszatarthat
egy árut, amíg azt ki nem fizetik)* vállalko-
zó törvényes zálogjoga; árus zálogjoga
venture *fn*
　1. *(ált. kockázattal járó üzlet)* vállalkozás
　* **After the death of their father,
they decided to start a new ven-
ture in Europe.** Apjuk halálát köve-
tően úgy döntöttek, hogy új vállalko-
zásba fognak Európában.
　2. kockázat; kockázatos vállalkozás; kock-
ázatos üzlet; kockázatos ügylet; speku-
láció
venture capital *fn*
　1. pénzügy kockázati tőke
　2. tőkebefektetés; részvényvagyon; rész-
vénytőke
　3. vállalkozás saját tőkéje
venue *fn*
　1. helyszín
　2. illetékesség; színhely; tárgyalás helye

V

3. jog illetékes bíróság; illetékes törvényszék

verbal agreement *fn* szóbeli megállapodás

verification *fn*
1. hitelesítés; igazolás
2. felülvizsgálat; hitelesség ellenőrzése

verify *ige*
1. felülvizsgál; ellenőriz; megvizsgál
2. igazol; megerősít ∗ **Since signatures will not need to be verified by a human being, there will be a growth in self-service check-outs.** Mivel az aláírások hitelességét nem embernek kell ellenőriznie, az önkiszolgáló pénztárak száma növekedni fog.

vertical *mn* függőleges

vertical range *fn* ker választékmélység

vertical union *fn* (*US*) szakmai szakszervezet; szakszervezet üzemi tagozata

vesting date *fn* jog hatálybalépés dátuma

¹veto *fn* jog vétó; vétójog

²veto *ige* jog megvétóz; vétót emel; óvást emel; megóv ∗ **The proposal was vetoed by the majority of representatives.** A képviselők többsége megvétózta a javaslatot.

viability *fn* életképesség; megvalósíthatóság

viable *mn* megvalósítható; kivitelezhető; használható ∗ **commercially/economically/financially viable** kereskedelmileg/gazdaságilag/pénzügyileg megvalósítható ∗ **The reason why they are not producing viable products is because it is against their basic commercial interests to do so.** Azért nem termelnek használható termékeket, mert ez ellentmondana alapvető kereskedelmi érdekeiknek.

vice-president *fn*
1. elnökhelyettes
2. alelnök

video conference *fn* videokonferencia

video conferencing *fn* videokonferencia; videokonferencia lefolytatása

violate *ige*
1. jog (*szerződést, egyezményt stb.*) megszeg ∗ **Some fear the government**

may be violating a 2001 United Nations convention banning the commercial salvaging of historic shipwrecks. Néhányan attól tartanak, hogy a kormány esetleg megszegi az Egyesült Nemzetek Szervezetének 2001-es egyezményét, amely megtiltja a régi hajóroncsok kereskedelmi mentését.
2. (*szabályt, vki jogát stb.*) megsért

violation *fn* jog jogsértés; megszegés ∗ **violation of copyright** szerzői jog megsértése ∗ **We are investigating whether or not there was a violation of the law.** Vizsgáljuk, hogy történt-e törvényszegés.

visa *fn* vízum ∗ **Detectives believe a group has provided more than 1,000 fake student visas for South Africans.** A nyomozók azzal gyanúsítanak egy csoportot, hogy több mint 1000 hamis diákvízumot adott el dél-afrikaiaknak.

visible *mn* látható

visible balance *fn* ker kereskedelmi mérleg

visible trade balance *fn* ker kereskedelmi mérleg ∗ **Oil contributed some £3bn to the UK's balance of payments last year when the visible trade balance was £20.6bn.** Az olaj körülbelül 3 milliárd fonttal járult hozzá az Egyesült Királyság fizetési mérlegéhez, amikor a kereskedelmi mérleg 20,6 milliárd font volt.

visibles *fn* ker látható tételek; külkereskedelmi áruforgalom

¹visit *fn* látogatás; kiszállás; szemle ∗ **pay sy a visit** meglátogat vkit ∗ **have/receive a visit from sy** látogatója van; látogatót fogad ∗ **The Airbus order was announced by the Chinese minister during a visit to France.** Az Airbus megrendelést a kínai miniszter franciaországi látogatása során jelentette be.

²visit *ige* meglátogat; kiszáll vhová; felkeres ∗ **The introduction to the mission's report states that members**

had planned to visit Mogadishu, but after consultation with the UN Security Co-ordinator, they decided against it. A küldöttség jelentésének bevezetőjében kijelentik, hogy a tagok tervezték Mogadishu meglátogatását, de az ENSZ biztonsági koordinátorával való konzultáció után lemondtak róla.

visitor *fn* (*cégnél, telephelyen stb.*) látogató; vendég

vital statistics *fn* (*egy ország lakosságával* – *pl. népesség alakulásával, foglalkozásokkal, életkörülményekkel stb.* – *kapcsolatos statisztika*) lakossági statisztika

vocation *fn* hivatás; foglalkozás; (*szakmai*) pálya; szakma; mesterség

vocational *mn* szak-; szakmai; hivatási

vocational counseling *fn* (*US*) pályaválasztási tanácsadás

vocational guidance *fn* pályaválasztási tanácsadás

vocational school *fn* szakiskola; szakközépiskola

vocational training *fn* szakmai képzés; szakképzés; szakmunkásképzés; szakoktatás * **The school offers vocational training for children with poor academic records.** Az iskola szakmai képzést nyújt a gyenge tanulmányi eredményekkel rendelkező gyermekek számára.

¹void *mn* jog (*pl. szerződés*) érvénytelen; semmis * **Thousands of votes were declared as void.** Több ezer szavazatot érvénytelennek nyilvánítottak.

²void *ige*
1. jog (*pl. szerződést, megállapodást, hatályt*) érvénytelenít; megsemmisít; felbont
2. érvényét veszti; hatálytalanná válik

volatile *mn* változékony, bizonytalan * **volatile market** változékony/bizonytalan piac

volatility *fn* változékonyság; volatilitás; ingadozás * **market volatility** piac változékonysága * **price volatility** árfolyam-ingadozás * **volatility of interest rates** kamatlábak ingadozása

volume *fn*
1. terjedelem; volumen
2. űrtartalom; térfogat
3. nagy mennyiség * **volume of goods** árumennyiség
4. tőzsde ügyletek volumene; forgalom

volume discount *fn* ker mennyiségi árengedmény * **There is a phone number to call if you want a volume discount.** Ha mennyiségi árengedményt kér, felhívhat egy telefonszámot.

volume of trade *fn* ker kereskedelmi forgalom volumene * **Prices differ greatly depending on the size of the pub, volume of trade and location.** Az árak nagymértékben különböznek a pub méretétől, a kereskedelmi forgalom volumenétől és a helyszíntől függően.

volume of trading *fn* tőzsde forgalom * **The price of shares goes up or down according to the volume of trading in a given stock.** A részvények ára fel- vagy lefelé mozog az adott részvény forgalmától függően.

volume output *fn* ipar sorozatgyártás; tömegtermelés * **If the UK supplier base shrinks too far, volume output faces a bleak future.** Ha a szállítóbázis túlságosan összezsugorodik az Egyesült Királyságban, akkor a tömegtermelés zord jövő elé néz.

volume production *fn* ipar sorozatgyártás; tömegtermelés * **BMW says it has been astonished by the Mini's success since volume production began in April last year.** A BMW megdöbbenését fejezte ki a Mini sikere miatt, amióta a sorozatgyártás tavaly áprilisban elkezdődött.

voluntary *mn* önkéntes * **voluntary bankruptcy** önkéntes csődindítvány

voluntary pension fund *fn* bizt önkéntes nyugdíjpénztár

voluntary redundancy *fn* önkéntes kilépés * **He confirmed there would be no compulsory redundancies because sufficient savings could**

be made through voluntary redundancies and cost cuts. Megerősítette, hogy nem lesznek kényszerelbocsátások, mivel elegendő megtakarításokat tudnak elérni az önkéntes kilépések és költségcsökkentés által.

volunteer *fn* önkéntes * **The project has been funded by thousands of programming hours donated by the volunteers.** A projektet az önkéntesek által adományozott több ezer programozási órából finanszírozták.

¹vote *fn*
  1. szavazat * **have/take a vote on sg/sy** szavaz vmiről/vkiről * **get/poll/secure/win 20% of the votes** a szavazatok 20%-át nyeri
  2. szavazás
  3. jog szavazati jog; szavazójog; választójog

²vote *ige* szavaz; választ; szavazatot lead * **vote for/in favour of sy/sg** vkire/vmire szavaz; vki/vmi mellett szavaz * **Shareholders in the company are being urged to vote against the chairman and eight other directors at the oil giant's annual general meeting.** A vállalat részvényeseit arra buzdítják, hogy az olajóriás éves közgyűlésén szavazzanak az elnök és nyolc másik igazgató ellen.

vote ballot *fn* szavazás

vote of confidence *fn* bizalmi szavazás

¹voting *fn* szavazás; választás * **Voting against the motions would be a serious blow to the directors' credibility and could lead to mass resignations.** Az indítványok elleni sza-

vazás súlyos csapást mérne az igazgatók szavahihetőségére, és tömeges lemondásokhoz vezethetne.

²voting *mn* szavazati joggal rendelkező; szavazó

voting power *fn* jog szavazati jog * **He has to finalise a deal on voting powers before leaders gather in the Belgian capital on June 17.** Végső formába kell öntenie egy egyezséget a szavazati jogokról, mielőtt a vezetők június 17-én összegyűlnek a belga fővárosban.

voting right *fn* jog választójog; szavazati jog * **The Polish foreign minister complained that he had had no response to three different proposals on the core dispute over the voting rights of member states.** A lengyel külügyminiszter arról panaszkodott, hogy a tagállamok szavazati jogáról szóló alapvitában nem kapott választ három különböző javaslatra.

voting shares *fn* (GB) szavazati jogot biztosító részvények

voting stock *fn*
  1. szavazati jogú részvénytőke
  2. (US) szavazati jogot biztosító részvények

voucher *fn*
  1. nyugta; elismervény; bizonylat
  2. utalvány * **Parents will receive a voucher through the post after registering for child benefit.** A szülők postán kapnak majd egy utalványt, miután bejelentkeztek a családi pótlékra.
  3. jótálló; kezes

W, w

wage *fn* bér; fizetség; munkabér; munkadíj
wage agreement *fn* kollektív bérszerződés
wage contract *fn* bérmegállapodás
wage cost(s) *fn* bérköltség(ek)
wage cut *fn* bércsökkentés; bércsökkenés * **There was a 40% wage cut for Costa Rican plantation workers.** 40%-os bércsökkenés volt a Costa Rica-i ültetvényeken.
wage demand *fn* bérkövetelés
wage floor *fn* minimálbér * **There is a message for politicians: full employment and a fair wage floor lower crime rates.** Üzenet a politikusoknak: a teljes foglalkoztatottság és az igazságos minimálbér csökkenti a bűnözést.
wage freeze *fn* bérbefagyasztás * **impose/introduce a wage freeze** béreket befagyaszt * **Ryanair has awarded an inflation-busting 3% pay rise to its 2,350 staff in a surprise retreat from plans to impose an across-the-board wage freeze.** A Ryanair inflációgerjesztő 3%-os fizetésemelést adott a 2350 dolgozójának, s ezzel meglepetésszerűen visszalépett mindenkit érintő bérbefagyasztási tervének bevezetésétől.
wage fund *fn* béralap
wage incentive *fn* ösztönző bérezés
wage increase *fn* béremelés; fizetésemelés
wage level *fn* bérszint * **With average wage levels in eastern Europe less than half the minimum wage, many of the 75 million citizens will wish to come to Britain.** Mivel Kelet-Európában az átlagbérszint a nagy-

britanniai minimálbér felénél kevesebb, a 75 millió polgár közül sokan akarnak majd Nagy-Britanniába költözni.
wage negotiations *fn* bértárgyalások * **A tough round of wage negotiations this year between employers and unions could have an impact on whether the economic growth is sustainable.** A munkáltatók és a szakszervezetek kemény bértárgyalásai az idén hatással lehetnek arra, hogy fenntartható-e a gazdasági növekedés.
wage policy *fn* bérpolitika
wage rate *fn* bérszínvonal; bértarifa; bérszint
wage ratio *fn* bérarány
wage reduction *fn* bércsökkentés * **A survey has found that pay freezes are just as likely to demoralise staff as wage reductions.** Egy felmérés szerint a bérbefagyasztás ugyanakkora valószínűséggel demoralizálja a dolgozókat, mint a bércsökkentés.
wage rise *fn* béremelés
wage scale *fn* bérskála * **Our staff are underpaid because we could not operate on a higher wage scale.** Dolgozóink azért alulfizetettek, mert magasabb bérskálát alkalmazva képtelenek lennénk a működésre.
wage settlement *fn* bérrendezés
wage spread *fn* bérfeszültség
wage subsidy *fn* foglalkoztatási támogatás
wage talks *fn* bértárgyalások * **In England and Wales councils are considering making a fresh pay offer to staff in a bid to break the two-month deadlock in their stalled wage talks.** Az angliai és a

walesi tanácsok új fizetési ajánlatokat fontolgatnak, hogy előmozdítsák a két hónapja zsákutcába került bértárgyalásokat.

wage tax *fn* adó béradó
wage-price spiral *fn* bér-árspirál
wages *fn* fizetés
waive *ige* (*jogról, igényről*) lemond; nem ragaszkodik; (*követeléstől*) eláll * He said that on completion of the deal they would waive their right to pursue litigation against the government. Azt mondta, hogy az üzlet megkötésével lemondanak arról a jogukról, hogy bírósági eljárást kezdeményezzenek a kormány ellen.

walk out *ige* sztrájkba lép; munkát beszüntet * Baggage handlers and check-in staff have put off their threatened strike – but only until the peak summer holiday period, and with twice as many staff likely to walk out as first feared. A csomagkezelő és a bejelentkezéseknél dolgozó személyzet elhalasztotta a kilátásba helyezett sztrájkot – de csak a nyári szabadságos csúcsidőszakig, amikor valószínűleg kétszer annyi dolgozó lép sztrájkba, mint amennyitől első ízben tartottak.

walkout *fn*
1. munkabeszüntetés; sztrájk
2. (*tüntetőleg, pl. tárgyalásról*) kivonulás

wane *ige* (*készlet, tartalék*) fogy; csökken; apad

want *fn*
1. hiány; szükséglet
2. nélkülözés; szükség; nyomor

ward *fn* jog
1. (*személy*) gondozott; gyámolt; gondnokság alatt álló; gyámság alatt álló
2. (*GB*) választókerület; választókörzet

warehouse *fn*
1. raktár; áruraktár; közraktár; raktárház * The gang reversed a white Transit van at high speed, bursting through the rear gate of a warehouse. A banda nagy sebességgel hátratolatott egy fehér Transit furgon-

nal, és betörte egy raktár hátsó kapuját.
2. (*nagykereskedői*) lerakat
warehouse keeper *fn* ker raktáros; raktárkezelő; közraktár fenntartója; közraktár felügyelője
warehouse note *fn* ker közraktárjegy
warehouse receipt *fn* NB: röv W/R ker (*US*) raktári átvételi elismervény; közraktárjegy; raktárjegy
warehouse rent *fn* ker raktározási díj
warehouse warrant *fn* NB: röv W/W ker közraktárjegy; raktári átvételi elismervény; raktárjegy; raktárbizonylat; raktári átvételi jegy
warehousing *fn*
1. raktározás; tárolás
2. vámraktározás; vámszabad-raktárban való elhelyezés
¹warrant *fn*
1. jótállás; szavatosság; garancia
2. jog meghatalmazás; felhatalmazás
3. igazolás; bizonylat; raktárbizonylat; raktárjegy; zálogjegy
4. jog parancs; végzés; utasítás
²warrant *ige* jótáll; kezeskedik; biztosít; garantál; szavatol * The agency warranted further investigation. Az ügynökség további kivizsgálásról kezeskedett.
warranter *fn* garantáló; jótálló; kezes
warrantor *fn* garantáló; jótálló; kezes
warranty *fn*
1. ker garancialevél
2. jog jótállás; kezesség; szavatosság; biztosíték; garancia
wash sale *fn* tőzsde (*árfolyamok befolyásolására*) fiktív tőzsdei ügylet; látszatügylet
wastage *fn* ipar veszteség; hulladék; hiány; anyagveszteség; súlyveszteség * If there is less wastage when items are being shipped across the world producers can realise higher profits. Ha kevesebb a veszteség, amikor az árut a föld túlsó felére szállítják, a termelők nagyobb nyereségekhez jutnak.
¹waste *fn*
1. hulladék; selejt * Supermarket chains are looking at ways of minimising waste. A szupermarketláncok

a hulladék minimalizálásának módozatait vizsgálják.

2. pazarlás * **waste of effort/energy/ money/time** erő/energia/pénz/idő pazarlása

²**waste** *ige* elpazarol; pazarol; pocsékol * **Some departments decided to hire PR firms not to waste energy for the campaign.** Néhány osztály PR cégek alkalmazása mellett döntött, hogy ne pazaroljon energiát a kampányra.

waste deposition *fn* szemét- és hulladéklerakás

waste disposal *fn* szemét- és hulladékeltakarítás; szemét- és hulladékeltávolítás

waste dump *fn* szemétlerakodóhely

waste recycling *fn* hulladék újrahasználása; hulladék újrahasznosítása

watch *ige* megfigyel; felügyel

watchdog *fn* felügyeleti szerv/testület; ellenőrző szerv/testület * **watchdog function** felügyelő szerep/funkció

wave energy *fn* hullámzás erejét hasznosító energia * **Wales is about to become an international centre for wave power generation following its success in buying up one of the world's most advanced wave energy technologies.** Wales a hullámzás erejét hasznosító energia nemzetközi központjává válik, miután sikerült megvásárolnia a világ egyik legfejlettebb hullámzásenergia technológiáját.

way of transportation *fn* száll szállítási útvonal

waybill *fn*
1. száll fuvarlevél; szállítólevél * **When returning home, we had to present the waybills for the goods we were carrying.** Amikor hazaértünk, be kellett mutatnunk az általunk szállított áruk fuvarleveleit.
2. kísérőjegyzék; kísérőlevél

wealth *fn*
1. vagyon
2. gazdagság; jólét

wealth tax *fn* adó vagyonadó * **He managed to infuriate some in his own party by postponing the introduction of a wealth tax.** A vagyonadó bevezetésének elhalasztásával sikerült feldühítenie néhány párttársát.

welfare *fn*
1. jólét
2. szociális háló; szociálpolitikai gondoskodás
3. szociális segély

welfare benefits *fn* szociális juttatások; szociális kedvezmények; szociális szolgáltatások

welfare payments *fn* szociális kiadások; jóléti kiadások

welfare recipient *fn* (US) szociális segélyben részesülő * **His particular area of responsibility is to find jobs for welfare recipients.** Az a feladata, hogy a szociális segélyben részesülőknek segítsen munkahelyet találni.

welfare state *fn* jóléti állam

welfare work *fn* szociális munka * **Allegations surfaced that money raised was not being used for welfare work but to fuel communal violence.** Olyan állítások hangzottak el, hogy az összegyűjtött pénzt nem szociális munkára, hanem a közösségi erőszak szítására használják.

well-equipped *mn* jól felszerelt

whip up *ige* felélénkít

¹**White Paper** *fn* EU (Európai Bizottság által kiadott nagyobb jogalkotási programcsomagra vonatkozó terv) Fehér Könyv

²**White Paper** *fn* jog (GB) (új törvényről ad információt és magyarázatot bevezetése előtt) kormánykiadvány

white-collar worker *fn* szellemi dolgozó; tisztviselő; alkalmazott

whittling down *fn* (pénzösszegé) megnyirbálás; csökkentés

wholesale *mn* ker nagykereskedelmi; nagybani; nagykereskedői

wholesale buyer *fn* ker nagykereskedelmi vevő; nagybani vásárló

wholesale market *fn* ker nagykereskedelmi piac; nagybani piac * **The industry**

W

watchdog announced an investigation into movements in the wholesale market. Az ipar felügyelő hatósága bejelentette, hogy kivizsgálja a nagykereskedelmi piac mozgásait.

wholesale price *fn* ker nagykereskedelmi ár; nagybani ár * **A bounce-back in wholesale prices plus lower production costs helped the company but it is still surviving on state aid.** A nagykereskedelmi árak visszaesése és az alacsonyabb termelési költségek segítettek ugyan a vállalaton, de még mindig állami segélyre szorul.

wholesale trader *fn* ker nagykereskedő
wholesaler *fn*
1. ker nagykereskedő
2. nagykereskedelmi vállalat

widen *ige* bővít; kibővít; szélesít * **The market leader threatens to widen the gap over its rivals with its expansion plans.** A piacvezető terjeszkedési tervei azzal fenyegetnek, hogy tovább szélesítik a szakadékot közte és versenytársai között.

widener *fn* EU a bővítés híve
widening *fn* EU bővítés; kibővítés
widow's pension *fn* özvegyi nyugdíj
win *ige* megnyer; nyer; elnyer
wind farm *fn* szélerőmű-telep * **Wind farm protestors met yesterday at a conference to oppose plans by United Utilities to erect seven 350-ft turbines near the town.** A szélerőmű-telepek ellenzői tegnap megbeszélésre gyűltek össze, hogy szembeszálljanak a United Utilities közművállalat terveivel, amely 7 darab 350 láb (kb. 107m) magas turbinát tervez felállítani a város közelében.

wind up *ige*
1. (*pl. vállalatot*) felszámol
2. pénzügy (*számlát*) lezár; kifizet; kiegyenlít
3. (*üzletet, tevékenységet stb.*) megszüntet; feloszlat * **They have failed to find a buyer for the company, so they got a sum to wind up its activities.** Nem sikerült vevőt találniuk a vál-

lalatra, így pénzt kaptak működésének megszüntetésére.
4. (*ügyet*) elintéz; lebonyolít
windfall profit *fn* váratlan nyereség
winding up *fn* jog felszámolás; likvidálás
wipe off *ige*
1. pénzügy (*követelést*) töröl; leír
2. (*adósságot*) kifizet
withdraw *ige*
1. bank (*pénzt*) felvesz * **Using your credit card to withdraw lots of small amounts of money from foreign ATMs can be very expensive.** Nagyon költséges lehet a hitelkártya-használat több kisebb összeg felvételekor külföldi automatákból.
2. (*szerződést*) felmond
3. (*ajánlatot, terméket a piacról*) visszavon * **withdraw one's resignation** lemondását visszavonja * **The company announced it was withdrawing its new product from UK shops.** A vállalat bejelentette, hogy visszavonja az új termékét az egyesült királyságbeli üzletekből.
4. (*pl. cégből*) kiválik; kilép * **After the scandal he supposedly withdraws from the company.** A botrány után feltehetően kilép a vállalattól.
5. pénzügy kivon * **withdraw from circulation** forgalomból kivon
withdrawal *fn*
1. bank pénzfelvétel; kivét
2. (*vállalkozásból*) visszalépés; kilépés
3. visszavonás * **withdrawal of bid** ajánlat visszavonása
4. visszavonulás * **withdrawal from membership** lemondás tagságról
withholding *fn*
1. visszatartás
2. visszatartott összeg
withholding tax *fn* adó
1. béradó
2. forrásadó
3. (*munkáltató által levont*) adóelőleg
without charge *hat* ellenszolgáltatás nélkül; ingyen
without engagement *hat* ker (*pl. árajánlatban utalás arra, hogy az ott szereplő*

árak nem kötelező érvényűek) kötelezettség nélkül
without notice *hat* előzetes értesítés nélkül * **Savers will have unlimited access to funds at any time without notice.** A megtakarítóknak bármikor, előzetes értesítés nélkül korlátlan hozzáférésük lesz a pénzhez.
¹work *fn*
1. munka; szakmai tevékenység; foglalkozás * **work in progress/process** folyamatban lévő munka
2. ipar munkadarab
²work *ige*
1. dolgozik * **work to a deadline** határidőre dolgozik
2. működik
3. üzemeltet; működtet
work accident *fn* munkahelyi baleset; üzemi baleset
work area *fn* munkaterület * **The Acad Centre is the best new healthcare building I've seen for years: the work areas are extraordinarily functional and pleasing.** Az Acad Centre-nél jobb új egészségvédelmi épületet évek óta nem láttam: a munkaterületek rendkívül funkcionálisak és kellemesek.
work climate *fn* munkahelyi légkör
work out *ige*
1. kidolgoz
2. kiszámít; kikalkulál
work out at *ige* kitesz vmennyit * **The costs worked out at $15m.** Az összköltség 15 millió dollárt tett ki.
work permit *fn* munkavállalási engedély * **I have been working in the UK for just over two years under a work permit.** Valamivel több mint két éve dolgozom az Egyesült Királyságban munkavállalási engedéllyel.
work promotion *fn* előléptetés
work space *fn* munkaterület
work station *fn*
1. munkahely
2. informatika munkaállomás
work stoppage *fn* munkabeszüntetés * **French workers at Eurostar held**

a work stoppage to press demands for higher salaries and improved conditions. Az Eurostar francia dolgozói munkabeszüntetést tartottak, hogy nyomatékot adjanak követeléseinek: magasabb fizetést és jobb körülményeket.
worker *fn* dolgozó; munkás; munkavállaló * **Yesterday the hotel workers threatened to walk off the job during the Olympics.** Tegnap a szálloda dolgozói azzal fenyegetőztek, hogy beszüntetik a munkát az olimpia alatt.
workflow *fn* munkafolyamat
workforce *fn*
1. munkaerő
2. dolgozói létszám; személyi állomány; munkaerő-állomány
¹working *fn*
1. működés
2. üzemeltetés; kezelés
²working *mn*
1. dolgozó; munkás-; munka-
2. (*gép, berendezés stb.*) működő; üzemben lévő
3. (*a feladat végzéséhez*) elégséges * **The candidate should have a working knowledge of Italian.** A jelöltnek elégséges olasz tudással kell bírnia.
working area *fn* ipar munkaterület; üzemterület
working atmosphere *fn* munkahelyi légkör * **A happy working atmosphere depends on understanding between managers, teamleaders and office staff.** A jó munkahelyi légkör a vezetők, a csoportvezetők és az irodai alkalmazottak egyetértésén múlik.
working capital *fn* pénzügy működő tőke; forgótőke
working group *fn* munkacsoport
working hours *fn* munkaidő
working paper *fn* (*vita és a végleges kidolgozás alapjául szolgál*) tervezet; írásos javaslat; beszámoló * **A joint World Bank and IMF working paper proposed radical changes.** A Világbank és a Nemzetközi Valutaalap közös beszámolója radikális változásokat javasolt.

W

working party *fn* (*GB*) munkacsoport

working population *fn* foglalkoztatottak; dolgozó népesség * **By 2020, 34 million of Japan's 127 million people will be aged 65 and over, while the working population will continue to shrink.** 2020-ra Japán 127 millió lakosából 34 millió lesz 65 éves vagy annál idősebb, a foglalkoztatottak száma pedig tovább csökken.

working time *fn* munkaidő

working week *fn* (*GB*) heti munkaidő; munkahét * **The union is seeking a "substantial" pay rise as well as a reduction in the working week.** A szakszervezet „tekintélyes" béremelésre, valamint a heti munkaidő csökkentésére törekszik.

workload *fn* (*munka mennyiségéből adódó*) terhelés; munkaterhelés * **The agreement aims to cut teachers' workloads by limiting the number of administrative tasks they have to fulfil.** A szerződés adminisztratív feladataik számának csökkentésével akarja a tanárok munkaterhelését csökkenteni.

workman *fn* (*fizikai munkát végző emberek, főleg építkezéseken dolgozók és különböző javító-szerelő munkát végzők*) munkás; szakmunkás

workmanship *fn* mesterségbeli tudás; szaktudás

workplace *fn* munkahely * **The management sees trainees as a positive force in the workplace as they are motivated and keen to learn.** A vezetőség a gyakornokokat pozitív erőnek tekinti a munkahelyen, mivel motiváltak, és tanulni akarnak.

works *fn*
1. ipar gyártelep; mű; üzem
2. műtárgyak; műalkotások

works council *fn* dolgozói képviselet

workshop *fn*
1. műhely
2. műhelymegbeszélés

workweek *fn* (*US*) heti munkaidő; munkahét

World Bank *fn* bank Világbank

World Economic Forum *fn* Világgazdasági Fórum

world economy *fn* világgazdaság * **He was not worried that high oil prices could tip the world economy into recession, but said recent prices were caused by speculation.** Nem aggódott amiatt, hogy a magas olajárak a világgazdaságot recesszióba billentik, hanem azt mondta, hogy a mai árak oka a spekuláció.

world market *fn* ker világpiac * **EU sugar prices are three times world market prices.** Az EU-ban a cukor ára a világpiaci ár háromszorosa.

world trade *fn* ker világkereskedelem

World Trade Organization *fn* **NB: röv WTO** ker Kereskedelmi Világszervezet

world wide web *fn* **NB: röv www** informatika világháló

wrapper *fn*
1. csomagoló(munkás)
2. csomagoló; burkolat; borító; csomagolás

wrapping *fn*
1. csomagolás; burkolat; göngyöleg
2. burkolás; csomagolás

writ *fn* jog végzés; bírói rendelkezés; törvényes utasítás

write back *ige* számv (*tételt*) storníroz; töröl

write off *ige* számv (*tételt stb.*) leír

write out *ige* pénzügy (*csekket, váltót*) kiállít

write up *fn*
1. számv lértékel
2. naprakész állapotba hoz

write-down *fn* számv leírás; leértékelés

write-off *fn* számv teljes leírás; azonnali leírás; kivezetés; teljes veszteség

write-up *fn* számv felértékelés; könyv szerinti érték emelése

WTO [= **World Trade Organization**] *fn* ker Kereskedelmi Világszervezet

www [= **world wide web**] *fn* informatika világháló

W

Y, y

year-end accounts *fn* pénzügy év végi zárlat; éves zárlat

yearly *mn* éves; évenkénti * **yearly rate** éves ráta

years of service *fn* szolgálati idő, ledolgozott évek

Yellow Pages *fn* szaknévsor; „Arany Oldalak"

¹yield *fn*
1. hozam; kitermelés; eredmény; jövedelem * **They plan to let out the apartment for about £500 in the high season (November to Easter), which is enough to cover the mortgage.** Azt tervezik, hogy a lakást csúcsidényben (novembertől húsvétig) körülbelül 500 fontért adják bérbe, ami fedezné a jelzálogkölcsönt.
2. mezőgazd termés(hozam)

²yield *ige* hoz; terem; jövedelmez

yield curve *fn* pénzügy hozamgörbe

yield level *fn* pénzügy hozamszint

yield spread *fn* pénzügy hozamkülönbség

Z, z

zero rated *mn* adó nulla adókulcsos * **In Ireland properties under €127,000 are zero rated.** Írországban a 127 000 euró alatti ingatlanok nulla adókulcsosak.

zero-coupon bonds *fn* pénzügy nem kamatozó kötvények; névérték alatt kibocsátott kötvények

zone *fn* övezet; zóna; sáv; körzet

MAGYAR–ANGOL
SZÓTÁR

A, a, Á, á

abbahagy *ige* cease; discontinue; quit
abbahagyat *ige* (*munkát*) shut down
abbamarad *ige* cease
ábra *fn* figure; graph
ábrázolás *fn* representation
abszolút *mn* absolute; unrestricted * **A bizottság abszolút többséggel fogadta el a javaslatot.** The committee accepted the proposal by an absolute majority.
ad *ige* give; provide; grant * **Sok hasznos tanácsot adtak nekik.** They have been given a lot of useful advice.
adagol *ige* ration
adásvétel *fn* ker exchange
adásvételi szerződés *fn* jog contract of sale; sales contract * **Az adásvételi előszerződést közjegyző előtt kell aláírni.** The preliminary contract of sale must be signed before a notary.
adat *fn* data; figure; record * **A legfrissebb adatok szerint a közalkalmazottak gyakrabban mennek táppénzre.** Public sector workers are more likely to be off sick, as latest figures show.
adatállomány *fn* informatika file
adatátvitel *fn* data commmunication
adatbank *fn* databank
adatbázis *fn* database * **További részletekért keresse fel ingyenes internetes adatbázisunkat!** For more details of this, visit our free online database.
adatbeszerzés *fn* data collection
adatbiztosítás *fn* data protection
adatcsere *fn* data commmunication
adatfeldolgozás *fn* data processing **NB:** röv **DP** * **Külső cégekkel végeztetik az adatfeldolgozási és informatikai feladatokat.** Data processing and IT functions have been outsourced.

adatfelvétel *fn* survey
adatforgalmazás *fn* data communication
adatgyűjtés *fn* data collection
adathordozó *fn* data carrier * **Technológiájuk segítségével a hagyományos telefonvonalakat nagysebességű adathordozókká lehet alakítani.** Their technology turns conventional telephone lines into high-speed data carriers.
adatközlés *fn* data commmunication
adatok *fn* data
adatvédelem *fn* data protection
adható *mn* allowable
adminisztráció *fn* administration
adminisztratív *mn* administrative
adminisztratív intézkedés *fn* administrative measure
adó *fn* adó tax; duty; levy; dues * **adót csökkent/emel** lower/raise taxes * **adót vet ki vmire** levy a tax on sg * **A bor adóját üvegenként 4 pennyvel, a sörét pedig pintenként 1 pennyvel emelték.** The duty on wine was increased by 4p a bottle, while beer was hit with an extra 1p a pint.
adó alá eső *mn* adó taxable
adóalany *fn* adó taxpayer
adóalap *fn* adó tax base; taxable base; basis of assessment
adóáthárítás *fn* adó tax shifting
adóbehajtás *fn* adó tax collection
adóbehajtó *fn* adó tax collector
adóbeszedés *fn* adó tax collection * **Egy jelentés szerint a hitelkártyák elősegíthetik az adóbeszedést.** According to a report, credit cards may improve tax collection.
adóbeszedő *fn* adó tax collector
adóbevallás *fn* adó tax return; tax declaration * **adóbevallást benyújt** file a tax return

adóbevétel *fn* adó
1. tax revenue; revenue from taxes; tax yield * **Zambia adóbevételeinek majdnem egynegyedét kölcsönök törlesztésére költi.** Zambia is spending almost a quarter of its revenue from taxes on servicing debt.
2. (*US*) tax take

adóbűncselekmény *fn* adó tax fraud; tax delinquency; tax evasion

adócsalás *fn* adó tax fraud; tax evasion; tax delinquency

adócsaló *fn* adó tax evader

adócsökkenés *fn* adó tax cut; tax reduction

adócsökkentés *fn* adó tax abatement; tax cut; tax reduction * **Adócsökkentést javasol az otthon termelő gyártóknak.** He proposes tax reductions for manufacturers who produce at home.

adóelengedés *fn* adó tax remission

adóellenőr *fn* adó tax inspector/auditor; (*US*) tax assessor

adóellenőrzés *fn* adó tax audit * **Az ügy kivizsgálása érdekében elkérte az olajvállalat korábbi adóellenőrzéseinek eredményeit.** To investigate the case he asked for the results of previous tax audits of the oil company.

adóelőírás *fn* adó tax assessment

adóelőírások *fn* adó tax regulations

adóelőleg *fn* adó (*munkáltató által levont*) withholding tax

adóelőleg-levonás *fn* adó (*GB*) pay-as-you-earn **NB: röv PAYE**

adóemelés *fn* adó tax increase

adóengedmény *fn* adó tax privilege

adóérték *fn* adó (*GB*) rateable value

adóév *fn* pénzügy fiscal year; tax year

adófelszólítás *fn* adó tax assessment notice

adófelügyelő *fn* adó tax inspector

adó-felülvizsgálat *fn* adó tax inspection

adófizetés *fn* adó payment of tax

adófizetési kötelezettség *fn* adó tax liability * **Nem sikerült kibújnia adófizetési kötelezettsége alól.** He didn't manage to avoid tax liability.

adófizető *fn* adó taxpayer * **A projekt most 61 pennyjébe kerül az adófizetőnek évente, körülbelül annyiba, mint egy liter tej.** The project now costs the taxpayer 61p a year each, about the same as two pints of milk.

adóharmonizáció *fn* adó tax harmonization

adóhatóság *fn* adó tax authority

adóhátralék *fn* adó accrued taxes; tax arrears

adóhivatal *fn* adó revenue office; tax office; (*GB*) Inland Revenue Office

adóhivatalnok *fn* adó tax official; tax officer; tax collector; (*US*) assessor

adójóváírás *fn* adó tax offset; (*GB*) tax credit

adójövedelem *fn* adó tax yield; (*US*) tax take

adókedvezmény *fn* adó tax concession; tax privilege; tax break; (*GB*) tax relief; (*GB*) (*személyes*) tax allowance

adókedvezmény elérésének eszköze *fn* adó (*adózás elleni legális védekezés*) tax shelter

adókerülés *fn* adó (*törvényes eszközökkel*) tax avoidance * **Több csapattársával együtt ellentmondásos adókerülési manővereket használ, hogy minimálisra csökkentse az adóhivatalnak fizetett összeget.** He and many of his team-mates are using controversial tax avoidance schemes to minimise the amount they pay the Inland Revenue.

adókibúvó *fn* adó tax loophole

adókivetés alapja *fn* adó taxable base

adókivetési értesítés *fn* adó notice of assessment

adókönnyítés *fn* adó (*GB*) tax relief; tax concession

adóköteles *mn* adó taxable

adóköteles érték *fn* adó (*GB*) rateable value * **A vállalat vagyonának adóköteles értéke, amely alapján az adót kiszámítják, kb. 500 millió font.** The rateable value of the company's assets, on which its tax bill is calculated, is about £500m.

adóköteles jövedelem *fn* adó taxable income

adóköteles nyereség *fn* adó taxable gain

adóköteles tevékenység *fn* adó taxable event

adókötelezettség *fn* adó tax liability

adókulcs *fn* adó tax rate; rate of taxation

adóleszállítás *fn* adó tax reduction

adólevonás *fn* tax deduction

adomány *fn* donation; gift

adománygyűjtés *fn* pénzügy fund-raising

adománylevél *fn* jog deed

adományoz *ige* donate; make a donation; confer; award; grant

adományozás *fn* conferment; grant

adományozható *mn* conferable

adómegállapítás *fn* adó tax assessment ∗ **Azt javasolja, hogy a tulajdonosok levonhassák az általuk az életüksoránközgyűjteményeknek adományozott fontosabb műalkotások bruttó értékét az adómegállapításukból.** He suggests that private owners should be able to deduct the gross value of any important works donated to public collections in their lifetimes from their income tax assessment.

adómegállapítási értesítés *fn* adó notice of assessment

adómegtakarító *mn* adó tax effective

adómenedék *fn* adó (*adózás elleni legális védekezés*) tax shelter

adómentes *mn* adó tax-free; tax-exempt

adómentesen *hat* adó tax-free

adómentesség *fn* adó tax exemption ∗ **Bizonyos szervezetek jótékonysági intézményként szeretnének adómentességhez jutni.** Some organisations are seeking to qualify for tax exemption as charities.

adómérséklés *fn* adó tax abatement; tax remission

adómorál *fn* adó (*US*) compliance

adó-összehangolás *fn* adó tax harmonization

adóparadicsom *fn* adó (*alacsony adószintű ország*) tax haven

adópolitika *fn* pénzügy tax/fiscal policy

adóreform *fn* adó tax reform ∗ **Indiában az új miniszterelnök adóreformokról beszélt, beleértve az áfarendszer bevezetését és az adócsalások csökkentését.** In India, the new Prime Minister talked of tax reforms, including introduction of a VAT system and reducing tax evasion.

adórendelkezések *fn* adó tax regulations

adórendszer *fn* adó system of taxation; taxation

adórevízió *fn* adó tax audit

adós *fn* pénzügy obligor; debtor

adósáv *fn* adó (*GB*) tax band; (*US*) tax bracket

adóskötelezvény *fn*
1. pénzügy bearer bond **NB: röv b.b.**
2. tőzsde bearer debenture

adóslevél *fn* (*hivatalos dokumentum tartozás elismeréséről*)
1. pénzügy bond note; promissory note **NB: röv P.N.**
2. tőzsde (*GB*) debenture; debenture bond
3. jog (*hivatalos okmány a megállapodásról*) obligation

adósság *fn*
1. pénzügy debt; due; liability ∗ **adósságot elenged** cancel/forgive/write off a debt ∗ **adósságot kifizet** clear/pay back/pay off a debt ∗ **kimászik az adósságból** get out of debt ∗ **adósságot csinál** incur a debt ∗ **adósságot rendez** settle a debt
2. számv obligation ∗ **megadja/rendezi adósságát** fulfil/meet one's obligations

adósság átvállalása *fn* jog assumption agreement

adósság-átütemezés *fn* pénzügy debt rescheduling; debt restructuring; rescheduling of debts ∗ **Az USA egymilliárd dollárt ígért Pakisztánnak adósság-átütemezés és segély formájában, az EU pedig további 950 millió fontot kereskedelmi engedmények formájában.** The US has promised Pakistan $1bn in debt rescheduling and aid, while the EU has given it an extra £950m in trade concessions.

adósságbehajtó *fn* debt collector

adósságbehajtó ügynökség *fn* pénzügy debt collection agency

adósság-elengedés *fn* pénzügy debt relief * **A szegény afrikai országok megsegítéséhez több segélyre, igazságosabb kereskedelmi feltételekre és adósság-elengedésre van szükség.** To help poor African countries more aid, fairer trade conditions and debt relief are required.

adósságkezelés *fn* pénzügy debt management * **Kidolgoztunk egy adósságkezelési tervet, hogy havi részletekben fizethessünk a hitelezőinknek.** We developed a debt management plan to pay off the creditors with a fixed amount each month.

adósságmenedzsment *fn* pénzügy debt management

adósságok *fn* számv liabilities

adósságrendezés *fn* payoff

adószedés *fn* adó tax collection

adósszámla *fn* pénzügy debit account

adót kivet *ige* adó *(fogyasztási, ill. közvetett adót)* excise

adótábla *fn* adó tax scale; tax schedule

adótáblázat *fn* adó tax scale; tax schedule

adótakarékos *mn* adó tax effective

adótanácsadó *fn* adó tax consultant

adótartalék *fn* adó tax provision

adótartozás *fn* adó tax liability

adóteher *fn* adó tax burden; tax load; levy

adóteherbíró képesség *fn* adó *(országé)* taxability

adóterhelés *fn* adó tax burden; tax charge * **Bateman az Ír Köztársaság adópolgára, és ez az ország 1997-ben úgy döntött, hogy az írókat, a képzőművészeket és a zenészeket mentesíti az adóterhek alól.** Bateman is tax resident in the Republic of Ireland, a country whose government decided in 1997 to make writers, artists and musicians exempt from any tax burden.

adótisztviselő *fn* adó tax official; tax collector

adótörvény *fn* adó tax bill; tax law

adottság *fn* flair

adóügyi *mn* adó fiscal

adóügyi hatóságok *fn* adó tax/fiscal authorities * **A hitelesség elengedhetetlen feltétele a pénzügyi és az adóhatóságok gyümölcsöző munkakapcsolatának.** Credibility is essential for a positive working relationship between the monetary and fiscal authorities.

adóvétség *fn* adó tax delinquency; tax evasion; tax fraud

adóviselés *fn* adó tax burden

adóvisszatérítés *fn* adó tax refund * **Interneten keresztül is igényelhet adóvisszatérítést.** You can claim your tax refund on the Internet, too.

adóvizsgálat *fn* adó tax inspection

adózás *fn* adó taxation

adózás alóli kibújás *fn* adó *(adózás elleni legális védekezés)* tax shelter

adózás előtti bevétel *fn* adó pretax earnings * **A csoport 4%-os adózás előtti bevétel-emelkedést jelentett be az első félévre, 482 millió font értékben.** The group announced first-half pretax earnings up 4% at £482m.

adózás előtti eredmény *fn* adó pretax profit * **Az FTH rekordnagyságú, körülbelül 50 millió fontos adózás előtti eredményre számít a manchesteri fiókja eladásából.** FTH expects to record a pretax profit of about £50m on the sale of its Manchester branch.

adózás előtti jövedelem *fn* adó pretax earnings

adózás előtti nyereség *fn* adó pretax profit

adózás utáni nyereség *fn* számv after-tax profit

adózási hajlandóság *fn* adó attitude to taxation

adózási kiskapu *fn* adó tax loophole

adózó *fn* adó taxpayer

adózott kötvényhozam *fn* after-tax bond yield

adózott nyereség *fn* számv after-tax profit
adóztatás *fn* adó taxation
adóztathatóság *fn* adó taxability
áfa [= **általános forgalmi adó**] *fn* adó value added tax **NB: röv VAT**
ágazat *fn* sector; branch * **termelési ágazat** branch of production
Agenda 2000 *fn* EU (*átfogó programcsomag, mely az uniós kihívásokat, feladatokat és az ezekhez szükséges lépéseket, reformjavaslatokat, költségvetési tervezet tartalmazza*) Agenda 2000
aggály *fn* concern
agglomeráció *fn* agglomeration
aggodalom *fn* concern * **Komoly aggodalmak vannak a minisztériumi döntés hatásait illetően.** There are serious concerns about the effects of the Ministry's decision.
aggódik vmi miatt *mn* concerned
agrárgazdaság *fn* mezőgazd farming
agrárpolitika *fn* agricultural policy * **Változtatni kell az agrárpolitikájukon, ha nem akarják, hogy még több gazdálkodó hagyjon fel a tevékenységével.** They have to modify their agricultural policy if they do not want to see more farmers go out of business.
agyelszívás *fn* (*magasan kvalifikált dolgozókat magasabb fizetéssel és jobb munkakörülmények biztosításával külföldre csábítanak*) brain drain
ajándék *fn* donation; gift
ajándékoz *ige* donate
ajándékozási adó *fn* adó gift tax
ajándéktárgy *fn* gift
ajándékvásárlási utalvány *fn* gift voucher/token
ajánl *ige* recommend; propose; offer; counsel; (*árat*) bid * **erőteljesen ajánl** strongly recommend
ajánlás *fn* reference **NB: röv re.; Ref.; ref.**
ajánlat *fn* proposition; offer; proposal; (*áré*) bid * **ajánlatot elfogad** accept/take an offer * **ajánlatot visszautasít** turn down an offer * **ajánlat visszavonása** withdrawal of bid

ajánlati ár *fn* ker
1. offer price
2. quoted price; bid price * **Az értekezletet követően megállapodtak, hogy új ajánlati árat határoznak meg.** After the meeting, they agreed they would decide on a new bid price.
ajánlatkérés *fn* ker enquiry; inquiry
ajánlattétel *fn* tender
ajánlattevő *fn* bidder; offerer; proposer; tenderer
ajánlólevél *fn* reference **NB: röv re.; Ref.; ref.**
ajánlott *mn* (*küldemény*) registered
ajánlott fogyasztói ár *fn* ker recommended retail price **NB: röv r.r.p.; RRP** * **Azt tervezik, hogy a könyvborítókról törlik a kiadók által ajánlott fogyasztói árat.** The plan is to abolish the publishers' recommended retail price (RRP) on the cover of books.
ajánlott forgalombahozatali ár *fn* (*gyártó által ajánlott*) MRP [= manufacturer's recommended price]
ajánlva felad (*postán*) *ige* register
akadály *fn* obstruction; barrier; objection * **Akadályozza a további fejlődést.** It stands as a barrier to future progress.
akadályoz *ige* obstruct; encumber; hamper
akadályozás *fn* obstruction; encumbrance
akadályoztatás *fn* interference
akarat *fn* intent
akcepthitel *fn* bank acceptance credit
akció *fn* ker special offer
akciós ár *fn* ker sale price
akkreditált *mn* accredited * **Néhány akkreditált újságíró jelen volt a tanácskozáson.** Some accredited journalists attended the meeting.
akkreditált felek *fn* (*bizonyos ügyletekre meghatalmazott személyek*) accredited parties
akkreditív *fn* bank (*dokumentum két bank között arra, hogy egy bizonyos összeghatárig az aláíró vállalja a felelősséget az ügyfeléért*

például kölcsönfelvételnél) letter of credit
NB: röv L/C; L.C.; l.c.; l/c; lc
akta *fn* document **NB: röv Doc.**; file
aktív *mn* active
aktív egyenleg *fn* pénzügy active balance; surplus
aktív pénzforgalom *fn* bank (*közkézen forgó bankjegyek*) active circulation
aktív számlák *fn* számv accounts receivable
aktív ügyletek *fn* bank lending business
aktívák *fn*
1. pénzügy funds
2. számv assets
aktivál *ige* activate
aktuális *mn* current
aktualizál *ige* update
aktualizálás *fn* updating
akvizíció *fn* acquisition
alábecslés *fn* underestimation
alábecsülés *fn* undervaluation
alacsony *mn* low
alacsony áron *hat* low
aláértékelés *fn* undervaluation
aláeső vminek *mn* subject **to**
aláír *ige*
1. sign; undersign; underwrite * **A vezetőség minden bizonnyal megkönynyebbült, amikor úgy döntött, hogy aláírja a szerződést.** His decision to sign the contract must have come as a relief to the management.
2. jog execute
aláírás *fn* signature
aláírási jog *fn* jog procuration
aláíró *fn*
1. jog signatory
2. ker (*kereskedelmi utalványé*) underwriter
alakulás *fn* development; movement
alap *fn*
1. basis; foundation; provision * **Ez a megállapodásunk alapja.** This is the basis of our agreement.
2. pénzügy fund
alapár *fn*
1. ker basic price; base price; basic charge * **Az üdülési utalvány 10%-kal csökkenti a prospektusunkban kínált bármely nyaralás alapárát.** A holi-

day coupon reduces by 10% the basic price of any holiday offered in our brochure.
2. tőzsde striking price
alapbér *fn* basic wage; (*GB*) basic pay; (*US*) base pay
alapdíj *fn*
1. basic charge * **A fülkés telefonok minimum hívásdíját (10 penny) törlik, és helyette 20 pennys alapdíjat vezetnek be.** The minimum price of a call from a phone box (10p) is to be scrapped in favour of a 20p basic charge.
2. bizt key rate
alapelv *fn* principle
alapértelmezés *fn* default
alapfizetés *fn* (*GB*) basic pay; (*US*) base pay * **Az igazgató megduplázta az alapfizetését, amely jelenleg így meghaladja a 3 millió fontot.** The director had his basic pay doubled to more than £3m.
alapít *ige* establish; found; (*vállalatot, céget stb.*) float; open up; set up * **Családja a XVIII. században alapította a vállalkozást.** His family established its enterprise in the 18th century.
alapítás *fn* establishment; foundation * **Segítenek egy szociális munkásokat képviselő szakszervezet megalapításában.** They will assist with the establishment of a trade union specifically to represent social workers.
alapítási költségek *fn* initial costs
alapítási ráfordítás(ok) *fn* pénzügy start-up cost(s)
alapító *fn* originator
alapító okirat *fn* jog (*GB*) memorandum of association; (*US*) charter * **alapító okiratot megszövegez** draw up a memorandum of association
alapító vállalat *fn* parent company
alapítólevél *fn* jog (*GB*) memorandum of association; (*US*) charter
alapítvány *fn* trust foundation; fund endowment
alapítvány létesítése *fn* pénzügy endowment
alapkamat *fn* bank base rate

alapkamatláb *fn* pénzügy basic rate; base rate

alapkereset *fn* (*GB*) basic pay; (*US*) base pay

alapokmány *fn* charter

alapos *mn* detailed

alapszabály *fn* jog constitution; (*US*) charter

alapszükségletek *fn* (*az élethez szükséges alapvető dolgok, pl. élelem, lakás*) basic needs * **Heti segélyt kapnak, mely fedezi az alapszükségleteiket.** They receive a weekly allowance that covers basic needs.

alaptőke *fn*
1. pénzügy initial capital; capital stock; nominal capital; original capital; share capital
2. tőzsde equity capital

alaptőke-emelés *fn* pénzügy capital increase; increase in capital; increase of capital; (*US*) increase of capital stock

alaptőke-minimum *fn* (*jegyzett tőke legkisebb összege*) minimum capital

alapvető *mn* essential; primary

Alapvető Jogok Chartája *fn* EU Charter of Fundamental Rights

alárendelés *fn* submission

alárendelt *fn* subordinate; dependant/ dependent

alárendeltségi viszonyok *fn* (*menedzsmentrendszer, ahol a különböző utasításokat egyre lejjebb lévő szintekre küldik*) chain of command

alávet vminek *ige* subject *to*

alávetés *fn* submission

aláveti magát *ige* submit oneself *to*

albizottság *fn* subcommittee

alelnök *fn* vice-president

alkalmas *mn* appropriate *for*; adequate; (*személy*) eligible; convenient

alkalmassá tesz vmire *ige* accommodate

alkalmasság *fn* suitability; capability; competence * **Alkalmas arra, hogy sikeres biztosítási ügynök legyen.** He has the capability of a successful insurance salesman.

alkalmatlan *mn* unsuitable

alkalmaz *ige* employ; apply; use; (*személyzetet*) take on; (*külső céget*) outsource * **Új stratégiákat alkalmaznak.** They apply new strategies.

alkalmaz vkit *ige* engage; (*US*) hire

alkalmazás *fn* adaptation; employment; (*US*) (*személyé*) hire; (*külső cégé*) outsourcing * **Megegyeztek egy új technológia alkalmazásáról.** They agreed on the adaptation of a new technology.

alkalmazása vminek *fn* application

alkalmazásban levő *mn* employed

alkalmazási feltételek *fn* jog terms of employment

alkalmazási politika *fn* staffing policy

alkalmazható *mn* employable

alkalmazkodás *fn* adaptation

alkalmazkodik vmihez *ige* adapt *to* * **Nehéz alkalmazkodni az új körülményekhez.** It is difficult to adapt to new circumstances.

alkalmazkodó *mn* flexible

alkalmazkodó készség *fn* flexibility

¹**alkalmazott** *mn* employed

²**alkalmazott** *fn* employee; job holder; white-collar worker

alkalmazottak *fn* personnel

alkalmazott-állomány *fn* staff

alkalmi ajánlat *fn* special offer

alkalmi ár *fn* ker bargain price

alkalmi kiadások *fn* (*nem állandóan, hanem időszakosan felmerülő költségek*) incidental expenses

alkalmi munka *fn* casual work

alkalmi munkás *fn* casual worker; jobber

alkalmi vétel *fn* special offer

alkatrész *fn* ipar element

alkot *ige* create

alkotás *fn* creation

alkotmány *fn* jog constitution

alkotó *fn* originator

alkotói szabadság *fn* sabbatical leave * **Most alkotói szabadságon vagyok az egész évben.** Now I'm on sabbatical leave for the whole year.

alkotórész *fn* element; substance

alku *fn*
1. deal
2. ker bargain

alkudozás *fn* ker bargaining
alkupozíció *fn* ker bargaining position; trading position * **Egyre kockázatosabb alkupozíciókba kényszerült, hogy fedezze a pénzügyi piacokon elszenvedett óriási veszteségeit.** He was taking ever more risky trading positions to make up for huge losses he had incurred in the financial markets.
alkusz *fn* tőzsde broker; (*GB*) (*saját számlára dolgozó*) (stock)jobber
alkuszcég *fn* tőzsde brokerage firm; broker firm; brokerage house
alkuszdíj *fn* tőzsde broker's commission; brokerage commission
áll *ige* (*stagnál*) stagnate
áll vhol *ige* (*érték*) stand at
áll vmiből *ige* be composed *of* * **Több ezer globalizáció-ellenes tüntető vett részt azon a demonstráción, melynek szemtanúja voltam.** The demonstration I witnessed was composed of several thousand anti-globalists.
állam *fn* state
államadósság *fn* pénzügy national debt; state debt; government debt * **csökkenti az államadósságot** curb/bring down/reduce the national debt * **elengedi az államadósságot** forgive the national debt * **átütemezi az államadósságot** reschedule the national debt * **Az államadósság nő, a közbefektetések csökkennek, és a gazdaság három éve stagnál.** The national debt is growing, public investment is shrinking, and the economy has been stagnant for three years.
állambiztonság *fn* state security
államfő *fn* head of state
államháztartás *fn* pénzügy state budget; budget; public finance; finance
államháztartás hiánya *fn* pénzügy fiscal deficit * **Ázsiai jegybankok finanszírozták tavaly az amerikai folyószámla- és államháztartási hiány felét.** Asian central banks financed half of the US current account and fiscal deficits last year.

állami *mn* national; governmental; state-owned * **állami vállalat** state-owned company/enterprise
állami adójövedelem *fn* adó (*US*) internal revenue
állami beavatkozás *fn* state interference * **Az EU nem fogja elismerni Kína gazdaságát piacgazdaságnak, mivel az állami beavatkozás túl nagy, a törvényi hatalom túl gyenge, és a vállalat-irányítás nem megfelelő.** The EU will refuse to recognise China's economy as a market economy because it suffers from too much state interference, weak rule of law and poor corporate governance.
állami beruházás *fn* public spending
állami bevételek *fn* pénzügy (government) revenue
állami egészségügyi szolgálat *fn* (*1948 óta létező állami közszolgáltatás Nagy-Britanniában, mely ingyenes orvosi ellátást biztosít a körzeti orvosoknál és a kórházakban, speciális kezeléseknél pedig kedvezményre jogosít*) (*GB*) National Health Service **NB: röv NHS**
állami értékpapírok *fn* pénzügy (*GB*) gilt-edged securities
állami hozzájárulás *fn* pénzügy government subsidy
állami jövedelmek *fn* public revenue * **A japán törvények szerint a kormánynak támogatnia kell a dohányipart, mivel az növeli az állami jövedelmeket, és erősíti a nemzetgazdaságot.** Under Japanese law, the government is obliged to promote the tobacco industry as a means of boosting public revenue and the national economy.
állami kezelésben lévő *mn* state-managed
állami kiadások *fn* public expenditure; public spending * **A párt egyik fő célkitűzése az állami kiadások csökkentése.** One of the main aims of the party is to cut public expenditure.
állami kölcsön *fn* public loan
állami költekezés *fn* public spending

állami költségvetés *fn* pénzügy state budget; government budget

állami monopólium *fn* public monopoly

állami nyugdíj *fn* state pension

állami pénzügyek *fn* public finance

állami segély *fn* pénzügy grant-in-aid

állami szektor *fn* public sector * **Egy felmérés kimutatta, hogy az állami szektor dolgozói 40%-kal több szabadnapot vesznek ki, mint a magánszektorban hasonló állásban dolgozók, és hogy ez évente négymilliárd fontba kerül.** A survey has shown that public sector workers take 40% more days off than some of their private sector counterparts, at a cost of £4bn a year.

állami szubvenció *fn* pénzügy government subsidy

állami támogatás *fn* pénzügy government subsidy; grant-in-aid; grant

állami tulajdon *fn* state ownership

állami vállalat *fn* public enterprise; public corporation

államigazgatás *fn* public administration; state administration

államkiadások *fn* pénzügy government expenditure

államkincstár *fn* pénzügy treasury; (*GB*) exchequer

államkölcsön *fn* pénzügy government loan; public loan * **A vállalatot államkölcsönökkel támogatják több, mint egy éve.** The company has been supported by Government loans for more than a year.

államkötvény *fn* pénzügy

1. (*rövid lejáratú, nem kamatozó*) government bond

2. (*GB*) Treasury bill **NB: röv T-bill**; (*US*) Treasury bond **NB: röv T-bond** * **Az alapok részvényekből, vállalati és államkötvényekből, valamint más stabilhozamú befektetésekből állnak.** The funds are made up of shares, corporate and government bonds and other investments that give a fixed income.

államközi szerződés *fn* treaty * **államközi szerződést megszeg** break/violate a treaty * **államközi szerződés hatályba lép** a treaty comes/enters into force * **államközi szerződést hatályon kívül helyez/felmond** abrogate/denounce a treaty

államosítás *fn* nationalization

állampénztár *fn* pénzügy treasury

állampolgári jogok biztosa *fn* ombudsman

állampolgárság megadása *fn* naturalization

államsegély *fn* pénzügy grant-in-aid

államügyek *fn* state affairs

állandó *mn* permanent; (*folyamatban levő*) ongoing

állandó alkalmazás *fn* jog tenure

állandó bankmegbízás *fn* bank banker's order

állandó bizottság *fn* standing committee

állandó fizetési meghagyás *fn* bank (*írásos megállapodás a bankkal, hogy az ügyfél számlájáról adott időpontokban kifizetéseket teljesít (pl. közüzemi számlák) és e szolgáltatásért a bank díjat számít fel*) standing order

állandó hitel *fn* bank (*megállapodás az ügyfél és bankja között, melynek értelmében az ügyfél csekket válthat készpénzre bizonyos összeghatárig a bank egy másik, megnevezett fiókjánál, vagy más banknál*) standby credit

állandó jövedelem *fn* pénzügy fixed income

Állandó Képviselők Bizottsága *fn* EU Permanent Representatives Committee; Committee of Permanent Representatives **NB: röv COREPER**

állandó költségek *fn* pénzügy fixed costs; fixed charges; standby costs

állandó vásárló *fn* ker regular customer

állandóság *fn* stability

állapot *fn* state; condition; standing; position; situation; status

állás *fn*

1. employment; job; position; post * **állásra jelentkezik** apply for a job * **állást kap** get a job * **állást ajánl**

vkinek offer sy a job * **állást elfogad** take a job * **állást elfoglal** take up a post * **állást betölt** fill a post * **állandó/ideiglenes állás** permanent/temporary job * **részmunkaidős/teljes állás** part-time/full-time job **2.** (*stagnálás*) stagnation; standing

állás megüresedése *fn* job opening

állás nélküli *fn* jobless

állásajánlat *fn* job offer * **Meglepődött, amikor a múlt héten állásajánlatot kapott egy amerikai cégtől.** He was surprised last week to receive a job offer from a US firm.

állásban levő *fn* job holder

állásbiztonság *fn* job security

állásbörze *fn* job centre

állásfoglalás *fn* opinion; position; resolution

álláshelyre toboroz *ige* headhunt

álláshirdetés *fn* job advertisement * **Az álláshirdetés a hitelességet és a tárgyalóképességet hangsúlyozza.** The job advertisement picks out credibility as well as negotiating skills.

állásidő *fn* ipar (*vmilyen fennakadás miatt* (*pl. alapanyaghiány*) *nem folyik termelés, de a munkás megkapja bérét*) downtime; idle time

álláskérelem *fn* job application

állásközvetítés *fn* job placement

állásközvetítő *fn* employment agency; (*GB*) employment office; job centre * **A múlt héten az állásközvetítők dolgozói kétnapos munkabeszüntetésen vettek részt.** Last week job centre employees took part in a two-day strike.

állásközvetítő iroda *fn* employment agency

állástalan *fn* (*személy*) unemployed

állásvadászat *fn* job hunting

állatállomány *fn* mezőgazd stock

állít *ige*
1. assert; claim; state * **Azt állította, hogy hiteles könyvvizsgáló.** He claimed to be a certified accountant.
2. jog submit

állítás *fn* assertion; claim; statement

állóalap *fn* pénzügy (*termékek gyártására használt tőke*) fixed capital

állóeszköz-beruházások *fn* fixed-asset investment * **A könnyű hitelszerzés miatt az állóeszköz-beruházások 30,5%-kal nőttek az év első 9 hónapjában.** With credit easy to acquire, fixed-asset investment rose 30.5% in the first nine months of this year.

állóeszközérték *fn* pénzügy capital value

állóeszközök *fn* számv (*hosszantartó vagyon, pl. föld, épületek*) fixed assets; capital equipment; (*viszonylag gyorsan készpénzzé tehetők*) tangible assets

állóeszközvagyon *fn* (*pl. föld, épületek, gépek, melyeket nem akarnak eladni/pénzzé tenni addig, amíg szükségesek a termeléshez/üzlethez*) capital assets

állománycsökkentés *fn* (*személyzeté*) staff cutback

állótőke *fn* pénzügy (*pl. föld, épületek, gépek, melyeket nem akarnak eladni/pénzzé tenni addig, amíg szükségesek a termeléshez/üzlethez*) capital assets; fixed assets; fixed capital

alperes *fn* jog defendant

alsó adókulcs *fn* adó basic rate

alsó árfolyamhatár *fn* tőzsde support

alsóvezető *fn* junior manager

általános *mn* generall; overall **NB: röv o.a.**; across-the-board * **Az általános áremelkedés 10%-os volt.** There has been an across-the-board increase of 10% of prices.

általános feltételek *fn* jog general terms and conditions

általános forgalmi adó NB: röv áfa *fn* adó value added tax **NB: röv VAT**

általános költségek *fn*
1. general expenses; operating cost(s); operating expenses
2. pénzügy overheads; overhead costs; overhead expenses; overhead charges * **A pénzügyi év végére 20%-kal akarják csökkenteni az általános költségeket.** They want to cut overheads with 20% by the end of this financial year.

általános számlakeret *fn* pénzügy standard chart of accounts

általános szavazati jog *fn* jog right to vote

általános sztrájk *fn* general strike

általános tartalékok *fn* unappropriated surplus

általános választójog *fn* jog universal suffrage

Általános Vámtarifa- és Kereskedelmi Egyezmény *fn* (*nemzetközi egyezmény a nemzetek közti kereskedelem ösztönzésére*) General Agreement on Tariffs and Trade **NB: röv GATT**

általánosan elfogadott számviteli elvek *fn* számv generally accepted accounting principles

alulárazás *fn* ker underpricing

alulbecslés *fn* underestimation

alulbérez *ige* underpay

alulértékelés *fn* undervaluation * **Néhány szakértő úgy véli, hogy Kína versenyképességének legfőbb oka a renminbi [a jüan másik neve] alulértékelése.** Some experts believe the undervaluation of renminbi [the alternative name for the yuan] is the main cause of China's competitiveness.

alulfizetett *mn* underpaid

alulteljesít *ige* underperform

alvállalkozásba ad *ige* subcontract

alvállalkozó *fn* subcontractor

alvállalkozói megbízásba ad *ige* subcontract

alvállalkozói szerződés *fn* subcontract

Amerikai Értéktőzsde *fn* tőzsde AMEX [= American Stock Exchange]

amint lehetséges *hat* asap; a.s.a.p. [= as soon as possible] * **Válaszoljon a faxra, amint lehetséges!** Answer the fax a.s.a.p.

amortizáció *fn*
1. (*az állótőkék fokozatos értékvesztése, pl. elhasználódás, kopás, korszerűtlenné válás miatt*) amortization
2. pénzügy depreciation

amortizáció mértéke *fn* rate of deprecation

amortizációs alap *fn* pénzügy amortization fund; sinking fund

amortizál *ige* pénzügy amortize

amortizálódás *fn* amortizement

analizál *ige* analyse

angol központi bank *fn* bank Bank of England **NB: röv B.E.; B/E; B. of E.**

antedatál *ige* (*egy dokumentumot a valósnál korábbi keltezéssel lát el, hogy az onnantól kezdve legyen érvényes*) backdate

anyag *fn* material; substance

anyagbeszerzés *fn* materials purchases; procurement of materials * **A frissen végzettek első feladatai közé az anyagbeszerzés, a tervezés, a raktározás és a terjesztés tartozhat.** Initial roles for graduates may be in materials purchasing and planning, warehousing and distribution.

anyagbeszerző *fn* ker purchasing agent; buyer

anyagellátás *fn* ipar materials supply

anyaggazdálkodás *fn* ipar (*ellenőrzési rendszer a készleten lévő anyagokról és azok mennyiségéről*) materials management; materials control; inventory management

anyagi eszközök *fn* pénzügy financial means

anyagi javak *fn* (*olyan értékes tárgyak, melyeket befektetési célból vásárolnak*) tangibles

anyagi kár *fn* bizt property damage * **A biztosítás fedezi a járműve által másoknak okozott sérüléseket és anyagi károkat.** This type of insurance covers you for any injury to others or property damage caused by your vehicle.

anyagi lehetőségek *fn* pénzügy financial means * **A felsőoktatást elérhetővé akarjuk tenni mindenki számára, az illető anyagi lehetőségeitől függetlenül.** We have a commitment to ensuring access to higher education for any students, regardless of their financial means.

anyagi veszteség *fn* pénzügy financial loss

anyagköltségek *fn* cost of materials; material costs

anyagminta *fn* sample

anyagmozgatás *fn* ipar (*áruszállítás egy üzemen/gyártelepen belül*) materials handling; handling

anyagmozgatási díj *fn* száll (*áruk rakodásáért, mozgatásáért, átrakásáért fizetett díjtétel*) handling charge

anyagráfordítás *fn* cost of materials

anyagveszteség *fn* ipar wastage

anyasági segély *fn* maternity benefit

anyasági támogatás *fn* maternity allowance

anyasági védelem *fn* maternity protection

anyaszervezet *fn* parent organization

anyavállalat *fn* parent company; controlling company

apad *ige* (*készlet, tartalék*) wane

apport *fn* contribution in kind

apróhirdetés *fn* mark (*rövid, sajtóban téma szerint megjelenített hirdetés*) classified advertisement **NB: röv classified ad ∗ Apróhirdetés útján 1200 fontért adtam el a fényképezőgépemet.** I sold my camera for £1,200 through a classified ad.

aprólékos *mn* detailed

aprópénz *fn* pénzügy change

ár *fn* ker price; cost

ár mérséklése *fn* price reduction

árajánlat *fn* ker bid; tender; quotation; quote; estimate; (*US*) proposal ∗ **árajánlatot tesz, licitál** make/enter a bid ∗ **árajánlatot kér, pályázatot hirdet** invite bids ∗ **árajánlatot visszavon** withdraw a bid

árajánlatot tesz *ige* ker bid; make a bid for; tender *for*; quote

áralakító szerep *fn* ker price leadership

áralku *fn* ker bargaining

áramvonalasít *ige* streamline

arány *fn* ratio; rate

„Arany Oldalak” *fn* Yellow Pages

aranyalap *fn* pénzügy gold standard

aranyalapú rendszer *fn* pénzügy (*megszabja, hogy egy adott pénznem egységnyi értéke milyen súlyú és finomságú aranynak feleljen meg*) gold standard

arányos *mn* proportional

arányos rész *fn* proportion; quota

aranystandard *fn* pénzügy gold standard

arányszám *fn* ratio

aranytartalék *fn* pénzügy (*aranyrudakban tartott tartalék, melynek értékét a súlya szerint határozzák meg*) bullion reserve; gold reserve(s) ∗ **Újabb 25 tonna aranyat árvereztek el tegnap, mivel az Államkincstár csökkenteni akarja az aranytartalékát.** Another 25 tonnes of gold was auctioned yesterday as part of the Treasury's plan to reduce its bullion reserves.

aranyvaluta *fn* pénzügy gold standard

ár-apály energia *fn* tidal energy

árazás *fn* pricing

árbevétel *fn* ker sales revenue; revenue

arbitrázs(ügylet) *fn* tőzsde (*az az ügylet, melynek során vki vesz valamit az egyik piaci központban és majdnem ugyanabban az időpontban eladja egy másikban*) arbitrage

árcédula *fn* ker price label; price tag

arculat *fn* image ∗ **arculatot kialakít** create an image ∗ **arculatot erősít** promote an image ∗ **vmilyen arculatot mutat** present/project an image

árcsökkenés *fn* ker price cut; price markdown

árcsökkentés *fn* ker price cut; price reduction; (*árból adott engedmény, pl. hibás áru esetén*) abatement; mark-down

árdiktáló *fn* ker price leader

árdiktáló szerep *fn* ker price leadership

áregyezség *fn* price fixing

áremelkedés *fn* ker price increase; rise in prices; boom; price advance; price mark-up ∗ **Az ingatlanárak emelkedése április óta a legalacsonyabb szintre lassult.** Property price advances have slowed to their lowest level since April.

áremelkedéses piac *fn* tőzsde bull market

árengedmény *fn* ker discount (price); reduction; price cut; rebate; mark-down; price concession; (*pl. hibás áru esetén*) abatement ∗ **A gáz- és áramszolgáltatók egyre több árengedményt és támogatást adnak a padlásszigetelésre, energiatakarékos villany-**

körtékre és más energiatakaré-kossági intézkedésekre. Gas and electricity suppliers are increasingly offering discounts and grants on loft insulation, low-energy light bulbs and other energy-saving moves.
árengedményt ad *ige* ker discount
árérzékenység *fn* price sensitivity
áresés *fn*
1. ker decrease in price; fall in prices; price decline; price mark-down; (*hirtelen*) slump; slump in prices
2. tőzsde sliding trend
áreséses piac *fn* tőzsde bear market
áresésre játszik *ige* tőzsde bear
árfeszültség *fn* ker differential price
árfolyam *fn*
1. pénzügy rate
2. tőzsde price
árfolyamalap *fn* pénzügy stock list
árfolyamcsökkenés *fn*
1. pénzügy price decline
2. tőzsde price depreciation
árfolyamcsökkentés *fn* price mark-down
árfolyamemelés *fn* price mark-up
árfolyam-emelkedés *fn*
1. tőzsde price increase; price appreciation
2. pénzügy (*gyors*) rally
árfolyamérték *fn*
1. pénzügy cash value
2. tőzsde list price; market value
árfolyamesés *fn*
1. (*hirtelen*) slump
2. tőzsde price depreciation
árfolyamindex *fn* price index
árfolyamjegyzék *fn*
1. price list
2. pénzügy stock list
árfolyamjegyzés *fn*
1. price quotation
2. tőzsde stock exchange (quotation)
árfolyamjelölés *fn* tőzsde mark
árfolyamkockázat *fn* price risk
árfolyam-különbözet *fn* tőzsde price differential; premium margin
árfolyamlevonás *fn* pénzügy discount
árfolyam-megállapítás *fn* pricing

árfolyam-növekedés *fn* upturn
árfolyamnyereség *fn* pénzügy (*realizált*) capital gain
árfolyamnyereség-adó *fn* adó (*Nagy-Britanniában ezt az adót vetik ki, ha a magánszemély elad valamilyen vagyontárgyat, és ebből nyeresége származik. Bizonyos javak (pl. saját gépjármű) eladása azonban nem adóköteles bizonyos összeg alatt.*) (*GB*) capital gains tax **NB: röv C.G.T.**
árfolyamnyereség-arány *fn* tőzsde price-earnings ratio **NB: röv P/E ratio; p.e.r.; P.E.R.; p/e.r.; P/E.r.**
árfolyamok befolyásolása *fn* tőzsde stock-jobbing
árfolyamot jegyez *ige* tőzsde quote
árfolyamváltozási kockázat *fn* pénzügy transaction risk
árhatár *fn* limit
árindex *fn* price index
árirányítás *fn* ker price leadership
árjegyzék *fn* ker price list; price catalogue
árkalkuláció *fn* pricing
árkartell *fn* ker price cartel
árképzés *fn* price formation; pricing
árképzési politika *fn* pricing policy
árkiigazítás *fn* ker price adjustment
árkülönbözet *fn* ker price margin; differential price
árkülönbség *fn* pénzügy spread
árleszállítás *fn* ker price cutting; price reduction; mark-down
árletörés *fn* undercutting
árliberalizálás *fn* ker price liberalization
árlista *fn* ker price list; scale of charges
ármechanizmus *fn* price mechanism; pricing mechanism
ármegállapítás *fn* pénzügy pricing; (*kormányintézkedéssel*) valorization
ármegállapodás *fn* ker price fixing
ármérséklés *fn* ker price cut
árnövekedés *fn* ker price increase
árnövekedési ütem *fn* pénzügy inflation rate
árnövelő *mn* pénzügy inflationary
árnyékgazdaság *fn* shadow/underground/moonlight economy ∗ **Lehetővé**

tesszük az embereknek, hogy az Egyesült Királyságba jöjjenek, és törvényesen dolgozzanak, ne pedig az árnyékgazdaságban, ahol gyakran kizsákmányolják őket. We are enabling people to come to the UK and work legally rather than allowing people to work in the shadow economy where they are often exploited.

ár-nyereség hányad *fn* tőzsde price-earnings ratio **NB: röv P/E ratio; p.e.r.; P.E.R.; p/e.r.; P/E.r.**

áron alul ad el *ige* ker (*terméket, szolgáltatást, de akár egy személy a saját képességeit és hozzáértését is*) undersell

áron alul kínált áru *fn* ker (*az az áru, amit főleg azért tart és ad el a boltos, hogy a vevőket további vásárlásokra csábítsa*) loss leader

áron alul kínált szolgáltatás *fn* ker loss leader

árpolitika *fn* pricing policy; pricing

árrendezés *fn* ker adjustment of prices

árrés *fn* ker margin; differential price

árrögzítés *fn* price fixing; price freeze

árstabilitás *fn* pénzügy price stability; stability of the price level

árstabilizáció *fn* pénzügy (*kormányintézkedéssel*) valorization

árszint *fn* ker price level

árszintstabilitás *fn* price-level stability; stability of the price level

árszínvonal *fn* ker price level

ártalmas *mn* adverse

ártartomány *fn* price range

ártatlannak ítél *ige* jog acquit

áru *fn*
1. product
2. ker goods; merchandise * **kereskedelmi forgalomba kerülő áruk** tradeable goods

áru bemutatása *fn* ker display

áru kiállítása *fn* ker display

áru márkázása *fn* ker branding

áru reklámozása *fn* mark product advertising

áru védjegyezése *fn* ker branding

áruakkreditív *fn* ker (*bank és exportőr közötti megállapodás*) documentary credit; documentary letter of credit

áruátvétel *fn* ker acceptance of goods

áruba bocsátás *fn* ker sale

áruba bocsátható *mn* ker sal(e)able

árubemutató *fn* (*kóstolóval egybekötött*) tasting fair

árubőség *fn* ker glut

árucikk *fn* ker article; merchandise; item

árucsere *fn* ker barter

árucserén alapuló kereskedelem *fn* ker barter economy

árufelesleg *fn* ker surplus of goods; glut

árufelhalmozódás *fn* ker glut

áruforgalmi adó *fn* adó purchase tax

áruforgalmi bevétel *fn* ker sales revenue * **Azoknál a vállalatoknál, amelyek jelentették az eredményeiket, az áruforgalmi bevételek körülbelül nyolc százalékkal az elemzők elvárásai alatt voltak.** Sales revenues at companies that have reported results have been around 8 per cent below analysts' expectations.

áruforgalmi csatorna *fn* ker trade channel

áruforgalmi költségek *fn* ker cost of sales; selling costs; selling expenses

áruforgalom *fn* ker sales turnover; trade

áruforgalom elemzése *fn* ker sales analysis

áruforgalom volumene *fn* ker sales volume

árufuvarozás *fn* száll transport of goods

árufuvarozó *fn* száll freight forwarder

áruházi üzletvezető *fn* ker sales manager

áruhiány *fn* ker shortage of goods

áruhitel *fn* bank commodity credit

árujegy *fn* label

árujegyzék *fn* száll (*vámvisszatérítési kérvényhez*) shipping bill

áruk szabad mozgása *fn* EU free movement of goods

árukapcsolásos értékesítés *fn* ker tie-in sales

árukészlet *fn* inventory stock(s); stock-in-trade; stockpile

árukezelés *fn* száll dispatching

árukiszállítás *fn* ker exportation

árukivitel *fn* ker export; exportation

árukompenzáció *fn* ker barter
árukosár *fn* ker (*több áru együttesen*) basket of commodities; basket of products
árul *ige* ker market
áruleltár *fn* stock inventory
árulerakat vezetője *fn* stockist
árumegjelölés *fn* ker trade description
áruminta *fn* sample pattern
árumintavásár *fn* ker sample fair; (*általában állam által szervezett bemutató*) exposition
árupiac *fn* tőzsde commodity market
árureklám *fn* mark product advertising
árusít *ige* ker sell * **nagy tételben árusít** sell in bulk
árusítás *fn* ker selling; merchandising; (*automatából*) vending; (*engedményes*) sale
árusítható *mn* ker vendible
árusító *fn* vendor
áruskála *fn* ker range of goods; range of products
áruszállítás *fn* száll transport of goods
áruszállítmány *fn* száll consignment **NB: röv consgt.**
áruszemle *fn* survey
áruszemléltetés *fn* ker display
árut mozgat *ige* handle
árutétel *fn* ker batch
árutorlódás *fn* ker glut
árutöbblet *fn* ker oversupply
árutőzsde *fn* tőzsde commodity exchange; commodity market * **A cég támogatja egy új árutőzsde megteremtését, mely az európai bioétel-piacra tör majd be.** The firm is backing a new commodity exchange that will tap into the European market for organic food.
áruutánzat *fn* ker dummy
áruválaszték *fn* ker range of goods; range of products; choice of goods; assortment of goods; collection; variety of goods; selection of goods
áruvédjegy *fn* ker (*egy termék vagy szolgáltatás általában bejegyzett védjegye, aminek alapján a vevő azonnal azonosíthatja a gyártót/szolgáltatót és a termék/szolgáltatás minőségét*) trademark; brand; producer's brand

áruvisszatartási jog *fn* jog (*annak joga, hogy valaki bármit megtarthasson biztosítékként, amíg jogos igényét nem elégítik ki*) lien
árverés *fn* ker auction * **Néhány művész árverésre adományozott az alkotásaiból, hogy elősegítse egy jótékonysági kampány pénzgyűjtését.** Some artists have donated works to an auction to raise funds for a charity campaign.
árveszteség *fn* price loss
árvetés *fn* costing
árvezető *fn* ker price leader
árzuhanás *fn* tőzsde collapse
átad *ige* hand over; turn over; deliver
átadás *fn* handover; delivery
átadás helye *fn* száll place of delivery
átadó *fn* ker (*dokumentum/okmány/csekk/váltó birtokosa*) bearer
átalakít *ige* transform; convert; modify; reorganize
átalakítás *fn* reorganization
átalakul *ige* transform
átalakulás *fn* reorganization
átalány (összeg) *fn* pénzügy lump (sum)
átalányadó *fn* adó flat-rate tax * **Gibraltáron nincs áfa, a 8500 adómentes vállalat évi 225 font átalányadót fizet.** There is no VAT in Gibraltar and the 8,500 tax-exempt companies pay a flat rate tax of £225 a year.
átalányár *fn* jog contract price
átalányszámla *fn* bank (*olyan banki szolgáltatás, mely során a bank esedékességkor rendezi ügyfelének számláit, de az ügyfél számláját csak a havi átalánnyal terheli, így az ügyfél tervezni tudja költségeit*) budget account
átállít *ige* switch
átcsábít *ige* (*munkavállalókat*) poach
átcserél *ige* exchange
átcsoportosít *ige* (*hivatalosan eldönt, hogy vmit más célra fognak használni, fordítani*) reallocate; redeploy; regroup * **A megtakarítások bizonyos hányadát új projektek finanszírozására csoportosítják át.** A proportion of savings will be reallocated to fund new projects.

átcsoportosítás *fn* redeployment; reallocation * **Néhány szerep átcsoportosítása és megszüntetése egyszerűsíteni fogja vállalatvezetési szerkezetünket.** The redeployment and removal of some roles will simplify our management structure.

átdolgoz *ige* revise

átdolgozás *fn* revision

átenged *ige* jog convey

átengedés *fn* jog
1. *(tulajdoné)* conveyance; cession
2. *(jogok és érdekeltségek hivatalos átengedése egy másik személynek)* assignment

átépítés *fn* redevelopment

átértékel *ige* revalue

átértékelés *fn* pénzügy revaluation; revalorization

átfogó *mn* overall NB: röv o.a.

áthág *ige (pl. vmilyen szabályt)* disobey; exceed * **áthágja az utasításokat** exceed instructions

áthárít *ige* adó defer

áthelyez *ige* relocate; move; *(alkalmazottat, munkát, stb.)* transfer

áthelyezés *fn* relocation; displacement NB: röv displ.; *(alkalmazotté, munkáé stb.)* transfer

áthidaló hitel *fn* pénzügy *(rövid távra nyújtott hitel, amely arra szükséges a kölcsönt felvevőnek, hogy pl. egy vételt finanszírozni tudjon, amíg egy másik eladás megvalósul)* *(GB)* bridging loan; *(US)* bridge loan

áthidaló kölcsön *fn* pénzügy *(rövid távra nyújtott hitel, amely arra szükséges a kölcsönt felvevőnek, hogy pl. egy vételt finanszírozni tudjon, amíg egy másik eladás megvalósul) (GB)* bridging loan; *(US)* bridge loan * **Amikor a feleségével úgy döntött, hogy a fővárosba költöznek, 100-000 fontos áthidaló kölcsönt vettek fel, de rá kellett döbbenniük, hogy a házuk eladása nehezebb, mint gondolták.** When he and his wife decided to move to the capital, they took out a £100,000 bridging loan, only to discover his house was harder to sell than anticipated.

áthoz *ige* számv bring forward

áthúzódó tételek *fn* számv *(rendezetlen tartozások összege a tárgyidőszak végén, mely lehet a cég által fizetendő vagy követelt)* accruals

átírás *fn* transcription; transfer of funds

átirat *fn* transcript

átkapcsol *ige* switch

átképez *ige* retrain

átköltöztetés *fn* relocation

átkönyvel *ige* számv post

átkönyvelés *fn* számv *(főkönyvi számlákra)* posting

átlag *fn* average; *(statisztikában)* mean * **Az alkalmazottak átlagmunkaideje heti 50 óra.** The staff work 50 hours a week on average.

átlagár *fn* tőzsde mean price

átlagköltség-számítás *fn* pénzügy absorption costing

átlagon felüli *mn* better than average

átlagos *mn* average * **A családok átlagos kiadása az idén magasabb, mint tavaly volt.** A family's average spending a year is higher this year than it was last year.

átlagosnál jobb *mn* better than average

átlagszint alatti *mn* substandard

átlép *ige (meghalad)* exceed

átmeneti *mn* provisional

átmeneti időszak *fn* EU transition(al) period * **A jelenlegi törvények szerint egy hétéves, átmeneti időszak alatt lehet korlátozásokat alkalmazni a munkaerőpiacon.** Under current legislation, there is a seven-year transition period when restrictions to the labour market can be enforced.

átmeneti irányelv *fn* EU transitional directive

átmeneti rendelkezések *fn* EU transitional arrangements * **Súlyos szemrehányásokkal illette a kormányt, amiért az nem hozott átmeneti rendelkezéseket az EU-hoz csatlakozó országokból érkező bevándorlás kezelésére.** He lambasted the government's "failure" to put in place transitional arrangements to deal with immigration from the EU accession countries.

átmenő áruforgalom *fn* ker transit trade

átmenő forgalom *fn* száll transit

átmenő kereskedelem *fn* ker transit trade

átmenő tételek *fn* számv *(rendezetlen tartozások öszszege a tárgyidőszak végén, mely lehet a cég által fizetendő vagy követelt)* accruals

átmeneti finanszírozás *fn* pénzügy *(rövid távra nyújtott hitel, amely arra szükséges a kölcsönt felvevőnek, hogy pl. egy vételt finanszírozni tudjon, amíg egy másik eladás megvalósul)* bridging finance * **A vállalatot azzal a céllal alapították, hogy átmeneti finanszírozást nyújtson a kisvállalkozásoknak.** The company was set up to offer bridging finance to small businesses.

atmoszféra *fn* atmosphere

átnéz *ige* revise; *(alaposan)* scrutinize

átörökít *ige* jog transmit

átrakás *fn* handling

átrakási díj *fn* száll *(áruk rakodásáért, mozgatásáért, átrakásáért fizetett díjtétel)* handling charge

átrakodik *ige* handle

átrendez *ige* *(hivatalosan eldönt, hogy vmit más célra fognak használni, fordítani)* reallocate; regroup

átruház *ige* jog assign; confer; convey; transfer; *(hatáskört, jogkört stb.)* delegate * **Célszerű lenne a jövedelemadó bizonyos hányadának közvetlen átruházása a helyi önkormányzatokra.** A proportion of income tax should be directly assigned to local government.

átruházás *fn* jog *(jogok és érdekeltségek hivatalos átengedése egy másik személynek)* conferment; assignment; conveyance; delegation; grant; settlement; transfer; *(tőkeérdekeltségé)* transfer of funds

átruházási okirat *fn* jog *(tulajdonjogi átruházásról szóló)* transfer deed

átruházási okmány *fn* jog deed

átruházhatatlan *mn* untransferable

átruházható *mn* pénzügy transferable * **átruházható értékpapírok** transferable securities

átruházható okmány *fn* bank negotiable instrument

átruházó *fn* jog *(az a személy, aki lemond bizonyos jogairól egy másik személy számára)* transferor; assignor

átszállít *ige* száll move; transfer

átszámítási ár *fn* pénzügy conversion price; conversion rate

átszámítási árfolyam *fn*
1. pénzügy conversion rate; conversion price
2. bank rate of exchange

átszámítási kulcs *fn*
1. pénzügy conversion rate; conversion price
2. bank exchange rate

átszerkeszt *ige* revise

átszerkesztés *fn* revision

átszervez *ige* reorganize; restructure

átszervezés *fn* reorganization; restructuring * **az osztályok költséges átszervezése** a costly reorganization of departments

áttekint *ige* review

áttekintés *fn* survey

áttelepít *ige* relocate

áttelepítés *fn* relocation

áttelepül *ige* move

áttérés *fn* switch

áttesz *ige* jog *(más bírósághoz)* remit

attitűd-vizsgálat *fn* *(vizsgálat, mely megmutatja a munkatársak közötti munkaviszony és a munkához fűződő viszony milyenségét)* attitude survey

átutal *ige*
1. pénzügy transfer; remit
2. jog *(vki hatáskörébe)* remit

átutalás *fn* pénzügy transfer; remittance; transfer of funds

átutalás címzettje *fn* pénzügy remittee

átutalási díj *fn* bank transfer fee

átutalási megbízás *fn*
1. pénzügy money order **NB: röv M.O.**; money transfer order
2. bank banker's order

átutaló *fn* pénzügy remitter
átutalt összeg *fn* pénzügy remittance
átütemezett adósság *fn* pénzügy funded debt
átválthatóság *fn* pénzügy convertibility
átvállal *ige* (*pl. költséget*) take on; absorb
átvállalás *fn* pénzügy absorption * **költségek átvállalása** absorption of losses
átvált *ige* (*pénzt stb.*) convert; exchange; switch * **Utazásukat követően dollárjukat euróra váltották át.** After the journey, they converted their dollars into euros.
átváltás *fn*
1. conversion
2. bank exchange; switch
átváltási árfolyam *fn*
1. pénzügy exchange rate; parity; par
2. bank rate of exchange
átváltási paritás *fn* pénzügy par
átváltási ráta *fn* pénzügy exchange rate
átváltható *mn* pénzügy convertible
átvesz *ige*
1. (*céget, üzleti tevékenységet stb.*) take over
2. ker accept * **árut átvesz** accept goods
átvétel *fn* (*vállalat ellenőrzésének megszerzése ellenőrző részvénycsomag felvásárlásával*) takeover; receipt; acceptance
átvétel időpontja *fn* ker date of receipt
átvételi bizonylat *fn* receipt
átvételi elismervény *fn* receipt
átvételi igazolás *fn* száll delivery note
átvételkor készpénzben fizetendő *fn* száll (*a gyártó/eladó abban az esetben küldi el a megrendelőnek az árut, ha a vevő a postásnak vagy a szállítónak kifizeti az árut és a szállítási díjat a leszállításkor*) (GB) cash on delivery **NB: röv C.O.D.**; (US) collect (up)on delivery **NB: röv C.O.D.**
átvezet *ige* számv post
átvilágítás *fn*
1. számv audit
2. jog (*pl. joganyagé*) screening
átvisz *ige* számv bring forward; (*szaldót*) carry down
átvizsgál *ige* revise; overhaul; search
átvizsgálás *fn* revision; screening; overhaul; scrutiny * **átvizsgálás alatt** under scrutiny * **alapos átvizsgálás** close scrutiny * **bírósági/parlamenti/nyilvános átvizsgálás** judicial/parliamentary/public scrutiny
auditálás *fn* számv audit
auditálatlan *mn* számv (*mérleg, üzleti könyv*) unaudited
aukció *fn* ker auction
automata *fn* ker (*árusító*) vending machine
automatikus béremelés *fn* (*a bértábla szerinti éves fizetésemelkedés*) increment
automatikus leemelés *fn* bank (*pl. számláról*) direct debit
automatizálás *fn* automatization * **A nemrégiben végrehajtott automatizálás nagymértékben gyorsította a termelést.** The recent automatization made the production much faster.
automatizált *mn* automated
Automatizált Értéktőzsdei Árfolyamkijelző Rendszer *fn* tőzsde Stock Exchange Automated Quotations **NB: röv SEAQ**
autonóm *mn* self-governing
autonómia *fn* autonomy
avizó *fn* bank (*banki értesítés a számlán jóváírt öszszegről*) bank statement; advice note
azonnali *mn* immediate; instant; prompt; spot
azonnali ár *fn* bank spot price; spot rate
azonnali árfolyam *fn* bank spot rate; spot price
azonnali hatályú elbocsátás *fn* (*felmondási idő nélküli*) summary dismissal * **Négy nappal a meghallgatás után közölték vele, hogy súlyos fegyelemsértést állapítottak meg, és azonnali hatályú elbocsátás vár rá.** Four days after the panel hearing, he was told that gross misconduct had been established and that he was facing summary dismissal.
azonnali készpénzfizetés *fn* pénzügy spot cash
azonnali piac *fn* bank spot market

azonnali visszafizetésre felmondható kölcsön *fn* bank (*bank által nyújtott kölcsönfajta*) call money

azonnalra felmondható betét *fn* bank sight deposit

azonosít *ige* identify

azonosítás *fn* jog (*hivatalos*) authentication

ázsió *fn* pénzügy (*a kereskedő vételi és eladási árainak különbözete*) agio

B, b

bála *fn* pack; package

baleset-biztosítás *fn* bizt accident insurance; casualty insurance * **2003-ban a legjövedelmezőbb üzletágak az energia-, a tulajdon- és a viszontbiztosítás voltak, a balesetbiztosítás viszont rosszul teljesített.** During 2003 the most profitable types of business were energy, property and re-insurance, but casualty insurance showed a poor performance.

baleseti bejelentés *fn* bizt accident report

balesetvédelmi előírások *fn* safety regulations * **A katasztrófa felvetette a kérdést, hogy a jelenlegi balesetvédelmi előírások kielégítőek-e.** The disaster raised questions over whether current safety regulations were adequate.

balsiker *fn* failure

bánatpénz *fn* jog key money; forfeit

bánik vkivel/vmivel *ige* handle * **A főnököm jól tud bánni az emberekkel.** My boss is good at handling people.

bank *fn* bank
1. bank
2. (*számlavezető*) banker

banki elfogadvány *fn* bank banker's acceptance

bankár *fn* bank banker

bankári elfogadvány *fn* bank bank acceptance; banker's acceptance; bank bill

bankári tevékenység *fn* bank banking

bankári váltó *fn* bank (*olyan látra szóló csekk, amit a bank magától vesz fel*) bank draft **NB: röv B.D.; B/D; B/Dft**; banker's draft **NB: röv B.D.; B/D; B/Dft**

bankátutalás *fn* bank bank transfer; bank remittance; credit transfer

bankátutalási megbízás *fn* bank bank money order

bankautomata *fn* bank cash dispenser

bankazonosító szám *fn* bank bank code

bankbetét *fn* bank credit account

bankbetétkönyv *fn* bank passbook

bankbiztosíték *fn* bank collateral

bankelfogadvány *fn* bank (*olyan látra szóló csekk, amit a bank magától vesz fel*) bank draft **NB: röv B.D.; B/D; B/Dft**; bank bill; bank acceptance

banképület *fn* bank bank

bankfelügyelet *fn* bank banking supervision; supervision of banking

bankfiók *fn* bank bank branch; branch

bankgarancia *fn* bank (*a bank garanciát vállal arra, hogy amennyiben az adós nem fizet, a bank vállalja át a kifizetést a hitelezőnek*) bank guarantee * **Néhány labdarúgó egyesület hamis bankgaranciákkal indult el az idei futballszezonban.** Some football clubs used fraudulent bank guarantees in order to play in the current season.

bankház *fn* bank banking house

bankhitel *fn* bank (*egy bizonyos összeg, melyet a bank az ügyfélnek bizonyos időre kölcsönad*) bank advance; bank credit; bank loan; (*hitelmegállapodás a bankkal, amelynél nem kell okmányokat csatolni a kiállított váltókhoz*) clean credit **NB: röv c/c**

banki folyószámlahitel *fn* bank (*egy bizonyos összeg, amellyel az ügyfél túllépheti bankszámláját*) bank overdraft * **A hitelkártyákon általában sokkal magasabb a kamat, mint a banki folyószámlahiteleken, és sokkal hamarabb is kell törleszteni őket.** Credit cards usually have much higher rates of interest than bank overdrafts and need to be paid back much sooner.

banki kódszám *fn* bank bank code
banki pénzeszközök *fn* bank *(folyószámlán tartott banki betétek)* bank money
banki ügyfélkártya *fn* bank *(az ügyfél számára a bank állítja ki, mely szerint a bank egy bizonyos értékhatárig kötelezettséget vállal)* *(GB)* cheque card; *(US)* check card
bankilleték *fn* bank *(a bank által felszámított díj a különböző banki szolgáltatásokért, pl. számlavezetésért)* bank charges; bank commission
bankintézvény *fn* bank *(olyan látra szóló csekk, amit a bank magától vesz fel)* bank draft **NB: röv B.D.; B/D; B/Dft**; banker's draft **NB: röv B.D.; B/D; B/Dft**
bankjegy *fn* pénzügy *(GB)* banknote **NB: röv B.N.**; *(US)* bank bill; *(GB)* note; *(US)* bill; soft money; paper money
bankjegykiadó automata *fn* bank cash dispenser
bankjutalék *fn* bank *(forgalom utáni kezelési költség)* bank commission; banker's commission
bankkal intézteti ügyeit *ige* pénzügy bank
bankkamatláb *fn* bank bank rate **NB: röv b.r.**
bankkapcsolat *fn* bank banker
bankkártya *fn* bank *(hitelkártyatulajdonságok nélküli kártya, amelyről csak akkora összeg költhető, amennyi a kártyán van)* bank card; debit card; money card
bankképes *mn* bank *(US)* eligible
bankkezesség *fn* bank *(a bank garanciát vállal arra, hogy amennyiben az adós nem fizet, a bank vállalja át a kifizetést a hitelezőnek)* bank guarantee
bankkimutatás *fn* bank bank statement
bankkölcsön *fn* bank *(egy bizonyos összeg, melyet a bank az ügyfélnek bizonyos időre kölcsönad)* bank loan; bank accommodation * **Bankkölcsönökből szeretnék megoldani a finanszírozást.** They want to obtain financing through bank loans.
bankköltség *fn* bank *(a bank által felszámított díj a különböző banki szolgáltatásokért, pl. számlavezetésért)* bank charges
bankkövetelés *fn* pénzügy cash

bankleszámítolás *fn* bank bank discount
bankművelet *fn* bank banking transaction; banking operation * **Az internethasználók kb. 60%-a bonyolít elektronikus bankügyleteket, és az összes bankművelet 80%-a elektronikusan történik.** Some 60% of internet users use electronic banking and 80% of all banking transactions are electronic.
bankpénztáros *fn* bank teller
bankráta *fn* bank bank rate **NB: röv b.r.**
bankreferencia *fn* bank *(banktól kérhető (ált. meglehetősen általános értékelést tartalmazó) referencia az ügyfél pénzügyi helyzetéről)* banker's reference
bankrendszer *fn* bank bank system
bankszakma *fn* bank banking business
bankszámla *fn* bank bank account; *(US)* checking account * **Lehetséges, hogy az apja marokkói pénzváltójából származó profitot svájci bankszámlákra tették.** Possibly profits from his father's Moroccan currency trading business were placed in Swiss bank accounts.
bankszámlabetét *fn* pénzügy credit money
bankszámlakivonat *fn* bank bank statement
bankszámlakövetelés *fn* bank *(folyószámlán tartott banki betétek)* bank money
bankszámlapénz *fn* pénzügy credit money
banktartalék *fn* bank *(a bankok készletei, melyekből kielégíthetik a számlatulajdonosok követeléseit)* bank reserve
banktevékenységet folytat *ige* pénzügy bank
banktitok *fn* bank bank secret
bankutalvány *fn* bank *(olyan látra szóló csekk, amit a bank magától vesz fel)* bank draft **NB: röv B.D.; B/D; B/Dft**; bank money order; banker's acceptance; *(GB)* cheque; *(US)* check
bankügy *fn* bank banking
bankügyek intézése otthonról *fn* bank home banking
bankügylet *fn* bank banking transaction

banküzlet *fn* bank banking business; banking

bankváltó *fn* bank (*olyan látra szóló csekk, amit a bank magától vesz fel*) bank draft **NB: röv B.D.; B/D; B/Dft**; banker's draft **NB: röv B.D.; B/D; B/Dft**; draft **NB: röv df.; dft.**; bank bill

barter *fn* ker barter

barterkereskedelem *fn* ker bartering

barterkereskedelmet folytat *ige* ker barter * **Forgalma 15%-kal megnőtt, amikor rájött, hogy néhány üzletfelével barterkereskedelmet tud folytatni.** His turnover grew by 15% when he found he could barter with some of his partners.

bátorít *ige* encourage

bátorítás *fn* encouragement

bázis *fn* basis

bázisár *fn*
1. basic price
2. tőzsde striking price

bead *ige* submit

beadvány *fn* jog petition

beállít *ige* adjust

beáramlás *fn* inflow; influx

beavatkozás *fn* intervention; interference * **Beavatkozással vádolták a hatóságokat.** They accused the authorities of interference.

beavatott *fn* insider

bebizonyít *ige* prove; demonstrate

becserélés *fn* ker exchange

becserélhető *mn* exchangeable

becslés *fn* assessment; estimate; rating; valuation; projection

becsomagolás *fn* wrapping

becsül *ige* estimate; value

becsületes *mn* fair

becsületsértés *fn* jog libel

becsült érték *fn* assessed value

becsüs *fn* bizt assessor

beenged *ige* admit * **Valamennyi részvényest beengedték a gyűlésre.** All the shareholders were admitted to the meeting.

beépít *ige* instal(l)

beérkezett rendelések *fn* ker orders received

beérkező megbízások *fn* order intake

beérkező rendelések *fn* ker order intake * **A beérkező rendelések száma továbbra is jelentős növekedést mutatott.** The number of order intakes continued to show significant improvement.

befagyaszt *ige* freeze; (*pl. számlát*) block

befagyasztás *fn* pénzügy (*pl. számláé*) immobilization; freeze

befejez *ige* finish; terminate; close; put through

befejezés *fn* termination; completion; finish

befektet vmibe *ige* pénzügy invest *in*; immobilize; employ; (*újból*) reinvest * **Tőkét fektettek be az új üzletbe.** They employed capital in their new business.

befektetés *fn* investment; (*újbóli*) reinvestment

befektetés hozama *fn* pénzügy return on capital employed **NB: röv ROCE**; return on investment **NB: röv ROI**

befektetésekből származó jövedelem *fn* unearned income

befektetéselemzés *fn* investment analysis * **A befektetéselemzés megmutatja, mit érdemes vásárolnia a befektetőnek.** An investment analysis shows what will be a good buy for investors.

befektetési alap *fn* pénzügy investment fund; mutual fund; (*GB*) investment trust

befektetési bank *fn* bank investment bank; (*GB*) merchant bank

befektetési banküzlet *fn* bank investment banking

befektetési cég *fn* pénzügy investment firm

befektetési egység-alap *fn* pénzügy (*szervezet, mely a megbízóitól pénzt gyűjt be és azt javukra értékpapírba fekteti*) (*GB*) unit trust

befektetési hajlandóság *fn* propensity to invest

befektetési igazolás *fn* pénzügy investment certificate

befektetési jegy *fn* pénzügy investment certificate

befektetési klíma *fn* pénzügy investment climate

befektetési költségek *fn* pénzügy capital costs

befektetési környezet *fn* pénzügy investment climate

befektetési légkör *fn* pénzügy investment climate

befektetési tanácsadás *fn* pénzügy investment advice; investment counselling; portfolio management

befektetési tanácsadó *fn* pénzügy investment consultant * **Túlzott nyomást gyakoroltak a befektetési tanácsadókra.** Undue pressure was put on investment consultants.

befektetési társaság *fn* pénzügy investment company; (*GB*) investment trust

befektetési viszonyok *fn* pénzügy investment climate

befektetett tőke hozama *fn* pénzügy return on capital employed **NB: röv ROCE**

befektető *fn* investor * **Próbálja eladni 12,9%-os részét, esetleg egy stratégiai befektetőnek.** He is seeking to sell his 12.9% stake, possibly to a strategic investor.

befektető társaság *fn* pénzügy (*GB*) investment trust

befektető-védelem *fn* pénzügy investor protection

befizetés *fn* pénzügy payment

befizető *fn* pénzügy contributor; payer * **Néhány ország az EU költségvetés nettó befizetője.** Some countries are net contributors to the EU budget.

befogad *ige* accommodate

befogadás *fn* intake * **Néhány ország úgy döntött, hogy akár hét évig is korlátozza az új tagországok dolgozóinak befogadását.** Some countries have decided to restrict the intake of workers from the new countries for up to seven years.

befolyás *fn* influence; impact * **használja a befolyását** exert/exercise/use influence

befolyásol *ige* influence; affect; manipulate

befolyásolás *fn*
1. influence
2. pénzügy controlling

behajt *ige*
1. pénzügy cash; (*tartozást*) recover
2. adó (*adót, illetéket stb.*) collect; (*GB*) levy
3. bank (*pénzt*) encash

behajtás *fn* pénzügy collection

behajtatlan követelések *fn* uncollected receivables

behajthatatlan *mn* non-collectable

behajthatatlan kölcsön *fn* bank dead loan

behajthatatlan követelések *fn* bad debt(s); irrecoverable debt(s); uncollectibles

behatárol *ige* restrict

behatás *fn* influence

behatolás *fn* penetration

behoz *ige* ker import * **Édesapám cége kozmetikumokat hoz be Franciaországból.** My father's firm deals with importing cosmetics from France.

behozatal *fn* ker import

behozatali cikkek *fn* ker imported goods

behozatali engedély *fn* ker import licence

behozatali kontingens *fn* ker (*mennyiségi behozatali korlátozás*) import quota

behozatali korlátozások *fn* ker import restrictions

behozatali tilalom *fn* ker ban on imports; import ban; embargo

behozatali vám *fn* adó import duty * **A behozatali vám, melynek mértéke termékről termékre változik, általában 2–20%-os.** Import duty, which varies from item to item, is typically in the range of 2%–20%.

behozatali vámpótlék *fn* adó import surcharge

beidézés *fn* jog summons

beiktat *ige*
1. register
2. jog incorporate; (*hivatalba*) instal(l)

beiktatás *fn* registry

beindítási költségek *fn* ipar set-up costs
beindulási időszak *fn* start-up period
beír vhová *ige* book; enter
beírás vhová *fn* entry
beismer *ige* admit * **Beismerték részleges bűnösségüket.** They have admitted partial guilt.
bejár *ige* (*munkahely és lakhely között közlekedik*) commute
bejegyez vhová *ige*
1. enter; register; book * **Megkérték, hogy jegyezze be az összeget a főkönyvbe.** She was asked to enter the amount in the ledger.
2. ipar (*teljesítménynaplóba, munkanaplóba stb.*) log
bejegyeztet *ige*
1. register * **nevet/tulajdont/márkanevet bejegyeztet** register a name/property/trademark
2. jog file
bejegyzés *fn* registration; entry; registry
bejegyzetlen cég *fn* unincorporated firm
bejegyzett *mn* registered
bejegyzett cég *fn* (*GB*) incorporated company; (*US*) incorporated
bejegyzett egyesület *fn* registered association; registered society * **Csak bejegyzett egyesületek igényelhetnek anyagi támogatást.** Only registered associations can bid for financial support.
bejegyzett ipari minta *fn* registered design
bejegyzett iroda *fn* registered office
bejegyzett márkanév *fn* registered tradename
bejegyzett részvénytársaság *fn* (*GB*) public company; (*US*) incorporated corporation; chartered company
bejegyzett tulajdonos *fn* registered proprietor
bejelent *ige*
1. announce; report; state; declare; notify
2. jog file
bejelentés *fn* announcement; statement; notification; notice; declaration * **beje-**

lentést tesz make an announcement * **Mindenki üdvözölte a bejelentést, hogy további befektetésekre kerül sor.** Everybody welcomed the announcement of further investments.
bejelentett *mn* registered
bejelentkezik *ige*
1. register * **A részleteket az alábbi honlapon találja, és ott be is jelentkezhet.** For details and to register go to the following website.
2. informatika (*rendszerbe belép*) log; log in
bekebelez *ige* incorporate; absorb
bekebelezés *fn* pénzügy absorption
bekerülési ár *fn* ker purchase price
bekerülési költség *fn*
1. ker cost of sales
2. ipar (*a gyártási tényezők összköltsége*) factor cost
bekerülési számítás *fn* számv cost accounting
bekövetkezik *ige* occur
beküldési határidő *fn* closing date
bel- *mn* internal
belát *ige* admit
beleegyezés *fn*
1. consent; compliance; sanction * **A szerződéshez az igazgatótanács valamennyi tagjának beleegyezése szükséges.** The contract needs the consent of all the members of the board.
2. jog assent * **beleegyezését adja vmihez** give assent to
beleegyezik *ige* accept
beleértett *mn* inclusive; implicit
beleértve *hat* including
belefog vmibe *ige* embark **on**
belefoglal *ige* include; incorporate
belekeveredés *fn* implication * **Az olajbotrányba való belekeveredése aláaknázta üzleti tevékenységét.** His implication in the oil scandal undermined his business.
belekezd vmibe *ige* embark **on**; undertake * **Hasznuk növelése érdekében kockázatos vállalkozásba kezdtek.** To improve their profit they have embarked on a risky venture.

belép *ige*
1. enter; join
2. informatika log in
belépés *fn* (*pl. piacra*) entry * **A nemzetközi alapok alacsony kockázatú, olcsó belépést jelentenek a globális piacra.** The international trusts offer a low-risk, low-cost entry to global markets.
beléptetés *fn* entry
beleszámít *ige* include
beleszámított *mn* inclusive
belföldi *mn* domestic; internal; national
belföldi piac *fn* ker domestic market; internal market; home market
belgazdaság *fn* home trade
belgazdasági *mn* domestic; internal
belkereskedelem *fn* ker domestic trade; internal trade; home trade * **Ha a belkereskedelemre vonatkozó törvényeket nemzetközileg is alkalmaznák, lehetséges, hogy a legtöbb céget esetleg bűnösnek találnák dömpingvétség miatt.** If the standards of domestic trade laws were applied internationally, perhaps a majority of firms would be guilty of dumping.
belső *mn* internal; in-house
belső auditálás *fn* internal audit
belső hálózat *fn* (*vállalaton belüli információs hálózat, amely az Internet elvén működik*) intranet
belső piac *fn*
1. internal market * **belső piac megvalósítása** completion of the internal market * **beilleszkedés/integrálódás a belső piacba** integration into the internal market
2. ker home market
beltag *fn* (*a cég munkájában aktívan résztvevő társ*) general partner
bélyegzőlap *fn* (*blokkolóóránál, munkahelyi ki- és belépésnél*) timecard
bemutat *ige* present; demonstrate; exhibit; introduce; submit; (*pl. dokumentumot*) produce; (*számlát*) render * **Egyik kollégája fogja bemutatni kutatásuk eredményeit.** One of his colleagues will present the results of their research.

bemutatás *fn* presentation; demonstration
bemutatkozás *fn* introduction
bemutató
1. (*vmilyen terméké stb.*) exhibition
2. ker (*dokumentum/okmány/csekk/váltó birtokosa*) bearer
3. bank (*csekké*) payee
bemutató projekt *fn* pilot project
bemutatóra szóló adóslevél *fn* tőzsde bearer debenture
bemutatóra szóló intézvény *fn* pénzügy sight draft **NB: röv S.D.**; sight bill
bemutatóra szóló kötvény *fn*
1. pénzügy bearer bond **NB: röv b.b.** * **Az utazási csekkek és a bemutatóra szóló kötvények írásos nyomot hagynak maguk után, amelyet a rendőrség követni tud.** Travellers' cheques and bearer bonds leave a paper trail for police to follow.
2. tőzsde bearer debenture
bemutatóra szóló részvény *fn* tőzsde (*GB*) bearer share; (*US*) bearer stock
bemutatóra szóló váltó *fn* pénzügy sight draft **NB: röv S.D.**; demand draft; sight bill
bemutatóterem *fn* showroom
benne rejlő *mn* inherent
bennfentes *fn* insider * **Egy bennfentes arról tájékoztatta a lapot, hogy a vállalat tárgyalásokba kezdett legnagyobb vetélytársával.** An insider informed the paper that the company had started negotiations with its biggest competitor.
bennfentes kereskedelem *fn* tőzsde (*törvénytelen és titkos módszerekkel bonyolított kereskedelem, amikor egy bennfentes használja ki azt az előnyét, hogy biztos információkkal rendelkezik*) insider dealing; insider trading
bennfentes ügylet *fn* tőzsde (*törvénytelen és titkos módszerekkel bonyolított kereskedelem, amikor egy bennfentes használja ki azt az előnyét, hogy biztos információkkal rendelkezik*) insider dealing; insider trading
benyújt *ige*
1. submit; (*számlát*) render

2. jog file * **kérvényt/kérelmet benyújt** file a petition * **Keresetet nyújtott be szerződésszegésért.** He filed an action for breach of contract.
benyújtás *fn* submission
benyújtási határidő *fn* filing date * **Az ügyre vonatkozó okmányokat a január 31-i benyújtási határidőtől számítva öt évig meg kell őrizni.** You must retain the relevant documents for five years after the 31 January final filing date.
beolvaszt *ige* (*céget, üzleti tevékenységet stb.*) incorporate; take over
beolvasztás *fn* integration
beosztás *fn* (*hivatali*) position; title * **vezetői beosztás** a managerial position * **Értesülések szerint Davie úr új beosztásba kerül a vállalat New York-i központjában.** Mr Davie is understood to be moving to a new position at the company's New York headquarters.
beosztott *fn* subordinate
bepanaszol *ige* complain
beperel *ige* jog sue; litigate * **A legnagyobb szállítójuk beperelte őket szerződésszegésért.** Their biggest supplier has sued them for breach of contract.
bér *fn* pay; rate of pay; payment; wage; (*lakásé, irodáé stb.*) rent * **béreket befagyaszt** impose/introduce a wage freeze
béradó *fn* adó wage tax; withholding tax
berakodás *fn* száll lading
berakodási költség *fn* száll shipping charge
béralap *fn* wage fund
bér-ár spirál *fn* (*bérek és árak inflációs spirálja*) wage-price spiral
bérarány *fn* wage ratio
bérbe ad *ige*
1. lease; rent * **Tulajdonosa vagyok egy háromszobás ingatlannak, melyet hét éve bérbe adok.** I own a two-bedroom property which I have been renting out for the last seven years.
2. száll charter

bérbe vesz *ige* hire * **Amint megérkezett, azonnal autót bérelt.** When he arrived, he immediately hired a car.
bérbeadó *fn* lessor
bérbefagyasztás *fn* wage freeze
bérbevétel *fn* hire
bércsoport *fn* grade
bércsökkenés *fn* wage cut
bércsökkentés *fn* wage cut; wage reduction
bérel *ige*
1. lease; rent * **Nagyon nehezek voltak az első hónapok, de az év végére sikerült felvennünk két alkalmazottat, és irodát is béreltünk a városközpontban.** It was very difficult in the first few months, but by the end of the year, we'd employed two staff and were renting an office in downtown.
2. száll charter
bérelt eszközök *fn* számv leasehold
béremelés *fn* wage rise; wage increase; pay increase; (*jó teljesítményért adott, jó eredményhez kötött*) merit increase; (*a bértábla szerinti éves fizetésemelkedés*) increment; (*GB*) pay rise; (*US*) pay raise
béren kívüli juttatások *fn* perks
berendez *ige* (*pl. irodát*) furnish
berendezés *fn* equipment; appliance
bérfeszültség *fn* wage spread
bérharc *fn* industrial dispute * **Az egyetemisták annak ellenére támogatják az oktatóikat, hogy a munkáltatóval folytatott bérharc részeként a tanárok nem javítják ki a hallgatók dolgozatait.** Students today pledged to stand by their lecturers, despite their refusal to mark essays as part of an industrial dispute with their employers.
bérjegyzék *fn* payroll
bérjellegű költségek *fn* employment costs
bérkonfliktus *fn* industrial dispute
bérköltségek *fn* labo(u)r costs; wage costs; payroll costs * **Az informatikának köszönhetően sok vállalat jelentősen tudta csökkenteni bér-**

költségeit és forgótőkéjét. IT has allowed many companies to substantially cut their labour costs and working capital.

bérkövetelés *fn* wage demand

bérlemény *fn* tenancy

bérleti díj *fn* rent; rental

bérleti jog *fn* tenancy

bérleti jogviszony *fn* jog rental agreement * **Soha ne írjon alá olyan szerződést, amellyel nem ért egyet, vagy amelyet nem ért teljesen, hanem kérjen meg valakit, aki ismeri a jogi nyelvet vagy a bérleti jogviszonyokat, hogy ellenőrizze a szerződését!** Never sign a contract you do not agree with or understand but ask someone who is familiar with legal language or rental agreements to check your contract.

bérleti viszony *fn* tenancy

bérlista *fn* payroll

bérlő *fn* (*házé, lakásé, irodáé stb.*) occupant; (*házé, birtoké stb.*) tenant; lessee

bérmegállapodás *fn* pay agreement; pay deal; wage contract

bérmegszorítás *fn* pay restraint

bérminimum *fn* minimum wage

bérmunkába kiad *ige* subcontract

bérösszeg *fn* rental

bérpolitika *fn* income(s) policy; wage policy * **A szakszervezeti vezetők rendszeresen tárgyaltak a miniszterelnökkel és a pénzügyminiszterrel a bérpolitikáról.** There were regular meetings between union leaders and the prime minister and chancellor where the two sides bargained over incomes policies.

bérpolitikai nézeteltérés *fn* industrial dispute

bérrendezés *fn* wage settlement

bérskála *fn* wage scale; pay scales * **Dolgozóink azért alulfizetettek, mert magasabb bérskálát alkalmazva képtelenek lennénk a működésre.** Our staff are underpaid because we couldn't operate on a higher wage scale.

bérszint *fn* wage level; wage rate; rate of pay

bérszínvonal *fn* wage rate

bértárgyalások *fn* wage negotiations; wage talks

bértarifa *fn* wage rate

beruház vmibe *ige* invest **in**

beruházás *fn* investment; (*új tőkét bevonó, ill. új értéket teremtő*) real investment; development * **A kormány mindig támogatta a külföldi tőke beruházásait.** The government has always promoted the investments of foreign capital.

beruházás hozama *fn* pénzügy return on investment **NB: röv ROI**

beruházási bank *fn* bank investment bank

beruházási banküzlet *fn* bank investment banking

beruházási javak *fn* investment goods; capital goods; producer goods

beruházási klíma *fn* climate for investments

beruházási költségek *fn* initial costs

beruházási légkör *fn* climate for investments

beruházott termelési eszköz *fn* capital asset

besorol *ige* rate

besorolás *fn* (*pl. díjszabási kategóriába, bértáblázatba*) rating; (*teljesítmény szerinti*) merit rating; ranking

beszállító *fn* ker supplier

beszállítói szerződés *fn* subcontract

beszámít *ige* offset **against**

beszámítás *fn* offsetting; set-off * **A kamatok beszámítását a havi részletek csökkentésére lehet fordítani.** The offsetting of interest can be used to reduce monthly payments.

beszámolási határidő *fn* reporting date

beszámoló *fn* report; (*vita és a végleges kidolgozás alapjául szolgál*) working paper * **A Világbank és a Nemzetközi Valutaalap közös beszámolója radikális változtatásokat javasolt.** A joint World Bank and IMF working paper proposed radical changes.

beszed *ige*
1. pénzügy (*készpénzt*) cash; (*adót, illetéket stb.*) take in
2. adó collect levy
3. bank (*pénzt*) encash

beszedési meghatalmazás *fn* bizt (*okirat, amellyel a biztosított felhatalmazza a biztosítási ügynököt, hogy felvegye a neki járó pénzösszeget*) collecting note

beszedett megbízások *fn* orders taken

beszerez *ige*
1. obtain
2. ker purchase

beszerzés *fn*
1. procurement
2. ker purchasing; purchase; supply

beszerzési ár *fn* ker purchasing price; purchase price; cost price

beszerzési árfolyam *fn* pénzügy purchase price

beszerzési érték *fn* value at cost

beszerzési költség *fn* procurement costs

beszerzési osztály *fn* purchasing department

beszerzési vezető *fn* purchasing manager

beszerző *fn* ker purchaser; buyer; purchasing agent; buying agent

besszjátékos *fn* tőzsde (*áresésre számító tőzsdei spekuláns*) bear

besszroham *fn* tőzsde (*az az időszak, amikor az árak csökkennek, miközben az eladások megélénkülnek*) bear run

beszüntet *ige* stop; discontinue; (*munkát*) shut down

betanítás *fn* induction

betanítási időszak *fn* induction period

betanított munkás *fn* semi-skilled worker

betart *ige* (*pl. törvényt*) observe; comply **with**

betartás *fn* (*pl. előírásé, törvényé*) observance; compliance

betegbiztosítás *fn* bizt health insurance; medical insurance

betegszabadság *fn* sick leave

betekintési jog *fn* access * **törvényes betekintési jog** legal access

beterjeszt *ige* submit

betét *fn* deposit

betétbiztosítás *fn* bank (*a bankok kötelezettsége, hogy a betétesek számláit egy meghatározott összeghatárig biztosítsa*) (*US*) deposit insurance

betétfedezeti alap *fn* pénzügy (*olyan alap, melyet azzal a céllal hoznak létre, hogy a betétesek pénzét csőd esetén is vissza tudják fizetni*) deposit protection fund

betéti társaság *fn* limited partner-ship

betétkönyv *fn* bank bank book * **Kapott egy egymillió font egyenlegű betétkönyvet.** He was given a bank book which recorded a £1m deposit.

betétszámla *fn* bank (*GB*) deposit account

betéttulajdonos *fn* bank (*számlával rendelkező ügyfél*) customer

betöltendő állás *fn* job opening

betöltés *fn* (*vmilyen állásé, poszté*) occupancy

betöltetlen *mn* (*állás*) vacant

betöltő *fn* (*állásé*) occupant

betör *ige* (*piacra*) penetrate * **külföldi piacra betör** penetrate a foreign market

beütemez *ige* schedule * **Az osztályvezető a jövő hétre beütemezett egy értekezletet.** The department head has scheduled a meeting for next week.

beválaszt *ige* elect

bevall *ige* declare

bevált *ige* pénzügy convert; (*csekket*) encash

beváltás *fn* pénzügy conversion; encashment; (*váltóé*) retirement

beváltási érték *fn* pénzügy cash value

beváltható *mn* pénzügy convertible; cashable

bevándorlási politika *fn* migration policy

bevándorló *fn* immigrant

bevásárló negyed *fn* ker shopping precinct

bevásárlóközpont *fn* ker shopping precinct; (*GB*) shopping centre; (*US*) mall; (*US*) shopping mall

bevásárol *ige* ker shop

bevesz *ige* pénzügy (*pénzt*) take in

bevétel *fn*
1. earnings; income * **Az egyéni vállalkozók számára nem kötelező a vállalkozási bankszámla, bár segíthet az üzleti bevételek és a személyes pénzösszegek elkülönítésében.** If you are a sole trader, you don't have to have a business account, though it will help you keep your earnings separate from your personal finances.
2. pénzügy cash flow; (*vagyon eladásából származó jövedelem*) proceeds
3. ker revenue
bevételi forrás *fn* source of revenue
bevételszázalék *fn* (*egy cég nyeresége százalékban kifejezve (tiszta nyereség a befizetett tőke százalékában*)) earning rate
bevezet *ige*
1. introduce; (*terméket, szolgáltatást stb.*) launch * **A rendszert, amely számos új banki szolgáltatást kínál, 2002 januárjában vezették be.** The system was launched in January 2002 which offers several new banking services.
2. tőzsde list * **Tervezik, hogy részvényeiket bevezetik a londoni tőzsdén.** They are planning to list their shares on the London Stock Exchange.
bevezetés *fn* introduction; (*terméké, szolgáltatásé stb.*) launch
bevezető ár *fn* ker introductory price * **A fogyasztók különleges, 2,49 fontos bevezető áron vehetik meg a krémet.** Consumers will be able to buy the cream with a special introductory price of £2.49.
bevezető tréning *fn* induction
bevitel *fn*
1. entry
2. ker import
3. tőzsde introduction
beviteli tőke *fn* turnover
bevon *ige* (*pl. terméket a piacról*) recall
bevonás *fn* (*forgalomból*) retirement
bezár *ige* (*üzemet stb.*) close down; lock; (*üzemet stb.*) shut down
bezárás *fn*
1. closing; closure
2. ipar immobilization

bianko *mn* blank
bilaterális *mn* bilateral
biotechnológia *fn* biotechnology
bírál *ige* judge
bírálat *fn* judgement
bírálóbizottság *fn* jury
bíráskodik *ige* judge
bíró *fn* jog judge; adjudicator * **Úgy döntött, hogy megfellebbezi egy független bíró döntését, mellyel menedékjogi kérelmét elutasították.** He decided to appeal against an independent adjudicator's rejection of his asylum claim.
bírói illetékesség *fn* jog jurisdiction
bírói rendelkezés *fn* jog writ
bíróság *fn* jog court; court of justice; tribunal
bírósági döntés *fn* jog judgement
bírósági eljárás *fn* jog legal proceedings
bírósági ítélet *fn* jog judgement
birtok *fn* holding possession; property; domain
birtokba adás *fn* jog completion
birtokbavétel *fn* jog completion; occupancy; occupation
birtokháborítás *fn* jog trespassing
birtoklás *fn*
1. possession * **Miután házkutatást tartottak biarritzi otthonában, tegnap vizsgálatot indítottak ellene tiltott anyag birtoklása miatt.** He was put under investigation yesterday for the possession of an illegal substance following the search of his home in Biarritz.
2. jog tenure
birtoklás időtartama *fn* jog tenure
birtokon belüliség *fn* jog possession
birtokos *fn*
1. owner; proprietor
2. ker (*dokumentum/okmány/csekk/váltó birtokosa*) bearer
birtokszerzés *fn* ker acquisition of land
¹bizalmas *mn* confidential; personal; private * **bizalmas információ** confidential information * **bizalmas jelentés** confidential report
²bizalmas *fn* jog fiduciary

B

bizalmasan *hat* privately
bizalmasság *fn* confidentiality
bizalmassági megállapodás *fn* jog confidentiality agreement
bizalmassági záradék *fn* jog confidentiality clause
bizalmi *mn* confidential; fiduciary * **A vagyonkezelők fontos bizalmi feladatokat látnak el.** Trustees have important fiduciary duties.
bizalmi személy *fn* jog fiduciary
bizalmon alapuló *mn* fiduciary
bizalom *fn* confidence; trust * **visszaállítja a bizalmát vki/vmi iránt** restore confidence in sy/sg * **bizalmába fogad vkit** take sy into one's confidence * **Az új tag az egész bizottság bizalmát élvezi.** The new member enjoys the trust of the whole committee.
bizalommal való visszaélés *fn* jog breach of confidence
bizomány *fn* ker consignation
bizományba ad *ige* ker consign
bizományba adás *fn* ker consignation
bizományba adó *fn* ker consigner/consignor
bizományi áru *fn* ker consignment **NB: röv consgt.**
bizományi díj *fn* commission
bizományi számla *fn* ker consignment note **NB: röv C/N.**
bizományi ügynök *fn* ker (*meghatározott jutalék ellenében dolgozó ügynök*) commission agent **NB: röv C.A.**
bizományos *fn*
1. broker
2. ker (*cég képviselője, akinek feladata a termékek vagy szolgáltatások árusítása jutalék ellenében*) commercial agent
3. ker (*meghatározott jutalék ellenében dolgozó ügynök*) commission agent **NB: röv C.A.**
4. ker consignee
5. ker factor
bizonygat *ige* assert
bizonyít *ige*
1. confirm; prove
2. jog establish
3. jog attest *to*

bizonyítás *fn*
1. confirmation
2. jog attestation
bizonyítható *mn* jog valid
bizonyítvány *fn* certificate; document **NB: röv Doc.**
bizonylat *fn* certificate; document **NB: röv. Doc.**; warrant; voucher; slip
bizonyos *mn* certain; secure
bizonytalan *mn* volatile
bizonytalanság *fn* instability
bizonyul *ige* prove
bizottság *fn* committee; commission; board
bizottsági ajánlás *fn* EU Commission Recommendation
bizottsági határozat *fn* EU Commission Decision
bizottsági ülés *fn* board meeting
biztonság *fn* security; safety
biztonságba helyez *ige* secure
biztonsági berendezés *fn* safeguard
biztonsági előírások *fn* safety regulations
biztonsági intézkedés *fn* safeguard
biztonsági intézkedések *fn* safety measures * **A kormány szigorú biztonsági intézkedéseket léptet életbe a Morecombe öbölben dolgozó kagylószedőkre nézve egy hónappal azután, hogy 20 kínai dolgozó vízbe fulladt.** The government is to introduce strict safety measures for cockle pickers working in Morecombe Bay, a month after 20 Chinese workers drowned.
biztonságos *mn* safe; secure * **biztonságos helyen tart** keep sg safe
¹**biztos** *mn* certain; secure
²**biztos** *fn* EU commissioner
biztosít *ige*
1. assure; ensure; provide; secure; confer; warrant; enlist * **Biztosították az adatállományhoz való hozzáférést.** They ensured access to the database. * **A részvények többsége korlátozott szavazati jogot biztosít.** Most shares confer limited voting rights.
2. bizt cover; insure; (*értéken felül*) overinsure

biztosít vmi ellen *ige* bizt indemnify *against*
biztosítás *fn* bizt insurance; cover; coverage policy * **biztosítást köt vmi ellen** take out insurance against sg * **biztosítása van vmire** have insurance for/on sg * **Az általunk kínált biztosítás minden kockázatra fedezetet nyújt.** The insurance we offer provides coverage against all risks.
biztosítás behajthatatlan követelések esetére *fn* bizt bad debts insurance
biztosítási alkusz *fn* bizt insurance broker
biztosítási bizonylat *fn* bizt insurance certificate
biztosítási bróker *fn* bizt insurance broker
biztosítási díj *fn* bizt insurance premium; premium
biztosítási díjtáblázat *fn* bizt tariff
biztosítási esemény *fn* bizt insured event
biztosítási fedezet *fn* bizt coverage; (*GB*) insurance cover; (*US*) insurance coverage
biztosítási fedezet hatálya *fn* bizt scope of insurance
biztosítási feltételek *fn* bizt terms of insurance
biztosítási időszak *fn* bizt term
biztosítási igazolás *fn* bizt insurance certificate
biztosítási igény *fn* bizt claim
biztosítási kár *fn* bizt loss
biztosítási kárigény *fn* bizt insurance claim
biztosítási kifizetés *fn* bizt benefit
biztosítási korlátozás *fn* bizt exclusion
biztosítási kötvény *fn* bizt insurance certificate; insurance policy; policy
biztosítási összeg *fn* bizt (*az a maximális összeg, amit a biztosítónak fizetnie kell, vagy amit a biztosított követelhet a szerződés értelmében*) sum insured
biztosítási szerződés *fn* bizt insurance contract
biztosítási szolgáltatás *fn* bizt insurance benefit

biztosítási teljesítés *fn* bizt insurance benefit
biztosítási ügynök *fn* bizt insurance broker
biztosítási üzlet *fn* bizt insurance
biztosítási üzletág *fn* bizt insurance
biztosítással fedezett kockázat *fn* bizt coverage
biztosítást kötő *fn* bizt underwriter
biztosítatlan váltóhitel *fn* bank open credit
biztosíték *fn*
 1. collateral; security; surety; indemnity; safeguard
 2. jog bail; bailment; bond; warranty; (*GB*) guarantee; (*US*) guaranty
 3. pénzügy (*fedezetül szolgáló*) cover; deposit
biztosíték nélküli *mn* pénzügy fiduciary
biztosíték nélküli hitel *fn* pénzügy unsecured debt
biztosítékcsalás *fn* jog bailment
biztosítékot ad *ige* secure; cover
biztosítható *mn* bizt insurable * **Vannak területek, ahol az ismétlődő áradások miatt már nem biztosíthatók az ingatlanok.** Properties in some regions are no longer insurable because of repeated flooding.
biztosító (fél) *fn* bizt underwriter
biztosító intézet *fn* bizt insurance company
biztosító (társaság) *fn* bizt insurance company; insurer
biztosítócsoport *fn* bizt syndicate
[1]**biztosított** *fn* bizt policy-holder; beneficiary; insuree
[2]**biztosított** *mn* bizt insured; secure
biztosított érték *fn* bizt (*az a maximális összeg, amit a biztosítónak fizetnie kell, vagy amit a biztosított követelhet a szerződés értelmében*) sum insured
biztosíttat *ige* bizt insure; cover
blokk *fn* ker receipt
blokkoló kisebbség *fn* EU blocking minority
blokkolókártya *fn* (*blokkolóóránál, munkahelyi ki- és belépésnél*) timecard
bojkott *fn* boycott

bolt *fn* ker (*GB*) shop; (*US*) store
bolti ár *fn* ker retail price
bolti eladó *fn* ker (*US*) sales clerk
bolti pénztár *fn* ker till
boltos *fn* ker (*GB*) shopkeeper; (*US*) store-keeper; (*US*) merchant
bomba üzlet *fn* bonanza
bomlás *fn* (*árué*) decay
bonitás *fn* pénzügy credit standing; credit-worthiness; financial standing; credit solvency standing
bonitásvizsgálat *fn* bank rating
bontás *fn* breakdown
bónusz *fn* bonus
borravaló *fn* gratuity; tip; gratification; (*US*) sweetener * **A hitelkártyával fizetett borravaló jogilag az éttermet illeti, nem a felszolgálókat.** Any gratuity added to your credit card legally belongs to the restaurant, not to the waiters.
borravalót ad *ige* tip
böngésző *fn* informatika browser
börze *fn* tőzsde bourse
bőség *fn* abundance
bővít *ige* extend; widen * **Bővítették telephelyüket a megrendelések megnövekedése miatt.** They have extended their plant because of the growing number of orders.
bővítés *fn*
  1. extension; enlargement; expansion * **Elutasították a gyárbővítési terveket.** They have refused plans for a factory extension.
  2. EU widening
bővítés híve *fn* EU widener
bővül *ige* increase
bővülés *fn* enlargement; expansion
brigádvezető *fn* ipar charge hand
bróker *fn* tőzsde broker; stockbroker
brókercég *fn* tőzsde brokerage firm; broker firm; brokerage house
brókerügynökség *fn* tőzsde brokerage house; brokerage firm; broker firm
brosúra *fn* brochure

bruttó belföldi termék *fn* gross domestic product **NB: röv GDP**
bruttó fizetés *fn* gross pay
bruttó forgalom *fn* gross sales * **A licensz-szerződés szerint, a cég a bruttó forgalmának fél százalékával megegyező összeget fizet a márkanevek használatáért.** Under the terms of the licensing agreement, the firm is paying the equivalent of 0.5% of its gross sales for the right to use the trademarks.
bruttó hazai termék *fn* gross domestic product **NB: röv GDP**
bruttó hozam *fn* pénzügy gross return
bruttó jövedelem *fn* pénzügy gross return
bruttó munkabér *fn* gross wage
bruttó nemzeti termék *fn* gross national product **NB: röv GNP**
bruttó összeg *fn* gross amount
bukás *fn*
  1. failure; business failure; collapse * **Az eladatlan termékek növelhetik az üzleti bukások kockázatát.** Unsold products may raise the risk of business failures.
  2. tőzsde crash
  3. ker flop
bukott *mn* pénzügy bankrupt
bűnöző *fn* jog offender
bűnrészes *fn* jog accessory
bűnsegéd *fn* jog accessory
büntet *ige* penalize
büntetés *fn* penalty * **súlyos büntetés** heavy/severe/stiff penalty
büntetőzáradék *fn* jog penalty clause
bürokrácia *fn* bureaucracy; red tape * **Egy ezen a héten nyilvánosságra hozott tanulmány szerint a bürokrácia okozza a legtöbb stresszt a kisvállalkozóknak.** A survey out this week revealed that red tape is the major source of stress for small business owners.

C, c

cáfol *ige* deny
cáfolat *fn* falsification
cédula *fn* label; (*felragasztható*) sticker
cég *fn* firm; company; enterprise; business * **Februárban a kormány magáncégek számára pályázatot írt ki a kórházak ellátására és fenntartására.** In February the government invited bids from private firms to supply and run hospitals.
cégalapítás *fn* flotation; launch
cégátvilágítás *fn* company audit
cégaudit *fn* company audit * **Az utóbbi néhány évben egy híres nemzetközi cég végezte el a cégauditokat.** A famous international firm carried out the company audits in the past few years.
cégbíróság *fn* jog registry; Company Registry
cégbírósági bejegyzés *fn* jog registration
cégegyesülés *fn* merger
cégeljárás *fn* registration
cégembléma *fn* logo
cégen belüli *mn* internal
cégér *fn* sign
cégérték *fn* ker (*vevőkör, törzsvásárlók által biztosított versenyelőny*) goodwill
céget alapít *ige* set up a firm
céget bejegyez *ige* jog (*US*) incorporate
cégfelszámolás *fn* liquidation
cégfinanszírozás *fn* business finance
cégforma *fn* business form
cégjegyzék *fn*
1. company register
2. ker trade register
cégjegyzés *fn* jog procuration
cégkeret *fn* (*olyan átvett társaság, amelynek a vagyonát eladva az átvevő cég előnyös helyzetbe kerül az értéktőzsdei bejegyzéskor*) shell company

cégpolitika *fn* company strategy; corporate strategy
cégtábla *fn* sign
cégtömörülés *fn* combine
cégtulajdonos *fn* firm owner
cégvezetés *fn* management
cégvezető *fn* manager
cél *fn* aim; intent; mission; goal; target; objective * **célt elér** achieve/gain/meet/reach an objective * **célt meghatároz** define an objective * **célt kitűz** set (out) an objective * **A döntés célja a gazdaság fellendítése a térségben.** The aim of this decision is to boost the economy in the region.
célcsoport *fn* target group; target audience
célkitűzés *fn* aim; objective
célközönség *fn* target audience * **Két célközönségük van: intézmények és kisrészvényesek.** They have two target audiences: institutions and small shareholders.
célpiac *fn* ker target market
céltartalék *fn* reserve
célvagyon kezelője *fn* jog trustee
centralizáció *fn* centralization
centralizál *ige* centralize
CFSP [= **Common Foreign and Security Policy**] *fn* EU Közös Kül- és Biztonságpolitika
charta *fn* (*polgári jogi manifesztum*) charter
cikkely *fn* jog (*jogi okmány részét képező, önmagában teljes mondat vagy bekezdés*) clause; article; section * **A rendelet 14. cikkelye a hátrányos megkülönböztetésre összpontosít.** Article 14 of the Act focuses on discrimination.
ciklikus *mn* cyclical
ciklikus ingadozások *fn* cyclical fluctuations

ciklus *fn* cycle
cím *fn*
1. (*hivatali, tudományos stb.*) title
2. száll destination
címén vkinek *fn* (*az a cím, ahová a küldemény címezhető olyan valaki részére, aki egyébként nem lakik/tartózkodik ott*) care of
NB: röv c/o
címjegyzék *fn* mailing list
címke *fn* (*árun*) label; (*felragasztható*) sticker ∗ **címkét feltesz, rögzít** attach/put on a label ∗ **címkét levesz, eltávolít**

remove a label ∗ **A termék használata előtt figyelmesen olvassa el a címkét!** Don't forget to read the label carefully before using the product.
címkefelirat *fn* label(l)ing
címkézés *fn* label(l)ing
címlet *fn* pénzügy denomination
címletérték *fn* pénzügy (*a piaci értékkel szembeállított érték*) face value
címlista *fn* mailing list
címtábla *fn* sign
címzett *fn* száll (*árué*) consignee

Cs, cs

csábít *ige* entice
családi pótlék *fn* (*GB*) child benefit
családi üzlet *fn* ker family business
* **Az 1939-ben alapított családi üzlet anyáról fiúra szállt.** Established in 1939, the family business passed down from mother to son.
családi vállalkozás *fn* family business
családtag *fn* dependant/dependent
családtámogatási ellátás *fn* (*különböző juttatások, pl. gyermekgondozási segély, iskoláztatási támogatás, anyasági támogatás*) family benefit
csalás *fn*
1. deceit; evasion
2. jog fraud * **Az új rendszer fő célja, hogy megakadályozza a bankkártya-csalást.** The main aim of the new system is to tackle bank card fraud.
csapatjátékos *fn* team player * **A képzettsége nem „tette stréberré", és nagyon kreatív, együttműködő csapatjátékos.** His qualifications have not 'made him geeky', but he is very creative and is a hands-on team player.
csatlakozás *fn*
1. accession; affiliation * **az ország csatlakozása a Világkereskedelmi Szervezethez** the country's accession to the WTO
2. (*közlekedésben*) connection; connexion * **Brüsszelben jó a csatlakozás a vasút és a repülőtér között.** There is a good connection between train and plane at Brussels.
3. EU opting in
csatlakozási kritériumok *fn* EU accession criteria * **megfelel a csatlakozási kritériumoknak** fulfil/meet/satisfy the accession criteria * **alkalmazza a**

csatlakozási kritériumokat adopt/apply/use the accession criteria * **meghatározza a csatlakozási kritériumokat** establish/lay down/set the accession criteria
csatlakozási partnerség *fn* EU Accession Partnership
csatlakozási szerződés *fn* EU Treaty of Accession * **A csatlakozási szerződés április tizenhatodikai aláírása az Európai Unió további bővülését jelezte.** The signature of the Treaty of Accession on 16 April marked the beginning of a new expansion for the European Union.
csatlakozási tárgyalások *fn* EU accession; negotiations; accession talks
csatlakozik *ige* join; enter; affiliate
csatlakozni kívánó országok *fn* EU accession countries
csatlakozó országok *fn* EU accession countries
csatlakoztat *ige* join
csatol *ige* attach; enclose * **Kérjük, ne csatoljon eredeti okmányokat!** Do not enclose original documents, please.
csatolás *fn* enclosure **NB: röv encl.**
csatolmány *fn* attachment; enclosure **NB: röv encl.**
csatolt levél *fn* (*pl. álláspályázatnál az önéletrajzhoz mellékelt levél*) (*GB*) covering letter; (*US*) cover letter
csekk *fn* bank (*GB*) cheque; (*US*) check * **csekket érvénytelenít** cancel a cheque * **csekket bevált** cash a cheque
csekkfüzet *fn* bank (*GB*) chequebook; (*US*) check book
csekk-kártya *fn* bank (*az ügyfél számára a bank állítja ki, mely szerint a bank egy bizonyos értékhatárig kötelezettséget vállal*) (*GB*) cheque card; (*US*) check card

csekk-könyv *fn* bank (*GB*) chequebook; (*US*) check book

cselekedet *fn* act; deed

cselekvőképesség *fn* jog legal capacity

cselekvőképesség hiánya *fn* jog incapacity

cselekvőképtelenség *fn* jog legal incapacity

csempészáru *fn* contraband * **Az új átvilágító kimutatja a járművekben elrejtett embereket, és csempészáruk leleplezésére is alkalmas.** The new scanner gives a clear image of bodies hidden in vehicles and can also be used to spot contraband.

csendes visszavonás *fn* (*egy termék csendes visszahívása a piacról*) silent recall; silent withdrawal

csendestárs *fn* (*olyan partner, aki csak befektet egy társaságba, és a haszonból részesedik, de a tényleges tevékenységben nem vesz részt*) sleeping partner

csere *fn*
1. substitution
2. ker barter; exchange
3. tőzsde swap; swop

csereár *fn* pénzügy conversion price; conversion rate

csereforgalom *fn* ker exchange

cserekereskedelem *fn* ker barter; bartering

cserél *ige*
1. exchange * **Gyakran cserélnek információt.** They often exchange information.
2. ker barter
3. tőzsde swap; swop

cseretárgy *fn* swap; swop

csereügylet *fn* ker barter; transaction; trading operation * **Nem találkoztam még olyan vállalkozással, mely soha nem bonyolított volna le csereügyletet.** I have not come across any business that has never done a barter transaction.

csereüzlet *fn* ker barter; trading operation

csomag *fn*
1. pack; package

2. ker (*pl. több áruból összeállított csomag, melynek célja, hogy az ár csökkenjen, a kereslet pedig emelkedjen a termékek iránt*) bundle
3. száll (*postai*) parcel

csomagküldemény *fn* száll parcel

csomagolás *fn* packaging; packing; package; pack; wrapping

csomagolási díj *fn* package

csomagolási jegyzék *fn* ker packing list

csomagolási költségek *fn* package

csomagolási technológia *fn* packaging technology

csomagolástechnika *fn* packaging

csomagoló *fn* (*munkás*) wrapper

csomagolóanyag *fn* packaging material; packing

csomagszállító vállalat *fn* száll parcel delivery company

csoport *fn* group; (*több nagy társaság egyesülése bizonyos célra és időszakra*) consortium

csoportos felelősségbiztosítás *fn* bizt (*biztosítók között létrejött megállapodás a saját veszteség elviselésére a felelősségtől függetlenül, így lehetővé válik a hosszadalmas pereskedések elkerülése*) knock-for-knock agreement

csoportosít *ige* sort

csoportosítás *fn* alignment; breakdown

csoportosulás *fn* alignment

csoportvezető *fn* department head; head of department

csőd *fn*
1. pénzügy bankruptcy * **csőd előtt áll** face bankruptcy * **csődöt jelent** declare bankruptcy * **csődbe jut/tönkremegy** go bankrupt * **Napjainkban háromszor annyi csőd van Németországban, mint egy évtizeddel ezelőtt.** There are three times the number of bankruptcies in Germany today as a decade ago.
2. ált business failure; failure; collapse * **Elkerülhetetlen volt a területi fiók csődje.** The failure of the regional branch was unavoidable.
3. jog insolvency

csődbe jut *ige* fail; go bankrupt; collapse * **A jelenlegi piaci körülmények juttatták csődbe a céget.** The firm failed due to the current market conditions.

csődbe jutott *mn* pénzügy bankrupt * **csődbe jutottnak nyilvánítják** be declared/adjuged/made bankrupt

csődbejelentés *fn* declaration of bankruptcy

csődben levő *mn* insolvent

csődbiztos *fn* jog assignee in bankruptcy; trustee in bankruptcy

csődeljárás *fn* jog procedure for declaring; bankruptcy

csődgondnok *fn* jog assignee in bankruptcy; trustee in bankruptcy; bankruptcy trustee

csődgondnokság *fn* jog administration * **csődgondnokság alá kerül** go into administration

csődhányad *fn* jog (*arányos kielégítés csődeljárás során*) dividend **NB: röv Div.; div.; divi.**

csődöt mond *ige* fail

csökken *ige* decline; fall; abate; diminish; dwindle; level off; shrink; (*készlet, tartalék*) wane * **Az infláció már több mint egy éve csökken.** The rate of inflation has been abating for more than a year.

csökkenés *fn* decline; decrease; drop; slowdown; contraction; setback; shrinkage; (*hirtelen*) slump * **A rendelésállomány csökkenését tapasztaltuk a múlt hónapban.** We realized a drop in orders last month.

csökkenő irányzat *fn* downturn

csökkenő tendencia *fn* downswing

csökkent *ige* reduce; shorten; cut; cut down; cut back; lower; curtail; abridge; diminish; (*árat*) mark down; (*arányosan*) scale down; (*radikálisan*) chop; (*drasztikusan*) slash; level off * **befolyásában/méretében/számában csökkent vmit** reduce sg in influence/size/number * **Csökkenteniük kell a költségeket, máskülönben csődbe kerülhetnek.** They have to cut costs;

otherwise they might go bankrupt. * **Az irodai kiadásokat 60%-kal csökkenteni kell.** Office expenses must be chopped by 60%.

csökkent értékű *mn* substandard; inferior **to**

csökkentés *fn* reduction; cut; lowering; cutting; contraction; (*arányos*) scaling-down; (*pénzösszegé*) whittling down * **jelentős mértékű csökkentés** considerable/dramatic/drastic/significant/ substantial reduction * **csekély mértékű csökkentés** slight reduction * **Az utóbbi időben csökkentek a bérek.** Recently there has been a cut in wages.

csökkentett ár *fn* ker discount price

csúcs- *mn* top; cutting-edge

csúcs *fn* peak; (*pl. összejövetel*) summit * **Az olajárak májusban érték el a csúcsot.** Oil prices were at their peak in May.

csúcsértekezlet *fn* summit

csúcsforgalmi időn kívüli *mn* offpeak * **A vezérigazgató bejelentette, hogy a csúcsidőben történt hívások díját percenkénti 50 forintról 25 forintra, míg a csúcsforgalmi időn kívüli hívások díját percenként 5 forintra csökkentik.** The chief executive announced that peak-rate calls are being cut from HUF 50 to HUF 25 a minute while offpeak is being reduced to HUF 5 a minute.

csúcsmegbeszélés *fn* top-level talks

csúcsmenedzser *fn* top executive

csúcsminőség *fn* top quality

csúcspont *fn* peak

csúcsszervezet *fn* umbrella organization

csúcstalálkozó *fn* summit; summit conference; top-level talks * **csúcstalálkozón vesz részt** attend a summit * **csúcstalálkozót hív össze** call a summit * **csúcstalálkozót tart** hold a summit

csúcstechnológia *fn* cutting-edge technology

csúcsvállalat *fn* holding

csúszópénz *fn*
1. grease; (*US*) sweetener
2. jog bribe * **Letartóztatták, és csú-** szópénz **elfogadásával vádolták.** He was arrested and charged with taking bribes.

D, d

darab *fn* item * **Csak 200 darabot kaptunk az új termékből, holott 2000 darabot rendeltünk és fizettünk ki.** We got only 200 items of the new product though we ordered and paid for 2000.

darabbér *fn* piecework wage

darabbérezés *fn* job rating

darabjegyzék *fn* specification

darabmunka *fn* piecework

darabszám *fn* quantity

dátum *fn* date

decentralizáció *fn* decentralization

decentralizál *ige* decentralize

decentralizálódás *fn* decentralization

decentralizált *mn* decentralized

deficit *fn* deficit; shortfall

deficit-finanszírozás *fn* pénzügy deficit financing

defláció *fn* (*infláció leépülése pénzforgalom szűkülése*) deflation

degresszió *fn* degression

degresszív csökkenés *fn* degression

delegáció *fn* delegation

delegál *ige* delegate

demográfiai robbanás *fn* population explosion

demonstrál *ige* demonstrate

demonstrálás *fn* demonstration

depó *fn* depot

depresszió *fn* depression

dereguláció *fn* jog deregulation

derogáció *fn* EU (*lehetőség az EU-jogtól való eltérésre nemzeti szabályozáskor*) derogation

devalváció *fn* pénzügy devaluation; currency devaluation * **A pénzügyi helyzet elemzése után a gazdasági tanácsadók devalvációt javasoltak.** After analysing the financial situation, economic advisers called for devaluation.

deviza *fn* pénzügy foreign currency; foreign exchange

deviza lecseréléses ügylet *fn* pénzügy (*devizacserén alapuló ügylet, ami az ügyletben résztvevő mindkét fél számára kedvező, hiszen az adósságot likvidebbé és ezáltal könnyebben rendezhetőbbé teszik*) currency swap

deviza swap-ügylet *fn* pénzügy (*devizacserén alapuló ügylet, ami az ügyletben résztvevő mindkét fél számára kedvező, hiszen az adósságot likvidebbé és ezáltal könnyebben rendezhetőbbé teszik*) currency swap

devizaállomány *fn* pénzügy currency reserves; foreign exchange holdings * **Az orosz devizaállomány nemrégiben 50 milliárd dolláros csúcsot ért el.** Russia's foreign exchange holdings recently reached an all-time high of $50bn.

devizaárfolyam *fn* pénzügy foreign exchange rate; rate buying; rate of exchange

devizabelföldi *fn* bank resident

devizaellenőrzés *fn* pénzügy (*állami szabályok a valuták szabad mozgásának korlátozására azért, hogy védjék az ország valutájának külső árfolyamát*) exchange control

devizagazdálkodás *fn* pénzügy (*állami szabályok a valuták szabad mozgásának korlátozására azért, hogy védjék az ország valutájának külső árfolyamát*) exchange control

devizakészletek *fn* pénzügy currency reserves

devizakiegyenlítés *fn* bank equalization

devizakorlátozás *fn* pénzügy exchange restriction * **Megállapodtak a vízum- és devizakorlátozások enyhítésében.** They have agreed to relax visa and foreign exchange restrictions.

devizakülföldi *fn* bank non-resident

devizamérleg *fn* pénzügy balance of foreign exchange

devizapiac *fn* pénzügy currency market; foreign exchange market * **A váratlan döntés még magasabbra tolta a forint árfolyamát a devizapiacon.** The unexpected decision pushed the forint even higher on the foreign exchange markets.

devizaszámla *fn* pénzügy currency account

devizaügylet *fn* pénzügy currency transaction; exchange transaction

dezinfláció *fn* pénzügy (*a defláció enyhébb formája, melynek célja, hogy csökkenjen a pénzkereslet és növekedjen a kínálat a jövedelmek emelése nélkül*) disinflation

dezintegráció *fn* disintegration

diagram *fn* diagram; chart

díj *fn*
1. fee; rate; (*jutalmazás*) remuneration; (*jutalom*) award
2. ker charge * **díjat felszámít** charge a fee

díjaz *ige* pay

díjazás *fn* compensation (*szolgálatokért adott pénzbeli juttatás*) emolument(s)

díjkedvezmény *fn* bizt premium discount

díjköteles *mn* chargeable

díjmegtérítés *fn* bizt refund of premium

díjmentes *fn* free of charge

díjszabás *fn*
1. tariff rate; rate of charges
2. bizt tariff rate

díjtáblázat *fn* scale of charges

díjtalan *mn* gratuitous

díjtétel *fn*
1. rate
2. ker tariff rate

díjvisszafizetés *fn* bizt refund of premium

diplomás közgazdász *fn* Master of Economics **NB: röv M Econ**

diplomás üzemgazdász *fn* Master of Business Administration **NB: röv MBA**

direktíva *fn* EU directive * **Olyan EU- direktíva javaslata van napirenden, amely arra kényszerítené a vállalatokat, hogy bizonyítsák a vegyipari termékek biztonságos mivoltát, mielőtt engedélyt kapnának** az értékesítésre. At issue is a proposed EU directive that would force companies to prove chemical products introduced into the marketplace are safe before being granted permission to market them.

direktmarketing *fn* mark (*a gyártó/szolgáltató közvetlen kapcsolatban áll a fogyasztókkal*) direct marketing * **Sikeres üzletmodelljük alapja a direktmarketing.** Their successful business model is based on direct marketing.

diszázsió *fn* pénzügy discount

diszkont *fn* ker discount

diszkontál *ige* discount

diszkontálás *fn* pénzügy discount

diszkontált érték *fn* pénzügy (*váltónál*) present value

diszkontbank *fn* bank merchant bank

diszkontbolt *fn* ker cut-price shop * **Négy diszkontboltot nyitnak, melyekben szezonvégi ruhadarabokat és piperecikkeket fognak árusítani, 30%-kal a szokásos ár alatt.** They are to open four cut-price shops, which sell end-of-season clothes and toiletries 30% below regular prices.

diszkontház *fn* bank (*váltóleszámítolással foglalkozó bank*) discount house

diszkonthitel *fn* pénzügy discount credit

diszkontláb *fn* bank bank discount; bank rate **NB: röv b.r.**; (*a váltók leszámítolásáért fizetett*) discount rate

diszkrimináció *fn* discrimination

diszponibilitás *fn* számv liquid assets

diverzifikáció *fn* diversification

diverzifikál *ige* diversify

divízió *fn* division

dokumentum *fn*
1. document **NB: röv Doc.**
2. jog instrument

dolgozik *ige* work

¹**dolgozó** *fn* worker; job holder * **Az ipari és szolgáltatói szektor dolgozói elégedetlenek a keresetükkel.** Job holders in the industrial and service sectors are not satisfied with their earnings.

²**dolgozó** *mn* working

dolgozói képviselet *fn* labo(u)r union; works council
dolgozói létszám *fn* workforce
dolgozók *fn* labo(u)r
dolog *fn* matter
dologi kár *fn* bizt damage to property; property damage
dologi kiadások *fn* pénzügy material costs; cost of materials expenses
dologi tőke *fn* pénzügy real capital
dombornyomásos *mn* bank embossed
dombornyomásos hitelkártya *fn* bank embossed credit card
donáció *fn* donation
dotáció *fn* endowment
dotálás *fn* endowment
Dow-Jones átlagárfolyam *fn* tőzsde Dow Jones Index
dömping *fn* ker dumping
dönt *ige*
1. decide
2. jog judge
dönt vmi mellett *ige* elect; opt for * **Úgy döntött, hogy befektet az új projektbe.** He elected to invest in the new project.
döntés *fn*
1. decision; resolution * **döntést hoz** make/take a decision
2. jog judgement
döntéshozatal *fn* decision-making

döntéshozó *fn* decision maker
döntéshozó hatalom *fn* jog power of decision
döntési jogkör *fn* jog power of decision
döntő *mn* pivotal; determinate * **A BBC korábbi főigazgatója döntő szerepet játszott abban, hogy a társaság marketing-igazgatóját tegnap kinevezték a Channel 4 vezérigazgatójává.** The former BBC director general played a pivotal role in the unexpected appointment yesterday of the corporation's marketing director as Channel 4's chief executive.
döntő fontosságú *mn* pivotal
döntő szavazat *fn* (*szavazategyenlőség esetén az ülés elnökének vagy valamely más meghatározott személynek döntő szavazati joga*) casting vote
döntő tényező *fn* deciding factor * **A döntő tényező az ár volt.** Cost was the deciding factor.
döntőbíráskodás *fn* jog (*amikor a felek egy ügyet egy közösen kiválasztott személy vagy testület elé visznek, melynek határozata mindkét félre nézve érvényes*) arbitration
döntőbíró *fn* jog adjudicator
drága *mn* expensive; precious; costly
duopólium *fn* (*két nagyvállalat uralta piac*) duopoly

E, e, É, é

ebédjegy *fn* luncheon voucher
ediktum *fn* jog edict
effektív nyereség *fn* pénzügy net yields
egész *mn* total
egészségbiztosítás *fn* bizt health insurance
egészségügyi ellátás *fn* medical care
egészségügyi igazolvány *fn* health insurance card * **2005-ig az EU minden állampolgára új egészségügyi igazolványt kap, amely ingyenes orvosi ellátásra jogosít minden tagállamban.** Every citizen of the European Union is to receive a new health insurance card by 2005 which guarantees the right to free medical care in every member state.
egészségügyi kártya *fn* health insurance card
egészségügyi vizsgálat *fn* medical inspection
EGT [= **Európai Gazdasági Térség**] *fn* EU European Economic Area **NB: röv EEA**
egzisztencia *fn* livelihood; living
egy főre eső *hat* per capita * **A térségben az egy főre eső jövedelem évi 575 dollár (315 font), és a lakosság fele még egy dollárt sem keres naponta.** The per capita income for the region is $575 (£315) a year, with half the population on less than a dollar a day.
egy főre jutó fogyasztás *fn* consumption per capita
egy szintre hoz *ige* level off; level out
egybehangolás *fn* jog harmonization
egybehív *ige* convene
egybeolvad *ige* fuse; unite
egybeolvaszt *ige* amalgamate
egybevet *ige* reconcile

egyedárusítási jogot élvez *ige* monopolize
egyedi *mn* tailor-made; (*külön rendelésre gyártott egyedi termék*) custom-made
egyedi értékesítési ajánlat *fn* ker unique selling point **NB: röv USP**
egyeduralom *fn* monopoly
egyedülálló vmiben *mn* unrivalled **in**
egyedüli tulajdonos *fn* sole owner; (*US*) sole proprietor
egyenérték *fn*
1. parity; par; equivalent * **egyenértéken, parin** at par * **Egy euró 100 centtel egyenértékű.** One euro is the equivalent to 100 cents.
2. tőzsde value
egyenértékesítés *fn* pénzügy (*vmely árucikk, szolgáltatás, stb. árának mesterséges eszközökkel történő meghatározása, majd ezen ár fenntartása*) valorization
egyenértékű *mn* equivalent
egyenértékűség *fn* pénzügy par; parity
egyenetlenség *fn* variance
egyéni *mn* personal; private
egyéni vállalkozás *fn* private enterprise
egyenleg *fn* számv balance * **egyenleget megállapít** strike a balance
egyenlegszaldó *fn* pénzügy balance of account
egyenletesen *hat* steadily
egyenlőség *fn* pénzügy parity
egyenlővé tesz *ige* equalize
egyensúly *fn* számv balance
egyensúlyba hoz *ige*
1. equalize
2. pénzügy balance * **egyensúlyba hozza könyvelését** balance one's book
egyensúlyba jut *ige* equalize
egyensúlybahozás *fn* counterbalancing
egyensúlyozás *fn* counterbalancing

egyesít *ige* amalgamate; unite; incorporate; (*pl. cégeket*) merge; (*azért, hogy erősebbé tegye*) consolidate * **Elhatározták, hogy egyesítik az európai fiókokat.** They decided to consolidate the branches in Europe.

egyesítés *fn* amalgamation; consolidation; combination; merger

egyesül *ige* merge; unite; fuse; incorporate; join * **Három kis vállalkozás úgy döntött, egyesülnek, hogy állni tudják a versenyt.** Three small enterprises decided to fuse to meet competition.

egyesülés *fn* coalition; amalgamation; consolidation; (*vállalati*) merger; union

egyesület *fn* society

egyetemleges felelősség *fn* jog joint liability

egyetért *ige* agree; pull together

egyetértés *fn*
1. consent
2. EU unanimity
3. ált accordance

egyezés *fn* conformity

egyezkedés *fn* negotiation

egyezkedik *ige*
1. negotiate
2. jog compound

egyezmény *fn*
1. agreement; contract; convention; pact
2. jog convenant

egyeztet *ige* reconcile

egyeztetés *fn*
1. negotiation
2. jog harmonization

egyeztető eljárás *fn* (*munkaügyi vita per nélküli rendezése*)
1. mediation
2. jog arbitration * **A munkáltatói oldal elutasította az egyeztető eljárást.** The employers' side has rejected the arbitration proposal.

egyezség *fn*
1. jog settlement
2. compromise; pact
3. jog composition

egyhangú *mn* unanimous * **Az igazgatótanács egyhangúlag támogatta a tervet.** The board was unanimous in supporting the plan.

egyhangú beleegyezés *fn* jog, EU unanimous assent

egyhangú döntés *fn* jog, EU unanimous decision

egyhangú jóváhagyás *fn* jog, EU unanimous assent

egyházi adó *fn* adó church tax

egykulcsos adó *fn* adó flat-rate tax

egylet *fn* society

egyoldalú *mn* unilateral

egység *fn* item

egységár *fn* ker standard/unit price

egységérték *fn* pénzügy (*befektetési alapnál*) unit value

egységes adó *fn* adó flat-rate tax

egységes adókulcs *fn* adó flat-rate tax

egységes alapelvek *fn* uniform principles * **Az iparág minden vállalatának egységes alapelveket kell követnie.** All companies in the industry are expected to follow uniform principles.

egységes ár *fn* uniform price

Egységes Európai Okmány *fn* EU (*Az EK alapító szerződésének egyik módosító szerződése, mely 1987. január 1-jén lépett életbe és legfontosabb rendelkezése az egységes piac bevezetése.*) Single European Act **NB: röv SEA**

Egységes Európai Piac *fn* EU European Single Market **NB: röv ESM**

egységes piac *fn* EU (*A közös piac továbbfejlesztett változata, ahol a vámokon és a mennyiségi korlátozásokon túl az áruk, a szolgáltatások, a tőke és a munkaerő szabad áramlását akadályozó egyéb korlátokat is felszámolják.*) single market

egységesít *ige* standardize

egységesítés *fn*
1. standardization; integration
2. jog harmonization

egyszemélyes üzlet *fn* one-man business

egyszerű többség *fn* (*szavazáskor*) simple majority; single majority

egyszerűsít *ige* streamline

egyszerűsített éves beszámoló *fn* számv simplified annual report

egyszerűsített könyvvitel *fn* számv single entry

egyszerűsített vállalkozói adó *fn* (*HU*) **NB: röv eva** adó simplified entrepreneurial tax

együttdöntési eljárás *fn* jog, EU co-decision procedure

együttműködés *fn* cooperation; collaboration

együttműködésből származó előny *fn* synergy

együttműködési eljárás *fn* cooperation procedure

együttműködési szerződés *fn* cooperation agreement

együttműködik *ige* cooperate; collaborate; pull together * **Együttműködnek egy kísérletben.** They collaborate in an experiment.

éjszakai trezor *fn* bank night safe

elad *ige* ker sell; market; merchandise; dispose of * **veszteséggel/haszonnal ad el vmit** sell sg at a loss/profit

eladás *fn* ker sale; selling; disposal; disposition * **eladásra kínál** put sg up for sale

eladási adatok *fn* ker sales figures

eladási ár *fn* ker sale price; selling price

eladási árfolyam *fn* tőzsde offer price

eladási cél *fn* ker sales target

eladási és vételi opciók *fn* tőzsde puts and calls

eladási feltételek *fn* jog terms of sale

eladási forgalom *fn* ker sales

eladási hely *fn* point of sale **NB: röv POS**

eladási kampány *fn* sales campaign

eladások *fn* ker sales

eladások növekedése *fn* ker sales increase

eladások visszaesése *fn* ker slump in sales

eladásösztönzés *fn* mark promotion

eladható *mn*
1. marketable
2. ker sal(e)able; vendible; merchantable; trad(e)able

eladhatóság *fn* ker saleability * **A lakás felújítása biztosan hozzájárul az ingatlan eladhatóságához.** Home

improvements can certainly add to the saleability of a property.

eladó *fn* ker (*fél*) seller; (*férfi vagy nő*) salesperson; (*fél*) vendor; (*férfi*) salesman; (*nő*) saleswoman; (*áru*) seller

eladói piac *fn* ker seller's market

eladók besszrohama *fn* tőzsde drive

eladósodik *ige* incur debts

eladósodott *mn* indebted

eladott árumennyiség *fn* ker sales

eláll vmitől *ige* abandon; (*követeléstől stb.*) waive

elárusító *fn* ker (*férfi vagy nő*) salesperson; (*férfi*) salesman; (*nő*) saleswoman; (*US*) sales clerk

elárusítóhely *fn* ker stall; stand

elaszticitás *fn* (*arra a mennyiségre vonatkozik, amellyel az egyik változó megváltozik egy másik változó megváltozása esetén*) elasticity

elavulás *fn* obsolescence

¹elavult *fn* out-of-date

²elavult *mn* obsolete; outdated

elbirtokol *ige* jog prescribe

elbocsát *ige* dismiss; sack * **A fúziót követően néhány munkást elbocsátottak.** Some of the workers were dismissed after the merger.

elbocsátás *fn* dismissal; lay-off; discharge * **Jogtalan elbocsátásért be akarom perelni a munkáltatómat.** I want to issue an unfair dismissal claim against my employer.

elbocsátott *mn* redundant

elcsábít *ige* (*pl. ügyfelet*) entice ***away***

elcserél *ige* tőzsde swap; swop

elcsurgás *fn* (*pl. termelés, gyártás során bekövetkező*) leakage

eldob vmit *ige* dispose of

eldobható *mn* disposable

eldobható termék *fn* ker throw-away product

eldönt *ige* resolve (*pl. vitát*) settle

elegendő *mn* sufficient * **Túl sok olyan iskola van a térségben, amely nem kap elegendő támogatást.** There are too many schools in the region that don't have sufficient support.

eleget tesz vminek *ige* comply ***with***

elégséges *mn*
1. sufficient
2. (*a feladat végzéséhez*) working
elégtelen *mn* inefficient
elégtelenség *fn* deficiency; failure
elektronikus bankügyletek *fn* bank electronic banking
elektronikus fizetés *fn* ker (*vásárlásért interneten keresztül történő fizetés*) electronic payment
elektronikus kereskedelem *fn* ker (*interneten keresztül bonyolított vásárlás*) electronic commerce; e-commerce * **Az elektronikus kereskedelem egyik sikertörténete az internetes szerencsejáték.** Online gambling is one of the success stories of the e-commerce sector.
elektronikus készpénz *fn* electronic cash
elektronikus vásárlás *fn* ker electronic shopping
élelmezés *fn* catering
élelmező *fn* (*nagyobb cégeknél/intézményeknél* (*pl. iskola, kórház*) *az a személy, aki az élelmezésért felel*) caterer
élelmiszerbolt *fn* ker supermarket
élelmiszerek *fn* ker consumables
élelmiszerellátó *fn* (*nagyobb cégeknél/intézményeknél* (*pl. iskola, kórház*) *az a személy, aki az élelmezésért felel*) caterer
elem *fn* element
elemez *ige* analyse
elemzés *fn* analysis
elemző *fn* analyst
élen jár *ige* (*első vmiben*) lead
élén jár vminek *ige* spearhead
elenged *ige* pénzügy (*tartozást, bírságot, adót stb.*) remit
elengedhetetlen *mn* essential
élénk *mn*
1. buoyant
2. tőzsde brisk * **Az utóbbi időben élénk kereslet mutatkozik a gyógyszeripari részvények iránt.** Recently there has been a brisk demand for pharmaceutical shares.
élénkül *ige* (*pl. piac*) recover
élénkülés *fn* boom
elér *ige* achieve

elérhető *mn* accessible; available; potential
elértéktelenedés *fn*
1. deterioration
2. pénzügy devaluation
3. tőzsde displacement **NB: röv displ.**
elértéktelenedik *ige*
1. deteriorate
2. pénzügy (*értékcsökkenést szenved, azaz vásárlóereje csökken*) depreciate
elértéktelenít *ige* deteriorate; bring down
éles verseny *fn* stiff competition
életbiztosítás *fn* bizt (*GB*) life assurance; (*US*) life insurance
életjáradék *fn*
1. (*olyan kötvény, amely csak addig fizet évjáradékot, amíg a biztosított él*) life annuity
2. jog life interest
életképesség *fn* viability
életkor szerinti besorolás *fn* age ranking
életkor szerinti megoszlás *fn* age distribution
életkörülmények *fn* living conditions * **A régióban sikerült javítaniuk az életkörülményeken.** They have managed to improve living conditions in the region.
életminőség *fn* quality of life
életpálya *fn* career
életpálya-tanácsadás *fn* (*az előmeneteli lehetőségek felvázolása*) career counselling; career guidance * **Testreszabott életpálya-tanácsadási szolgáltatást kínálunk, beleértve a kísérőlevele és a szakmai önéletrajza tervezését és szerkesztését, valamint az interjúkra való felkészítést.** We provide tailored career services, including the construction and editing of your covering letter and CV, and interview preparation.
életszínvonal *fn* living standard; standard of living
elévülés *fn* jog lapse; forfeiture; forfeiting limitation
elfogad *ige*
1. accept; adopt * **A gyűlés elfogadta a résztvevők javaslatát.** The assembly adopted the recommendations of

the participants.
2. jog recognize
elfogadás *fn*
1. acceptance; adoption * **javaslatok elfogadása** adoption of recommendations
2. ker acknowledgement **NB: röv ackgt**
elfogadható *mn* acceptable; fair
elfogadó *fn* bank (*az, aki a váltó előlapjának aláírásával a kifizetésre kötelezettséget vállal*) acceptor
elfogadó bank *fn* bank acceptance bank
elfogadóház *fn* bank (*ált. kereskedelmi bank, mely jutalék ellenében váltókat fogad el*) accepting house; (*US*) acceptance bank
elfogadványi hitel *fn* bank acceptance credit
elfogadványszámla *fn* pénzügy (*váltóügyek nyilvántartása*) acceptance account
elfoglal *ige* occupy
elfoglalás *fn* occupation; (*vmilyen állásé, poszté*) occupancy
elfoglaltság *fn* occupation
elfogult *mn* partial
elfogultság *fn* prejudice
elfogyaszt *ige* consume; use up
elfolyás *fn* ipar (*pl. termelés, gyártás során bekövetkező*) leakage
elhalaszt *ige* defer; delay; postpone; adjourn
elhalasztás *fn* adjournment; shelving
elhallgatás *fn* concealment
elhanyagol *ige* neglect; disregard * **Úgy tűnik, elhanyagolják a kisebbségek problémáit.** They seem to tend to neglect minority problems.
elhárít *ige* prevent; stave off
elhasznál *ige* use up
elhasználódás *fn* deterioration
elhatárol *ige* számv defer
elhatároz *ige* determine; resolve
elhatározás *fn* decision; resolution * **elhatározásra jut** come to/reach a decision
elhelyez *ige*
1. place
2. (*pl. hirdetőtáblára kitesz*) post
3. tőzsde (*értékpapír-kibocsátást*) place

elhelyezés *fn* disposal; placement; positioning; (*személyzeté*) posting * **Gondosan ügyeljen a veszélyes hulladék elhelyezésére!** Be careful with the disposal of hazardous waste.
elhelyezés vámszabad raktárban *fn* ker (*csak a vám megfizetése után lehet innen elvinni az árut*) bond
elhelyezkedés *fn* location; positioning
elhoz *ige* collect
elhozatal *fn* collection
elidegenedés *fn* alienation * **A faji megoszlás és a politikai elidegenedés sajnos jól ismert fogalmak.** The racial division and political alienation are unfortunately well-known.
elidegenít *ige* alienate
elidegenítés *fn*
1. alienation
2. jog disposition
elidegenülés *fn* alienation
eligazítás *fn* briefing
elindít *ige* initiate; (*programot, projektet stb.*) launch; set up
elintéz *ige*
1. manage; settle; transact; put in order; (*ügyet*) wind up; (*gyorsan*) dispatch
2. jog arrange
elintézés *fn*
1. handling
2. jog settlement
elismer *ige*
1. acknowledge **NB: röv ack;** recognize; accept; admit; confirm * **elismeri a tényeket** acknowledge the evidence of facts
2. jog (*hivatalosan*) authenticate
elismerés *fn* recognition * **elismerést érdemel/kap** achieve/deserve/gain/receive/win recognition * **elismerésre vágyik/áhítozik** crave recognition
elismert *mn* (*hivatalosan*) accredited
elismervény *fn*
1. quittance; voucher
2. ker (*US*) acknowledgement **NB: röv ackgt**
3. jog acceptance; (*írásos dokumentum arról, hogy a fizetési kötelezettséget teljesítették*) acquittance

elítél *ige* judge
eljár *ige* (*más nevében*) act *for*; proceed
* **Az ügynök megbízója nevében jár el.** An agent acts for his client.
eljárás *fn*
  1. procedure; process; technique; method; mode; operation; course * **eljárást követ** follow a procedure
  2. jog proceedings; (*bírósági*) action
eljárási költségek *fn* jog costs
eljárásmód *fn* policy
eljárásnak vett alá *ige* process
elkel *ige* ker sell
elképzelés *fn* plan; project; scenario
elképzelhető *mn* potential
elkerül *ige* avoid; evade; stave off * **A hanyatlásnak induló üzletet bezárták, hogy elkerüljék a csődöt.** The shop, which had started to go downhill, was closed in order to stave off bankruptcy.
elkerülés *fn* avoidance
elkerülhető *mn* avoidable
elkészít *ige* prepare; process; make out
elkezd *ige* commence; initiate; set up
* **Április elején a Diákhitelező Társaság elkezdi ez új diákhitel kérvények begyűjtését.** At the beginning of April, the Student Loans Company will commence its new wave of student loan collections.
elkoboz *ige* jog levy
elkobzás *fn* jog forfeiture; forfeit
elkopás *fn* deterioration
elkönyvel *ige*
  1. enter; record; book
  2. számv post
elkönyvelés *fn* számv posting
elkötelezettség *fn* commitment; allegiance * **Az aláíró országok nem mutattak kellő pénzügyi vagy politikai elkötelezettséget az egyezmény iránt.** The signatory countries did not show enough financial or political commitment to the agreement.
elkövető *fn* jog offender
elküld *ige*
  1. (*postáz*) post
  2. (*postáz*) (*US*) mail

  3. száll (*árut*) consign; despatch; dispatch; forward
elküldés *fn* száll (*árué*) consignation; despatch; dispatch; dispatching
ellát *ige* supply; provide; furnish; maintain
ellátás *fn*
  1. ker supply
  2. jog provision
  3. (*turizmusban*) board * **Nem tudtuk eldönteni, hogy a szállodában teljes ellátást vagy félpanziót kérjünk.** We couldn't decide whether to ask for full board or half board at the hotel.
ellátási jogosultság *fn* jog entitlement to benefits
ellátási lánc *fn* supply chain
ellátó *fn*
  1. ker supplier
  2. ált provider
ellátottság *fn* ker supply
ellendarabja vminek *fn* counterpart
ellenérték *fn* equivalent
ellenez *ige* oppose; protest; object *to*
* **Az igazgatótanács ellenzi a küldöttek által javasolt indítványt.** The delegate-proposed motion is opposed by the board.
ellenjegyez *ige* endorse
ellenjegyzés *fn* jog endorsement
ellenlépést tesz *ige* counteract
ellenőr *fn*
  1. supervisor; superintendent
  2. pénzügy controller
ellenőriz *ige* control; examine; inspect; oversee; supervise; verify
ellenőrzés *fn*
  1. control; examination; inspection; supervision; surveillance; (*US*) check; (*folyamatos, rendszeres*) monitoring
  2. pénzügy controlling
  3. jog screening
ellenőrző bizottság *fn* supervisory board
ellenőrző biztos *fn*
  1. supervisor
  2. pénzügy controller
ellenőrző hatóság *fn* regulatory authority
ellenőrző részesedés *fn* controlling interest

E

ellenőrző részvénypakett *fn* pénzügy controlling interest

ellenőrző szelvény *fn* tőzsde talon

ellenőrző szerv *fn* regulatory authority; átv watchdog

ellenőrző társaság *fn* controlling company

ellenőrző testület *fn* controlling body; átv watchdog

ellenőrző többség *fn* controlling interest

ellenőrzött vállalat *fn* controlled company

ellenpéldány *fn* counterpart

ellenséges *mn* hostile

ellensúlyoz *ige* counterbalance; offset

ellensúlyozás *fn* compensation

ellenszavazat *fn*
1. objection
2. jog veto

ellenszolgáltatás *fn* compensation

ellenszolgáltatás nélkül *hat* without charge

ellentét *fn* conflict

ellentétel *fn*
1. set-off
2. számv offset

ellentételez *ige*
1. pénzügy balance
2. számv offset

ellentételezés *fn* set-off

ellentmondás *fn*
1. conflict
2. jog discrepancy; variance

ellenvetés *fn*
1. objection
2. jog plea

elmaradás *fn* backlog; default

elmaradt *mn* (*pl. kifizetés*) overdue

elmaradt tartozások *fn* ker arrears

elment *ige* informatika save

elmozdítás *fn* displacement **NB: röv displ.**; removal

elmozdulás *fn* shift

elmulaszt *ige* miss

elmulaszt vmit megtenni *ige* fail * **Nem tartották be a határidőt.** They failed to meet the deadline.

elmulasztás *fn* failure

elnapol *ige* adjourn * **A tárgyalást április 20-ra napolták.** The case was adjourned until April 20.

elnapolás *fn*
1. (*határozatlan időre történő*) adjournment
2. jog adjournment; sine die

elnevezés *fn* name; (*US*) (*név összekapcsolása áruval*) merchandising

elnézést kér *ige* apologise * **Kénytelen volt elnézést kérni a részvényesek félrevezetéséért.** He was forced to apologise for misleading the shareholders.

elnök *fn* chairperson; president; (*férfi*) chairman; (*nő*) chairwoman

elnökhelyettes *fn* vice-president

elnöki hivatal *fn* presidency

elnöki tisztség *fn* presidency

elnöklés *fn* chairmanship

elnökség *fn* presidency; chairmanship; board * **átveszi az elnökséget** take over the presidency

elnökségi tag *fn* board member; member of the board

elnök-vezérigazgató *fn* (*GB*) chairperson and managing director; (*US*) chairperson and chief executive

elnyer *ige* secure; win

elnyomott *mn* underprivileged

eloszt *ige*
1. (*árut stb.*) allocate
2. ker distribute

elosztás *fn* allocation; disposition; division

elosztási csatorna *fn* ker channel of distribution

elosztási lánc *fn* ker (*mindazon személyek/ részlegek, amelyek szerepet töltenek be abban a folyamatban, melynek során a termék eljut a fogyasztókig*) chain of distribution

elosztó *fn* ker distributor; sales agency

elosztó pályaudvar *fn* száll depot

elosztó vállalat *fn* ker distributor

előad *ige* present

előadás *fn* presentation

előállít *ige*
1. make; generate
2. ipar produce; manufacture

előállítás *fn* ipar production; manufacturing

előállítási ár *fn*
1. ipar production cost(s)
2. ker cost price

előállító *fn* ipar producer; manufacturer; maker

Előcsatlakozási Támogatás a Mezőgazdaságot És Vidékfejlesztést Érintő Intézkedésekhez *fn* EU SAPARD [= Special Accession Programme for Agricultural and Rural Development]

előélet *fn* record

előfeltétel *fn* precondition; prerequisite; requirement * **A szabályokat minden előfeltétel vagy megkülönböztetés nélkül kell alkalmazni mind a 25 tagállamra.** The rules must be applied without precondition or distinction to all 25 member states.

előfizetés *fn* subscription

előfizetési díj *fn* subscription

előfizetők összessége *fn* constituency

előfoglalás *fn* advance booking

előfordul *ige* occur; take place

előfordulás *fn* bizt occurrence * **gyakori/mindennapos/ritka/rendszeres előfordulás** a common/everyday/rare/regular occurrence

előír *ige*
1. specify; prescribe
2. jog provide

előirányoz *ige* envisage; estimate; provide; earmark

előirányzat *fn* projection

előirányzott *mn* scheduled

előirányzott költségek *fn* pénzügy budgeted cost(s)

előírás *fn*
1. requirement; rule; instruction
2. jog regulation; ordinance * **megfelel az előírásoknak** comply with regulations

előírások *fn* jog regulations

előírásos *mn* normative

előírt *mn* required; mandatory

előítélet *fn* prejudice

előjegyez *ige* book

előjegyzés *fn* advance booking; subscription

előjelzés *fn* forecast

előjog *fn* privilege; priority

előkalkuláció *fn*
1. cost estimating; estimate
2. pénzügy preliminary calculation

előkészít *ige* prepare; arrange

előkészített *vmire* *mn* ready *for*

előkészítő eljárás *fn* jog preliminary proceedings

előkészítő tárgyalás *fn* jog preliminary proceedings

előkészületek *fn* (*szervezési*) arrangements

előkészületeket tesz vmire *ige* provide against

előleg *fn*
1. advance; deposit; prepayment * **Beköltözés előtt az ár 30%-át kell előlegként befizetniük.** They have to pay an advance of 30% of the price before moving in.
2. ker (*jelzálog vagy részletfizetési megállapodáskor az első kifizetés*) down payment

előlegezett kiadások *fn* out-of-pocket expenses

előléptet *ige* promote; upgrade * **Személyi titkárrá léptették elő.** She has been upgraded to personal assistant.

előléptetés *fn* promotion; advancement

elöljáró *fn* principal

előmenetel *fn* advancement

előmozdít *ige* facilitate; encourage; promote * **előmozdítja a kommunikációt** facilitate communication

előmozdítás *fn* encouragement; promotion

előny *fn* advantage; preference; (*haszon*) gain * **előnyben van vkivel/vmivel szemben** have an advantage over sg/sy * **előnyben részesít** give preference to

előnyben részesített *mn* preferred

előnyös *mn* advantageous; beneficial; preferential; profitable

előnyös üzlet *fn* ker bargain * **előnyös üzletet köt** make a bargain

előnytelen *mn* unfavo(u)rable

előprémiumos ügylet *fn* tőzsde (*bizonyos menynyiségű/értékű áru/értékpapír adott időpontban és áron történő megvásárlására*) call

előre lát *ige* anticipate

előre látott *mn* expected; anticipated

előrefizetés *fn* ker payment in advance

előrehoz *ige* bring forward

előrejelzés *fn* forecast; projection * **A bioipar növekedése az átdolgozott előrejelzések szerint 1,1-ről 3,5 milliárd fontra fog emelkedni a következő öt éven belül.** The revised projections for growth from the organics industry say it will expand from £1.1bn to £3.5bn over the next five years.

elősegít *ige* promote; facilitate; contrib-ute

előszámla *fn* ker pro forma invoice

előszerződés *fn* jog letter of intent

előteremt *ige*
1. (*pénzt*) procure
2. (*pénzt, kölcsönt, hitelt stb*) pénzügy raise

előterjeszt *ige* submit; introduce; put forward * **Törvényjavaslatot akar előterjeszteni a parlamentben, amely alapján megadóztatnák a műanyag bevásárlószatyrok használatát.** He wants to introduce a bill in the parliament imposing a levy on plastic carrier bags.

előterjesztés *fn* submission; presentation

előtörlesztés *fn* prepayment

előtte áll vminek *ige* face * **Attól tartok, csőd előtt állnak.** I'm afraid they are facing bankruptcy.

elővásárlási jog *fn* jog option to purchase; pre-emptive right option

elővételi jog *fn* jog right of pre-emption; pre-emptive right

előzetes értesítés nélkül *hat* without notice

előzetes hozzájárulás *fn* prior consent

előzetes kikötés *fn* jog prerequisite

előzetes költségvetés-tervezet *fn* pénzügy preliminary draft budget

előző *mn* previous

elpazarol *ige* waste

elraktároz *ige* store

elrejtés *fn* concealment

elrendel *ige*
1. direct; order; prescribe; rule; set down
2. jog provide

elrendez *ige*
1. arrange; order; (*számlát, adósságot stb.*) square
2. jog arrange

elrendezés *fn* arrangement; organization; ordering * **Az íróasztalok elrendezése nem a legjobb az irodában.** The arrangement of the desks in the office is not the best.

elsikkaszt *ige* jog misappropriate

elsimít *ige* jog arrange

első *mn* primary; initial

első osztályú *mn* top-notch

első osztályú értékpapírok *fn* pénzügy (*általában kockázatmentesnek tekintett, biztos befektetést nyújtó értékpapírok*) blue chips; gilt-edged securities

első részlet *fn* ker deposit

elsőbbség *fn* priority; preference * **elsőbbséget élvez** take priority

elsőbbségi *mn* preferred; preferential

elsőbbségi részvény *fn* tőzsde (*GB*) preferred share; (*US*) preferred stock; (*GB*) preference share; (*US*) preference stock

elsőbbségi részvény osztaléka *fn* tőzsde preferred dividend; (*GB*) preference dividend

elsődleges *mn* primary

elsődleges ipar *fn* primary industry

elsőrangú részvények *fn* tőzsde (*biztos befektetést nyújtó értékpapírok*) blue chips

elsőrendű *mn* outstanding

elszállásol *ige* accommodate

elszállít *ige* száll collect * **Elszállíthatja a megrendelt árut.** The goods you ordered are ready to collect.

elszállítás *fn* száll despatch; dispatch

elszámol *ige*
1. clear; offset *against*
2. pénzügy settle
3. számv offset

elszámol vkivel *ige* charge against

elszámolás *fn*
1. settlement; offset
2. bank account **NB: röv A/C; a/c; A/c; acc.**

elszámolási egység *fn* EU unit of account **NB: röv U/A**

elszámolási időszak *fn* számv (*az az időtartam, amelynek a végén elkészülnek az elszámolások, a mérleg és az eredménykimutatás*) accounting period

elszámolási kötelezettség *fn* jog accountability * **A rossz teljesítmény következtében a részvényesek jogosan követelnek nagyobb elszámolási kötelezettséget.** Faced with poor performance, shareholders are right to demand greater accountability.

elszámolási nap *fn* tőzsde account day

elszámolási valuta *fn* bank settlement currency

elszámolásra kötelezhető *mn* accountable *for*

elszívás *fn* pénzügy drain

eltakarítás *fn* disposal

eltart *ige*
1. maintain
2. jog support

eltart vmeddig *ige* last

eltartott *fn* dependant/dependent

eltávolítás *fn* disposal; removal

eltávozási engedély *fn* leave

eltér *ige* vary

eltérés *fn*
1. discrepancy; variation; spread
2. jog variance

eltéveszt *ige* miss

eltilt *ige* forbid

eltiltás *fn* (*munkavégzéstől*) suspension

eltitkolás *fn* concealment * **A megállapodás részleteinek eltitkolása felháborította az adófizetőket.** The concealment of the details of the agreement created anger among the taxpayers.

eltörlés *fn*
1. abolishment; abolition * **A halálbüntetés eltörlése széles körben vitatott kérdés.** The abolishment of the death penalty is a widely debated question.
2. jog annulment; rescission

eltöröl *ige*
1. abolish
2. jog annul

eltulajdonítás *fn* jog (*általában a köz érdekében tett állami intézkedés, melyért kártérítést fizetnek*) expropriation

elutasít *ige*
1. decline; refuse; reject, deny * **mereven elutasít** flatly refuse * **Elutasították az árajánlatunkat.** They declined our offer.
2. jog dismiss

elutasítás *fn* jog dismissal

elv *fn* principle

elválaszt *ige* separate

elválasztás *fn* segregation

elvállal *ige* undertake; take on; shoulder

elvállalás *fn* undertaking

elvámol *ige* adó declare; clear

elvámolandó *mn* ker dutiable

elvámolás *fn* ker customs clearance; clearance

elvár *ige* require

elvárás *fn* expectancy

elvárt kereslet *fn* ker anticipated demand

elvárt nyereség *fn* anticipated profit * **Elismerte, hogy a késedelmek 12 millió font kiesést eredményezhetnek a várt nyereségből.** He admitted the contract delays would knock £12m off this year's anticipated profits.

elvégez *ige* execute; fulfil; perform

elveszít *ige* lose; (*pl. jogot vmire*) forfeit * **Nem akarjuk elveszíteni az emberek bizalmát.** We do not want to forfeit public confidence.

elvesztés *fn* jog (*pl. jogé*) forfeiture; forfeiting

elvet *ige* reject

elvét *ige* miss

elvisel *ige* bear; incur

élvonalbeli *mn* cutting-edge

elvonás *fn* pénzügy drain

embargó *fn* ker embargo * **A Luxemburgban tanácskozó európai külügyminiszterek készek a ciprusi törökök embargójának megszüntetésére.** European foreign ministers meeting in Luxembourg are poised to lift the economic embargo of the Turkish Cypriots.

emberierőforrás-menedzsment *fn* (*a menedzsment emberekkel/alkalmazottakkal foglalkozó területe*) human resource management

emberi erőforrások *fn* human resources **NB: röv HR**

emberi tőke *fn* (*munkaerő a termelésben*) human capital

emel *ige* increase; raise; enhance; lift; (*árat*) mark up; (*arányosan*) scale up; boom

emelés *fn* (*fizetésé, áré*) raise

emelkedés *fn*
1. increase; rise; growth; upturn; (*lassú*) upward tendency * **jelentős emelkedés** dramatic/sharp/significant/steep/substantial rise
2. pénzügy gain

emelkedik *ige*
1. increase; rise; go up; climb; *erősen* escalate; boom
2. tőzsde gain

emelkedő árak *fn* (*erősen*) soaring prices

emelkedő árfolyamú *mn* tőzsde bullish

emelkedő irányzat *fn* upward trend; upward tendency; rising tendency; booming tendency; upturn

emelkedő irányzatú *mn* buoyant

emelkedő tendencia *fn* upward trend; upward tendency; rising tendency; upturn * **Tavaly az ingatlanárakban emelkedő tendencia mutatkozott, különösen a fővárosban.** Last year there was an upturn in the price of properties, especially in the capital.

emelt díjas szolgáltatás *fn* premium rate service

emisszió *fn*
1. emission
2. pénzügy flotation

emissziós árfolyam *fn* tőzsde issue price

emlékeztet *ige* remind

emlékeztető *fn* (*dokumentum*) memorandum; memo; reminder

emlékeztető reklám *fn* mark follow-up advertising

említésre méltó *mn* significant

energia *fn* power; (*emberre jellemző*) drive

energiahordozó *fn* fuel

enged vminek *ige* submit **to**

engedelmeskedik *ige* submit

engedelmesség *fn* submission

engedély *fn* permission; permit; concession; (*GB*) licence; (*US*) license; pass * **engedélyt kér** seek approval/permission * **Nem kapták meg az építési engedélyt, mivel a terv nem felelt meg a környezetvédelmi előírásoknak.** They were refused the building concession because the plan did not comply with the enviromental regulations.

engedély birtokosa *fn* licensee

engedélyez *ige* grant; approve; authorize * **A korlátozások szigora országonként változik, és az ősi bortermelő hagyományokkal rendelkező Magyarországnak nagyobb kvótát engedélyeztek.** The severity of the restrictions varies from country to country, and Hungary, with an ancient winemaking tradition, has been granted larger quotas.

engedélyezés *fn* grant; concession; authorization

engedélyezett alaptőke *fn* pénzügy nominal capital

engedélyezett részvénytőke *fn* pénzügy nominal capital

engedélyező *fn* (*GB*) licenser; (*US*) licensor

engedélyt kiadó *fn* (*GB*) licenser; (*US*) licensor

engedmény *fn*
1. concession; allowance; deduction * **Számos engedményt kínálnak, hogy még több vásárlót vonzzanak magukhoz.** There are various concessions on offer to attract more buyers.
2. ker discount; rebate * **Holnap valamennyi terméküket árengedménnyel árusítják.** Tomorrow they will sell all their products at a discount.

engedményes *fn* jog (*az a személy, akire hivatalosan átruháztak vmi jogot*) assignee

engedményes ár *fn* ker discount price

engedményezés *fn* grant

engedményező *fn* jog transferor; (*az a személy, aki lemond bizonyos jogairól egy másik személy javára*) assignor

enyhít *ige* relax; cushion
enyhítés *fn* relief
enyhül *ige* abate; relax
épít *ige* build; construct; erect
építés *fn* construction
építési kölcsön *fn* bank construction loan; building loan; building credit
építkezés *fn* construction * **Idén nyáron a vállalat nem kezd semmilyen építkezésbe a városközpontban.** The company will not start any construction in the town centre this summer.
építmény *fn* structure
építőanyag *fn* ipar material
épület(ek) *fn* construction(s); premises
érdek *fn* interest * **védi vki érdekeit** defend/protect/safeguard sy's interests * **Fontosnak tartjuk a vállalat hoszszú távú, globális érdekeinek egyeztetését a részvényesek véleményével.** It is important we can reconcile the long-term global interests of the company with the view of our shareholders.
érdekegyesülés *fn* syndicate
érdekellentét *fn* conflict of interest
érdekelt személy *fn* (*üzletben, vállalatban stb.*) stakeholder
érdekeltség *fn* stake; interest; holding participation
érdekképviselet *fn* representation
érdekközösség *fn* community of interests; pool
érdeklődés *fn* enquiry; inquiry; interest
érdeklődik *ige* enquire * **Érdeklődtem, hogyan lehetne igénybe venni a szolgáltatásaikat.** I enquired what would need to be done to use their service.
érdekvédelmi szervezet *fn* labo(u)r union
eredet *fn* origin
eredeti *mn* genuine; initial
eredeti saját tőke *fn* core capital
eredeti tőke *fn* original capital
eredetigazolás *fn* ker (*hivatalos dokumentum arról, hogy az adott terméket mely országban gyártották*) certificate of origin

eredetiség *fn* creativity
eredetivel megegyező másolat *fn* true copy
eredmény *fn*
1. result; outcome; return; yield profit; effect achievement
2. számv results * **A nagyvállalatok nyilvánosságra hozták a szeptemberi negyedévi eredményeiket. Nem láttunk nagy meglepetéseket, de egy-két fontos vállalat felülmúlta a várakozásokat.** The big companies have reported their September quarter end results, and we haven't seen any big shocks, but we've seen one or two important companies exceeding expectations.
eredménykimutatás *fn*
1. pénzügy financial statement; statement
2. számv (*számviteli összegzés*) profit and loss account
eredményes *mn* efficient; productive
eredményesség *fn* effectiveness
eredménytelen *mn* inefficient
eredménytelen marad *ige* fail
eredménytelenség *fn* inefficiency
érettségi szakasz *fn* (*a tipikus termékéletciklus egyik szakasza*) maturity stage
ergonómia *fn* (*azt vizsgálja, hogyan lehet a munkamódozatokon javítani a termelékenység érdekében*) ergonomics
érintett *mn* concerned
érintkezés *fn* communication(s) * **érintkezésben van vkivel** be in communication with sy
érme *fn* pénzügy coin * **pénzérmével történő fizetés** payment in coin
erő *fn* power
erőforrások *fn* resources; means
erős *mn* powerful; strong
erősödik *ige* intensify; escalate * **Az üzleti forgalom hónapról hónapra erősödik.** The turnover of the business is escalating month by month.
erősödő piac *fn* tőzsde bull market
erőteljes *mn* powerful
érték *fn* value * **csökken az értéke** drop/fall in value * **nő az értéke** rise in value * **A cég jelenlegi értékét 190**

millió euróra becsülik. The firm's current value is estimated at €190m.

értékálló *mn* stable

értékbecslő *fn* valuer

értékcsökkenés *fn* pénzügy (*az állótőkék fokozatos értékvesztése, pl. elhasználódás, kopás, korszerűtlenné válás miatt*) depreciation; deterioration

értékcsökkenés mértéke *fn* rate of deprecation

értékcsökkenési leírás *fn* pénzügy (*az állótőkék fokozatos értékvesztése, pl. elhasználódás, kopás, korszerűtlenné válás miatt*) amortization; depreciation

értékek *fn* valuables * **Azt tanácsoljuk minden turistának, hogy csak nappal utazzanak, és az értékeiket tartsák biztonságos helyen.** We advise all tourists to travel only in daylight and keep valuables in a safe place.

értékel *ige* evaluate; estimate; appraise; appreciate; rate; judge

értékelemzés *fn* (*célja, hogy meghatározzák, miként lehetne csökkenteni az előállítási költségeket oly módon, hogy a minőség és eladhatóság ne romoljon*) value analysis * **Értékelemzésünk szerint az új terméknek nagyon pozitív hatása van a teljes nyereségünkre.** Our value analysis shows that the new product has a very positive impact on our overall profits.

értékelés *fn* assessment; appraisal; evaluation; rating; valuation; estimate * **Nyilvánosságra hozták a dolgozók teljesítményének értékelését.** They published the assessment of the workers' performance.

értékelés napja *fn* value date

értékelési beszámoló *fn* appraisal report

értékelő *fn* rater

értékemelkedés *fn* increase in value

értéken alul ad el *ige* ker (*terméket, szolgáltatást, de akár egy személy a saját képességeit és hozzáértését is*) undersell

értéken aluli becslés *fn* underestimation

értékes *mn* valuable; precious * **A honlap értékes tanácsokat fog adni kormánytámogatás igényléséhez.** The website will provide valuable advice on applying for government funding.

értékesít *ige* ker realize; sell; market; merchandise; (*árut stb.*) distribute; dispose of; (*pénzzé tesz pl. anyagi gond esetén*) liquidate * **nagyban értékesít** sell wholsale

értékesítés *fn* ker selling; sale; merchandising; disposal

értékesítés előmozdítása *fn* sales promotion

értékesítés megélénkülése *fn* ker sales increase

értékesítésösztönzés *fn* sales promotion

értékesítés vezetése *fn* ker sales management

értékesítésarányos prémium *fn* ker sales-related bonus

értékesítési adatok *fn* ker sales figures

értékesítési ár *fn* ker sale price

értékesítési becslés *fn* ker sales forecast

értékesítési bevétel *fn* ker sales revenue

értékesítési cél *fn* ker sales target

értékesítési csatorna *fn* ker distribution channel; channel of distribution

értékesítési előrejelzés *fn* ker sales forecast

értékesítési hálózat *fn* ker sales network

értékesítési helyzet *fn* market situation

értékesítési igazgató *fn* ker sales manager

értékesítési kampány *fn* ker sales campaign

értékesítési kartell *fn* syndicate

értékesítési képviselő *fn* ker sales agent

értékesítési költségek *fn* ker cost of sales; selling costs; distribution costs; selling expenses * **Ahogyan a házárak növekedtek, a lakásvásárlási és -értékesítési költségek is felszöktek.** As house prices have risen, homebuying and selling costs have soared, too.

értékesítési osztály *fn* sales department

értékesítési politika *fn* ker sales policy; distribution policy; merchandising

értékesítési stratégia *fn* ker merchandising strategy

értékesítési terület *fn* ker market; trading area

értékesítési ügynök *fn* ker sales representative NB: röv sales rep; sales agent

értékesítési válság *fn* ker slump in sales

értékesítési vezető *fn* ker sales/merchandising manager

értékesítési viszonyok *fn* ker market conditions

értékesítési volumen *fn* ker sales volume

értékesíthető *mn* ker marketable; merchantable; realizable

értéket megállapít *ige* assess value

értekezik *ige* consult; confer

értekezlet *fn* meeting; conference * **értekezletet tart** hold a meeting * **Minden nap legalább két órát töltenek értekezleten.** They spend at least two hours at meetings every day.

értékhelyesbítés *fn* valuation adjustment

értékmegállapítás *fn* estimate; evaluation

értékmegállapítás napja *fn* value date

értékmegőrző *fn*
1. safe
2. bank (*GB*) safe; deposit

értéknövekedés *fn* increase in value; increment value; added appreciation * **A felmérés rámutatott, hogy a font értéknövekedése az dollárral szemben megnehezíti a gyártók külföldi eladásait.** The survey cautioned that manufacturers were finding overseas sales harder because of the pound's increase in value against the dollar this year.

értékpapír *fn* pénzügy security; instrument * **értékpapír kibocsátása névértéken** security issue at par * **átruházható értékpapírok** transferable securities

értékpapír-beváltás *fn* bank collection

értékpapír-letéti számla *fn* pénzügy securities account

értékpapíradó *fn* adó securities tax

értékpapír-állomány *fn*
1. pénzügy portfolio holding
2. tőzsde stock in hand; (*US*) stockholding; securities portfolio

értékpapír-befektetések *fn* portfolio investment

értékpapír-biztosítás *fn* bizt fidelity guarantee

értékpapír-elemzés *fn* pénzügy securities analysis

értékpapír-fedezetre nyújtott hitel *fn* bank collateral loan

értékpapír-forgalom *fn* tőzsde securities trade

értékpapírhitel *fn* bank collateral loan

értékpapírjegyzés *fn* tőzsde quotation

értékpapír-kereskedelem *fn* tőzsde securities trading; stock trading; dealings

értékpapír-kereskedő *fn* tőzsde dealer

értékpapírkészlet *fn* tőzsde stock portfolio; stock in hand; (*US*) stockholding

értékpapír-kezelés *fn* pénzügy portfolio management

értékpapír-kibocsátás *fn* tőzsde issue of securities

értékpapír-kibocsátó bank *fn* bank investment bank; (*GB*) merchant bank

értékpapír-névértékre számított kamat *fn* pénzügy nominal interest

értékpapírok *fn* pénzügy securities stocks and shares; (*GB*) stocks

értékpapírpiac *fn*
1. pénzügy securities market
2. tőzsde stock market; exchange

értékpapír-portfólió *fn* pénzügy portfolio

értékpapírszámla *fn* pénzügy securities account

értékpapír-tanácsadó *fn* pénzügy securities adviser

értékpapírtőzsde *fn* tőzsde stock exchange NB: röv stk exch; S.E.; S/E.

értékrendezési nap *fn* (*fizetési kötelezettségek rendezésének napja*) value date

értékrészesedés *fn* ker (*egy bizonyos árucikk összes árbevételének meghatározása*) *az egész piac összes árbevételének arányában)* value share

értékszámítás *fn* valuation

értéktárgyak *fn* (*olyan értékes tárgyak, melyeket befektetési célból vásárolnak*) valuables tangibles

értéktöbblet *fn* surplus value; value added; added value

értéktöbbletadó *fn* adó value added tax **NB: röv VAT**

értéktőzsde *fn* tőzsde stock exchange **NB: röv stk exch; S.E.; S/E.**; stock market; securities exchange

értelmez *ige* interpret * **Az adatokat nehéz értelmezni háttérinformációk nélkül.** Without any background information the data is hard to interpret.

értelmezés *fn* jog construction

értesít *ige* inform; notify

értesítés *fn* communication message; note; notification; (*előzetes*) notice

értesítő *fn* notice

értesül *ige* hear * **örömmel/sajnálattal értesül vmiről** be leased/sorry to hear sg

érvény *fn* jog operation * **Ez a határozat januárban lépett életbe.** This decision came into operation in January.

érvénybe helyez *ige* confirm

érvénybe léptet *ige* jog (*újra*) reinforce

érvényben van *ige* jog operate

érvényes *mn* valid; current; binding

érvényes pénz *fn* pénzügy legal tender

érvényes vmire/vkire *ige* apply **to**

érvényesít *ige*
1. (*pl. követelést*) put forward
2. jog enforce; (*utólag*) reinforce

érvényesítés *fn* implementation; exercise

érvényesség *fn*
1. validity * **Számos kutató kételkedik a múlt héten közzétett felmérés eredményeinek érvényességében.** Many researchers doubt the validity of the results of the survey published last week.
2. jog effect; force

érvényességi időszak *fn* period

érvényességi időtartam *fn* life

érvényét veszti *ige* jog expire

érvényre juttat *ige* jog enforce

érvényt szerez *ige* jog enforce

érvénytelen *mn* jog invalid; (null and) void * **Több ezer szavazatot érvénytelennek nyilvánítottak.** Thousands of votes were declared as void.

érvénytelenít *ige*
1. cancel; undo * **A botrányt követően érvénytelenítették a szerződést.** After the scandal they cancelled the contract.
2. jog abrogate; annul; invalidate; nullify; abate; (*pl. szerződést*) void; (*elévüléssel*) prescribe

érvénytelenítés *fn*
1. cancellation
2. jog abrogation; annulment; nullification; rescission

érvénytelenné válás *fn* jog forfeiture; forfeiting

érzék *fn* flair * **vállalkozói/üzleti érzék** entrepreneurial flair * **érzéke van vmihez** have a flair for sg

esedékes *mn*
1. due * **A bérleti díj május elsején esedékes.** The rent is due on 1 May.
2. pénzügy outstanding; payable

esedékes jövedelem *fn* pénzügy (*még meg nem kapott jövedelem*) accrued income

esedékessé válik *ige* expire

esedékesség *fn* due date; expiration; maturity

esedékesség dátuma *fn* maturity date

esedékesség napja *fn* due date

esemény *fn* event

esés *fn*
1. decrease; drop; fall; downturn
2. tőzsde crash

eset *fn* event; matter

esetjog *fn* jog case law

esettanulmány *fn* case study * **A projekt minden eredményét három vagy négy esettanulmányban rögzítették.** All results of the project are documented through three or four case studies.

esik *ige* fall; drop

esküdtbíróság *fn* jog jury

esküdtszék *fn* jog jury * **az esküdt-szék döntéshozatalra visszavonul** the jury retires * **feloszlatja az esküdtszéket** discharge the jury

esküdtszék elnöke *fn* jog foreman

Észak-Amerikai Szabadkereskedelmi Egyezmény *fn* (*USA, Kanada és Mexikó között*) North American Free Trade Agreement **NB: röv NAFTA**

Észak-Amerikai Szabadkereskedelmi Szerződés *fn* (*USA, Kanada, Mexikó között*) North American Free Trade Agreement **NB: röv NAFTA**

eszköz *fn* appliance; device; tool; átv instrument

eszközállomány *fn* equipment

eszközök *fn* means; (*állományban*) inventory stocks

eszközök összesen *fn* számv total assets

eszközráfordítás *fn* input

eszmei érték *fn* számv (*az az összeg, amellyel a cég vételára nagyobb, mint eszközeinek a reálértéke*) goodwill

eszmei vagyon (*anyagi formában nem létező értékek, pl. jó hírnév, védjegyek*) *fn* intangibles

eszmei vagyonrészek *fn* (*anyagi formában nem létező értékek, pl. jó hírnév, védjegyek*) intangible assets

észrevesz *ige* observe

észrevétel *fn* observation; notice

észrevételt tesz *ige* observe

ésszerűsít *fn* rationalize * **A Ford a termelés ésszerűsítésére törekszik két üzemben.** Ford is trying to rationalize production on two sites.

ésszerűsítés *fn* rationalization; (*a működés átszervezése*) *fn* streamlining

etikai kódex *fn* code of ethics

étkezési jegy *fn* luncheon voucher

étkezési utalvány *fn* luncheon voucher

EU csatlakozás *fn* EU EU accession

EURATOM *fn* EU European Atomic Energy Community **NB: röv EAEC**

euró *fn* EU (*az EU pénzneme*) euro

Eurobarométer *fn* EU (*az EU tagállamaira vonatkozó közvélemény-kutatás*) Eurobarometer

eurocsekk *fn* bank (*utazási csekkhez hasonló, melyet EU-s pénzintézet bocsát ki, és amely Európa legtöbb bankjában beváltható készpénzre, de van, ahol magas jutalékot számítanak fel beváltáskor*) Eurocheque

eurókötvény *fn* bank (*európai pénzpiacon forgalmazott kötvény*) Eurobond

eurókötvény piac *fn* Eurobond market

eurokrata *fn* EU (*az EU intézményeiben dolgozó*) Eurocrat

euróövezet *fn* EU eurozone

Európai Bizottság *fn* EU European Commission **NB: röv EC**

Európa Tanács *fn* Council of Europe **NB: röv COE** * **Az Európa Tanács teljes mértékben tiszteletben tartja a tagállamok oktatási és értékelési rendszereinek különbözőségeit.** The Council of Europe fully respects the diversity of educational and assessment systems in its member states.

Európai Atomenergia Közösség *fn* EU European Atomic Energy Community **NB: röv EAEC; EURATOM**

európai bankközi kamatláb *fn* bank Euro Interbank Offered Rate **NB: röv EURIBOR**

Európai Befektetési Bank *fn* EU European Investment Bank **NB: röv EIB**

Európai Fejlesztési Alap *fn* EU European Development Fund **NB: röv EDF**

európai felsőoktatási együttműködési program *fn* EU (*az EU oktatás-támogatását szolgáló programja, mely azután, hogy a közép- és kelet-európai volt szocialista országokat az EU saját oktatási programjaiba integrálták, a FÁK, a nyugat-balkáni, és 2002. óta az EU mediterrán partnerországai segítségére irányul*) Trans European Cooperation Scheme for Higher Education between Central and Eastern Europe **NB: röv Tempus**

Európai Gazdasági Közösség *fn* EU European Economic Community **NB: röv EEC**

Európai Gazdasági Térség *fn* EU European Economic Area **NB: röv EEA**

Európai Konvent *fn* EU European Convention

Európai Központi Bank *fn* EU European Central Bank **NB: röv ECB**

Európai Monetáris Rendszer *fn* EU (*Az euró bevezetése óta az eurózónán kívüli tagországok valutája és az euró viszonyát szabályozza.*) European Monetary System **NB: röv EMS**

Európai Parlament *fn* EU European Parliament **NB: röv EP**

Európai Parlament tagja *fn* EU Member of the European Parliament **NB: röv MEP**

európai parlamenti képviselő *fn* EU Member of the European Parliament **NB: röv MEP**

európai pénzegység *fn* EU European Monetary Unit **NB: röv EMU**

Európai Pénzügyi Rendszer *fn* EU European Monetary System **NB: röv EMS**

Európai Szabadkereskedelmi Társulás *fn* European Free Trade Association **NB: röv EFTA**

Európai Számvevőszék *fn* EU European Court of Auditors

Európai Szén- és Acélközösség *fn* EU European Coal and Steel Community **NB: röv ECSC**

Európai Szociális Alap *fn* EU European Social Fund **NB: röv ESF**

Európai Tanács *fn* EU European Council

Európai Újjáépítési és Fejlesztési Bank *fn* bank European Bank for Reconstruction and Development **NB: röv EBRD**

Európai Unió *fn* EU European Union **NB: röv EU**

Európai Unió Bizottsága *fn* EU Commission of the European Union

Európai Unió bővítése *fn* EU EU expansion; EU extension

Európai Unió Tanácsa *fn* EU Council of the European Union * **Az Európai Unió Tanácsa az EU legmagasabb szerve.** The Council of the European Union is the EU's highest body.

Európai Unión belüli kereskedelem *fn* ker intra-EU trade * **2001 végéig az eurózóna országaiban átlagosan 3,3%-kal növekedett a GDP ará-** nyában az Európai Unión belüli kereskedelem. To the end of 2001, the intra-EU trade of the eurozone countries increased by an average of 3.3% as a proportion of GDP.

európai valutapiac *fn* bank Eurocurrency market

Európa-megállapodás *fn* EU Europe Agreement

eurótérség *fn* EU Euroland

eurozóna *fn* EU euro area; eurozone * **Az idei gazdasági növekedés az eurozónában várhatóan valamivel 1,5% felett lesz.** The economic growth this year is expected to be just over 1.5% in the euro area.

év végi zárlat *fn* pénzügy year-end accounts

eva [= **egyszerűsített vállalkozói adó**] *fn* (*HU*) adó simplified entrepreneurial tax

évenkénti *mn* yearly

évente *hat* per annum **NB: röv p.a.**

éves *mn* yearly

éves áttekintés *fn* annual review

éves befektetési hozam *fn* (*a befektetés profitja egy évben*) annual rate of return

éves beszámoló *fn* annual report

éves bevétel *fn* adó annual income

éves bevételtöbblet *fn* annual surplus

éves deficit *fn* pénzügy (*mennyiségi visszaesés az adott évre vonatkozóan*) annual shortfall

éves elszámolás *fn* számv (*hivatalos évenkénti nyilatkozat a Cégbíróságnak a társaság működésére vonatkozóan*) annual return; annual accounts

éves értékelés *fn* (*teljesítményé*) annual appraisal

éves felülvizsgálat *fn* annual review

éves hiány *fn* pénzügy annual deficit; annual shortfall

éves jövedelem *fn* adó annual income

éves jövedelemtöbblet *fn* annual surplus

éves közgyűlés *fn* Annual General Meeting **NB: röv AGM**

éves nettó nyereség *fn* pénzügy annual net profit

éves pénzügyi kimutatás *fn* számv annual financial statement

éves részlet *fn* annual instalment

éves részletfizetés *fn* annual instalment

éves szinten *hat* per annum NB: röv p.a.

éves vagyoni kimutatás *fn* számv annual financial statement

éves zárlat *fn* számv (*általában a pénzügyi év végén elkészített kimutatás egy cég pénzügyi helyzetéről*) year-end accounts balance sheet

évi szabadság *fn* annual leave

évjáradék *fn* bizt annuity

évjáradék-biztosítás *fn* bizt annuity insurance

évközi jelentés *fn* tőzsde (*féléves beszámoló, amelyet a vállalat igazgatótanácsa készít el tájékoztatásul, pl. a részvényesek számára*) interim report

évszaktól függő kereslet *fn* ker seasonal demand

expanzió *fn* expansion * **expansion of the economy** gazdasági expanzió

export *fn* ker export; exportation

export kontingens *fn* ker (*mennyiségi kiviteli korlátozás*) export quota

export kvóta *fn* ker (*mennyiségi kiviteli korlátozás*) export quota

export tevékenység *fn* ker exporting

exportál *ige* ker export * **Többféle árut exportálunk számos országba.** We export several kinds of products to many countries.

exportálás *fn* ker exporting

exportengedély *fn* ker export licence

exporthitel *fn* pénzügy (*általában a kormányszervek nyújtják ezt a kölcsönt arra az* *időszakra, ami az áru külföldre küldése és a fizetség megérkezése között van*) export credit * **Sajnálatos módon még nem született döntés a projekt számára létfontosságú exporthitel megítéléséről.** Unfortunately, no decision has yet been taken to grant the export credits, which are crucial to the project.

exportilleték *fn* pénzügy (*az árura az ország elhagyásakor kivetett adó vagy vám*) export duty

exportkorlátozás *fn* ker restriction(s) on exports; barrier to export

exporttámogatás *fn* ker export subsidy * **Néhány szakértő szerint Európának azonnal állást kellene foglalnia minden közvetlen és közvetett exporttámogatás eltörlése mellett.** According to some experts, Europe should commit itself at once to the complete abolition of all export subsidies, direct and indirect.

exportvám *fn* adó (*az árura az ország elhagyásakor kivetett adó vagy vám*) export duty

extra kiadások *fn* additional costs

extra kiemelt fizetés *fn* (*fontos beosztású alkalmazottak kapják, mintegy megkötik ezzel az alkalmazott kezét, hogy ne tudjon átmenni a konkurens céghez, mivel elsősorban egyfajta hitel, amit képtelen lenne visszafizetni*) golden handcuffs

extra költségek *fn* additional costs

ezáltal *hat* hereby

ezennel *hat* hereby

ezüsttartalék *fn* bank (*ezüstrudakban tartott tartalék, melynek értékét a súlya szerint határozzák meg*) bullion reserve

F, f

fájdalomdíj *fn* jog damages
faji megkülönböztetés *fn* racial discrimination * **A munkaügyi bíróság tegnapi döntése szerint egy fekete ápolónő faji megkülönböztetés áldozata lett, amikor nem engedték, hogy egy beteg fehér csecsemőt gondozzon.** A black nurse suffered racial discrimination when she was banned from taking care of a sick white baby, an employment tribunal ruled yesterday.
fájl *fn* informatika file
faktor *fn* factor
faktorálás *fn* pénzügy factoring
faktoráló *fn* pénzügy factor
faktoranalízis *fn* factor analysis
faktoring *fn* pénzügy factoring
fax *fn* telefax
fedez *ige* pénzügy (*viseli a költségeket*) defray
fedezet *fn*
1. security; provision
2. pénzügy collateral; cover; coverage; backing; hedge * **valutafedezet** hedge currency
3. bizt cover; (*a biztosítási kötvényben meghatározott összeg, amelyet maga a biztosított köteles fizetni bármilyen kár esetén; a biztosító csak az ezt meghaladó kárösszeget téríti*) excess
4. tőzsde margin
fedezet nélküli eladás *fn* tőzsde bear sale
fedezeti alkalmasság *fn* pénzügy eligible as collateral
fedezeti arány *fn* pénzügy reserve ratio
fedezeti eladás *fn* tőzsde (*Ezen ügylet legfőbb célja a védekezés a jövőbeni árváltozások miatti veszteséggel szemben.*) hedging
fedezeti hányad *fn* pénzügy reserve ratio
fedezeti határ *fn* pénzügy breakeven point
fedezeti hozzájárulás *fn* contribution

fedezeti pont *fn* pénzügy breakeven point
fedezeti tartalék *fn* bizt insurance reserve
fedezeti ügylet *fn* tőzsde (*Ezen ügylet legfőbb célja a védekezés a jövőbeni árváltozások miatti veszteséggel szemben.*) hedging
fedezeti vásárlás *fn*
1. ker covering purchase
2. tőzsde short covering
fedezeti vétel *fn* tőzsde (*Ezen ügylet legfőbb célja a védekezés a jövőbeni árváltozások miatti veszteséggel szemben.*) hedging
fedezetlen *mn* pénzügy fiduciary
fedezetlen hitel *fn*
1. pénzügy unsecured debt
2. bank (*hitelmegállapodás a bankkal, amelynél nem kell okmányokat csatolni a kiállított váltókhoz*) clean credit **NB: röv c/c**
fedezetlen összeg *fn* deficiency
fedezetlen számla *fn* pénzügy open account
fedezetszámítás *fn* pénzügy breakeven analysis
Fehér Könyv *fn* EU (*az Európai Bizottság által kiadott nagyobb jogalkotási programcsomagra vonatkozó terv*) White Paper
fejadó *fn* adó (*egy országban/csoportban minden személyre egységesen kivetett adó*) head tax; (*GB*) poll tax
feje vminek *fn* chief
fejenként *hat* per capita
fejenkénti *hat* per capita
fejenkénti fogyasztás *fn* consumption per capita
fejlemény *fn* development
fejleszt *ige*
1. improve; innovate
2. ipar (*áramot, gőzt, hőt stb. termel*) generate
fejlesztés *fn* development; innovation
fejlesztési segély *fn* delvelopment aid

fejlesztési terv *fn* EU development plan
fejlődés *fn* development; growth; advancement; advance * **Gazdasági fejlődés tapasztalható a régióban.** Economic growth can be seen in the region. * **Hatalmas technológiai fejlődés figyelhető meg a régióban.** You can see great technological advancement in the region.
fejlődik *ige* grow; flourish
fejlődő országok *fn* developing countries
fejlődő országoknak nyújtott segély *fn* development aid
fejlődő országoknak nyújtott támogatás *fn* development aid
fejvadász *fn* headhunter * **Ígéretes életpályája számos fejvadász figyelmét felkeltette.** Her promising career caught the eye of several headhunters.
fejvadász cég *fn* headhunting firm
fejvadászat *fn* headhunting
fejvadászként dolgozik *ige* headhunt
feketegazdaság *fn* black economy * **Nehéz megmondani, hányan „csúsznak be" az angol feketegazdaságba azzal, hogy tanulónak adják ki magukat.** How many people slip into the UK black economy under the guise of coming to study is hard to tell.
feketekereskedelem *fn* ker black market
feketemunka *fn* (*hivatalos munkaidő után nem hivatalosan végzett munka; a fizetségért nem fizet adót a munkavégző*) moonlighting
feketepiac *fn* ker black market * **A mozgáskorlátozott parkoló használatára jogosító jelvényeket 1000 fontig terjedő áron adják-veszik a feketepiacon.** The disabled drivers' badges change hands on the black market for up to £1,000 each.
fékezés *fn* curb
fél *fn* jog party
fel nem használt eredmény *fn* számv (*az az összeg, ami az eredményelszámolási számlán marad az osztalékok és a tartalék elkülönítése után*) accumulated profit

felad *ige*
1. (*postai küdeményt*) (*GB*) post; (*US*) mail
2. száll (*árut*) dispatch; despatch; consign
feladás *fn* száll dispatch; despatch
feladási lista *fn* ker packing list
feladat *fn* task; responsibility; job; duty; function; remit * **feladatot teljesít** accomplish/complete/perform a task * **feladatot elvállal** undertake a task * **nem képes ellátni a feladatát** fail in one's duty * **Fő feladata, hogy a vásárlói panaszokkal foglalkozzon.** Her main job is to deal with customer complaints. * **A bizottság legfőbb feladata a konferencia megszervezése.** The main function of the committee is to organize the conference.
feladatkihelyezés *fn* outsourcing
feladatkör *fn* remit
feladatkör-bővítés *fn* job enlargement
feladó *fn*
1. sender
2. száll (*árué*) consigner; consignor; shipper
felajánló *fn* offerer
felállít *ige* instal(l); erect
felár *fn*
1. extra charge; additional charge; surcharge * **Felár nélkül kínálunk egyedülálló lehetőséget a TGV elsőosztályú luxus szolgáltatásainak igénybevételére.** We are offering you the unique opportunity to experience first class luxury aboard the TGV at no extra charge.
2. tőzsde premium
felbátorít *ige* encourage
felbecslés *fn* estimate
felbecsül *ige* estimate; evaluate; assess; gauge * **5000 dollárra becsülték a veszteséget.** They assessed the loss at $5,000.
felbecsülés *fn* evaluation
felbecsülhetetlen *mn* invaluable
felbecsülhető *mn* assessable
félbeszakad *ige* discontinue
félbeszakít *ige* suspend; cut off
felbomlás *fn* disintegration; (*pl megállapodásé*) dissolution

felbomlik *ige* dissolve
felbont *ige*
1. dissolve
2. jog determine; (*pl. szerződést*) void; rescind
felbontás *fn*
1. (*pl. szerződésé*) dissolution
2. jog rescission
feldolgoz *ige*
1. process
2. ipar (*anyagot*) treat
feldolgozás *fn* (*pl. ügyé*) handling; processing
feldolgozóüzem *fn* ipar processing plant
felélénkít *ige* boost; whip up
felelős *mn* responsible; accountable *for*
* **Az új pozíciójában Ms Miller a vállalat napi vezetéséért lesz felelős.** In her new role, Ms Miller will be responsible for the day-to-day running of the company. * **Őt tartják felelősnek a problémáért.** He is seen to have been accountable for the problem.
felelős tisztviselő *fn* executive
felelős vmiért *mn* liable *for*
felelősség *fn* responsibility; liability; blame * **viseli a felelősséget** bear the blame * **vállalja a felelősséget** take the blame
felelősségbiztosítási káresemény *fn* bizt third-party liability damage
felelősségre vonható *mn* accountable *for*
felelősségvállalási ígéret *fn* (*GB*) guarantee; (*US*) guaranty
felelőtlen *mn* negligent
felelőtlenség *fn* negligence
felemel *ige* raise; lift; enhance
felépít *ige* ipar (*alkatrészekből*) fabricate; build up
felépítés *fn* structure; set-up
felértékel *ige*
1. revalue; estimate
2. számv write up
3. pénzügy (*valutát*) valorize
felértékelés *fn*
1. revaluation; valuation; upgrading; (*árfolyamé*) upvaluation

2. bank (*valuta értékének növekedése*) appreciation
3. számv write-up
4. pénzügy (*vmely árucikk, szolgáltatás, stb. árának mesterséges eszközökkel történő meghatározása, majd ezen ár fenntartása*) valorization
felesleg *fn* surplus excess
felesleges *mn* redundant
feleslegessé tesz *ige* supersede
felettes *fn* superior
felfed *ige* unclose
felfedés *fn* disclosure
felfog *ige* realize
félfogadás *fn* office hours * **Félfogadás 9-től délután 3-ig.** Our office hours are from 9 a.m. to 3 p.m.
felfokoz *ige* maximize
felfrissít *ige* update * **Megkértek, hogy kéthetenként frissítsem fel az értékesítési adatokat.** I was asked to update the sales figures every second week.
felfutási időszak *fn* start-up period
felfuttat *ige* escalate
felfüggeszt *ige*
1. (*állásából*) suspend; defer
2. jog defer
felfüggesztés *fn* jog suspension
felgyülemlik *ige* számv accumulate
felhalmoz *ige*
1. stockpile; store; (*US*) (*nyereséget befekteti abba a vállalkozásba, melyből származik*) plow back
2. ker buy in
3. számv accumulate
felhalmozás *fn* tőzsde (*a csökkentett áron vett kötvény árfolyama és névértéke közötti különbség*) accumulation; aggregation
felhalmozódik *ige* számv accumulate
felhasznál *ige* consume; use up; exploit; use; utilize; apply; employ
felhasználás *fn* employment; use; utilization; application; consumption; disposition; input * **Nélkülözhetetlen a legfrissebb adatok felhasználása.** The employment of the most recent data is essential.
felhasználási engedély *fn* ker (*megállapodás, melyet a monopolgyártó/monopol-*

szolgáltató ad egy másik gyártónak/eladónak/ szolgáltatónak, hogy gyártsa vagy kereskedjen a termékekkel/szolgáltatásokkal egy adott területen) franchise * **felhasználási engedélyre pályázik** apply for a franchise * **felhasználási engedélyt vásárol** buy/purchase/take out a franchise

felhasználható *mn* employable

felhasználó *fn* user; *(akinek az igényeit a gyártók/szolgáltatók kielégítik)* consumer

felhasználó-barát *mn* user-friendly

felhatalmaz *ige* authorize; empower * **A vezetőség felhatalmazta az emberi erőforrás osztály vezetőjét a tárgyalások megkezdésére.** The management authorized the head of HR department to start negotiations.

felhatalmazás *fn*
1. authority; empowerment; mandate; entitlement; *(GB)* licence; *(US)* license * **felhatalmazást ad, felhatalmaz, engedélyez** grant a licence * **Felhatalmazást kapott, hogy tárgyaljon a külföldi partnerekkel.** He got authority to negotiate with the foreign partners. * **Felhatalmazás nélkül nem írhatom alá a megállapodást.** Without empowerment I cannot sign this agreement.
2. jog authorization; power; proxy; warrant

feliratozás *fn* label(l)ing

felismer *ige* identify * **a problémák számos okát felismeri** identify several causes of the problems

feljavít *ige (árucikk minőségét)* upgrade

feljavítás *fn* upgrading

feljebbvaló *fn* superior

feljegyez *ige*
1. register; record; put down
2. ipar *(teljesítménynaplóba, munkanaplóba stb.)* log

feljegyzés *fn* memorandum; memo; record; note * **feljegyzést készít vmiről** keep a record of sg

feljogosít *ige* entitle; empower * **feljogosít vkit vmire** entitle sy to do sg

feljogosítás *fn* jog power

felkeres *ige* visit

félkész áru *fn* semi-finished product

félkész termék *fn* semi-finished product

felkészül vmi ellen *ige* provide against

fellebbez *ige* jog appeal *against* * **Elhatározták, hogy fellebbeznek a döntéssel szemben.** They decided to appeal against the decision.

fellebbezés *fn* jog appeal * **Elutasították a fellebbezését.** His appeal was turned down.

fellebbezési jog *fn* jog right of appeal

Fellebbviteli Bíróság *fn* jog *(GB)* Court of Appeal

fellebbviteli jog *fn* jog right of appeal

fellendül *ige (pl. piac)* recover; boom

fellendülés *fn* upswing; upturn; uptrend; upsurge; takeoff * **Néhány afrikai ország gazdasági fellendülést tapasztalt az utóbbi években.** Some African countries have experienced economic takeoff in recent years.

fellendülési tendencia *fn* booming tendency

felment *ige* jog acquit

felmentés *fn*
1. EU *(lehetőség az EU-jogtól való eltérésre nemzeti szabályozáskor)* derogation
2. jog *(vád alól)* acquittal; discharge; *(vádlotté)* dismissal * **A bizonyítékok hiánya gyakran vezet a vádlottak felmentéséhez.** Lack of evidence often leads to the acquittal of the accused.

felmentő ítélet *fn* jog acquittal

felmér *ige* estimate; gauge; survey

felmérés *fn* survey * **felmérést készít** carry out/conduct a survey

felminősít *ige* upgrade

felmond *ige* resign; quit; *(szerződést)* terminate; *(szerződést)* withdraw * **A Vodafone szerint üzleti vezetőjük Japánban „személyes okok miatt" mondott fel, miután három évet töltött a vállalatnál.** Vodafone said the head of its business in Japan had resigned "for personal reasons" after three years with the company. * **Április 30-án felbontották a szerződésem.** My contract was terminated on 30 April.

felmondás *fn* notice; (*pl. vmilyen tisztség-ről*) resignation; termination; notice of termination; cancellation * **beadja/be-nyújtja felmondását** give in/hand in one's notice

felmondási értesítés *fn* (*pl. rendelés törléséről*) notice of cancellation; (*pl. szer-ződésről*) notice of termination; (*US*) (*állással kapcsolatban*) pink slip

felmondási idő *fn* notice period; period of notice; term of notice * **A szerződé-sem kéthónapos felmondási időt ír elő.** My contract demands a notice period of 2 months.

felmondási védelem *fn* jog dismissal protection

felmondási záradék *fn* jog termination clause

felmondhatatlan *mn* irrevocable

felmondható *mn* revocable; (*pl. szerződés*) terminable

felmutat *ige* present

felnyit *ige* unclose

felold *ige* resolve; lift; release; free * **Fel-oldották a termékre vonatkozó tilalmat.** The ban on their products has been lifted.

feloldás *fn* release; removal; lifting

feloszlás *fn* dissolution

feloszlat *ige* dissolve; break up

feloszlatás *fn* (*bármely társas viszony, cso-port, tanács stb. megszüntetése*) dissolution

feloszlik *ige* dissolve

felosztás *fn*
1. apportion; allocation; allotment; breakdown; disposition; division * **a fel-adatok felosztása** allocation of re-sponsibilities * **Az alapköltségek fel-osztása nehézségeket okozhat.** It can be difficult to know how to appor-tion core costs.
2. számv apportionment * **Megvitattuk a költségek felosztását.** We have discussed the apportionment of costs.

felosztatlan nyereség *fn* számv surplus

felölel *ige* encompass

felperes *fn* jog plaintiff

félreállítás *fn* shelving

félrerak *ige* put aside

félretesz *ige* set aside; put aside; reserve

félretétel *fn* shelving

félrevezetés *fn* deceit

félrevezető *mn* misleading

félrevezető csomagolás *fn* ker sham package

felsorol *ige* list

felső vezetés *fn* top management

felső vezető *fn* (*több igazgató és egyéb veze-tő irányítása a feladata*) general manager

felsőbb *mn* superior

felsőbb kategóriába sorolás *fn* up-grading

felsőbb szinten zajló tárgyalások *fn* top-level talks

felsővezetés *fn* senior management

felsővezetői állás *fn* top job * **Az ál-lás meghirdetését követő pár órán belül a helyettes kereskedelmi igazgató elsőként jelentette be, hogy pályázik a felsővezetői ál-lásra.** Within hours of the announce-ment, the deputy commercial manager became the first to declare that she would stand for the top job.

felszabadít *ige* (*zárolt betétet*) unlock

felszámít *ige*
1. charge
2. pénzügy debit

felszámítható *mn* (*pl. költség*) chargeable

felszámol *ige*
1. eliminate; liquidate; (*pl. vállalatot*) wind up; break up * **céget felszámol** liquidate a company
2. ker sell off

felszámolás *fn*
1. liquidation; dissolution * **felszámo-lás alatt áll** be in liquidation * **A vál-lalat felszámolásra kerül, mivel nem sikerült befektetőt találni.** The company will go into liquidation after efforts to find an investor failed.
2. jog winding up

felszámolás alatt álló cég *fn* compa-ny in liquidation

felszámolás alatt lévő *mn* liquidated

felszámoló *fn* liquidator

felszámolóbiztos *fn* liquidator

felszerel *ige* furnish; instal(l); supply

felszerelés *fn* equipment; kit
felszolgál *ige* serve
felszolgálás *fn* service
felszolgálási díj *fn* service charge
felszólítás *fn*
1. request
2. pénzügy *(fizetési)* reminder
3. jog summons; demand
felszólítás nélküli *mn* unsolicited
felszólító levél *fn* pénzügy reminder
felszökik *ige (ár, árfolyam)* soar
felszökő árak *fn* soaring prices * **A fel-szökő árakkal még a fővárosi fizetések sem tudnak lépést tartani.** Even wages in the capital cannot keep pace with soaring prices.
feltár *ige* unclose
feltárás *fn* disclosure
felterjeszt *ige* introduce; present
feltétel *fn* condition; stipulation; qualification * **feltételeket előír** stipulate conditions
feltétel nélküli *mn* unconditional
feltétel(ek) *fn* jog terms; átv climate
feltételes eladás *fn* ker *(csak a vételár rendezése után kerül a vevőhöz a tulajdonjog)* conditional sale
feltételes szabadlábra helyezés *fn* jog probation
feltételez *ige* assume
feltételezés *fn* speculation
feltételezett igény *fn* anticipated demand
feltételhez kötött eladás *fn* ker *(csak a vételár rendezése után kerül a vevőhöz a tulajdonjog)* conditional sale
feltétlen *mn* unconditional; unqualified
feltölt *ige (pl. raktárt)* build up
feltöltendő hitelszámla *fn* bank *(olyan banki szolgáltatás, mely során a bank esedékességkor rendezi ügyfelének számláit, de az ügyfél számláját csak a havi átalánnyal terheli, így az ügyfél tervezni tudja költségeit)* budget account
feltörekvő ország *fn* emerging country
felújít *ige* renew
felújítás *fn* renewal; upgrading
felügyel *ige* control; supervise; monitor; oversee; watch

felügyelet *fn* supervision; control; *(folyamatos, rendszeres)* monitoring; surveillance * **vki felügyelete mellett** under sy's supervison
felügyeleti hatóság *fn* regulatory agency
felügyeleti szerv *fn* regulatory authority; regulatory agency; watchdog * **A felügyeleti szerv az engedélyeket a szolgáltatás minősége alapján köteles kiadni, nem pedig az összeg alapján, amelyet a pályázó egy engedélyért fizet.** The regulatory authority has a duty to award licences on the basis of quality of service rather than the amount an applicant pays for a licence.
felügyelő *fn* supervisor; superintendent
felügyelő bizottság *fn* supervisory board; átv watchdog commission
felügyelő bizottság elnöke *fn* chairman of the supervisory board
felügyelő bizottsági tag *fn* board member
felügyelőbizottság *fn* supervisory board
felügyelőség *fn* inspectorate
felülhitelesítés *fn* jog endorsement
felülvizsgál *ige* review; revise; examine; overhaul; inspect; supervise * **A befektetők nyomást gyakoroltak a vállalatra, hogy vizsgálja felül vezetési struktúráját.** Investors have been pressing the company to overhaul its management structure.
felülvizsgálat *fn* revision; inspection; examination * **felülvizsgálat tárgya** subject to revision
felülvizsgáló *fn* surveyor
felvált *ige*
1. replace
2. jog *(törvényt)* supersede
felvásárlás *fn*
1. acquisition; *(vállalat ellenőrzésének megszerzése ellenőrző részvénycsomag felvásárlásával)* takeover * **barátságos/ellenséges felvásárlás** friendly/hostile takeover
2. ker buying up

felvásárlási ajánlat *fn* takeover bid * **Egy milliárdos viszonteladó felvásárlási ajánlatot fontolgat a Marks & Spencer cégre, ami akár 10 milliárd fontig felértékelhetné a küszködő üzletcsoportot.** A billionaire retailer is considering a takeover bid for Marks & Spencer which could value the struggling stores group at up to £10bn.

felvásárló társaság *fn (bajba jutott vállalatot megmentő)* rescue company

felvásárol *ige (vki üzletrészét megveszi)* buy out; buy up * **Egy jól ismert amerikai vállalat vásárolta fel a cégünket, hogy növelje piaci részesedését.** A well-known American company bought out our firm to increase their market share. * **Sikerült felvásárolniuk a vetélytársuk részvényeinek nagy részét.** They managed to buy up most of the shares of their competitors.

felvázol *ige* draw

felver *ige* boom

felvesz *ige*
1. *(pénzt, fizetést stb.)* draw * **Május 15-től veheti fel a juttatásokat.** You can draw allowances from 15 May.
2. bank *(pénzt)* withdraw; *(pénzt)* encash
3. ált *(személyzetet)* take on; *(alkalmazottat)* engage; *(US)* hire * **Elhatározták, hogy felvesznek egy szakképzett titkárt.** They decided to engage a professional secretary. * **Felvettek néhány embert az e-mailek kezelésére.** They hired some people to deal with e-mails.

felvesz vhová *ige* admit

felvet *ige* raise * **A munkavállalók jogosultak bármilyen a munkáltatójukkal kapcsolatos problémát felvetni, de az, hogy sztrájkkal fenyegetőznek, valahányszor nincsenek megelégedve a tárgyalások menetével, árt az üzletnek.** Employees are justified in raising concerns over any number of issues with their employers, but to threaten strike action every time they are dissatisfied with negotiations is bad for business.

felvételi kérelem *fn* job application

felvételt készít *ige* record

felvevőképes piac *fn* ker market demand

felvevőképesség *fn* absorptive capacity

felvilágosítást kér *ige* enquire

fémpénz *fn* pénzügy coin; *(US)* hard money

fémpénzforgalom *fn* pénzügy coin circulation

fennakadás *fn* stalemate

fennálló *mn* pénzügy outstanding

fennhatóság *fn* jog jurisdiction; domain

fenntart *ige* reserve; maintain; sustain; sponsor * **termelést fenntart** maintain output * **kapcsolatot fenntart** maintain contact/links/relations * **folytonosságot/stabilitást fenntart** maintain continuity/stability * **nyereségességet fenntart** sustain profitability

fenntartás *fn* maintenance

fenntartás nélküli *mn* jog unqualified

fenntartási költségek *fn* running costs; running expenses

fenntartható fejlődés *fn* sustainable development

fenyegetés *fn* threat

fiatalkorú *mn* juvenile * **A fiatalkorú bűnözőket el kell különíteni a felnőttektől.** Juvenile offenders should be separated from adults.

figyelembe vesz *ige* consider

figyelmen kívül hagy *ige* disregard

figyelmen kívül hagyható *mn* negligible

figyelmetlen *mn* negligent

figyelmetlenség *fn* negligence

figyelmeztetés *fn* reminder; notice

figyelmeztető munkabeszüntetés *fn* token stoppage

figyelmeztető sztrájk *fn* token strike

fiktív haszon *fn* pénzügy *(készpénz formájában nem realizálódott nyereség)* paper profit

fiktív tőzsdei ügylet *fn* tőzsde *(árfolyamok befolyásolására)* wash sale

fiktív veszteség *fn* paper loss

filiálé *fn* branch; branch office

filléres részvények *fn* tőzsde *(GB)* penny shares; *(US)* penny stock

fináncváltó *fn* pénzügy finance bill
finanszíroz *ige* pénzügy finance; fund; back up * **Külföldi partnerünk fogja finanszírozni az új projektet.** Our foreign partner will finance the new project. * **A munkát a német biotechnológiai cég finanszírozta.** The work was funded by the German biotechnology company.
finanszírozás *fn* pénzügy financing; funding
fiókintézet *fn* branch
fiókiroda *fn* branch office; branch
fiókszámla *fn* pénzügy sub-account
fióktelep *fn* branch
fióküzlet *fn* branch office; branch
fiókvállalat *fn* subsidiary; (*GB*) subsidiary company; (*US*) subsidiary corporation
fiskális *mn* pénzügy fiscal
fiskális politika *fn* pénzügy financial policy
fix jövedelem *fn* pénzügy fixed income
fix kamatozású *mn* pénzügy fixed-interest bearing
fix kamatozású állampapírok piaca *fn* tőzsde bond market
fix kamatozású értékpapír *fn* pénzügy bond
„fizesd és vidd!" *fn* ker (*készpénzért viheti el a kereskedő az árut, amit a vevőnek magának kell összeszedni és elszállítani*) cash and carry
fizet *ige*
1. pay
2. pénzügy disburse; defray * **Miközben az EU támogatásokat fizet, pénzt is kap az új tagállamoktól, mivel azoknak 2004–06-ban 15 milliárd euróval kell hozzájárulniuk az EU költségvetéséhez.** While the EU disburses aid, it will also receive money from the new members, as they will have to pay contributions to the EU budget amounting to some €15bn during 2004–06.
fizetendő *mn*
1. payable
2. ker due

fizetendő adó *fn* adó tax liability * **Megállapították a fizetendő adóját.** They assessed his tax liability.
fizetés *fn*
1. salary; wages; pay; rate of pay * **Ha ismertem volna a projekt részleteit, magasabb fizetést kértem volna.** If I had known about the details of the project, I would have asked for a higher salary.
2. pénzügy payment; (*készpénzzel*) disbursement
fizetés elmulasztása *fn* pénzügy non-payment
fizetés helye *fn* bank (*váltónál*) domicile
fizetés megtagadása *fn* evasion
fizetés nélküli szabadság *fn* unpaid holiday * **Amikor édesapám megbetegedett, fizetés nélküli szabadságot kellett kérnem.** When my father got ill, I had to ask for unpaid holiday.
fizetések emelkedése *fn* rise in wages
fizetésemelés *fn* wage increase; pay increase; (*US*) pay raise; (*GB*) pay rise; rise
fizetéshalasztás *fn* pénzügy extension
fizetési eszköz *fn* pénzügy tender
fizetési felhívás *fn* bank (*felszólítás a kölcsönadótól, hogy az adós fizesse vissza tartozását*) call
fizetési felkészültség *fn* pénzügy liquidity
fizetési felszólítás *fn*
1. pénzügy debt collection letter
2. bank (*felszólítás a kölcsönadótól, hogy az adós fizesse vissza tartozását*) call
fizetési feltételek *fn* jog terms of payment * **Az üzletet még a hétvége előtt megkötik, amennyiben meg tudnak egyezni a fizetési feltételekben.** The deal will be completed before the weekend, provided they can settle the terms of payment.
fizetési garancia *fn* ker payment guarantee * **Sok kis üzlet nincs tisztában azzal, hogy amikor az interneten kötnek üzletet, a hitelkártyás meghatalmazás nem jelent fizetési garanciát.** Many small businesses

are not aware that when a transaction takes place over the internet, credit card authorisation is not a payment guarantee.

fizetési haladék *fn* pénzügy debt rescheduling; moratorium

fizetési határidő *fn* pénzügy credit period; grace period ∗ **A halasztott fizetési határidő lejárta után jókora kamatot kell fizetni.** After the deferred credit period ends, you will have to pay hefty interest charges.

fizetési jegyzék *fn* payroll

fizetési lista *fn* payroll

fizetési meghagyás *fn* bank (*írásos utasítás a banknak, hogy bizonyos kifizetéseket megtegyen meghatározott időpontokban*) banker's order

fizetési meghatalmazás *fn* authority to pay

fizetési mérleg *fn*
1. pénzügy balance of payments; financial statement
2. számv balance

fizetési mód *fn* mode of payment

fizetési skála *fn* pay scales

fizetési utalvány *fn* pénzügy draft **NB: röv df.; dft.**

fizetési utasítás *fn* pénzügy draft **NB: röv df.; dft.**

fizetésképtelen *mn* pénzügy insolvent; bankrupt ∗ **Csak akkor tudunk beavatkozni, ha egy cég fizetésképtelen.** We can only step in when a firm is insolvent.

fizetésképtelenség *fn*
1. pénzügy inability to pay; bankruptcy; business failure; failure ∗ **Egyetlen diák sem maradhat ki a felsőoktatásból csak azért, mert fizetésképtelen.** No students will be left out of higher education because of an inability to pay.
2. jog insolvency ∗ **elismeri fizetésképtelenségét** admit insolvency ∗ **fizetésképtelenséget elismer/fizetésképtelennek nyilvánít** declare insolvency

fizetésnap *fn* pay day

fizetésre kötelezett *fn* pénzügy debtor

fizetésrendezés *fn* pay review

fizetett alkalmazott *fn* gainfully employed

fizetett összeg *fn* pénzügy payment

fizetett szabadság *fn* paid holiday; paid leave

fizethető *mn* payable

fizető *fn* pénzügy payer

fizetőeszköz *fn* pénzügy tender; legal tender; currency; money

fizetőképes *mn* pénzügy solvent; liquid; sound ∗ **A részvényesek többsége úgy vélte, hogy ha a vállalat versenyképes és fizetőképes akar maradni, akkor a forgalom több mint 60%-át kutatásra és fejlesztésre kell fordítani.** A majority of shareholders thought it necessary to invest over 60% of turnover in R&D if the company was to be both competitive and solvent.

fizetőképes kereslet *fn* ker solvent demand

fizetőképesség *fn*
1. pénzügy liquidity; solvency; credit standing; financial standing
2. bank credit

fizetség *fn* pénzügy pay; payment

fizikai *mn* physical

fizikai dolgozó *fn* ipar manual worker; bluecollar worker

fizikai igénybevétel *fn* physical demand

fizikai munka *fn* physical work

fizikai munkás *fn* bluecollar worker

flotáció *fn* flotation

flotta *fn* (*egy vállalkozás tulajdonában álló gépjárművek összessége*) fleet

fluktuáció *fn* (*munkaerő*) turnover of staff

fogadás *fn* (*rendezvény*) function

fogadó órák *fn* office hours

fogalmazvány *fn* draft

foganatosít *ige* jog implement; execute; enforce

foganatosítás *fn* jog implementation

foglalás *fn* jog foreclosure

foglalkozás *fn* profession; job; vocation; occupation; trade; employment; work

foglalkozási alkalmatlanság *fn* incapacity

foglalkozási ártalom *fn* occupational disease; occupational illness

foglalkozási kockázat *fn* occupational hazard

foglalkozási veszély *fn* occupational hazard

foglalkozik vmivel *ige* deal **with**; engage **in**; handle * **Üzlettel foglalkozik.** He engages in business. * **Csak karbantartási ügyekkel foglalkozik.** He handles only maintenance matters.

foglalkoztat *ige* employ; engage; staff * **A jótékonysági szervezet az irodákban nem önkénteseket, hanem teljes munkaidejű, fizetett alkalmazottakat kíván foglalkoztatni.** The charity wants to staff each office by full-time, paid employees, rather than volunteers.

foglalkoztatáspolitika *fn* employment policy; labo(u)r market policy; staffing policy

foglalkoztatási támogatás *fn* wage subsidy

[1]foglalkoztatott *mn* employed

[2]foglalkoztatott *fn* employee

foglalkoztatottak *fn* working population * **2020-ra Japán 127 millió lakosából 34 millió lesz 65 éves vagy annál idősebb, a foglalkoztatottak száma pedig tovább csökken.** By 2020, 34 million of Japan's 127 million people will be aged 65 and over, while the working population will continue to shrink.

foglalkoztatottság *fn* employment

foglalkoztatottsági szint *fn* activity level

foglalkoztatottsági viszony *fn* employment

foglaló *fn*
1. deposit
2. ker (*jelzálog vagy részletfizetési megállapodáskor az első kifizetés*) down payment
3. jog (*előlegként adott pénzösszeg*) caution money

fogy *ige* (*készlet, tartalék stb.*) wane

fogyás *fn* shrinkage

fogyaszt *ige* consume

fogyasztás *fn* consumption; (*vízé, villanyé, gázé, stb.*) use

fogyasztás mértéke *fn* rate of consumption * **Nincs olajhiány a világon, a készletek a fogyasztás mai mértékével számolva 40 évig kitartanak.** The world is not short of oil and reserves should last 40 years at today's rates of consumption.

fogyasztási adó *fn* adó consumption tax; excise duty; excise * **Néhány országban a dohány fogyasztási adója sokkal kisebb, mint itt.** In some countries the excise duty on tobacco is much lower than here.

fogyasztási cikk *fn* ker consumer product

fogyasztási cikkek *fn* ker consumer goods; consumption goods; consumables * **A beruházási javak, mint például az informatikai berendezések, egyre olcsóbbak a fogyasztási cikkekhez képest.** Investment goods, such as IT equipment, are getting cheaper relative to consumption goods.

fogyasztási hajlandóság *fn* propensity to consume

fogyasztási javak *fn* ker consumer goods; consumption goods

fogyasztáskutatás *fn* consumer research

fogyasztó *fn*
1. (*akinek az igényeit a gyártók/szolgáltatók kielégítik*) consumer; user
2. ker customer

fogyasztói analízis *fn* consumer research

fogyasztói ár *fn* ker retail price; consumer price

fogyasztói árindex *fn* ker (*ált. negyedévente készített index, mely megmutatja az árak alakulását*) retail price index; (*US*) Consumer Price Index **NB: röv C.P.I.**

fogyasztói elfogadottság *fn* ker consumer acceptance

fogyasztói hajlandóság *fn* ker consumer acceptance

fogyasztói hűség *fn* ker (*a vevő ragaszkodik a szokásos termékhez/szolgáltatáshoz/szolgáltatóhoz*) customer loyalty

fogyasztói index *fn* ker consumption index

fogyasztói kosár *fn* ker consumption basket

fogyasztói magatartás *fn* ker consumer behavio(u)r

fogyasztói magatartás vizsgálata *fn* consumer research

fogyasztói piac *fn* ker consumer market

fogyasztói társadalom *fn* consumer society * **Világos, hogy a fogyasztói társadalomban a vásárlás sokkal többet jelent a dolgok egyszerű megvételénél.** It is clear that in a consumer society, shopping has come to stand for much more than just buying things.

fogyasztóvédelmi politika *fn* ker consumer policy

fogyatékosság *fn* deficiency; fault

fok *fn* grade; rate; standard

fokoz *ige* accelerate; intensify; escalate; (*arányosan*) scale up * **Tekintettel a piac igényeire, fokozták a termelést.** Production has been accelerated to meet market demand.

fokozat *fn* stage

fokozódik *ige* escalate; intensify

fokozott hatékonyság *fn* increased efficiency

fokozott teljesítmény *fn* increased performance

fokozott termelés *fn* ipar increased output

folyamat *fn* process; procedure; course * **Elmagyarázta nekik a borkészítés teljes folyamatát a metszéstől a palackozásig.** He told them the whole process of wine making from pruning to bottling.

folyamatábra *fn* flow chart; process chart * **Amikor fontos prezentációra készül, készítsen folyamatábrákat, ahol nyilak jelölik az egymáshoz kapcsolódó információkat.** When preparing for an important presentation, try making flow charts with arrows between linked pieces of information.

folyamatban levő *mn* ongoing

folyamatellenőrzés *fn* process control; progress control

folyamatos *mn* continuous; ongoing * **A szállítókkal kötött új szerződés biztosítja a folyamatos termelést az üzemben.** The new contract with the suppliers guarantees continuous production in the plant.

folyamatos foglalkoztatottság *fn* continuous employment

folyamodik *ige* request

folyamodó *fn* jog applicant

folyamodvány *fn* jog petition

folyó *mn* (*éppen zajló*) current

folyó fizetési mérleg *fn* pénzügy balance on current account

folyó kiadások *fn*
1. running costs; running expenses
2. pénzügy current expenditure

folyó műveletek fizetési mérlege *fn* pénzügy balance on current account

folyóérték *fn* current value

folyósít *ige* pénzügy disburse; remit

folyósítás *fn* pénzügy disbursement * **Vannak ígéretek a pénzre, de a bürokrácia miatt a folyósítás nagyon hosszadalmas.** There is money pledged, but the rate of disbursement is very slow, for reasons of bureaucracy and red tape.

folyósítható *mn* pénzügy liquid

folyószámla *fn* bank bank account; account current; (*GB*) current account; (*US*) checking account

folyószámla követelés *fn* bank credit account

folyószámlahitel *fn* bank checking account loan; overdraft; (*GB*) current account loan; (*US*) open credit * **Nemrégiben folyószámlahitelt kértünk.** We have recently applied for an overdraft.

folyószámla-hitelkeret *fn* bank overdraft facility

folyószámlahitel-szolgáltatás *fn* bank overdraft facility

folyószámla-kivonat *fn* bank bank statement; statement of account * **Számos banktól letölthetők a folyószámla-kivonatok.** You can download bank statements from many banks.

folytat *ige (vmilyen tevékenységet stb.)* exercise

folytatólagos *mn* ongoing; continual; continuous

folytonos *mn* continual

fontolóra vesz *ige* consider * **A természettudományok minden területéhez tartozó kutatásokat vitatnak meg a tanácskozáson.** Research in all fields of natural sciences will be considered at the meeting.

fontos *mn* significant; relevant; substantial; essential

fordul vmiért *ige* apply *for* * **Sokan fordulnak anyagi segítségért a jótékonysági egylethez.** Many apply to the charity for some financial help.

fordulónap *fn*
1. cutoff date
2. számv accounting date

forgalmat lebonyolít *ige* turn over

forgalmaz *ige*
1. ker market; distribute
2. tőzsde trade

forgalmazási lánc *fn* ker *(mindazon személyek/részlegek, amelyek szerepet töltenek be abban a folyamatban, melynek során a termék eljut a fogyasztókig)* chain of distribution

forgalmazható *mn* ker trad(e)able

forgalmazó *fn*
1. ker distributor; sales agency
2. tőzsde dealer

forgalmi adatok *fn* ker sales figures * **A gyenge forgalmi adatok csalódást okoztak a részvényeseknek.** Poor sales figures have disappointed shareholders.

forgalmi adó *fn* adó purchase tax; transaction(s) tax; tax on turnover; *(US)* sales tax; *(US)* turnover tax

forgalmi ár *fn* ker market price

forgalmi érték *fn*
1. market value; current value
2. bizt sale value

forgalom *fn*
1. pénzügy circulation * **forgalomból kivon** withdraw from circulation
2. tőzsde volume of trading * **A részvények ára fel- vagy lefelé mozog, az adott részvény forgalmától függően.** The price of shares goes up or down according to the volume of trading in a given stock.
3. *(közlekedés)* service

forgalomba hoz *ige*
1. ker release; introduce; market
2. pénzügy issue

forgalomba hozatal *fn* ker release; issue

forgalomban levő *mn*
1. current
2. pénzügy floating; outstanding

forgalomban levő pénz fedezete *fn* pénzügy backing of the currency

forgalomban levő pénzmennyiség *fn* pénzügy money supply

forgalomból való kivonás *fn* pénzügy *(pénzfajta kivonása a forgalomból)* demonetization

forgalomképes *mn* marketable

forgat *ige* pénzügy *(váltót)* endorse

forgatás *fn* pénzügy endorsement

forgatható értékpapír *fn* bank negotiable instrument

forgatmány *fn* pénzügy endorsement

forgatmányozás *fn* pénzügy endorsement

forgóeszközök *fn* *(könnyen készpénzzé tehető tőke, pl. raktárkészlet)*
1. pénzügy current assets
2. számv liquid assets

forgótőke *fn* pénzügy *(az üzlet működéséhez szükséges, készletekből és likvid forrásokból álló tőke, mely könnyen készpénzzé tehető, pl. raktárkészlet)* current assets; circulating capital; floating capital; operating capital; working capital

formanyomtatvány *fn* form; blank

formaterv *fn* design

formatervezés *fn* product design

forrás *fn* source

forrásadó *fn* adó withholding tax

forrásadó kivetése *fn* adó *(adók levonása a kifizetőhelyen)* deduction at source

forrásadó-levonás *fn* adó (*adók levonása a kifizetőhelyen*) deduction at source

források *fn* számv liabilities

fő *mn* principal; main; major; chief; primary

fő tevékenység *fn* core activity

fő tevékenységi kör *fn* core activity

főállás *fn* full-time job

főállású *fn* half-timer

főfoglalkozás *fn* full-time job; full-time work

főigazgató *fn* managing director **NB: röv MD**

Főigazgatóság *fn* EU (*az Európai Bizottságé*) Directorate-General

főkönyv *fn* számv (*kettős könyveléskor használt könyv(ek)*) ledger

föld vásárlása *fn* ker acquisition of land

földadó *fn* adó land charge

földhivatal *fn* Land Office

földmérési alaptérkép *fn* cadastral map

földmérő *fn* surveyor

földművelés *fn* mezőgazd farming * **Ma a herefordshire-i dolgozó lakosságnak mindössze 6%-a foglalkozik földműveléssel, míga turizmusban kétszer annyian dolgoznak.** Only around 6 per cent of Herefordshire's working population now has anything to do with farming while tourism is twice as big.

földteher *fn* adó land charge

földterület *fn* plot

földtulajdon *fn* real property

fölérendelt *fn* superior

főnök *fn* superior; boss; chief

főosztály *fn* division; department

főpolgármester *fn* (*GB*) Lord Mayor

főrészvényes *fn* tőzsde (*GB*) principal shareholder; (*US*) principal stockholder; (*GB*) majority shareholder

főrevizor *fn* pénzügy controller

főtisztviselő *fn* executive

Főtitkár *fn* EU (*EU Tanács*) Secretary-General

Főtitkárhelyettes *fn* EU (*EU Tanács*) Deputy Secretary-General

Főtitkárság *fn* EU (*EU Tanács*) General Secretariat

franchise *fn* ker (*megállapodás, melyet a monopolgyártó/monopolszolgáltató ad egy másik gyártónak/eladónak/szolgáltatónak, hogy gyártsa, vagy kereskedjen a termékekkel/szolgáltatásokkal egy adott területen*) franchise * **A törvényes franchise üzleteknek csupán 10%-a megy tönkre.** The failure rate of legitimate franchises is a mere 10%.

franchise jogot átvevő *fn* (*a felhasználási jog birtokosa*) franchisee

franchise-rendszer *fn* ker franchising

friss *mn* updated

frissítés *fn* updating

funkció *fn* function

futamidő *fn* maturity; period; term

futamidő vége *fn* maturity date * **A futamidő vége előtt pénzfelvétel nem lehetséges.** No withdrawals can be made before the maturity date.

futószalag *fn* ipar assembly line; production line

futószalagos termelés *fn* ipar conveyor-belt production

fuvar *fn* száll freight; shipment; carriage

fuvar feltételek *fn* száll freight terms

fuvar(ozás) *fn* száll conveyance

fuvardíj *fn* száll cost of carriage; freight; carriage; truckage

fuvardíjszabás *fn* száll tariff

fuvarköltség *fn* száll freight costs; cost of carriage

fuvarlevél *fn* száll bill of freight; (*US*) bill of lading **NB: röv b.l.; b/l.; B/L; B.L.;** consignment note **NB: röv C/N.;** waybill; delivery note * **Amikor hazaértünk, be kellett mutatnunk az általunk szállított áruk fuvarleveleit, és számos formanyomtatványt kellett kitöltenünk.** When returning home, we had to present the waybills for the goods we were carrying and fill in numerous forms.

fuvarokmányok *fn* száll shipping documents; shipping papers

fuvaroz *ige* száll transport; carry

fuvarozás *fn* száll dispatch; despatch; carrier; carriage; haulage; transport; (*US*) transportation

fuvarozási költség *fn* száll haulage
fuvarozó *fn* száll haulier; carrier; freight forwarder; forwarder
fuvarozó vállalat *fn* száll carrier; (*szerződéses*) contract carrier
fuvaroztató *fn* száll shipper
fuvarparitás *fn* száll delivery terms
fúzió *fn* merger; consolidation * **Az utóbbi években a szektoron valóságos fúzió-hullám söpört végig.** In recent years the sector has seen a wave of consolidation.
fuzionál *ige* merge; fuse; incorporate; unite
fúzionálás *fn* consolidation

függ vmitől *ige* depend on
függelék *fn* appendix
független *mn* independent; unaffiliated
független könyvvizsgálat *fn* external audit * **A francia és német vállalatok több mint egyharmada soha nem esett át független könyvvizsgálaton.** Over a third of French and German companies have never undertaken an external audit.
függetlenség *fn* sovereignty
függő vmitől *mn* subject to
függvény *fn* function
fűtőanyag *fn* fuel

G, g

G7-ek *fn* (*Franciaország, Japán, Kanada, Nagy-Britannia, Németország, Olaszország és az USA gazdasági együttműködése.*) G7 [= Group of Seven (countries)]

G8-ak *fn* (*Franciaország, Japán, Kanada, Nagy-Britannia, Németország, Olaszország, Oroszország, USA és az Európai Unió gazdasági együttműködése.*) G8 [= Group of Eight (countries) and the EU]

garancia *fn*
1. *(GB)* guarantee; *(US)* guaranty; surety; warrant; safeguard
2. jog warranty

garancia nélküli *mn* unwarranted

garancia nélküli adósság *fn* pénzügy unsecured debt

garanciabiztosítás *fn* bizt guarantee insurance

garancialevél *fn* ker warranty

garanciás *mn* guaranteed

garanciavállalási kötelezettség *fn* bizt indemnity bond

garantál *ige* guarantee; ensure; warrant

garantáló *fn*
1. warranter; warrantor
2. jog guarantor

garantált *mn* guaranteed

garantált ár *fn* (*amit minden körülmények között kifizetnek*) guaranteed price * **Néhány országban közvetlenül a termelőknek fizetik a garantált árat.** A guaranteed price is paid directly to farmers in some countries.

gát *fn* barrier

gátló tényező *fn* barrier

gátol *ige* encumber; bar; hamper

gazda *fn* mezőgazd owner

gazdagság *fn* wealth; substance

gazdálkodás *fn*
1. economy
2. mezőgazd farming

gazdálkodó *fn* mezőgazd smallholder

gazdaság *fn* economy * **fellendíti a gazdaságot** boost/stimulate/revive the economy

gazdaságelemzés *fn* economic analysis

gazdaságelmélet *fn* economics

gazdasággal kapcsolatos *mn* economic

gazdasági *mn* economic

gazdasági ág *fn* sector; industry

gazdasági bűncselekmény *fn* jog fraud

gazdasági ciklus *fn* economic cycle; business cycle; trade cycle * **Az olajárak emelkedése és csökkenése szinte pontosan egyezik a gazdasági ciklussal.** The ups and downs of oil prices correspond almost exactly with those of the economic cycle.

gazdasági egyensúly *fn* economic equilibrium

Gazdasági Együttműködési és Fejlesztési Szervezet *fn* (*1960-ban alapított szervezet, melynek egyik fő célja a gazdaság élénkítése és ezen keresztül az életszínvonal emelése a tagországokban*) Organization for Economic Cooperation and Development **NB: röv OECD**

gazdasági élet *fn* economy; economics

Gazdasági és Monetáris Unió *fn* EU (*Az euró bevezetése óta az eurózónán kívüli tagországok valutája és az euró viszonyát szabályozza.*) Economic and Monetary Union **NB: röv EMU**

Gazdasági és Pénzügyminiszterek Tanácsa *fn* EU Council of the Economic and Financial Affairs **NB: röv ECOFIN**

Gazdasági és Szociális Bizottság *fn* EU Economic and Social Committee **NB: röv ECOSOC**

gazdasági év *fn* business year

gazdasági expanzió *fn* expansion of the economy

gazdasági fejlődés *fn* economic development

gazdasági fellendülés *fn* economic boom; boom; business expansion

gazdasági feltételek *fn* business conditions

gazdasági hatékonyság *fn* economic efficiency; economic effectiveness

gazdasági helyreállítás *fn* rehabilitation

gazdasági helyzet *fn* economic situation * **A munkaerőpiac mutatói szerint javul a gazdasági helyzet.** The labour market is providing a bullish barometer of the economic situation.

gazdasági helyzetjelző *fn* (*megmutatja a piacot és annak változásait, segít a döntéshozatalban*) business barometer

gazdasági irányzat *fn* economic trend

gazdasági kilátások *fn* economic prospects * **Az Európai Újjáépítési és Fejlesztési Bank (EBRD) pozitívan értékelte a tíz csatlakozó ország gazdasági kilátásait.** The EBRD gave an upbeat assessment of the economic prospects for the 10 accession countries.

gazdasági közösség *fn* economic union

gazdasági légkör *fn* economic climate; business climate

gazdasági mutató *fn* economic indicator; cyclical indicator

gazdasági növekedés *fn* economic growth

gazdasági pangás *fn* economic slump; contraction * **A meredeken emelkedő olajárak a gazdasági pangás legmegbízhatóbb előjelei voltak a történelem során.** Soaring oil prices have historically been the surest harbinger of an economic slump.

gazdasági rendszer *fn* economic system; economy; economics

gazdasági segély *fn* economic aid

gazdasági segítség *fn* economic aid

gazdasági szerkezet *fn* economic system

gazdasági társaságokról szóló törvény *fn* jog (*GB*) Companies Act

gazdasági teljesítmény *fn* economic output * **Az EU tagállamaiban 450 millióan élnek, és a világ gazdasági teljesítményének egynegyedét állítják elő.** The EU countries have a population of 450 million people and generate a quarter of the world's economic output.

gazdasági térség *fn* market; trading area

gazdasági tevékenység *fn* economic activity; business * **gazdasági tevékenységgel felhagy** go out of business

gazdasági trend *fn* economic trend

gazdasági unió *fn* economic union

gazdasági vállalkozás *fn* business enterprise

gazdasági válság *fn* depression; economic slump; slump

gazdasági várakozások *fn* economic outlook

gazdasági világválság *fn* (*1929–35-ig tartó gazdasági világválság*) Great Depression

gazdaságilag aktív *mn* economically active

gazdaságkutató intézet *fn* economic research institute

gazdaságos *mn*
1. cost-effective; economical; profitable
2. ker commercially viable

gazdaságossá tesz *ige* economize

gazdaságosság *fn* cost-effectiveness; economic efficiency

gazdaságossági számítás *fn* számv cost accounting

gazdaságpolitika *fn* economic policy

gazdaságpolitikai *mn* economic * **A kormánydöntés gazdasági következményei beláthatatlanok.** The economic effects of the government decision are unpredictable.

gazdaságtalan *mn* inefficient; uneconomic

gazdaságtalanság *fn* inefficiency

gazdaságtan *fn* economics; economy

gazdaságtudomány *fn* economics
gazdaságtudományi *mn* economic
gazdaságvizsgálat *fn* economic analysis
GDP *fn* GDP [= gross domestic product]
gép *fn* ipar machine; appliance * **Új gépet szereltek be a gyárban.** They installed a new machine in the factory.
gépállomány *fn* ipar equipment; machinery
gépek *fn* ipar machinery * **Modern gépekbe fektettek be, hogy versenyképesek legyenek.** They have invested in modern machinery to be able to compete.
gépezet *fn* ipar machinery
gépjárműadó *fn* adó motor vehicle tax
gépkezelő *fn* ipar operator
gépsor *fn* ipar production line; line
globalizáció *fn* globalization * **A globalizációnak megvannak az előnyei és a hátrányai is.** Globalisation has its pros and cons.

gond *fn* burden
gondatlan *mn* negligent
gondatlanság *fn* negligence; fault
gondnok *fn* jog trustee
gondnokság *fn* jog trusteeship
gondnokság alatt álló *fn* jog ward
gondol vmilyennek *ige* consider
gondoskodás *fn* provision
gondoskodik *ige* provide; support
gondoskodik vmiről *ige* ensure
gondoskodó *fn* provider
gondozás *fn* custody
gondozott *fn* jog (*személy*) ward
göngyöleg *fn* package; wrapping; pack
görbe *fn* curve
grafikon *fn* diagram; graph; chart * **A tárgyalás megkezdése előtt számos grafikont kaptak faxon a londoni irodából.** Before the meeting they got several diagrams faxed from the London office.
grafikus ábrázolás *fn* graph

Gy, gy

gyakorlat *fn* jog custom
gyakorló ügyvéd *fn* jog practising lawyer
gyakorlóidő *fn* traineeship
gyakorlott *mn* proficient
gyakornok *fn* (*szakmai*) trainee
gyakornokság ideje *fn* traineeship
gyakorol *ige* exercise
gyakran idézett kérdések NB: röv GYIK
  fn frequently asked questions **NB: röv FAQ**
gyámság *fn* jog custody
gyámság alatt álló *fn* jog ward
gyár *fn* ipar factory; plant; production facility
gyár kizárólagos képviselője *fn* stockist
gyarapít *ige* enlarge; extend
gyarapodás *fn* growth; gain; increase
gyarapodik *ige* enlarge
gyáregység *fn* ipar plant
gyári eladás *fn* ker direct selling
gyárt *ige* ipar produce; make; manufacture; fabricate; generate * **A serfőzde különböző világos és barna söröket gyárt.** The brewery produces a variety of light and dark beers.
gyártás *fn* ipar production; manufacture; manufacturing * **Görögországi gyárukban nemrégiben vezették be a számítógép-vezérlésű gyártást** They have just recently introduced computer-aided manufacture in their factory in Greece.
gyártási *mn* ipar manufacturing
gyártási bizonylat *fn* ker (*az exportőr által kiállított dokumentum, melyben rögzítik, hogy az árut a megrendelő számára gyártották és szállításra vár*) certificate of manufacture
gyártási eljárás *fn* ipar production process; production method; manufacturing process

gyártási folyamat *fn* ipar manufacturing process
gyártási kapacitás *fn* ipar manufacturing capacity * **A vállalat három telephely bezárásával csökkenti angliai gyártási kapacitását, ami 140 munkahely megszűnését jelenti.** The company is reducing its UK manufacturing capacity with the closure of three sites that will cost 140 jobs.
gyártási költségek *fn* ipar production cost(s); manufacturing costs; costs of production; factory expenses
gyártási potenciál *fn* ipar production capacity
gyártási program *fn* ipar production schedule; production program(me); line
gyártási technológia *fn* ipar production technology
gyártási volumen *fn* ipar production volume
gyártásirányítás *fn* ipar process control
gyártáskapacitás *fn* ipar production capacity
gyártástervezés *fn* ipar production planning
gyártásvezető *fn* ipar production manager
gyártelep *fn* ipar plant; works
gyártmány *fn* ipar product; make; manufacture
gyártmány reklámozása *fn* mark product advertising
gyártmánydiverzifikáció *fn* product diversification
gyártmányfejlesztés *fn* product development
gyártmányszerkesztés *fn* product design
gyártmánytervezés *fn* ipar product design

gyártó *fn* ipar manufacturer; producer; maker

gyártó *mn* ipar manufacturing

gyártó márkája *fn* ipar manufacturer's brand

gyártó védjegye *fn* ipar manufacturer's brand

gyártóüzem *fn* ipar manufacturing plant

gyatra *mn* inferior **to**

 GYELV-elemzés *fn* (*Piackutatás során használt elemzés: gyengeségek, erősségek, lehetőségek, veszélyek*) SWOT analysis [= Strengths, Weaknesses, Opportunities and Threats]

gyenge minőségű *mn* substandard

gyenge teljesítményű *mn* inefficient

gyenge termelékenység *fn* ipar inefficiency

gyengébb minőségű vminél *mn* inferior **to** * **Termékeik gyengébb minőségűek, mint a versenytársaiké.** Their products are inferior to the ones produced by their competitors.

gyengülő piac *fn* tőzsde bear market * **Mióta gyengül a piac, tartózkodik a részvénybefektetésektől, és pénzének nagyobb részét készpénzszámlákon tartja.** Since the onset of the bear market, he has refrained from any stock investments, and keeps most of his money in cash accounts.

gyermek elhelyezése *fn* jog custody

gyermek után járó szabadság *fn* parental leave

gyilkos verseny *fn* ker (*a verseny legkomolyabb, legkeményebb, legkegyetlenebb formája*) cut-throat competition

gyors *mn* (*azonnali*) prompt

gyorsan kelendő áru *fn* ker best seller

gyorsaság *fn* rate; dispatch * **Gyorsan cselekedtek.** They acted with dispatch.

gyorsít *ige* accelerate * **Lengyelországot felszólították a mezőgazdasági reform felgyorsítására.** Poland has been challenged to accelerate work on agriculture.

gyorsítás *fn* acceleration; speeed-up

gyorsulás *fn* acceleration; speed-up * **Félő, hogy az új kormányzati politika az infláció gyorsulásához vezet.** The new government policies are feared to lead to an acceleration of inflation.

gyűlés *fn* meeting; assembly; convention; gathering

H, h

hagyaték *fn* jog legacy
hagyatékban részesülő jog *fn* benificiary
hagyatéki adó *fn* adó (*GB*) inheritance tax; (*US*) estate tax; (*GB*) legacy duty; (*US*) legacy tax
hagyatéki illeték *fn* adó (*GB*) legacy duty; (*US*) legacy tax
hagyatéki ügyintézés *fn* jog administration of estates
hagyomány *fn* custom
hajlamos vmire *mn* liable *to* ∗ **Hajlamos felhatalmazás nélkül dönteni.** He is liable to make decisions without authority.
hajlékonyság *fn* flexibility
hajófuvarlevél *fn* száll shipping bill
hajófuvarozó *fn* száll shipper
hajón *hat* száll on board
hajóraklevél *fn* száll bill of lading **NB: röv b.l.; b/l.; B/L; B.L.**
hajórakomány *fn* száll shipment
hajózár *fn* száll embargo
hajtóerő *fn* ipar power
halad *ige* proceed
halad vmerre *ige* (*lassú mozgás*) drift
haladás *fn* advance; advancement; progression
haladék *fn* delay; grace period; respite
haladéktalan *mn* immediate; prompt
halálesetre szóló biztosítás *fn* bizt (*GB*) life assurance; (*US*) life insurance
halálozási arány *fn* (*ezer lakosra jutó halálozások száma*) death rate
halálozási ráta *fn* (*ezer lakosra jutó halálozások száma*) death rate
hálapénz *fn* gratuity
halaszt *ige* postpone
halasztott adó *fn* adó deferred tax
halasztott fizetésű eladás *fn* ker credit sale

hallgatólagos *mn* implicit
hallgatólagos feltétel *fn* jog implied condition
halmaz *fn* (*különböző anyagokból/termékekből álló*) conglomerate
halmozódó *mn* cumulative
halmozott *mn* cumulative
halmozott veszteség *fn* számv accumulated loss
halogat *ige* defer; delay
halogatás *fn* delay; shelving
hálózat *fn* network
hálózatépítés *fn* networking
hálózati bankszolgáltatás *fn* bank (*bankügyletek lebonyolítása telefonos hálózaton keresztül*) telebanking
hálózati konferencia *fn* (*legalább három fél megbeszélése telekommunikációs eszközök segítségével*) teleconference
hálózati vásárlás *fn* ker teleshopping
hálózaton hozzáférhető *mn* informatika online
hamar *hat* asap; a.s.a.p. [= as soon as possible]
hamis *mn* counterfeit ∗ **Sok hamis DVD található a piacon.** You can find a lot of counterfeit DVDs on the market.
hamis csomagolás *fn* ker sham package
hamis könyvelés *fn* számv falsification of accounts
hamis pénz *fn* counterfeit money
hamisít *ige* forge; counterfeit; fabricate
hamisítás *fn* forgery; (*pl. adatoké*) falsification
¹hamisítvány *mn* counterfeit
²hamisítvány *fn* forgery
hangsúlyoz *ige* highlight
hányad *fn* quota; rate; ratio; share
hányados *fn* ratio
hanyagság *fn* jog negligence

hanyatlás *fn* decline; decay; recession; deterioration; (*pl. konjunkturális*) downswing; downturn; retrogression; setback; drop; fall * **Az acéliparban jelentős hanyatlás következett be.** There has been a considerable downturn in the steel industry.

hanyatlási trend *fn* tőzsde sliding trend

hanyatlik *ige* decline; retrogress; drop; dwindle

harmadlagos ipar *fn* tertiary sector

harmonizálás *fn* jog harmonization

háromoldalú *mn* tripartite * **háromoldalú együttműködés/tárgyalások/egyeztetések** tripartite cooperation/negotiations/talks

használ *ige* use; employ * **Korszerű eszközöket használnak a gyárban.** They employ up-to-date tools in the factory.

használat *fn* use; utilization; employment

használati díj *fn* rent; rental; (*pl. út használatáért*) toll

használati érték *fn* use value; value in use; utility value

használati illeték *fn* toll

használati jog *fn* jog right of use

használaton kívül helyez *ige* immobilize

használható *mn* viable

használhatóság *fn* utility; use

használó *fn* user

használt áru *fn* ker second-hand goods

hasznát látja vminek *ige* benefit **by/from**

hasznos *mn* beneficial; gainful

hasznos alapterület *fn* usable floor space

hasznos élettartam *fn* life

hasznosít *ige* utilize; exploit; (*hulladékanyagot*) salvage

hasznosítás *fn* utilization; exploitation; employment * **természeti erőforrások hasznosítása** utilization of natural resources

hasznosíthatóság *fn* utility

hasznosság *fn* utility; use

hasznot hajt *ige* profit

hasznot hajtó *mn* gainful

hasznot hoz *ige* profit

hasznot húz *ige* profit; benefit **by/from**

hasznot nem hozó *mn* unprofitable

haszon *fn* profit; gain; benefit; increment; interest; return * **haszonra tesz szert** earn a profit * **hasznot ér el** make a profit * **hasznot termel** bring in/generate a profit * **tisztes haszon** sound profit

haszonbérbe ad *ige* lease

haszonbérbe adó *fn* lessor

haszonbérbe vevő *fn* lessee

haszonbérlet *fn*

1. lease; tenancy * **haszonbérletbe ad** grant a lease * **haszonbérletbe vesz** take a lease/take on lease * **20 éves haszonbérleti szerződést kötött egy farmra Nagykanizsa közelében.** He took out a 20-year lease on a farm near Nagykanizsa.

2. jog leasehold

haszonbérletbe vesz *ige* lease

haszonbérleti időtartam *fn* tenancy

haszonbérleti szerződés *fn* lease agreement; lease

haszonbérleti tulajdon *fn* jog leasehold

haszonbérleti viszony *fn* lease

haszonbérlő *fn* tenant

haszonélvezet *fn* jog usufruct

haszonélvezet időtartama *fn* jog tenure

haszonélvezeti jog *fn* jog (*életre szóló*) life interest

haszonélvező jog *fn* tenant; (usufruct) benificiary

haszonjármű *fn* száll (*kereskedelmi célokra használt járművek, pl. furgonok, teherautók*) commercial vehicle

haszonkulcs *fn* ker profit margin; margin

haszonrés *fn*

1. profit margin

2. ker operating margin; price margin

haszonszázalék *fn* (*egy cég nyeresége százalékban kifejezve (tiszta nyereség a befizetett tőke százalékában*)) earning rate

hatalom *fn* power; control * **hatalmon van** be in power * **hatalmat megragad** seize power * **hatalmat gyakorol**

exercise power * **hatalmával visszaél** abuse one's power

hatály *fn* jog force; effect; scope; validity
* **hatályba lép** take effect * **vmilyen kezdetű hatállyal** with effect from sg * **azonnali hatállyal** with immediate effect

hatályát veszti *ige* jog expire

hatályba juttat *ige* jog enforce

hatályba lép *ige* jog come into effect

hatályba léptet *ige* jog (*törvényt, intézkedést stb.*) implement

hatályba léptetés *fn* jog implementation

hatálybalépés dátuma *fn* jog effective date; vesting date

hatályban lévő *mn* jog valid

hatályon kívül helyez *ige* jog abrogate

hatályon kívül helyezés *fn* jog abrogation; suspension

hatályon kívüli *mn* jog inoperative

hatályosság *fn* jog operation

hatályt megszüntet *ige* jog void

hatálytalan *mn* jog invalid

hatálytalanít *ige* jog abate; bar; invalidate; nullify; (*törvényt*) supersede

hatálytalanítás *fn* jog abatement; nullification; rescission

hatályvesztés *fn* jog expiration; lapse

határár *fn* ker limit

határidő *fn* deadline; due date; time limit; term; date * **betartja a határidőt** keep/meet the deadline * **kicsúszik a határidőből** miss the deadline * **határidőt szab** set a deadline * **határidőre dolgozik** work to a deadline

határidő-ellenőrzés *fn* progress control

határidő-hosszabbítás *fn* extension; respite

határidős *mn* dated; forward

határidős ár *fn* ker (*áru/szolgáltatás jövőbeni szállításra megállapított ára*) forward price

határidős áruügylet *fn* commodity futures

határidős betét *fn*
1. pénzügy term deposit
2. bank fixed deposit; (*US*) time deposit

határidős deviza *fn* bank forward exchange

határidős értékpapír *fn* pénzügy dated security

határidős kereskedelem *fn*
1. ker forward operation
2. tőzsde futures

határidős kötés *fn* tőzsde futures contract; position

határidős letét *fn* pénzügy term deposit

határidős piac *fn* tőzsde futures market

határidős szerződés *fn* tőzsde (*felek közti megállapodás, hogy a jövőben egy adott időpontban előre meghatározott átváltási árfolyamon bonyolítanak le egy ügyletet*) forward contract

határidős tőzsde *fn* tőzsde futures market

határidős utalvány *fn* bank bank acceptance

határidős ügylet *fn* tőzsde (*felek közti megállapodás, hogy a jövőben egy adott időpontban előre meghatározott átváltási árfolyamon bonyolítanak le egy ügyletet*) forward contract; futures contract; forward operation; futures

határidőterv *fn* schedule

határidőügylet *fn* tőzsde time bargain

határnap *fn*
1. closing date; cutoff date; deadline; maturity; reporting date
2. számv accounting date

határokon átlépő ügylet *fn* cross-border transaction

határokon átnyúló *mn* cross-border

határozat *fn*
1. decision; resolution; rule * **akként rendelkezem (jogi okmány aláírásánál)** this is my act and deed * **A bizottságnak nem sikerült határozatot hoznia az új projektről.** The committee failed to pass a resolution on the new project.
2. jog act; order; regulation

határozatképes létszám *fn* (*határozathozatalhoz szükséges minimális létszám*) quorum

határozatképesség *fn* (*határozathozatalhoz szükséges minimális létszám*) quorum

határozatlan *mn* indefinite

határozott időre szóló szerződés *fn* fixed-term contract

határtermelékenység *fn* marginal productivity

hatás *fn* effect; impact * **hatással van vmire/vkire** have/make an impact on sg/sy

hatáskör *fn* division; jurisdiction; responsibility; competence * **Az igazgatótanács kiterjesztette az értékesítési menedzser hatáskörét.** The Board of directors extended the sales manager's jurisdiction.

hatásosság *fn* effectiveness

hatással van vkire/vmire *ige* influence

hatással van vmire *ige* affect

hatástalan *mn* inefficient

hatástalanság *fn* inefficiency

hatékony *mn* efficient; powerful

hatékonyság *fn* effectiveness; productivity

hatékonyság hiánya *fn* inefficiency

hatékonyság növekedése *fn* increase in efficiency

hatékonyságot nélkülöző *mn* inefficient

hathatós *mn* powerful

hátirat *fn* pénzügy endorsement; backing

hátirattal ellát *ige* endorse

hátirattal ellátás *fn* pénzügy endorsement

hatóság *fn* authority

hatósági ár *fn* fixed price

hatósági zár alá vétel *fn* jog impoundment

hátralék *fn* ker arrears * **kifizeti a hátralékát** make up arrears * **hátralékban van vmivel** be in arrears with sg * **hátralékba jut/kerül** get/fall into arrears

hátralékos *mn* pénzügy overdue; outstanding

hátralékos összeg *fn* pénzügy outstanding amount

hátráltat *ige* encumber

hátráltatás *fn* encumbrance

hátrányos helyzetű *mn* underprivileged

hátrányos megkülönböztetés *fn* discrimination; restrictive practices

havi beszámoló *fn* monthly review

havi jelentés *fn* monthly report * **A Bundesbank októberi jelentésében rámutatott, hogy a német gaz-**daság **2000 közepe óta gyakorlatilag stagnál.** The Bundesbank pointed out in its October monthly report that the German economy has been in a state of virtual stagnation since mid-2000.

havi törlesztés *fn* pénzügy monthly payments * **A vevők késve érkező kifizetései likviditási problémákat okozhatnak a havi törlesztéseknél.** Late payment from customers can cause cash flow problems when it comes to making your monthly payments.

havonkénti kimutatás *fn* pénzügy monthly statement

hazai *mn* domestic; national; internal

hazai piac *fn* ker domestic market

hazai termék *fn* ker domestic product

házaló ügynök *fn* (*lakásokat felkeresve megrendeléseket, előfizetéseket gyűjtő ügynök*) canvasser

házastársi tartás *fn* jog maintenance

házi *mn* domestic

házon belüli *mn* in-house

háztartás *fn* household

háztartási kiadások *fn* household expenses

háztól-házig *hat* door-to-door

házügynök *fn* (*aki más megbízásából ház/lakás eladásában, vételében, bérbeadásában, ill. bérlésében bizonyos fizetség fejében segédkezik*) house agent

hely *fn* location; place; position; spot

helyben *hat* (*ott, azonnal*) on the spot

helybenhagy *ige* affirm

helyébe lép *ige* replace

helyes *mn* appropriate *for*

helyesbít *ige* amend

helyesbítés *fn* amendment; correction

helyesbítő tétel *fn* számv adjustment

helyesel *ige* approve; endorse

helyeslés *fn* approval

helyesség *fn* correctness

helyettes *fn* deputy

helyettesít *ige* replace; substitute; supersede

helyettesítés *fn* substitution

helyettesíthetőség *fn* fungibility

helyettesítő *mn* back-up

helyettesítő áru *fn* substitution

helyhatóság *fn* local authority; municipality

helyhatósági *mn* municipal

helyi *mn* local

helyi adó *fn* adó municipal tax; local tax

helyi közigazgatás *fn* municipal administration

helyi választások *fn* local elections

helyiség(ek) *fn* premises

helypénz *fn* (*piacon*) toll

helyrehoz *ige* adjust

helyrehozás *fn* redress

helyreigazítás *fn* correction

helyszín *fn* location; venue; spot * **Dél-Afrika közkedvelt helyszín a brit befektetők körében.** South Africa is a popular location for UK investment purchasers.

helyszíni piackutatás *fn* mark (*nem a gyártás/szolgáltatás helyén, hanem közvetlenül, a fogyasztókkal történő*) field research

helyzet *fn* condition; position; situation; standing; state; status * **gazdasági/ pénzügyi/politikai helyzet** economic/financial/political situation * **abban a helyzetben van, hogy megtegyen vmit** be in a position to do sg * **erősít a helyzetén** improve/strengthen sy's position

helyzetjelentés *fn* situation report; status report

heti munkaidő *fn* (*GB*) working week; (*US*) workweek

hév *fn* drive

hiány *fn* deficit; shortage; lack; shortfall; unavailability; deficiency; default * **vmi hiányában/vmi hiánya miatt** for lack of sg

hiánycikk *fn* ker scarce goods; goods in short supply

hiányos felszereltségű *mn* underequipped

hiányosság *fn* deficiency; fault

hiányzó *mn* missing * **Kérjük, írja be a hiányzó adatokat, és postafordultával küldje vissza az űrlapot!** You are kindly asked to fill in missing information and send back the form by return of post.

hiányzó mennyiség *fn* deficiency; deficit

hiányzó összeg *fn* deficiency

hiba *fn* error; fault; defect; deficiency * **hibát kijavít** correct/rectify/adjust an error * **Néhányan önhibájukon kívül vesztették el megtakarított pénzüket.** Some people have lost their savings through no fault of their own.

hibaelhárító *fn* troubleshooter

hibahatár *fn* margin of error

hibás áru *fn* reject

hibás kalkuláció *fn* miscalculation

hibáztat vmiért *ige* blame **for**

híradástechnika *fn* communications

hirdet *ige* mark advertise

hirdetés *fn* mark advertisement **NB: röv advert; ad;** bill; advertising

hirdetés elhelyezése *fn* mark insertion

hirdetés közlése *fn* mark insertion

hirdetésfelvételi határidő *fn* closing date

hirdetési osztály *fn* mark advertising department

hirdetési részleg *fn* mark advertising department

hirdetmény *fn* notice; bill

hirdető *fn* mark advertiser

hirdetőtábla *fn*
  1. board * **Az információkat a hirdetőtáblára teszik ki.** Information will be posted on the board.
  2. mark hoarding

híres *mn* renowned

hírközlési technológia *fn* communication technology

hírközlő eszközök *fn* means of communication

hírnév *fn* reputation * **hírnevét (le)rombolja** tarnish sy's reputation * **hírnevet szerez/kiérdemel** acquire/build/ develop/earn/establish/gain reputation

hírügynökség *fn* (*US*) news agency

hírverés *fn*
  1. publicity * **A JPS példája jól szemlélteti, hogyan lehet egy vállalatot negatív hírveréssel térdre kényszeríteni.** JPS illustrates how negative publicity can bring a company to its knees.
  2. mark propaganda

hitel *fn*
1. loan
2. pénzügy *(csökkentett kamatozású)* soft loan
3. bank credit * **hitelre** on credit * **hitelt nyújt** give/offer credit * **Sajnos a bank elutasította hitelkérelmünket.** Unfortunately, our bank denied our credit.
hitelátutalás *fn* bank credit transfer
hitelbank *fn* bank credit bank
hitelbiztosítás *fn* credit insurance
hitelbiztosíték *fn* pénzügy collateral * **Tulajdonát hitelbiztosítékként használták.** His property has been used as collateral to borrowing.
hitelből történő finanszírozás *fn* pénzügy debt financing
hitelegyenleg *fn* bank credit balance
hiteles *mn* genuine
hiteles könyvszakértő *fn* számv certified accountant
hiteles könyvvizsgáló *fn* számv certified accountant; *(GB)* chartered accountant; *(US)* certified public accountant NB: röv CPA
hiteles másolat *fn* jog *(egy dokumentumról készített másolat, melynek megegyezése az eredetivel aláírással/bélyegzővel hitelesített)* certified copy
hiteles okmány *fn* jog legal document
hitelesít *ige*
1. certify; confirm; endorse; calibrate; standardize
2. jog authenticate
hitelesítés *fn*
1. certification; verification
2. jog authentication; legalization; attestation
hitelesítő záradék *fn* pénzügy opinion
hitelez *ige* pénzügy credit
hitelezés *fn* pénzügy lending; lending business
hitelező *fn*
1. pénzügy creditor; debtee; lender
2. jog obligee
hitelező intézmény *fn* pénzügy credit institution
hitelezői kamat *fn* bank credit interest

hitelfeltételek *fn* bank terms of credit
hitelfelvétel *fn* pénzügy borrowing
hitelfelvevő *fn* pénzügy borrower
hitelhatár *fn* számv credit line
hitelintézet *fn*
1. pénzügy credit institution
2. bank bank
hiteljegyzék *fn* számv credit note
hitelkamatláb *fn* pénzügy borrowing rate
hitelkártya *fn* bank credit card
hitelkártya-tulajdonos *fn* bank cardholder
hitelképes *mn (megbízható hitelező, mivel időben visszafizeti az adósságait)*
1. pénzügy solvent; reliable; creditworthy * **Előfordul, hogy teljesen hitelképes emberek nem kapnak kölcsönt, vagy hitelkártyát.** Sometimes perfectly creditworthy people get turned down for loans and credit cards.
2. bank *(US)* eligible
hitelképesség *fn*
1. pénzügy credit standing; creditworthiness; solvency; financial standing; standing; borrowing potential * **Ez a döntés valószínűleg nem befolyásolja hitelképességét.** This decision is not likely to affect your creditworthiness.
2. bank credit
hitelképességi besorolás *fn (hitelképesség megállapítása és aszerinti besorolás, kategorizálás)*
1. pénzügy credit rating; credit standing
2. bank rating
hitelképességi információ *fn* pénzügy status report
hitelképességi minősítés *fn* pénzügy *(hitelképesség megállapítása és aszerinti besorolás, kategorizálás)* credit rating; credit standing
hitelkeret *fn* pénzügy credit line; line of credit
hitelkimutatás *fn* számv credit note
hitelkockázat *fn* pénzügy credit risk
hitelkorlátozás *fn* pénzügy credit squeeze
hitelletiltás *fn* pénzügy stoppage of credit
hitellevél *fn* bank *(dokumentum két bank között arra, hogy egy bizonyos összeghatárig*

az aláíró vállalja a felelősséget az ügyfeléért például kölcsönfelvételnél) letter of credit NB: röv **L/C; L.C.; I.c.; l/c; lc**

hitelmaradvány *fn* bank credit balance

hitelmegszorítás *fn* pénzügy credit squeeze

hitelnyújtás *fn* pénzügy lending

hitelnyújtó *fn* pénzügy creditor; lender

hitelpénz *fn* pénzügy *(folyószámlán tartott banki betétek)* credit money; bank money

hitelpolitika *fn* pénzügy credit policy

hitelszámla *fn* bank credit account

hitelszerződés *fn* bank credit agreement

hitelszövetkezet *fn* pénzügy credit cooperative; cooperative credit association; cooperative bank

hitelszűke *fn* pénzügy credit squeeze

hitelt ad *ige* pénzügy lend

hitelt felvevő *fn* bank benificiary

hitelt vesz igénybe vkitől *ige* borrow *from*

hitelüzlet *fn* pénzügy lending business; credit sale

hivatal *fn* office; bureau; department; agency

hivatal birtoklása *fn* jog tenure

hivatalban lévő *mn* incumbent

hivatali nyelv *fn* official language

hivatali órák *fn* office hours

hivatalos *mn* official

hivatalos közlöny *fn* official journal

hivatalos nyelv *fn* official language * **Az Európai Unió hivatalos nyelveinek száma majdnem megkétszereződött, 11-ről 20-ra nőtt.** The number of official European Union languages almost doubled from 11 to 20.

hivatalos példány *fn* jog office copy

hivatalos vagyonátvevő *fn* jog *(feladata, hogy átvegye és gondozza a csődbe ment, vagy felszámolás alatt álló cég minden vagyonát)* official receiver

hivatalos viszonteladó *fn* ker authorized dealer * **Színes tintapatronok a hivatalos viszonteladóinktól rendelhetők.** You can order colour cartridges from our authorised dealers.

hivatalosan jegyez *ige* tőzsde list

hivatalvezető *fn* director

hivatás *fn* vocation; career; profession; occupation * **hivatást űz** follow/pursue a career

hivatási *mn* vocational

hivatásváltás *fn* occupational change

hivatkozás *fn* reference NB: röv re.; Ref.; ref.

hivatkozási szám *fn* reference NB: röv re.; Ref.; ref.

hó végi kimutatás *fn* pénzügy monthly statement

holdingtársaság *fn* holding; proprietary company; controlling company

holtidény *fn* slack period

holtidő *fn* ipar idle time

holtpont *fn* deadlock; *(tárgyalásban)* stalemate

honorál *ige* remunerate

honorárium *fn* fee; royalty; remuneration; honorarium

honosítás *fn* *(bizonyítványé, oklevélé is)* naturalization

hordozható *mn* portable

hosszabbít *ige* lengthen

hosszú lejáratú *mn* long-term; long-run

hosszú lejáratú bankbetétek *fn* bank long-term deposits

hosszú lejáratú váltó *fn* pénzügy time draft

hosszú távú *mn* long-term; long-run

hozadék *fn* return * **A probléma az, hogy a befektetett tőke hozadéka valószínűleg kevés lesz új projektek indításához.** The problem is that the return on capital invested will be unlikely to provide enough money to start new projects.

hozam *fn* yield; gain; return; income; production; *(vagyon eladásából származó jövedelem)* proceeds

hozamgörbe *fn* pénzügy yield curve

hozamképesség *fn* earning power

hozamkülönbség *fn* pénzügy yield spread

hozamszint *fn* pénzügy yield level

hozzá tartozó *mn* inherent

hozzáad *ige* contribute

hozzáadott érték *fn* added value; value added

hozzáadott értékadó *fn* adó value added tax **NB: röv VAT**
hozzáerősít *ige* stick
hozzáértés *fn* competence; know-how
hozzáértő *mn* competent
hozzáférés *fn* access * **Korlátozták a hozzáférést a munkaerőpiachoz és a szociális juttatásokhoz.** They limited access to the labour markets and social welfare programmes.
hozzáférhető *mn* accessible
hozzáigazítás *fn* adjustment
hozzájárul *ige* contribute; approve
hozzájárulás *fn*
1. contribution; consent; approval; permission; endorsement * **Köszönettel fogadjuk a jótékonysági estre adott önkéntes hozzájárulásokat.** Voluntary contributions to the charity evening are highly welcome. * **A tulajdonos hozzájárulását adta a javaslathoz.** The owner gave her consent to the proposal. * **A menedzser a bizottság előzetes hozzájárulásával írta alá a szerződést.** The manager signed the contract with the prior consent of the committee.
2. *jog* assent
3. EU compensatory levy
hozzájárulás mértéke *fn* rate of contribution
hozzájáruló *fn* contributor
hozzájutás *fn* access
hozzászól *ige* (*pl. vitához*) contribute
hozzászólás *fn* contribution

hozzátartozó *fn* dependant/dependent * **A szervezetnek több mint félmillió tagja van, és kb. 3 millió embert – volt alkalmazottat és azok hozzátartozóit – támogat.** The organisation has more than half a million members and supports some 3 million people, ex-workers and their dependants.
hulladék *fn* refuse; waste; rubbish; (*US*) trash
hulladék újrahasználása *fn* waste recycling
hulladék újrahasznosítása *fn* waste recycling
hulladékeltávolítás *fn* refuse disposal
hulladéklerakás *fn* dumping
hullámzás *fn* fluctuation
hullámzás erejét hasznosító energia *fn* wave energy
hullámzik *ige* fluctuate
hűség *fn* allegiance * **A vállalatok abban hisznek, hogy egész életre szóló márkahűséget tudnak elérni azáltal, hogy fiatalon behálózzák a vásárlókat.** Companies believe they can develop life-long brand allegiance by snaring customers when they're young.
hűségkedvezmény *fn* (*a hűséges vevőknek nyújtott kedvezmény*) loyalty discount
hűtlen kezelés *fn* *jog* embezzlement; misappropriation
hűtlenül kezel *ige* *jog* embezzle; misappropriate

I, i, Í, í

idegen tőke *fn* pénzügy (*az az adósság, amellyel a cég tartozik hitelezőinek*) loan capital; outside capital

idegen tőkével való finanszírozás *fn* pénzügy debt financing

idegen váltó *fn* pénzügy bill; (*GB*) bill of exchange **NB: röv B/E; b.e.**

idegenforgalmi *mn* touristic

idegenforgalom *fn* tourism

ideiglenes *mn* provisional

ideiglenes alkalmazás *fn* temporary employment

ideiglenes finanszírozás *fn* pénzügy (*rövid távra nyújtott hitel, amely arra szükséges a kölcsönt felvevőnek, hogy pl. egy vételt finanszírozni tudjon, amíg egy másik eladás megvalósul*) bridging finance

ideiglenes hiány *fn* ker temporary shortfall

ideiglenes munka *fn* temporary work

ideiglenes munkaerő-állomány *fn* temporary staff

ideiglenes szabadlábra helyezés *fn* jog bailment

idény *fn* season

idénymunka *fn* casual work

idénymunkás *fn* seasonal worker

idénytől függő kereslet *fn* ker seasonal demand

idéz *ige* jog convene

idézés *fn* jog summons * **Tegnap idézést kapott.** Yesterday he received a summons.

idézést kiad *ige* jog (*bírósági*) issue a summons

idézet *fn* extract

időkorlát *fn* time limit

időköz *fn* time span

időleges *mn* provisional

időmegosztás *fn* time-sharing

időmegosztásos használat *fn* time-sharing

időosztás *fn* informatika (*egy központi számítógép egyidejű használata több terminálról*) time-sharing

időpont *fn* date

időszak *fn* period; term

időszak végén *hat* (*pl. negyedévente, félévente*) terminally

időszakos foglalkoztatottság *fn* seasonal employment

időtartam *fn* period; term; standing

igazgat *ige* govern; regulate; manage; run; head; supervise

igazgatás *fn* management

igazgatási *mn* managerial

igazgatási egység *fn* department

igazgató *fn* director; executive; manager

igazgatói *mn* managerial

igazgatói működés *fn* directorate

igazgatói tisztség *fn* directorate

igazgatóság *fn* management; directorate; board; board of directors; executive board; board of management

igazgatósági tag *fn*
1. board member
2. jog trustee

igazgatósági ülés *fn* board meeting

igazgatótanács elnöke *fn* chairperson of the executive committee

igazgatótanács tagja *fn* member of the board

igazi *mn* genuine

igazol *ige*
1. verify; prove; certify; confirm
2. jog authenticate; legitimate

igazolás *fn*
1. certificate; warrant; confirmation; verification
2. adó (*adózási célra kiállított*) certificate for tax purposes
3. jog authentication

igazolatlan *mn* unverified
igazolható *mn* jog valid
igazoló szelvény *fn* slip
igazolvány *fn* certification; (*pl. szolgálati*) pass
igazság *fn* jog justice
igazságos *mn* fair
igazságosság *fn* jog equity
igazságszolgáltatás *fn* jog justice; jurisdiction
igazságtalan *mn* unfair
igazságtalanság *fn* grievance
igenlő *mn* affirmative
igény *fn*
1. demand; need; request; entitlement
2. jog claim
igénybe nem vehető *mn* unavailable
igénybe vesz *ige* enlist; take up
igénybejelentés *fn* notice of claim
igénybevétel *fn* use; occupancy
igényel *ige* claim; request; require
igényjogosult *fn* claimant; claimer
igényjogosultság *fn* entitlement
igénylő *fn* claimer; claimant
igényvesztés *fn* jog forfeit
ígéret *fn* commitment
ígérvény *fn* pénzügy promissory note **NB: röv P.N.**
iktat *ige* file ∗ **Minden iratot iktattak.** All documents have been filed.
iktató *fn* registrar
iktatóiroda *fn* registry
iktatókönyv *fn* register
illegális *mn* jog illegal
illegális gazdaság *fn* black economy
illegális kereskedelem *fn* ker trafficking
illegalitás *fn* jog illegality
illeték *fn* adó duty; dues; levy; tax
illetékes *mn* competent
illetékesség *fn*
1. jurisdiction; right
2. jog competence; venue
illetékköteles *mn* chargeable
illetékmentes *mn* adó duty-free; tax-exempt
illetéktelen *mn*
1. unauthorized
2. jog unwarranted

illetmény *fn* (*szolgálatokért adott pénzbeli juttatás*) remuneration; fee; pay; emolument(s)
illetően *mn* concerning
imázs *fn* image
immateriális javak *fn* (*anyagi formában nem létező értékek, pl. jó hírnév, védjegyek*) *fn* intangible assets; intangibles
immobilizáció *fn* immobilization
immobilizál *ige* immobilize
immobilizálás *fn* pénzügy immobilization
import *fn* ker import ∗ **Várhatóan nő a marhahús importja.** The import of beef is expected to grow.
import eladások adója *fn* adó import sales tax
importál *ige* ker import
importáló cég *fn* ker importer
importáru *fn* ker imported goods
importengedély *fn* ker import licence
importhányad *fn* ker import penetration
importkontingens *fn* ker (*mennyiségi behozatali korlátozás*) import quota
importkorlátozás *fn* ker curb on imports; restraint on imports
importkvóta *fn* ker (*mennyiségi behozatali korlátozás*) import quota ∗ **2005-ig el akarják törölni a textil- és ruhaipari termékek importkvótáit.** They want to abolish import quotas on textiles and apparel goods by 2005.
importőr *fn* ker importer ∗ **Kína az idén az USA után a világ második legnagyobb olajimportőre lett.** This year China has become the world's second-largest importer of oil after the US.
importtilalom *fn* ker ban on imports; import ban
importvám *fn* ker import duty
impulzus *fn* stimulus
index *fn* tőzsde index ∗ **Az index tegnap 8200 ponton zárt.** Yesterday the index closed at 8200.
indexálás *ige* pénzügy (*egyes kifizetéseket az árváltozásoknak megfelelően módosítanak, azaz csökkentenek vagy növelnek*) indexation
indirekt paritás *fn* pénzügy (*két valuta közötti átváltási árfolyam*) cross rate

indít *ige*
1. initiate
2. jog enter * **keresetet indít a bíróságon** enter an action in the courts
indíték *fn* inducement; stimulus
indítóok *fn* inducement
indítvány *fn* proposal
indítványoz *ige*
1. propose; put forward; move
2. jog submit
indítványozó *fn*
1. proposer
2. jog sponsor
indok *fn* cause
indokol *ige* jog plead
indulási költség(ek) *fn* pénzügy start-up cost(s)
induló *mn* initial
indulótőke *fn* initial capital; start-up capital
indulóvagyon *fn* start-up capital
infláció *fn* pénzügy inflation * **küzd az inflációval** combat/fight inflation * **csökkenti az inflációt** curb/cut/reduce inflation
infláció csökkentése *fn* pénzügy (*a defláció enyhébb formája, melynek célja, hogy csökkenjen a pénzkereslet és növekedjen a kínálat a jövedelmek emelése nélkül*) disinflation
infláció enyhítése *fn* pénzügy (*a defláció enyhébb formája, melynek célja, hogy csökkenjen a pénzkereslet és növekedjen a kínálat a jövedelmek emelése nélkül*) disinflation
infláció üteme *fn* pénzügy rate of inflation
inflációs *mn* pénzügy inflationary
inflációs ráta *fn* pénzügy inflation rate; rate of inflation
inflációs spirál *fn* inflationary spiral
inflációs várakozások *fn* inflationary expectations
információkérés *fn* enquiry
információs adatút *fn* informatika information highway
információs iroda *fn* information bureau
információs szupersztráda *fn* informatika information highway
informál *ige* inform

informálódás *fn* enquiry; inquiry
informálódik *ige* enquire
infrastruktúra *fn* infrastructure
ingadozás *fn* fluctuation; volatility; variation; swing * **kamatlábak ingadozása** volatility of interest rates * **ingadozás várható vmiben** be open to fluctuation * **A jegyárak emelését az olajárak ingadozásával indokolta a vállalat.** The company blamed its fare increase on fluctuations in the price of oil.
ingadozási sáv *fn* ker swing
ingadozik *ige* fluctuate; sway
ingatag *mn* fragile
ingatagság *fn* instability
ingatlan *fn* property; real estate; real property; (*US*) realty * **A vállalat ingatlanba fektet be.** The company invests in real property.
ingatlan javak *fn* jog immovables
ingatlan vagyon *fn*
1. pénzügy fixed assets
2. jog immovables
ingatlanadó *fn* adó property tax
ingatlanalap *fn* pénzügy real-estate fund
ingatlanbefektetési alap *fn* pénzügy real-estate fund; real-estate trust
ingatlanmenedzsment *fn* real estate management
ingatlan-nyilvántartás *fn* (*GB*) land register
ingatlan-nyilvántartási hivatal *fn* (*GB*) Land Registry
ingatlanpiac *fn* pénzügy real estate market
ingatlanszerzés *fn* ker acquisition of property
ingatlanterhelő jog *fn* jog encumbrance
ingatlantulajdon *fn* real estate; real property; (*US*) realty
ingatlanügynök *fn* (*aki más megbízásából ház/lakás eladásában, vételében, bérbeadásában, ill. bérlésében bizonyos fizetség fejében segédkezik*) house agent; real estate agent; (*GB*) estate agent; (*US*) realtor
ingatlanvagyon *fn* real estate; (*US*) realty
ingázik *ige* (*munkahely és lakhely között közlekedik*) commute

ingó vagyon *fn* personal property
ingóság *fn* goods
ingóságok *fn* jog goods and chattels
ingyen *hat* without charge; at no charge
* **Az információ ingyen letölthető a cég honlapjáról.** The information can be downloaded at no charge from the company's website.
ingyen hívható *mn* toll-free
ingyenes *mn* free; gratuitous * **Kaptam néhány ingyenes árumintát a boltban.** I got some free samples in the shop.
* **Ingyenes tanácsadást kínálnak valamennyi ügyfelüknek.** They offer gratuitous advice to all their clients.
ingyenes juttatás *fn* gratuity
ingyenrészvény *fn* (*osztalék helyett/kiegészítésére*) (*GB*) bonus share; (*US*) bonus stock
injektál *ige* inject * **Új tőkét injektáltak az üzleti vállalkozásba.** They injected new capital into business.
inkasszál *ige*
1. pénzügy cash
2. bank (*a bank bemutat egy csekket a kibocsátó banknál, és ügyfele számára beszedi a csekken szereplő összeget*) encash; collect
inkasszó *fn* számv collection
inkasszó behajtás *fn* bank encashment
inkasszóiroda *fn* pénzügy debt collection agency
inkasszómegbízott *fn* debt collector
innováció *fn* innovation
innovatív *mn* innovative
input *fn* input
instabilitás *fn* instability
installál *ige* informatika instal(l)
inszolvencia *fn* jog insolvency
inszolvens *mn* insolvent
integráció *fn* integration
interneten kereskedő cég *fn* ker dotcom
internetes *mn* informatika online
internetes áruház *fn* ker online shop
internetes árusítás *fn* ker online selling
* **Az Egyesült Államokban, ahol a vásárlók nem szívesen fizetnek a házhoz szállításért, a hagyományos szupermarketek csekély ér-**

deklődést mutatnak az internetes árusítás iránt. In the United States, where consumers are unwilling to pay extra for home delivery, traditional supermarkets have shown little interest in online selling.
internetes bevásárlóközpont *fn* ker electronic shopping mall
internetes bolt *fn* ker online shop
internetes eladás *fn* ker online selling
internetes fizetés *fn* ker electronic payment
internetes katalógus *fn* ker online catalogue
internetes kereskedelem *fn* ker electronic commerce; e-commerce
internetes szolgáltatás *fn* online service
internetes üzlet *fn* ker online shop
internetes vásárlás *fn* ker electronic shopping
internetes vásárló *fn* ker online buyer
internet-szolgáltató *fn* informatika online access provider
intervenciós ár *fn* ker trigger price
intervenciós vásárlás *fn* support
intéz *ige* administer; handle
intézkedés *fn*
1. measure; action; step * **intézkedéseket vezet be vmi ellen** adopt/introduce/implement/impose measures against sg
2. jog (*jogszabályi*) provision
intézkedéscsomag *fn* package of measures * **Ennek az intézkedéscsomagnak a célja az eljárás korszerűsítése és a bürokratikus terhek csökkentése.** This package of measures aims to streamline the process and reduce the burden of bureaucracy.
intézkedik *ige* make arrangements; (*más nevében*) act **for**; (*gyorsan*) dispatch
intézményes *mn* institutional
intézményi *mn* institutional
intézménypárosítás *fn* EU twinning
intézvény *fn* pénzügy (*GB*) bill of exchange **NB: röv B/E; b.e.**
intézvényes *fn* pénzügy (*váltónál*) purchaser

intézvényez *ige* pénzügy draw; (*váltónál*) payer
intézvényezett *fn* bank drawee
intézvényezett váltó *fn* pénzügy bill; (*GB*) bill of exchange **NB: röv B/E; b.e.;** draft **NB: röv df.; dft.**
intézvényező *fn* (*váltó*)
1. pénzügy maker
2. bank drawer
intranet *fn* (*vállalaton belüli információs hálózat, amely az Internet elvén működik*) intranet
invesztál vmibe *ige* invest *in*
ipar *fn* ipar industry; trade
iparág *fn* ipar industry; trade
iparcikkek *fn* industrial goods
iparengedélyes *fn* licensee
ipari döntőbíróság *fn* jog industrial tribunal; industrial court
ipari egyesülés *fn* trade association
ipari egyesület *fn* trade association
ipari formatervezés *fn* ipar industrial design
ipari gyártmányok *fn* ipar industrial goods
ipari kémkedés *fn* ipar industrial espionage
ipari minta *fn* ipar industrial design
ipari park *fn* ipar industrial park
ipari szövetség *fn* trade association
ipari tanuló *fn* apprentice * **A vállalat legalább 100 ipari tanulót vesz fel évente.** The company takes on at least 100 apprentices a year.
iparosít *ige* ipar industrialize
iparosított *mn* industrialized
iparosodott *mn* industrialized
ipartestület *fn* trade association
IP-cím *fn* informatika (*számítógépet azonosító egyedi cím egy hálózaton belül*) IP-Address [= Internet-Protocol-Address]
irány *fn* direction
irányadó *mn* normative
irányadó kamatláb *fn* pénzügy key interest rate; key rate
irányelv *fn*
1. guideline; policy * **irányelveket lefektet/meghatároz** issue/lay down/provide guidelines * **irányelveknek meg-**

felelően according to/in accordance with/under guidelines * **irányelvet megfogalmaz** develop/formulate a policy * **irányelvet bevezet/alkalmaz** implement/operate/pursue a policy
2. EU directive * **irányelvet alkalmaz** apply a directive
irányít *ige* control; govern; direct; manage; instruct; lead; supervise; steer; rule; regulate; operate; head * **Minden eddiginél sürgetőbb, hogy az ENSZ valós hatalmat kapjon az irányításra.** The need for the UN to be handed real power to govern is more urgent than ever. * **Bár csak 35 éves, közel 200 embert irányít.** She is only 35 but manages almost 200 people.
irányítás *fn* control; direction; management; guidance * **Az új tulajdonos átvette a termelés irányítását.** The new owner took over the control of the production.
irányító *mn* controlling
iránykamatláb *fn*
1. pénzügy basic rate
2. bank base rate
irányul vmerre *ige* (*lassú mozgás*) drift * **A részvények ára továbbra is lassan csökkent.** Equities continued to drift lower.
irányvonal *fn* direction; guideline
irányzat *fn* tendency; trend
írásos javaslat *fn* (*vita és a végleges kidolgozás alapjául szolgáló beszámoló*) working paper
irat *fn* document **NB: röv Doc.;** file
iratgyűjtő *fn* file
irattár *fn* records
irattári példány *fn* office copy
irattáros *fn* registrar
irattároz *ige* file
iroda *fn* office; bureau
írott sajtó *fn* printed media
iskolázás *fn* education
ismeretség *fn* contact
ismertet *ige*
1. inform; present; state
2. tőzsde (*nyilvánosan*) post
ismertető *fn* presentation

ISPA *fn* EU ISPA [= Instrument for Structural Policies for Pre-Accession]

ítél *ige* judge

ítélet *fn* jog judgement; decision

ítélkezés *fn* jog jurisdiction

ítélkezik *ige* judge

J, j

járadék *fn* benefit; rent * **járadékot igé-
nyel** claim (a) benefit * **járadékot kap**
get/receive (a) benefit
járadékkötvény *fn* pénzügy debenture
járadékpapír *fn* pénzügy bond
járadékpapír-piac *fn* tőzsde bond mar-
ket
járandóság *fn* (*az a pénzösszeg, amit egy al-
kalmazott egy fizetési periódusban munkájá-
val összesen megkeres, beleértve a jutalmakat,
túlórát stb.*) earnings; (*szolgálatokért adott
pénzbeli juttatás*) emolument(s); due; pay;
salary
járat *fn* (*közlekedési*) service
jármű *fn* száll conveyance; (*vízi*) craft
járműállomány *fn* (*egy vállalkozás tulaj-
donában álló gépjárművek összessége*) fleet
járműpark *fn* (*egy vállalkozás tulajdoná-
ban álló gépjárművek összessége*) fleet
jártas *mn* skilled; efficient; proficient
járulék *fn* adó contribution; duty
járulékos *mn* complementary; incre-
mental
járulékos bérköltségek *fn* számv ancil-
lary wage costs
járulékos költségek *fn* pénzügy (*nem
állandóan, hanem időszakosan felmerülő költ-
ségek*) incidental expenses; accessory costs
járulékos üzlet *fn* spin-off
javadalmazás *fn* (*szolgálatokért adott
pénzbeli juttatás*) remuneration; emolu-
ment(s)
javak *fn*
1. goods
2. ker merchandise
javaslat *fn* proposal; advice; proposition
* **A vállalatnak meg kellett volna
fogadnia a tanácsadó javaslatát.**
The company should have taken the
counsellor's advice.
javaslattevő *fn* proposer

javasol *ige* advise; propose; recommend;
put forward; counsel * **erőteljesen ja-
vasol** strongly recommend
javít *ige* improve
javítás *fn* optimization
javul *ige* improve; gain; (*pl. piac*) recover
javulás *fn* upswing
jegybank *fn* bank (*a „bankok bankja", va-
gyis az a bank, mely kibocsátja az ország
pénzét, őrzi aranytartalékait stb.*) central
bank; bank of issue
jegybankkimutatás *fn* bank bank state-
ment
jegyez *ige*
1. undersign; (*részvényt, kölcsönt stb.*) under-
write
2. tőzsde (*alacsonyabban*) mark down
3. tőzsde (*magasabban*) mark up
jegyzék *fn* list; register; statement; note;
protocol
jegyzékbe foglal *ige* list
jegyzés *fn*
1. subscription
2. tőzsde price
jegyzési ár *fn* tőzsde subscription price
jegyzési árfolyam *fn* tőzsde issue price;
subscription price
jegyzési engedély *fn* tőzsde admission
to quotation
jegyzési jog *fn* tőzsde subscription right
jegyzetlen értékpapírok piaca *fn* tőzs-
de unlisted securities market **NB: röv USM**
jegyzett *mn* tőzsde quoted
jegyzett árfolyam *fn* tőzsde quoted
price; stock market price
jegyzett értékpapírok *fn* tőzsde stock
exchange securities
jegyzett tőke *fn* issued capital; share
capital * **A cég jegyzett tőkéje 5 mil-
lió dollár.** The company has an issued
capital of $ 5 million.

jegyző fn jog secretary
jegyzőkönyv fn (hivatalos feljegyzés értekezletről, tárgyalásról stb.) record; minutes; protocol; report * **Megkérték, hogy vezesse a jegyzőkönyvet.** He was asked to take the minutes.
jegyzőkönyvbe foglal ige record
jegyzőkönyvvezető fn jog secretary
jel fn mark; sign
jeladó rendszer fn signalling system
jelen van ige attend
jelenérték fn pénzügy (váltónál) present value
jelenleg hat at present
jelenlegi mn current; present
jelenlét fn presence; attendance
jelenlevő mn present * **A vezérigazgató jelen volt a tárgyaláson, de keveset beszélt.** The Managing Director was present at the meeting but he said very little.
jelent ige imply; represent; report * **Smith úr közvetlenül az ügyvezető igazgatónak jelent.** Mr Smith reports directly to the managing director.
jelentékeny mn substantial
jelentéktelen mn negligible
jelentés fn report
jelentést tesz ige report
jelentkezés fn application * **Sokkal több jelentkezést utasítottak el, mint amennyit elfogadtak.** Far more applications have been rejected than accepted.
jelentkezés részvényjegyzésre fn tőzsde application for shares
jelentkezéshez szükséges dokumentumok fn application documents
jelentkezési határidő fn closing date
jelentkezik ige report
jelentkező fn applicant; candidate; (állásra) job candidate * **kiválasztott jelentkezők** shortlisted candidates
jelentős mn essential; significant; major
jelentősebb mn major
jelentőség fn consequence * **Ez egy nagy jelentőségű projekt.** This project is of great consequence.
jelez ige indicate

jelkép fn symbol
jellegzetesség fn feature
jellemvonás fn feature
jellemző fn feature
jelmondat fn slogan
jelöl ige nominate * **Szabó urat jelölték az igazgatótanács tagjának.** Mr Szabó has been nominated for election to the board of directors.
jelölés fn mark
jelölt fn candidate * **kiválasztott jelöltek** shortlisted candidates
jelölt ország fn (csatlakozni kívánó ország) EU applicant country; candidate country
jelöltet ige nominate
jelöltség fn candidature
jelzálog fn pénzügy mortgage; encumbrance * **Ez egy jelzálogtól mentes ház.** This is a house free of all encumbrances.
jelzálog érvényesítése fn jog foreclosure
jelzálogbank fn bank mortgage bank
jelzáloggal fedezett kölcsön fn bank collateral loan
jelzáloghitel fn pénzügy mortgage; mortgage loan
jelzálogkölcsön fn
    1. pénzügy mortgage; mortgage loan
    2. bank real estate loan
jelzáloglevél fn (hivatalos okmány tartozás elismerésére, melynek biztosítékául földet, ingatlant stb. tábláznak be)
    1. pénzügy mortgage bond
    2. tőzsde debenture bond
jelzálogokirat fn jog mortgage deed
jelzálogszerződés fn jog mortgage deed
jelzés fn mark; sign
jelzőrendszer fn signalling system
jelzőszám fn index
jó hírnév fn respectability; standing
jog fn right
jogalap fn jog cause; title
jogalkotás fn jog legislation
jogállás fn jog legal status; status
jogász fn jog lawyer; advocate
jogcím fn jog title; claim
jogellenes mn jog illegal; illicit; unlawful
jogellenesen használ fel ige jog misappropriate

jogerő *fn* jog validity
jogerős *mn* jog (*kötelező*) legally binding
jogérvényesség *fn* jog validity
jogforrás *fn* jog (*törvénykönyv; országgyűlés*) legislation
joggal felruház *ige* empower
joghatóság *fn* jog jurisdiction
jogi *mn* jog legal * **jogi lépést tesz** take legal action
jogi helyzet *fn* jog legal status
jogi képviselet *fn* jog legal counsel
jogi képviselő *fn* jog counsel
jogi képviselő meghatalmazása *fn* jog power of attorney **NB: röv P/A; p.a.; POA**
jogi osztály *fn* jog legal department
jogi szakértő *fn* jog law expert
jogi személy *fn* jog legal entity; corporation * **A vállalat minden egyes társult cége különálló és önálló jogi személy.** Each of the company's member firms is a separate and independent legal entity.
jogi tanács *fn* jog legal advice
jogi tanácsadás költségei *fn* jog legal charges; legal costs
jogi tanácsadó *fn* jog legal counsel; legal adviser
jogigény *fn* jog claim
jogilag *hat* jog legally
jogképesség *fn* jog legal capacity; competence; (*a szerződő fél jogilag nincs akadályozva abban, hogy szerződést kössön*) capacity to contract
jogképesség hiánya *fn* jog legal incapacity; incapacity
jogképtelen cég *fn* unincorporated firm
jogkorlátozás *fn* jog abridgement
jogkör *fn* jog authority
jogközelítés *fn* jog, EU law approximation
jognyilatkozati képesség *fn* jog legal capacity
jognyilatkozati képesség hiánya *fn* jog legal incapacity
jogorvoslat *fn* jog (*törvénysértés jóvátételének jogi eszköze*) legal redress; legal remedy; remedy; redress; relief * **A bizottság jogorvoslatot keres egy politikai problémára.** The commission

is now seeking a legal remedy to a political problem.
jogos *mn* jog lawful; legal; valid
jogosítvány *fn* (*GB*) licence; (*US*) license
jogosítványtulajdonos *fn* licensee
jogosnak ismer el *ige* jog acknowledge **NB: röv ack** * **Jogosnak ismerték el az ügyfél követelését.** They acknowledged the client's claim.
jogosság *fn* jog equity
jogosulatlan *mn* unauthorized; unwarranted
jogosult *mn*
1. eligible *for*; competent * **Néhány hallgató nem jogosult ösztöndíjra.** Some students are not eligible for grants.
2. jog benificiary; obligee
jogosultság *fn* (*járadékra, segélyre, juttatásokra stb.*)
1. entitlement; right; (*GB*) licence; (*US*) license; eligibility
2. jog title
jogosultság járadékra *fn* eligibility for benefits
jogosultság segélyre *fn* eligibility for benefits
jogosultság szociális segélyre *fn* benefit entitlement
jogosultsági kibocsátás *fn* (*a régi részvényesek piaci ár alatt vehetnek részvényt*) tőzsde rights issue
jogot alkalmaz *ige* jog implement
jogot formál *ige* jog claim
jogsérelem *fn* jog damage
jogsértés *fn* jog violation
jogsértő *mn* jog illegal
jogszabálygyűjtemény *fn* jog code
jogszerű *mn* jog lawful; legal; valid; legitimate
jogszerűtlen *mn* jog illegal
jogtalan *mn* jog illegal; unlawful; unwarranted; illegitimate
jogtalan elbocsátás *fn* unfair dismissal
jogtalan eltulajdonítás *fn* jog (*pénz, birtok, tulajdon stb. jogtalan elvétele, eladása, engedély nélküli átadása*) conversion
jogtalan felhasználás *fn* jog misappropriation

jogtalan felmondás *fn* unfair dismissal
jogtalanság *fn* jog illegality
jogtalanul használ fel *ige* jog misappropriate
jogtanácsos *fn* jog legal counsel; legal adviser
jogutód *fn* jog successor
jogutódlás *fn* jog succession
jogügylet *fn* jog contract
jogvesztés *fn* jog lapse; forfeiture; forfeit; forfeiting
jogvita *fn* jog litigation; suit
joggyakorlat *fn* jog juridistiction
jól menő *mn* flourishing
jólét *fn* welfare; wealth
jóléti állam *fn* welfare state
jóléti kiadások *fn* welfare payments
jótáll *ige* sponsor; warrant
jótállás *fn*
1. (*GB*) guarantee; (*US*) guaranty
2. jog warrant; indemnity; surety; suretyship; warranty
jótállás nélküli *mn* unwarranted
jótálló *fn* jog guarantor; surety; warranter; warrantor
jótékony célú alapítvány *fn* charitable trust
jótékony célú egyesület *fn* charity
jótékonysági intézmény *fn* charity
jótékonysági pénzgyűjtés *fn* charity collection
jótékonysági segélyalap *fn* charity fund
jótékonysági szervezet *fn* charity
jóváhagy *ige*
1. accept; approve; authorize; confirm; (*szavazással*) adopt
2. jog authenticate; ratify
jóváhagyás *fn*
1. approval; consent; affirmation; compliance; confirmation; endorsement; grant; sanction * **vki jóváhagyásának függvénye** subject to sy's approval * **A listát a bizottság jóváhagyása nélkül véglegesítették.** The list was finalized without the approval of the committee.
2. jog assent; authentication; ratification * **A javaslathoz parlamenti jóvá-**

hagyás szükséges. The proposal is subject to Parliament's assent.
jóváír *ige* pénzügy credit
jóváírás *fn*
1. pénzügy credit
2. számv credit entry
jóváírási értesítés *fn* számv credit note; (*US*) credit memorandum
jóváírójegy *fn* számv credit note; (*US*) credit memorandum
jóvátesz vmit *ige* indemnify **for**
jóvátétel *fn* compensation; indemnity; remedy; reparation
jövedelem *fn*
1. income; earnings; pay; return
2. ker revenue
jövedelemadó *fn* adó income tax
jövedelemadó-bevallás *fn* adó declaration of income
jövedelemforrás *fn* source of income
jövedelemhatár *fn* income limit; income threshold
jövedelemkiesés *fn* loss of income
jövedelempolitika *fn* income(s) policy
jövedelemráta *fn* (*egy cég nyeresége százalékban kifejezve (tiszta nyereség a befizetett tőke százalékában)*) earning rate
jövedelmet hoz *ige* earn * **Új befektetése jó jövedelmet hoz számára.** His recent investment earns him a good profit.
jövedelmez *ige* yield; earn
jövedelmező *mn* gainful; lucrative; profitable; productive; economic * **Jövedelmező állást tölt be egy amerikai multinacionális vállalatnál.** He has taken a lucrative job at an American multinational company.
jövedelmező vállalkozás *fn* bonanza * **Új szolgáltatásuk jövedelmező vállalkozásnak bizonyult.** Their new service proved to be a bonanza.
jövedelmezőség *fn* profitability; productivity; earning power; earning capacity
jövedelmezőségi küszöb *fn* pénzügy breakeven point
jövedelmezőségi potenciál *fn* earning power
jutalék *fn* bonus; commission; sweetener

jutalékteher *fn* pénzügy (*befektetési alapnál*) load
jutalmaz *ige* remunerate
jutalmazás *fn* remuneration; gratification
jutalom *fn* premium; remuneration; gratification; (*valamilyen szolgáltatásért, rendszerint pénzbeli*) bounty; (*eredményhez kötött*) merit bonus

juttat *ige* allot
juttatás *fn*; benefit; bonus
juttatási jogosultság *fn* eligibility for benefits
juttatások összessége *fn* package

J

K, k

K+F [= **kutatás és fejlesztés**] *fn* Research and Development **NB: röv R&D**
kalibrál *ige* calibrate
kalkuláció *fn*
　1. computation; costing
　2. számv cost accounting
kalkulál *ige* compute
káló *fn* ker shrinkage
kamara *fn* society; chamber
kamat *fn*
　1. pénzügy interest; rate * **kamatot fizet vmire** pay interest on sg * **kamatot számít fel vmire** charge interest on sg
　2. bank rate of interest
kamatbevételek *fn* pénzügy income from interest
kamatfizetés *fn* pénzügy servicing
kamatjövedelmek *fn* pénzügy income from interest
kamatköltség(ek) *fn* pénzügy interest charge(s)
kamatkülönbözet *fn* pénzügy spread
kamatláb *fn* pénzügy interest rate; rate; interest; rate of interest * **változó kamatláb** variable interest rate * **kamatlábak ingadozása** volatility of interest rates
kamatlevonás *fn* pénzügy discount
kamatmegtakarítás *fn* pénzügy interest rate saving
kamatnyereség *fn* pénzügy interest gain
kamatos kamat *fn* bank compound interest
kamatot fizet *ige* bank service
kamatot hoz *ige* earn
kamatozás *fn* pénzügy interest
kamatozó pénztárjegy *fn* pénzügy savings certificate
kamatráta *fn* pénzügy interest rate; rate of interest

kamatrés *fn* pénzügy interest margin
kamatszelvény *fn* tőzsde coupon
kamatteher(terhek) *fn* pénzügy interest charge(s)
kampány *fn* campaign; drive * **értékesítési kampány** sales campaign * **Takarékossági kampányba kezdtek.** They have started an economy campaign. * **Karácsonyt megelőzően eladási kampányt szerveztek.** A sales drive was organised before Christmas.
KAP [= **Közös Agrárpolitika**] *fn* EU CAP [= Common Agricultural Policy]
kap *ige* receive * **Makacsul tagadja, hogy fizetséget kapott volna a terv támogatásáért.** He insists he did not receive payment for supporting the plan.
kapacitás *fn* capacity * **A gyár kapacitása napi 100 tonna.** The capacity of the factory is 100 tons a day.
kapacitáskihasználtság *fn*
　1. activity level
　2. ipar (*üzemi*) plant utilization rate
kapacitáskihasználtság foka *fn* operating rate
kapcsolat *fn* contact; connection; connexion; link; (*üzleti*) dealings; communication; communications * **kapcsolatba kerül** get in/come into/make contact * **kapcsolatban marad** keep/stay in contact * **Nincsenek üzleti kapcsolataink ázsiai országokkal.** We have no business contacts with Asian countries. * **Számos külföldi vállalattal állunk kereskedelmi kapcsolatban.** We have commercial dealings with several foreign companies.
kapcsolatban van vkivel/vmivel *ige* connect **to/with**
kapcsolatépítés *fn* networking
kapható *mn* ker vendible

kapitalizmus *fn* capitalism

kár *fn* damage; loss * **kárt okoz** cause damage * **súlyos kár** extensive/serious/ severe damage * **kárt megtérít** recover damages

karbantart *ige* ipar maintain; service

karbantartás *fn* ipar maintenance; service; servicing

karbantartási költségek *fn* ipar maintenance costs

kárbecslő *fn* bizt risk assessor; surveyor

kárbejelentés *fn* bizt notification of loss

kárbizonylat *fn* bizt damage certificate; certificate of damage

karcsúsít *ige* streamline; *(pl. céget)* downsize; *(személyi állományt)* slim down

kárérték megtérítése *fn* bizt compensation in damages

káresemény *fn* bizt event of damage or loss; damage event; claim; loss; occurrence

káreset *fn* bizt damage event

kárfelmérő *fn* bizt surveyor; loss adjuster

kárigény *fn* bizt claim; damages claim

kárigénylő *fn* claimant

kárigényt rendez *ige* bizt indemnify

karitatív szövetség *fn* charity

kárjelentés *fn* bizt notification of loss

kárkövetelés *fn* bizt damages claim

kármentesít *ige* jog cleanup

károsodás *fn* damage

kárösszeg *fn* jog damages

kárpótlás *fn* compensation; redress; indemnity; offset; reparation

kárpótlást nyújt vmiért *ige* jog indemnify **for**

kárpótol *ige* compensate; make up; offset; recompense; counterbalance

kárrendezés *fn* bizt loss adjustment; settlement

kárrendező *fn* bizt risk assessor

karrier *fn* career * **karriert épít** build a career * **karriert csinál vmiben** make a career out of sg * **karriert elindít** launch a career * **karrierjének csúcsa** the peak/height of sy's career

karrierépítési tanácsadás *fn* *(az előmeneteli lehetőségek felvázolása)* career counsel(l)ing

karriergondozás *fn* career management

karriertervezés *fn* career planning

kárszakértő *fn* bizt surveyor

kárszemle *fn* survey

kártalanít *ige*
1. indemnify **for**; recompense
2. pénzügy refund
3. *(vmiért)* make up for

kártalanítás *fn*
1. compensation; gratuity
2. jog indemnity

kártalanítási szerződés *fn* jog contract of indemnity

kartell *fn* ker *(ugyanabban a termelési ágban működő előállítók/kereskedők csoportja, melynek célja, hogy megszüntessék az egymás közötti versenyt és növeljék a nyereséget)* cartel; pool

kartellmegállapodás *fn* ker cartel agreement

kartelltörvény *fn* jog cartel law

kártérítés *fn*
1. compensation; offset; redress * **kártérítést fizet** pay compensation * **Ötszáz font kártérítést kaptak a vihar okozta károkért.** They received £500 in compensation for the loss caused by the storm.
2. bizt compensation for damage; damages; indemnity * **kártérítést kér** seek compensation/damages * **kártérítést fizet** pay an indemnity * **Kártérítésre jogosultak.** They are entitled to compensation for damage.

kártérítési igény *fn* bizt damages claim

kártérítési kereset *fn* jog action for damages

kártérítési kötvény *fn* bizt indemnity bond

kártérítést ad vmiért *ige* indemnify **for**

kartoték *fn* file

kartotékol *ige* file

kártörténet *fn* bizt loss experience

kárveszély *fn* bizt risk; exposure

kassza *fn* ker till

kasszakontó *fn*
1. pénzügy *(az az árengedmény, amit az eladó az azonnal, készpénzzel fizető vevőnek*

felajánl) cash account
2. ker cash discount
katalógus *fn* catalog(ue)
katalógusár *fn* ker list price
kaució *fn*
1. deposit; security; (*GB*) guarantee; (*US*) guaranty
2. jog bail; bailment; (*előlegként adott pénzösszeg*) caution money
kecsegtet *ige* entice
kedvezmény *fn* allowance; concession; preference * **Az igazgatótanács meglepetésére nem kapták meg a vámkedvezményt.** To the board's suprise, they were refused the tariff concession.
kedvezményes *mn* preferential
kedvezményes ár *fn* ker discount price
kedvezményes eljárás *fn* EU preferential treatment
kedvezményes részletvásárlás *fn* ker (*több termék vásárlása esetén csak az első cikkért fizet előleget a vásárló*) add-to system
kedvezményes vételi jog *fn* tőzsde (*részvényeseknek*) right
kedvezményesen *hat* at a discount * **Valamennyi törzsvásárló kedvezményesen vásárolhatja meg a terméket.** All frequent buyers can buy the product at a discount.
kedvezményezett *fn*
1. jog benificiary; transferee
2. pénzügy (*akkreditívé*) payee
kedvező *mn* preferential; convenient
kedvező vétel *fn* ker bargain
kedvezőtlen *mn* adverse; unfavo(u)rable * **kedvezőtlen hatással van vmire** have an adverse impact/effect on sg
kegyelem *fn* jog (*amnesztia*) act of grace
kelendő *mn* ker sal(e)able; marketable
kellékhiányának közlése *fn* (*áruval kapcsolatos*) notice of defect
kellemetlenség *fn* setback
keltezés *fn* date
keltezett *mn* dated
kemény verseny *fn* stiff competition
keményvaluta *fn* pénzügy (*olyan pénznem, amely iránt nagy a kereslet, mivel értéke valószínűsíthetően nem csökken*) hard currency; hard money

kendőzés *fn* camouflage
kenőpénz *fn* jog bribe; grease; payola; (*US*) sweetener * **kenőpénzt elfogad** accept a bribe * **kenőpénzt ajánl fel** offer a bribe
kényelmes *mn* convenient
kényszer *fn* pressure
kényszeregyezség *fn* jog composition
kényszeregyezséget köt *ige* jog compound
kényszeregyezségi eljárás *fn* jog insolvency proceedings
kényszereladás *fn* ker forced sale; forced selling * **A döntés a biztosítótársaságokat törzsrészvényeik kényszereladására késztette.** The decision caused forced selling of equities by insurance companies.
kényszergazdálkodást folytat *ige* jog regulate
kényszerít *ige* force; oblige
kényszerítő *mn* compulsory
kényszervállalkozás *fn* bogus self-employment
kép *fn* image; picture
képesítés *fn* qualification
képesítés nélküli *mn* unqualified
képesítésnek nem megfelelő foglalkoztatás *fn* underemployment
képesített *mn* qualified; competent
képesség *fn* competence; ability; capability; capacity; power * **Az ügy ismét megkérdőjelezte vezetői képességeit.** The case has reopened questions about his competence as a manager. * **A cég nem képes visszafizetni a tartozását.** The firm does not have the capacity to pay back the loan.
képesség hiánya *fn* incapacity
képtelenség vmire *fn* incapacity
képvisel *ige* represent; (*valakit*) act **for**
képviselet *fn*
1. representation; agency
2. ker (*árucikké*) distributor
képviseletében eljár *ige* jog represent
képviseleti költségek *fn* jog legal charges; legal costs
képviselő *fn* representative; agent; deputy

képzés *fn* training; education * **képzésben vesz részt** receive/undergo training * **képzést biztosít** provide training

képzési felelős *fn* training officer

képzési támogatás *fn* (*képzésre fordított adómentes összeg*) education allowance

képzésvezető *fn* training manager

képzett *mn* qualified

képzettség *fn* qualification; education

képzettség nélküli *mn* unqualified

képződik *ige* számv accumulate

kér *ige* request; (*nyomatékosan*) solicit; (*valamit*) apply *for*

kérdés *fn* question

kérdezősködik *ige* enquire

kérdőív *fn* questionnaire

kérelem *fn*
1. request
2. jog petition; plea * **kérelmet benyújt** file a petition

kérelem tőzsdei jegyzéshez *fn* tőzsde application for quotation

kérelmez *ige* move

kérelmező *fn* jog applicant; proposer

keres *ige* (*pénzt*) earn; gain

kérés *fn* request; demand * **kérést elutasít** refuse/reject a request * **kérést teljesít** grant a request * **A vállalat kérésére tegnap felfüggesztették az SGB részvények kereskedését.** Trading in SBG shares was suspended at the company's own request yesterday.

kereset *fn*
1. (*fizetés*) income; earnings; earned income; pay * **keresetét kiegészíti** supplement one's income
2. jog (*bírósághoz benyújtandó/benyújtott*) action; complaint; lawsuit; process; statement of claim; suit * **eláll a keresettől** abandon the action * **keresetet indít/benyújt** launch/file a lawsuit

kereseti jog *fn* jog right of action

keresetkiesés *fn* (*betegség, baleset stb. miatt*) loss of income; loss of earnings

keresetlevél *fn* jog complaint

kereskedelem *fn* ker trade; commerce; trading

kereskedelemliberalizálás *fn* ker trade liberalism

kereskedelempolitika *fn* ker trade policy; commercial policy

kereskedelmi *mn* ker (*kereskedelemmel kapcsolatos*) commercial

kereskedelmi adatok *fn* ker trade figures

kereskedelmi akadály *fn* ker trade barrier; barrier to trade

kereskedelmi akadályok elmozdítása *fn* removal of barriers to trade; removal of trade barriers

kereskedelmi akadályok eltávolítása *fn* removal of trade barriers; removal of barriers to trade

kereskedelmi árengedmény *fn* ker trade allowance

kereskedelmi árrés *fn* ker operating margin

kereskedelmi bank *fn* bank commercial bank; (*GB*) high-street bank; (*GB*) merchant bank

Kereskedelmi Bíróság *fn* bank (*A Legfelsőbb Bíróság Királynői Ítélőszékének* (*Queen's Bench Division of the High Court*) *az a része, amelyben csak kereskedelmi ügyekben hoznak ítéletet.*) (*GB*) Commercial Court

kereskedelmi biztos *fn* ker trade commissioner

kereskedelmi cég *fn* ker commercial company; trading company

kereskedelmi ciklus *fn* ker trade cycle

kereskedelmi címtár *fn* ker trade directory

kereskedelmi deficit *fn* ker trade deficit

kereskedelmi egyezmény *fn* ker commercial agreement; trade agreement

kereskedelmi eladás *fn* ker merchandising

kereskedelmi érdekképviselet *fn* ker trade association

Kereskedelmi és Iparkamara *fn* Chamber of Industry and Commerce

kereskedelmi forgalom volumene *fn* ker volume of trade

kereskedelmi gyakorlat *fn* ker trade practice

K

kereskedelmi igazgató *fn* business manager

kereskedelmi kamara *fn* ker (*US*) Board of Trade **NB: röv B.O.T.; B.o.T.; BoT**

kereskedelmi képviselet *fn* ker commercial agency

kereskedelmi képviselő *fn* ker (*cég képviselője, akinek feladata a termékek vagy szolgáltatások árusítása jutalék ellenében*) sales representative **NB: röv sales rep;** trade representative; sales agent; commercial agent

kereskedelmi korlát *fn* ker trade barrier

kereskedelmi korlátozás *fn* ker trade barrier; barrier to trade; restraint on trade

kereskedelmi megállapodás *fn* ker trade agreement

kereskedelmi megbeszélések *fn* ker trade negotiations

kereskedelmi megbízott *fn* ker commercial representative; trade commissioner

kereskedelmi meghatalmazott *fn* ker commercial representative

kereskedelmi megjelölés *fn* ker trade description

kereskedelmi megszorítás *fn* ker trade barrier

kereskedelmi mérleg *fn*
1. számv balance
2. pénzügy balance of trade
3. ker trade balance; visible balance; visible trade balance

kereskedelmi mérleghiány *fn* ker trade deficit

kereskedelmi mérlegtöbblet *fn* ker trade surplus

kereskedelmi osztály *fn* ker grade

kereskedelmi övezet *fn* ker trading area

kereskedelmi politika *fn* ker trade policy

kereskedelmi szerződés *fn* ker trade agreement

kereskedelmi tárgyalások *fn* ker trade negotiations

kereskedelmi társaság *fn* ker trading company

kereskedelmi tevékenység *fn* ker trading; business

kereskedelmi törvény *fn* jog trade bill

kereskedelmi utazó *fn* ker (*férfi vagy nő*) salesperson; (*férfi*) salesman; (*nő*) saleswoman

kereskedelmi ügynök *fn* ker (*cég képviselője, akinek feladata a termékek vagy szolgáltatások árusítása jutalék ellenében*) commercial agent

kereskedelmi ügynökség *fn* ker commercial agency * **A nagy kereskedelmi ügynökségeknél az alkalmazottak döntő többsége friss diplomás.** At big commercial agencies, the vast majority of staff are freshly graduated.

kereskedelmi vagyon *fn* ker (*vevőkör, törzsvásárlók által biztosított versenyelőny*) goodwill

kereskedelmi vállalat *fn* ker commercial company; trading company

kereskedelmi vállalkozás *fn* ker business enterprise

kereskedelmi vásár *fn* ker trade fair

kereskedelmi veszteség *fn* ker trading loss

Kereskedelmi Világszervezet *fn* ker World Trade Organization **NB: röv WTO**

kereskedelmi zárlat *fn* ker (*utasítás bizonyos árucikkek behozatalára vagy kivitelére*) embargo

kereskedés *fn* (*GB*) shop; (*US*) store; trading

kereskedik *ige* ker trade; sell; merchandise; deal **with**

kereskedő *fn* ker merchant; merchandiser; dealer; trader; vendor; seller; (*GB*) shopkeeper; (*US*) storekeeper

kereskedőház *fn* ker trading company

kereslet *fn* demand **for**; need * **nagy a kereslet iránta** in demand * **a kereslet eltolódása** shift in demand

kereslet és kínálat *fn* ker demand and supply

keresleti ár *fn* (*kereslet által meghatározott ár*)
1. ker demand price
2. tőzsde buying price

keresleti piac *fn* ker seller's market
keresleti rugalmasság *fn* ker elasticity of demand
keresletkutatás *fn* consumer research
keresőképesség *fn* earning power; earning capacity
keresőképtelenségi nyugdíj *fn* breakdown pension
keresztárfolyam *fn* pénzügy (*két valuta közötti átváltási árfolyam*) cross rate
keresztülvihető *mn* realizable
keret *fn* limit
kéretlen *mn* unsolicited * **A kéretlen reklámok az e-mailek több mint 70%-át teszik ki.** Unsolicited junk mail accounts for more than 70% of all email.
kerül vmibe *ige* cost * **Mindössze napi 5 euróba kerül gépkocsit bérelni a városban.** It costs only €5 a day to rent a car in the town.
kerületi bíróság *fn* jog disctrict court
kérvény *fn*
1. application * **kérvényt benyújt** make/put in/submit an application * **kérvényt elfogad** approve/grant an application
2. jog petition
kérvényhez szükséges iratok *fn* application documents
késedelem *fn* delay; default
késedelmes fizetés *fn* default * **A hitelkérvényezők hitelképességét értékelni szokták, és akiknél nagyobb a késedelmes fizetés kockázata, azoknak magasabb kamatot kell fizetniük.** Loan applications are credit scored and those presenting a greater risk of default are charged a higher rate.
késedelmi kamat *fn* pénzügy interest on arrears
késés *fn* delay
késlekedés *fn* delay
késlekedik *ige* delay; defer
késleltet *ige* delay
késleltetés *fn* delay
késleltetett *mn* deferred
később esedékessé váló *mn* deferred
későbbre datál *ige* postdate

későbbre keltez *ige* postdate
kész vmire *mn* ready **for**
készáru *fn* finished goods
készenléti (hitel)megállapodások *fn* pénzügy (*az IMF tagjai köthetik az Alappal*) standby arrangements
készenléti állapot költségei *fn* standby costs
készenléti hitel *fn* bank (*megállapodás az ügyfél és bankja között, melynek értelmében az ügyfél csekket válthat készpénzre bizonyos összeghatárig a bank egy másik, megnevezett fiókjánál, vagy más banknál*) standby credit
készít *ige*
1. prepare; make
2. ipar manufacture
készítmény *fn*
1. product; make
2. ipar manufacture
készlet *fn*
1. supply; stocks; reserve; store * **készletet felmér** take stock * **nincs készleten** out of stock * **van készleten** in stock * **bőséges készlet** abundant supply
2. (*vmilyen tevékenységhez szükséges*) set; kit
készletcsökkenés *fn* számv disposal
készletek *fn* supplies; inventory stocks
készletet elad *ige* ker (*egészet, teljesen*) sell out
készletez *ige* reserve; stockpile
készletezés *fn* storage
készletfelvétel *fn* stocktaking
készletgazdálkodás *fn* inventory management; stock management; stock control
készletirányítás *fn* stock control
készletjegyzék *fn* inventory; stock list
készletveszteség *fn* ker shrinkage
készpénz *fn* pénzügy cash; (*GB*) ready cash * **készpénzért vásárol vmit** buy sg for cash
készpénz nélküli *mn* pénzügy cashless * **A legújabb lépést a készpénz nélküli társadalom felé az az amerikai vállalat tette meg, amely a bőr alá akar beültetni hitelkártyaadatokat tartalmazó chipet.** The latest stride towards a cashless society comes

from a US company which wants to implant chips containing credit card details under your skin.

készpénzállomány *fn* pénzügy (*bankjegyek és érmék formájában tartott pénz egy cégnél*) cash in hand; cash on hand
készpénzár *fn* pénzügy cash price
készpénzárfolyam *fn*
1. pénzügy cash price
2. bank spot rate; spot price
készpénzautomata *fn* bank cash dispenser
készpénzben *hat* in cash
készpénzbetét *fn* pénzügy cash deposit
készpénzegyenleg *fn* pénzügy (*az a pénzösszeg, mely a pénztárban/pénztárgépben adott időben bankjegyekben és érmékben rendelkezésre áll*) cash balance
készpénzeladás *fn* ker (*olyan ügylet, ahol az eladó kész eladni egy adott áron, amennyiben a vevő azonnal fizet*) cash sale
készpénzérték *fn* pénzügy cash value
készpénzes *mn* spot
készpénzfizetés *fn* pénzügy cash payment; cash
készpénzfizetéses árfolyam *fn* bank spot quotation
készpénzfizetéses jegyzés *fn* bank spot quotation
készpénzfizetési bizonylat *fn* számv (*átvételi elismervény/bizonylat egy adott összegről*) cash voucher
készpénzfizetési elismervény *fn* számv (*átvételi elismervény/bizonylat egy adott összegről*) cash voucher
készpénzfizetési engedmény *fn* ker (*az az árengedmény, amit az eladó az azonnal, készpénzzel fizető vevőnek felajánl*) cash discount
készpénzfizetési rabatt *fn* ker (*az az árengedmény, amit az eladó az azonnal, készpénzzel fizető vevőnek felajánl*) cash discount
készpénzforgalom *fn* pénzügy (*egy meghatározott időszakra eső pénzforgalom*) cash flow
készpénzgazdálkodás *fn* cash economy
készpénzkészlet *fn* pénzügy (*bankjegyek és érmék formájában tartott pénz egy cégnél*) cash in hand

készpénzkiadások *fn* out-of-pocket expenses
készpénzkiáramlás *fn* pénzügy cash outflow
készpénzkímélő *mn* pénzügy cashless
készpénzkimutatás *fn* számv (*a pénztáros napi kimutatása a készpénzhelyzetről*) cash statement
készpénzkönyv *fn* számv (*minden betett és kifizetett készpénzt belejegyeznek, de ugyanakkor főkönyv is*) cash book
készpénzkövetelés *fn* pénzügy cash on hand; cash
készpénzkövetelés bankszámlán *fn* pénzügy cash account
készpénzletét *fn* pénzügy cash deposit
készpénzmentes *mn* pénzügy cashless
készpénz-ráfordítások *fn* pénzügy out-of-pocket expenses
készpénztartalék *fn* pénzügy cash reserves
készpénzügylet *fn* ker cash transaction
  * **Általános szabály szerint minél több a csekk- és készpénzügylet, annál magasabb a díj.** The general rule is that the more cheque and cash transactions made, the higher the charges.
készpénzzé tehető *mn* pénzügy cashable
készpénzzé tesz *ige* liquidate
készpénzszámla *fn* pénzügy cash account
késztermék *fn* finished goods * **Kína a világ egyik legnagyobb késztermék-exportőre.** China is a major exporter of finished goods in the world.
készülék *fn* appliance; device; instrument
két részből álló *mn* (*okmány*) bipartite
kétes követelés *fn* ker bad debt
kétes követelések biztosítás *fn* bizt bad debts insurance
kétharmados többség *fn* two-thirds majority
kétoldali *mn* bipartite
kétoldalú *mn* bilateral * **kétoldalú kapcsolat** bilateral relationship * **kétoldalú tárgyalások** bilateral negotiations/talks
kétségbe von *ige* question

kétségtelen *mn* manifest
kétszintű bankrendszer *fn* bank two-tier banking system
kettős adózást kizáró megállapodás *fn* adó double-tax agreement
kettős adóztatás *fn* adó double taxation
kettős könyvelés *fn* számv (*ezen könyvelési módszernél a számlakönyvnek két oldala (tartozik és követel oldal) van, minden tételt kétszer kell bevezetni, és így egyszerű ellenőrzéssel könnyen és gyorsan kiszűrhetők, valamint javíthatók az esetleges hibák*) double-entry bookkeeping; double entry; two-sided accounts
kettős könyvelés egyenlete *fn* számv (*Az az alapelv, hogy a tőke és a források együttesen annyit tesznek ki, mint az eszközök.*) accounting equation
kevésbé fejlett országok *fn* less-developed countries
kézbesít *ige* deliver
kézbesítés *fn*
1. delivery
2. jog service
kézbesítés helye *fn* száll place of delivery
kezd *ige* enter; initiate * **A két nagy termelő tárgyalásokba kezdett.** The two big producers entered into negotiations.
kezdeményez *ige* initiate; launch
kezdeményezés *fn* initiative
kezdeményező *fn* originator
kezdeményező képesség *fn* initiative
kezdeti *mn* initial
kezdeti stádium *fn* initial stages
kezdeti szakasz *fn* initial stages * **Az újjáépítés kezdeti szakaszában minden nagyobb szerződés amerikai cégeknek jutott.** In the initial stages of the reconstruction, all of the big contracts went to American firms.
kezdő *mn* initial
kezdő fizetés *fn* starting salary
kezdőtőke *fn* start-up capital
kezel *ige* handle; manage; treat * **A tárgyaló felek megegyeztek, hogy bizalmasan kezelik az ügyet.** The nego-

tiating parties agreed to treat the issue with discretion.
kezelés *fn* handling; management; operation; working; maintenance; custody * **Fő feladata a panaszok kezelése.** Her main task is handling complaints.
kezelési díj *fn* handling charge
kezelési költség *fn*
1. service charge; handling expenses * **A bankkártya külföldi használata során minden tranzakciónál 500 forintos kezelési költséget számítanak fel.** There is a HUF 500 service charge per transaction when using your debit card abroad.
2. bank bank service charge
kezes *fn*
1. surety; underwriter; warranter; warrantor; sponsor
2. bizt insurer
3. jog bail; guarantor * **Kifogásolták, hogy egy kezes aláírása volt a jelzáloghitel feltétele.** They complained they had been granted mortgages only if they could secure the signature of a guarantor.
kezeskedik *ige* guarantee; sponsor; stand; warrant
kezesség *fn*
1. suretyship; surety; sponsorship * **kezességet vállal** act/stand as surety; (*GB*) guarantee; (*US*) guaranty
2. jog warranty; bond; bail * **kezességet vállal vkiért** go bail for sy
kezességet vállal *ige* guarantee
kezességi elfogadás *fn* jog collateral acceptance
kezességi forgatmány *fn* pénzügy backing
kezességnyújtás *fn* suretyship
kézhezvétel *fn* receipt
kézhezvétel időpontja *fn* ker date of receipt * **Általában a kézhezvételtől számított 14 napon belül válaszolunk a fogyasztói panaszokra.** Generally we reply to customer complaints within 14 days from the date of receipt.
kézizálog *fn* jog pawn
kézjeggyel ellát *ige* sign

kézműves *fn* craftsman
kézművesség *fn* craft
kft. *fn* (*korlátolt felelősségű társaság*) limited liability company **NB: röv Ltd; Ltd.;** (*GB*) limited company
KGST [= **Kölcsönös Gazdasági Segítség Tanácsa**] *fn* COMECON [= Council for Mutual Economic Assistance]
ki nem mondott *mn* implicit
kiad *ige*
  1. (*nyilvánosságra hoz*) issue; publish
  2. pénzügy (*pénzt stb.*) disburse; (*pénzt elkölt*) spend
  3. ált (*bérbe*) rent
kiadás *fn*
  1. emission
  2. pénzügy expense
kiadások *fn* pénzügy expenditure; outgoings; outlays
kiadvány *fn* release
kiaknáz *ige* utilize; exploit * **Projektet indítottak a szélenergia lehetséges kiaknázásának vizsgálatára.** A project was started to examine the ways how to utilize wind energy.
kiaknázás *fn* utilization; exploitation
kiállít *ige*
  1. exhibit
  2. pénzügy (*váltót, hitellevelet stb.*) issue; write out; draw
  3. jog execute
kiállítás *fn*
  1. exhibition; exposition
  2. ker fair
kiállítás napja *fn* date of issue * **A vízumok a kiállítás napjától kezdve egy évig érvényesek, és legfeljebb háromhavi tartózkodásra jogosítanak.** Visas are valid for one year from the date of issue and allow a maximum stay of three months.
kiállítási csarnok *fn* exhibition hall
kiállítási hely *fn* booth
kiállítási központ *fn* exhibition centre
kiállítási stand *fn* exhibition stand
kiállítási terület *fn* exhibition area; exhibition site; showground * **A Millennium Dome-ot a világ legnagyobb**

és legmerészebb kiállítási területeként írta le. He described the Millennium Dome as the world's biggest and boldest exhibition site.
kiállításszervező *fn* exhibition organizer
kiállító *fn*
  1. issuer
  2. pénzügy (*váltóé stb.*) maker; drawer
kiállítóterem *fn* showroom
kiáramlás *fn*
  1. outflow
  2. pénzügy drain
kiárusít *ige* ker (*árut az eredeti árnál olcsóbban értékesít, hogy megszabaduljon a régi készlettől*) sell out/off; clear; unload * **készletet kiárusít** sell off stock
kiárusítás *fn* clearance sale; clearance; sale
kiárusítási ár *fn* ker bargain price
kibékít *ige* reconcile
kibérel *ige*
  1. hire; rent
  2. száll charter
kibocsát *ige* issue
kibocsátás *fn*
  1. issue; emission; (*káros, szennyező anyagé*) discharge * **Új postabélyegek kibocsátását jelentették be.** An issue of new postage stamps was announced. * **A konzorcium csökkenteni igyekszik az üvegházhatást előidéző gázok kibocsátását.** The consortium wants to find ways of reducing greenhouse gas emissions.
  2. pénzügy flotation
  3. ipar output
kibocsátás napja *fn*
  1. date of issue
  2. tőzsde issuing date
kibocsátási ár *fn* tőzsde issue price; subscription price
kibocsátási árfolyam *fn* tőzsde issue price; issuing price; subscription price
kibocsátási feltételek *fn* pénzügy (*értékpapíré*) terms of issue
kibocsátó *fn*
  1. issuer
  2. (*váltó*) pénzügy maker; (*csekknél*) payer
  3. bank drawer
kibocsátott értékpapír *fn* pénzügy issue

kibővít *ige* expand; enlarge; widen
kibővítés *fn*
1. enlargement
2. EU widening
kibővül *ige* enlarge
kibővülés *fn* enlargement
kibújás vmi megtétele alól *fn* avoidance
kicserél *ige* replace; exchange
kicserélés *fn* ker exchange
kicserélhető *mn* exchangeable
kiderít *ige* investigate
kidolgoz *ige* work out
kiegészít *ige* complete; supplement * **keresetét kiegészíti** supplement one's income
kiegészítés *fn* completion
kiegészítő *mn* additional; complementary
kiegészítő biztosítás *fn* bizt additional insurance; supplemantry insurance
kiegészítő kereslet *fn* ker complementary demand
kiegészítő költségvetés *fn* pénzügy supplementary budget
kiegészítő kötvény *fn* bizt endorsement
kiegészítő szabályozás *fn* jog bylaw
kiegészítő záradék *fn* bizt endorsement
kiegyenlít *ige*
1. compensate; counterbalance; level off; level out; equalize; pay
2. pénzügy (*számlát, adósságot stb.*) settle; square; wind up; balance; clear; redeem * **számlát kiegyenlít** settle an account
3. tőzsde liquidate
4. számv offset
5. ker acquit
kiegyenlítés *fn*
1. compensation; settlement; satisfaction; alignment; discharge
2. pénzügy payment; acquittance
3. bank clearing
4. tőzsde liquidation
5. számvitel offset
kiegyenlítetlen számla *fn* pénzügy open account
kiegyenlítő fizetés *fn* compensatory payment
kiegyenlítő vám *fn* EU compensatory levy

kiegyenlítődés *fn* equalization
kiegyenlítődik *ige* level out; level off; equalize
kiegyensúlyozás *fn* counterbalancing
kiegyezés *fn*
1. compromise
2. jog settlement; composition
kiegyezik vkivel *ige* jog compound
kielégít *ige* satisfy; (*igényt, keresletet stb.*) supply; suffice; meet * **keresletet kielégít** meet a demand
kielégítés *fn*
1. satisfaction
2. jog indemnity
kielégítő *mn* adequate
kiemel *ige* highlight
kiemelkedő *mn* outstanding
kiemelt *mn* preferential
kiépít *ige* establish; build up
kiértékelés *fn* evaluation
kiesés *fn* shortage; shortfall
kieszközöl *ige* obtain; procure
kifejt *ige* exercise; set forth
kifizet *ige* pénzügy settle; clear; remit; disburse; wind up; wipe off; satisfy * **kifizeti a költségeit** clear one's costs * **számlát kifizet** settle an account
kifizetendő *mn* payable
kifizetés *fn*
1. pénzügy payment; discharge; payout; (*váltóé*) retirement
2. bank clearing
kifizetés számlajóváírással és számlaterheléssel *fn* giro payment
kifizetetlen *mn* pénzügy outstanding
kifizetetlen követelések *fn* pénzügy outstanding debts
kifizetett összeg *fn* pénzügy payment
kifizethető *mn* payable
kifizető általi adólevonás *fn* adó (*adók levonása a kifizetőhelyen*) deduction at source
kifizetődő *mn* ker commercially viable
kifogás *fn*
1. objection; complaint * **kifogást emel** make/raise an objection * **nincs kifogása ellene** have no objection to sg
2. jog caveat; plea

kifogásol *ige*
1. complain
2. jog plead
kifogásolás *fn* protest; complaint
kifogást emel *ige* protest
kifüggeszt *ige* post
kifüggesztés *fn* jog posting
kihagyás *fn* omission; interruption
kihallgat *ige* question; examine
kihallgatás *fn* jog *(egy tanú hivatalos kikérdezése a bíróság előtt)* examination
kihasznál *ige* exploit; utilize
kihasználás *fn* exploitation; utilization
kihasználatlan *fn* unemployed
kihasználatlan kapacitás *fn* ipar idle capacity
kihasználatlan munkaidő *fn* idle time
kihasználatlan piaci lehetőség *fn* ker niche
kihasználtság mértéke *fn* *(turizmusban)* occupancy rate * **A spanyolországi fapados légijáratok megszaporodása nagy hatással volt a szálloda-kihasználtság mértékére.** The rise in low-cost flights to Spain has had a major impact on hotel occupancy rates.
kihasználtsági arány *fn* *(turizmusban)* occupancy rate
kihelyez *ige* *(pl. feladatot)* outsource; place
kihelyezés *fn* *(személyzeté)* posting
kiigazít *ige* adjust
kiigazítás *fn* correction
kiiktat *ige* eliminate
kiiktatás *fn* elimination
kijátszás *fn* evasion
kijátszik *ige* evade * **A belügyminiszter tegnap szigorú fellépést ígért azokkal szemben, akik színlelt házasságot és nem létező nyelvtanfolyamokat használnak fel a bevándorlási törvények kijátszására.** The home secretary yesterday promised action to clamp down on those who use sham marriages and non-existent language school courses to evade immigration laws.
kijavítás *fn* correction; redress
kijelent *ige* declare; state; assert; set forth
kijelentés *fn* assertion

kijelentkezik *fn* informatika log out
kijelöl *ige* *(pl. feladatot)* assign; allocate; appoint; situate * **vki feladatát kijelöli/meghatározza** assign a task to sy
kijelző *fn* display
kikalkulál *ige* estimate; work out
kikényszerít *ige* enforce
kiképzés *fn* instruction
kikérdez *ige* question
kikerül *ige* avoid; evade
kikerülés *fn* evasion
kikerülhető *mn* avoidable
kiköt *ige*
1. specify; provide
2. jog stipulate
kikötés *fn*
1. stipulation; restraint
2. jog *(jogi okmány részét képező, önmagában teljes mondat vagy bekezdés)* clause; condition; provision
kikötések *fn* jog terms
kikötések és feltételek *fn* jog terms and conditions
kikötői hatóságok *fn* száll port authorities
kikötői rakodóberendezések *fn* száll port handling facilities
kikötőzár *fn* száll embargo
kiközösít *ige* exclude
kiküld *ige* delegate
kiküldetés *fn* posting; mission
kiküszöböl *ige* eliminate
kiküszöbölés *fn* elimination
kilátás *fn* prospect; expectancy * **kilátása van vmire** have sg in prospect
kilengés *fn* swing
kilép *ige*
1. quit; *(pl. állásból)* resign; *(üzletből, cégből stb.)* opt out; withdraw * **A botrány után feltehetően kilép a vállalattól.** After the scandal he supposedly withdraws from the company.
2. informatika log out
kilépés *fn* *(vállalkozásból stb.)* withdrawal
kimagasló vmiben *mn* unrivalled *in*
kíméleti idő *fn* grace period
kimenet *fn* informatika output
kimenő adatok *fn* informatika output
kimenő áru *fn* ker outgoing goods

kimenő információ *fn* informatika output
kiment *ige (árut, rakományt)* salvage
kimutat *ige*
1. demonstrate; prove; set forth
2. számv show
kimutatás *fn* report; statement; register; return
kínál *ige* bid; offer
kínálat *fn* ker supply * **Bizonyos gyümölcsökből idén nyáron túlkínálat van.** There is an excess supply of certain fruits this summer.
kínálati ár *fn* ker bid price
kínálati árfolyam *fn* tőzsde offer price
kínálati piac *fn* ker buyer's market
kínálati rugalmasság *fn* ker elasticity of supply
kínálatoldali *mn* supply-side
kínálatorientált *mn* supply-side
kincstár *fn* pénzügy treasury
kincstári *mn* pénzügy fiscal
kincstári váltó *fn (rövid lejáratú)* Treasury bill **NB: röv T-bill;** *(US) (középlejáratú, kamatozó)* treasury note
kincstárjegy *fn* pénzügy *(egyszeri kifizetésű ill. rövid lejáratú értékpapír) (GB)* Treasury bill **NB: röv T-bill**
kinevez *ige* appoint; nominate * **A kinevezett személy szakmailag magas szinten áll.** The person appointed is of high professional standard.
kinevezés *fn* appointment
kinevezési jogkör *fn* power to appoint
kinevezési okirat *fn* letter of appointment
kinevezési okmány *fn* letter of appointment
kintlevőségek *fn*
1. pénzügy outstanding debts
2. számv assets
kinyilvánít *ige* state
kinyit *ige* unclose
kioszt *ige* distribute; allocate; allot
kipróbál *ige* test; prove
kipróbálás *fn* tryout
kirak *ige* száll unload
kirakat *fn* ker display; shop window
kirakatkönyvelés *fn* számv *(szépített, nem valós könyvelés)* creative accounting

kirakatszekrény *fn* ker showcase
kirakodás *fn* száll *(partra)* disembarkation
kirakodik *ige* száll unload
kirekeszt *ige* exclude
kirekesztés *fn* discrimination
kirendeltség *fn* branch
kis- és középvállalkozások *fn* small and medium-sized enterprises **NB: röv SMEs**
kis részvénytulajdonos *fn* small shareholder
kisajátítás *fn* jog *(általában a köz érdekében tett állami intézkedés, melyért kártérítést fizetnek)* expropriation * **Földkisajátítást terveznek útépítés céljából.** They are planning land expropriation for road construction.
kisbirtok *fn* mezőgazd holding
kisbirtokos *fn* mezőgazd smallholder
kisebbség *fn* minority * **kisebbségben van** be in the/a minority
kisebbségek jogai *fn* jog minority rights
kisebbségi jogok *fn* jog minority rights * **1995-ben írták alá a megállapodást Magyarországgal, amely garantálja a jelenlegi határokat és a kisebbségi jogok tiszteletben tartását.** In 1995 the treaty with Hungary was signed, guaranteeing the existing borders and ethnic minority rights.
kisebbségi részesedés *fn* minority stake
kisebbségi részvényes *fn* minority shareholder
kisebbségi részvénytulajdonos *fn* minority shareholder
kiselejtezés *fn* retirement
kísérlet *fn* trial; experiment
kísérleti *mn* experimental
kísérleti vállalkozás *fn* pilot project
kísérő okmány *fn* accompanying document
kísérőjegyzék *fn* száll consignment note **NB: röv C/N.;** waybill
kísérőlevél *fn*
1. *(pl. álláspályázatnál az önéletrajzhoz mellékelt levél) (GB)* covering letter; *(US)* cover letter
2. száll waybill

kisfogyasztó *fn* small consumer; domestic consumer

kisipari *mn* small-scale

kisiparos *fn* craftsman

kiskereskedelem *fn* ker retail trade; retail business; retail industry

kiskereskedelmi *mn* small-scale

kiskereskedelmi ár *fn* ker retail price

kiskereskedelmi árindex *fn* ker retail price index

kiskereskedelmi értékesítés *fn* ker retailing

kiskereskedelmi forgalmazás *fn* ker retail distribution

kiskereskedés *fn* ker retail business; retail store

kiskereskedő *fn* ker retail/small trader; retailer; (*US*) merchant

kisméretű *mn* small-scale

kisrészvények *fn* tőzsde (*GB*) penny shares; (*US*) penny stock

kisrészvényes *fn* small shareholder

kistérségi politika *fn* regional policy

kisvállalkozás *fn* small business; small enterprise; small firm

kiszab *ige* adó (*pl. illetéket*) tax; impose **on** * **bírságot/büntetést kiszab** impose fines/penalties

kiszabás *fn* adó imposition

kiszakadó vállalat *fn* (*nagyobb vállalatból/vállalatcsoportból*) spin-off

kiszáll *ige* (*üzletből, cégből stb.*) opt out

kiszámít *ige* calculate; compute; work out; cipher out

kiszámítás *fn* calculation; computation * **profit kiszámítása** calculation of profit

kiszámol *ige* calculate; work out

kiszerelés *fn* packaging

kiszerződtet *ige* (*megbízottakkal végeztet el*) contract out

kiszivárgás *fn* (*hírek, titkos információk nyilvánosságra kerülése*) leakage

kiszolgál *ige* serve

kiszolgálás *fn* service

kiszolgálási díj *fn* service charge

kiszorít *ige* supersede

kitart vmeddig *ige* last

kitelepít *ige* relocate

kiterjedés *fn* spread

kiterjeszt *ige* expand; extend * **A cég tavalyi teljesítménye a vártnál jobb volt, így a menedzsment úgy döntött, hogy kiterjeszti üzleti tevékenységét.** As the firm's performance last year was better than expected, the management decided to expand the business.

kiterjesztés *fn* expansion; extension

kitermelés *fn* ipar exploitation; yield

kitesz vmennyit *ige* represent; work out at; add up to * **Az összköltség 15 millió dollárt tett ki.** The costs worked out at $15m.

kitétel *fn* (*vmilyen hatásnak, kockázatnak stb.*)
1. exposure
2. jog term

kitett vminek *mn* subject to

kitettség *fn* (*vmilyen hatásnak, kockázatnak stb.*) exposure

kitevés *fn* (*vmilyen hatásnak, kockázatnak stb.*) exposure

kitölt *ige* (*pl. űrlapot*) complete; (*GB*) fill in; (*US*) fill out * **fill in a form** nyomtatványt kitölt

kitöltés *fn* (*pl. űrlapé*) completion

kitöltetlen *mn* blank

kitüntetés *fn* award

kitűz *ige* schedule; set out; (*időpontot*) appoint; (*vmi megtételét*) envisage

kiutasít *ige* jog (*országból*) expel

kiürített társaság *fn* (*olyan átvett társaság, amelynek a vagyonát eladva az átvevő cég előnyös helyzetbe kerül az értéktőzsdei bejegyzéskor*) shell company

kiürült vállalat *fn* (*olyan átvett társaság, amelynek a vagyonát eladva az átvevő cég előnyös helyzetbe kerül az értéktőzsdei bejegyzéskor*) shell company

kiválás *fn* (*önkormányzat felügyelete alól, pl. kórház, saját maga döntéskörében használva a kormánytól kapott pénzt*) opt-out

kiválaszt *ige* (*jelöltek közül*) screen; (*pályázatok elbírálásánál*) shortlist

kiválasztás *fn* selection; (*jelöltek közül*) screening

kiválasztási eljárás *fn* screening technique

kiválasztási módszer fn screening technique

kiválik ige (üzletből, cégből stb.) opt out

kiváló mn (nagyszerű) outstanding

kiválogat ige select; (pályázatok elbírálásánál) shortlist

kiválogatás fn selection

kiváltság fn privilege

kíván ige require; request * **Az ügy teljes körű vizsgálatot kíván.** The case requires full investigation.

kívánalom fn requirement

kivásárol ige (vki üzletrészét megveszi) buy out

kivet ige adó (pl. adót, illetéket) levy; impose **on** * **adót vet ki vmire** impose tax on

kivét fn bank withdrawal

kivétel fn bizt exclusion

kivételével hat excluding

kivetés fn adó imposition

kivéve hat excluding

kivisz ige ker (országból) export

kivitel fn ker export; exportation; exporting

kivitelez ige implement

kivitelezés fn implementation

kivitelezhető mn viable

kivitelezhetőség fn feasibility

kiviteli engedély fn ker export licence

kiviteli kontingens (mennyiségi kiviteli korlátozás) fn ker export quota

kiviteli korlátozás fn ker (mennyiségi kiviteli korlátozás) restriction(s) on exports; export restraints

kiviteli kvóta fn ker (mennyiségi kiviteli korlátozás) export quota

kiviteli tilalom fn ker (utasítás bizonyos árucikkek kivitelére) embargo

kiviteli többlet fn ker export surplus

kiviteli vám fn pénzügy (az árura az ország elhagyásakor kivetett adó vagy vám) export duty

kiviteli vámilleték fn ker export tariff

kiviteli vámnyilatkozat fn száll export declaration

kiviteli vámtarifa fn ker export tariff

kivizsgál ige investigate * **Megfelelő információ hiányában lehetetlen alaposan kivizsgálni az ügyet.** Without proper information, it is impossible to investigate the case thoroughly.

kivon ige
1. deduct
2. ker (pl. terméket a piacról) recall

kivon a forgalomból ige pénzügy (pénzfajtát) demonetize

kivonás fn (forgalomból) retirement

kivonat fn
1. extract; abridgement **NB: röv abr**
2. pénzügy statement
3. jog abstract **NB: röv abs/abstr**

kivonatot készít ige extract

kivonulás fn (tüntetőleg, pl. tárgyalásról) walkout

kívülről ható mn bizt external

kizár ige
1. exclude; bar; eliminate; (tagjai közül) expel * **Az incidens után kizárták a szakszervezetből.** After the incident he was expelled from the trade union.
2. ipar (sztrájkolókat üzemből) lock out * **A sztrájk után a vezetés úgy döntött, hogy kizárja a gyári munkásokat.** After the strike the management decided to lock out the factory workers.

kizárás fn exclusion; elimination

kizárásával hat excluding

kizárólagos forgalmazó fn ker sole distributor

kizárólagos képviselet fn exclusive agency; sole agency

kizárólagos képviselő fn ker sole agent/representative

kizárólagos tulajdonos fn sole owner; (US) sole proprietor

kizárólagosan gyártott áru fn proprietary goods

kizsákmányol ige exploit

kizsákmányolás fn exploitation

klauzula fn jog (jogi okmány részét képező, önmagában teljes mondat vagy bekezdés) clause

kliens fn client

klíma fn climate

klíring fn bank (készpénz nélküli elszámolás bankok között) clearing

klíringátutalás *fn* pénzügy transfer
klíringmegállapodás *fn* bank clearing agreement
koalíció *fn* coalition
kockázat *fn*
1. risk; hazard; stake; venture * **kockázatot jelent** pose a risk * **kockázatnak kitéve** at risk
2. bizt exposure
kockázat megosztása *fn* diversification
kockázatfelmérés *fn* bizt risk assessment
kockázati besorolás *fn* bizt rating
kockázati mutató *fn* bizt rating
kockázati tőke *fn* pénzügy (*nagy veszteségnek/kockázatnak kitett tőke*) venture capital; risk capital
kockázatkezelés *fn* bizt risk management
kockázatmegosztás *fn* bizt spreading the risk
kockázatos *mn* risky * **El akarjuk kerülni a kockázatos döntéseket.** We want to avoid making risky decisions.
kockázatot megoszt *ige* diversify
kockázattal *hat* bizt at risk
kockáztat *ige* risk; speculate; gamble
kockáztatás *fn* speculation
kockáztatott érték *fn* value at risk
kód *fn* code
kódex *fn* jog code
koefficiens *fn* coefficient
kohéziós alap *fn* EU Cohesion Fund
kolléga *fn* colleague
kollekció *fn* set
kollektív alku *fn* (*tárgyalások kollektív szerződés megkötésére vagy módosítására*) collective bargaining * **Sajnálatos módon, a szakszervezetnek egyelőre nincs joga a kollektív alkuhoz.** Unfortunately, the union has no collective bargaining rights yet.
kollektív bérszerződés *fn* wage agreement
kollektív szerződés *fn* (*a munkaadó és munkavállalók között létrejött szerződés, melyben rögzítik a munkabéreket, munkaidőt, munkakörülményeket stb.*) collective agreement; collective labo(u)r agreement; (*US*) union agreement

kombináció *fn* combination
kombinált devizaügylet *fn* tőzsde swap; swop
komisszió *fn* bank (*a bank által felszámított díj a különböző banki szolgáltatásokért, pl. számlavezetésért*) bank charges; bank commission
kommunális *mn* municipal; communal; local
kommunális adó *fn* adó municipal tax
kommunikációs eszköz(ök) *fn* medium of communication; means of communication
kommunikál *ige* communicate
kompenzáció *fn* compensation; offset
kompenzációs kereskedelem *fn* ker bartering
kompenzációs ügylet *fn* ker barter transaction
kompenzációs ügyletet köt *ige* ker barter
kompenzál *ige* compensate; counterbalance; offset
kompenzálás *fn* set-off
kompenzálódik *ige* equalize
kompetencia *fn*
1. competence * **Ebben a munkakörben kommunikatív kompetenciára és nyelvhasználatra van szükség.** This position requires communicative competence and language use.
2. jog jurisdiction
kompromisszum *fn* compromise
koncesszió *fn*
1. concession; (*GB*) licence; (*US*) license; (*US*) charter
2. ker (*megállapodás, melyet a monopolgyártó/monopolszolgáltató ad egy másik gyártónak/eladónak/szolgáltatónak, hogy gyártsa vagy kereskedjen a termékekkel/szolgáltatásokkal egy adott területen*) franchise
koncesszionálás *fn* ker franchising
koncesszionáló *fn* ker (*monopoljoggal rendelkező gyártó/szolgáltató*) franchisor/franchiser
konfekció- *mn* (*olyan termék vagy szolgáltatás, mely szabványra készült és ebből adódóan nem vesz figyelembe egyéni igényeket*) off-the-shelf

konferencia *fn* conference
konferenciaterem *fn* conference hall
konfliktus *fn* conflict * **konfliktusba keveredik/kerül vkivel** come into conflict with sy
konfliktuskezelés *fn* conflict management
konglomerátum *fn* (*diverzifikált struktúrával rendelkező vállalat*) conglomerate
kongresszus *fn* convention
konjunktúra *fn* boom; economic activity
konjunktúra tetőzése *fn* peak
konjunktúrabarométer *fn* indicator
konjunktúraciklus *fn*
1. business cycle
2. ker trade cycle
konjunktúraciklus felívelő szakasza *fn* boom
konjunktúraélénkítés *fn* (*gazdaságélénkítés pénzkibocsátással, ált. inflációt követően*) reflation
konjunktúrajelentés *fn* market report
konjunktúrakilátások *fn* economic prospects
konjunktúrakutató intézet *fn* economic research institute
konjunkturális *mn* cyclical
konjunkturális helyzet *fn* economic climate; economic situation * **A jótékonysági szervezet a jelenlegi konjunkturális helyzetben nehezen valósítja meg gazdasági céljait.** The charity finds meeting financial targets a challenge due to the current economic climate.
konjunkturális irányzat *fn* economic trend
konjunkturális kilátások *fn* economic outlook * **A konjunkturális kilátásoktól függetlenül, nem valószínű, hogy a tavalyi gyors áremelkedés megismétlődik.** Regardless of the economic outlook, last year's surge in prices is unlikely to be repeated.
konjunkturális klíma *fn* business climate
konjunkturális visszaesés *fn* depression

konjunktúramutató *fn* cyclical indicator; economic indicator; indicator
konjunktúrapolitika *fn* economic policy
konkurencia *fn* (*ugyanazon a piacon működő felek versengése*) competition
konkurencia nyomása *fn* competitive pressure
konkurens *fn* competitor; rival
konkurens termék *fn* ker rival product
konstrukció *fn* design
konszenzus *fn* unanimity
konszern *fn* concern; group of companies; trust; syndicate; holding
konszignáció *fn* ker consignment note **NB: röv C/N.**
konszignációs áru *fn* ker consignment **NB: röv consgt.**
konszolidáció *fn* consolidation
konszolidál *ige* pénzügy consolidate; fund
konszolidálás *fn* pénzügy (*rövid lejáratú hitel helyettesítése hosszú lejáratú vagy állandó kötvényekkel*) funding
konszolidált adósság *fn* pénzügy funded debt
konszolidált eredménykimutatás *fn* számv consolidated financial statement
konszolidált mérleg *fn* számv consolidated balance sheet
kontingens *fn* quota
konvenció *fn* convention
konvergencia kritériumok *fn* EU (*egymáshoz közelítés feltételei, idetartozik az infláció, államadósság, államháztartási hiány, és a hosszú lejáratú kamatlábak*) convergence criteria * **Szlovéniával együtt Ciprus volt az első állam, mely megfelelt az EU kemény konvergencia kritériumainak.** Along with Slovenia, Cyprus was the first to fulfil the union's tough convergence criteria.
konvertál *ige* convert
konvertálás *fn* pénzügy (*valutáé*) conversion
konvertálható *mn* pénzügy convertible
konvertibilis *mn* pénzügy convertible
konvertibilis valuta *fn* pénzügy convertible currency
konvertibilitás *fn* pénzügy convertibility
* **A kormánynak végül sikerült**

megteremteni a konvertibilitást. The government finally managed to attain convertibility.

konverzió *fn* conversion

konverziós különbözet *fn* bank adjustment on conversion

konzorcium *fn* (*több nagy társaság egyesülése bizonyos célra és időszakra*) consortium; syndicate

konzultációs eljárás *fn* EU consultation procedure

konzultációs szerep *fn* EU consultative role

konzultál *ige* consult * **Elhatározták, hogy a végleges döntés előtt szakértőkkel konzultálnak.** They decided to consult with some experts before making the final decision.

kooperációs megállapodás *fn* cooperation agreement * **1997-ben Litvánia kooperációs megállapodást kötött Oroszországgal.** In 1997 in Lithuania a cooperation agreement was signed with Russia.

kooperál *ige* cooperate

koordinál *ige* coordinate

koordinálás *fn* coordination

korábbi *mn* previous

korábbra keltez *ige* (*egy dokumentumot a valósnál korábbi keltezéssel lát el, hogy az onnantól kezdve legyen érvényes*) backdate

korai nyugdíj *fn* (*nyugdíjkorhatár előtti nyugdíjazás*) early retirement

korengedményes nyugdíj *fn* (*nyugdíjkorhatár előtti nyugdíjazás*) early retirement

korhatár *fn* age limit

korlát *fn* barrier; limit; limitation * **korlátot felállít** impose/set a limit

korlátlan *mn* unrestricted; unlimited; absolute; unqualified; uncurtailed * **Ez az első eset, hogy az újságírók korlátozás nélkül beléphetnek a táborba.** This is the first time journalists have been given unrestricted access to the camp.

korlátolt *mn* restricted; limited

korlátolt felelősségű *mn* limited

korlátolt felelősségű magántársaság *fn* private limited company

korlátolt felelősségű társaság *fn* limited liability company **NB: röv Ltd; Ltd.;** (*GB*) limited company

korlátoz *ige* restrict; limit; curtail; confine; control; block; abridge * **Korlátozták az iratokhoz való hozzáférést.** They limited access to the documents.

korlátozás *fn* restriction; restraint; limit; limitation; barrier; control; curb; restrictive practices

korlátozások enyhítése *fn* liberalization

korlátozások megszüntetése *fn* liberalization

korlátozásokat enyhít *ige* liberalize

korlátozásokat felold *ige* liberalize

korlátozatlan *mn* unrestricted; unlimited

korlátozható *mn* (*járadék*) terminable

korlátozódik vmire *ige* confine

korlátozott *mn* restricted; limited

kormány- *mn* governmental

kormányfő *fn* prime minister **NB: röv PM;** head of government

kormányhivatal *fn* bureau

kormányoz *ige* govern; control; rule; head

kormányzás *fn* control

kormányzati *mn* governmental

kormányzati forma *fn* regime

kormányzati pénzügyek *fn* public finance

kormányzati rendszer *fn* regime

korrekció *fn* correction

korrekt *mn* fair

korrektség *fn* correctness

korrupt *mn* corrupt

korszerű *mn* up-to-date; state-of-the-art

korszerűsít *ige* modernise; update; streamline

kölcsön *fn* pénzügy loan; lending; borrowing; (*egy napra*) day loan * **kölcsönt nyújt** make a loan * **kölcsönt visszafizet** pay off a loan * **kölcsönt felvesz** take out a loan

kölcsön- *mn* rental

kölcsön futamideje *fn* bank life; term of a loan

kölcsönad *ige* pénzügy lend

kölcsönadó *fn* pénzügy lender
kölcsönjegyző *fn* underwriter **NB: röv U/w**
kölcsönmegállapodás *fn* pénzügy loan agreement
kölcsönös *mn* bilateral; mutual * **kölcsönös előny/érdek** mutual benefit/ interest
kölcsönös biztosító egylet *fn* bizt benefit society
kölcsönös elismerés *fn* EU mutual recognition * **Sikerült megállapodni- uk a végzettségek és szakképesíté- sek kölcsönös elimeréséről.** They have managed to agree on the mutual recognition of diplomas and profession- al qualifications.
kölcsönös elismerés elve *fn* EU prin- ciple of mutual recognition
kölcsönös kereskedelmi megálla- podás *fn* reciprocal trade agreement
kölcsönöz *ige* pénzügy lend; (*vhonnan*) borrow *from*
kölcsönszolgálat *fn* pénzügy servicing
kölcsönt nyújt *ige* pénzügy lend
kölcsönt vesz igénybe vkitől *ige* bor- row *from*
kölcsöntőke *fn* pénzügy outside capital; borrowed capital; loan capital
kölcsöntörlesztés *fn* pénzügy servicing; service
kölcsönvesz *ige* borrow
kölcsönvevő *fn* pénzügy borrower
kölcsönzés *fn* pénzügy lending; borrowing
kölcsönzési díj *fn* rental
kölcsönző *fn* pénzügy lender
kölcsönnyújtás *fn* pénzügy lending
költ *ige* (*pénzt*) spend
költözés *fn* removal
költözik *ige* move
költség *fn*
    1. pénzügy expense; cost * **fedezi a költ- ségét vminek** cover the cost of sg * **csökkenti a költségeket** cut/reduce costs * **kifizeti/rendezi költségeit** clear one's costs * **A cég költségére utazott Indiába.** He travelled to India at the expense of the company. * **Szak- értők szerint a közeljövőben nö- vekedni fognak a repülés üzem-**

anyagköltségei. According to experts, aviation fuel costs will increase in the near future.
    2. ker charge * **vki saját költségére** at one's own charge
költségek *fn* pénzügy costs; expenses; ex- penditure; outgoings; outlays
költség, biztosítás és fuvardíj *fn* ker (*Incoterms terminológia; az eladó által meg- adott ár tartalmazza a kockázatot is, amíg a szállítóhajó megérkezik a rendeltetési kikö- tőbe, de onnantól minden kockázat és költség a vevőt terheli.*) cost, insurance, (and) freight **NB: röv c.i.f.; C.I.F.**
költségállandó *fn* pénzügy standard cost
költségráfordítás *fn* pénzügy expenditure
költségeket visel *ige* pénzügy finance
költségelemzés *fn* pénzügy analysis of expenses
költségelőirányzat *fn* estimates and costs; cost estimate * **A pályázat tar- talmazza a költségelőirányzatot.** The application includes estimates and costs.
költségelőny *fn* cost leadership
költséges *mn* expensive; costly
költséget fedez *ige* cover
költség-haszon elemzés *fn* cost-ben- efit analysis
költséghatékony *mn* cost-effective; cost- efficient
költséghatékonyság *fn* cost-effective- ness
költségkeret *fn* pénzügy (*számla, amelyen minden olyan költség szerepel, melyet valaki üzleti célokra elköltött pl. utazás, üzleti ebéd*) expense account
költségkönyvelés *fn* számv cost account- ing
költségmentes *mn* ker cost-free; free
költségmentesen hajóra rakva *hat* ker (*Incoterms klauzula, mely szerint az ár tartalmazza az összes költséget és esetleges kárt az áru kézbesítéséig a vevő által megne- vezett hajó fedélzetére*) free on board **NB: röv FOB; (f.o.b)**
költségmentesen vasúti kocsiba rakva *hat* (*Incoterms klauzula, mely sze- rint az ár tartalmazza az összes költséget és*

esetleges kárt az áru kézbesítéséig a vevő által megnevezett vasútállomásra) free on rail **NB: röv FOR; f.o.r**

költségnormatíva *fn* pénzügy standard cost

költségnövekedés okozta infláció *fn* cost-push inflation

költségsemleges *mn* self-financing

költségszámítás *fn* cost estimate; costing

költségszámla *fn* pénzügy (*melyre a cég működésének minden költségét rávezetik*) expense account

költségtérítés *fn* (*pl. üzleti úttal kapcsolatos költségtérítés: kilométerpénz, napidíj stb.*) allowance * **Még a válsághelyzetben lévő önkormányzatok is bőkezűen térítik a képviselők költségeit.** Even councils in crisis are awarding their members top allowances.

költségterv *fn* pénzügy budget

költségtervezés *fn* pénzügy budgeting

költségvetés *fn* pénzügy budget; calculation * **költségvetés végrehajtása** implementation of the budget * **költségvetést módosít** amend the budget * **egyensúlyba hozza a költségvetést** balance the budget * **szoros költségvetés** a tight budget

költségvetés készítése *fn* pénzügy budgeting

költségvetés szabályozása *fn* pénzügy budgetary control

költségvetés szerinti költségek *fn* pénzügy budgeted cost(s)

költségvetésbe beállít *ige* pénzügy budget

költségvetési *mn* pénzügy fiscal

költségvetési ellenőrzés *fn* pénzügy (*segítségével meghatározható, hogy mennyire sikerül követni az előzetes terveket, és milyen intézkedések szükségesek*) budgetary control * **Új, a költségvetési ellenőrzéssel megbízott EU biztosi hivatalt állítanak fel.** A new EU commissioner specifically charged with budgetary control will be introduced.

költségvetési év *fn* pénzügy financial year; fiscal year; business year

költségvetési gazdálkodás *fn* pénzügy financial management

költségvetési hiány *fn* pénzügy (budget) deficit; government deficit

költségvetési hozzájárulás *fn* pénzügy grant

költségvetési kiadások *fn* pénzügy budgetary costs; government expenditure

költségvetési kötelezettségek *fn* pénzügy budgetary commitments

költségvetési politika *fn* pénzügy budgetary policy; fiscal policy

költségvetési többlet *fn* pénzügy budget surplus

költségvetés-politikai hatóságok *fn* pénzügy fiscal authorities

költségvetést készít *ige* pénzügy budget

költségvetés-tervezet *fn* pénzügy draft budget

költségviselés *fn* pénzügy financing

költségvisszatérítés *fn* pénzügy expenses

könnyen kezelhető *mn* user-friendly

könyv szerinti érték *fn* számv (*a könyvelésben feltüntetett érték, mely nem feltétlen azonos a piaci értékkel*) accounting value; book value **NB: röv B.V.**

könyv szerinti érték emelése *fn* számv write-up

könyv szerinti kintlévőségek *fn* számv accounts receivable

könyv szerinti kötelezettségek *fn* számv accounts payable

könyv szerinti követelések *fn* számv accounts receivable

könyv szerinti nyereség *fn* számv accounting profit; reported profit

könyv szerinti passzívák *fn* számv accounts payable

könyv szerinti tartozások *fn* számv accounts payable

könyv szerinti veszteség *fn* számv reported loss

könyvben átír *ige* számv transfer

könyvelés *fn* számv accountancy; bookkeeping

könyvelési év *fn* számv accounting year

könyvelési mérleg *fn* számv balance

könyvelési nap *fn* számv accounting date

könyvelési osztály *fn* számv accounting department **NB: röv accounts dept.**; accounts department **NB: röv accounts dept.**

könyvelési részleg *fn* számv accounting department **NB: röv accounts dept.**; accounts department **NB: röv accounts dept.**

könyvelési tétel *fn* számv entry; post

könyvelési tételt storníroz *ige* számv transfer

könyvelő *fn* számv accountant; accounting clerk; accounting officer; bookkeeper

könyvelő iroda *fn* számv accounting office

könyvpénz *fn* bank (*folyószámlán tartott banki betétek*) bank money

könyvszakértő *fn* számv (*GB*) chartered accountant; (*US*) certified public accountant **NB: röv CPA**

könyvvitel *fn* számv accounting; bookkeeping

könyvvizsgálás *fn* számv auditing

könyvvizsgálat *fn* számv audit

könyvvizsgálati eredmény *fn* számv audit result

könyvvizsgálati jelentés *fn* számv audit report

könyvvizsgáló *fn* számv auditor

könyvvizsgálói jelentés *fn* számv auditor's report; auditor's statement

könyvvizsgálói záradék *fn* pénzügy opinion

Kőolaj-exportáló Országok Szervezete *fn* Organization of Petroleum Exporting Countries **NB: röv OPEC**

kör *fn* (*pl. tevékenységi, cselekvési*) scope

kördiagram *fn* pie chart

környezet *fn* environment

környezetet károsít *ige* pollute

környezetet szennyez *ige* pollute

környezeti *mn* environmental; ecological

környezetkárosítás *fn* pollution

környezetpolitikai *mn* environmental

környezetszennyezés *fn* pollution

környezettan *fn* ecology

környezettanulmány *fn* environmental scanning

környezetvédelem *fn* environmental protection; protection of the environment; environmental control; (*szennyezés mértékének ellenőrzése*) pollution control

körülbelül *hat* approximately

körülbelüli *mn* approximate

körülhatárolás *fn* alignment

körülír *ige* (*határozottan*) spell out

körülmények *fn* conditions; situation; átv climate ∗ **Természetes, hogy ilyen gazdasági körülmények között csökken az eladások és a nyereség szintje.** It's natural that in these economic conditions, sales and profit levels come down.

körüzenet *fn* broadcast

körzet *fn* zone

köszönetnyilvánítás *fn* acknowledgement **NB: röv ackgt**

köt *ige* jog bind ∗ **A szerződés köti a feleket.** The contract binds the parties.

kötbér *fn* jog penalty; forfeit

kötbérfizetési záradék *fn* jog penalty clause

kötbérzáradék *fn* jog penalty clause

köteg *fn* package

kötelem *fn* jog obligation

kötelem jogosítottja *fn* jog obligee

kötelem kötelezettje *fn* jog obligor

köteles vmire *mn* liable **to** ∗ **adó alá esik, adóköteles** liable to taxation

kötelesség *fn* duty; commitment; obligation ∗ **teljesíti kötelességét** fulfil/honour/meet an obligation ∗ **nem képes ellátni a kötelességét** fail in one's obligation

kötelez *ige*
1. oblige; (*US*) obligate
2. jog (*kezesség útján*) bind

kötelezett vmire *mn* liable **to**

kötelezettség *fn* obligation; duty; responsibility; liability ∗ **kötelezettséget vállal** undertake an obligation

kötelezettség nélkül *hat* ker (*pl. árajánlatban utalás arra, hogy az ott szereplő árak nem kötelező érvényűek*) without engagement

kötelezettségek *fn* pénzügy (*hosszú távú, ill. később esedékes*) fixed liabilities

kötelezettségmulasztás *fn* jog breach of warranty

kötelezettségvállalás *fn*
1. commitment
2. jog undertaking; covenant
kötelező *mn* compulsory; obligatory; mandatory; binding * **kötelező érvényű** legally binding * **kötelező érvényű ajánlat** binding offer * **Kötelező részt vennie minden értekezleten.** Your attendance at each department meeting is obligatory.
kötelező betegbiztosítás *fn* health insurance scheme
kötelező biztosítás *fn* bizt compulsory insurance; statutory insurance
kötelező erejű *mn* jog binding
kötelező érvényű *mn* obligatory; mandatory
kötelező érvényű ajánlat *fn* ker binding offer
kötelező felelősségbiztosítás (*gépjárművekre*) *fn* bizt act liability insurance
kötelező gépjármű-felelősségbiztosítás NB: röv KGFB *fn* bizt motor vehicle liability insurance
kötelező nyugdíjazás *fn* compulsory retirement
kötelező nyugdíjba vonulás *fn* compulsory retirement
kötelező tartalék(ok) *fn* pénzügy reserve requirement(s)
kötelező tartalékráta *fn* pénzügy required reserve ratio
kötelezően előír *ige* stipulate
kötelezővé tesz *ige* oblige
kötelezvény *fn* (*hivatalos okmány a megállapodásról*)
1. obligation
2. pénzügy promissory note NB: röv P.N.; note; bearer bond NB: röv b.b.; (*hivatalos dokumentum tartozás elismeréséről*) bond
3. tőzsde bearer debenture; (*GB*) debenture
kötés *fn* tőzsde contract; bargain
kötetlen *mn* free
kötött *mn* set
kötött ár *fn* ker set price; fixed price
kötöttség *fn* restriction
kötvény *fn*
1. pénzügy bond; debenture

2. tőzsde debenture bond
3. bizt policy
kötvénybirtokos *fn* bizt policyholder
kötvényesítés *fn* pénzügy (*rövid lejáratú hitel helyettesítése hosszú lejáratú vagy állandó kötvényekkel*) funding
kötvényesített adósság *fn* pénzügy funded debt
kötvénypiac *fn* tőzsde bond market
kötvénytulajdonos *fn* bizt policyholder
követel *ige* claim; demand; require; (*erőteljesen*) push
követel rovatba könyvelés *fn* számv credit entry
követel-egyenleg *fn* bank credit balance
követelés *fn*
1. demand * **követelésekkel áll elő** make a demand * **beleegyezik vki követeléseibe** meet/satisfy sy's demands
2. pénzügy due; debt; credit; funds; (*azonnal lehívható*) *fn* money at call
3. jog claim
4. számv (*számlán*) balance
követelés jogosultja *fn* pénzügy debtee
követelésegyenleg *fn* bank credit balance
követelések *fn* számv assets
követelések felvásárlása *fn* pénzügy factoring
követelmény *fn* requirement; qualification * **megfelel a követelményeknek** meet/suit the requirements
követel-számla *fn* pénzügy credit
következmény *fn* consequence; outcome; result; effect
következtet *ige* judge
következtetés *fn* jog deduction
köz- *mn* communal
közbenjárás *fn* mediation; intervention
középárfolyam *fn* tőzsde middle price
középérték *fn* average; (*statisztika*) mean
közepes *mn* moderate
közepes méretű vállalat *fn* middle-sized company
középlejáratú *mn* medium-term
középszintű menedzsment *fn* middle management
középszintű vezetőség *fn* middle management

középtávú *mn* medium-term
középvezetés *fn* middle management
közgazda *fn* economist
közgazdálkodás *fn* public administration
közgazdaság *fn* economy
közgazdasági *mn* economic
közgazdasági modell *fn* economic model
közgazdaságtan *fn* economics; economic science; political economy
közgazdaságtudomány *fn* economic science; business studies
közgazdász *fn* economist
közgyűlés *fn* general assembly **NB: röv GA;** general meeting
közhasznú szervezet *fn* nonprofit organization
közhatalom *fn* executive power
közhírré tétel *fn* broadcast
közhivatal *fn* office
közigazgatás *fn* public administration
közigazgatási *mn* administrative
közigazgatási központ *fn* administrative centre
közjegyző *fn* jog notary public
közjegyzői okirat *fn* jog deed
közjó *fn* social good
közjog által szabályozott *mn* jog regulated by public law
közjog hatálya alá eső *fn* jog governed by public law
közjólét *fn* social welfare
közjövedelem *fn* transfer income
közkereseti társaság *fn* (*a tagoknak korlátlan felelőssége van az ilyen társaságban*) general partnership; ordinary partnership; partnership; public company
közkiadások *fn* pénzügy government expenditure; public spending
közkölcsön *fn* pénzügy public loan
közlekedés *fn* száll transport
közlekedési eszköz *fn* száll means of transport
közlekedési hálózat *fn* (*helyi*) local transport network
közlemény *fn* release
közlés *fn* communication; message; notice; disclosure
közmű *fn* utility

közművállalat *fn* public utility
közoktatás *fn* education
közöl *ige* inform; communicate; report
közönség *fn* audience
közönségkapcsolatok *fn* mark public relations **NB: röv PR**
közönségkutatás *fn* audience research
közönségszolgálat *fn* mark public relations **NB: röv PR**
közös *mn* communal
Közös Agrárpolitika *fn* EU Common Agricultural Policy **NB: röv CAP**
közös akció *fn* joint action * **Közös akciót terveznek annak megakadályozására, hogy a vállalatok kihasználják a különböző országok eltérő adózási rendszereit.** There is not joint action to prevent companies exploiting differences in tax regimes between different countries.
közös alap *fn* pool
közös finanszírozás *fn* pénzügy joint financing
közös készlet *fn* pool
Közös Kül- és Biztonságpolitika *fn* EU common foreign and security policy **NB: röv CFSP**
közös tulajdon *fn* jog joint ownership
közös üzleti vállalkozás *fn* (*a vállalkozásban résztvevő felek megállapodás szerint viselik a költségeket és osztoznak a hasznon*) joint venture
közös vállalat *fn* (*a vállalkozásban résztvevő felek megállapodás szerint viselik a költségeket és osztoznak a hasznon*) joint venture
közös volta vminek *fn* commonality
közös vonása vminek *fn* commonality
közösen és egyetemlegesen *hat* jog (*szerződés aláírásakor használt formula*) joint and several
közösségi *mn* communal; cooperative
közösségi beruházás *fn* (*nem nyereségszerzés céljából, hanem közösségek (pl. iskola, kórház) javára történő beruházás*) community investment
közösségi jog *fn* EU Community law
közösségi képviselő *fn* EU community official
közpénzek *fn* public funds

központ *fn* headquarters **NB: röv HQ**
központi bank *fn* bank (*a „bankok bankja",
vagyis az a bank, mely kibocsátja az ország
pénzét, őrzi aranytartalékait stb.*) central
bank
központi iroda *fn* head office
központi támogatás *fn* pénzügy grant-
in-aid
központilag tervezett *fn* centrally
planned * **központilag tervezett
gazdaság** centrally planned economy
központosít *ige* centralize
központosítás *fn* centralization
központosított gazdasági rendszer
fn (*elsősorban a szocialista országokban volt
jellemző az ilyen gazdaságirányítás, amelyben
a teljes tervezést egy központi testület végezte
el az ország gazdasága számára*) command
economy
közraktár *fn* ker warehouse
közraktár-felügyelő *fn* ker warehouse
keeper
közraktár-fenntartó *fn* ker warehouse
keeper
közraktárjegy *fn* ker warehouse note;
warehouse warrant **NB: röv W/W;** (*US*)
warehouse receipt **NB: röv W/R**
közreműködés *fn* contribution; coop-
eration; collaboration
közreműködik *ige* contribute; collaborate
közreműködő *fn* contributor
köztéri reklámozás *fn* mark outdoor
advertising
köztisztviselő *fn* civil servant
köztulajdon *fn* public ownership
köztulajdonba vétel *fn* nationalization
közúti fuvarozási egyezmény *fn* száll
Transport International Routier **NB: röv
TIR**
közületi *mn* communal
közületi beruházás *fn* public spending
közüzem *fn* public utility
közvélemény-kutatás *fn* opinion sur-
vey; opinion research; poll; opinion poll;
(*a Gallup intézet módszerével végzett*) Gal-
lup poll
**közvélemény-kutatást végző sze-
mély** *fn* (*lakásokat felkeresve közvélemény-
kutatást végez*) canvasser

közvélemény-kutató *fn* surveyor
közvetett adó *fn* adó (*az adófizető nem
közvetlenül az államnak fizet, hanem az
adót szállítók, üzlettulajdonosok, kereskedők
„gyűjtik be", pl. Áfa formájában*) indirect
tax; excise * **A francia kormányt
egyre jobban aggasztják az étter-
mek problémái, ezért a közvetett
adó 19,6%-ról 5,5%-ra történő
csökkentését tervezi.** The French
government is increasingly concerned
about the problems faced by restau-
rants and is to cut the indirect tax bur-
den from 19.6 per cent to 5.5 per cent.
közvetett adóztatás *fn* adó indirect
taxation
közvetett anyagköltségek *fn* indirect
material costs
közvetett forgalmi adó *fn* adó value
added tax **NB: röv VAT**
közvetett költségek *fn* számv (*olyan
költségek, melyeket nem lehet közvetlenül egy
bizonyos termékhez/szolgáltatáshoz kötni*) in-
direct expenses
közvetítés *fn* mediation
közvetítő *fn* agent; broker; (*US*) jobber
közvetítő kereskedő *fn* ker distributor
közvetítői jutalék *fn* commission
közvetlen *mn* immediate * **A közvet-
len főnököm soha nem oszt meg
velem semmilyen fontos informá-
ciót.** My immediate boss never shares
important information with me.
közvetlen eladás *fn* ker direct selling
közvetlen értékesítés *fn* ker direct sell-
ing
közvetlen hozzáférés *fn* (*jelzői haszn.
közvetlen elérésű*) direct access * **Köz-
vetlenül hozzáférnek a projekttel
kapcsolatos minden hivatalos in-
formációhoz.** They have direct access
to all official information concerning the
project.
közvetlen kivitel *fn* ker direct export
közvetlen költség *fn* direct cost; direct
expenses
közvetlen munkaköltség *fn* direct
labo(u)r cost
közvetlen terhelés *fn* bank direct debit

közzétesz *ige*
1. publish; announce; release; set out; put forward
2. tőzsde post
közzététel *fn* announcement; disclosure; (*plakáton*) billing
községi *mn* municipal
közszféra *fn* public sphere
közszolgálati vállalat *fn* public enterprise
közszolgáltatás *fn* utility
közszolgáltató üzem *fn* public utility
közszolgáltató vállalat *fn* public utility
közszükségleti cikkek *fn* ker (*napi szükségletet kielégítő fogyasztási javak*) convenience goods
krach *fn* tőzsde crash
kreativitás *fn* creativity
kreditlimit *fn* számv credit line
kudarc *fn* failure; flop; setback * **Kampányuk kudarcot vallott.** Their campaign has proved to be a flop.
kudarcba fullad *ige* fall through * **A tárgyalások kudarcba fulladtak.** Negotiations have fallen through.
kudarcot vall *ige* fail
kulcs- *mn* pivotal
kulcsfigura *fn* key figure
kulcsfontosságú munkaerő *fn* key staff * **Készek prémiumokat fizetni annak érdekében, hogy megtartsák a kulcsfontosságú munkaerőt.** They are prepared to pay bonuses to ensure they keep their key staff.
kulcsipar *fn* ipar key industry
kulcsiparág *fn* ipar key industry
kulcskészségek *fn* key skills
kulcsszám *fn* key figure
kulcsvaluta *fn* (*az országok többségében elfogadják*) key currency
kumulált *mn* cumulative
kumulatív *mn* cumulative
kupon *fn* tőzsde coupon
kurátor *fn* jog trustee
kurrens *mn* current
kurrens árfolyam *fn* pénzügy going rate
kurtít *ige* chop
kurzus *fn* course
kutatás *fn* research

kutatás és fejlesztés NB: röv K+F *fn* Research and Development NB: röv R&D
kutatóév *fn* sabbatical leave
kül- *mn* external
küld *ige* send
küldemény *fn* száll (*árué*) consignment NB: röv consgt.
küldetés *fn* mission
küldetésnyilatkozat *fn* mission statement
küldő *fn* sender
küldött *fn* deputy
küldöttség *fn* delegation
külföldi *mn* overseas
külföldi adóalany *fn* adó non-resident taxpayer
külföldi adózó *fn* adó non-resident taxpayer
külföldi befektetési alap *fn* pénzügy (*adókedvezmény miatt külföldi székhellyel rendelkező befektetési alap*) offshore fund
külföldi képviselő *fn* agent abroad
külföldi kölcsön *fn* pénzügy foreign loan; external loan
külföldi munkás *fn* migrant worker
külföldi pénznem *fn* pénzügy foreign currency
külföldi segély *fn* (*ált. gazdasági válságban lévő országok számára nyújtott segély* (*pénz, áru, műszaki stb.*)) foreign aid * **Afganisztán gazdasági fejlődése külföldi segélyektől függ.** Afghanistan's economic development depends on foreign aid.
külföldi valuta *fn* pénzügy foreign exchange * **A jegybank hivatalos külföldi valutatartalékának kétharmada dollárban van.** Two-thirds of central banks' official foreign exchange reserves are dollar-denominated.
külgazdaság *fn* ker external trade
külgazdasági egyensúly *fn* ker external balance
külképviselet vezetője *fn* head of mission
külkereskedelem *fn* ker foreign trade; external trade * **Elemzők figyelmeztettek a külkereskedelmi pozíció gyengeségére.** Analysts cautioned that

the external trade position was very weak.

külkereskedelmi mérleg *fn* pénzügy foreign balance; external balance

külkereskedelmi mérleghiány *fn* ker trade deficit * **Az adatok kimutatták, hogy az országnak rekordméretű, a vártnál nagyobb, 48,3 milliárd dolláros (26,8 milliárd font) kereskedelmi mérleghiánya volt az előző hónapban.** Data showed the country suffered a record $48.3bn (£26.8bn) trade deficit last month, larger than expected.

külkereskedelmi mérlegtöbblet *fn* ker trade surplus

külkereskedelmi politika *fn* ker trade policy

külön költségek *fn* pénzügy extra charges

különb *mn* superior

különbözet *fn* spread

különbség *fn* spread

különbségtétel *fn* differentiation

különféle *mn* miscellaneous **NB: röv misc.**

különkiadás *fn* special edition

különlegesség *fn* feature

különválaszt *ige* separate

különváló vállalat *fn* (*nagyobb vállalatból/vállalatcsoportból*) spin-off

külső *mn* external

külső forrásokból történő finanszírozás *fn* pénzügy external financing

külső revízió *fn* external audit

kültag *fn* (*betéti társaság kültagja*) limited partner

külügyi főbiztos *fn* EU High Representative for CFSP

külügyi képviselő *fn* EU High Representative for CFSP

küszöbár *fn* ker (*az a legalacsonyabb ár, amelyen az importált mezőgazdasági terméket el lehet adni*) threshold price; trigger price

küzdelem *fn* conflict

kvalifikálás *fn* qualification

kvalifikált *mn* eligible

kvalitatív *mn* qualitative

kvalitatív kutatás *fn* (*piackutatási módszer*) qualitative research

kvantitatív *mn* quantitative

kvantitatív korlátozás *fn* ker quantitative restriction

kvórum *fn* (*határozathozatalhoz szükséges minimális létszám*) quorum

kvóta *fn* quota

L, l

labilitás *fn* instability
lajstrom *fn* register; catalog(ue)
lajstromoz *ige* register
lajstromozás *fn* tőzsde stock exchange quotation
lakás bérlője *fn* tenant
lakásbérlet *fn* tenancy
lakásbérleti jogviszony *fn* jog rental agreement
lakásbérlő *fn* tenant
lakáshasználat *fn* tenancy
lakáskölcsön *fn* bank home loan
lakásügynök *fn* (*aki más megbízásából ház/lakás eladásában, vételében, bérbeadásában, ill. bérlésében bizonyos fizetség fejében segédkezik*) house agent
lakásvásárlási kölcsön *fn* bank home loan * **A kormány új lakásvásárlási kölcsönprogramot vezetett be.** The Government has introduced a new home loan scheme.
lakbér *fn* rent
lakbérengedmény *fn* rent rebate
lakbér-hozzájárulás *fn* rent allowance
lakbérkedvezmény *fn* rent rebate
lakhatási támogatás *fn* accommodation allowance
lakhely *fn* domicile
lakó *fn* (*házé, lakásé stb.*) occupant; tenant
lakossági bankszolgáltatás *fn* bank retail business
lakossági banktevékenység *fn* bank retail business
lakossági előfizető *fn* residential subscriber
lakossági fogyasztás *fn* private consumption; private spending
lakossági statisztika *fn* (*egy ország lakosságával pl. népesség alakulásával, foglalkozásokkal, életkörülményekkel stb. kapcsolatos statisztika*) vital statistics

lankad *ige* slack off
lanyha kereslet *fn* ker sluggish demand
lanyha piac *fn* tőzsde bear market
lanyhul *ige* slacken; slack off; slacken off
lappangó *mn* latent
lassít *ige* delay
lassítás *fn* (*sztrájk egyik formája*) slowdown
lassulás *fn* slowdown
látens *mn* latent
láthatatlan jövedelmek *fn* invisible earnings; invisibles
láthatatlan kereskedelem *fn* ker invisible trade
látható *mn* visible
látható tételek *fn* ker visibles
látogat *ige* visit
látogatás *fn* visit
látogató *fn* visitor
látogatottság *fn* attendance * **Jó volt az előadások látogatottsága.** There was a good attendance at the presentations.
látra szóló betét *fn* bank sight/call deposit
látra szóló értékpapír *fn* tőzsde bearer security
látra szóló intézvény *fn* pénzügy sight bill; sight draft **NB: röv S.D.**
látra szóló követelés *fn* pénzügy money at call; call money
látra szóló váltó *fn* pénzügy sight draft **NB: röv S.D.;** sight bill; bill payable at sight; demand draft
látszatüzlet *fn*
1. sham transaction
2. tőzsde (*árfolyamok befolyásolására*) wash sale
látszólagos nyereség *fn* pénzügy (*készpénz formájában nem realizálódott nyereség*) paper profit
láttamoz *ige* endorse; sign

láttamozás *fn* certification; endorsement; signature
lead *ige* submit
leállás *fn* ipar failure; (*US*) stand
leállít *ige*
1. close; close down
2. ipar (*üzemet stb.*) shut down
leállítás *fn* closing
leányvállalat *fn* affiliate; affiliated corporation; controlled company; subsidiary; (*GB*) subsidiary company; (*US*) subsidiary corporation * **A Nestlé Corporation számos fióküzletével és leányvállalatával a világ egyik legnagyobb élelmiszergyártója.** Nestlé Corporation, with its many branches and subsidiaries, is one of the world's largest food manufacturers.
lebeg *ige* pénzügy float; sway
lebegő *mn* pénzügy floating
lebegtet *ige* pénzügy float
lebegtetés *fn* pénzügy flotation; float; floating
lebont *ige* dismantle
lebonyolít *ige*
1. administer; transact; handle; wind up
2. tőzsde liquidate
lecseréléses ügylet *fn* tőzsde swap; swap transaction; swop
lecsökkent *ige* axe; reduce; cut; decrease
leemel *ige* bank (*számláról*) charge
leemelés *fn* bank (*számláról*) direct debit
leépít *ige* cut; cut back; cut down; (*pl. céget*) downsize; (*személyi állományt*) slim down * **A vállalat leépítéseket tervez Egyesült Királyságbeli igazgatóságánál.** The company plans to slim down its board of directors in the UK.
leépítés *fn* (*személyzeté*) cut; lay-off
leértékel *ige* pénzügy depreciate; devalue
leértékelés *fn*
1. pénzügy devaluation
2. ker sale
3. számv write-down
leértékelődik *ige* pénzügy (*értékcsökkenést szenved, azaz vásárlóereje csökken*) depreciate
lefarag *ige* cut back; cut down; (*költséget, kiadást stb.*) axe

lefoglal *ige*
1. book; reserve; engage * **Két tárgyalótermet terveznek lefoglalni a megbeszélésre.** They plan to engage two meeting rooms for the discussion.
2. jog levy
lefoglalás *fn* jog foreclosure
lefolyás *fn* course
lefolytat *ige* proceed
lefölözés *fn* (*olyan ármegállapítási stratégia, melynek célja, hogy az adott, árra nem érzékeny termékből maximális nyereséget hozzanak ki*)
1. skimming
2. EU levy
lefölözési árpolitika *fn* (*olyan ármegállapítási stratégia, melynek célja, hogy az adott, árra nem érzékeny termékből maximális nyereséget hozzanak ki*) skimming
lefűz *ige* file
legalacsonyabb adókulcs *fn* adó basic rate
legalacsonyabb ár *fn* ker knockdown price
legalacsonyabb árszint *fn* bottom
legális *mn* jog legal; legitimate
legálisan *hat* jog legally
legalizál *ige* jog legitimate; legitimize
legalizálás *fn* jog legalization
legfelső *mn* top
legfontosabb *mn* main; chief; principal
legfőbb *mn* main; chief
légi fuvarozás *fn* száll air freight
légi szállítmány *fn* száll air cargo; air freight
legitim *mn* legitimate
legjobb minőség *fn* top quality
legkedvezőbb árfolyamon *hat* tőzsde at best
légkör *fn* atmosphere; climate; átv environment
leglényegesebb *mn* main
legmagasabb összeg *fn* limit
lehetőség *fn* capability; potential; prospect; (*pl. tevékenységi, cselekvési*) scope
lehetővé tesz *ige* allow; facilitate * **Az üzlet 5% kedvezményt nyújt minden törzsvásárlójának.** The store allows a discount of 5% for all its frequent buyers.

lehetséges *mn* potential * **Elképesztő, hogy a vezető állás lehetséges pályázói között nincs egyetlen nő sem.** It is amazing that the potential candidates for the top job do not include a single woman.

lehívási opció *fn* tőzsde (*vásárlási szerződés, amelynek értelmében a vételi opció tulajdonosa jogosult arra, hogy felszólítsa a szerződött felet, hogy adja el neki az adott értékpapírt/árut a szerződésben meghatározott áron*) call option

lehívható betét *fn* bank call money

lehívható pénz *fn* pénzügy money at call

leír *ige*
1. pénzügy amortize; depreciate; (*követelést*) charge off; wipe off
2. számv write off

leírás *fn* számv write-down; (*teljes és azonnali*) write-off

leírható *mn* adó (*adóból*) tax deductible

lejár *ige* expire

lejárat *fn* expiry; maturity; due date; expiration; term

lejárat napja *fn* maturity date; due date

lejárati idő *fn* term

lejárt *mn* overdue

lejegyez *ige* set down

lejegyzés *fn* subscription

leköszön *ige* (*pl. vmilyen tisztségről*) resign

leköt *ige*
1. block; (*US*) obligate
2. pénzügy immobilize
3. jog bind

lekötelez *ige* oblige

lekötelezettje vkinek *mn* obliged **to sy**

lekötelezi magát *ige* engage

lekötés *fn* pénzügy immobilization

lekötött *mn* pénzügy (*tőke*) illiquid

lekötött betét *fn* bank fixed deposit; (*US*) time deposit

lelépési díj *fn* key money

lelépési összeg *fn* indemnity

leleplezés *fn* disclosure

leltár *fn* inventory * **leltárba vesz vmit** put sg in an inventory

leltárfelvétel *fn* stocktaking

leltári érték *fn* book value **NB: röv B.V.**

leltári készlet *fn* ker stock

leltárjegyzék *fn* inventory

leltározás *fn* stocktaking

lemarad *ige* fall behind

lemaradás *fn* shortfall

lemér *ige* gauge

lemond *ige* cancel; (*vmiről*) abandon; divest; (*pl. vmilyen tisztségről*) resign; (*jogról, igényről stb.*) waive * **Le kellett mondaniuk a találkozót.** They had to cancel the appointment.

lemondás *fn* cancellation; (*pl. vmilyen tisztségről*) resignation * **kormány lemondása** resignation of the government * **benyújtja lemondását** hand in/submit/tender one's resignation * **lemondását visszavonja** withdraw one's resignation * **Kikényszerítették a német elnök ammani látogatásának lemondását.** They forced the cancellation of the President of Germany's visit to Amman.

lendület *fn* swing

lendületes *mn* buoyant

lényeges *mn* essential; relevant; substantial

lenyom *ige* bring down

lépés *fn* step * **Ha turistákat akarnak odacsalogatni, akkor első lépésként be kell fektetni a régió infrastruktúrájába.** If they want to attract tourists, the first step is to invest in the infrastructure of the region.

lépéseket tesz vmi elhárítására *ige* provide against

lépést tart vkivel/vmivel *ige* keep up with * **Nagyon nehezen tudtak lépést tartani a kereslettel.** They found it extremely difficult to keep up with demand.

lerak *ige* száll unload

lerakat *fn* ker depot; sales agency; storage depot; warehouse; (*US*) distributor

lerakodik *ige* száll unload

leromlás *fn* deterioration

leromlik *ige* deteriorate

leront *ige* deteriorate

lerövidít *ige* shorten; abridge

lerövidítés *fn* shortening; abridgement **NB: röv abr**

leszállít *ige*
1. lower; *(árat)* lessen; mark down; reduce; *(erőteljesen, pl. fizetést, árakat stb.)* slash
2. tőzsde *(árfolyamot)* mark down
leszállítás *fn*
1. cut; cutting; lowering; *(pl. áré, költségé)* reduction
2. száll delivery
leszállított *mn (pl. ár, költség)* reduced
leszállított ár *fn* ker bargain/discount price
leszámít *ige* deduct
leszámítható *mn* deductible
leszámítol *ige*
1. pénzügy discount
2. bank negotiate
leszámítolás *fn* pénzügy discount; discounting
leszámítolási díj *fn* bank (bank) discount
leszámítolási kamatláb *fn* bank bank rate **NB: röv b.r.**; discount rate
leszámítolási ráta *fn* bank bank rate **NB: röv b.r.**
leszámítoló bank *fn* bank *(ált. kereskedelmi bank, mely jutalék ellenében váltókat fogad el)* accepting house; discount house; merchant bank
leszámítoló ügylet *fn* bank discounting
leszámítolt váltókötelezettségek *fn* pénzügy bills discounted
leszerel *ige* ipar *(pl. vmilyen alkatrészt)* dismantle
leszorított ár *fn* ker knockdown price
letagad *ige* deny
letárgyal *ige* negotiate
letartóztatás *fn* jog custody * **Előzetes letartóztatásban volt.** He was kept in custody.
létbiztonság *fn (nem kell tartani a felmondástól)* job security
letelepedés *fn* settlement
letelik *ige* expire
létesít *ige* create; establish; found; set up
létesítés *fn* creation; establishment * **A testület egy új fiók létesítése mellett döntött.** The committee has decided on the establishment of a new branch.
létesítési költségek *fn* initial costs

létesítmény(ek) *fn* premises
letét *fn (biztosítékként elhelyezett pénzösszeg)* jog deposit; caution money
letétbe helyez *ige* pénzügy obligate; *(US)* put up
letétbe helyezés *fn* jog bailment
letéteményes *fn* jog trustee; *(US)* stakeholder
letéti kezelés *fn* bank *(kereskedelmi bankok szolgáltatása) (GB)* safe custody
letéti szerződés *fn* jog bailment
letéti ügylet *fn* bank custodian business
létfenntartás *fn* subsistence
létfenntartási költség *fn* cost of living
letilt *ige* jog levy
letiltás *fn* stop
létminimum *fn* subsistence level
letölt *ige* informatika *(számítógépről, internetről)* download * **Az ügyre vonatkozó minden fontos részlet letölthető a honlapjukról.** You can download all the important details concerning the issue from their website.
létrehoz *ige* found; set up; create; generate * **A lottónyertes Reginald Tomlinsont bebörtönözték, miután a nyereményéből hasisgyárat hozott létre.** Lottery winner Reginald Tomlinson was jailed after using his prize money to set up a cannabis factory.
létrehozás *fn* foundation; creation
létrehozó *fn* originator
létszámcsökkentés *fn* redundancy
létszámfeletti *mn* redundant
létszámhiánnyal küzdő *mn* understaffed
létszámleépítés *fn* redundancy
létszámnövekedési ráta *fn (megmutatja, hogy egy adott időszakban mennyivel nő a foglalkoztatottak száma)* accession rate
létszámstop *fn* job/hiring freeze
leütési ár *fn (árverésen)* knockdown price; striking price
levelezési lista *fn* mailing list
levéltár *fn* records
levezetés *fn* jog deduction
levezető elnök *fn* chairperson
levon *ige* deduct; discount; *(vmiből)* offset *against*

levonás *fn*
1. deduction; discount
2. bizt exclusion
levonható *mn* adó deductible; tax deductible * **Az USA-ban a jótékonysági hozzájárulások levonhatók az adóból.** In the US, charitable contributions are tax deductible.
levonható összeg *fn* adó deduction
lezár *ige*
1. close; finish
2. pénzügy (*számlát*) wind up
3. tőzsde liquidate
lezárás *fn* closing
liberalizáció *fn* liberalization * **A Világkereskedelmi Szervezet (WTO) a legdemokratikusabb nemzetközi intézmény, és célja a kereskedelem folyamatos liberalizálása.** The WTO is the most democratic of the international institutions and its agenda is indeed one of continuing trade liberalization.
liberalizál *ige* liberalize; free
liberalizálás *fn* deregulation
liberalizmus *fn* liberalism
licenc *fn* ker (*megállapodás, melyet a monopolgyártó/monopolszolgáltató ad egy másik gyártónak/eladónak/szolgáltatónak, hogy gyártsa vagy kereskedjen a termékekkel/szolgáltatásokkal egy adott területen*) (*GB*) licence; (*US*) license; franchise
licencadó *fn* ker (*monopoljoggal rendelkező gyártó/szolgáltató*) franchisor/franchiser
licencdíj *fn* royalty
licencmegállapodás *fn* licensing agreement
licit *fn* bid
licitál *ige* bid
licitáló *fn* bidder
likvid *mn* pénzügy liquid

likvid tőke *fn*
1. pénzügy floating capital
2. számv liquid assets
likvid vagyon *fn* számv liquid assets
likvidáció *fn* liquidation
likvidál *ige* liquidate
likvidálás *fn* jog winding up
likvidátor *fn* liquidator
likviditás *fn* pénzügy solvency; liquidity; cash flow
likviditási arány *fn* pénzügy reserve ratio
likviditási tartalék *fn* liquidity reserve
likviditáspolitika *fn* liquidity policy
limit *fn* limit
limitál *ige* limit
limitált *mn* limited
lista *fn* list; register
listaár *fn* ker list price
listára felvesz *ige* enlist; list
lízing *fn* lease
lízingbe adó *fn* lessor
lízingel *ige* lease
lízingelő *fn* lessee
lízingszerződés *fn* lease agreement
lobbi *fn* (*befolyást gyakorló érdekcsoport*) lobby
logisztika *fn* logistics
logó *fn* (*cégjelkép*) logo; (*US*) (*név összekapcsolása áruval*) merchandising * **A vezetőségben történt változások után új logót terveztettek.** After the change in the management they had a new logo designed.
lombardhitel *fn* bank commodity credit
lombardkölcsön *fn* bank collateral loan
londoni bankközi kamatláb *fn* (*az kamatráta, amit a londoni bankok felszámítanak egymás közti kölcsönöknél*) London Interbank Offered Rate **NB: röv LIBOR**
luxusadó *fn* adó luxury tax
luxuscikkek *fn* ker luxury goods
luxusjavak *fn* ker luxury goods

M, m

Maastrichti Szerződés *fn* EU Maastricht Treaty

magába olvaszt *ige* absorb

magában foglal *ige* imply; comprise

magában foglaló *mn* inclusive

magán- *mn* private

magánbank *fn* bank private bank

magánbefektető *fn* private investor

magánfelhasználás *fn* personal use; private use

magánfogyasztás *fn* private spending

magánfogyasztó *fn* domestic consumer

magánfuvarozó *fn* száll private carrier

magánjellegű *mn* personal

magánjog *fn* jog private law

magánosít *ige* privatize

magánosítás *fn* (*az állami tulajdon megszüntetése*) privatization

magánpraxis *fn* private practice

magánszektor *fn* private sector

magántulajdon *fn* private property; private ownership

magántulajdonba ad *ige* privatize

magánvagyon *fn* personal wealth; private means * **Magánvagyonát 60 millió fontra becsülik, és legfontosabb jövedelemforrását a találmányai után kapott jogdíjak képezik.** His personal wealth is valued at £60 million and the main source of his income are the royalties he receives from his inventions.

magánvállalat *fn* private enterprise

magánvállalkozás *fn* private enterprise; (*US*) sole proprietorship * **Egy magánvállalkozás tulajdonosának nincs sok szabad ideje.** Being the owner of a sole proprietorship leaves you with little free time.

magánvállalkozó *fn* self-employed

magas hozamú *mn* high-yield * **Örökölt néhány magas hozamú kötvényt.** He inherited some high-yield bonds.

magas szintet tartó *mn* buoyant * **Az ingatlan és a jelzálogpiacok az év első felében magasabb szinten álltak, mint ahogy arra számítottak.** The housing and mortgage markets had been more buoyant than expected in the first part of the year.

magatartás-vizsgálat *fn* (*vizsgálat, mely megmutatja a munkatársak közötti munkaviszony és a munkához fűződő viszony milyenségét*) attitude survey

magától értetődő *mn* implicit

magyaráz *ige* interpret

magyarázat *fn* jog construction

makro-közgazdaságtan *fn* macroeconomics

makroökonómia *fn* macroeconomics

mandátum *fn* mandate

manipuláció *fn* manipulation

manipulál *ige* manipulate * **Állítólag gyakran manipulálják a statisztikákat.** It is said that they often manipulate statistics.

manipulálás *fn* manipulation

marad *ige* remain

maradék *fn* számv balance * **50%-ot készpénzben fizettünk a rendeléskor, a maradékot pedig 30 napon belül teljesítjük.** We have paid 50% cash with the order, the balance will follow within 30 days.

maradvány *fn* surplus

márka *fn* ker (*egy termék vagy szolgáltatás általában bejegyzett védjegye, aminek alapján a vevő azonnal azonosíthatja a gyártót/szolgáltatót és a termék/szolgáltatás minőségét*) brand; make * **Születésnapomra egy**

ismert márkájú fényképezőgépet kaptam. I got a well-known make of camera as a birthday present.

márkacikk *fn* proprietary goods

márkaelfogadás *fn* ker (*egy adott márka népszerűsége*) brand acceptance

márkafelismerés *fn* ker brand recognition

márkahűség *fn* ker (*a vevő a következő vásárlása során is azonos márkájú terméket/szolgáltatást választ*) brand loyalty * **Számos tanulmány szerint a dohányzók nagyon márkahűek.** According to several studies, smokers have intense brand loyalty.

márkaigényesség *fn* ker brand awareness

márka-imázs *fn* ker brand image

márkaismertség *fn* ker (*a vevő tisztában van a márka tulajdonságaival*) brand awareness

márkajel *fn* ker logo

márkajelzés *fn* ker trademark

márkakép *fn* ker brand image

márkamenedzser *fn* ker brand manager

márkanév *fn* ker brand name

márkapolitika *fn* ker branding

márkás áru *fn* ker brand

márkás áru kedveltsége *fn* ker (*egy adott márka népszerűsége*) brand acceptance

márkás cikk *fn* ker branded article; branded goods

márkázott áru *fn* ker branded article; branded goods

márkázott gyártmány *fn* ker branded article; branded goods

márkázott termék *fn* ker branded article; branded goods

marketing *fn* mark marketing

marketing csatorna *fn* mark marketing channel

marketingcél *fn* mark marketing objective * **A Jaguar nem rövid távú marketingcélok miatt van jelen a Forma 1-ben.** Jaguar's presence in Formula One is not driven by short-term marketing objectives.

marketingeszközök *fn* mark marketing instruments; marketing tools

marketingkommunikáció *fn* mark marketing communication

marketingkoncepció *fn* mark marketing concept

marketingmenedzsment *fn* mark (*marketing tevékenységek irányítása*) marketing management

marketingmix *fn* mark (*egy cég az alábbi változókat használja fel a sikeres üzlethez: termék, ár, promóció, értékesítési csatorna (hely); az angol kezdőbetűk alapján „négy P"-nek is szokás nevezni*) marketing mix

marketingmódszer *fn* mark marketing tools

marketingosztály *fn* mark marketing department

marketingstratégia *fn* mark marketing strategy

marketingszemlélet *fn* mark marketing concept

marketing-tanácsadó *fn* mark marketing consultant

másodállás *fn* second job

másodlagos felelősség *fn* secondary liability

másodlagos kutatás *fn* („*íróasztal-kutatás"; kutatás már mások által összegyűjtött kutatási eredmények felhasználásával*) desk/secondary research

másodlat *fn* counterpart

másodpéldány *fn* copy; duplicate **NB: röv dup.;** counterpart * **A javaslatot kérjük két példányban benyújtani.** Hand in the proposal in duplicate, please.

másodpéldányt készít *ige* duplicate

másodrangú *mn* inferior **to**

másol *ige* copy; duplicate

másolat *fn* copy; counterpart; duplicate **NB: röv dup.;** transcript

matrica *fn* sticker

maximalizál *ige* maximize

mebízás *fn* commission

mechanizmus *fn* ipar machinery

média *fn* media

médiaanalízis *fn* media analysis

médiaelemzés *fn* media analysis

meg nem erősített *mn* unconfirmed

meg tud fizetni vmit *ige* afford * **A cél azok megsegítése, akik nem tudják**

fizetni a díjakat. The purpose is to help those who cannot afford fees.

megadott ár *fn* ker quoted price

megadóztat *ige* adó tax; levy; rate

megadóztatható *mn* adó taxable

megadóztathatóság *fn* adó taxability

megakadályoz *ige* prevent; bar; hamper

megakadályozás *fn* obstruction

megalapít *ige* establish; found

megalapoz *ige* establish

megállapít *ige*
1. determine; identify; state; assign; rate; set * **szükségleteket megállapít** identify needs
2. pénzügy (*árat, kormányintézkedéssel*) valorize

megállapítás *fn*
1. statement
2. jog stipulation

megállapodás *fn*
1. agreement; arrangement; contract; deal; pact * **jövedelmező megállapodás** a lucrative deal * **megállapodásra jut** come to an arrangement/agreement * **a megállapodás meghiúsult** the deal fell through
2. ker bargain
3. jog covenant

megállapodás feltételei *fn* jog terms of an agreement

megállapodást köt *ige* jog contract

megállapodik *ige* agree; arrange; stipulate

megállás *fn* stop; (US) stand

megbecsülhető *mn* assessable

megbeszél *ige* confer

megbeszélés *fn* negotiation

megbíz *ige*
1. commission; delegate; order; entrust; (US) hire; (*vmivel*) employ * **A bizottság azzal bízott meg, hogy vázoljam fel egy új projekt tervét.** The committee entrusted me with the job of drawing up a plan for a new project. * **A vállalat az OTP-t bízta meg a juttatások kifizetési rendszerének korszerűsítésével.** The company employed OTP to update the benefits payment system.
2. jog instruct

megbízás *fn*
1. contract; order; (*pl. feladat végrehajtására*) assignment; mandate; mission; job * **megbízást teljesít** confirm/execute an order
2. jog instruction; proxy

megbízás eladásra *fn* ker consignment

megbízásállomány *fn* outstanding order

megbízási díj *fn* commission

megbízási formanyomtatvány *fn* order form; order sheet; order blank

megbízási jogviszony *fn* jog contract

megbízatás *fn* commission; mission

megbízhatatlan *mn* unreliable

megbízható *mn* reliable; sound; (*személy, aki nem ad ki bizalmas információkat/anyagokat stb.*) confidential * **A cég hosszú évek alatt, megbízható üzleti érzékkel nyerte el uralkodó helyzetét.** The firm achieved its dominance by sound business acumen over many years.

megbízhatóság *fn* reliability

megbízó *fn*
1. employer
2. ker contractor
3. jog client

megbízólevél *fn* jog letter of credence; power of attorney **NB: röv P/A; p.a.; POA** * **A királynő átvette a hozzá akkreditált külföldi nagykövetek megbízóleveleit.** The Queen received the letters of credence of foreign ambassadors accredited to her.

megbízott *mn* (*hivatalosan helyettesít meghatározott időre*)
1. acting; deputy; representative * **megbízott osztályvezető** acting head of department
2. jog fiduciary; proxy

megbukik *ige* fail; fall through

megcáfol *ige* deny

megcéloz *ige* target

megcélzott piac *fn* ker target market

megcsapol *ige* tap

megcsappan *ige* dwindle

megdupláz *ige* duplicate * **Sajnos nem tudjuk csak úgy egyszerűen meg-**

duplázni a jelenlegi lakástámogatást. Unfortunately, we cannot simply duplicate the current local housing allowance.

megegyezés *fn* agreement; arrangement; deal; compromise; accordance * **megegyezésre jut** reach (an) agreement/ come to an agreement

megegyezik vkivel *ige*
1. agree
2. jog compound * **Végül sikerült megegyeznie a hitelezőivel.** Finally he managed to compound with his creditors.

megelégedés *fn* satisfaction

megélhetés *fn* livelihood; living; subsistence * **megkeresi a megélhetését** earn/get/make a living

megélhetési költségek *fn* costs of living; living expenses

megelőlegezett eszközök *fn* pénzügy (*megelőlegezett banki pénzeszközök ált. hitelek formájában*) advances

megelőz *ige* prevent

megelőző *mn* preventive * **A tájfun annyira erős volt, hogy a megelőző intézkedések teljesen hatástalanok voltak.** The typhoon was so strong that the preventive steps were not useful at all.

megemelkedik *ige* (*erősen; ár, árfolyam*) soar

megenged *ige* allow

megengedheti magának (*anyagilag*) *ige* afford

megengedhető *mn* allowable

megérdeklődik *ige* enquire

megerősít *ige*
1. affirm; confirm; strengthen; reinforce; boost * **Ezt a hírt sem megerősíteni, sem cáfolni nem tudják.** They can neither affirm nor deny this news.
2. jog ratify; endorse

megerősítés *fn*
1. affirmation; confirmation; boost
2. jog ratification; endorsement

megerősítő *mn* affirmative

megerősödik *ige* strengthen

megfelelés *fn* conformity; suitability

megfelelő *mn* acceptable; adequate; appropriate *for*; (*személy*) competent * **megfelelő minőség** acceptable quality

megfelelően vminek *hat* in compliance with * **Az új gyár képes a nemzetközi szabványoknak megfelelő termékek gyártására.** The new factory is able to produce goods that are in compliance with international standards.

megfelelője vminek *fn* counterpart

megfellebbezhetetlen *mn* jog irrevocable

megfigyel *ige* observe; watch; (*folyamatosan, rendszeresen*) monitor

megfigyelés *fn* observation; (*folyamatos, rendszeres*) monitoring

megfigyelő *fn* observer

megfizet *ige* redeem

megfizetés *fn* pénzügy settlement; payment

megfogalmaz *ige* draft; draw up * **Végül sikerült megfogalmazniuk a szerződést.** Finally they managed to draw up the contract.

megfontol *ige* consider; deliberate

megfoszt vmitől *ige*
1. divest
2. jog abridge * **Megfosztották jogaitól.** They abridged him of his rights.

meggátol *ige* prevent

meggyőz *ige* persuade

meggyőző *mn* persuasive * **meggyőző érv/indok** persuasive argument/reason

meghagyás *fn* jog demand

meghalad *ige* exceed

meghallgat *ige* hear

meghallgatás *fn* jog (*egy tanú hivatalos kikérdezése a bíróság előtt*) examination

meghamisít *ige* forge; counterfeit

meghamisítás *fn* (*tényeké*) falsification

meghatalmaz *ige* authorize; commission; empower; delegate * **Meghatalmaztunk egy ügynökséget, hogy adja el a lakásunkat.** We have empowered an agency to sell our flat.

meghatalmazás *fn*
1. empowerment; authorization; delegation; authority; commission; entitlement;

M

mandate
2. jog proxy; warrant; power; procuration
meghatalmazott *fn* jog proxy
meghatároz *ige*
1. determine; identify; allocate; set; (*pontosan*) specify; (*pontosan*) spell out * **A kormány nem határozott meg elegendő forrást a projekt számára.** The Government did not allocate sufficient resources to the project.
2. jog provide
meghatározás *fn* alignment
meghatározott *mn* specified; (*pontosan*) determinate
meghatározott mennyiség *fn* quantum
meghatározott nagyság *fn* quantum
meghibásodás *fn* ipar breakdown * **A gyárat a futószalag meghibásodása miatt bezárták.** The factory has been closed due to the breakdown of the line.
meghitelezés *fn* bank credit
meghiúsít *ige* prevent
meghiúsul *ige* fail; fall through
meghiúsulás *fn* failure; collapse
meghosszabbít *ige* extend; lengthen; renew
meghosszabbítás *fn* extension; renewal
megír *ige* draft * **Saját maga írta meg a jelentést az értekezletre.** He himself drafted the report for the meeting.
megítél *ige* judge; (*vmit vkinek*) award * **A kívülállók nem tudnak eleget a munkakörről ahhoz, hogy megítéljék a teljesítményét.** Outsiders don't know enough about the job to judge a his performance.
megjegyzés *fn* observation * **megjegyzést tesz vkiről/vmiről** make an observation on/about sy/sg
megjelenés vhol *fn* attendance
megjelenési kép *fn* image
megjelenik *ige* show
megjelentet *ige* publish
megjelölés *fn* label(l)ing
megjelölt ár *fn* ker quoted price
megkap *ige* receive; obtain; gain
megkerül vmit *ige* evade

megkerülés *fn* evasion
megkettőz *ige* duplicate
megkísérel *ige* seek
megkíván *ige* require
megkívánt *mn* required
megkönnyít *ige* facilitate
megköt *ige* (*üzletet*) transact
megkövetel *ige* require; demand
megközelítő *mn* approximate
megközelítőleg *hat* approximately * **Az új rendszer költsége megközelítőleg a régi kétszerese.** The new system costs approximately twice as much as the old one.
megkurtít *ige* trim
megkülönböztetés *fn* differentiation; discrimination
megkülönböztető jegy *fn* label
meglátogat *ige* visit
megmagyaráz *ige* explain; set forth
megment *ige* (*árut, rakományt*) salvage
megmunkál *ige* ipar manufacture; process
megmunkálás *fn* ipar processing
megművel *ige* mezőgazd (*földet*) cultivate
megművelés *fn* mezőgazd cultivation
megnehezít *ige* encumber
megnövekedett gyártás *fn* ipar increased output
megnövel *ige* extend; enhance
megnyer *ige* win
megnyirbál *ige* trim; curtail; abridge; (*fizetést, árakat, stb.*) slash
megnyirbálás *fn* (*pénzösszegé*) whittling down
megnyit *ige*
1. initiate
2. pénzügy (*akkreditívet*) establish
megold *ige* solve; resolve; settle; handle
megoldás *fn* solution * **Senki sem állítja, hogy a hajléktalanok problémáira a szállások jelentik a tökéletes megoldást.** No one claims hostels are the perfect solution to the problems of homelessness.
megoszt *ige* share
megosztás *fn* division * **Nagyon fontos a felelősség megosztása.** The division of responsibilities is of great importance.

megosztozik *ige* share
megóvás *fn* protest
megőriz *ige* maintain
megőrzés *fn* safekeeping; custody
megpályázik *ige* tender *for*
megrakodás *fn* száll lading
megreked *ige* stagnate
megrekedés *fn* stagnation
megrendel *ige* order
megrendelés *fn*
1. order * **megrendelést elfogad** accept an order
2. ker commission
megrendelés száma *fn* order number
megrendelő *fn* ker contractor; customer
megrendelőlap *fn* order form; order sheet; order blank * **A rendelés megújításához töltse ki megrendelőlapunkat!** To renew your subscription, fill in our order form.
megrendez *ige* organize
megromlás *fn* deterioration; (*árué*) spoilage; (*árué*) decay
megromlik *ige* deteriorate
megrovás *fn* reprimand
megrövidít *ige* shorten; curtail
megrövidítés *fn* shortening
megsemmisít *ige* jog annul; (*pl. szerződést*) void; abate
megsemmisítés *fn* jog annulment; rescission
megsemmisítési kereset *fn* jog, EU action for annulment
megsért *ige* jog (*szabályt, vki jogát stb.*) violate
megszab *ige* determine; specify; govern; set
megszabadul vmitől *ige* dispose of * **Figyelmeztetik a vásárlókat, hogy az elemeket a megfelelő gyűjtőbe dobják.** They remind their clients they should dispose of batteries carefully at an appropriate waste disposal facility.
megszabadulás vmitől *fn* disposal
megszabott *mn* required
megszakít *ige* cut off
megszakítás *fn* interruption
megszáll *ige* occupy

megszállás *fn* occupation
megszeg *ige*
1. (*pl. vmilyen szabályt*) disobey
2. jog (*szerződést, egyezményt stb.*) violate
megszegés *fn*
1. default
2. jog violation * **Vizsgáljuk, hogy történt-e törvényszegés.** We are investigating whether or not there was a violation of the law.
megszerez *ige* obtain; acquire; gain; secure; procure
megszerezhető *mn* available
megszerkeszt *ige* draw up
megszervez *ige* organize; arrange * **Találkozót szerveznek.** They are arranging a meeting.
megszervezés *fn* organization
megszerzés *fn* acquisition; procurement
megszerzése vminek *fn* accession
megszigorít *ige* jog tighten
megszilárdítás *fn* consolidation
megszilárdul *ige* stabilize
megszilárdulás *fn* consolidation
megszorít *ige*
1. restrict; confine
2. jog regulate
megszorítás *fn* restriction; limitation; restraint; stipulation; contraction; squeeze
megszorított *mn* restricted
megszűnés *fn*
1. expiry; termination; closing down
2. jog lapse; cessation * **szerződés megszűnése** cessation of a contract
megszűnik *ige* expire; discontinue
megszüntet *ige*
1. abolish; cease; discontinue; stop; terminate; (*üzletet, tevékenységet stb.*) wind up; close; close down; cut off; eliminate; liquidate; (*munkát*) shut down * **A vállalat megszüntette külföldi termelését.** The company has ceased production abroad.
2. jog bar; abandon * **jogot megszüntet** bar a right * **Úgy döntöttek, megszüntetik a bírósági eljárást.** They decided to abandon the action.
megszüntetés *fn*
1. abolition; termination; closing down;

M

abolishment; elimination; removal
2. jog rescission; suspension
megszüntethető *mn* (*járadék stb.*) terminable
megtagad *ige* deny; refuse * **Megtagadták a támogatást egy éhező, beteg szomáliaitól, aki menedékjogot kért.** They refused support to a starving and sick Somali asylum seeker.
megtakarít *ige* save; economize
megtakarítás *fn* savings
megtakarítási hajlandóság *fn* propensity to save
megtakarítások aránya *fn* pénzügy savings ratio
megtakarítások és a jövedelem aránya *fn* pénzügy savings-to-income ratio
megtakarított pénz *fn* savings
megtárgyal *ige* negotiate; deliberate
megtart *ige* observe
megtartás *fn* compliance; observation
megtartási jog *fn* jog (*annak joga, hogy valaki bármit megtarthasson biztosítékként, amíg jogos igényét nem elégítik ki*) lien
megtekint *ige* survey
megtekintés *fn* inspection; examination
megterhel *ige*
1. burden
2. pénzügy (*számlát*) debit; charge
3. jog encumber * **Jelzáloggal terhelték meg házukat.** They encumbered their house with mortgages.
megterhelés *fn* jog encumbrance
megterhelhető *mn* adó (*fogyasztási, ill. közvetett adóval*) excisable
megtérít *ige* pénzügy pay; repay; refund; compensate; reimburse; recompense
megtérítendő *mn* pénzügy payable
megtérítés *fn* pénzügy (*pl. pénzé, költségé*) reimbursement
megtérülés *fn* pénzügy return; turnover; payback
megtérülési arány *fn* pénzügy rate of return
megtérülési idő *fn* turnover
megtérülési mutató *fn* pénzügy rate of return
megtérülési ráta *fn* pénzügy rate of return

megtervez *ige* plan
megtévesztés *fn*
1. deceit
2. jog fraud
megtévesztő csomagolás *fn* ker deceptive packing; deceptive pack; deception package
megtilt *ige* forbid
megtorlás *fn* sanction
megtorló intézkedés *fn* sanction
megtörténik *ige* take place; occur * **A javasolt eladás hírét üdvözölték az elemzők, akik őszre várják az első 50 millió részvény eladását.** The news of the proposed sale was welcomed by analysts who expect the sale of the first 50m shares to take place in the autumn.
megugrik *ige* (*ár, árfolyam*) soar
megújít *ige* renew; innovate
megújítás *fn* renewal
megújítási igazolás *fn* bizt renewal certificate
megüresedés *fn* (*az az állapot, amikor egy álláshely/tisztség egy időre betöltetlen, mert eddigi betöltője váratlanul eltávozott*) casual vacancy
megüresedett *mn* (*pl. állás*) vacant * **Nem könnyű megüresedett állást találni a marketingosztályon.** It is not so easy to find any vacant position at the marketing department.
megvádol *ige* jog indict
megvádolás *fn* jog indictment
megválaszolatlan *mn* unacknowledged * **Számos e-mail ellenére, kérdésem megválaszolatlan maradt.** Despite several emails, my request has gone unacknowledged.
megválaszt *ige* elect * **A bizottság megválasztotta új tagjait.** The committee elected its new members.
megválasztás *fn* election
megválik vmitől *ige* divest
megvalósít *ige* implement; execute; carry out; put through; realize * **stratégiát megvalósít** implement a strategy * **tervet megvalósít** carry out a plan

megvalósítás *fn* implementation; realization

megvalósítható *mn* viable; realizable * **kereskedelmileg/gazdaságilag/pénzügyileg megvalósítható** commercially/economically/financially viable

megvalósíthatóság *fn* feasibility; viability

megvalósíthatósági tanulmány *fn* feasibility study * **megvalósíthatósági tanulmányt készít** conduct/undertake a feasibility study

megváltoztat *ige* alter; revise

megvásárlás *fn* ker (*pl. egész cégé*) buying up

megvásárol *ige* ker purchase; buy

megvéd *ige* defend; safeguard

megvesz *ige* ker buy; purchase; merchandise

megvesztegetés *fn* jog bribery; illegal gratification; (*US*) graft

megvesztegetési pénz *fn* payola

megvesztegethető *mn* corrupt; venal

megvétel *fn* acquisition

megvétóz *ige* jog veto * **A képviselők többsége megvétózta a javaslatot.** The proposal was vetoed by the majority of representatives.

megvitat *ige* deliberate

megvizsgál *ige* examine; investigate; inspect; review; (*alaposan*) scrutinize * **Megvizsgálták problémáik gyökerét.** They have examined the roots of their problems.

megvizsgálás *fn* (*elszámolásé*)
1. examination
2. pénzügy controlling

megyei bíróság *fn* jog county court

meggyorsítás *fn* speed-up

meggyőz *ige* assure

meggyőzés *fn* ker inducement

mellékel *ige* attach; enclose * **A pályázathoz mellékelve megtalálja a szakmai önéletrajzom.** You can find my CV attached to the the application.

mellékfoglalkozás *fn* sideline job

mellékkiadások *fn* pénzügy extra charges

melléklet *fn* enclosure **NB: röv encl.**; insertion * **További részletek a mel-**

lékletben. For further details see the enclosure.

melléktermék *fn* ipar by-product; co-product; spin-off product; spin-off

melléküzletág *fn* peripheral business

mellérendel *ige* coordinate

mellőz *ige* neglect; disregard; put aside; set aside; eliminate

mellőzés *fn* elimination

méltánylás *fn* appraisal

méltányol *ige* appraise

méltányos *mn* fair

méltányos ár *fn* ker fair price

méltányosság *fn* jog equity; justice

méltánytalan *mn* unfair

méltat *ige* appraise

mélypont *fn* (*termelés, árak, árfolyam, konjunktúra stb.*) trough * **Pillanatnyilag mélyponton vannak, de ez nem végzetes.** At the moment they're in a trough, but it's not fatal.

memorandum *fn* memorandum; memo

menedzser *fn* (business) manager

menedzserképzés *fn* management training

menedzsment *fn* management

menedzsmentdiploma *fn* Master of Business Administration **NB: röv MBA**

menekültügy *fn* asylum policy

menet *fn* course

menetdíjszabás *fn* száll tariff

menetrend *fn* schedule

menetrendbe állít *ige* schedule

ment *ige* informatika save

mentegetőzik *ige* apologise

mentes vmitől *mn* exempt *from*; free; clean * **adófizetéstől mentes** exempt from taxation * **Tehermentes ingatlant vettek.** They bought a property free of charges.

mentési művelet *fn* rescue operation

mentesít *ige* release; (*pl. fizetési kötelezettség alól*) acquit

mentesítés *fn*
1. release
2. EU (*lehetőség az EU-jogtól való eltérésre nemzeti szabályozáskor*) derogation

mentesség *fn*
1. relief

2. EU (*lehetőség az EU-jogtól való eltérésre nemzeti szabályozáskor*) derogation

mentőakció *fn* rescue operation

mennyiség *fn* quantity; amount; mass

* az adatok összmennyisége the total amount of data

mennyiségi *mn* quantitative

mennyiségi árengedmény *fn* ker bulk discount; quantity discount; volume discount

mennyiségi kifogás *fn* quantity claim

mennyiségi korlátozás *mn* ker quantitative restriction

mér *ige* gauge

mérce *fn* benchmark

méretek *fn* measurements

merev *mn* rigid

merkantilizmus *fn* mercantilism

mérleg *fn* számv financial statement; balance; (*US*) asset and liability statement

mérleg fordulónapja *fn* számv date of balance sheet

mérleganalízis *fn* számv statement analysis

mérlegbeszámoló *fn* számv (*általában a pénzügyi év végén elkészített kimutatás egy cég pénzügyi helyzetéről*) financial statement; report; statement; balance sheet

mérlegel *ige* consider; deliberate; calculate *** Két javaslatot mérlegelnek.** Two proposals are being considered. *** A döntés lehetséges hatásait mérlegeli.** He is calculating the possible effects of the decision.

mérlegelemzés *fn* számv statement analysis

mérlegelés *fn* judgement

mérleget elkészít *ige* pénzügy balance

mérlegfőösszeg *fn* számv balance sheet total

mérleghiány *fn* számv deficit

mérlegképes könyvelő *fn* számv certified accountant

mérlegkészítés *fn* számv balancing

mérlegkészítés határnapja *fn* számv (*az a nap, amikor egy cég lezárja a pénzügyi évet*) balance date

mérlegkimutatás *fn* számv (*általában a pénzügyi év végén elkészített kimutatás egy cég pénzügyi helyzetéről*) balance sheet

mérlegkivonat *fn* jog abstract of balance

mérlegszámla *fn* számv balance; (*US*) asset and liability statement

mérlegzárás napja *fn* számv (*az a nap, amikor egy cég lezárja a pénzügyi évet*) balance date *** Ez a számla a mérlegzárás napjáig fizetendő, az útmutatásban foglaltak szerint.** You must pay this balance by the balance date due as detailed on the booking instructions.

mérsékel *ige* cut; cut down; relax; (*árat, stb.*) mark down; reduce

mérsékelt *mn* moderate; (*pl. ár, költség*) reduced

mérséklés *fn* reduction

mérséklődik *ige* decline

mérték *fn* measure; level; rate; standard

mértékek *fn* measurements

mértékletes *mn* moderate

mértékre gyártott *mn* (*külön rendelésre gyártott egyedi termék*) custom-made

mesterkedés *fn* manipulation

mesterség *fn* craft; trade; vocation; profession

mesterségbeli tudás *fn* workmanship

mezei munka *fn* mezőgazd cultivation

mezőgazdaság *fn* mezőgazd agriculture; farming *** A mezőgazdaság nem fog tudni lépést tartani a világ robbanásszerűen növekvő népességével.** The agriculture will not be able to keep pace with the exploding world population.

mezőgazdasági *mn* mezőgazd agricultural; rural

mezőgazdasági támogatás *fn* agricultural subsidy

mezőgazdasági termék *fn* mezőgazd agricultural product

migráció *fn* migration

migrációs politika *fn* migration policy

mikro-közgazdaságtan *fn* microeconomics

mikroökonómia *fn* microeconomics
mindenkire, ill. mindenre vonatkozó *mn* across-the-board
mindennapos kiadások *fn* living expenses
mindenre kiterjedő *mn* overall **NB: röv o.a.**
minimál kamatláb *fn* pénzügy base lending rate
minimálbér *fn* minimum wage; wage floor
* **Üzenet a politikusoknak: a teljes foglalkoztatottság és az igazságos minimálbér csökkenti a bűnözést.** There is a message for politicians: full employment and a fair wage floor lower crime rates.
minimális ár *fn* minimum price
minimális árfolyam *fn* tőzsde minimum price
minimális befogadóképesség *fn* minimum capacity
minimális haszon *fn* marginal profit
minimális kapacitás *fn* ipar minimum capacity
minimális teljesítőképesség *fn* ipar minimum capacity
minimálisra csökkent *ige* minimise
* **Igyekszünk minimálisra csökkenteni a termelési költségeket, hogy piaci helyzetünket megerősítsük.** We are trying to minimise production costs to strengthen our position on the market.
minimalizál *ige* (*a lehető legkevesebbre csökkent*) minimise
miniszter *fn* minister; (*US*) secretary
Miniszterek Tanácsa *fn* EU Council of Ministers; Council of the European Union
miniszterelnök *fn* prime minister **NB: röv PM**
minisztérium *fn* ministry; (*US*) department
minőség *fn* quality; standard; grade
* **A termékek viszonylag alacsony ára nem jelenti azt, hogy a minőségük rossz.** Just because the products are relatively cheap does not mean the quality is poor.

minőségbiztosítás *fn* quality assurance **NB: röv QA; Q.A.**
minőség-ellenőrzés *fn* quality control **NB: röv Q.C.;** qualitative control
minőségi *mn* qualitative; upmarket
minőségi áruk *fn* ker quality goods
minőségi bizonyítvány *fn* ker quality certificate
minőségi ellenőrzés *fn* quality inspection
minőségi előírás *fn* quality requirement
minőségi fokozat *fn* grade
minőségi kifogás bejelentése (*áruval kapcsolatos*) *fn* notice of defect
minőségi követelmények *fn* quality requirements
minőségi norma *fn* quality standard
minőségi nyilatkozat *fn* quality declaration
minőségi szabvány *fn* quality standard
minőségileg kifogásolt termékek *fn* ker defectives
minőségirányítás *fn* quality management
minőségjavítás *fn* upgrading
minőségszabályozás *fn* quality control **NB: röv Q.C.** * **Akkreditált képzést kínálunk a menedzsment és a minőségszabályozás terén.** We offer accredited training in management and quality control.
minőségtudatosság *fn* quality consciousness
minőségügyi audit *fn* quality audit
minőségvizsgálat *fn* quality control **NB: röv Q.C.;** qualitative control
minősít *ige* rate
minősítés *fn*
1. qualification; (*pl. díjszabási kategóriába, bértáblázatba*) rating
2. (*teljesítmény alapján történő*) merit rating
minősített *mn* qualified
minősített többség *mn* jog qualified majority
minősített többségi szavazás *fn* EU qualified majority voting **NB: röv QMV**
minősítő *fn* rater
minta *fn* (*pl. termékből*) sample; model; (*pl. szöveté*) pattern

M

mintacsomag-szétosztás *fn* mark (*promóciós célból*) sampling
mintadarab *fn* sample; model
mintát vesz *ige* sample
mintaterem *fn* showroom
mintavétel *fn* sampling
mintavételi eljárás *fn* sampling
mobil adatkommunikáció *fn* informatika mobile data communications
mobilitás *fn* mobility * **Az Eurózóna sikeréhez nélkülözhetetlen a munkaerő és a munka mobilitása.** Mobility of labour and work is essential to the success of the Eurozone.
mobilizál *ige* mobilise
mobiltelefon *fn* (*GB*) mobile (phone); (*US*) cellphone
mód *fn* method; mode; course; device
modell *fn* model; design; standard
modern *fn* up-to-date; state-of-the-art
modernizál *ige* modernise; update; streamline
módjában áll vmit megtenni *ige* afford * **Mivel a női foglalkoztatottak száma nagyobb, mint valaha, a munkáltatók nem hagyhatják figyelmen kívül a rugalmas munkaidő előnyeit.** With more women in work than ever before, employers cannot afford to ignore the benefits of flexible working.
módosít *ige*
1. modify; revise; alter; adjust; vary * **A vezetőség módosítani fogja a terveit.** The management will modify its plans. * **A fiatalok öltözködésére vonatkozó szabályokat módosították.** Restrictions on how young people dress have been adjusted.
2. jog amend * **A kormány a magyar pályázati rendszer módosításáról tárgyal.** The Government is consulting on how to amend the system for application in Hungary.
módosítás *fn*
1. alteration; change
2. jog amendment * **módosítást bevezet/javasol/előterjeszt** introduce/propose/table an amendment * **A bíró-**

ság apró módosításokat eszközölhet az ítéletében. The court can make small amendments to its judgement.
módosító záradék *fn* bizt endorsement
módosulás *fn* variation
módszer *fn* method; mode; technique; procedure; system
monetáris *mn* monetary
monetáris politika *fn* monetary policy * **szigorít a monetáris politikán** tighten a monetary policy * **lazít a monetáris politikán** loosen a monetary policy
monetáris unió *fn* monetary union
monetarizmus *fn* (*pénzellátás kitüntetett szerepét valló közgazdasági iskola*) monetarism
monopolhelyzet *fn* monopoly position
monopólium *fn* monopoly * **monopóliumot szerez** create/establish/gain/get/set up a monopoly * **monopóliuma van** enjoy/exercise/have/hold a monopoly
monopolizál *ige* monopolise
moratórium *fn* pénzügy moratorium
motiváció *fn* motivation * **növeli/fejleszti/erősíti a motivációt** increase/improve/strengthen motivation * **elveszti a motivációt** lose motivation
motivációs eszköz *fn* motivational tool
motivál *ige* motivate
motivált *mn* motivated
mozgalom *fn* movement; drive
mozgás *fn* movement; mobility
mozgat *ige* move
mozgatás *fn* movement
mozgatható *mn* mobile
mozgathatóság *fn* mobility
mozgékony *mn* mobile
mozgékonyság *fn* mobility
mozgó *mn* mobile
mozgósít *ige* mobilise
mozog *ige* move
mögöttes felelősség *fn* jog secondary liability
mögöttes terület *fn* ker (*egy kereskedelmi központ által lefedett terület, pl. egy nagyváros és környéke*) hinterland
mulasztás *fn* omission; failure; fault; lapse; default

multi *fn* multinational
multilaterális *mn* multilateral
multilaterális szerződés *fn* multilateral agreement; multilateral treaty
multi-member constituency *fn* több mandátumos választókerület
multinacionális vállalat *fn* multinational company
munka *fn* job; work; employment; labo(u)r; occupation * **munkát elvállal** take a job * **állandó/ideiglenes munka** permanent/temporary job
munka- *mn* working
munka kiértékelése *fn* job evaluation
munkaadó *fn* employer
munkaadói kamara *fn* employers' association
munkaadói szervezet *fn* employers' association; employers' federation
munkaadói szövetség *fn* employers' federation
munkaadók szövetsége *fn* employers' association * **Kinevezték a Munkaadók Szövetsége tagjának.** She was appointed a member of the Employers Association.
munkaalkalmassági vizsgálat *fn* (*tesztből, interjúból és gyakorlatsorozatból álló komplex módszer új munkatársak kiválasztásához*) assessment centre
munkaállomás *fn* informatika work station
munkába állít *ige* engage
munkabér *fn* wage
munkabér ajánlat *fn* pay offer
munkabérindex *fn* wage index
munkabérköltségek *fn* costs of labo(u)r; labo(u)r costs * **A Posta hanyatlásának számtalan oka van, beleértve az e-mailt, a telefon-forradalmat, a papír nélküli irodát és a munkabérköltségeket.** The Post Office has a hundred reasons for its decline, from email to the telephone revolution, the paperless office and the costs of labour.
munkabeszüntetés *fn* strike; work stoppage; stoppage of work; walkout; industrial action
munkából származó jövedelem *fn* earned income; income from employment

munkacsoport *fn* team; working group; (*GB*) working party
munkacsoport-vezető *fn* ipar foreman
munkadíj *fn* wage
munkaelemzés *fn* (*egy állás részletes vizsgálata*) job analysis
munkaerő *fn* labo(u)r force; workforce; manpower; labo(u)r
munkaerő-állomány *fn* manpower; workforce
munkaerő-elhelyezés *fn* placement of employees
munkaerő-ellátás *fn* manning
munkaerő-fluktuáció *fn* staff turnover * **Szolgáltatásaink minőségének javítása érdekében a lehető legalacsonyabb szinten próbáljuk tartani a munkaerő-fluktuációt.** To improve the quality of our services we try to keep staff turnover down to an absolute minimum.
munkaerő-gazdálkodás *fn* personnel/manpower management
munkaerő-kereslet *fn* manpower demand
munkaerőköltségek *fn* labo(u)r costs
munkaerőlétszám *fn* labo(u)r force
munkaerő-mobilitás *fn* (*munkaerő elvándorlása*) labo(u)r mobility
munkaerőmozgás *fn* turnover of staff
munkaerőpiac *fn* labo(u)r market; job market * **Egyre élesebb a verseny a munkaerőpiacon.** The job market becomes increasingly competitive.
munkaerő-piaci politika *fn* labo(u)r market policy
munkaerő-vándorlás *fn* labo(u)r migration; turnover of staff
munkaerővel ellát *ige* staff
munkaértékelés *fn* job rating
munkafeltételek *fn* operating conditions
munkafelügyelő *fn* ipar overseer; foreman
munkafolyamat *fn* workflow; operation
munkagazdaságtan *fn* (*azt vizsgálja, hogyan lehet a munkamódozatokon javítani a termelékenység érdekében*) ergonomics
munkahely *fn* workplace; place of work; job; work station * **Június 21-én a**

M

munkahelyén letartóztattak egy negyvenes évei végén járó férfit. A man in his late 40s was arrested on June 21 at his place of work.

munkahelyi baleset *fn* work accident

munkahelyi biztonság *fn* ipar industrial safety

munkahelyi érdekeltérés *fn* labo(u)r dispute

munkahelyi képzés *fn* on-the-job training

munkahelyi légkör *fn* working atmosphere; work climate * **A jó munkahelyi légkör a vezetők, a csoportvezetők és az irodai alkalmazottak egyetértésén múlik.** A happy working atmosphere depends on understanding between managers, teamleaders and office staff.

munkahelyi továbbképzés *fn* on-the-job training

munkahelykínálat *fn* availability of jobs

munkahelyteremtő intézkedések *fn* job-creation measures * **A miniszter tegnap új, munkahelyteremtő intézkedéseket jelentett be.** The minister announced new job creation measures yesterday.

munkahelyteremtő program *fn* job-creation scheme

munkahét *fn* (*GB*) working week; (*US*) workweek

munkaidő *fn* working hours; hours of work; working time

munkaidő-csökkentés *fn* reduction in working hours

munkaigényes *mn* labo(u)r intensive * **Az igazán személyre szabott szolgáltatások meglehetősen munkaigényesek.** Truly personalised services are rather labour-intensive.

munka-intenzív *mn* labo(u)r intensive

munkajog *fn* jog labo(u)r law

munkajogi vita *fn* labo(u)r dispute

munkakalkuláció *fn* job costing

munkaképtelen *mn* unable to work

munkaképtelenség *fn* inability to work; incapacity

munkakör *fn* job; position; employment

munkakör gazdagítása *fn* (*újabb feladatok és kihívások bevezetése egy meglévő munkakörbe*) job enrichment

munkakörbővítés *fn* job enlargement

munkakörelemzés *fn* (*egy állás részletes vizsgálata*) job analysis

munkakör-értékelés *fn* job evaluation

munkakör-felosztás *fn* (*több részmunkaidős foglalkoztatása egy munkakörben*) job sharing

munkaköri követelmények *fn* job specification

munkaköri leírás *fn* (*összegzés, mely megállapítja a munkavállaló feladatait*) job description; (*részletes*) job specification

munkaköri specifikáció *fn* job specification

munkaköri tanácsadás *fn* (*az előmeneteli lehetőségek felvázolása*) career counselling

munkakör-megosztás *fn* (*több részmunkaidős foglalkoztatása egy munkakörben*) job sharing

munkakör-rotáció *fn* (*képzett dolgozók alkalmazása változó munkakörökben*) job rotation

munkakörváltás *fn* (*képzett dolgozók alkalmazása változó munkakörökben*) job rotation

munkaközösség *fn* cooperative

munkaközvetítő *fn* jobcentre

munkaközvetítő iroda *fn* employment agency

munkaközvetítő ügynökség *fn* employment agency

munkalassítás *fn* (*sztrájk egyik formája*) ipar slowdown; (*GB*) go-slow

munkalehetőség *fn* job opportunity * **Ázsiában, Indiában és Dél-Amerikában fantasztikus munkalehetőség az angoltanítás.** In Asia, India and South America, teaching English is a fantastic job opportunity.

munkáltató *fn* employer

munkáltatói szervezet *fn* employers' federation

munkáltatói szövetség *fn* employers' federation

munkamegosztás *fn* division of labour/work

munkamódszer *fn* method
munkanélküli *fn* unemployed; jobless; (*személy*) jobless person; unemployed person * **Néhányan eltűnnek ugyan a nyilvántartásból, de azért munkanélküliek maradnak.** Although some people disappear from the register, they remain jobless.
munkanélküliek aránya *fn* unemployment rate
munkanélküli-járadék *fn* unemployment contribution
munkanélküliség *fn* unemployment
munkanélküli-segély *fn* (*GB*) unemployment benefit; (*US*) unemployment compensation; (*US*) unemployment relief
munkanélküliségi biztosítás *fn* bizt unemployment insurance
munkanélküliségi mutatók *fn* unemployment figures
munkanélküliségi ráta *fn* unemployment rate; jobless rate * **A városban a munkanélküliségi ráta mindössze 8%.** The jobless rate in the town is only 8%.
munkanélküliségi statisztika *fn* unemployment figures
munkaperc *fn* man-minute **NB: röv manit**
munkás *fn* worker; (*fizikai munkát végső emberek, főleg építkezéseken dolgozók és különböző javító-szerelő munkát végzők*) workman
munkáskizárás *fn* ipar (*a munkáltató addig nem engedi be az alkalmazottakat, amíg azok el nem fogadják feltételeit*) lock-out
munkáslétszám *fn* manpower
munkások *fn* labo(u)r
munkásság *fn* labo(u)r force
munkaszerződés *fn* jog employment contract; contract of employment; labo(u)r agreement; labo(u)r contract * **A vezérigazgató engedett a részvényesek nyomásának, és egy évre rövidítette Miller úr munkaszerződését.** The chief executive had bowed to shareholder pressure and reduced Mr Miller's employment contract to one year. * **Az új munkaszerződés szerint a dolgozók három évig nem kapnak**

fizetésemelést. Under a new labour contract, workers will not receive a pay rise for three years.
munkásszakszervezet *fn* labo(u)r union
munkatárs *fn* colleague; employee
munkaterhelés *fn* (*munka mennyiségéből adódó*) workload
munkatermelékenység *fn* productivity of labo(u)r * **A fizetést nem lehet emelni a termelékenység növelése nélkül.** You can't increase wages without increasing the productivity of labour.
munkaterület *fn*
1. work area; work space
2. ipar working area
munkától távol töltött idő *fn* time off
munkaügyi bíróság *fn* jog labo(u)r court
munkaügyi biztonság *fn* ipar industrial safety
munkaügyi hivatal *fn* (*GB*) employment office
munkaügyi per *fn* jog labo(u)r dispute
munkaügyi viszonyok *fn* (*munkavállalók és munkaadók közötti viszonyok*) industrial relations
munkaügyi vita *fn* industrial dispute; labo(u)r dispute
munkával való elégedettség *fn* job satisfaction
munkavállalási engedély *fn* work permit * **Valamivel több mint két éve dolgozom az Egyesült Királyságban munkavállalási engedéllyel, és amikor az egy év múlva lejár, haza akarok térni.** I have been working in the UK for just over two years under a work permit and when it expires in a year's time, I want to return home.
munkavállalási szerződés *fn* jog employment contract
munkavállaló *fn* employee; worker * **Minden munkavállalót azonos jogok illetnek meg.** Every employee enjoys the same rights.
munkavállalók *fn* labo(u)r
munkavégzés értékelése *fn* job evaluation

M

munkavezető *fn* overseer
munkaviszony *fn*
1. job
2. jog contract of employment
munkaviszony megszüntetése *fn* termination of employment
munkaviszonyok *fn* operating conditions
mutat *ige* show; indicate
mutatkozik *ige* show
mutató *fn*
1. indicator
2. tőzsde index
műbizonylat *fn* ker (*az exportőr által kiállított dokumentum, melyben rögzítik, hogy az árut a megrendelő számára gyártották és szállításra vár*) certificate of manufacture
műhely *fn*
1. workshop; shop
2. ipar shop floor
műhelymegbeszélés *fn* workshop
működés *fn* operation; working * **működésben van** in operation * **működésbe hoz** bring/put into operation
működésbe hoz *ige* activate
működési adatok *fn* operating data
működési és szervezeti szabályzat *fn* jog bylaw
működési feltételek *fn* operating conditions
működési költség(ek) *fn* operating cost(s); operating expenditure(s)
működési terület *fn* field of activity

működik *ige* work; operate
működő *mn* working
működőtőke *fn* pénzügy working capital; operating capital; net current assets
működtet *ige* operate; work * **A vállalat számos üzemet működtet külföldön.** The company operates several factories abroad.
működtetés *fn* operation
működtető *fn* tőzsde operator
műsorsáv *fn* slot * **Augusztusban a Nyolcórás Hírekben 1500 euróért kínálunk egy 30 másodperces műsorsávot.** In August we offer a 30-second slot in the breaks in News at Eight for €1,500.
műsorszórás *fn* broadcasting
műszak *fn* shift
műszaki főiskola *fn* technical college
műszaki leírás *fn* technical description
műszaki rendelkezések *fn* technical regulations
műszaki szabályozások *fn* technical regulations
műszaki szabvány *fn* technical standard
műszaki terv *fn* design
műszer *fn* instrument
művelet *fn* operation; dealings
művelődés *fn* education
művezető *fn* supervisor; foreman * **Ha problémája van, beszéljen a művezetőjével.** If you have any problems, please talk to your supervisor.

N, n

nagy mennyiség *fn* bulk **NB: röv blk.**
nagy tétel *fn* bulk **NB: röv blk.** * **nagy tételben árul** sell in bulk * **nagy tételben gyárt** produce in bulk * **nagy tételben vesz** buy in bulk
nagy tételben vásárló *fn* ker bulk purchaser
nagyarányú *mn* large-scale
nagybani *mn* large-scale; wholesale * **nagybani termelés** large-scale production
nagybani ár *fn* ker wholesale price
nagybani piac *fn* ker wholesale market
nagybani vásárló *fn* ker bulk buyer; wholesale buyer * **Nagybani vásárlóknak és kis szállodáknak olcsó sört szállítunk.** We deliver cheap beer to bulk-buyers and small hotels.
nagybani vevő *fn* ker bulk buyer; wholesale buyer
nagygyűlés *fn* rally * **nagygyűlést tart** hold/stage a rally
nagyhírű *mn* renowned
nagyjavítás *fn* ipar overhaul
nagyjavítást végez *ige* ipar overhaul
nagykereskedelmi *mn* ker wholesale
nagykereskedelmi ár *fn* ker wholesale price; trade price
nagykereskedelmi árengedmény *fn* ker trade discount
nagykereskedelmi árusítás elvitelre *fn* ker (*készpénzért viheti el a kereskedő az árut, amit a vevőnek magának kell összeszedni és elszállítani*) cash and carry
nagykereskedelmi piac *fn* ker wholesale market
nagykereskedelmi vállalat *fn* ker wholesaler
nagykereskedelmi vevő *fn* ker wholesale buyer; bulk buyer

nagykereskedő *fn* ker wholesaler; wholesale trader; distributor; (*GB*) merchant; (*US*) jobber
nagykereskedői *mn* ker wholesale
nagymennyiségű *mn* substantial
nagymértékű *mn* large-scale; substantial
nagyobbít *ige* extend
nagyon sikeres áru *fn* ker best seller
napi *mn* current
napi árfolyam *fn*
1. current rate; current price
2. pénzügy going rate
3. tőzsde market price
napi érték *fn* pénzügy current value
napi forgalom *fn* tőzsde turnover
napi hivatalos árfolyamjegyzék *fn* daily official list
napi kamatozású pénz *fn* pénzügy sight deposit
napidíj *fn* daily allowance * **Az Európai Parlament képviselői napidíjra jogosultak, amennyiben a parlament bármelyik ülésén jelen voltak, függetlenül attól, hogy felszólaltak-e a vitákban.** MEPs can legitimately claim their daily allowance if they were present in either seat of the parliament, whether or not they took part in debates.
napipénz *fn* bank day-to-day loan; call money; money at call
napirend *fn* (*értekezleten megtárgyalandó ügyek listája*) agenda * **napirendi pontok** items on the agenda
napirendi pont *fn* item
naponta esedékes kölcsön *fn* bank day-to-day loan
naprakész *mn* up-to-date; updated * **A személyzet hozzáfér a kormány naprakész adatbázisához.** Staff members have an access to an updated version of existing government databases.

N

naprakész állapotba hoz *ige*
1. update
2. számv write up
naptári év *fn* calendar year
negatív korrekció *fn* mark-down
negyedév *fn* quarter
negyedéves jelentés *fn* quarterly report
nehezen értékesíthető árucikk *fn* ker slow seller
nekifog vminek *ige* embark
nekilát vminek *ige* embark
nélkül *hat* excluding
nélkülözhetetlen *mn* essential
nélkülözhető *mn* redundant
nem adóköteles bevétel *fn* adó nontaxable income
nem adóköteles jövedelem *fn* adó non-taxable income
nem bérjellegű költségek *fn* (*GB*) non-wage labour costs
nem kereskedelmi társulás *fn* (*szakmai társulás*) (*US*) non-trading partnership
nem működő *mn* jog inoperative
nem szokványos munkaidő *fn* (*szokatlan időpontokra eső munkaórák, pl. a vendéglátóiparban dolgozók munkaideje*) unsocial hours
nemfizetés *fn* pénzügy non-payment
nemzetbiztonság *fn* national security
nemzetek feletti *mn* supranational
nemzeteket átfogó *mn* transnational
nemzetgazdaság *fn* national economy
nemzetgazdaságtan *fn* macroeconomics
nemzeti *mn* national
Nemzeti Fejlesztési Terv *fn* National Development Plan
nemzeti jövedelem *fn* national income **NB: röv NI** * **Az iparosodott országok listáján a tizedik helyen álló Nagy-Britannia bruttó nemzeti jövedelmének 0,38%-át fordítja segélynyújtásra.** Britain ranks tenth among industrial nations, giving 0.38% of gross national income in aid.
nemzeti összjövedelem *fn* gross national income **NB: röv GNI**
nemzeti össztermék *fn* gross national product **NB: röv GNP**

Nemzetközi Áruszállítás *fn* száll Transport International Routier **NB: röv TIR**
Nemzetközi Bankközi Pénzügyi Telekommunikációs Társaság *fn* bank Society for Worldwide Interbank Financial Telecommunications **NB: röv SWIFT**
nemzetközi egyezmény *fn* treaty
nemzetközi kereskedelem *fn* ker international trade
nemzetközi kereskedelmi szabványok *fn* ker (*külkereskedelmi szerződések elfogadott kifejezései, meghatározásai*) International Commercial Terms **NB: röv Incoterms**
Nemzetközi Szabványügyi Szervezet *fn* International Standards Organisation **NB: röv ISO**
nemzetközi szerződés *fn* treaty
Nemzetközi Újjáépítési és Fejlesztési Bank *fn* bank International Bank for Reconstruction and Development **NB: röv IBRD**
Nemzetközi Valutaalap *fn* pénzügy International Monetary Fund **NB: röv IMF**
népes *mn* populous
népességcsökkenés *fn* decrease in population
népességnövekedés *fn* population growth; population increase; growth of population; increase in population * **Egyszázalékos népességnövekedés a GDP kb. másfélszázalékos emelkedésével jár együtt.** For every 1% increase in population there is a corresponding rise of almost 1.5% in gross domestic product.
népesség-összetétel *fn* population structure
népességrobbanás *fn* population explosion
népességszerkezet *fn* structure of population
népgazdaság *fn* economics
népsűrűség *fn* population density * **Egy négyzetkilométerre eső 698 lakosával Tajvan a világ egyik legzsúfoltabb helye.** With a population density of 698 people per square kilometre,

Taiwan is one of the most crowded places on earth.

népszámlálás *fn* population census; census

népszavazás *fn* referendum * **népszavazást kiír** call for a referendum * **népszavazást tart** hold a referendum * **népszavazást indítványoz** propose a referendum

népszerűsít *ige* boost

nettó *mn* (*levonásoktól mentes*) net

nettó aktívák *fn* net assets

nettó államadósság *fn* pénzügy net national debt

nettó ár *fn* ker net price

nettó árrés *fn* ker net margin

nettó befizető (ország) *fn* EU net contributor (country)

nettó beruházás *fn* pénzügy net investment

nettó bevétel *fn* pénzügy net earnings

nettó eredmény *fn* pénzügy net profit

nettó érték *fn* net value

nettó fizetés *fn* pénzügy net pay

nettó haszonrés *fn* ker net margin

nettó hozam *fn* net yield

nettó kereset *fn* pénzügy net income; net pay

nettó kötvényhozam *fn* after-tax bond yield

nettó munkabér *fn* pénzügy net pay

nettó működőtőke *fn* net working capital

nettó nemzeti termék *fn* pénzügy net national product **NB: röv NNP**

nettó nyereség *fn* számv after-tax profit

nettó vagyon *fn* net wealth; net worth

nettó veszteség *fn* pénzügy net loss

nettósúly *fn* net weight

név nélküli termék *fn* ker no-name product; no-name brand

névaláírás *fn* signature

névbejegyzés *fn* name registration

nevében (vkinek) *hat* on behalf of * **A bizottság bérmegállapodási tárgyalásokat kezdett a tanácsi dolgozók nevében.** The committee started to negotiate pay deals on behalf of council workers.

névérték *fn*
1. pénzügy nominal value; face value; denomination; par
2. tőzsde (*a részvénybizonylaton szereplő érték*) par value * **A kötvényeket most névértékük körülbelül 20 százalékán forgalmazzák.** The bonds are now trading at around 20 per cent of their par value.

névérték alatt kibocsátott kötvények *fn* pénzügy zero-coupon bonds

neves *mn* renowned

nevez *ige* nominate

nevezetes *mn* renowned

névhasználati megállapodás *fn* ker (*megállapodás, melyet a monopolgyártó/monopolszolgáltató ad egy másik gyártónak/eladónak/szolgáltatónak, hogy gyártsa vagy kereskedjen a termékekkel/szolgáltatásokkal egy adott területen*) franchise

névhasználó *fn* (*a felhasználási jog birtokosa*) franchisee

névjegykártya *fn* business card

névleges bér *fn* nominal wage

névleges érték *fn* pénzügy nominal value

névleges igazgató *fn* (*aki a nevét adja az üzleti vállalkozáshoz, hogy a tényleges tulajdonos a háttérben maradhasson*) dummy

névleges kamat *fn* pénzügy nominal interest

névleges nyereség *fn* pénzügy (*készpénz formájában nem realizálódott nyereség*) paper profit

névleges tulajdonos *fn* (*aki a nevét adja az üzleti vállalkozáshoz, hogy a tényleges tulajdonos a háttérben maradhasson*) dummy

névleges veszteség *fn* paper loss

névre szóló *mn* registered

névre szóló értékpapír *fn* pénzügy registered stock

névre szóló kötvény *fn* pénzügy registered bond

névre szóló részvény *fn* pénzügy (*GB*) registered share; (*US*) registered stock

névtelen számla *fn* bank numbered account

névtulajdonos *fn* ker (*monopoljoggal rendelkező gyártó/szolgáltató*) franchisor/franchiser

New York-i Árutőzsde *fn* tőzsde Commodities Exchange **NB: röv COMEX**
New York-i Értéktőzsde *fn* tőzsde New York Stock Exchange **NB: röv NYSE**
nézet *fn* opinion; judgement
nézeteltérés *fn* conflict
nívó *fn* standard
nominálbér *fn* nominal wage; money wage(s)
nominálérték *fn* pénzügy (*a piaci értékkel szembeállított érték*) face value
nominális érték *fn* pénzügy nominal value
nominálkamat *fn* pénzügy nominal interest
nominálkamatláb *fn* pénzügy nominal interest * **Kimutatták, hogy mivel a nominálkamatlábak ilyen alacsonyak, az emberek több adósságot vállalnak, mint korábban.** It has been pointed out that, with nominal interest rates so low, people can take on more debt than earlier.
nonprofit szervezet *fn* nonprofit organization
norma *fn* norm; standard
normatív *mn* normative
normatív költség *fn* pénzügy standard cost

nő *ige* grow
növekedés *fn* growth; increase; rise; increment; gain; development; expansion; extension; augmentation * **ipari növekedés** industrial growth
növekedési ráta *fn* growth rate * **Az éves növekedési ráta nem érte el a 6%-os célt, melyet sokan a szegénységből való kiemelkedés feltételének tartanak.** Annual economic growth rates have failed to meet the 6% target many believe is necessary for a country to climb out of poverty.
növekedési ütem *fn* growth rate
növekmény *fn*
1. increase; gain; increment
2. számv accrual; raise
növekményes *mn* incremental
növekszik *ige* increase; augment
növekvő *mn* incremental
növel *ige* increase; expand; intensify; enhance; grow; (*árat*) mark up * **Fokozatosan növelik a termelést Ázsiában.** They are gradually expanding their production in Asia.
növelés *fn* expansion; extension; augmentation
nulla adókulcsos *mn* adó zero rated

Ny, ny

nyer *ige* win

nyereség *fn* profit; gain; benefit; increment; income; return * **jelentős nyereséget eredményez** bring significant gains * **Csak nagyobb nyereségért hajlandók dolgozni.** They are willing to work only for more gain.

nyereség nélküli *mn* unprofitable

nyereséges *mn* profitable

nyereségesség *fn* profitability * **nyereségességet fenntart** sustain profitability

nyereségkifizetés *fn* pénzügy payout

nyereségküszöb-számítás *fn* pénzügy breakeven analysis

nyereségmegosztás *fn* profit-sharing

nyereségorientált *mn* profit-oriented

nyereségrés *fn* profit margin

nyereségrészesedés *fn* profit-sharing; share in the profits; dividend **NB: röv Div.; div.; divi.**

nyereségrészesedési rendszer *fn* (*munkavállalóké*) profit-sharing scheme

nyereségtermő képesség *fn* earning power

nyereségtől függő bér *fn* profit-related pay **NB: röv PRP** * **Tíz százalékkal csökkentenünk kellett mindenki alapfizetését, hogy fennmaradjunk, viszont bevezettük a nyereségtől függő bért.** We had to reduce everyone's basic pay by 10% to survive, but introduced profit-related pay.

nyersanyag *fn* ipar raw material; material

nyersanyagipar *fn* primary industry

nyersanyagtőzsde *fn* tőzsde commodity exchange

nyersmérleg *fn* számv (*ellenőrzési módszer a számviteli könyvek pontosságának megállapításához*) trial balance

nyilatkozat *fn* declaration; statement * **nyilatkozatot tesz** issue/make a statement * **közös nyilatkozat** joint statement

nyilatkozatot tesz *ige* state; declare

nyilatkozik *ige* declare

nyílt *mn* open; (*nyíltan közölt*) plain-spoken

nyílt hitel *fn* bank open credit

nyílt kikiáltás *fn* tőzsde open outcry

nyílt piaci művelet *fn* pénzügy open market operation

nyílt számla *fn* pénzügy open account

nyilvános árverés *fn* public sale

nyilvános korlátolt felelősségű társaság *fn* public limited company **NB: röv plc; PLC**

nyilvános versenytárgyalás *fn* public tender

nyilvánosság *fn* publicity

nyilvánosságra hoz *ige* publish; release * **Múlt héten nyilvánosságra hozták a felmérés eredményeit.** They published the results of the survey last week.

nyilvánosságra hozatal *fn* disclosure

nyilvántart *ige* book

nyilvántartás *fn* register; registration; record * **költségek/okmányok/átutalások nyilvántartása** registration of charges/deeds/transfers * **nyilvántartást összeállít** compile a record

nyilvántartásba vesz *ige* register; record

nyilvántartásba veteti magát *ige* register

nyilvántartó *fn* registrar

nyilvántartó hivatal *fn* registry

nyilvántartószám *fn* index

nyilvántartott *mn* registered

nyilvánvaló *mn* manifest

nyit *ige* (*pl. üzletet*) open up

nyitó egyenleg *fn* bank opening balance
nyitó mérleg *fn* számv opening balance
nyitóárfolyam *fn* tőzsde opening price
nyitókészlet *fn* számv opening inventory; opening stock
nyitott *mn* open
nyitvaszállítás *fn* ker open account
nyomás *fn* pressure * **nyomást gyakorol vkire** put pressure on sy
nyomtat *ige* print
nyomtatásban megjelentet *ige* print
nyomtatott sajtó *fn* printed media
nyugállomány *fn* retirement
nyugdíj *fn* pension; retirement pay; pension payments * **nyugdíjat kap** draw a pension * **korengedményes nyugdíj** early retirement * **nyugdíjba megy** take retirement
nyugdíjalap *fn* pension fund; retirement fund
nyugdíjas *fn* pensioner; retired person; (*US*) retiree * **Száz évvel ezelőtt minden nyugdíjasra öt dolgozó ember jutott.** 100 years ago, there were five people working for every retired person.
nyugdíjaz *ige* pension off; retire
nyugdíjazás *fn* retirement; superannuation
nyugdíjazási kérelem *fn* pension claim
nyugdíjba küld *ige* pension off

nyugdíjba megy *ige* retire
nyugdíjba vonulás *fn* superannuation
nyugdíjbiztosítás *fn* pension insurance; pension scheme * **Egyre több vállalat fontolgatja, hogy nyugdíjbiztosítás helyett készpénzt adjon a dolgozóknak.** A growing number of companies are considering offering cash instead of a pension scheme to employees.
nyugdíjjárulék *fn* pension contribution
nyugdíjjogosult *fn* pensioner
nyugdíjjogosultság *fn* pension entitlement
nyugdíjkorhatár *fn* retirement age
nyugdíjkövetelés *fn* pension claim
nyugdíjpénztár *fn* pension fund
nyugta *fn* receipt; quittance; voucher * **Gondosan megőrizték minden nyugtájukat és levelezésüket, és ez komoly segítség lehet az ügy kivizsgálásában.** It seems they meticulously kept all their receipts and correspondence, which could be of great help to investigate the case.
nyújt *ige* provide; render; confer; grant; supply; (*pl. vendégszeretet*) extend * **Szállodáik jó szolgáltatást nyújtanak elérhető árakon.** Their hotels provide good service at an affordable price.

Ny

O, o, Ó, ó

odaítél *ige* award
offshore cég *fn* adó offshore company
ok *fn* cause
okirat *fn*
  1. document; certificate **NB: röv Doc.**
  2. jog deed; instrument
okirathamisítás *fn* jog forgery
oklevél *fn* certificate; charter; award; instrument
okleveles könyvvizsgáló *fn* számv (*GB*) chartered accountant; (*US*) certified public accountant **NB: röv CPA**
okmány *fn*
  1. document **NB: röv Doc.**; certificate; record; bill
  2. jog deed; instrument
okmányokkal való igazolás *fn* jog legalization
okmányos akkreditív *fn* bank acceptance credit
okmányos meghitelezés *fn*
  1. bank (*dokumentum két bank között arra, hogy egy bizonyos összeghatárig az aláíró vállalja a felelősséget az ügyfeléért például kölcsönfelvételnél*) letter of credit **NB: röv L/C; L.C.; l.c.; l/c; lc**
  2. ker (*bank és exportőr közötti megállapodás*) documentary letter of credit; documentary credit
okmánytár *fn* records
okol vmiért *ige* blame **for**
okoz *ige* cause
okozat *fn* effect; result
oktatás *fn* education; instruction; training
oktatási felelős *fn* training officer
oktatási központ *fn* training centre
oktatási vezető *fn* training manager
oktató *fn* trainer
olajszennyezés *fn* oil spill
olajszennyeződés *fn* oil spill

olcsó termék *fn* ker no-name product; no-name brand
olcsóbb tarifájú *mn* offpeak
olcsóbban ad el *ige* ker (*vki másnál*) undersell
oligarchia *fn* oligarchy
oligopólium *fn* (*kis számú eladó versenye*) oligopoly * **Az élelmiszer-kiskereskedelem az Egyesült Királyságban klasszikus oligopólium: a három vagy négy legnagyobb cég a piac körülbelül 60%-át uralja.** Grocery retailing in the UK is a classic oligopoly, with the top three or four firms accounting for around 60% of the market.
oltalom *fn* jog custody
ombudsman *fn* (*állampolgári jogok biztosa*) ombudsman
opció *fn* option; (*US*) right of first refusal
opciódíj *fn* tőzsde premium
opciós díj *fn* tőzsde option price
opciós jog *fn* jog option
opciós kereskedelem *fn* tőzsde option-trading
opciós kötés *fn* tőzsde (*annak megvétele, hogy adott időszakon belül rögzített áron köthessen üzletet egy értékpapírra*) option dealing; option
opciós kötési árfolyam *fn* tőzsde option price
opciós prémium *fn* tőzsde option price
opciós tőzsde *fn* tőzsde options exchange
opciós ügylet *fn* tőzsde (*annak megvétele, hogy adott időszakon belül rögzített áron köthessen üzletet egy értékpapírra*) option dealing; option; option-trading
opciós vételi ügylet *fn* tőzsde (*vásárlási szerződés, amelynek értelmében a vételi opció tulajdonosa jogosult arra, hogy felszólítsa a szerződött felet, hogy adja el neki az adott*

*értékpapírt/árut a szerződésben meghatáro-
zott áron)* call option
operációkutatás *fn* operational research
optimálás *fn* informatika optimization
optimizálás *fn* optimization
organizáció *fn* organization
óriásfúzió *fn* jumbo merger
óriásvállalat *fn* (*diverzifikált struktúrával
rendelkező vállalat*) conglomerate; giant
concern
ország pénzneme *fn* EU unit of account
NB: röv U/A
országjelentés *fn* EU country report
országok közötti *mn* transnational
országos *mn* national; nationwide
országgyűlés *fn* parliament
orvosi ellátás *fn* medical care
orvosi vizsgálat *fn* medical inspection
oszlopdiagram *fn* bar chart
osztalék *fn* pénzügy dividend **NB: röv Div.;
div.; divi.**
osztalékadó *fn* adó dividend tax
osztalékelőleg *fn* tőzsde (*kb. a pénzügyi
év felénél előzetesen megállapított osztalék
összege, amelyet a végső osztalék kifizetése
előtt jóvá kell hagyni*) interim dividend
* **A vállalat részvényenkénti 5,25
pennys osztalékelőleget jelentett
be, az elemzők pedig kb. 16 penny-
re becsülik az éves osztalékot.** The
company announced an interim dividend
of 5.25p a share, and analysts estimate
the full year dividend will be about 16p.
osztalékelsőbbség *fn* tőzsde preferred
dividend
osztalékfizetés *fn* pénzügy payout
osztalékhozam *fn* tőzsde (*a jövedelemadó
levonása előtti összeg*) dividend yield

osztalékjegy *fn* tőzsde coupon
osztalékszelvény *fn* tőzsde coupon
osztály *fn* department; group * **A diplo-
maszerzés óta a szállítási osztá-
lyon dolgozik.** Since graduation she
has worked in the freight department.
osztályokra bontás *fn* departmental-
ization
osztályoz *ige* rate; sort
osztályozás *fn*
1. classification; (*pl. díjszabási kategóriá-
ba, bértáblázatba*) rating
2. ipar breakdown
osztályvezető *fn* department head; head
of department; departmental manager
osztozik *ige* share * **Egy görög keres-
kedelmi vállalat képviselőjével osz-
tozunk az irodán.** We share the of-
fice with a representative of a Greek
trading company.
otthagy *ige* quit
óvadék *fn* jog bail; bailment; bond; cau-
tion money; (*GB*) guarantee; (*US*) guar-
anty * **óvadék ellenében elenged** re-
lease on bail * **óvadékot megállapít**
set bail
óvadékbiztosítás *fn* bizt fidelity guar-
antee
óvadékbiztosítási kötvény *fn* bizt fi-
delity guarantee
óvadékcsalás *fn* jog bail fraud
óvás *fn* jog protest; caveat; complaint;
objection * **óvással él vmi ellen** en-
ter a caveat
óvást emel *ige* protest; veto
óvintézkedések *fn* safety measures; safe-
ty precautions

Ö, ö, Ő, ő

ökológia *fn* ecology
ökológiai *mn* ecological
önálló *mn* independent; unaffiliated
önálló részleg *fn* division
önálló vállalkozó *fn* jog entrepreneur
önállóság *fn* self-reliance
önbizalom *fn* self-reliance * **A képzés célja, hogy kihívásokkal teli környezetben erősítse a csapatmunkát, a vezetői képességeket és az önbizalmat.** The training aims to promote teamwork, leadership and self-reliance in a challenging environment.
önéletrajz *fn* (*GB*) curriculum vitae **NB: röv CV**; (*US*) resumé
önellátó *mn* self-sufficient
önfinanszírozás *fn* pénzügy self-financing; internal financing
önfinanszírozó *mn* (*kölcsön felvétele nélkül, önerőből képes finanszírozni tevékenységét*) self-financing; autofinancing
önként adott *mn* unsolicited
önkéntes *fn* volunteer
önkéntes kilépés *fn* voluntary redundancy
önkéntes nyugdíjpénztár *fn* bizt voluntary pension fund
önkényes *mn* unauthorized
önkiszolgáló élelmiszeráruház *fn* ker supermarket
önkiszolgáló nagykereskedés *fn* ker (*készpénzért viheti el a kereskedő az árut, amit a vevőnek magának kell összeszedni és elszállítani*) cash and carry
önkormányzat *fn* local authority; local government; municipality * **Az önkormányzatnak nincs elég pénze tervünk támogatására.** The local government does not have enough money to support our plan.

önkormányzati *mn* municipal
önkormányzati adó *fn* adó local tax
önköltség *fn* számv cost
önköltségszámítás *fn* számv cost accounting
önrendelkezés *fn* autonomy
önrészesedés *fn* bizt (*a biztosítási kötvényben meghatározott összeg, amelyet maga a biztosított köteles fizetni bármilyen kár esetén; a biztosító csak az ezt meghaladó kárösszeget téríti*) excess
önszabályozó *mn* self-governing
öregségi biztosítás *fn* bizt old-age insurance; (*GB*) old-age assurance
öregségi ellátás *fn* old-age benefit
öregségi nyugdíj *fn* old-age pension **NB: röv OAP; O.A.P.**; retirement pension
öregségi nyugdíjas *fn* old-age pensioner
öregségi nyugdíjprogram *fn* old-age pension scheme
őrizet *fn* jog custody
őrizetbe vétel *fn* jog custody
öröklési illeték *fn* jog probate duty
öröklési jogcím *fn* jog succession
örökös *fn*
  1. successor
  2. jog benificiary
örökösödés *fn* jog succession
örökösödési adó *fn*
  1. adó (*GB*) inheritance tax; (*GB*) death duties; (*US*) estate tax; (*GB*) legacy duty; (*US*) legacy tax
  2. jog probate duty
örökösödési illeték *fn*
  1. adó (*GB*) legacy duty; (*GB*) death duties; (*US*) legacy tax
  2. jog probate duty
örökrész előleg *fn* jog advancement
örökség *fn* jog legacy
őrzés *fn* safekeeping

Ö

őstermelő *fn* mezőgazd (*nem nagy mennyiségben termelő*) small-scale agricultural producer

őszinte *mn* plain-spoken

őszintétlenség *fn* jog bad faith

össz- *mn* overall **NB: röv o.a.**

összeadás *fn* addition

összeállít *ige*
1. make out
2. ipar (*alkatrészekből*) fabricate

összeállítás *fn* composition; assembly

összeegyeztet *ige* reconcile

összeegyeztetés *fn* reconciliation

összeegyeztethetetlenség *fn* conflict of interest

összeférhetetlenség *fn* conflict of interest

összefoglalás *fn* pénzügy abstract

összefoglaló márkanév *fn* umbrella brand name

összefonódik *ige* link

összefügg *ige* connect **to/with**

összefüggés *fn* connection; connexion; relationship * **összefüggésben van** be in/have a relationship

összeg *fn* amount; total

összeget elér *ige* amount **to** * **Tavaly a közberuházások értéke elérte a 2,9 milliárd fontot.** Last year public investment amounted to £2.9bn.

összegyűjt *ige*
1. collect; (*azért, hogy erősebbé tegye*) consolidate
2. pénzügy (*pénzt, kölcsönt, hitelt stb*) raise

összegyűjtés *fn* collection

összehangol *ige* coordinate

összehangolás *fn*
1. coordination
2. jog harmonization * **Folyik az országok pénzügypolitikájának öszszehangolása.** The harmonization of the fiscal policy of the countries is taking place.

összehasonlítás *fn* comparison

összehasonlítható *mn* comparable * **Ezek az adatok könnyen összehasonlíthatók.** These datas are easily comparable.

összehasonlíthatóság *fn* comparability

összehív *ige*
1. call * **A projektvezető gyűlést hívott össze a sürgős problémák megbeszélésére.** The project leader called a meeting to discuss urgent issues.
2. (*embereket, tagokat, tagságot, szövetséget, részvényeseket stb.*) convene * **Tegnap este sürgősséggel összehívták a biztonsági kabinetet a további lépések megvitatása céljából.** An emergency session of the security cabinet was convened last night to discuss further action.

összeilleszt *ige* join

összejátszik *ige* collaborate

összejövetel *fn* gathering

összekapcsol *ige* join; connect **to/with**; link

összeköt *ige* link; unite; connect **to/with**

összeköttetés *fn* connection; connexion; link; communication * **összeköttetésben van vkivel** be in communication with sy

összemegy *ige* shrink

összeolvad *ige* fuse; merge; incorporate; unite

összeolvadás *fn* merger; amalgamation

összeolvaszt *ige* fuse

összeomlás *fn*
1. collapse
2. tőzsde crash

összeomlik *ige* collapse * **Alapvető reformok nélkül a közegészségügyi rendszer 2020-ra összeomlana.** Without fundamental reforms the health care system would collapse by 2020.

összes *mn* total

összesített *mn* cumulative

összesítő *mn* cumulative

összeszerelés *fn* assembly

összeszerelő telep *fn* ipar assembly plant

összeszerelő üzem *fn* ipar assembly plant

összetart *ige* pull together

összetétel *fn* composition; set-up; content(s); combination * **A népesség öszszetétele igen vegyes.** The composition of the population is very diverse.

összeül *ige* convene; sit
összeütközés *fn* (*pl. nézeteket tekintve*) conflict
összevetés *fn* comparison
összevethető *mn* comparable
összevon *ige* (*azért, hogy erősebbé tegye*) consolidate
összevonás *fn* consolidation
összevont pénzügyi beszámoló *fn* számv consolidated financial statement
összfogyasztás *fn* overall consumption
összhang *fn* accordance; conformity
* **megállapodás (stb.) szerint, azzal összhangban** in accordance with (the agreement, etc.)
összhangba hoz *ige* coordinate; reconcile
összhangba hozás *fn* reconciliation
összjövedelem *fn* total income
összkapacitás *fn* overall capacity
összteljesítmény *fn* total output
összvagyon *fn* total assets
ösztökélés *fn* spur
ösztöndíj *fn* grant

ösztönöz *ige* encourage; motivate; stimulate; spur; solicit * **A jelenlegi gazdasági légkör további beruházásokra ösztönöz a régióban.** The present economic climate encourages further investments in the region.
ösztönzés *fn* encouragement; incentive; inducement; motivation; stimulation; boost; spur; stimulus
ösztönző árengedmény *fn* ker incentive
ösztönző bérezés *fn* incentive pay; incentive wage; wage incentive
ösztönző tényező *fn* incentive
ötlet *fn* tip
ötletgyűjtés *fn* brainstorming
ötletszerű vásárlás *fn* ker impulse buying
ötletszerű vétel *fn* ker impulse buying
ötletszerűen vásárló *fn* ker (*hirtelen támadt ötlet alapján vásárol, nem tervezi meg, hogy mit fog venni*) impulse buyer
övezet *fn* zone; sector
özvegyi nyugdíj *fn* widow's pension

Ö

P, p

P/E mutató *fn* tőzsde price-earnings ratio
NB: röv P/E ratio; p.e.r.; P.E.R.; p/e.r.; P/E.r.

pálya *fn* (*szakmai*) vocation

pályafutás *fn* career * **Kereskedői pályafutása akkor indult, amikor találkozott leendő főnökével.** His career as a trader took off when he met his future boss.

pályakezdő *fn* trainee

pályamódosítás *fn* occupational change

pályatanácsadás *fn* occupational counsel(l)ing; occupational guidance

pályaválasztási tanácsadás *fn* career guidance; vocational guidance; (*US*) vocational counseling

pályázat *fn* application; tender; bid; competition * **pályázatot benyújt** make/put in/submit an application * **pályázatot elfogad** approve/grant an application * **A pályázatok benyújtásának határideje január 30.** The deadline for applications is 30 January.

pályázati feltételek *fn* specifications

pályázó *fn* applicant; candidate; tenderer * **Valamennyi pályázó kijelentette, hogy megértette az interjú során feltett kérdések célját.** All applicants stated they understood the purpose of the questions at the interview. * **Pályázó a gyárigazgatói posztra.** He is a candidate for the post of factory manager.

pályázó ország *fn* EU (*csatlakozni kívánó ország*) applicant country; candidate country

panasz *fn*
1. complaint; grievance; protest * **panaszt emel** raise a grievance * **panaszt benyújt** file/lodge a complaint * **panaszt kivizsgál** investigate a complaint * **panaszra reagál** respond to a complaint
2. jog suit

panaszkodik *ige* complain

panaszlevél *fn* letter of complaint

panaszos *fn* jog claimant

páncélfiók *fn* safe

páncélszekrény *fn* safe; safe deposit

páncélterem *fn* bank vault; (*GB*) safe deposit

pang *ige* stagnate; (*pl. piac*) slacken; slacken off

pangás *fn* recession; stagnation; slack period; lull; dip

pánikvásárlás *fn* tőzsde panic buying

papírpénz *fn* pénzügy (*GB*) note; (*GB*) banknote; (*US*) bank bill, (*US*) bill; paper money; soft money * **A hamisítások megakadályozása érdekében az amerikai papírpénz – a tiszteletreméltó zöldhasú – nem lesz már teljesen zöld.** In an effort to foil counterfeiters, America's paper money – the venerable greenback – will no longer be completely green.

paragrafus *fn* jog (*jogi okmány részét képező, önmagában teljes mondat vagy bekezdés*) clause; section

parancs *fn*
1. order; instruction
2. jog warrant

parancsol *ige* order

parancsopció *fn* informatika option

pariérték *fn* pénzügy par

paritás *fn* pénzügy parity

paritáson *hat* (*piaci érték egyenlő a névértékkel*) at par

paritásos árfolyam *fn* pénzügy par

paritásos pénzbeváltás *fn* pénzügy exchange at par

parlament *fn* parliament

parlamenti határozat *fn* resolution of parliament

parlamenti jóváhagyás *fn* jog ratification

parlamenti képviselő *fn* Member of Parliament **NB: röv MP**
párt *fn* party
pártfogás *fn* patronage
partner *fn* associate; partner; counterpart * **Sokat tanulhatunk a külföldi partnereinktől.** We have a lot to learn from our foreign counterparts.
passzív mérleg *fn* számv debit balance
passzív számla *fn* pénzügy debit account
passzív választójog *fn* jog right to vote
passzívák *fn* számv liabilities
patronálás *fn* patronage
patthelyzet *fn* deadlock; stalemate
pazarlás *fn* waste; wastage * **erő/energia/pénz/idő pazarlása** waste of effort/energy/money/time
pazarol *ige* waste
példa *fn* example; model * **Sokan Svédországot tekintik a többi európai ország által követendő példának.** Many people see Sweden as a model for other European countries.
példány *fn* copy
példányszám *fn* print run * **A könyvnek már a harmadik kiadása is megjelent, emelt, körülbelül 2,6 milliós példányszámmal.** The book is already in its third printing, with an expanded print run of about 2.6 million copies.
pénz *fn* pénzügy money; currency
pénz értékének stabilitása *fn* stability of money
pénz- és tőkepiac *fn* money and capital market
pénz szilárdsága *fn* stability of money
pénzalap *fn* pénzügy fund * **pénzalapot létrehoz** establish/manage a fund * **pénzalapot kezel** administer/manage a fund
pénzáramlás *fn* pénzügy (*egy meghatározott időszakra eső pénzforgalom*) cash flow; flow of funds
pénzbefektetés *fn* pénzügy investment of capital; money investment
pénzbehajtó cég *fn* pénzügy debt collection agency
pénzbeli *mn* monetary

pénzbeszedés *fn* számv collection
pénzbeszedő *fn* debt collector * **Néhány pénzbeszedőt bankok alkalmaznak szabadúszóként.** Some debt collectors work on a freelance basis for banks.
pénzbírság *fn*
1. fine
2. jog forfeit; penalty
pénzegység *fn* pénzügy currency; monetary unit; denomination
pénzel *ige* pénzügy finance
pénzelértéktelenedés *fn* pénzügy inflation
pénzelés *fn* pénzügy financing
pénzellátás *fn* pénzügy financing; money supply
pénzellátmány *fn* pénzügy money supply
pénzelőleg *fn* pénzügy money upfront
pénzérme *fn* pénzügy coin
pénzérmeforgalom *fn* pénzügy coin circulation
pénzesutalvány *fn* pénzügy money order **NB: röv M.O.**
pénzeszköz *fn* pénzügy financial instrument; capital
pénzeszközök *fn*
1. pénzügy finances; financial means; funds; means; monetary assets; resource(s)
2. számv liquid assets
pénzeszközökkel ellát *ige* pénzügy fund
pénzfelhajtás *fn* pénzügy fund-raising
pénzfelvétel *fn* bank withdrawal
pénzforgalom *fn* pénzügy money circulation; flow of funds; cash flow
pénzgazdálkodás *fn* pénzügy financial administration; cash management * **Hitelezőik valóban minden tőlük telhetőt megtesznek, hogy segítsenek nekik a pénzgazdálkodásban.** Their lenders are really doing all they can to help them with cash management issues.
pénzgazdálkodási *mn* monetary
pénzgazdaság *fn* cash economy
pénzhelyettesítő *fn* pénzügy money substitute
pénzhiány *fn* shortage of money

pénzintézet *fn* pénzügy financial institution; bank

pénzkészlet *fn* pénzügy money supply; funds

pénzkiáramlás *fn* pénzügy drain of money

pénzkínálat *fn* pénzügy money supply

pénzküldemény *fn* pénzügy remittance

pénzleértékelés *fn* pénzügy currency devaluation

pénzleértékelődés *fn* pénzügy currency depreciation

pénzmennyiség *fn* pénzügy money supply

pénzmosás *fn* jog money laundering

pénznem *fn* pénzügy currency; denomination

pénzpiac *fn* pénzügy capital market; money market

pénzpiaci értékpapír *fn* pénzügy money market security

pénzpolitikai *mn* pénzügy fiscal

pénzrendszer *fn* pénzügy standard

pénzt bankba tesz *ige* pénzügy bank

pénzt bankban tart *ige* pénzügy bank

pénzt letétbe helyez *ige* pénzügy bank

pénztár *fn* ker cash desk * **A bejáratnál lévő pénztárnál lehet fizetni.** You can pay at the cash desk at the entrance.

pénztárállomány *fn* pénzügy cash

pénztárhiány *fn* pénzügy deficit

pénztári állomány *fn* pénzügy (*az a pénzösszeg, mely a pénztárban/pénztárgépben adott időben bankjegyekben és érmékben rendelkezésre áll*) cash balance

pénztári bizonylat *fn* számv (*átvételi elismervény/bizonylat egy adott összegről*) cash voucher

pénztári egyenleg *fn* pénzügy (*az a pénzösszeg, mely a pénztárban/pénztárgépben adott időben bankjegyekben és érmékben rendelkezésre áll*) cash balance

pénztári érték *fn* pénzügy cash value

pénztári készlet *fn* pénzügy cash on hand; cash in hand; vault cash

pénztári utalvány *fn* pénzügy receipt; (*US*) bank bill

pénztárkezelés *fn* pénzügy cash management

pénztárkönyv *fn* számv (*minden betett és kifizetett készpénzt belejegyeznek, de ugyanakkor főkönyv is*) cash book

pénztárnapló *fn* számv (*minden betett és kifizetett készpénzt belejegyeznek, de ugyanakkor főkönyv is*) cash book

pénztárszámla *fn* számv cash account

pénztárzárás *fn* számv (*a pénztáros napi kimutatása a készpénzhelyzetről*) cash statement

pénzügy *fn* pénzügy finance

pénzügyi *mn* pénzügy fiscal; monetary

pénzügyi aktívák *fn* pénzügy coverage

pénzügyi befektetés *fn* pénzügy financial investment

pénzügyi beszámoló *fn* pénzügy financial report * **A cég éves pénzügyi beszámolója szerint több, mint 71 milliót adtak el a termékből 2002-es bevezetése óta.** The company's annual financial report said it had sold more than 71m of the product since its launch in 2002.

pénzügyi elszámolás *fn* számv (*pénzügyi tervezésre vonatkozó számviteli tevékenységek*) account management

pénzügyi erőforrások *fn* pénzügy resources

pénzügyi eszközök *fn* pénzügy financial resources

pénzügyi év *fn* pénzügy fiscal year; financial year

pénzügyi fedezet *fn* pénzügy finance

pénzügyi gazdálkodás *fn* pénzügy financial management

pénzügyi határidős ügyletek *fn* tőzsde (*szerződés, melyet pl. kötvények meghatározott napon történő eladására kötnek*) financial futures

pénzügyi hatóság *fn* adó revenue office

pénzügyi helyzet *fn* pénzügy financial position; financial standing

pénzügyi hozzájárulás *fn* pénzügy financial contribution

pénzügyi igazgatás *fn* pénzügy financial administration

pénzügyi keret *fn* pénzügy budget * **Még csak szeptember van, és mi már felhasználtuk az éves PR keretün-**

ket. It's only September and we have already spent our PR budget for the whole year.

pénzügyi kimutatás *fn* pénzügy financial statement

pénzügyi kockázat *fn* pénzügy financial risk

pénzügyi konszolidáció *fn* pénzügy financial restructuring

pénzügyi mérleg *fn* pénzügy financial statement

pénzügyi politika *fn* pénzügy financial policy; monetary policy

pénzügyi rendbehozatal *fn* pénzügy rehabilitation

pénzügyi stabilitás *fn* pénzügy monetary stability

pénzügyi szanálás *fn* pénzügy capital reconstruction; capital reorganization

pénzügyi szempontból *hat* pénzügy financially

pénzügyi szolgáltatás *fn* pénzügy financial service * **Az ügynökség pénzügyi szolgáltatásokat kínál.** The agency offers financial services.

pénzügyi támogatás *fn* pénzügy financial contribution

pénzügyi tanácsadás *fn* pénzügy financial counselling * **Pénzügyi tanácsadásért 1,7 millió forintos prémiumot kapott.** He earned a bonus of HUF 1.7m for financial counselling.

pénzügyi tanácsadó *fn* pénzügy financial advisor

pénzügyi tanácsos *fn* pénzügy financial consultant

pénzügyi társaság *fn* pénzügy finance company

pénzügyi terv *fn* pénzügy budget

pénzügyi tervezés *fn* pénzügy financial planning

pénzügyi unió *fn* pénzügy monetary union

pénzügyi veszteség *fn* pénzügy financial loss

pénzügyileg *hat* pénzügy financially

pénzügyminiszter *fn* pénzügy (*az ország pénzügyeiért felelős brit miniszter*) Minister of Finance; (*GB*) Chancellor of the Exchequer; (*US*) Secretary of the Treasury

pénzügyminisztérium *fn* pénzügy Ministry of Finance; (*GB*) Treasury; Exchequer; (*US*) The Treasury Department

pénzügytan *fn* pénzügy finance

pénzváltás *fn* pénzügy change; exchange

pénzváltó automata *fn* pénzügy change machine

pénzváltó ügylet *fn* pénzügy exchange transaction

pénzverde *fn* pénzügy mint

pénzzé tehető *mn* realizable

pénzzé tesz *ige*
1. realize
2. ker sell out

pénzzel kapcsolatos tevékenységet folytat *ige* pénzügy bank

pénzszűke *fn* shortage of money

per *fn* jog lawsuit; legal proceedings; action; process; litigation * **pert indít vki ellen** bring a lawsuit against sy * **perbe fog vkit** institute/lodge/take an action against sy

perbeli kifogás *fn* jog plea

perben érvel *ige* jog plead

perel *ige* jog sue

peren kívüli egyezség *fn* jog out-of-court settlement

peren kívüli megegyezés *fn* jog out-of-court settlement * **Végül peren kívüli megegyezést kötött korábbi üzlettársával.** Eventually an out-of-court settlement was reached with his former business partner.

peres eljárás *fn* jog legal proceedings; lawsuit; litigation

peres fél *fn* jog litigant; contestant

pereskedés *fn* jog litigation * **El akarnak kerülni minden további pereskedést.** They want to avoid all further litigation.

pereskedik *ige* jog litigate

periodikus *mn* cyclical

periódus *fn* period

perköltségek *fn* jog legal costs; legal charges; costs

perlés *fn* jog process

perorvoslat *fn* jog (*törvénysértés jóvátételének jogi eszköze*) remedy

pert folytat *ige* jog litigate

pert indít *ige* jog litigate
petíció *fn* jog petition
PHARE *fn* EU (*támogatás Lengyelország és Magyarország gazdaságának átalakításához*) PHARE [= Poland-Hungary Assistance for Restructuring the Economy]
piac *fn* market; marketplace * **piacot elhagy** abandon/leave a market * **megjelenik a piacon** enter a market * **piacra betör** penetrate a market * **piacról kivonul** pull out of/get out of a market * **változékony/bizonytalan piac** volatile market
piac áttekinthetősége *fn* market transparency
piac ellátottsága *fn* ker market coverage
piac fejlődése *fn* ker market development
piac felosztása *fn* ker market segmentation
piac felvevőképessége *fn* ker market potential
piac megszerzése *fn* ker market penetration
piac telítettsége *fn* ker market saturation
piacanalízis *fn* ker market survey
piacelemzés *fn* ker market analysis
piacérett *mn* market-ready; market-ripe
piacfejlesztés *fn* ker market development
piacfelmérés *fn* market survey
piacfeltárás *fn* ker market research
piacgazdaság *fn* market economy * **A kínaiak hangot adtak azon reményüknek, hogy az EU megszünteti a fegyverembargót, és piacgazdasági státuszt ad számukra.** The Chinese have expressed the hope that the EU will lift its arms embargo and give them the status of a market economy.
piaci adatfelvétel *fn* market survey
piaci ár *fn* ker current price; current rate; market price; market value
piaci áttekinthetőség *fn* ker market transparency
piaci behatolás *fn* ker market penetration
piaci bukás *fn* ker market failure

piaci dominancia *fn* ker market dominance
piaci egyensúly *fn* ker market equilibrium
piaci elfogadás *fn* ker market acceptance
piaci előrejelzés *fn* ker market prognosis
piaci erő *fn* ker market power
piaci érték *fn* pénzügy current value; market value * **A vállalat adóssága már 672 millió fontra, azaz piaci értékének tizenhétszeresére rúg.** The company was already in debt by £672m, or 17 times its market value.
piaci feltételek *fn* ker market conditions
piaci helyzet *fn* ker market situation; market condition; market position; market standing * **Érzékelhetően megerősítették piaci helyzetüket tavaly nyár óta.** They have clearly strengthened their market position since last summer.
piaci ingadozás *fn* market fluctuations
piaci javulás *fn* pénzügy (*hirtelen*) rally
piaci jelentés *fn* market report
piaci kereslet *fn* market demand
piaci kosár *fn* ker market basket
piaci kudarc *fn* ker market failure
piaci légkör *fn* market atmosphere
piaci lehetőség *fn* ker market opportunity; market potential
piaci politika *fn* marketing policy
piaci rés *fn* ker market niche; niche; market gap
piaci rész *fn* market segment
piaci részesedés *fn* ker market penetration; market share; share of the market; penetration * **A vállalat beismerte, hogy kisebb piaci részesedésének egyik oka az, hogy nem tudott sikeres mobiltelefonokat gyártani.** The company admitted that its failure to produce successful mobile phones was also a reason for its smaller share of the market.
piaci résztvevő *fn* ker market participant
piaci struktúra *fn* market structure
piaci szegmens *fn* market segment * **Az igazgató mindig is állította, hogy a légitársaság más piaci szeg-**

mensen működik, mint a Ryanair.
The director has always maintained that
the airline operates in a different mar-
ket segment from Ryanair.
piaci szereplő *fn*
1. ker market participant/player
2. tőzsde operator
piaci szerkezet *fn* market structure
piaci telítettség *fn* market saturation
piacképes *mn* ker marketable; merchant-
able * **Néhány igencsak piacképes
terméket dobtak piacra Ázsiában.**
They have launched some very market-
able products in Asia.
piackutatás *fn* market research; consum-
er research; market analysis
piacmegfigyelés *fn* ker market obser-
vation; market monitoring
piacmutató *fn* (*megmutatja a piacot és an-
nak változásait, segít a döntéshozatalban*)
business barometer
piacnyerés *fn* ker market penetration
piacorientált *mn* market-oriented
piacpotenciál *fn* ker market potential
piacprognózis *fn* market prognosis
piacra dob *ige* ker launch; unload * **Úgy
döntöttek, hogy nem dobnak pi-
acra olyan terméket, amely a saját
DVD-lejátszójuk konkurense len-
ne.** They decided not to launch a prod-
uct that would rival their own DVD
player.
piacra dobás *fn* ker launch * **Ma olyan
új hitelkártyát dobnak piacra,
mellyel pontokat lehet gyűjteni,
majd azokat repülőutakra, üdülé-
sekre és kirándulásokra beválta-
ni.** Today sees the launch of a new cred-
it card which allows people to earn
points and redeem these for a variety of
flights, holidays and excursions.
piacra jutás *fn* ker market access
piacra termelő gazdaság *fn* cash
economy
piacra visz *ige* ker launch; market
piacra vitel *fn* ker launch
piacrajutás *fn* ker access to a market
piactanulmány *fn* market study
piacűr *fn* ker niche

piacvezető *fn* (*a saját ágazatában első*) mar-
ket leader * **A vállalatot sokan piac-
vezetőnek tartják, a tervezést, az
innovációt és termékei minőségét
tekintve.** The company is widely re-
garded as the market leader in design,
innovation and the quality of its prod-
ucts.
piacszegmentáció *fn* market segmen-
tation
pihenőt tart *ige* (*munka közben*) slack off
plakát *fn* poster; placard
plakáttábla *fn* mark hoarding
plenáris ülés *fn* plenary session
pocsékolás *fn* wastage
polcozat *fn* shelving
polgári peres eljárás *fn* jog suit
politika *fn* policy
politikai gazdaságtan *fn* political econ-
omy
pontosan *hat* on time
pontosság *fn* correctness
ponyva *fn* cover
portál *fn* ker shop front
portfolió *fn* tőzsde stock portfolio
portfoliókezelés *fn* pénzügy portfolio
management
postacsekk *fn* pénzügy (*GB*) postal cheque;
(*US*) postal check
postafordultával *hat* by return of post
postaforgalom *fn* postal service
postai átutalás *fn* pénzügy postal remit-
tance
postai feladás *fn* mailing; posting
postai pénzesutalvány *fn* pénzügy post-
al order **NB: röv P.O.**; postal money order
postai reklámküldemény *fn* mark ad-
vertising letter; (*kéretlenül kapott*) junk
mail
postai rendelés *fn* ker mail order **NB:
röv M.O.**
postai utalvány *fn* pénzügy money order
NB: röv M.O.
postaláda *fn* informatika mailbox
postaszolgálat *fn* postal service; (*US*)
mail
postautalvány *fn* pénzügy postal order
NB: röv P.O.; postal money order; postal
note

poszt *fn* post
poszter *fn* poster
pót- *mn* back-up
pótadó *fn* adó surcharge
pótdíj *fn* surcharge * **A felszökő üzemanyagárak miatt néhány európai légitársaság üzemanyag-pótdíj bevezetését tervezi.** Some European airlines are considering introducing fuel surcharges because of soaring fuel prices.
potenciál *fn* potential
potenciális *mn* potential
pótilleték *fn* adó surcharge
pótköltségvetés *fn* pénzügy supplementary budget
pótlás *fn* substitution
pótol *ige* replace; substitute; supersede; supply
pótrendelés *fn* ker repeat order
pozíció *fn* position; post; rank
pozíció-birtoklás *fn* jog tenure
pozicionálás *fn* positioning
precedens *fn* example
precedensjog *fn* jog case law
prémium *fn* bonus; (*US*) premium; gratuity; (*valamilyen szolgáltatásért*) bounty
prémiumrészvény *fn* (*osztalék helyett/kiegészítésére*) (*GB*) bonus share; (*US*) bonus stock
presszió *fn* pressure
preventív *mn* preventive
prezentáció *fn* presentation
primer piackutatás *fn* mark (*nem a gyártás/szolgáltatás helyén, hanem közvetlenül, a fogyasztókkal történő*) field research
prioritás *fn* priority * **prioritást felállít/meghatároz** establish/identify/set priorities
privatizáció *fn* (*az állami tulajdon megszüntetése*) privatization; denationalization
privatizál *ige* privatize
privilégium *fn* privilege
próba *fn* test; trial; tryout
próbababa *fn* ker (*kirakati*) dummy
próbaidő *fn* trial period * **Amikor a mozi öt évvel ezelőtt próbaidőre megnyitott, a jegy 1 fontba került.** When the cinema opened for a trial period five years ago, admission was £1.

próbamérleg *fn* számv (*ellenőrzési módszer a számviteli könyvek pontosságának megállapításához*) trial balance
próbaper *fn* jog test case
próbaüzem *fn* ipar trial; trial run
próbavállalkozás *fn* pilot project
problémamegoldó *fn* (*személy*) troubleshooter
produktív *mn* productive
produktivitás *fn* productivity
profil *fn* profile
profilbővítés *fn* ker diversification * **Profilbővítéssel sikerült váratlan nyereséget realizálniuk.** They managed to realise unexpected profit by diversification.
profilt bővít *ige* ker diversify
profit *fn* profit; gain; return; increment
profitál *ige* profit
pro-forma számla *fn* ker pro forma invoice
prognózis *fn* forecast; projection *** Arra számítanak, hogy sikerül elérni az elemzők által prognosztizált éves nyereséget.** They expect to hit analysts' forecasts of profits for the year.
program *fn* (*GB*) programme; (*US*) program
programpont *fn* item
progresszív adórendszer *fn* adó progressive taxation
progresszív adózás *fn* adó progressive taxation
projekt *fn* project * **Több mint 100 vállalat nyilvánította ki érdeklődését a projekt iránt, amikor azt 2002 februárjában meghirdették.** More than 100 companies expressed an interest in the project when it was advertised in February 2002.
projektirányítás *fn* project management * **Az intézményeknek fejleszteniük kell a projektirányítást, és kutatási infrastruktúrába kell beruházniuk.** Institutions need to improve project management and invest in research infrastructure.
prokúra *fn* jog procuration
prolongál *ige* extend; renew

prolongálás *fn* extension; renewal
promóció *fn* mark promotion; sales promotion * **A hírlevél jó promóciós eszköz; segítségével ismertetni tudja a címzettekkel termékeit vagy szolgáltatásait.** A newsletter is a good sales promotion vehicle, a way to tell recipients about your products or services.
promóciós ajándék *fn* mark promotional gift
promóciós anyag *fn* mark promotional material
promóciós eszköz *fn* mark promotional tool
prompt *mn* spot
prompt ár *fn* bank spot price; spot rate

prompt deviza *fn* bank spot exchange
prompt eladás *fn* ker (*olyan ügylet, ahol az eladó kész eladni egy adott áron, amennyiben a vevő azonnal fizet*) cash sale
propaganda *fn* mark propaganda
prospektus *fn* brochure * **Prospektusunkban fényképeket talál a szállodáról.** You can find photos of the hotel in our brochure.
protekció *fn* patronage
protekcionizmus *fn* ker protectionism
protokoll *fn* (*nemzetközi tárgyalások eredményeit rögzítő okiratmetervezet, valamint a diplomáciai érintkezés formaságainak szabályzata*) protocol
publikál *ige* publish; issue
pusztulás *fn* deterioration

P

R, r

rabatt *fn* ker discount; rebate; deduction
rabatt jóváírás *fn* pénzügy discount credit
rábeszél *ige* persuade
rábíz vkire vmit *ige* entrust * **Apám sosem bízta bankárokra a pénzét.** My father never entrusted his money to bankers.
racionalizál *ige* rationalize; streamline; modernise; *(személyi állományt)* slim down
racionalizálás *fn* rationalization
ráeszmél *ige* realize * **A vezetőség végre ráeszmélt arra, mennyire fontos többet fordítani kutatásra és fejlesztésre.** Finally the management realized the importance of investing more in R&D.
ráfizetés *fn* pénzügy deficit; net loss
ráfordítás *fn*
1. pénzügy expenditure; input
2. számv cost
ráfordítás-haszon elemzés *fn* pénzügy cost-benefit analysis
ráfordítások *fn* pénzügy outgoings; outlays
rágalom *fn* jog libel
rajta van *ige* bear * **Aláírása rajta van a csekken.** This cheque bears her signature.
rakjegy *fn* száll bill of lading **NB: röv b.l.; b/l.; B/L; B.L.**
raklap *fn* pallet * **Az alapítvány 1994-ben két raklapnyi játékot szállított a boszniai gyerekeknek.** The foundation shipped two pallets of toys to children in Bosnia in 1994.
rakodás *fn* száll handling; loading
rakodási díj *fn* száll *(áruk rakodásáért, mozgatásáért, átrakásáért fizetett díjtétel)* handling charge
rakodik *ige* száll load
rakodó kikötő *fn* száll loading port

rakodólevél *fn* száll bill of lading **NB: röv b.l.; b/l.; B/L; B.L.**
rakomány *fn* száll freight; cargo; load; lading
rakományfelvételi határidő *fn* száll closing date
raksúly *fn* száll load
raktár *fn*
1. warehouse; storehouse; storage depot; stockhouse; storage; repository; store; storeroom; stockpile * **A boltokat elárasztották a fogyasztási cikkek, a raktárok pedig csordultig vannak gabonával.** Shops are overflowing with consumer goods and storehouses are overflowing with grain.
2. ker depot
raktárállomány *fn* inventory; stocks; stock in hand; stock-in-trade
raktárbizonylat *fn* ker warehouse warrant **NB: röv W/W;** warrant
raktárdíj *fn* storage charges
raktárház *fn* ker warehouse
raktárhelyiség *fn* storeroom
raktári állványzat *fn* shelving
raktári árukészlet *fn* ker goods on hand
raktári átvételi elismervény *fn* ker warehouse warrant **NB: röv W/W;** *(US)* warehouse receipt **NB: röv W/R**
raktári átvételi jegy *fn* ker warehouse warrant **NB: röv W/W**
raktári készlet *fn* stock-in-trade
raktárjegy *fn* ker warehouse warrant **NB: röv W/W;** *(US)* warehouse receipt **NB: röv W/R**
raktárjegyzék *fn* stock list
raktárkapacitás *fn* storage capacity
raktárkészlet *fn* inventory; stock in hand; goods on hand
raktárkezelő *fn* ker warehouse keeper
raktáron levő áru *fn* ker goods on hand

raktáros *fn* storekeeper; warehouse keeper
raktároz *ige* store
raktározás *fn* stock management; storage; warehousing
raktározási berendezések *fn* storage facilities
raktározási díj *fn* ker warehouse rent
raktározási előírások *fn* storage conditions
raktározási feltételek *fn* storage conditions
raktározási költségek *fn* storage charges
raktározási körülmények *fn* storage conditions
raktározási létesítmények *fn* storage facilities
raktér *fn* száll hold
rang *fn* position; standing; grade
rangidős *mn* senior
rangsor *fn* ranking
rangsorolás *fn* ranking
rászed *ige* take in
ráta *fn* rate * **éves ráta** yearly rate * **Ez az egyik olyan terület, ahol a szegénységráta a legnagyobb Európában.** This area has one of the highest poverty rates in Europe.
ráterhelés *fn* bizt (*a kezelési költségre és a nyereségre számított pótlék*) loading
rátermett *mn* competent
rátermettség *fn* competence
ratifikál *ige*
1. confirm
2. jog ratify * **Ahhoz, hogy érvénybe lépjen, az 1997-es protokollt legalább 55 országnak kell ratifikálnia.** To come into effect, the 1997 protocol must be ratified by at least 55 countries.
ratifikálás *fn*
1. confirmation
2. jog ratification
reálbér *fn* real wage(s)
reáliák *fn* (*olyan értékes tárgyak, melyeket befektetési célból vásárolnak*) tangibles
realizál *ige*
1. realize
2. ker sell out

realizálás *fn* realization
realizálható *mn* realizable
reáljövedelem *fn* real income
reáltőke *fn* pénzügy real capital
recesszió *fn* recession; slump; slowdown; (*súlyos*) depression
rediszkontálás *fn* bank rediscounting
rediszkontálási kamatláb *fn* bank rediscount rate
redukál *ige* (*pl. árat, költséget*) reduce
referencia *fn* reference **NB: röv re.; Ref.; ref.**
refinanszírozás *fn* pénzügy refinancing
refláció *fn* (*ált. inflációt követően*) reflation
reformál *ige* innovate
régi részvényes *fn* tőzsde existing shareholder
régió *fn* region
régiófejlesztés *fn* regional development
Régiók Bizottsága *fn* EU Committee of the Regions **NB: röv CoR**
regionális *mn* regional
regionális önkormányzat *fn* regional government
regionális politika *fn* regional policy
regionalizáció *fn* EU regionalisation
regisztrál *ige* register; record
regisztrálás *fn* registration
regresszív adó *fn* adó regressive tax
rehabilitáció *fn* rehabilitation
reinvesztál *ige* reinvest
reinvesztálás *fn* reinvestment
rejtett *mn* inherent; latent
rejtett munkanélküliség *fn* concealed unemployment; disguised unemployment
rejtőző *mn* latent
reklám *fn* mark advertisement **NB: röv advert; ad;** (*TV, rádió*) commercial
reklám ösztönző hatása *fn* mark boost
reklamáció *fn* complaint; claim
reklamációs levél *fn* letter of complaint
reklámajándék *fn* mark free gift; promotional gift
reklamál *ige* complain
reklámanyag *fn* mark promotional material; brochure
reklámáru *fn* ker (*amit főleg azért tart és ad el a boltos, hogy a vevőket további vásárlásokra csábítsa*) loss leader

reklámcédula *fn* mark (*egy lapból álló reklámnyomtatvány*) leaflet

reklámfüzet *fn* mark prospectus

reklámhadjárat *fn* mark advertising campaign

reklámhatékonyság *fn* mark advertising effectiveness * **Dávid részt vesz egy kutatásban, mely az országos sajtóban elhelyezett reklámok hatékonyságát vizsgálja.** David has become involved in a research project looking into advertising effectiveness in the national press.

reklámhordozó *fn* mark advertising media

reklámhordozó-elemzés *fn* media analysis

reklámjelmondat *fn* mark slogan

reklámkampány *fn* mark advertising campaign * **A Ford egyik internetes reklámkampánya nagyon rosszul sikerült.** An online advertising campaign for Ford has gone badly wrong.

reklámköltségvetés *fn* mark advertising budget

reklámküldemény *fn* mark (*címre szóló küldemény; postai úton való reklámozás*) direct mail **NB: röv DM**

reklámlevél *fn* mark (*címre szóló küldemény; postai úton való reklámozás*) advertising letter; direct mail **NB: röv DM;** mailshot

reklámműsor *fn* mark (*TV, rádió*) commercial

reklámnyomtatványok *fn* mark junk mail * **Nyisson ki minden levelet, ami a bankjától érkezik, akkor is, ha reklámnyomtatványnak néz ki!** Open all post from your bank, even if it looks like junk mail.

reklámosztály *fn* mark advertising department

reklámot csinál *vminek ige* mark boost

reklámoz *ige* mark advertise; promote; boost; (*híres ember támogatását adja*) endorse; (*erőteljesen*) push * **A terméket intenzívebben kell reklámoznunk, hogy növeljük ez eladást.** To boost selling, we have to advertise the product more intensely.

reklámozás *fn* mark advertising; publicity; boost * **Sokat fektettek az elárusítóhelyeken történő reklámozásba.** They have invested a lot in point-of-sale advertising.

reklámozó *fn* mark advertiser * **Bármelyik jó igazgató tisztában van azzal, hogy a szülők az iskolák leghatékonyabb reklámozói.** Any good head teacher knows that parents are the best advertisers for their schools.

reklámrészleg *fn* mark advertising department

reklámsor *fn* mark slogan

reklámszlogen *fn* mark advertising slogan

reklámszöveg *fn* mark copy

reklámszövegíró *fn* mark copywriter * **A 80-as évek végén öt évig reklámszövegíróként dolgozott Londonban.** He spent five years in the late 80s working as an advertising copywriter in London.

reklámszpot *fn* mark spot

reklámtevékenységek *fn* mark promotional activities

reklámügynökség *fn* mark advertising agency

rekonstrukció *fn* redevelopment

releváns *mn* relevant

remélt *mn* expected

remény *fn* expectancy

rendbe hoz *ige* put in order

rendel *ige* order * **Élelmiszert rendeltek azonnali szállításra.** They placed an order of food for prompt delivery.

rendelés *fn* order; commission * **rendelést visszaigazol** acknowledge an order * **rendelést vesz fel** book/enter an order * **rendeléseket gyűjt** call for orders * **rendelést visszavon** cancel/withdraw an order * **rendelést visszautasít** decline an order * **rendelést érvénytelenít** invalidate an order * **rendelésre szállít** supply to (an) order

rendelések feldolgozása *fn* ker order processing

rendelésfelmondás *fn* ker notice of cancellation

rendelési formanyomtatvány *fn* ker order form; order sheet; order blank
rendelési szám *fn* ker order number
rendelésre gyártott *mn* (*külön rendelésre gyártott egyedi termék*) custom-made * **A kis irodák számára sokszor előnyösebb a rendelésre gyártott irodabútor.** Small offices often benefit more from custom-made furniture.
rendelésre készült *mn* (*külön rendelésre gyártott egyedi termék*) custom-made
rendelés-visszaigazolás *fn* ker order acknowledgement
rendelet *fn*
1. directive; (*ált. kormány vagy elnök által kibocsátott*) decree * **A minisztérium egy új, az ipart érintő rendelet kiadását tervezi.** The Ministry is planning to issue a new decree concerning the industry.
2. jog edict; order; regulation
rendelkezés *fn*
1. direction; instruction; disposition; stipulation; (*vkinek rendelkezésére áll*) disposal
2. (*ált. kormány vagy elnök által kibocsátott*) decree
3. jog provision; order; ordinance; action
rendelkezések *fn* jog regulations
rendelkezési jog *fn* jog disposition; disposal
rendelkezésre álló *mn* available; unappropriated * **A döntést az összes, rendelkezésre álló információ alapján kell meghozni.** The decision should be based on all the information available.
rendelkezésre bocsát *ige* furnish
rendelkezésre nem álló *mn* unavailable
rendeltetés *fn*
1. function
2. száll destination
rendelvényes *fn* (*váltónál*)
1. pénzügy payee
2. száll destination
rendelvényes *fn* pénzügy (*váltónál*) purchaser
rendes tag *fn* full member

rendez *ige*
1. (*pl. megszervez*) organize; (*ügyet*) settle; deal *with* * **vitát rendez** settle a dispute/disagreement
2. (*rangsorol*) order
3. pénzügy (*számlát*) settle; acquit; (*számlát, adósságot stb.*) square * **számlát rendez** settle a bill
rendezés *fn*
1. bizt adjustment
2. jog settlement
rendezetlen *mn* pénzügy outstanding
rendezvény *fn* event; function * **Fontos, hogy ezt a rendezvényt kapcsolatteremtésre használd fel.** It is important that you use this event to build relationships.
rendkívüli ajánlat *fn* ker bargain offer
rendkívüli osztalék *fn* pénzügy extra dividend; bonus
rendkívüli tartalékalap *fn* pénzügy (*előre nem látható események bekövetkeztére elkülönített anyagi források*) contingency fund
rendreutasítás *fn* reprimand
rendszabály *fn* measure
rendszabályok *fn* jog regulations
rendszabályoz *ige* jog regulate
rendszer *fn* system; regime
rendszer bérbeadása *fn* ker franchising
rendszerbérlet *fn* ker (*megállapodás, melyet a monopolgyártó/monopolszolgáltató ad egy másik gyártónak/eladónak/szolgáltatónak, hogy gyártsa vagy kereskedjen a termékekkel/szolgáltatásokkal egy adott területen*) franchise
rendszerbirtokos *fn* ker (*monopoljoggal rendelkező gyártó/szolgáltató*) franchisor/franchiser
rendszeres vendégek *fn* ker (*a szolgáltatásokat rendszeresen igénybe vevő ügyfelek*) clientele
rendszertelen *mn* irregular
rendszervevő *fn* (*a felhasználási jog birtokosa*) franchisee
rendtartás *fn* jog regulations; procedure
rentábilis *mn* economic
reprezentációs alap *fn* pénzügy (*számla, amelyen minden olyan költség szerepel,*

melyet valaki üzleti célokra elköltött pl. utazás, üzleti ebéd) expense account

reprezentációs keret *fn* pénzügy *(öszszeg, melyet a vendégek, üzletfelek vendéglátására fordítanak egy cégnél)* entertainment allowance

reprezentációs költség *fn (összeg, amelyet a vendégek, üzletfelek vendéglátására fordítanak egy cégnél)* entertainment allowance

reprivatizáció *fn (államosítás megszüntetése; magántulajdonba adás) fn* reprivatization; denationalization

reprodukál *ige* reproduce

reprodukálás *fn* reproduction

restancia *fn* backlog

rész- *mn* partial * **Az új személyazonosító kártyák bevezetése valószínűleg csak részben oldaná meg a növekvő bűnözés problémáját.** The introduction of new identity cards is unlikely to provide more than a partial solution to the rising levels of crimes.

részesedés *fn* share; stake; instal(l)ment; participation * **többségi/kisebbségi részesedés** a majority/minority stake

részesedési társaság *fn* pénzügy investment company

részesedik *ige* share

részesítés *fn* conferment

részesül *ige* share

részfoglalkoztatás *fn* part-time work

részidős alkalmazott *fn* part-time worker; part-timer

részidős dolgozó *fn* part-time worker; part-timer

részidős foglalkoztatott *fn* part-time worker; part-timer

részidős munka *fn* part-time work

részjegy-érték *fn* pénzügy *(befektetési alapnál)* unit value

részleg *fn* division; department; section

részleges *mn* partial

részleges foglalkoztatottság *fn* underemployment

részesítés *fn* departmentalization

részlet *fn*
1. detail * **A nyugdíjra vonatkozó törvényjavaslat részleteinek is-**

mertetését a jövő hétre várják. Details of the pensions bill are expected to emerge next week.
2. pénzügy instal(l)ment
3. ker instal(l)ment payment

részlet- *mn* partial

részletes *mn* detailed * **Az ajánlat részletes leírása a prospektusunkban található.** You can find the detailed description of the offer in our brochure.

részletes adatok *fn* full details

részletes információ *fn* full details

részletes leírás *fn* specification

részletez *ige* specify * **A jelentés nem részletezi az ellene felhozott vádakat.** The report does not specify the charges against him.

részletezés *fn* specification

részletezett *mn* detailed

részletfizetés *fn* ker instal(l)ment; instal(l)ment payment; part payment * **Választhat havonkénti vagy negyedévenkénti részletfizetést.** You can choose payment by either monthly or quarterly instalments.

részletfizetéses eladás *fn* ker instal(l-)ment sale

részletfizetéses értékesítés *fn* ker instal(l)ment sale

részletfizetéses üzlet *fn* ker instal(l-)ment business

részletfizetési hitel *fn* ker instal(l)ment credit

részletre vásárlás *fn* ker instal(l)ment buying

részletüzlet *fn* ker credit sale

részletvásárlás *fn* hire purchase **NB: röv H.P.; h.p.** * **Részletre vettünk egy mosogatógépet.** We bought a dishwasher on hire purchase.

részletvásárlási hitel *fn* ker instal(l-)ment credit

részmunkaidős alkalmazott *fn* part-time worker; part-timer

részmunkaidős állás *fn* part-time job; part-time work * **Számos egyetem saját foglalkoztatási szolgálatot állított fel a részmunkaidős-állást kereső diákok számára.** Many universities have set up their own employment services for students looking for part-time work.

részmunkaidős dolgozó *fn* part-time worker; part-timer * **A kormány az év végéig új szabályozást vezet be a részmunkaidős dolgozók nyugdíjjogosultságának igazolására.** The government is to introduce new regulations by the end of the year to confirm part-time workers' pension rights.

részmunkaidős foglalkozás *fn* part-time job

részmunkaidős foglalkoztatott *fn* part-time worker; part-timer

részmunkaidős munka *fn* short-time working

részösszeg *fn* instal(l)ment

részrehajló *mn* partial; unfair; biased

részt vesz *ige* participate; attend * **értekezleten részt vesz** attend a meeting

résztulajdonos *fn* partner; stakeholder

részvény *fn*
1. pénzügy security
2. tőzsde (*GB*) share; (*US*) stock * **részvénnyel üzletel** deal in shares * **részvénye van egy vállalatban** have/hold shares in a company

részvényalkusz *fn* tőzsde stockbroker

részvényállomány *fn* tőzsde stock portfolio; (*GB*) shareholding

részvényár *fn*
1. tőzsde share price * **A vállalat a gyenge exporteladásokat okolta a részvényárának csökkenéséért.** The company blamed poor export sales for the drop in its share price.
2. pénzügy (*kötvény, részvény cserélésekor*) conversion price; conversion rate

részvényárfolyam *fn* tőzsde share price; stock market price

részvényátírás *fn* tőzsde transmission

részvényben kifizetett osztalék *fn* tőzsde share dividend

részvénybirtokos *fn* tőzsde (*GB*) shareholder; (*US*) stockholder

részvénybizonylat *fn* tőzsde (*olyan aláírt és lepecsételt hivatalos dokumentum, me-*lyen rögzítve van a részvények osztálya, menynyisége és sorszáma) share certificate

részvénycsomag *fn* tőzsde equity stake; stock portfolio; parcel

részvénydarabolás *fn* tőzsde (*GB*) share split(ting); (*US*) stock split * **A részvénydarabolást, amelyhez rendkívüli közgyűlési jóváhagyás szükséges, februárra tervezik.** The share split, which needs approval at an extraordinary general meeting, is intended to take place in February.

részvények birtoklása *fn*
1. pénzügy equity holding
2. tőzsde (*GB*) shareholding; (*US*) stockholding

részvényeladás *fn* tőzsde selling

részvényes *fn*
1. pénzügy equity holder; investor
2. tőzsde (*GB*) shareholder; (*US*) stockholder * **Az AGM-nél minden részvényesnek van szavazata.** Each shareholder at the AGM has a vote.

részvényesek éves közgyűlése *fn* tőzsde (*GB*) annual shareholders' meeting; (*US*) annual stockholders' meeting

részvényfeldarabolás *fn* tőzsde (*GB*) share split(ting); (*US*) stock split

részvényfelosztás *fn* tőzsde (*GB*) share split(ting); (*US*) stock split * **A gyógyszeripari vállalat 16 centet fizet részvényenként, és kettő-az-egyhez részvényfelosztást ajánl.** The pharmaceutical company will pay 16 cents a share and offer a two-for-one stock split.

részvényhozam *fn* pénzügy return on equity **NB: röv ROE**

részvényindex *fn* tőzsde share index

részvényjegyzés *fn* tőzsde subscription for shares; subscription

részvényjegyzési felhívás *fn* tőzsde prospectus

részvényjegyző *fn* tőzsde underwriter **NB: röv U/w;** applicant; (*újonnan kibocsátott vállalati részvényeknél*) allottee

részvénykereskedelem *fn* tőzsde stock trading

részvénykibocsátás *fn* tőzsde share issue; flotation * **A részvénykibocsátást**

az ABF Beruházási Bank jegyezte.
The share issue was underwritten by
ABF Investment Bank.

**részvénykibocsátással való finan-
szírozás** *fn* tőzsde equity financing

részvényopció *fn* share option * **A vál-
lalati részvényopciókat az egyik
legértékesebb fizetésen kívüli jut-
tatásnak tekintik.** Company share
options are seen as one of the most
valuable fringe benefits.

részvényosztalék *fn*
1. pénzügy dividend **NB: röv Div.; div.; divi.**
2. tőzsde (*GB*) share dividend; (*US*) stock
dividend

részvénypakett *fn* tőzsde parcel; block;
(*GB*) shareholding

részvénypiac *fn* tőzsde equity market;
share market; stock market

részvénypiaci index *fn* tőzsde share in-
dex

részvénytársaság *fn* public limited com-
pany **NB: röv plc; PLC;** public company;
(*állami részvénytöbbségű*) public corpora-
tion; (*US*) incorporated

részvénytársaság éves közgyűlése
fn (*GB*) shareholders' annual meeting;
(*US*) stockholders' annual meeting

részvénytársasági alapszabály *fn* jog
(*GB*) Articles of Association; (*US*) Arti-
cles of Incorporation

részvénytőke *fn*
1. pénzügy capital stock; nominal capi-
tal; share capital; venture capital; com-
pany capital * **részvénytőkét emel**
increase the share capital
2. tőzsde (*GB*) shareholders' equity; (*US*)
stockholders' equity; (*US*) stock

részvénytulajdon *fn* tőzsde (*GB*) share-
holding; (*US*) stockholding

részvénytulajdonos *fn* pénzügy equity
holder

részvényügynök *fn* tőzsde stockbroker

részvényvagyon *fn* pénzügy venture capi-
tal

részvétel *fn* participation; attendance;
involvement

részvételi arány *fn* participation rate

revalorizáció *fn* pénzügy revalorization

revideál *ige* revise; review; overhaul

revízió *fn* overhaul adó tax inspection

revízió alá vet *ige* review

revizor *fn* számv auditor

revizori jelentés *fn* számv auditor's report

rezsiköltség(ek) *fn* pénzügy overheads;
overhead cost(s); overhead charge(s);
overhead expenses; general expenses

rizikó *fn* hazard

rokkant *mn* invalid

rokkantsági járadék *fn* invalidity pen-
sion

rokkantsági járulék *fn* disability benefit

rokkantsági nyugdíj *fn* disability pen-
sion; invalidity pension * **Egy baleset
következtében tartósan mozgás-
képtelenné vált, és teljes rokkant-
sági nyugdíjat kap.** He is permanent-
ly disabled as a result of an accident
and receives full disability pension.

Római Szerződések *fn* EU Treaties of
Rome

romboló verseny *fn* ker desctructive com-
petition

romlás *fn* deterioration

rongálódás *fn* damage

rossz minőségű *mn* substandard

rosszabbodás *fn* deterioration

rosszabbodik *ige* deteriorate

rosszhiszemű *mn* adverse * **rosszhi-
szemű megjegyzések** adverse com-
ments

rosszhiszeműség *fn* jog bad faith * **rossz-
hiszeműen jár el** act in bad faith
* **Megbízhatatlansága és rosszhi-
szeműsége miatt kútba esett az
üzlet.** The deal was scotched on the
grounds of his unreliability and bad
faith.

rosszul fizetett *mn* underpaid

rosszul irányít *ige* (*pl. céget*) mismanage

rosszul vezet *ige* (*pl. céget*) mismanage

rotáló elnökség *fn* rotating presidency

rothadás *fn* (*árué*) decay

rögzít *ige*
1. stabilize; freeze; determine
2. jog (*szerződésileg*) stipulate

rögzített *mn* set

rögzített ár *fn* fixed price

rögzített kamatú *mn* bank fixed-rate
röplap *fn* leaflet
rövid ideig tartó *mn* short-term
rövid ismertető *fn* briefing
rövid lejáratú *mn* short-term; short-dated
rövid lejáratú állampapír *fn* pénzügy
　(*egyszeri kifizetésű értékpapír*) Treasury bill
　NB: röv T-Bill; T.B.
rövid lejáratú hitelek piaca *fn* pénz-
　ügy money market
rövid lejáratú kölcsön *fn* bank day-to-
　day loan
rövid lejáratú követelések *fn* számv
　liquid assets
rövid távú *mn* short-term
rövidít *ige* curtail

rövidített munkaidőben dolgozás *fn*
　short-time working
rövidített munkaidős munka *fn* short-
　time working
rövidített változat *fn* abridgement NB:
　röv abr
rugalmas *mn*
　1. flexible
　2. pénzügy floating
rugalmasan változó *mn* pénzügy floating
rugalmasság *fn* flexibility; (*arra a meny-
　nyiségre vonatkozik, amellyel az egyik változó
　megváltozik egy másik változó megváltozása
　esetén*) elasticity * **Az ő beosztásában
　nagyon fontos a rugalmasság.** Flexi-
　bility is a must in her position.

R

S, s

saját *mn* private
saját elhatározás *fn* initiative
saját finanszírozás *fn* pénzügy internal financing
saját márka *fn* own brand
saját tőke *fn* pénzügy (*minden követelés kielégítése után fennmaradó és a részvényesek között kiosztásra kerülő tiszta nyereség*) equity; share capital; (*GB*) equity capital; (*US*) stockholders' equity
saját vagyon *fn* pénzügy net worth
saját váltó *fn* pénzügy promissory note **NB: röv P.N.**
sajátság *fn* property
sajáttőke-hozam *fn* pénzügy return on equity **NB: röv ROE**
sajtó *fn* press
sajtóértekezlet *fn* press conference
sajtófogadás *fn* press reception
sajtóhirdetés *fn* press advertisement
sajtókonferencia *fn* press conference
sajtóközlemény *fn* press release
sajtótájékoztató *fn* press conference * **A sajtótájékoztatót lemondták.** The press conference was cancelled
SAPARD *fn* EU (*Előcsatlakozási Támogatás a Mezőgazdaságot és Vidékfejlesztést Érintő Intézkedésekhez*) SAPARD [= Special Accession Programme for Agricultural and Rural Development]
sarkalatos *mn* pivotal
sáv *fn* zone
Schengeni Egyezmény *fn* EU Schengen Agreement
SEA *fn* EU (*Egységes Európai Okmány*) SEA [= The Single European Act]
sebesség *fn* rate
segéd *fn* apprentice
segédanyagok *fn* supplies
segédkezik *ige* assist

segély *fn* aid; benefit; subsidy; relief; (*szegényeknek adott*) bounty * **gazdasági segély** economic aid * **segélyt biztosít** grant benefits * **Az ENSZ felfüggesztette az országba küldött élelmiszersegélyeket.** The UN suspended food aid to the country.
segélyben részesít *ige* subsidize
segélyez *ige* subsidize
segélyezett *fn* benificiary
segélyező egylet *fn* benefit society
segélyforrás *fn* resources
segít *ige* help; back up; promote; assist
segítség *fn* aid; help
selejt *fn* ipar reject; spoilage; waste; refuse
semmis *mn* jog invalid; (*pl. szerződés*) void
semmisnek nyilvánít *ige* jog invalidate; declare null and void
sérelem *fn* grievance
sérülés *fn* damage
siettetés *fn* acceleration
siker *fn* success
sikeres *mn* successful; roaring
sikertelenség *fn* failure
sikkaszt *ige* jog embezzle * **Nem bukkantak nyomára annak a mintegy tízmilliárd dollárnak, melyet 20 éves hatalma alatt sikkasztott.** Efforts to track down the estimated $10bn he embezzled during his 20 years in power failed.
sikkasztás *fn* jog embezzlement; fraud
single-member constituency *fn* egy mandátumos választókerület
sokféle *mn* miscellaneous **NB: röv misc.**
sokoldalúság *fn* diversification
sokszorosít *ige* reproduce; duplicate
sokszorosítás *fn* reproduction
soron kívüli *mn* immediate
soros elnökség *fn* rotating presidency

sorozat *fn* set
sorozatgyártás *fn* ipar serial production; volume production; volume output; manufacturing in series; conveyor-belt production; batch production
sorozaton kívül gyártott *mn* ipar (*külön rendelésre gyártott egyedi termék*) custom-made
sorra kerül *ige* take place * **Az értekezletre az 5-ös teremben kerül sor.** The meeting will take place in room 5.
sorrend *fn* order; ranking; succession
specialista *fn* specialist
specializálja magát vmire *ige* specialize in
specifikáció *fn* specification
speditőr *fn* száll forwarder; forwarding agent
spekuláció *fn* speculation; venture
spekulációs tőzsdei üzletkötés *fn* tőzsde stock-jobbing
spekulációs ügylet *fn*
1. speculative operation; speculative transaction * **Egy franciaországi központú csoport síkra száll a spekulációs ügyletek megadóztatása mellett, hogy így milliárdokat lehessen gyűjteni a szegény országok számára.** A French-based group champions a tax on speculative transactions to raise billions for poor countries.
2. tőzsde stock-jobbing
spekulál *ige* speculate; gamble
spekuláns *fn* speculator
stabil *mn* sound; stable
stabil gazdaság *fn* sound economy
stabilan *hat* steadily
stabilitás *fn* stability
Stabilitási és Növekedési Paktum *fn* EU Stability and Growth Pact **NB: röv SGP**
stabilizál *ige*
1. stabilize * **Azt mondták, hogy a 17–20 dolláros árszint stabilizálná a piacot.** They said that a price level of $17–20 would stabilize the market.
2. pénzügy (*árat, kormányintézkedéssel*) valorize

stabilizálódik *ige* stabilize
stagfláció *fn* (*egyidejű stagnálás és infláció*) stagflation
stagnál *ige* stagnate
stagnálás *fn* stagnation
stagnáló *mn* stagnant
standard költségelszámolás *fn* pénzügy standard costing
standardizálás *fn* standardization
statisztika *fn* statistics
statisztikai adatok *fn* statistics
statisztikai elemzés *fn* statistical analysis
státus *fn* jog status
stimulál *ige* stimulate
stimulálás *fn* stimulation
stimulus *fn* stimulus
storníroz *fn* számv (*pl. könyvelési tételt*) reverse an entry; write back
stornírozás *fn* számv cancellation; set-off
stornó *fn* számv set-off
stratégia *fn* strategy * **piacnyerési stratégia** penetration strategy
stratégiai partner *fn* strategic partner
stróman *fn* (*az, aki a nevét adja az üzleti vállalkozáshoz, hogy a tényleges tulajdonos a háttérben maradhasson*) dummy
strukturális alapok *fn* EU Structural Funds **NB: röv SF** * **Számos út-, védőgát- és a csatornaprojektet az EU Strukturális Alapjai finanszíroznak.** Many of the road, dam and canal projects are financed by the EU Structural Funds.
Strukturális Előcsatlakozási Eszköz *fn* EU Instrument for Structural Policies for Pre-Accession **NB: röv ISPA**
struktúrapolitika *fn* structural policy
sugall *ige* imply
súlyveszteség *fn* ipar leakage; wastage
süllyed *ige* decline
süllyedés *fn* drop
sürget *ige* push
sürgős *mn* instant
sűrűn lakott *mn* populous
swapügylet *fn* tőzsde swap transaction; swap; swop
switchügylet *fn* tőzsde switch
switchügyletet bonyolít le *ige* switch

S

Sz, sz

szabad kereskedési jog *fn* jog freedom of trade

szabad költözködés joga *fn* jog freedom of movement

szabad letelepedés joga *fn* jog freedom of establisment

szabad tartalékok *fn* unappropriated surplus

szabadalmazható *mn* patentable

szabadalmazott találmány *fn* jog patent

szabadalmi díj *fn* royalty

szabadalmi hivatal *fn* Patent Office

szabadalmi igény *fn* claim

szabadalmi jog *fn* jog patent law

szabadalmi jog(ok) *fn* patent right(s)

szabadalmi törvény *fn* jog patent law

szabadalom *fn* jog patent * **szabadalomra bejelent** apply for a patent * **szabadalmat ad vmilyen találmányra** grant a patent * **szabadalommal rendelkezik, szabadalma van** hold a patent * **szabadalmaztat vmit** take out a patent

szabadalom jogosultja *fn* (*akinek hivatalosan megadták a szabadalmi jogot*) patentee

szabadalom tulajdonosa *fn* (*akinek hivatalosan megadták a szabadalmi jogot*) patentee

szabadalombejegyzés *fn* jog patent registration

szabadalombitorlás *fn* jog patent infringement

szabadalomlevél *fn* jog charter

szabadalomsértés *fn* jog patent infringement * **A vállalat, amely részben a Sony tulajdona, 2001 áprilisában beperelte a Microsoft-ot szabadalomsértésért.** The company, part-owned by Sony, sued Microsoft for patent infringement in April 2001.

szabaddá tesz *ige* liberalize

szabadelvűség *fn* liberalism

szabadfoglalkozású *fn* freelance; self-employed; self-employed person

szabadforgalmú piac *fn* tőzsde (*US*) over-the-counter market

szabadkereskedelem *fn* ker free trade

szabadkereskedelmi megállapodás *fn* ker free trade agreement

szabadkereskedelmi terület *fn* ker free-trade area; free-trade zone

szabadkereskedelmi zóna *fn* free-trade zone

szabadkozik *ige* apologise

szabadlábra helyez *ige* jog release * **feltételesen szabadlábra helyez vkit** release sy on parole

szabadlábra helyezés *fn* jog release

szabadnap *fn* (*tanulmányi; tanuláskor adott rendszeres heti egy szabadnap*) day release * **A kollégámnak minden pénteken tanulmányi szabadnapja van, így ma nekem kell értekezletre mennem.** My colleague is on day release every Friday so I have to go to the meeting today.

szabadon bocsátás *fn* jog acquittal; release

szabadonbocsát *ige* jog acquit; release

szabadság *fn* leave * **szabadságon van** be on leave * **szabadságra megy** go on leave * **szabadságot ad/engedélyez** grant leave * **szabadságot vesz ki** take leave

szabadságpénz *fn* holiday allowance; holiday pay; (*US*) vacation allowance

szabadúszó *fn* freelance

szabály *fn* rule; jog regulation * **szabályt megsért/kikerül** breach/circumvent a regulation * **szabályt megszeg** break/contravene/infringe a regulation * **sza-**

bályt semmibe vesz flout a regulation
szabályba foglal *ige* jog regulate
szabályellenes *mn* irregular
szabályoz *ige* regulate; order; ration; set
 * **üzleti tevékenységet/árakat szabályoz** regulate business/prices
szabályozás *fn* jog regulation; control
 * **Nem több, hanem okosabb szabályozásra van szükségünk.** We need smarter regulation rather than more regulation.
szabályozás-mentesítés *fn* deregulation
szabályozatlan piac *fn* deregulated market
szabályrendszer egyszerűsítése *fn* deregulation
szabálysértés *fn* jog offence * **szabálysértést követ el** commit an offence * **szabálysértéssel vádolják** be charged with an offence
szabálytalan *mn* irregular
szabályzat *fn* jog regulation(s); (*egy testület, szervezet stb. üléseinek menetét meghatározó szabálysor*) standing orders
szabott ár *fn* fixed price; set price
szabvány *fn* standard
szabványminőség *fn* standard
szabványos *mn* ipar specified
szabványosít *ige*
 1. standardize
 2. ipar specify
szabványosítás *fn* standardization
szabványosított *mn* ipar specified
szabványra készült *mn* (*olyan termék vagy szolgáltatás, mely szabványra készült és ebből adódóan nem vesz figyelembe egyéni igényeket*) off-the-shelf
szakasz *fn*
 1. stage
 2. jog (*jogi okmány részét képező, önmagában teljes mondat vagy bekezdés*) clause; section
szakaszos gyártás *fn* ipar batch production
szakavatott *mn* proficient
szakember *fn* expert; specialist
szakértelem *fn* expertise; know-how

¹szakértő *fn* expert; specialist; consultant
 * **Szakértőket kérünk fel a problémák megvitatására.** We invite experts to discuss the problems.
²szakértő *mn* proficient
szakértői kamara *fn* professional association
szakigazgatás *fn* production management
szakiskola *fn* vocational school
szakismeret *fn* expertise
szakképzés *fn* vocational training
szakképzetlen *mn* unqualified; unskilled
szakképzett *mn* qualified; skilled
szakképzettséget szerez vmiben *ige* specialize in
szakkereskedő *fn* ker stockist
szakkiállítás *fn* ker trade fair
szakkifejezés *fn* term
szakközépiskola *fn* vocational school
szakma *fn* profession; occupation; line of business; vocation; trade; craft
szakmai *mn* vocational
szakmai bemutató *fn* ker trade show
szakmai egyesülés *fn* professional association
szakmai egyesület *fn* trade association
szakmai képzés *fn* vocational training
 * **Az iskola szakmai képzést nyújt a gyenge tanulmányi eredményekkel rendelkező gyermekek számára.** The school offers vocational training for children with poor academic records.
szakmai megelégedettség *fn* job satisfaction
szakmai névsor *fn* ker trade directory
szakmai önéletrajz *fn* (*GB*) curriculum vitae **NB: röv CV**; (*US*) resumé
szakmai szervezet *fn* professional association
szakmai szövetség *fn* trade association
szakmai telefonkönyv *fn* ker trade directory
szakmai titok *fn* trade secret
szakmunkásképzés *fn* vocational training
szaknévsor *fn* classified directory; Yellow Pages
szakoktatás *fn* vocational training

szakosítás *fn* departmentalization
szakosodik vmire *ige* specialize in
szakosztály *fn* department
szakszerűség hiánya *fn* inefficiency
szakszervezet *fn* labo(u)r union; union; (*GB*) trade union
szakszó *fn* term
szaktudás *fn* competence; expertise; know-how * **Ezen a két területen többféle szaktudás szükséges.** These two areas need a mixture of competences.
szaküzlet *fn* ker stockist; (*GB*) specialist shop; (*US*) speciality store * **A legújabb prospektusunkban megtalálhatja a szaküzletek listáját.** You can find a list of stockists in our latest brochure.
szakvélemény *fn* opinion
szakvéleményező *fn* expert
szakvéleményt kér *ige* consult
szaldó *fn* számv balance
szálláspénz *fn* accommodation allowance
szállít *ige* száll deliver; forward; carry; transport; transmit; convey; move; haul; make delivery of; supply; (*vízi úton*) ship
szállítás *fn* száll delivery; forwarding; carriage; conveyance; transport; (*US*) transportation; transit; transmission; haulage; dispatching; movement; shipment; supply; (*GB*) (*vagonban*) truckage * **szállításkor elveszik** be lost in shipment
szállítás utánvéttel *fn* ker (*a gyártó/eladó abban az esetben küldi el a megrendelőnek az árut, ha a vevő a postásnak vagy a szállítónak kifizeti az árut és a szállítási díjat a leszállításkor*) (*GB*) cash on delivery **NB: röv C.O.D.**; (*US*) collect on delivery **NB: röv C.O.D.**
szállítási ajánlatot tesz *ige* száll bid
szállítási cím *fn* száll place of delivery
szállítási csatlakozás *fn* száll transport link
szállítási díj *fn* száll freight
szállítási díjak *fn* száll transport fares
szállítási eszköz *fn* száll means of transportation
szállítási feltételek *fn* száll delivery terms; delivery conditions; terms of de-

livery; forwarding conditions; freight terms
szállítási határidő *fn* száll date of delivery; delivery time * **Azt állítják, hogy szállítási határidejük a készletek szállíthatóságának függvénye.** They say all their delivery times are subject to stock availability.
szállítási időpont *fn*
1. száll time of delivery
2. tőzsde position
szállítási jegyzék *fn* száll delivery note
szállítási késedelem *fn* száll default
szállítási költség(ek) *fn* száll cost(s) of transport; delivery costs; transportation expenses; carrying charges; transport charges; haulage; carriage
szállítási összeköttetés *fn* száll transport link
szállítási szolgáltatás *fn* ker delivery service
szállítási teljesítmény *fn* száll output
szállítási útvonal *fn* száll route of transportation; way of transportation
szállítási vállalat *fn* száll carrier
szállítási vállalkozó *fn* száll haulier
szállítási zárlat *fn* ker (*utasítás bizonyos árucikkek behozatalára vagy kivitelére*) embargo
szállítások *fn* supplies
szállítást teljesít *ige* száll deliver
szállítható *mn* száll portable
szállítmány *fn*
1. ker batch
2. száll delivery; shipment; cargo; freight; carriage; supply * **szállítmányt kísér** escort a shipment * **szállítmányt fogad** receive a shipment * **szállítmányt küld** send a shipment
szállítmánybiztosítás *fn* bizt transport insurance
szállítmányoz *ige* száll forward; transport
szállítmányozás *fn* száll forwarding; shipment; carrier; transport; (*US*) transportation
szállítmányozási feltételek *fn* száll forwarding conditions
szállítmányozási költség *fn* száll shipping charge

szállítmányozó *fn* száll freight forwarder; forwarder; forwarding agent; carrier; transport agent; shipper

szállító *fn*

1. ker supplier; contractor * **Tegnap felhívott a szállítónk, hogy késnek a megrendelés teljesítésével.** Our contractor phoned yesterday to say they were late with the order.

2. száll forwarder; freight forwarder; shipper; forwarding agent

szállító cég *fn* ker supplier

szállítóeszköz *fn* száll means of transport; means of transportation; transport; conveyance; means of conveyance; (*US*) transportation

szállítóhitelek *fn* pénzügy supplier credit

szállítójegyzék *fn* száll delivery note

szállítólevél *fn* száll delivery note; waybill; (*a feladó értesítője az átvevőnek az áruról és a szállítási időpontról, valamint annak módjáról*) advice note

szállítónak nyújtott hitel *fn* pénzügy supplier credit

szállítóvállalat *fn* száll forwarder; haulier firm

számadási kötelezettség *fn* jog accountability

számfejtés *fn* costing

számít *ige* compute

számít vmire *ige* anticipate * **Erőteljes áremelkedésre számítanak.** They anticipate an upsurge in prices.

számítás *fn* calculation; computation

számítási hiba *fn* miscalculation

számítógépes banki szolgáltatás *fn* bank home banking * **A számítógépes banki szolgáltatás előfizetési díj nélkül vehető igénybe.** Home banking is available without any subscription charge.

számítógépes bankügyletek *fn* bank electronic banking * **Az internet használók kb. 60%-a bonyolít elektronikus bankügyleteket, és az összes bankművelet 80%-a elektronikusan történik.** Some 60% of internet users use electronic banking and 80% of all banking transactions are electronic.

számítógépes konferencia *fn* computer conferencing

számítógépkezelő *fn* informatika operator

számítógéppel segített *mn* computer-assisted * **A közhiedelemmel ellentétben, a számítógéppel segített nyelvtanulás az idősebbek számára is járható út.** Contrary to the common belief, even elderly language learners can benefit from computer-assisted language learning.

számjegy *fn* digit

számjeles számla *fn* bank numbered account

számla *fn*

1. ker invoice; bill * **kifizeti/rendezi a számlát** pay/settle the bill * **számlát kiállít** make out a bill * **Hamis számlát nyújtott be, hogy jobbnak tüntesse fel a cég pénzügyeit.** He submitted a fake invoice to make the firm's finances look healthier.

2. bank account **NB: röv A/C; a/c; A/c; acc.** * **számlát nyit (banknál)** open an account (with a bank) * **számlát rendez** settle an account

számla kiadása *fn* ker billing

számla kiállítása *fn* ker invoicing

számlaegyenleg *fn* pénzügy balance of account; account balance

számlaegyeztetés *fn* reconciliation

számlakiegyenlítés *fn* számv balancing

számlakivonat *fn*

1. számv statement of account; statement; account statement

2. ker extract

számlán elismer *ige* pénzügy credit

számlapénz *fn* bank (*folyószámlán tartott banki betétek*) bank money

számlát lezár *ige* pénzügy balance

számlatulajdonos *fn* bank (*számlával rendelkező ügyfél*) customer

számlavezetési díj *fn* bank bank service charge

számlázás *fn* ker invoicing; billing

számoszlop *fn* column

számot ad vmiről *ige* account *for* * **Számos kiadásról nem tudtak számot**

adni. They failed to account for numerous expenses.
számozott számla *fn* bank numbered account
számszerű nyereség *fn* számv results
számvevő *fn*
1. pénzügy controller
2. számv auditor
számvevőszék *fn*
1. pénzügy audit office; board of audit
2. EU Court of Auditors
számvitel *fn* számv accountancy; accounting; bookkeeping
számviteli eljárás *fn* számv accounting procedure
szanál *ige* reorganize
szanálás *fn* reorganization; rehabilitation
szándék *fn* intention; intent; plan; aim; project
szándék nélküli vásárlás *fn* ker (*nem előre megtervezett*) impulse purchase
szándéknyilatkozat *fn* declaration of intent; letter of intent
szándékozik *ige* intend; propose; seek * **A vállalat 1,5 millió fontot szándékozik új gépekre költeni.** The company intends to spend £1.5m on new machinery.
szankció *fn* sanction; penalty * **szankciót vet ki vkire/vmire** impose sanctions against/on sy/sg * **szankciót megszüntet** lift sanctions
szaporulat *fn* (*beruházási, vagyoni stb.*)
1. addition
2. számv increase
származás *fn* origin
származási bizonyítvány *fn* ker (*hivatalos dokumentum arról, hogy az adott terméket mely országban gyártották*) certificate of origin
származékos *mn* derivative
szavatol *ige*
1. guarantee; warrant
2. tőzsde (*új értékpapír-kibocsátás átvételét*) underwrite
szavatoló *fn* jog surety; guarantor
szavatolt *mn* guaranteed
szavatolt ár *fn* (*amit minden körülmények között kifizetnek*) guaranteed price

szavatos *fn* jog guarantor
szavatosság *fn*
1. warrant; (*GB*) guarantee; (*US*) guaranty
2. jog warranty
szavatosság megszegése *fn* jog breach of warranty
szavatossági szerződés *fn* jog contract of guarantee
szavatossági szerződés megszegése *fn* jog breach of warranty
szavaz *ige* vote * **vkire/vmire szavaz; vki/vmi mellett szavaz** vote for/in favour of sg/sy
szavazás *fn* vote; voting; (*sztrájkról*) strike ballot
szavazat *fn* vote * **a szavazatok 20%-át nyeri** get/poll/secure/win 20% of the votes
szavazati jog *fn* jog vote; suffrage; voting right; voting power * **Végső formába kell öntenie egy egyezséget a szavazati jogokról, mielőtt a vezetők június 17-én összegyűlnek a belga fővárosban.** He has to finalise a deal on voting powers before leaders gather in the Belgian capital on June 17.
szavazati joggal rendelkező *mn* voting
szavazati jogosultság *fn* jog right to vote
szavazati jogot biztosító részvények *fn* (*GB*) voting shares; (*US*) voting stock
szavazati jogú részvénytőke *fn* pénzügy voting stock
szavazatot lead *ige* vote
szavazatszámláló *fn* teller
szavazatszedő *fn* teller
szavazó- *mn* voting
szavazójog *fn* jog vote; suffrage
százalék *fn* percentage
százalékarány *fn* percentage
széf *fn* safe
szegénységi küszöb *fn* subsistence level
szegmentálás *fn* segmentation
székház *fn* headquarters **NB: röv HQ**
székhely *fn* seat; domicile; headquarters **NB: röv HQ**

szektor *fn* sector * **pénzügyi/ipari/ termelő szektor** financial/industrial/ manufacturing sector

szekunder kutatás *fn* („*íróasztal-kutatás*"; *kutatás már mások által összegyűjtött kutatási eredmények felhasználásával*) desk/ secondary research

szélerőmű-telep *fn* wind farm

szélesít *ige* widen

szellemi dolgozó *fn* white-collar worker

szellemi munkaerő elvonása *fn* (*magasan kvalifikált dolgozókat magasabb fizetéssel és jobb munkakörülmények biztosításával külföldre csábítanak*) brain drain

szelvény *fn* (*kedvezményre jogosító*) coupon

szelvényutalvány *fn* tőzsde talon

szembenéz vmivel *ige* face

szemelvény *fn* extract

személyállomány *fn* personnel

személybiztosítás *fn* bizt personal insurance

személyek szabad mozgása *fn* EU free movement of persons; free movement of citizens

személyes *mn* personal; private

személyes felhasználás *fn* personal use; private use

személyes használat *fn* personal use; private use

személyes hitelkeret *fn* bank personal credit line

személyes sérelem *fn* personal injury

személyi *mn* personal

személyi adózás *fn* adó taxation

személyi akta *fn* personal file

személyi alapbér *fn* basic wage rate

személyi állomány *fn* workforce

személyi azonosító szám *fn* (*hitelkártyánál, bankkártyánál stb.*) personal identification number NB: röv PIN; Pin

személyi forgalom *fn* száll passenger traffic

személyi jövedelemadó *fn* adó personal income tax

személyi kölcsön *fn* bank personal loan

személyi költségek *fn* employment costs

személyi lap *fn* personal file * **Az iskolás gyermekek elektronikus személyi lapja a nevet, lakcímet, születési dátumot, az iskola és a háziorvos adatait fogja tartalmazni.** The electronic personal file of schoolchildren will include name, address, date of birth, school and GP.

személyi minősítés *fn* merit rating

személyi sérülés *fn* personal injury

személyi számla *fn* bank personal account

személyi tulajdon *fn* personal possession; personal property; private property

személyszállítás *fn* száll conveyance of passengers

személyzet *fn* staff; personnel; manning

személyzet leépítése *fn* staff cutback * **Ha a személyzet leépítése folytatódik, komoly problémák keletkezhetnek a termelésben.** If staff cutbacks continue, they may face serious problems in production.

személyzeti ellátás *fn* manning

személyzeti iroda *fn* personnel office * **További részletes információ és a pályázati űrlap a személyzeti irodában kaphatók.** Further particulars and an application form can be obtained from the Personnel Office.

személyzeti kiadások *fn* personnel expenses

személyzeti osztály *fn* personnel department

személyzeti politika *fn* employment policy; personnel policy

személyzeti tanácsadó *fn* personnel consultant

személyzeti tanácsadó cég *fn* personnel consultancy firm; recruitment agency

személyzeti ügyintézés *fn* personnel administration

személyzeti vezetés *fn* personnel management

személyzettel ellát *ige* staff

szemét *fn* refuse; rubbish; (*US*) trash

szemét- és hulladékeltakarítás *fn* waste disposal

szemét- és hulladékeltávolítás *fn* waste disposal

szemét- és hulladéklerakás *fn* waste deposition

szemételtakarítás *fn* refuse disposal

szemétlerakóhely *fn* waste disposal site; waste dump * **A környezetvédők egy európai szemétlerakóhely létrehozását követelik.** Environmentalists are calling for a European waste disposal site to be created.

szeméttároló *fn* rubbish tip; rubbish dump

szeméttelep *fn* rubbish tip; rubbish dump

szemle *fn* inspection; survey; revision; visit

szemléltető tábla *fn* ker *(felállítható)* display

szemrehányás *fn* blame

szemrevételez *ige* survey

szendvicsember *fn* mark *(mellén és hátán reklámot hordozó ember)* sandwichman

szenved *ige (kárt, veszteséget stb.)* incur

szennyez *ige* pollute

szennyezés *fn* pollution; contamination * **Ma már a talajszennyezés a régió egyik legaggasztóbb problémája.** Soil contamination has become one of the major concerns in the region.

szennyezettségi határérték *fn* pollution standard

szennyvíz *fn* waste

szerelőszalag *fn* ipar assembly line; production line

szerep *fn* function

szerez *ige*
1. acquire; obtain; gain; procure * **Öröklés útján szerzett ingatlant.** He acquired a property by inheritance.
2. pénzügy *(pénzt, kölcsönt, hitelt stb.)* raise * **Lehet, hogy nehezen tud kölcsönt szerezni 20 vagy 30 éves lejáratra.** You may have difficulty raising a loan on a 20- or 30-year lease.

szériagyártás *fn* ipar batch production; production line

szerkesztés *fn* construction; design

szerkezet *fn*
1. structure; set-up; organization; device
2. ipar machinery

szerkezeti változás *fn* structural change

szerkezetpolitika *fn* structural policy

szerszám *fn* ipar instrument; tool

szert tesz vmire *ige* acquire; gain * **hírnévre tesz szert** acquire a reputation * **Gyárunkban további tapasztalatra tehet szert.** You gain further experience working at our factory.

szerv *fn* body

szervez *ige* organize; set up

szervezés *fn* organization

szervezési forma *fn* organizational shape

szervezési táblázat *fn* organizational chart; organization chart

szervezési tanácsadó *fn* management consultant

szervezet *fn* organization; establishment; set-up

szervezeti ábra *fn* organigram; organizational chart; organization chart

szervezeti diagram *fn* organigram; organizational chart; organization chart

szervezeti felépítés *fn* organizational structure; organization structure

szervezeti forma *fn* organizational shape * **Eltérő szervezeti formájuk a helyi viszonyokat tükrözi.** Their different organizational shape reflects local characteristics.

szervezettség *fn* organization * **A jó szervezettség növeli a hatékonyságot, hiánya viszont rossz teljesítményt eredményez.** Good organization increases efficiency while the lack of it leads to bad performance.

szervezőkészség *fn* organizational ability

szerviz *fn* service; servicing

szervizel *ige* service

szerzemény *fn*
1. accession
2. ker purchasing

szerződés *fn*
1. contract; agreement; convention; pact * **szerződést köt** complete/conclude/enter into a contract * **szerződést meghosszabbít** renew a contract * **szerződést aláír** sign a contract * **szerző-**

dést érvénytelenít cancel a contract
* **a szerződés lejár** a contract expires
* **Hosszú távú szerződésünk van egy svájci vállalattal.** We have a long-term contract with a Swiss company.
2. jog covenant
szerződés alá eső *mn* jog subject to contract
szerződés felbontása *fn* jog rescission of contract
szerződésbeli *mn* contractual
szerződésben foglalt rendelkezés *fn* EU treaty provision
szerződésben vállalt *mn* contractual
szerződéses *mn* contractual * **Eleget kell tenniük szerződéses kötelezettségeiknek.** They must meet their contractual obligations.
szerződéses ár *fn* jog contract price
szerződéses felelősség *fn* contractual liability
szerződéses feltételek *fn* jog terms of contract
szerződéses megállapodás *fn* contractual agreement
szerződéses okmány *fn* jog deed
szerződési feltételek *fn* jog terms and conditions
szerződéskötés *fn* contraction
szerződéskötési képesség *fn* jog (*a szerződő fél jogilag nincs akadályozva abban, hogy szerződést kössön*) capacity to contract
szerződéskötési képtelenség *fn* jog incapacity to contract
szerződéssel vállal *ige* jog contract
szerződést köt *ige* jog contract * **Szerződést kötöttem egy új lakás megvételére.** I have contracted to buy a new flat.
szerződéstől függő *mn* jog subject to contract
szerződésszegés *fn* jog breach of contract
szerződik *ige* jog contract; sign on
szerződő *fn* jog signatory
szerződő fél *fn* jog contracting party; contractor; party to an agreement; party * **Csak jövő héten írják alá a szer-**

ződő felek a szerződést. The contractors will sign the contract only next week.
szerződtet *ige* engage; sign on; (*US*) hire
szerzői díj *fn* royalty; author's fee
szerzői jog *fn* jog copyright * **szerzői jog megsértése** violation of copyright * **Beleegyeztek, hogy átruházzák a szerzői jogokat a folyóiratra.** They are content to assign copyright to the journal.
szerzői jogdíj *fn* royalty
szétbomlás *fn* disintegration
szétbontás *fn* számv apportionment
szétoszt *ige*
1. distribut
2. ker apportion
szétosztás *fn* allotment * **Megvitatták a részvények szétosztását.** They discussed the allotment of shares.
szétszed *ige* ipar (*pl. vmilyen alkatrészt*) dismantle
szétválaszt *ige* separate
szezon *fn* season
szezonvégi kiárusítás *fn* end-of-season sale
szignó *fn* signature; sign
szigorít *ige* jog tighten
szilárd *mn* stable; strong; rigid
szilárd valuta *fn* pénzügy (*olyan pénznem, amely iránt nagy a kereslet, mivel értéke valószínűsíthetően nem csökken*) hard currency
szilárdság *fn* stability
szimbólum *fn* symbol
szindikátus *fn* (*több nagy társaság egyesülése bizonyos célra és időszakra*) syndicate; consortium
szinergia *fn* synergy
színhely *fn* venue
szint *fn* level; stage
színvonal *fn* level; standard * **emeli a színvonalat** improve/raise standards * **csökkenti a színvonalat** lower standards * **színvonalat elér** achieve standards
szisztéma *fn* system
szivárgás *fn* leakage
szívesség *fn* act of courtesy
szívességet tesz *ige* oblige

Sz

szívességi váltó *fn* (*az elfogadó ellenérték nélkül aláírja, hogy segítsen a váltó leszámítolásában*)
1. bank accommodation bill
2. pénzügy finance bill
szkontó *fn* ker discount
szlogen *fn* slogan
szobakihasználás *fn* (*turizmusban*) occupancy
szóbeli megállapodás *fn* verbal agreement
szociális *mn* social
szociális bevételek *fn* transfer income
szociális biztonság *fn* social security
szociális ellátás *fn* social services
szociális háló *fn* welfare
szociális intézmények *fn* social security
szociális juttatások *fn* welfare benefits
szociális kiadások *fn* welfare payments
szociális munka *fn* welfare work
szociális munkás *fn* social worker
szociális segély *fn* social aid; (*GB*) income support; (*US*) welfare
szociális segély iránti igény *fn* benefit entitlement
szociális segélyben részesülő *fn* (*GB*) recipient of income support; (*US*) welfare recipient * **Az a feladata, hogy a szociális segélyben részesülőknek segítsen munkahelyet találni.** His particular area of responsibility is to find jobs for welfare recipients.
szociális segélyezés *fn* social assistance
szociális segítségben részesülő *fn* recipient of social assistance
szociális szolgáltatások *fn* social services; welfare benefits
szociálpolitika *fn* social policy
szociálpolitikai gondoskodás *fn* welfare
szokás *fn*
1. convention
2. jog custom
szokásjog *fn* jog custom; (*GB*) Common Law
szokásos kulcs *fn* pénzügy going rate
szokásos munkaidő *fn* (*ált. 8-től fél 5-ig tartó munkaidő*) regular hours

szokásos tarifa *fn* pénzügy going rate
szokvány *fn* jog custom
szolgál *ige* serve
szolgálat *fn* duty; service
szolgálati *mn* official
szolgálati idő *fn* jog tenure; years of service
szolgálati járandóság *fn* (*szolgálatokért adott pénzbeli juttatás*) emolument(s)
szolgálati minősítés *fn* record
szolgálati szerződés *fn* service contract
szolgáltat *ige* provide; supply
szolgáltatás *fn* service * **szolgáltatás szintje/minősége/színvonala** the level/quality/standard of service * **szolgáltatást nyújt** provide a service
szolgáltatás haszonélvezője *fn* beneficiary
szolgáltatáscsomag *fn* ker (*több áru vagy szolgáltatás együttesen*) basket of products
szolgáltatási díj *fn*
1. service charge
2. bank bank service charge
szolgáltatási szektor *fn* tertiary sector
szolgáltatások *fn* service industry; tertiary sector
szolgáltatások elérhetősége *fn* service availability
szolgáltató *fn* provider
szolgáltató üzem *fn* service company
szolgáltató vállalat *fn* service enterprise
szolgáltatóipar *fn* service industry; tertiary sector
szolidaritási sztrájk *fn* sympathy strike
szorgalmaz *ige* push
szóróajándék *fn* mark free gift
szóróanyagok *fn* mark (*postaládába dobott*) junk mail
szórólap *fn* (*egy lapból álló információs nyomtatvány*) leaflet
szoros *mn* tight
szortíroz *ige* sort
szószóló *fn* advocate * **Szabó professzor szenvedélyes szószólója az egyetemek és az ipar közötti kapcsolat fejlesztésének.** Professor Szabó is a passionate advocate of better links between universities and industry.

szóvivő *fn* (*férfi vagy nő*) spokesperson; (*férfi*) spokesman; (*nő*) spokeswoman
szövetkezés *fn* cooperation
szövetkezet *fn* cooperative; cooperation
szövetkezeti *mn* cooperative
szövetkezeti bank *fn* bank cooperative bank
szövetség *fn* coalition; union; league
Szövetségi Adóhatóság *fn* adó (*US*) Internal Revenue Service **NB: röv IRS; I.R.S.**
Szövetségi Adóhivatal *fn* adó (*US*) Internal Revenue Service **NB: röv IRS; I.R.S.**
Szövetségi Bíróság *fn* jog (*US*) Federal Court
Szövetségi Jegybank *fn* bank (*US*) Federal Reserve Bank **NB: röv Fed**
szövetségi költségvetés *fn* pénzügy (*US*) federal budget
Szövetségi Legfelsőbb Bíróság *fn* jog (*US*) Supreme Court
Szövetségi Takarékbankok Igazgatósága *fn* bank (*US*) Federal Reserve Board **NB: röv F.R.B.**
Szövetségi Tartalék Rendszer *fn* bank (*központi banki funkciókkal rendelkező rendszer*) (*US*) Federal Reserve System **NB: röv F.R. System**
szponzor *fn* sponsor
szponzorál *ige* sponsor
szponzorálás *fn* sponsorship * **szponzorolás útján pénzhez jut** raise money through sponsorship
sztrájk *fn*
1. strike; walkout * **sztrájkba lép, sztrájkolni kezd** go on strike * **sztrájkot hirdet** call a strike
2. ipar industrail action * **A munkások sztrájkba léptek.** The workers have taken industrial action.
sztrájkba lép *ige* walk out
sztrájkfelhívás *fn* strike call
sztrájkol *ige* strike * **A vasúti dolgozók megszavazták a tizedikén kezdődő sztrájkot.** Rail workers have voted to strike from the tenth of this month.
sztrájkot támogató *fn* strikemonger

sztrájksegély *fn* (*szakszervezeti juttatás a sztrájkolóknak*) strike pay
sztrájkszervező *fn* strikemonger
sztrájktörő *fn* strikebreaker
szubszidiaritás *fn* EU subsidiarity
szubszidiaritás elve *fn* EU principle of subsidiarity
szubvenció *fn*
1. subsidy; subvention; grant; bounty
2. pénzügy grant-in-aid
szubvencionál *ige* subsidize; support; back up
szufficit *fn* overage
szupermarket *fn* ker supermarket
szupranacionális *mn* supranational
szúrópróba *fn* spot check * **A térség boltjait rendszeres ellenőrzéseknek és szúrópróbáknak vetik alá.** Stores in the region will be subject to regular inspections and spot checks.
szuveneritás *fn* sovereignty
szűkös *mn* tight
szükség *fn* need
szükség(e) van vmire *ige* need; require * **A jó munkához nem csak fizikai kitartásra és analitikus képességekre, hanem érzelmi készségekre is szükség van.** It's not just your physical stamina and analytical capabilities that are required to do a good job, but your emotional skills as well.
szükséges *mn* required
szükséglet *fn* need; demand *for*; want
szükségterv *fn* (*előre nem látható események bekövetkezésére készített terv*) contingency plan
szülési segély *fn* maternity benefit
szülési szabadság *fn* maternity leave * **Tavaly egy szülési szabadságon lévő dolgozó helyettesítésére vettek fel.** Last year I was recruited to cover for an employee on maternity leave.
szülői felügyelet *fn* jog custody
szünet *fn* stop
szünetel *ige* stop
szüneteltet *ige* suspend; discontinue
szűrés *fn* screening

Sz

T, t

táblázat *fn*
1. table
2. informatika spreadsheet

táblázatkezelő program *fn* informatika spreadsheet

tag *fn* member

tagad *ige* deny

tagállam *fn* member state

tagdíj *fn* membership fee; dues; subscription * **Azonnal ki kell fizetni a tagdíjakat.** Dues must be paid promptly.

taggá válik *ige* join

tagjelölt ország *fn* EU *(csatlakozni kívánó ország)* applicant country; candidate country

tagolás *fn* breakdown

tagország *fn* member country

tagosít *ige* regroup

tagság *fn*
1. membership
2. tőzsde seat

tagsági díj *fn* membership fee

tagvállalat *fn* associated company; associated corporation; affiliated corporation; affiliate

taggyűlés *fn* meeting of partners

tájékozódás *fn* enquiry; inquiry

tájékozódik *ige* enquire

tájékoztat *ige* inform; *(a legújabb fejleményekről)* update * **Kérjük, tájékoztasson az árváltoztatásokról!** Please inform us of any changes in the prices.

tájékoztatás *fn*
1. briefing; reference **NB: röv re.; Ref.; ref.**; guidance
2. jog posting

tájékoztató *fn*
1. guidance
2. tőzsde prospectus

takarékbank *fn* bank savings bank

takarékbetét *fn* bank savings deposit

takarékbetétkönyv *fn* bank savings account book; passbook

takarékbetét-számla *fn* bank savings account

takarékkönyv *fn* bank passbook

takarékos *mn* economical

takarékoskodik *ige* economize; save * **Takarékoskodnunk kell a benzinnel.** We have to economize on petrol.

takarékosság *fn* economy

takarékszövetkezet *fn* bank cooperative bank

takarékkötvény *fn* pénzügy savings certificate

taktika *fn* policy

találgatás *fn* speculation

találkozik *ige* meet

találkozó *fn* meeting; *(előre megbeszélt)* appointment * **Sikerült találkozót megbeszélnie a polgármesterrel.** She has managed to make an appointment with the mayor.

találmányi díj *fn* royalty

talentum *fn* gift

talon *fn* tőzsde talon

talpra állít *ige* turn round

támadás *fn* attack

támogat *ige* support; back up; adopt; subsidize; sponsor; patronize; maintain; *(híres ember a nevével támogatását adja)* endorse * **Támogatják Szabó úr vezetőségi jelölését.** Mr Szabó has been adopted as candidate for election to the board. * **A kutatási projekteket mindig az osztály kutatási költségvetéséből támogatják.** Research projects are invariably subsidized from the research budget of the department.

támogatás *fn* support; promotion; backup; *(főleg pénzzel és/vagy befolyással, kapcsolatokkal)* backing; encouragement; patronage; relief; (*pénzbeli*) subsidy; (*pénzbeli*) subvention; sponsorship; (*pénzbeli*) benefit; (*ált. pénzbeli*) bounty; (*anyagi*) grant; (*anyagi*) finance * **támogatást nyújt** provide sponsorship * **támogatást kap** obtain/receive sponsorship * **A mezőgazdaság sok hasznot húzott a támogatásokból.** Farming has benefited greatly from subsidies.

támogatásban nem részesülő *mn* unsubsized

támogatásban részesít *ige* subsidize

támogatási szint *fn* tőzsde support

támogatásszerzés *fn* pénzügy fund-raising

¹támogató *mn* back-up

²támogató *fn* sponsor

támogatott ár *fn* ker subsidized price

tanács *fn*
1. advice * **fontolóra veszi vki tanácsát** consider sy's advice * **megfogadja vki tanácsát/javaslatát** follow sy's advice * **vmi/vki tanácsára** on the advice of sg/sy * **Úgy döntött, jogi tanácsot kér.** He decided to take legal advice.
2. (*testület*) council
3. jog division

tanácsadás *fn* counselling; guidance; consultancy

tanácsadó *fn* consultant * **Tíz éve kezdett PR tanácsadóként dolgozni.** He started to work as a PR consultant 10 years ago.

tanácsadó cég *fn* consultancy

tanácsadó iroda *fn* consultancy

tanácsadó szolgálat *fn* advisory service

tanácsadói tevékenység *fn* consultancy

tanácsadóként dolgozik *ige* consult

Tanácsi rendelet *fn* EU Council Regulation

tanácskozás *fn* conference; meeting

tanácskozik *ige* consult; confer

tanácskozó testület *fn* board

tanácskozóterem *fn* boardroom

tanácsol *ige* advise; recommend; counsel

tanácsot kér *ige* consult * **Szerintem a szerződés aláírása előtt kérj ügy-**

védtől tanácsot! I think you'd better consult a lawyer before signing the contract.

tanácsterem *fn* conference hall

tanfolyam *fn* course

tanműhely *fn* training workshop

tanúdíj *fn* jog (*bírósági eljárásra beidézett személy költségtérítése*) caution money

tanulás *fn* study

tanulmány *fn* study; survey

tanulmányi segély *fn* grant * **A szegényebb tanulók tanulmányi segélyt kaphatnak a kormánytól.** Poorer students have access to government grants.

tanulmányi szabadság *fn* educational leave; sabbatical leave

tanulmányokat folytat *ige* study

tanulmányoz *fn* study; survey; investigate

tanulmányozás *fn* study

tanuló *fn* (*szakmai*) trainee

tanulóidő *fn* traineeship; (*ipari tanuló által letöltött idő*) apprenticeship

tanult *mn* skilled

tanúsít *ige* confirm; certify

tanúsítás *fn* jog attestation

tanúsítvány *fn* certification; certificate

tanúskodik vmiről *ige* jog attest **to**

tapasztalt *mn* experienced

táppénz *fn* (*munkáltató által fizetett*) sick pay; (*GB*) (*TB által fizetett*) sickness benefit

táppénzigazolás *fn* sick note

targonca *fn* száll truck

tárgyal *ige*
1. negotiate; confer * **Találkoztak, hogy az új szerződésről tárgyaljanak.** They met to negotiate their new contract. * **Már kb. 6 órája tárgyalják a kérdést.** They have been conferring on the issue for about 6 hours now.
2. jog hear

tárgyalás *fn*
1. negotiation; conference * **tárgyalásra kész** open to negotiation * **tárgyalás alapját képezi** subject to negotiation * **tárgyalásokba kezd vkivel** enter into negotiations with sy
2. jog proceedings; (*bírósági*) trial

tárgyalásberekesztés *fn* closure
tárgyalási jegyzőkönyv *fn* jog transcript
tárgyalási pozíció *fn*
1. negotiating position
2. ker bargaining position * **Ezzel a döntéssel a cég kedvezőbb tárgyalási pozícióba került.** This decision has now put the firm in a better bargaining position.
tárgyaló *fn* (*helyiség*) meeting room
tárgyaló fél *fn* negotiator
tárgyalóterem *fn* meeting room; boardroom
tárgyév *fn* pénzügy financial year
tárgyhoz tartozó *mn* relevant
tárgyi betét *fn* contribution in kind
tárgyi eszközök *fn* (*viszonylag gyorsan készpénzzé tehetők*) tangible assets
tárgyi ráfordítások *fn* operating expenditure(s)
tárgyidőszak *fn* számv (*az az időtartam, amelynek a végén elkészülnek az elszámolások, a mérleg és az eredménykimutatás*) accounting period
tárgyilagos *mn* objective
tárgykör *fn* jog domain; scope
tárgytalanná tesz *ige* jog (*törvényt*) supersede
tarifa *fn* rate; tariff
tarifatáblázat *fn* ker tariff schedule
tárló *fn* showcase
tárol *ige* store
tárolás *fn* storage; warehousing
tárolási díj *fn* storage charges; storage
tárolási élettartam *fn* ker shelf life
tárolási előírások *fn* storage conditions
tárolási feltételek *fn* storage conditions
tárolási időtartam *fn* ker shelf life
tárolási körülmények *fn* storage conditions
tároló *fn* informatika store
tároló kapacitás *fn* storage capacity
tárolószekrény *fn* ker (*árubemutatásra szolgáló*) display case * **A vállalat 60 millió dollárt költ az üzletben lévő üveges tárolószekrények korszerűsítésére.** The company is spending $60m to upgrade its in-store display cases.

társ *fn* partner; associate
társadalmi *mn* social
társadalmi egyenlőtlenség *fn* social inequality
társadalmi jólét *fn* social welfare
társadalmi rendszer *fn* social system
társadalmi réteg *fn* stratum
társadalmi szerkezet *fn* social structure
társadalmi tulajdon *fn* public ownership
társadalom *fn* society
társadalombiztosítás *fn* bizt national insurance; (*GB*) social insurance; (*US*) social security
társadalombiztosítási ellátás *fn* social security benefits
társadalombiztosítási hozzájárulás *fn* social security contribution
társadalombiztosítási járulék alaphatára *fn* income threshold
társadalombiztosítási rendszer *fn* social security system
társadalompolitika *fn* social policy
társadós *fn* pénzügy joint debtor
társas cég *fn* partnership
társas vállalkozás *fn* (*a vállalkozásban résztvevő felek megállapodás szerint viselik a költségeket és osztoznak a hasznon*) joint venture
társaság *fn* society; partnership; company; corporation; firm
társaság bejegyzett székhelye *fn* registered office
társasági adó *fn* adó corporate income tax; corporation tax
társasági tőke *fn*
1. company capital * **Megvádolták a társasági tőke hűtlen kezelésével.** He has been accused of the unfaithful use of company capital.
2. tőzsde (*US*) stock
társasági vagyon *fn* partnership assets
társfinanszíroz *fn* co-finance
társfinanszírozás *fn* co-financing
társtag *fn* partner
társtulajdonos *fn* co-owner; co-partner; partner * **21 évesen lett beszerzési osztályvezető, majd igazgatóhelyettes és társtulajdonos.** At the age

of 21, he was made head of purchasing department, rising to become deputy director and co-partner.

társul *ige* affiliate; merge

társulás *fn* affiliation; partnership; association; coalition; combine; pool * **politikai társulások** political affiliations * **A két fivér társulást alapított.** The two borthers went into partnership.

társulási megállapodás *fn* EU association agreement

társulási szerződés *fn*
1. EU association agreement
2. jog partnership agreement; deed of partnership

társulat *fn* company; society

társult vállalat *fn* affiliated corporation; associated corporation; affiliate

társvállalat *fn* associated corporation

tart *ige* ker handle * **Nem tartunk nyomtatókhoz festéket.** We don't handle toners for printers.

tart vmeddig *ige* last

tart vmilyennek *ige* consider

tartalék(ok) *fn* reserve(s); supplies; provision; store

tartalékalap *fn* pénzügy reserve fund; reserve

tartalékeszköz-hányad *fn* pénzügy reserve-assets ratio

tartalékkészlet *fn* stockpile

tartalékok tőkésítése *fn* pénzügy capitalization of reserves

tartalékol *ige* reserve; set aside; stockpile

tartalékolási előírások *fn* pénzügy reserve requirement(s)

tartalékráta *fn* pénzügy reserve ratio

tartaléktőke *fn* (*a törvényi előírásoknak megfelelően egy meghatározott pénzösszeget nem lehet osztalékként kifizetni, hanem tartalékként kell tartani*)
1. capital reserves
2. számv surplus

tartalékvaluta *fn* bank reserve currency

tartalmaz *ige* include; cover; contain; comprise; encompass; (*értelmileg*) imply * **Mit tartalmaz az eljárási díj?** What does the administration fee cover?

tartalom *fn* content(s); substance

tartam *fn* standing

tartás *fn* jog maintenance; support

tartásdíj *fn* jog maintenance; support

tartásra jogosult *fn* dependant/dependent

tartós *mn* permanent; stable

tartós bankmegbízás *fn* bank banker's order

tartós betét *fn* bank (*US*) time deposit

tartós fogyasztási cikkek *fn* ker consumer durables; durable goods; durables * **A tartós fogyasztási cikkek, mint pl. a mosógépek, manapság sem drágábbak, mint egy évtizeddel ezelőtt.** Consumer durables such as washing machines are now no more expensive than they were a decade ago.

tartós fogyasztási javak *fn* ker consumer durables

tartós hitel *fn* bank (*megállapodás az ügyfél és bankja között, melynek értelmében az ügyfél csekket válthat készpénzre bizonyos összeghatárig a bank egy másik, megnevezett fiókjánál, vagy más banknál*) standby credit

tartós megbízás *fn* bank (*írásos megállapodás a bankkal, hogy az ügyfél számlájáról adott időpontokban kifizetéseket teljesít (pl. közüzemi számlák) és e szolgáltatásért a bank díjat számít fel*) standing order

tartós munkanélküliség *fn* long-term unemployment

tartósan munkanélküli *fn* long-term unemployed

tartozás *fn*
1. debt; liability; obligation
2. számv debit

tartozék *fn* accessory

tartozik egyenleg *fn* számv debit balance

tartozik oldal *fn* számv debit

tartozikszámla *fn* számv debit account; debit

tartoziktétel *fn* számv debit entry

tartózkodási engedély *fn* residence permit

távdolgozás *fn* (*otthonról dolgozás számítógép-hálózat és telekommunikációs eszközök felhasználásával*) telecommuting

távdolgozó *fn* (*otthonról távmunkát végző*) telecommuter; teleworker

távkonferencia *fn* (*legalább három fél megbeszélése telekommunikációs eszközök segítségével*) teleconference

távközlés *fn* telecommunications

távlati *mn* long-run

távmunka *fn* teleworking; homeworking

távol tart *ige* stave off

távvásárlás *fn* ker teleshopping

technika *fn* technique

Technikai Segítségnyújtás a Független Államok Közösségének *fn* EU Technical Assistance for the Commonwealth of Independent States **NB: röv TACIS**

technológia átvétele *fn* technology transfer

technológiai áttörés *fn* technological breakthrough

technológiatranszfer *fn* technology transfer

teendő *fn* task

teher *fn*
1. burden; expense * jog **bizonyítás terhe** burden of proof * **terhet visel** carry/shoulder the burden
2. ker charge

teheráru *fn* száll freight

teheráru-szállítás *fn* száll freight

teherautó *fn* száll truck

teherautó-szállítás *fn* száll truckage

tehermentesít *ige* release

teherszállító *fn* száll freight forwarder

tehervagon *fn* száll truck

tehetség *fn* gift

tekintély *fn* standing

tekintetbe vesz *ige* consider

telefax *fn* telefax

telefonközpontos *fn* operator

telefonos banki szolgáltatás *fn* bank home banking

telefonos értékesítés *fn* ker telesales

telefonos marketing *fn* mark telemarketing

telek *fn* site; plot; parcel; (*US*) realty

telekadó *fn* adó property tax

telekadósság *fn* land charge; encumbrance of real property

telekommunikáció *fn* telecommunications

telekonferencia *fn* (*legalább három fél megbeszélése telekommunikációs eszközök segítségével*) teleconference

telekrész *fn* parcel

telektulajdon *fn* property; holding

telemarketing *fn* mark telemarketing

telep *fn* ipar plant

telephely *fn* branch office; site; depot; domicile; location

telepít *ige* informatika instal(l) * **Telepítsen vírusvédelmet és tűzfalat!** Install virus protection and firewalls.

település *fn* settlement

telex *fn* telex

telített piac *fn* ker glutted/saturated market

telítettség *fn*
1. saturation * **A hanyatlás főbb oka a piac telítettsége volt.** The main reason for the decline was saturation of the market.
2. ker glut * **A piac telítve van.** There is a glut in the market.

teljes *mn* total; absolute; overall **NB: röv o.a.**

teljes állás *fn* full-time job

teljes foglalkoztatottság *fn* full employment

teljes jogú tag *fn* full member; fully-fledged member

teljes kárösszeg *fn* bizt total loss

teljes körű *mn* across-the-board

teljes körű minőségirányítás *fn* ipar Total Quality Management **NB: röv TQM**

teljes körű termelésirányítás *fn* ipar (*a termelékenység növelését és a veszteségek minimalizálását célzó vállalati program*) Total Product Management **NB: röv TPM**

teljes munkaidejű tevékenység *fn* full-time work

teljes munkaidős foglalkoztatottság *fn* full-time employment * **Nemrég felmondtam teljes munkaidős állásomat, és most szabadúszóként dolgozom.** I have recently left full-time employment to work freelance.

teljes összeg *fn* total amount; sum total

teljes termelési költség *fn* ipar total production cost
teljes törlesztés *fn* payoff
teljes veszteség *fn* számv write-off
teljesít *ige*
1. accomplish; carry out; complete; perform; execute; fulfil; implement; render; satisfy; (*kifizetést, befizetést stb.*) pay; redeem; comply *with* * **rosszul/jól teljesít** perform badly/well * **feladatot teljesít** perform a task * **ígéretet/kötelezettséget teljesít** redeem a promise/an obligation
2. (*pl. célkitűzést*) meet
teljesítés *fn*
1. accomplishment; achievement; compliance; implementation; grant; (*kötelezettségé*) acquittance * **A szerződés teljesítése mindkét fél érdekében állt.** Compliance with the contract was in the best interest of both parties.
2. jog performance
teljesítés helye *fn*
1. place of performance
2. bank (*váltónál*) domicile
teljesítési feltételek *fn* bizt eligibility for benefits
teljesítési igény *fn* bizt right
teljesítési késedelem *fn* száll default
teljesítésre váró rendelések *fn* backlog of orders
teljesítést felajánl *ige* tender *for*
teljesítetlen megbízás *fn* outstanding order
teljesítmény *fn*
1. performance; achievement * **A gyár teljesítmény-javulását ígérte.** He promised an improvement in the performance of the factory.
2. ipar power; (*pl. gépé*) output
teljesítmény szerinti bérezés *fn* payment by results **NB: röv P.B.R.**
teljesítményarányos bérezés *fn* performance-related pay; performance-linked payment
teljesítménybér *fn* payment by results **NB: röv P.B.R.**; merit pay; incentive pay; incentive wage; efficiency wage
teljesítmény-bérpótlék *fn* bonus

teljesítménycsökkenés *fn* ipar decline in performance
teljesítmény-ellenőrzés *fn* progress control
teljesítményértékelés *fn* performance appraisal; performance evaluation; benchmarking
teljesítményfüggő bérezés *fn* performance-related pay; performance-linked payment
teljesítményfüggő költség *fn* direct cost
teljesítménygrafikon *fn* progress chart
teljesítményhez kötött bérezés *fn* performance-related pay; performance-linked payment * **Teljesítményhez kötött bérezés adhat megfelelő ösztönzést az állami szektor dolgozóinak.** Performance-related pay may provide the right incentives for public sector staff.
teljesítményigény *fn* bizt benefit entitlement
teljesítményösztönzés *fn* incentive
teljesítményprémium *fn* merit bonus incentive pay; incentive wage
teljesítménytényező *fn* ipar power factor
teljesítményvizsgálat *fn* performance review
teljesítőképes *mn* efficient
teljesítőképesség *fn*
1. productivity; performance; capability; potential
2. ipar power
teljesköltség-árkalkuláció *fn* full-cost pricing
teljesköltség-számítás *fn* pénzügy absorption costing
teljeskörű felhatalmazás *fn* jog procuration
tempófokozás *fn* speed-up
Tempus *fn* EU (*az EU oktatás támogatását szolgáló programja, mely azután, hogy a közép- és kelet-európai volt szocialista országokat az EU saját oktatási programjaiba integrálták, a FÁK, a nyugat-balkáni, és 2002 óta az EU mediterrán partnerországai segítségére irányul*) Tempus [= Trans European

Cooperation Scheme for higher education between Central and Eastern Europe]

tendencia *fn* tendency; trend; direction

tender *fn* tender; invitation to bid * **Tendert írtak ki egy új bevásárlóközpont építésére.** They invited a tender for building a new shopping centre.

tender benyújtója *fn* tenderer

tendert kiír *ige* put out for tender

tény *fn* fact

tényállítás *fn* representation

tenyészt *ige* mezőgazd raise

tényező *fn* factor; element * **A szakképzett munkaerő a legfontosabb tényező, ha növelni akarjuk a termelést.** Skilled labour is the most important factor if we want to increase production.

tényezőelemzés *fn* factor analysis

tényleg *hat* lat de facto

tényleges *mn* lat de facto

tényleges ár *fn* tőzsde (*amelyen a kereskedő ma megveszi vagy eladja az értékpapírt*) actual price

tényleges érték *fn* actual value

tényleges hatásfok *fn* actual efficiency

tényleges hozam *fn*
1. effective yield
2. tőzsde (*a jövedelemadó levonása előtti összeg*) dividend yield

tényleges kár *fn*
1. actual damage
2. bizt actual loss

tényleges kereset *fn* actual earnings

tényleges kiadás(ok) *fn* pénzügy outlay cost(s)

tényleges költség(ek) *fn* pénzügy effective cost; actual cost; outlay cost(s) * **Idén a gyártás tényleges költsége várhatóan 5%-kal több lesz.** This year the effective cost of the production is expected to be 5% higher.

tényleges szállítási időpont *fn* száll delivery time

tényleges teljesítmény *fn* actual efficiency; real output

tényleges termelés *fn* real output

tér *fn* (*pl. tevékenységi, cselekvési*) scope

tercier szektor *fn* tertiary sector

terem *ige* mezőgazd grow

teremt *ige* create

teremtés *fn* creation

térfogat *fn* volume

terhel *ige* burden; encumber

terhelés *fn*
1. burden; (*munka mennyiségéből adódó*) workload
2. számv debit; debit entry

terhelési értesítés *fn* számv debit note

terhességi-gyermekágyi támogatás *fn* prenatal allowance

térhódítás *fn* penetration

terít *ige* ker (*árut stb.*) distribute

térítés *fn*
1. compensation; payment
2. ker (*árué stb.*) distribution

terjedelem *fn*
1. volume
2. jog scope

terjedés *fn* spread

terjeszkedés *fn* expansion; extension

terjeszkedik *ige* expand; extend; augment

terjeszt *ige* ker (*árut stb.*) distribute

terjesztés *fn*
1. spread
2. ker distribution

térképész *fn* surveyor

termék *fn* product * **terméket fejleszt** develop a product * **egy termék gyártását befejezi** discontinue a product * **terméket piacra dob** launch a product

termék életciklusa *fn* product life cycle * **Nézze meg a termék életciklusát: most nem háromévente, hanem hathavonta van szüksége új mobiltelefonra.** Look at the product life cycle: you now want a new mobile phone every six months, not every three years.

termék megkülönböztethetővé tétele *fn* product differentiation

termék megszüntetése *fn* product abandonment

termék reklámozása *fn* mark product advertising

termékcsalád *fn* group of products
termékcsoport *fn* product line; line
termékélettartam *fn* product life span
termékelhelyezés *fn* product placement
termékeny *mn* productive
termékfejlesztés *fn* product development; (*US*) merchandising
termékfelesleg *fn* ipar production surplus
termékinnováció *fn* product innovation
termékkutatás *fn* product research
termékmenedzser *fn* brand manager; product manager
termékosztály *fn* grade
termékpolitika *fn* product policy
termékreklám *fn* mark product advertising
termékskála szélesítése *fn* product diversification
terméktervezés *fn* product planning; (*US*) merchandising
termékválaszték *fn*
1. product range
2. ker assortment of goods
termékválaszték növelése *fn* diversification
termékválaszték-bővítés *fn* product diversification; diversification
termékvonal *fn* product line
termékvonal-bővítés *fn* line extension
termékvonal-kiterjesztés *fn* line-stretching
termel *ige*
1. (*áramot, gőzt, hőt stb.*) generate
2. mezőgazd grow
3. ipar produce
termelékeny *mn*
1. productive
2. ipar efficient
termelékenység *fn* productivity
termelés *fn* ipar production; manufacturing; output; processing
termelés nagysága *fn* ipar production volume
termelés telephelye *fn* ipar production site
termeléscsökkenés *fn* ipar decline in output

termelési *mn* manufacturing
termelési ágazat *fn* ipar branch of production
termelési eljárás *fn* ipar production technology
termelési eredmény *fn* ipar output
termelési eszközök *fn*
1. producer goods
2. ipar means of production; production goods
termelési függvény *fn* ipar production function
termelési intenzitás *fn* ipar production intensity
termelési javak *fn* producer goods
termelési kapacitás *fn* ipar production capacity; manufacturing capacity
  * **A gyártásvezető közölte, hogy a szervezet a nyersolaj-termelési kapacitás 85–95 százalékos kihasználtságával dolgozik.** The production manager said the organisation was pumping at between 85% and 95% of its crude production capacity.
termelési költség(ek) *fn* ipar production cost(s); manufacturing cost; costs of production
termelési norma *fn* ipar output rate
termelési prémium *fn* ipar production bonus
termelési program *fn* ipar production program(me)
termelési tényezők *fn* ipar factors of production
termelési tényezők költsége *fn* ipar (*a gyártási tényezők összköltsége*) factor cost
termelési volumen *fn* ipar output volume
termelésirányítás *fn* ipar production control; operational management
termeléskiesési idő *fn* ipar (*vmilyen fennakadás miatt (pl. alapanyaghiány) nem folyik termelés, de a munkás megkapja bérét*) downtime
termelésmegszüntetés *fn* ipar production abandonment
termelésorientált *mn* production-oriented
termeléstervezés és -irányítás *fn* production management

termelésvezető *fn* ipar production manager

¹termelő *mn* ipar manufacturing

²termelő *fn*
1. producer
2. mezőgazd farmer

termelő berendezések *fn* (*a termelés során felhasznált gépek, eszközök, járművek stb.*) capital equipment

termelő javak *fn* producer goods

termelőegység *fn* ipar plant

termelőeszközök *fn* ipar means of production; capital goods

termelőképesség *fn* ipar capacity

termelőüzem *fn* ipar (manufacturing) plant; production facility * **A gépipari csoport egy többmilliárdos ajánlatot mérlegel a Boeing által eladásra kínált néhány termelőüzemre.** The engineering group is weighing up a multibillion-dollar bid for some of the manufacturing plants Boeing has put up for sale.

termény *fn* mezőgazd product

terménytőzsde *fn* tőzsde commodity exchange

terményvédjegy *fn* producer's brand

termés *fn* mezőgazd (*hozam*) yield

természetbeni fizetés *fn* payment in kind **NB: röv P.I.K.**

természetbeni hozzájárulás *fn* contribution in kind

természetbeni jövedelem *fn* (*pl. vállalati gépkocsi ingyenes használata*) income in kind

természetbeni juttatás *fn* payment in kind **NB: röv P.I.K.**

természeti erőforrások *fn* natural resources

természeti kincsek *fn* natural resources

természetvédelem *fn* environmental protection; conservation of natural resources * **A természeti erőforrások védelme a kormány politikájának prioritásai közé tartozik.** The conservation of natural resources is one of the priorities of the goverment's policy.

termeszt *ige* mezőgazd produce; grow

terminus *fn* term

térség *fn* region; area

térségi *mn* regional

tértivevény *fn* száll advice of delivery

terület *fn* area; region; territory; sector; domain; (*pl. tevékenységi, cselekvési*) scope; field * **tevékenységi/működési terület** field of activity

területfejlesztés *fn* site development * **Az építőknek minden területfejlesztésnél számolniuk kell a régészeti költségekkel.** With every site development, the builders have to take account of the costs of archaeology.

területi *mn* regional

területi iroda *fn* area office

területpolitika *fn* regional policy

terv *fn* plan; (*GB*) programme; (*US*) program; project; design; schedule * **tervet kidolgoz** make/outline/work out a plan * **terv szerint zajlik** go/run according to plan

tervez *ige* plan; schedule

tervezés *fn* planning; projecting

tervezési osztály *fn* planning department

tervezet *fn*
1. draft; project; blueprint * **A külpolitikát változtató tervezete hosszú távon fordulópontnak bizonyulhat.** In the longer term his blueprint for a different foreign policy may prove a turning point.
2. (*vita és a végleges kidolgozás alapjául szolgáló beszámoló*) working paper

tervezett *mn* scheduled

tervezett haszon *fn* projected profit

tervezett költség(ek) *fn* pénzügy target cost(s); budgeted cost(s)

tervfeladatok *fn* plan targets

tervgazdálkodás *fn* planned economy

tervkészítés *fn* planning

tervrajz *fn* design; blueprint; draft

tervtanulmány *fn* blueprint

tervutasításos gazdasági rendszer *fn* (*elsősorban a szocialista országokban volt jellemző az ilyen gazdaságirányítás, amelyben a teljes tervezést egy központi testület végezte el az ország gazdasága számára*) command economy

testreszabott *mn* tailor-made

testület *fn* body; committee; organization; corporation

teszt *fn* test

tesztel *ige* test

tét *fn* stake * **emeli a tétet** raise the stakes

tétel *fn*
1. item
2. **ker** batch

tetemes *mn* substantial

tetőérték *fn* peak

tetőpont *fn* peak

tett *fn* act; deed

tettes *fn* jog offender

tévedés *fn* error; lapse

tevékeny *mn* active

tevékenység *fn* activity

tevékenységi terület *fn* field of activity

tevékenységkihelyezés *fn* outsourcing

téves számítás *fn* miscalculation

tévesen számít *ige* miscalculate * **Tévesen számították ki a környezeti kárt.** They have miscalculated the environmental damage.

tévesen számol *ige* miscalculate

tilalom *fn* ban; restraint * **Túlóratilalom van a cégnél.** There is an overtime ban at the company.

tilos *mn* illicit

tilt *ige* forbid * **A brazíliai törvények tiltják a bányászatot az indián rezervátumokban.** Brazilian law forbids mining on Indian reservations.

tiltakozás *fn* objection; protest * **Tiltakozásunk ellenére elkezdték az osztály átszervezését.** Despite our objections, they started reorganizing the department.

tiltakozik *ige* protest; oppose

tiltott *mn* jog illegal; illicit

tipizálás *fn* standardization

tipp *fn* tőzsde tip

tippet ad *ige* tip

típus *fn* model; make

tiszta *mn* clean; pure

tiszta bevétel *fn* net income

tiszta haszon *fn*
1. **ker** net margin
2. **pénzügy** net profit

tiszta hitel *fn* bank (*hitelmegállapodás a bankkal, amelynél nem kell okmányokat csatolni a kiállított váltókhoz*) clean credit **NB: röv c/c**

tiszta hozam *fn* pénzügy net yield

tiszta jövedelem *fn* pénzügy net income

tiszta kereset *fn* pénzügy net earnings; take-home pay

tiszta nyereség *fn* pénzügy net profit; net earnings; pure profit * **A 2003. június 30-ával záruló hat hónapban a vállalat tiszta nyeresége 25,8 millió dollár volt.** The company had net earnings of $25.8m in the six months to June 30, 2003.

tiszta súly *fn* net weight

tiszta üzleti eredmény *fn* pénzügy net operating income

tiszta vagyon *fn* pénzügy net assets; net worth

tiszta veszteség *fn* pénzügy net loss

tiszteletbeli tag *fn* honorary member * **Kovács urat a bizottság tiszteletbeli tagjává választották.** Mr Kovács was made an honorary member of the Committee.

tiszteletben tartás *fn* observance

tiszteletdíj *fn* honorarium; fee; (*szolgálatokért adott pénzbeli juttatás*) emolument(s) * **A tagok tiszteletdíjat és költségtérítést kapnak.** Members will be paid an honorarium and their expenses.

tiszteletreméltóság *fn* respectability

tisztes *mn* fair

tisztesség *fn* respectability

tisztességes *mn* fair

tisztességes ár *fn* ker fair price * **Nem fizettek tisztességes árat a videóért.** They failed to pay a fair price for the videos.

tisztességes kereskedelem *fn* ker (*méltányosság elvén alapuló kereskedelem*) fair trade; fair trading

tisztességes kereskedés *fn* ker fair trading

tisztességtelen *mn* unfair

tisztességtelen verseny *fn* unfair competition

tisztség *fn* office
tisztség birtoklása *fn* jog tenure
tisztviselő *fn* white-collar worker
titkár *fn* secretary
titkárnő *fn* secretary
titkos *mn* confidential
titkosság *fn* confidentiality; security * **A banki tranzakciók titkosságának megőrzése létfontosságú.** Complience with the confidentiality of banking operations is essential.
titkossági megállapodás *fn* confidentiality agreement
titkossági záradék *fn* jog confidentiality clause
titokban *hat* privately
titokvédelem *fn* security
toboroz *ige* (*álláshely betöltésére*) recruit
toborzás *fn* recruiting; recruitment * **belső/külső toborzás** internal/external recruitment * **friss diplomások toborzása** graduate recruitment
tolerancia *fn* margin of error
tolmács *fn* interpreter
tolmácsol *ige* interpret
továbbad *ige* transmit
további *mn* additional
továbbít *ige* száll forward; convey
továbbítás *fn*
1. transmission
2. száll forwarding; conveyance
továbbképzés *fn* further training * **Munkatársaink továbbképzésen vehetnek részt, ahol értékes tapasztalatokra tehetnek szert.** Our colleagues can go on to further training to gain valuable experience.
továbbküld *ige* száll forward
több szavazatra jogosító részvény *fn* multiple voting share
többlet *fn* surplus excess; (*pl. áruból*) overage
többletértékadó *fn* adó value added tax NB: röv VAT
többlettermelés *fn* surplus production
többoldali *mn* multilateral
többoldalú *mn* multilateral
többsebességes Európa *fn* EU (*nézet, mely szerint azok a tagországok, melyek ki-*

maradtak a szorosabb integrációból bizonyos területeken, később is csatlakozhatnak) „multispeed" Europe
többség *fn* majority * **abszolút/minősített/kétharmados többség** absolute/qualified/two-thirds majority * **egyszerű többség** simple/single majority * **túlnyomó többség** the vast majority * **többségben van** be in the/a majority
többségi részesedés *fn*
1. majority interest
2. tőzsde (*GB*) majority shareholding
többségi részvényes *fn* tőzsde (*GB*) majority shareholder; (*US*) majority stockholder * **A Shell, amely a vállalat többségi részvényese, további környezeti hatástanulmányokat fog végezni.** Shell, which is a majority shareholder in the company, will now undertake further environmental impact studies.
többségi részvénytulajdonos *fn* tőzsde (*GB*) majority shareholder; (*US*) majority stockholder
többségi szavazás *fn* majority voting
többszörös adóztatás *fn* adó multiple taxation
tőke *fn* pénzügy capital; finance; means
tőke és tartalék *fn* pénzügy capital and reserves
tőke mozgása *fn* pénzügy movement of capital
tőke szabad áramlása *fn* free movement of capital
tőke szabad mozgása *fn* free movement of capital
tőkeadó *fn* adó capital tax
tőkealap *fn* pénzügy capital base
tőkeállomány *fn* pénzügy capital stock
tőkeáramlás *fn* pénzügy flow of funds
tőkebeáramlás *fn* pénzügy capital inflow * **Külföldi tőkebeáramlást ígért a régiónak.** He promised a foreign capital inflow to the region.
tőkebefektetés *fn* pénzügy investment of capital; capital asset; venture capital; capital
tőkebefektetési társaság *fn* pénzügy mutual fund

tőkebehozatal *fn* pénzügy import of capital

tőkeberuházás *fn* pénzügy (*állóeszközök vételére és pl. alapanyagok készletezésére fordított pénzösszeg*) capital expenditure

tőkecsoport *fn* syndicate

tőkecsökkentés *fn* pénzügy capital writedown

tőkeemelés *fn* pénzügy capital increase

tőkeerő *fn* pénzügy financial standing

tőkeérték *fn* pénzügy (*az az összeg, amit valamilyen befektetés (pl. értékpapír) megvásárlásáért fizetni kell*) capital value; cash value

tőkeeszközök *fn* pénzügy financial means

tőkefedezet *fn* pénzügy capital base; capital cover

tőkefelhalmozás *fn* pénzügy accumulation of capital; increase in capital; capital formation

tőkeforgalom *fn* pénzügy movement of capital; flow of funds

tőkeforgalom mérlege *fn* pénzügy balance of capital transactions

tőkehaszon *fn* pénzügy (*vagyoneladásból származó nyereség*) capital gain

tőkehozadék *fn* pénzügy capital gain

tőkehozadék-adó *fn* adó (*Nagy-Britanniában ezt az adót vetik ki, ha a magánszemély elad valamilyen vagyontárgyat, és ebből nyeresége származik. Bizonyos javak (pl. saját gépjármű) eladása azonban nem adóköteles bizonyos összeg alatt.*) (*GB*) capital gains tax **NB: röv C.G.T.**

tőkehozam *fn* pénzügy return on capital **NB: röv ROC**; return on investment **NB: röv ROI**

tőkehozamráta *fn* pénzügy return on capital employed

tőke-hozzájárulás *fn* pénzügy capital contribution

tőkeigény *fn* pénzügy capital requirement

tőkeigényes *mn* (*olyan iparág/vállalkozás, mely működtetéséhez nagy tőkeösszegre van szükség*) capital-intensive

tőkeimport *fn* pénzügy import of capital; capital import(s); capital inflow

tőkejavak *fn* capital goods; producer goods; capital equipment

tőkejövedelem *fn* unearned income

tőkekamat *fn* pénzügy capital gain

tőkekamatadó *fn* adó (*Nagy-Britanniában ezt az adót vetik ki, ha a magánszemély elad valamilyen vagyontárgyat, és ebből nyeresége származik. Bizonyos javak (pl. saját gépjármű) eladása azonban nem adóköteles bizonyos összeg alatt.*) (*GB*) capital gains tax **NB: röv C.G.T.**

tőkekapacitás *fn* pénzügy capital capacity

tőkeképződés *fn* (*a fogyasztók a vagyonuk egy részét nem elfogyasztják, hanem arra fordítják, hogy tőkejavaikat növeljék*) capital formation

tőkekiáramlás *fn* pénzügy capital outflow; cash outflow; drain of capital; flight of capital * **Az ázsiai válság csúcspontján néhány ország tőkekiáramlása meghaladta a GDP 10%-át.** At the height of the Asian crisis, some countries faced capital outflows of more than 10% of GDP.

tőkekibővítés *fn* (*a termelés növekedését elősegítő befektetés, pl. új gépek vásárlása*) capital widening

tőkekiterjesztés *fn* (*a termelés növekedését elősegítő befektetés, pl. új gépek vásárlása*) capital widening

tőkekivitel *fn* capital export; capital outflow

tőkekonszolidáció *fn* pénzügy financial restructuring

tőkeköltségek *fn* pénzügy capital costs

tőkeköltségvetés *fn* pénzügy (*egy ország költségvetésének az a része, amit nem adóból, hanem kölcsönökből fedez, ill. olyan költségvetés, amely megmutatja, hogy egy adott időszakon belül hogyan lehet fedezetet biztosítani a kifizetésekre*) capital budget

tőkekövetelmény *fn* pénzügy capital requirement

tökéletesít *ige* improve

tőkemenekülés *fn* pénzügy (*ált. gazdasági nehézségek miatt történő tőkekiáramlás egy országból, gazdasági régióból*) flight of capital

tőkeminimum *fn* (*jegyzett tőke legkisebb összege*) minimum capital

tőkemobilitás *fn* mobility of capital

tőkemozgások mérlege *fn* számv (*fő-könyvi számla, amelyben minde ügylet re-gisztrálva van*) capital account **NB: röv C/A**
tőkenövekedés *fn* pénzügy capital increase; increase of capital; increase in capital; capital gain
tőkenövekmény *fn* számv accrual of capi-tal
tőkenyereség *fn* pénzügy (*vagyoneladás-ból származó nyereség*) capital gain
tőkeösszetétel *fn* pénzügy (*különböző faj-tájú részvények, értékpapírok stb., amelyek együtt adják egy társaság tőkéjét*) capital structure
tőkeösszevonás *fn* pénzügy consolida-tion of capital
tőkepiac *fn* pénzügy capital market; mon-ey market
tőkepiaci papírok *fn* pénzügy stocks and shares
tőkeráfordítás *fn* pénzügy (*állóeszközök vételére és pl. alapanyagok készletezésére for-dított pénzösszeg*) capital expenditure
tőkerész *fn* interest
tőkerészesedés *fn* pénzügy equity hold-ing; holding; capital interest
tőkés *fn* pénzügy investor
tőkésít *ige* pénzügy capitalize; fund
tőkésítés *fn* pénzügy (*tőkeösszeg nagyságának növelésére tett lépések*) capitalization; fund-ing
tőkésítés részvényekkel *fn* tőzsde equi-ty financing * **Az ajánlattevő konzor-cium egyik fontos tagja visszalé-pett a részvényekkel való tőkésí-téstől.** An important member of the bid consortium pulled out of the equity financing.
tőkésített érték *fn* pénzügy capitalized value
tőkéstárs *fn* pénzügy contributor of capi-tal
tőkeszámla *fn* számv (*főkönyvi számla, amelyben minden ügylet regisztrálva van*) capital account **NB: röv C/A** * **Rájött, hogy a tőkeszámlák liberalizáci-ója nem csodaszer.** He recognised that capital account liberalisation was not a panacea.

tőkeszerkezet *fn* pénzügy (*különböző fajtájú részvények, értékpapírok stb., amelyek együtt adják egy társaság tőkéjét*) capital structure
tőkeszerzés *fn* pénzügy capital raising; fund-raising
tőkeszükséglet *fn* pénzügy capital needs
tőketartalék *fn* pénzügy (*a törvényi előírá-soknak megfelelően egy meghatározott pénz-összeget nem lehet osztalékként kifizetni, hanem tartalékként kell tartani*) capital reserves
tölt *ige* (*időt*) spend
tömb *fn* block
tömeg *fn* mass; bulk **NB: röv blk.**; quantity
tömegáru *fn* ker bulk **NB: röv blk.**
tömegcikk *fn* mass-produced goods
tömeges elbocsátás *fn* collective dis-missal; mass redundancy * **Az elnök megígérte, hogy nem lesz tömeges elbocsátás.** The chairman promised that there would be no collective dis-missals.
tömeges munkaerő-leépítés *fn* col-lective dismissal
tömeges munkanélküliség *fn* mass unemployment
tömegfogyasztás *fn* mass consumption
tömegkommunikációs eszközök *fn* mass media
tömegtájékoztatás *fn* media
tömegtájékoztatási eszközök *fn* mass media; media
tömegtermelés *fn* ipar mass production; volume output; volume production
tömeggyártás *fn* ipar quantity produc-tion
tömeggyűlés *fn* rally
tönkremegy *ige* collapse; fail
törékeny *mn* fragile
törekszik vmire *ige* seek; strive
törlés *fn*
1. cancellation
2. jog (*jelzálogé*) satisfaction
törleszt *ige*
1. pénzügy amortize; repay; redeem * **Tör-lesztették a kölcsönüket.** They am-ortized their loan.
2. bank service
törlesztés *fn* pénzügy repayment; pay-ment; redemption; payback

törlesztési alap *fn* pénzügy sinking fund
törlesztési feltételek *fn* pénzügy repayment terms
töröl *ige*
1. cancel; reverse; lift * **jelzálogkölcsönt töröl** lift a mortgage
2. pénzügy (*követelést*) wipe off
3. számv (*tételt*) write back
4. jog annul * **Az Európai Bíróság (ECJ) főügyésze az irányelv törlését javasolja a Bíróságnak.** The European court of justice (ECJ) is advised by its advocate general that the Directive should be annulled.
történik *ige* take place; occur
törvény *fn* jog act; law; legislation * **törvényt alkot** adopt/enact/introduce/pass legislation
törvény szerint *hat* jog legally
törvényalkotás *fn* jog legislation
törvénybe iktat *ige* jog ratify; enact
törvénybe iktatás *fn* jog ratification; enactment
törvényben előírt betegbiztosítás *fn* health insurance scheme
törvénycikkely *fn* jog article
törvényellenes *mn* jog illegal; unlawful
törvényellenesség *fn* jog illegality
törvényerejű rendelet *fn* jog statutory rule
törvényerőre emelkedés *fn* jog enactment
törvényes *mn* jog legal; lawful; valid
törvényes fizetőeszköz *fn* pénzügy legal tender
törvényes hatalom *fn* jog statutory power
törvényes jogok *fn* jog statutory rights
törvényes keretek *fn* jog legal framework
törvényes keretek között *hat* jog legally
törvényes utasítás *fn* jog writ
törvényesen *hat* jog legally
törvényesít *ige* jog legitimate; legitimize
törvényesítés *fn* jog legalization * **Néhány nonprofit csoport támogatja a marihuána törvényesítését.** Some nonprofit groups promote legalization of marijuana.

törvényhozás *fn* legislation
törvényileg előírt banktartalék *fn* jog legal reserves
törvényileg védett *mn* registered
törvényjavaslat *fn* jog bill * **törvényjavaslatot elfogad** pass a bill * **törvényjavaslatot előterjeszt/benyújt** promote a bill * **A törvényjavaslatot elfogadták.** The bill has gone through.
törvénykezés *fn* jog juridistiction
törvénysértés *fn* jog offence * **törvénysértést követ el** commit an offence * **törvénysértéssel vádolják** be charged with an offence
törvénysértő *mn* jog illegal; unlawful
törvényszék *fn* jog court of justice; court; tribunal
törvényszéki *mn* jog juridical; forensic
törvényszéki bíró *fn* jog justice; (*GB*) magistrate
törvényszéki szakértő *fn* jog assessor * **Független törvényszéki szakértők alkalmazása szükséges az ügy tisztázásához.** Independent assessors should be recruited to clear up the case.
törvényszerű *mn* jog legal; lawful
törvénytelen *mn* jog illegal; unlawful; illegitimate
törvénytelenség *fn* jog illegality
törvénytervezet *fn* jog (*állam által benyújtott*) government bill
törzsalaptőke *fn* tőzsde (*a törzsrészvényesekhez tartozó társasági tőke*) equity capital; equity
törzsidő *fn* (*rugalmas munkaidő-beosztásnál az az időszak, amikor a munkahelyen kell lenni*) core time
törzsrészvény *fn* tőzsde (*GB*) common share; (*US*) common stock; (*a törzsrészvényesekhez tartozó társasági tőke*) equity; (*GB*) equity share; (*GB*) ordinary share; (*US*) ordinary stock
törzsrészvény befektetési alap *fn* tőzsde equity fund
törzsrészvények piaca *fn* tőzsde equity market
törzstőke *fn* tőzsde capital stock; equity capital; share capital
törzstőkerész *fn* tőzsde (*GB*) equity share

törzsvásárló *fn* ker regular customer

tőzsde *fn* tőzsde stock exchange; exchange; bourse; stock market; market * **Egy szakértő szerint a világ tőzsdéin nem várható emelkedés, amíg a vállalatok nem tudnak további bizonyítékkal szolgálni a jövedelmek emelkedéséről.** An expert said that bourses around the globe would not move higher until companies could provide further evidence of earnings growth.

tőzsde összeomlása *fn* tőzsde stock exchange crash

tőzsdeanalízis *fn* tőzsde market analysis

tőzsdebizományos *fn* tőzsde dealer

tőzsdei alkusz *fn* tőzsde exchange broker

tőzsdei ár *fn* tőzsde market price

tőzsdei árfolyam *fn* tőzsde stock market price; market price

tőzsdei híradás *fn* tőzsde market report

tőzsdei jegyzés *fn* tőzsde stock exchange listing; stock exchange quotation; quotation

tőzsdei kereskedelem *fn* tőzsde stock exchange dealings

tőzsdei klíma *fn* tőzsde market conditions

tőzsdei kötés *fn* tőzsde exchange transaction

tőzsdei műveletek *fn* tőzsde stock exchange dealings

tőzsdei nyitva tartás *fn* tőzsde trading hours

tőzsdei órák *fn* tőzsde market hours; trading hours

tőzsdei összeomlás *fn* tőzsde stock market crash; slump

tőzsdei ügylet *fn* tőzsde exchange transaction

tőzsdei üzérkedés *fn* tőzsde stock-jobbing

tőzsdei üzletek *fn* tőzsde stock exchange dealings

tőzsdeidő *fn* tőzsde session; trading hours

tőzsdejáték *fn* tőzsde stock-jobbing

tőzsdejátékos *fn* tőzsde speculator

tőzsdeképes *mn* tőzsde listed; quoted; marketable

tőzsdekrach *fn* tőzsde stock exchange crash; stock market crash

tőzsdén jegyzett *mn* tőzsde listed; quoted on the stock exhange

tőzsdenap *fn* tőzsde session

tőzsdés *fn* tőzsde stockbroker; operator; speculator

tőzsdeügylet(ek) *fn* tőzsde stock exchange transaction(s); stock exchange dealings

tőzsdeügynök *fn* tőzsde stockbroker; exchange broker; (*GB*) (*saját számlára dolgozó*) stockjobber

tőzsdézés *fn* tőzsde speculation

transzfer *fn* handover

transzferbevételek *fn* transfer income

transznacionális *mn* transnational

tranzakció *fn* transaction * **üzleti/ kereskedelmi/pénzügyi tranzakció** business/commercial/financial transaction

tranzakciós díj *fn* pénzügy transaction fee

tranzakciós költségek *fn* pénzügy transaction costs

tranzit *fn* száll transit

tranzitáru-biztosítás *fn* bizt transit insurance

tranzitáru *fn* száll goods in transit

tranzitforgalom *fn* száll transit

tréner *fn* trainer

trojka *fn* EU (*az EU-tagállamok külkapcsolati ügyeit képviselő testület*) Troika

tröszt *fn* trust

trösztellenes törvények *fn* jog antitrust laws

tudakozódik *ige* enquire

tudósít *ige* inform; report

tudósítás *fn* report

tulajdon *fn* property; ownership; possession; domain

tulajdon átruházása *fn* jog transfer of title

tulajdon értékesítése *fn* ker disposal of property

tulajdon-átruházás *fn* jog transfer of title

tulajdoni lap *fn* jog land record

tulajdonjog *fn* ownership; possession jog title

tulajdonjog átruházása *fn* jog transfer of ownership; transfer of title

tulajdonjog fenntartása *fn* jog reservation of title

tulajdonjog megszerzése *fn* jog acquisition of ownership

tulajdonos *fn*
1. owner; proprietor
2. ker (*dokumentum/okmány/csekk/váltó birtokosa*) bearer

tulajdonostárs *fn* co-owner

tulajdonság *fn* attribute; property

túlbecslés *fn* (*értéken felüli*) overestimation; overestimate; overvaluation

túlbecsül *ige* overestimate; overrate

túlbiztosít *ige* overinsure

túldiszponált bankszámla *fn* bank bank overdraft

túlértékel *ige* overestimate; overrate

túlértékelés *fn* overestimate; overvaluation

túlhalad *ige* supersede

túlkínálat *fn*
1. oversupply * **Támogatták a javaslatot, de figyelmeztettek, hogy a túlkínálat az ősszel csökkentheti az olajárakat.** They supported the proposal but cautioned that oversupply could deflate oil prices in the autumn.
2. ker glut

túllép *ige* exceed * **Túllépte hitelkorlátját.** He has exceeded his credit limit.

túlóra *fn* overtime * **Sokat túlórázok minden héten, és körülbelül 60 órát dolgozom hetente.** I do a large amount of overtime each week and work an average of 60 hours per week.

túlórapótlék *fn* overtime

túlórázik *ige* do overtime

túlszámlázás *fn* overcharge

túlterhelés *fn* overcharge

túltermelés *fn* overproduction * **Május elseje után, az újonnan belépő országokban nem lehet új szőlőket telepíteni, a kontinens jelentős túltermelése miatt.** After May 1, the newcomer nations will not be able to plant new grapes because of significant overproduction across the continent.

túlzó állítás *fn* overstatement

turista- *mn* touristic

turisztikai *mn* touristic

turizmus *fn* tourism

tüntet *ige* demonstrate

tüntetés *fn* demonstration

türelmi idő *fn* grace period

tűréshatár *fn* margin of error

tűrhető *mn* fair

U, u, Ú, ú

újdonság *fn* innovation ∗ **A biotechnológia fejlődése további újdonságokat fog eredményezni.** Advances in biotechnology will produce further innovations.

újít *ige* innovate
újítás *fn* innovation
újító *mn* innovative
újjáépítés *fn* redevelopment
újjászervez *ige* reorganize
újjászervezés *fn* reorganization
újonnan felvett kölcsön *fn* bank new borrowing
újonnan iparosodott országok *fn* newly industrialising countries **NB: röv NIC** ∗ **A fejlett országok legkomolyabb versenytársai az újonnan iparosodott országok egy kis csoportja, amelyek termelékenysége a fejlett országokénál sokkal gyorsabban nő.** The most severe competition for advanced countries comes from the small number of newly industrialising countries whose productivity growth rate is much faster than that of advanced countries.

újra eloszt *ige* (*hivatalosan eldönt, hogy vmit más célra fognak használni, fordítani*) reallocate
újra feldolgoz *ige* recycle
újra feldolgozott *mn* recycled
újrabefektetés *fn* reinvestment
újraelosztás *fn* redistribution ∗ **jövedelmek/hatalom/vagyon újraelosztása** redistribution of incomes/power/wealth
újra-előállítás *fn* ipar reproduction
újraértékel *ige* revalue
újraértékelés *fn* revaluation
újrafeldolgozás *fn* recycling
újrafelhasználás *fn* recycling

újrafelhasználható csomagolás *fn* reusable pack
újrafelosztás *fn* redistribution
újra hasznosít *ige* recycle
újrahasznosítás *fn* recycling
újrahasznosított *mn* recycled ∗ **Az újrahasznosított papír termelése 30–50%-kal kevesebb energiát emészt fel, mint az új papír fából történő előállítása.** Recycled paper production uses 30% to 50% less energy than making new paper from trees.
újratermel *ige* reproduce
újratermelés *fn* ipar reproduction
újratőkésítés *fn* pénzügy (*ha a menedzsment meg akarja óvni a céget a felvásárlástól, nagy adósságot hoz létre pénzösszegek kölcsönzésével, amit aztán később osztalékként kifizet a részvényeseknek*) recapitalization
unió *fn* union
ural *ige* control
uralkodik *ige* rule ∗ **Az Egyesült Királyságban a versenytársak heves versengése ellenére a Tesco uralkodik.** In the UK, Tesco rules the roost despite fierce competition from rivals.
uralom *fn* control
út *fn* száll route ∗ **A legrövidebb úton utaztunk a tárgyalásra.** We travelled to the negotiation by the shortest route.
útadó *fn* (*GB*) road tax
utal vkire/vmire *ige* imply
utalás vkire/vmire *fn* reference **NB: röv re.; Ref.; ref.**
utalvány *fn* voucher; (*kedvezményre jogosító*) coupon
utalványos *fn* bank (*csekké*) payee
utalványoz *ige* pénzügy transfer; remit
utalványozás *fn* pénzügy remittance
utalványozó *fn* bank drawer
utalványozott *fn* bank drawee

utánaküld *ige* száll forward ✱ **Az igazgató intézkedett, hogy küldjék utána a leveleit.** The manager arranged for his letters to be forwarded.

utánanéz vminek *ige* consult

utángyártás *fn* ipar copy

utánrendel *ige* ker reorder

utánrendelés *fn* ker repeat order

utánvét(tel) *fn* ker (*a gyártó/eladó abban az esetben küldi el a megrendelőnek az árut, ha a vevő a postásnak vagy a szállítónak kifizeti az árut és a szállítási díjat a leszállításkor*) (*GB*) cash on delivery **NB: röv C.O.D.;** (*US*) collect on delivery **NB: röv C.O.D.**

utánzat *fn* copy

utánnyomási engedély *fn* jog copyright

utasbiztosítás *fn* bizt travel insurance

utasít *ige* order; direct; instruct

utasítás *fn*
1. order; directive; instruction; direction; disposition ✱ **követi az utasításokat** follow the instructions ✱ **figyelmen kívül hagyja az utasításokat** disregard/ignore the instructions
2. (*ált. kormány vagy elnök által kibocsátott*) decree
3. jog warrant

utasítási lánc *fn* (*olyan menedzsment rendszer, ahol a különböző utasításokat egyre lejjebb lévő szintekre küldik*) chain of command

utasítási viszonyok *fn* (*olyan menedzsment rendszer, ahol a különböző utasításokat egyre lejjebb lévő szintekre küldik*) chain of command

utasszállítás *fn* száll transport; (*US*) transportation of passangers

utazási csekk *fn* (*GB*) traveller's cheque; (*US*) traveler's check

utcai árus *fn* vendor

útmutatás *fn* guidance

útnak indít *ige* száll dispatch; consign

utód *fn* successor ✱ **utódot kinevez/választ/talál** appoint/choose/find a successor ✱ **lehetséges utód** likely/possible/potential successor

utódlás *fn* jog succession

utódlástervezés *fn* (*annak megtervezése, hogy egyes munkaköröket, tisztségeket ki fog átvenni*) succession planning

utolérhetelen vmiben *mn* unrivalled *in*

utószervíz *fn* ker (*eladás utáni karbantartás, javítás*) after-sales service

utószezon *fn* post season

útvonal *fn* száll route

Ü, ü, Ű, ű

ügy *fn* matter; issue
ügyek *fn* affairs * **vállalati ügyek** affairs of the company
ügyfél *fn*
1. client
2. ker customer
3. jog party
ügyfélkör *fn* ker (*a szolgáltatásokat rendszeresen igénybe vevő ügyfelek*) clientele; customer base; range of customers; circle of customers
ügyfélszolgálat *fn* ker customer service
ügyfélszolgálati menedzser *fn* ker customer service manager
ügyfélszolgálati vállalat *fn* service company
ügyintézés *fn* administration; dispatch
ügyintézési díj *fn* handling charge
ügyirat *fn* document **NB: röv Doc.**; file
ügykezelés *fn* processing
ügylet *fn* transaction; deal; dealings; operation; business; (*kockázatos*) venture * **ügyletbe kezd** engage in/enter into a transaction
ügyleti költség *fn* pénzügy transaction fee
ügyletkötés *fn* transaction
ügyletkötési költségek *fn* pénzügy transaction costs
ügymenet *fn* procedure; (*tárgyalandó témák módszeres elrendezése értekezleten, megbeszélésen*) order of business
ügynök *fn*
1. agent; broker
2. ker (*férfi vagy nő*) salesperson; factor; (*férfi*) salesman; (*nő*) saleswoman
ügynöki jutalék *fn* broker's commission; brokerage commission
ügynökség *fn* agency
ügynökségi forgalom *fn* ker billing
ügyosztály *fn* department

ügyrend *fn*
1. (*tárgyalandó témák módszeres elrendezése értekezleten, megbeszélésen*) order of business
2. jog order
3. jog (*egy testület, szervezet stb. üléseinek menetét meghatározó szabálysor*) standing orders
ügyvéd *fn* jog lawyer; legal counsel; counsel; attorney; (*bíróság előtti felszólalási joggal rendelkező*) (GB) barrister; (*magasabb bíróság előtti felszólalási jog nélkül*) (GB) solicitor
ügyvédi iroda *fn* jog law firm
ügyvédi költségek *fn* jog legal charges; legal costs
ügyvédi meghatalmazás *fn* jog power of attorney **NB: röv P/A; p.a.; POA**
ügyvezetés *fn* management; directorate
ügyvezető *fn* manager; executive; director
ügyvezető igazgató *fn* managing director **NB: röv MD**; executive manager
ügyvezető testület *fn* executive body
ügyvitel *fn* administration; management; direction
ügyvivő kormány *fn* standby government
ülés *fn* meeting; convention; session; sitting
ülésberekesztés *fn* closure
ülésezik *ige* sit
ülésterem *fn* boardroom
ülésvezető *fn* chairperson
ülésszak *fn* session
üres *mn* blank; (*pl. állás*) vacant * **Kérjük, hogy megjegyzéseit az üres mezőbe írja!** Write your comments in the blank space, please.
üres csomagolás *fn* ker dummy
üresedés *fn* vacancy; (*amikor egy álláshely/tisztség egy időre betöltetlen, mert eddigi betöltője váratlanul eltávozott*) casual vacancy * **Előléptették, amikor a londo-**

ni irodában megüresedett egy állás. She was promoted when a vacancy came up in the London office.
űrlap *fn* form; blank * **Éppen átfaxolták a rendelési űrlapot.** They have just faxed the order form.
ütemez *ige* schedule
ütemezés *fn* scheduling; schedule
ütemterv *fn* schedule
űz *ige (foglalkozásszerűen)* engage **in**; (*pl. szakmát*) exercise
üzem *fn* ipar plant; shop floor; production facility; works; shop
üzemanyag *fn* fuel
üzembe helyez *ige* instal(l); put into operation
üzemben lévő *mn* working
üzembezárás *fn* ipar shutdown
üzemegység *fn* ipar division
üzemeltet *ige* operate; run; work
üzemeltetés *fn* operation; working
üzemeltetési költség(ek) *fn* operating cost(s); running costs
üzemen belüli *mn* intra-plant; in-house; internal
üzemen kívül *mn* (*nem működik*) out of order
üzemen kívül helyez *ige* ipar close down
üzemgazdaság *fn* business administration
üzemgazdasági adatok *fn* operating data
üzemgazdaságtan *fn* business administration; business economics
üzemi általános költségek *fn* ipar factory expenses
üzemi baleset *fn* ipar work accident; industrial accident
üzemi dolgozó *fn* ipar shop floor worker
üzemi kiadások *fn* ipar operating expenditure(s)
üzemi költségek *fn* ipar operating expenses; business expenses
üzemi költséghelyi elszámolás *fn* ipar activity accounting
üzemi munkás *fn* ipar shop floor worker
üzemi ráfordítások *fn* ipar operating expenditure(s)
üzemi tőke *fn* operating capital

üzemi viszonyok *fn* operating conditions
üzemigazgatóság *fn* management
üzemképes állapot költségei *fn* standby costs
üzemkiesés *fn* ipar outage
üzemkiesési idő *fn* ipar (*vmilyen fennakadás miatt* (*pl. alapanyaghiány*) *nem folyik termelés, de a munkás megkapja bérét*) downtime; outage
üzemköltség(ek) *fn* operating cost(s)
üzemleállás *fn* ipar shutdown
üzemszervezés *fn* business management
üzemszervezési tanácsadó *fn* management consultant
üzemszünet *fn* ipar shutdown
üzemterület *fn* ipar working area
üzemvezetés *fn*
1. business management; management
2. ipar operational management
üzemvezető *fn* ipar production manager
üzemzárlat *fn* breakdown
üzemzavar *fn* ipar failure; breakdown; interruption
üzenet *fn* message * **üzenetet hagy** leave a message * **üzenetet átvesz** take a message
üzér *fn* speculator
üzérkedés *fn* speculation
üzlet *fn*
1. business; deal; dealings; (*kockázatos*) venture * **jövedelmező üzlet** a lucrative business * **visszalép egy üzlettől** call off a deal * **üzletet köt vkivel** close/cut/clinch/do/reach a deal with sy
2. ker shop; store; trade
üzletág *fn* line of business; division; branch
üzletalapítás *fn* establishment
üzletasszony *fn* businesswoman
üzletbezárás *fn* closing down of business
üzletbővülés *fn* business expansion
üzletember *fn*
1. businessman
2. ker merchant
üzletév *fn*
1. business year
2. pénzügy financial year
3. ker trading year
üzletgazdaságtan *fn* business economics

üzlethálózat *fn* ker (*olyan boltcsoport, mely minden tagjának ugyanaz a tulajdonosa és kb. ugyanazokat a termékeket árusítja*) chain store

üzleti barométer *fn* (*megmutatja a piacot és annak változásait, segít a döntéshozatalban*) business barometer

üzleti beszámoló *fn* számv statement

üzleti ciklus *fn* business cycle

üzleti erkölcs *fn* business ethics

üzleti érték *fn* ker (*vevőkör, törzsvásárlók által biztosított versenyelőny*) goodwill

üzleti érzék *fn* business flair

üzleti etika *fn* business ethics * **Az üzleti sikerhez a jó kereskedelem és a szilárd üzleti etika tökéletes kombinációja szükséges.** If you want to be successful in business, you need the perfect combination of good commerce and sound business ethics.

üzleti év *fn*
1. pénzügy fiscal year; financial year
2. ker trading year

üzleti feltételek *fn* business conditions

üzleti forgalom *fn*
1. turnover; dealings
2. ker sales volume

üzleti korlátozás *fn* ker restraint on trade

üzleti költségek *fn* business expenses

üzleti könyv *fn* számv (*kettős könyveléskor használt könyv(ek)*) ledger

üzleti mérleg *fn* számv (*általában a pénzügyi év végén elkészített kimutatás egy cég pénzügyi helyzetéről*) balance sheet

üzleti negyed *fn* ker shopping precinct

üzleti nyitvatartási idő *fn* business hours

üzleti pozíció *fn* (*szilárd, biztos üzleti állapot*) foothold

üzleti prioritások *fn* business priorities

üzleti ráfordítás(ok) *fn* operating cost(s)

üzleti sikertelenség *fn* business failure

üzleti stratégia *fn* business strategy

üzleti terjeszkedés *fn* business expansion

üzleti terv *fn* business plan

üzleti tervezés *fn* business planning

üzleti tevékenység *fn* business

üzleti titok *fn* trade secret

üzleti ügyvitel *fn* business administration

üzleti vállalkozás *fn* business enterprise; business * **üzleti vállalkozásba kezd** go into business/engage in business/set up a business/take up a business

üzletképes *mn* entrepreneurial

üzletkötés *fn*
1. transaction
2. ker bargain

üzletkötések *fn* tőzsde trading

üzletkötési képtelenség *fn* jog incapacity to contract

üzletkötő *fn* ker sales representative **NB: röv sales rep;** (*férfi vagy nő*) salesperson; (*férfi*) salesman; (*nő*) saleswoman; (*GB*) sales executive

üzletlánc *fn* ker (*olyan boltcsoport, mely minden tagjának ugyanaz a tulajdonosa és kb. ugyanazokat a termékeket árusítja*) chain store

üzletmenet *fn* course of business

üzletpolitika *fn* policy

üzletrész *fn* share; interest

üzletszerző *fn* ker (*férfi vagy nő*) salesperson; (*férfi*) salesman; (*nő*) saleswoman; (*US*) solicitor

üzlettárs *fn* partner; co-partner

üzlettársulás *fn* (*több nagy társaság egyesülése bizonyos célra és időszakra*) consortium

üzlettelenség *ige* ker slackness in sales

üzlettulajdonos *fn* ker shopkeeper

üzletvezetés *fn* management; business management; directorate

üzletvezetési tanácsadó *fn* management consultant

üzletvezető *fn* managing director **NB: röv MD**

Ü

V, v

vád *fn*
1. blame
2. jog accusation; charge * **vádat emel vki ellen** bring a charge against sy * **Ez a vád nem tartható fenn.** This accusation will not bear investigation. * **Felmentették a vádak alól.** He was acquitted of the charges.

vádaskodás *fn* blame

vádat emel *ige* jog indict

vádemelés *fn* jog prosecution; accusation; indictment

vádirat *fn* jog indictment

vádlott *fn* jog defendant

vádol *ige* jog accuse *of*; charge; incriminate * **Sikkasztással vádolják.** She has been accused of embezzlement.

vagyon *fn* pénzügy capital; property; wealth; means; resource(s) * **Nincs magánvagyona.** He has no private means.

vagyonadó *fn* adó capital tax; property tax; wealth tax * **A vagyonadó bevezetésének elhalasztásával sikerült feldühítenie néhány párttársát.** He managed to infuriate some in his own party by postponing the introduction of a wealth tax.

vagyonátruházás *fn* jog cession

vagyonból származó jövedelem *fn* unearned income

vagyonegyesítő társaság *fn* company

vagyonérték *fn* számv *(társasági)* valuation

vagyonértékelő *fn* valuer

vagyoni előny *fn* benefit

vagyoni helyzet *fn* pénzügy financial position; financial standing

vagyoni kár *fn*
1. bizt damage to property
2. pénzügy financial loss

vagyoni kimutatás *fn* pénzügy financial statement

vagyonkezelés *fn* jog custody; trusteeship

vagyonkezelő *fn* jog trustee; fiduciary

vagyonkezelői jog *fn* jog trusteeship

vagyonnövekedés *fn* pénzügy capital gain

vagyonnyilatkozat *fn* pénzügy financial statement

vagyonösszetétel *fn* portfolio

vagyonrész *fn* holding

vagyontárgy *fn* asset; property

vagyontárgyak *fn* goods

vagyonterhek *fn* charges on assets

vagyonvizsgálat *fn* *(annak eldöntésére, hogy vki jogosult-e vmilyen támogatásra anyagi helyzete alapján)* means test

válasz *fn* jog answer *to* * **válasz egy vádra; vád elleni védekezés** answer to a charge * **pontatlan válasz** loose answer

választ *ige* *(tagnak, elnöknek stb.)* vote; elect; opt

választás *fn* election; voting

választási lehetőség *fn* option

választék *fn* choice; variety; assortment; selection * **jó/nagy/változatos/széles választék** a good/large/varied/wide selection * **választékot kínál/nyújt** offer/provide variety

választékbővítés *fn* product diversification

választékmélység *fn* ker vertical range

választékot bővít *ige* diversify * **Módot kell találniuk a termékválasztékuk bővítésére.** They will have to find a way to diversify their portfolio of products.

választmány *fn* board

választmányi tag *fn* board member

választójog *fn* jog suffrage; vote; voting right; right to vote * **általános választójog** universal suffrage

választók *fn* constituency

V

választókerület *fn* constituency; *(GB)* ward

választókörzet *fn* constituency; *(GB)* ward

választótestület *fn* constituency

vall *ige* jog plead

vállal *ige*
1. adopt; bear; shoulder; undertake; *(kockázatot)* incur * **Megkérték, hogy vállalja a költségeket.** He was asked to bear the expenses.
2. jog *(kötelezettséggel)* contract
3. bizt *(biztosítást, biztosítási felelősséget)* underwrite

vállalás *fn* jog adoption * **szerződés vállalása** adoption of contract

vállalat *fn* company; corporation; concern; enterprise; firm; business; undertaking * **állami vállalat** state-owned company/enterprise

vállalat kivásárlása *fn* ker buyout * **A tervezett, 2,5 milliárd fontos kivásárlást elhalasztották.** The planned £2.5bn buyout was shelved.

vállalatcsoport *fn* concern; group of companies

vállalat-gazdaságtan *fn* business economics

vállalati adó *fn* adó corporation tax

vállalati arculat *fn* *(vállalkozás egységes megjelenése)* corporate identity

vállalati cél *fn* corporate goal; corporate objective

vállalati célkitűzés *fn* company objective

vállalati eredmény *fn* corporate profit

vállalati haszon *fn* corporate profit

vállalati imázs *fn* *(cég külső megjelenési képe, cégről alkotott kép)* corporate image

vállalati jogtanácsos *fn* jog solicitor

vállalati kötvény *fn* pénzügy *(US)* corporate bond

vállalati kultúra *fn* corporate culture

vállalati menedzsment *fn* corporate management

vállalati nyereség *fn* corporate profit

vállalati nyugdíj *fn* company pension

vállalati pénzügyek *fn* pénzügy corporate finance; business finance

vállalati prioritások *fn* business priorities

vállalati ranglétra *fn* corporate ladder * **A vállalati ranglétrán felemelkedve, 1987-ben lett a McDonald's International Inc elnöke.** Ascending the corporate ladder, he became president of McDonald's International Inc in 1987.

vállalati stílus *fn* *(vállalkozás egységes megjelenése)* corporate identity

vállalati stratégia *fn* company strategy; corporate strategy

vállalati szektor *fn* corporate sector * **Reméli, hogy az Enron-ügy és más botrányok után újra fel lehet építeni a vállalati szektor iránt érzett bizalmat.** He hopes that trust in the corporate sector could be rebuilt after the troubles of Enron and other scandals.

vállalati tervezés *fn* corporate planning

vállalati vagyon *fn* business assets

vállalatkép *fn* *(cég külső megjelenési képe, cégről alkotott kép)* corporate image

vállalaton belüli *mn* in-house; internal * **Egy vállalaton belüli revízió problémákat talált a bank pénzügyi dokumentumaiban.** An internal audit found problems in the bank's financial documents.

vállalaton belüli revízió *fn* internal audit

vállalaton kívüli gazdaságosság *fn* pénzügy external economies

vállalaton kívüli megtakarítások *fn* pénzügy external economies

vállalatvezetés *fn* business management; management

vállalatvezetési tanácsadó *fn* management consultant

vállalatvezető *fn* business manager; manager; executive; director

vállalatvezetőség *fn* corporate management

vállalkozás *fn* enterprise; business; company; undertaking; *(kereskedelmi v. ipari)* concern; *(ált. kockázattal járó üzlet)* venture * **Nyereséges családi vállalko-**

zásunk van. We have a profitable family business.
vállalkozás jogi formája *fn* business form
vállalkozás saját tőkéje *fn* pénzügy venture capital
vállalkozás vmire *fn* undertaking
vállalkozásbővítés *fn* business expansion
vállalkozási *mn* entrepreneurial
vállalkozási cél *fn* corporate objective; corporate goal
vállalkozó *fn*
1. entrepreneur; self-employed; self-employed person; businessman; businesswoman
2. ker contractor
vállalkozó kedv *fn* initiative; drive
* **Az osztályon sok vállalkozó kedvű fiatal van.** At the department here are mainly young people with plenty of drive.
vállalkozó szellem *fn* enterprise
vállalkozói *mn* entrepreneurial
vállalkozói díj *fn* jog contract price
vállalkozókészség *fn* enterprise
vállalt kötelezettség *fn* jog burden
vallomás *fn* jog statement
valódi *mn* genuine
válogatás *fn* selection
valójában *hat* lat de facto
valorizáció *ige* pénzügy *(egyes kifizetéseket az árváltozásoknak megfelelően módosítanak, azaz csökkentenek vagy növelnek)* indexation
valorizál *ige* pénzügy *(valutát)* valorize
valorizálás *fn* pénzügy *(vmely árucikk, szolgáltatás stb. árának mesterséges eszközökkel történő meghatározása, majd ezen ár fenntartása)* valorization
valóságos *mn* lat de facto
valószínű *mn* expected
válságkezelés *fn* crisis management
válságmenedzselés *fn* crisis management
válságmenedzsment *fn* crisis management
válságterv *fn* *(előre nem látható események bekövetkezésére készített terv)* contingency plan

váltakozás *fn* variation
váltakozik *ige* alternate; vary
váltás *fn*
1. shift
2. bank exchange
váltó *fn* pénzügy bill; *(GB)* bill of exchange **NB: röv B/E; b.e.;** draft **NB: röv df.; dft.;** note
* **elfogadja a váltót** honour the bill
* **váltót kifizet** meet a bill
váltóadós *fn* bank drawee
váltóadósság *fn* pénzügy note payable
váltóbank *fn* bank *(ált. kereskedelmi bank, mely jutalék ellenében váltókat fogad el)* accepting house; merchant bank
váltódiszkontálás *fn* bank bank discount
váltogat *ige* alternate
váltóhitel *fn* bank acceptance credit
váltóintézvény *fn* pénzügy draft **NB: röv df.; dft.**
váltókezesség *fn* pénzügy *(GB)* guarantee; *(US)* guaranty
váltókibocsátás *fn* pénzügy flotation
váltókötelezettség *fn* pénzügy acceptance liability; note payable
váltókövetelések *fn* pénzügy bills receivable **NB: röv B.R.; b.r.; b/r.; b.rec.**
váltóművelet *fn* pénzügy exchange transaction
váltópénz *fn* pénzügy change; coin
változás *fn* change; shift; variation
változatossá tesz *ige* diversify
változatossá tétel *fn* diversification
változatosság *fn* diversification
változékony *mn* volatile
változékonyság *fn* volatility
változik *ige* vary; fluctuate
változó *mn* variable * **változó kamatláb** variable interest rate
változó haszonrés *fn* variable gross margin
változó költségek *fn* variable costs
változtat *ige* amend; vary
változtatás *fn* change; alteration; amendment * **Ezen változtatások javíthatnák a cég teljesítményét.** These alterations could improve the company's performance.
valuta *fn* pénzügy currency

valutaárfolyam *fn* pénzügy foreign exchange rate; rate of exchange * **Áraink a megjelenéskor érvényben lévő valutaárfolyamon lettek megállapítva.** Our prices are calculated on rates of exchange in existence at the time of publication.

valutaátváltás-szabályozás *fn* pénzügy (*állami szabályok a valuták szabad mozgásának korlátozására azért, hogy védjék az ország valutájának külső árfolyamát*) exchange control

valutakosár *fn* pénzügy currency basket; basket of currencies

valutaleértékelés *fn* pénzügy currency devaluation

valutaleértékelődés *fn* pénzügy currency depreciation

valutapiac *fn* pénzügy foreign exchange market

valutastabilitás *fn* pénzügy monetary stability

valutatartalékok *fn* pénzügy monetary reserves

valutaügyi *mn* monetary

valutaügynök *fn* tőzsde dealer

vám *fn* adó duty; dues; customs **NB: röv Cstms**

vámáru *fn* ker dutiable goods

vámáru-nyilatkozat *fn* adó customs declaration

vámáru-nyilatkozati űrlap *fn* adó customs declaration form

vámbevallás *fn* adó customs declaration; declaration

vámbevallás *fn* adó entry

vámérték *fn* adó customs value

vámhatóság *fn* adó customs **NB: röv Cstms**

vámilleték *fn* adó tariff

vámjellegű korlátozás *fn* ker tariff barrier

vámkezelés *fn* ker customs clearance; clearance; clearing

vámkezeltet *ige* ker clear * **Az árut már vámkezel(tet)ték.** The goods have been cleared through customs.

vámköteles *mn* ker customable; dutiable; liable to duty; taxable

vámköteles áru *fn* ker dutiable goods

vámmentes *mn* ker duty-free; tax-free; tariff-free; toll-free; exempt from customs

vámmentesen *hat* adó tax-free

vámmérték *fn* ker tariff rate

vámnyilatkozat *fn* ker customs declaration; declaration; entry

vámokmány *fn* száll (*vámraktárból exportálandó áruhoz*) shipping bill

vámolás *fn* ker clearing; customs clearance

vámolásra bejelent *ige* adó declare

vámőrizet *fn* ker (*csak a vám megfizetése után lehet innen elvinni az árut*) bond

vámpolitika *fn* ker customs policy

vámraktározás *fn* warehousing

vámsorompó *fn* ker customs barrier; tariff barrier; tariff wall * **Megszüntették a vámsorompót Kasmír és India között.** The customs barrier between Kashmir and India has been lifted.

vámszabad-raktárban való elhelyezés *fn* warehousing

vámszemle *fn* inspection; survey

vámtarifa *fn* ker customs tariff; tariff

vámtétel *fn* ker tariff rate

vámunió *fn* (*országok egy vámterülethez sorolása, amelyen belül nincsenek illetékek*) customs/tariff union

vámügy *fn* customs **NB: röv Cstms**

vámvizsgálat *fn* ker customs clearance; inspection

vándorlás *fn* migration

várakozás *fn* expectancy; prospect

váratlan nagy nyereség *fn* bonanza

váratlan nyereség *fn* windfall profit

várható *mn* expected; due * **A delegáció érkezésének várható ideje öt óra.** The delegation's expected time of arrival is 5 o'clock. * **A szállítmány hétfő reggelre várható.** The transport is due on Monday morning.

várható életkor *fn* life expectancy

várható élettartam *fn* life expectancy

variancia *fn* variance

városi *mn* municipal

várt *mn* anticipated

vásár *fn* ker exhibition; fair

vásárlás *fn* ker purchase; purchasing

vásárlás erőltetése *fn* ker pressure to buy

vásárlási jog *fn* jog option to purchase
vásárlási kényszer *fn* ker pressure to buy
vásárlási készség *fn* ker consumer acceptance
vásárlási kötelezettség *fn* tőzsde obligation to buy
vásárlási szelvény *fn* tőzsde talon
vásárlási utalvány *fn* coupon
vásárlásösztönzés *fn* sales promotion
vásárló *fn* ker customer; buyer; purchaser; shopper; (*aki nagy mennyiségben vásárol*) quantity buyer; client * **Figyelmeztetik a vásárlókat, hogy az elemeket gondosan egy megfelelő gyűjtőbe dobják.** They remind clients they should dispose of batteries carefully at an appropriate waste disposal facility.
vásárlóerő *fn* ker purchasing power; spending power
vásárlóerő stabilitása *fn* stability of purchasing power
vásárlóerő-paritás *fn* ker purchasing power parity
vásárlói elégedettség *fn* ker customer satisfaction
vásárlói magatartás *fn* ker buyer behavio(u)r
vásárlói piac *fn* ker buyer's market
vásárol *ige*
1. ker buy; purchase; (*céget, üzleti tevékenységet stb.*) take over
2. pénzügy (*értékpapírokat; csökkenő árfolyamoknál rendszeresen*) scale down
3. pénzügy (*értékpapírokat, emelkedő árfolyamoknál rendszeresen*) scale up
vastartalék *fn* (*olcsón vett áruk készlete, amelyet arra az időre tartogatnak, amikor nem lesz bőséges kínálat és az árak magasak lesznek*) safety stock
vázlat *fn* draft
vázol *ige* draw
véd *ige* defend
védelem *fn*
1. safeguard
2. jog defence
védett forma *fn* registered design
védett formaterv *fn* registered design

védett modell *fn* registered design
védjegy *fn* ker trademark; (*egy termék vagy szolgáltatás általában bejegyzett védjegye, aminek alapján a vevő azonnal azonosíthatja a gyártót/szolgáltatót és a termék/szolgáltatás minőségét*) brand; brand name; label; mark * **védjegyet bejegyez** register a trademark
védnökség *fn* patronage; sponsorship
védőbeszéd *fn* jog plea
védővám *fn* adó protective duty; protective tariff
védővám-politika *fn* ker protectionism
védővámrendszer *fn* ker protectionism
védzáradék *fn* EU safeguard clause
végelszámolás *fn* számv (*ált. ugyanaz, mint az éves elszámolás*) final accounts
végérvényes *mn* determinate
véget ér *ige* jog determine
véget vet *ige* jog determine
végfelhasználó *fn* (*aki ténylegesen elfogyasztja, felhasználja a terméket*) end consumer; end-user; ultimate consumer
véghez visz *ige* execute
végkiárusítás *fn* ker clearance sale; clearing
végkielégítés *fn* redundancy package; severance package; severance pay(ment); compensation; payoff; (*vezető beosztású alkalmazottaknak fizetett nagy összegű végkielégítés*) golden handshake; (*GB*) redundancy pay; (*GB*) gratuity * **1,5 millió fontos végkielégítést ajánlottak neki, hogy idén nyáron mondjon fel a Proxo társaságnál.** He has been offered a £1.5m golden handshake to quit Proxo Co. this summer.
végkielégítés összege *fn* indemnity
végleges *mn* determinate
végleges alkalmazás *fn* jog tenure
véglegesítés *fn* jog tenure
végösszeg *fn* sum total
végrehajt *ige*
1. implement; accomplish; realize; fulfil; carry out; transact; render; put through; manage * **döntést végrehajt** carry out a decision
2. jog enforce; execute * **utasítást végrehajt** execute an order

végrehajtás *fn*
1. implementation; accomplishment; completion
2. jog foreclosure

végrehajtható *mn* realizable

végrehajtó hatalom *fn* executive power * **végrehajtó hatalommal való visszaélés** abuse of executive power

végrehajtó testület *fn* executive body

végrendelkező *fn* jog testator * **A magyar jog szerint a végrendelkező arra hagyhatja vagyonát, akire akarja.** Hungarian law recognises that a testator can leave his estate to whomsoever he wishes.

végső fogyasztó *fn* (*aki ténylegesen elfogyasztja, felhasználja a terméket*) end consumer; end-user; ultimate consumer

végső határidő *fn* closing date

végső kidolgozás *fn* ipar finish

végül *hat* terminally

végzés *fn* jog order; writ; (*polgári peres eljárás végén kiadott bírósági utasítás*) decree

végzettség *fn* qualification * **végzettséget megszerez** acquire/gain/get/obtain qualification

vegyes *mn* miscellaneous **NB: röv misc.**

vegyes konszern *fn* (*diverzifikált struktúrával rendelkező vállalat*) conglomerate

vegyes vállalat *fn* (*a vállalkozásban résztvevő felek megállapodás szerint viselik a költségeket és osztoznak a haszonon*) joint venture

vegyeskereskedés *fn* ker (*hosszan nyitva tartó közeli kis bolt, barátságos, személyre szabott közvetlen kiszolgálással*) (*US*) convenience store

vél *ige* consider

velejáró *mn* inherent

vélemény *fn* opinion; judgement

véleményez *ige* inspect; examine

vendég *fn* (*cégnél, vállalatnál stb.*) visitor

vendégfogadó *fn* guesthouse

vendéglátó *fn* (*személy/cég, mely egy rendezvényen a meghívottak ellátásáról gondoskodik*) caterer

vendéglátóipar *fn* catering

vendégmunkás *fn* migrant worker; immigrant worker

ver *ige* (*pénzt*) strike

versengés *fn* competition

verseny *fn* (*ugyanazon a piacon működő felek versengése*) competition * **kemény verseny** fierce/stiff competition

verseny- *mn* ker competitive

verseny kényszerítő ereje *fn* competitive pressure

verseny nyomása *fn* competitive pressure

versenybe száll *ige* compete

versenyben áll *ige* compete

versenybíróság *fn* jury

versenycikk *fn* ker rival product

versenyelőny *fn* (*előny a versenytársakkal szemben*) competitive advantage * **Az informatika lehet a fenntartható versenyelőny forrása.** IT can be a source of sustainable competitive advantage.

versenyez *ige* compete

versenyeztetés *fn* competitive tendering

versenyhivatal *fn* competition council

versenyjog *fn* jog competition law

versenyképes *mn* ker competitive * **Versenyképes árakat kínálunk.** We offer competitive prices.

versenyképes ár *fn* ker keen price

versenyképesség *fn* competitiveness

versenypályázat *fn* competition; tender

versenypályázat kiírása *fn* competitive tendering * **Néhány önkormányzat versenypályázatot írt ki a parkok fenntartására.** Some local authorities went to competitive tendering for the maintenance work in parks.

versenypolitika *fn* competition policy

versenypozíció *fn* ker market position

versenystratégia *fn* ker competitive strategy

versenytárgyalás *fn* tender; public tender; bid

versenytárgyalásra hív *fn* invite to tender

versenytárgyalásra nyújt be *ige* bid

versenytárgyalást ír ki *ige* put out for tender

versenytárs *fn* competitor; rival; contestant * **Lehetséges versenytársként említették meg a nevemet.** They have put forward my name as a prospective contestant.

versenytörvény *fn* jog competition law
versenyzáradék *fn* jog competition clause * **Munkaszerződése nem tartalmaz versenyzáradékot.** He is not subject to any competition clauses in his employment contract.

veszély *fn* hazard
veszélyes hulladék *fn* hazardous waste
veszít *ige* lose; (*értékéből*) dwindle
vésztartalék *fn* (*vészhelyzetre félretett pénzösszeg*) emergency reserve
vesztegetés *fn* jog bribery * **Vesztegetési per előtt áll.** He is awaiting trial for bribery.

vesztegetési összeg *fn* jog bribe
vesztegetési pénz *fn* jog bribe
vészterv *fn* (*előre nem látható események bekövetkezésére készített terv*) contingency plan
veszteség *fn* loss; deficit; wastage; (*pl. termelés, gyártás során bekövetkező*) leakage * **veszteséget csinál vmivel** make a loss on sg * **minimalizálja a veszteséget** cut one's losses
veszteséges *mn* loss-making
veszteséges ár megállapítása *fn* ker underpricing
veszteségidő *fn* ipar delay
veszteségkorlátozó megbízás *fn* tőzsde stop
vétek *fn* fault
vétel *fn* ker purchase; purchasing
vételár *fn* ker purchase price
vételi ajánlat *fn* ker bid
vételi ár *fn* tőzsde buying price
vételi árfolyam *fn*
  1. pénzügy purchase price
  2. bank buying rate of exchange
vételi díjügylet *fn* tőzsde (*jog bizonyos mennyiségű/értékű áru/értékpapír adott időpontban és áron történő megvásárlására*) call
vételi jog *fn* jog option to purchase
vételi megbízás *fn* ker purchase order
vételi opció *fn* tőzsde (*vásárlási szerződés, amelynek értelmében a vételi opció tulajdonosa jogosult arra, hogy felszólítsa a szerződött felet, hogy adja el neki az adott értékpa-*

pírt/árut a szerződésben meghatározott áron) call option; call
vételi pánik *fn* tőzsde panic buying
vételi szerződés *fn* ker bargain
vetélkedés *fn* competition
vételkényszer *fn* tőzsde obligation to buy
vetélytárs *fn* rival; contestant
vétó *fn* veto
vétójog *fn* jog veto * **Olyan területeken, mint az adózás, külpolitika és védelem, az EU-országok megőrzik a vétójogukat.** In areas such as tax, foreign policy and defence, EU countries retain their veto.
vétót emel *ige* veto
vétség *fn* jog (*kevésbé súlyos bűn*) misdemeanour
vevő *fn* ker customer; buyer; purchaser; client; shopper
vevőcsalogató *fn* ker (*az az áru, amit főleg azért tart és ad el a boltos, hogy a vevőket további vásárlásokra csábítsa*) loss leader
vevőkapcsolat menedzsment *fn* ker customer relations management **NB: röv CRM;** customer relationship management **NB: röv CRM**
vevőkör *fn* ker range of customers; customer base; clientele; constituency; custom; (*állandó*) patronage * **Célunk minőségi termékeket kínálni, széles vevőkörnek.** Our objective is to offer quality products to a broad range of customers.
vevőszolgálat *fn* ker customer service
vezérigazgató *fn* chief executive officer **NB: röv CEO;** executive; (*több igazgató és egyéb vezető irányítása a feladata*) general manager
vezérigazgatóság *fn* headquarters **NB: röv HQ**
vezérképviselő *fn* (*teljes körű felhatalmazással rendelkező képviselő*) agent general
vezérlés *fn* control
vezet *ige* manage; direct; control; lead; head; steer; supervise; spearhead
vezet vmit *ige* (*első vmiben*) lead
vezetés *fn*
  1. management; direction; leadership * **Apja nyugdíjba vonulása után**

átvette a cég vezetését. After his father's retirement, he took over the leadership of the firm.

2. **pénzügy** (*ügyvitelé*) controlling

vezetési *mn* managerial

vezetési stílus *fn* management style

vezetési számvitel *fn* számv (*pénzügyi tervezésre vonatkozó számviteli tevékenységek*) account management

vezetési tanácsadó *fn* management consultant

¹vezető *mn* chief; controlling

²vezető *fn* manager; director; chief; (*a cég ügyeinek intézésére és döntéshozásra felhatalmazott személy*) executive

vezető alkalmazott *fn* (*a cég ügyeinek intézésére és döntéshozásra felhatalmazott személy*) executive

vezető értékpapír *fn* tőzsde market leader

vezető kamatláb *fn* pénzügy key interest rate

vezető kirendeltség *fn* head office

vezetői *mn* managerial

vezetői felelősség *fn* managerial responsibility * **Csoportvezetőként kb. 20 dolgozó felett gyakorolnék vezetői felelősséget.** As a team leader, I would have managerial responsibility for about 20 staff.

vezetői készségek *fn* management skills

vezetői kivásárlás *fn* management buyout

vezetőképzés *fn* management training

vezetőség *fn* management; board of management; leadership

vezetőségi bizottság *fn* steering committee

vezetőségi testület *fn* steering committee

vidéki *mn* rural

videokonferencia *fn* video conference

videokonferencia lefolytatása *fn* video conferencing

vigyázatlanság *fn* negligence

Világbank *fn* bank World Bank

világgazdaság *fn* world economy; global economy

Világgazdasági Fórum *fn* World Economic Forum

világháló *fn* informatika world wide web
NB: röv www

világkereskedelem *fn* ker world trade

világpiac *fn* ker world market

villámellenőrzés *fn* spot check

virágzik *ige* (*pl. cég, üzlet*) flourish

virágzó *mn* (*pl. cég, üzlet*) flourishing

viruló *mn* (*pl. piac*) buoyant

viselkedési kódex *fn* code of conduct

viszály *fn* conflict

viszonoz *ige* compensate; return

viszonteladó *fn* ker retailer; dealer

viszonteladói ár *fn* ker resale price

viszonteladói árengedmény *fn* ker trade discount

viszontleszámítolás *fn* bank rediscounting

viszontleszámítolási kamatláb *fn* bank rediscount rate

viszonzás *fn* compensation

viszony *fn* relationship

viszonyítási alap *fn* benchmark

viszonyok *fn* conditions; átv climate

viszonyszám *fn* ratio

visszaélés *fn* abuse * **hatalommal való visszaélés** abuse of position/power/privilege * **visszaélésre ad lehetőséget** open to abuse

visszaesés *fn* decline; fall; recession; retrogression; setback; decay; (*forgalomé*) dip; drop

visszaesik *ige* decline; (*termelés, hozam*) run back

visszafejlődés *fn* retrogression

visszafejlődik *ige* retrogress

visszafizet *ige* pénzügy repay; refund; reimburse; redeem; return; acquit * **adósságot visszafizet** redeem debts

visszafizetés *fn* pénzügy refund; payback; reimbursement; repayment; refunding

visszafordíthatatlan *mn* irreversible

visszahelyez *ige* replace

visszahív *ige* (*pl. terméket a piacról*) recall

visszaigazol *ige* acknowledge **NB: röv ack**; confirm * **Visszaigazolták a rendelést.** They have acknowledged the receipt of order. * **Kérjük, legkésőbb június 15-ig igazolja vissza a konferencián való részvételét.** Please confirm your participation at the conference by 15 June the latest.

visszaigazolás fn ker acknowledgement **NB: röv ackgt;** confirmation

visszaigényel ige claim

visszaír ige informatika retrieve

visszajuttat ige return

visszajuttatás fn return

visszakeres ige informatika retrieve

visszaküld ige return

visszaküldés fn return

visszalép vmitől ige abandon

visszalépés fn (vállalkozásból)
1. withdrawal; (pl. vmilyen tisztségről) resignation
2. jog rescission

visszanyer ige retrieve

visszáru fn ker returns

visszaszerez ige retrieve * **A botrányt követően sikerült visszaszereznie jó hírnevét.** After the scandal he managed to retrieve his reputation.

visszaszorít ige bring down

visszatartás fn withholding; restraint

visszatartási jog fn jog (annak joga, hogy valaki bármit megtarthasson biztosítékként, amíg jogos igényét nem elégítik ki) lien * **visszatartási joga van** have/hold a lien * **visszatartási jogot gyakorol** exercise a lien

visszatartott eredmény fn számv (az az összeg, ami az eredményelszámolási számlán marad az osztalékok és a tartalék elkülönítése után) accumulated profit

visszatartott összeg fn withholding

visszatérés fn return

visszatérít ige pénzügy reimburse; refund; repay; return

visszatérítés fn pénzügy reimbursement; refund; repayment; refunding

visszatőkésítés fn pénzügy (ha a menedzsment meg akarja óvni a céget a felvásárlástól, nagy adósságot hoz létre pénzösszegek kölcsönzésével, amit aztán később osztalékként kifizet a részvényeseknek) recapitalization

visszautasít ige reject; deny; refuse

visszautasítás fn jog dismissal

visszavásárlás fn
1. ker repurchase
2. pénzügy redemption

visszavásárlási megállapodás fn bank repurchase agreement

visszavásárolt áru fn ker repurchase

visszavet ige decline

visszavétel fn ker repurchase

visszavon ige
1. reverse; (ajánlatot, terméket a piacról) withdraw; recall * **lemondását visszavonja** withdraw one's resignation
2. jog annul

visszavonás fn
1. (pl. terméké a piacról) withdrawal
2. jog rescission; annulment

visszavonhatatlan mn irreversible; irrevocable

visszavonható mn revocable

visszavonul ige quit

visszavonulás fn withdrawal

visszfinanszírozás fn pénzügy refinancing

vita fn conflict

vitás mn controversial

vitat ige question

vitatható mn controversial

vitatott mn controversial

viteldíj fn száll carriage

vitrin fn showcase

vízum fn visa

vizsgálat fn inquiry; inspection; examination; survey; test

vizsgálóbizottság fn
1. board of inquiry
2. jog (GB) tribunal

volumen fn volume

vonalkód fn ker (áruk azonosítására) bar code

vonatkozás fn connection; connexion

vonatkozik vmire/vkire ige apply **to** * **Az új rendelet a gyermekotthonokra vonatkozik.** The new act will apply to children's homes.

vonatkozó mn relevant

vonatkozóan vkire/vmire hat concerning

V

vonatkozólag vkire/vmire *hat* concerning

vontatás *fn* száll haul

vontatási költség *fn* száll haulage

vonz *ige* attract

vonzáskörzet *fn* (*nagyvárost körülvevő körzet, ahol az ingázók élnek*) commuter belt

vonzó *mn* attractive * **vonzó ajánlat** attractive offer

Z, z

zálog *fn*
1. collateral
2. jog pawn

záloghitelező *fn* jog pawnee

zálogjegy *fn* warrant

zálogjog *fn* jog (*annak joga, hogy valaki bármit megtarthasson biztosítékként, amíg jogos igényét nem elégítik ki*) lien

zálogjog érvényesítése *fn* jog foreclosure

zálogkölcsönző *fn* jog pawnee

záloglevél *fn* (*hivatalos okmány tartozás elismerésére, melynek biztosítékául földet, ingatlant stb. tábláznak be*)
1. pénzügy mortgage bond
2. ker (*hivatalos dokumentum tartozás elismeréséről*) bond
3. tőzsde (*GB*) debenture

zálogtárgy *fn* jog pawn

zár *ige* close

zár alá helyez *ige* jog levy

zár alá helyezés *fn* jog impoundment

záradék *fn* jog (*jogi okmány részét képező, önmagában teljes mondat vagy bekezdés*) clause

záradékolás *fn* jog endorsement

zárás *fn*
1. tőzsde close; (*a napi forgalom záróegyenlege*) finish * **Záráskor a részvényárak mindössze 1%-kal voltak magasabbak.** At the close, share prices were only 1% higher.
2. számv closing

zárási ár *fn* tőzsde closing prices

zárgondnok *fn* jog (*feladata, hogy átvegye és gondozza a csődbe ment, vagy felszámolás alatt álló cég minden vagyonát*) official receiver

zárlat *fn* (*utasítás bizonyos árucikkek behozatalára vagy kivitelére*)
1. ker embargo
2. számv closing

záró árfolyam *fn* tőzsde closing price * **A vállalat a részvényei felfüggesztését kérte a csütörtöki 8000 forintos záró árfolyamon.** The company asked for its shares to be suspended at Thursday's closing price of HUF 8000.

záróelszámolás *fn* számv (*ált. ugyanaz, mint az éves elszámolás*) final accounts

zárol *ige* (*pl. számlát*) block

zárolás *fn* restraint

zárómérleg *fn*
1. számv (*általában a pénzügyi év végén elkészített kimutatás egy cég pénzügyi helyzetéről*) balance sheet
2. pénzügy ultimate/closing balance

záros *mn* limited

zárszámadás *fn* számv (*ált. ugyanaz, mint az éves elszámolás*) final accounts

zártkörű alapítású részvénytársaság *fn*; limited liability company **NB: röv Ltd; Ltd.**

zárul *ige* close

zóna *fn* zone

Zöld Könyv *fn* EU (*az Európai Bizottság által kiadott vitaindító dokumentum*) Green Paper

zöldkártya *fn* (*munkavállalási engedély külföldieknek*) (*US*) green card * **Tavaly letartóztatták, mert jogosulatlanul szerzett amerikai zöldkártyát.** He was arrested last year for illegally obtaining an American green card.

zugkereskedelem *fn* ker black market

zuhan *ige*
1. fall; collapse
2. pénzügy (*ár, árfolyam stb.*) tumble; slump

zuhanás *fn* tőzsde fall; crash

zuhanó árak *fn* tőzsde sliding trend

Zs, zs

zsirál *ige* pénzügy endorse
zsirálás *fn* pénzügy endorsement
zsiró *fn*
  1. pénzügy endorsement; backing
  2. bank Giro (giro)
zsugorfóliába csomagolt *mn* shrink-wrapped
zsugorfólia-csomagolás *fn* shrink-wrapping

zsugorodás *fn* contraction
zsugorodik *ige* shrink * **A mobiltelefonok memóriakapacitása gyorsan növekszik, az alkotórészek mérete pedig egyre zsugorodik.** Memory capacity in mobiles is rapidly expanding and component parts are still shrinking in size.
zsűri *fn* jury

A GRIMM KIADÓ
SZÓTÁRAI

Ludwig Merz – Gyáfrás Edit:
Controlling szótár
Angol–magyar, Magyar–angol

- controlling szakszókincs – tanuláshoz és munkához
- aktuális szakszókincs a controlling területéről: bank, üzemgazdaság, pénzügy, beruházás, költségszámítás, menedzsment, jog, számvitel, statisztika, adózás stb.
- nyelvpáronként több mint 3000 címszó
- a szaknyelvben használt leggyakoribb állandósult szókapcsolatok
- üzemgazdasági mutatók, képletgyűjtemény, matematikai jelölések

Vera Eck – Simon Drennan – Mozsárné Magay Eszter:
Üzleti kommunikáció szóban és írásban
Angol

- Az üzleti kommunikáció során leggyakrabban használt állandósult
  szókapcsolatok, kifejezések, melyek segítenek a levélírásban,
  a telefonálás lebonyolításában, a szállodai szoba-, illetve repülőjegy-
  foglalásban, a konferenciára való jelentkezésben.
- Az írásbeli kommunikáció során használt mintaszövegekkel
  (levél, e-mail, fax), szóbeli kifejezésekkel, formai sajátosságokkal
  (pl. keltezés) kiegészítve.

Mozsárné Magay Eszter – P. Márkus Katalin:
Angol–magyar, magyar–angol tanulószótár

- nyelvtanulóknak, érettségire és nyelvvizsgára készülőknek
  egy kötetben két szótár
- célzottan a nyelvtanulók számára összeállított szókincs és felépítés
- több mint 25 000 címszó irányonként
- a tanulószótárakra jellemző *információs ablakok*,
  nyelvtani és országismereti tudnivalók
- *tematikus rajzok* a vizuális tanuláshoz, rajzos országtérkép statisztikai
  információkkal
- egyértelmű és könnyen áttekinthető felépítés – *kék címszavakkal*
  és *kék ekvivalensekkel* a jobb elkülönülés és a könnyebb keresés
  érdekében

élőfej ◆

címszó kék színnel ◆

jelentéspontosító adat ◆

szófaji besorolás ◆

betűszó feloldása ◆

lapszéli index ◆ | G |

földrajzi/regionális besorolás ◆

szakterületi besorolás ◆

jelentés sorszáma ◆

angol megfelelő ◆

ekvivalenseket (megfelelőket) elválasztó ◆ pontosvessző

G7 (*Franciaország, Japán, Kanada, Nagy-Britannia, Németország, Olaszország és az USA gazdasági együttműködése.*) *fn* G7 [= Group of Seven (countries)]

G8 (*Franciaország, Japán, Kanada, Nagy-Britannia, Németország, Olaszország, Oroszország, USA és az Európai Unió gazdasági együttműködése.*) *fn* G8 [= Group of Eight (countries) and the EU]

garancia *fn*
1. (GB) guarantee; (US) guaranty; surety; warrant; safeguard
2. jog warranty

garancia nélküli *mn* unwarranted

garancia nélküli adósság *fn* pénzügy unsecured debt

garanciabiztosítás *fn* bizt guarantee insurance

garancialevél *fn* ker warranty

garanciás *mn* guaranteed

garanciavállalási kötelezettség *fn* bizt indemnity bond

garantál *ige* guarantee; ensure; warrant

garantáló *fn*
1. warranter; warrantor
2. jog guarantor

garantált *mn* guaranteed

garantált ár (*amit minden körülmények között kifizetnek*) *fn* guaranteed price ∗ **Néhány országban közvetlenül a termelőknek fizetik a garantált árat.** A guaranteed price is paid directly to farmers in some countries.

gát *fn* barrier

gátló tényező *fn* barrier

gátol *ige* encumber; bar

gazda *fn* mezőgazd owner

gazdagság *fn* wealth; substance

gazdálkodás *fn*
1. economy
2. mezőgazd farming

gazdálkodó *fn* mezőgazd smallholder

gazdaság *fn* economy

gazdaságelemzés *fn* economic analysis

gazdaságelmélet *fn* economics

gazdasággal kapcsolatos *mn* economic

gazdasági *mn* economic